Materialwirtschaft mit SAP S/4HANA® - Customizing

SAP PRESS

SAP PRESS ist eine gemeinschaftliche Initiative von SAP SE und der Rheinwerk Verlag GmbH. Unser Ziel ist es, Ihnen als Anwendern qualifiziertes SAP-Wissen zur Verfügung zu stellen. SAP PRESS vereint das Know-how der SAP und die verlegerische Kompetenz von Rheinwerk. Die Bücher bieten Ihnen Expertenwissen zu technischen wie auch zu betriebswirtschaftlichen SAP-Themen.

Damit Sie nach weiteren Titeln Ihres Interessengebiets nicht lange suchen müssen, haben wir eine kleine Auswahl zusammengestellt.

Sabrina Kröger, Frank Scholdan, Heike Silbernagel, Annemarie Zeisig, Andreas Doller
Chargenverwaltung mit SAP S/4HANA
500 Seiten, 2., aktualisierte Auflage 2026, geb.
ISBN 978-3-367-10924-1
www.sap-press.de/6136

Oliver Baltes, Martin Daniel, Jens Rosenhauer, Petra Spieß
Materialwirtschaft mit SAP S/4HANA. Das Praxishandbuch
737 Seiten, 2022, geb.
ISBN 978-3-8362-7948-2
www.sap-press.de/5209

Frank-Peter Bauer, Jens Kappauf, Christoph Persich
Warehouse Management mit SAP S/4HANA:
Das umfassende Handbuch zu SAP EWM
1276 Seiten, 2023, geb.
ISBN 978-3-8362-9079-1
www.sap-press.de/5552

Alexander Greb, Stephan Schmid, Isabella Löw, Ferenc Gulyássy, Bernd Lauterbach, Nayan Baseshankar, Ben Pamperrien
Logistik mit SAP S/4HANA
696 Seiten, 4., aktualisierte und erweiterte Auflage 2025, geb.
ISBN 978-3-367-10354-6
www.sap-press.de/5961

Maximilian Münkel

Materialwirtschaft mit SAP S/4HANA® – Customizing

Rheinwerk Publishing

Liebe Leserin, lieber Leser,

SAP-Landschaften sind komplex, und wir alle wissen, wie schnell sich Technologien und Anforderungen in der IT-Welt ändern. Genau da setzt SAP PRESS an: mit Büchern, die nicht nur Theorie vermitteln, sondern konkret im Alltag helfen.

In diesem Buch finden Sie direkt umsetzbare Ratschläge, praktische Beispiele und Lösungen für drängende Herausforderungen. Unsere Autor*innen sind Profis, die wissen, wo der Schuh drückt – und wie man Probleme effizient löst. Mit ihrer Erfahrung an Ihrer Seite können Sie Ihre SAP-Projekte gezielter angehen, fundiertere Entscheidungen treffen und die vielen Facetten von SAP besser meistern.

Ob Sie gerade erst beginnen oder schon lange im SAP-Umfeld tätig sind: Wir sind davon überzeugt, dass dieses Buch Ihnen hilfreiche Anleitungen und Tipps an die Hand gibt, um Ihre täglichen Aufgaben und Projekte erfolgreich zu meistern.

Wir freuen uns stets über Lob, aber auch über kritische Anmerkungen, die uns helfen, unsere Bücher zu verbessern. Zögern Sie also nicht, sich bei mir zu melden; Ihr Feedback ist jederzeit willkommen.

Wir wünschen Ihnen viele Aha-Momente und eine erfolgreiche Umsetzung mit diesem Buch!

Ihre Eva Tripp
Lektorat SAP PRESS

eva.tripp@rheinwerk-verlag.de
www.rheinwerk-verlag.de
Rheinwerk Verlag • Rheinwerkallee 4 • 53227 Bonn

Auf einen Blick

Wir hoffen, dass Sie Freude an diesem Buch haben und sich Ihre Erwartungen erfüllen. Falls Sie Anregungen, Wünsche und Kommentare haben, lassen Sie es uns wissen: **service@rheinwerk-verlag.de**.

Informationen zu unserem Verlag und Kontaktmöglichkeiten finden Sie auf unserer Verlagswebsite **www.rheinwerk-verlag.de**. Dort können Sie sich auch umfassend über unser aktuelles Programm informieren und unsere Bücher und E-Books bestellen.

Autor Maximilian Münkel
Lektorat Eva Tripp
Copy-Editing Annika Holtmannspötter, Ochtrup
Typografie & Layout Vera Brauner
Satz SatzPro, Krefeld
Herstellung Nadine Preyl
Covergestaltung Bastian Illerhaus
Coverbild iStock: 1046590862 © Reinhard Krull
Druck Beltz Grafische Betriebe, Bad Langensalza

FSC
www.fsc.org
MIX
Papier | Fördert gute Waldnutzung
FSC® C089473

Dieses Buch wurde mit mineralölfreien Farben auf FSC®-zertifiziertem Papier aus nachhaltiger Waldwirtschaft gedruckt. Hergestellt in Deutschland.

Bibliografische Information der Deutschen Nationalbibliothek:
Die Deutsche Nationalbibliothek verzeichnet diese Publikation in der Deutschen Nationalbibliografie; detaillierte bibliografische Daten sind im Internet über *http://dnb.dnb.de* abrufbar.

ISBN 978-3-367-11054-4

2., aktualisierte und erweiterte Auflage 2026

Rheinwerk Verlag GmbH • Rheinwerkallee 4 • 53227 Bonn
service@rheinwerk-verlag.de

Inhalt

Einleitung

Die Materialwirtschaft verantwortet als Teilgebiet der Logistik die Beschaffung und Verwaltung von Materialien und Dienstleistungen für die eigene Produktion und stellt zugleich die Lieferfähigkeit gegenüber dem Kunden sicher. Dieses Buch hilft Ihnen dabei, das Customizing für die Anwendungsbereiche der Materialwirtschaft in einem SAP-S/4HANA-System zu verstehen und eigenständig durchzuführen. Neben den einzelnen Aktivitäten des Implementierungsleitfadens (Implementation Guide, IMG) lernen Sie auch hilfreiche Hinweise aus der offiziellen Simplification List kennen, werden an geeigneten Stellen mit wertvollen Hilfestellungen und Beispielen versorgt und erhalten weitreichende Kenntnisse über Transaktionen und Tabellen. Das erlangte Fachwissen können Sie bei Ihren nächsten Implementierungs-, Optimierungs- oder Upgradeprojekten sodann gekonnt anwenden. Die fachlichen Ausführungen zu den Customizing-Einstellungen werden anschaulich unterstützt durch zahlreiche Abbildungen – meist Screenshots direkt aus dem Implementierungsleitfaden.

Wir verfolgen mit diesem Buch primär das Ziel, eine solide Grundlage für die individuelle Konfiguration der Materialwirtschaft zu bilden, ohne wesentliche Systemeinstellungen zu vernachlässigen. Mit dem dargebotenen Inhalt können Sie den Beschaffungsprozess durchgängig von der Bedarfsermittlung bis hin zur logistischen Rechnungsprüfung konfigurieren. Auch wenn über 600 Seiten erst einmal so aussehen, als wäre das Thema vollumfänglich abgedeckt, mussten wir leider doch auf einige Teilabschnitte wie die verbrauchsgesteuerte Disposition oder die Leihgutkontoverwaltung verzichten.

In diesem Fachbuch werden ausschließlich die Customizing-Einstellungen für die SAP-S/4HANA-Standardlösung aus Sicht eines Industrieunternehmens erläutert. Branchenspezifische SAP-Lösungen für etwa die Automobilindustrie, die Versorgungswirtschaft, Äußere und Innere Sicherheit oder Retail finden keine Berücksichtigung. Wir möchten allgemeingültige Aussagen über die Systemkonfiguration der Materialwirtschaft von den Stammdaten bis zur logistischen Rechnungsprüfung treffen, ohne eine spezifische Branche in den Mittelpunkt zu stellen.

SAP-Release und Neuerungen der 2. Auflage

[«]

Den Erläuterungen und den exemplarischen Screenshots der Customizing-Einstellungen liegt das SAP-Release *SAP S/4HANA 2023 Private Cloud FSP02* zugrunde. Dennoch können Sie dieses Fachbuch auch für alle vorherigen Releases verwenden, da die Erläuterungen mit einem sehr hohen Deckungsgrad ebenfalls auf ältere Releasestände zutreffen. Dies trifft ebenso auf neuere Releases zu. Ab 2025 wird die Private Cloud Edition von SAP schlicht als SAP Cloud ERP Private bezeichnet. Die Materialwirtschaft gehört weiterhin zur Softwarekomponente S4CORE.

Im Vergleich zur 1. Auflage dieses Fachbuchs wurden alle Screenshots erneuert. Bei Bedarf wurden Customizing-Aktivitäten angepasst und teilweise komplett neu beschrieben. Zusätzlich sind an betroffenen Passagen aktuelle Informationen eingeflossen. Das Werk wurde um den Abschnitt »Lieferantenbewertung« in Kapitel 4, »Einkauf«, ergänzt.

Für nicht angesprochene oder nicht ausführlich genug erläuterte Themen greifen Sie auf die einschlägige Dokumentation von SAP zurück. Beliebte Informationsquellen sind in diesem Fall die Beschreibungen im Einführungsleitfaden, Feldhilfetexte oder die Internetseiten *https://help.sap.com*, *https://support.sap.com*, *https://me.sap.com* sowie *https://launchpad.support.sap.com*.

Zielgruppe

Dieses Fachbuch richtet sich an alle SAP-Profis aus IT und Logistik. Eine Logistikerin mit IT-Kenntnissen und SAP-Erfahrung profitiert im selben Maße von den fachlichen Ausführungen wie ein Mitarbeiter aus der IT-Abteilung mit ausgeprägtem betriebswirtschaftlichem Interesse an der systemseitigen Abbildung der Materialwirtschaft.

Das Buch eignet sich nur bedingt für den Einstieg in die SAP-Welt. Sie sollten zumindest eine Anwendung eines SAP-ERP-Systems – im besten Fall die Materialwirtschaft – aus dem praktischen Gebrauch kennen. Wenn Sie bereits SAP-Projekterfahrung sammeln konnten, erweitern Sie Ihr Fachwissen um den Teilbereich Materialwirtschaft. Anstatt direkt mit den Customizing-Einstellungen einer Anwendung zu beginnen, sollten Sie zunächst Fach- und Systemexpertise aufbauen. Egal ob Sie es durch das tägliche Arbeiten am SAP-System, mithilfe von Schulungsangeboten oder durch intensives Selbststudium mit Fachliteratur des Rheinwerk Verlags erwerben: Einschlägiges Vorwissen ist ein Muss, bevor Sie die hier beschriebenen Einstellungen umsetzen. Bedenken Sie, dass Sie durch das Customizing die Geschäftsprozesse im System beeinflussen. Ohne Vorwissen zum tatsächlichen Prozessablauf treffen Sie womöglich die falschen Entscheidungen.

Das Buch richtet sich mit seinem wertvollen SAP-Know-how an ein breites Fachpublikum. Zur Zielgruppe gehören deshalb unter anderem folgende Personengruppen:

- Projektleitungen und Projektteams
- Mitglieder von IT-Abteilungen
- externe (Junior-)Beraterinnen und Berater im SAP-Logistikumfeld
- Führungskräfte im Unternehmen
- Fachabteilungen im Umfeld der Materialwirtschaft
- Key User oder Inhouse-Consultants für Logistikprojekte
- Modulbetreuung

- Mitarbeitende in der Softwareentwicklung
- alle Personen mit Interesse an betriebswirtschaftlicher Software

Sie können während des Customizings bei Einführungs-, Upgrade- und/oder Optimierungsprojekten immer wieder einen Blick in das Buch werfen, um vor, während und nach der Durchführung des Projekts Ihr Fachwissen zu festigen. Als Nachschlagewerk sollte dieses Buch stets griffbereit stehen.

Geschlechtergerechte Sprache

[«]

Wir verwenden in diesem Buch geschlechtergerechte Sprache in der Sternchenschreibweise, wo immer es konkret um Personen geht. Um ein besseres Verständnis zu gewährleisten, haben wir jedoch in folgenden Fällen darauf verzichtet: bei Begriffen, die sich in erster Linie auf Unternehmen beziehen, bei (technischen) Rollen sowie bei Systembezeichnungen, die so auf der Benutzeroberfläche zu sehen sind, z. B. **Kunde**, **Lieferant**, **Benutzer**, **Disponent**, **Ansprechpartner**.

Aufbau des Buches

Die Kapitel des Buches orientieren sich an der prozessualen Abwicklung von der Entstehung eines Bedarfs bis hin zur logistischen Rechnungsprüfung. Wir veranschaulichen die Erklärungen durch beispielhafte Abbildungen der Customizing-Einstellungen im System.

In **Kapitel 1**, »Einführung in die Materialwirtschaft mit SAP S/4HANA«, erhalten Sie eine bündige Einführung in die Materialwirtschaft sowie erste Einblicke in die neue SAP-S/4HANA-Welt mit Fokus auf die Themen Simplification List, SAP HANA als Datenbank und SAP Fiori. **Kapitel 2**, »Unternehmensstruktur«, beschreibt detailliert, wie Sie den Aufbau Ihres Unternehmens in SAP S/4HANA über Organisationseinheiten abbilden können. Die Unternehmensstruktur ist ein integratives Geflecht von Organisationseinheiten fachübergreifender Anwendungen. Daher lernen Sie nicht nur die Organisationseinheiten der Materialwirtschaft kennen, sondern auch die Systemeinstellungen anwendungsfremder, für die Materialwirtschaft relevanter Organisationseinheiten. In **Kapitel 3**, »Stammdaten«, betrachten wir die Einstellungsmöglichkeiten für die Stammdatenobjekte in der Materialwirtschaft. Nach den Erläuterungen zum Materialstamm – von den Grundeinstellungen bis hin zur Konfiguration der Bildsequenzen –, rücken wir die wesentlichen Customizing-Einstellungen zum Geschäftspartner und materialwirtschaftsspezifische Stammdaten in den Fokus. Abgerundet werden die Ausführungen durch einen Einblick in den Chargenstammsatz.

Mit **Kapitel 4**, »Einkauf«, steigen Sie in das prozessuale Umfeld innerhalb der Materialwirtschaft ein und setzen sich intensiv mit den Customizing-Einstellungen für den operativen sowie strategischen Einkauf auseinander. Sie bauen tiefgehendes Detailwissen rund um die Abbildung von Einkaufsbelegen im System auf. Zudem finden Sie in diesem Kapitel hilfreiche Ausführungen zu Bestätigungen, Partnerfindung, Lieferantenbeurteilungen, Freigabeverfahren für Einkaufsbelege und einkaufszugehörige Texte sowie zur Nachrichtenfindung. Welche Möglichkeiten Sie für die Abbildung der Beschaffung von Dienstleistungen in einem SAP-System haben, erfahren Sie in **Kapitel 5**, »Dienstleistungen«. Neben der traditionellen Vorgehensweise erfahren Sie, inwiefern Sie Einstellungen für die Lean-Services-Beschaffung durchführen können. In **Kapitel 6**, »Bestandsführung und Inventur«, betrachten wir die Belege, die in Bestandsführung und Inventur genutzt werden. Der Schwerpunkt liegt hier auf den Werksparametern und den Warenbewegungen. Fachlich abgerundet wird das Kapitel durch Customizing-Einstellungen zu den Themen Reservierung, Inventur und Nachrichtenfindung in der Bestandsführung.

Wie werden Materialbestände bewertet, welche Konfigurationsschritte sind für die automatische Kontenfindung in der Bestandsführung notwendig und wie sehen die Einstellungen für die Materialpreisänderungen aus? In **Kapitel 7**, »Bewertung und Kontierung«, setzen wir uns mit der fachlichen Schnittstelle von Materialwirtschaft und Rechnungswesen auseinander. In diesem Kapitel finden Sie also die passenden Antworten.

Mit der Rechnungsprüfung endet der Beschaffungsprozess aus Sicht der Materialwirtschaft und geht nach der Rechnungsprüfung fließend in die Kreditorenbuchhaltung über. In **Kapitel 8**, »Logistik-Rechnungsprüfung«, betrachten wir die Einstellungen zu Eingangsrechnungen und Rechnungssperren. Daneben stehen die Pflege der Verrechnungskonten und die Kontenfindung in der Rechnungsprüfung auf der Agenda.

Kapitel 9, »Weitere Einkaufslösungen im SAP-Umfeld«, gewährt Ihnen schließlich noch Einblick in das SAP-Lösungsportfolio für den Einkauf. Sie verschaffen sich einen ersten Eindruck von den Softwareprodukten SAP Ariba, SAP Fieldglass und SAP S/4HANA Central Procurement.

Der **Anhang** mit Übersichten zu betroffenen Datenbanktabellen und zu Transaktionen, die zu den Pflege-Views gehören, rundet das Buch ab. Im Index finden Sie sowohl die Tabellen als auch die Transaktionscodes wieder – neben allen anderen wichtigen Begriffen, die Sie zum schnellen Nachschlagen der Customizing-Einstellungen nutzen können.

Sie finden in diesem Buch viele grau hinterlegte Informationskästen, die Ihnen wichtige und interessante Zusatzinformationen bieten. Neben diesen Kästen sehen Sie verschiedene Symbole zur Orientierung:

[»] Dieses Symbol steht für Begriffserklärungen, interessante Hinweise, weiterführende Themen oder kleine Exkurse.

[+] Mit diesem Symbol werden zusätzliche Tipps und Tricks markiert, die Ihnen die Arbeit erleichtern.

[!] Dieses Symbol warnt Sie vor häufigen Fehlern oder möglichen Problemen. Seien Sie mit auf diese Weise gekennzeichneten Funktionen besonders vorsichtig, denn sie verändern Ihre Einstellungen nachhaltig (und manchmal sogar unwiderruflich).

Wenn das besprochene Thema anhand von praktischen Beispielen erläutert und vertieft wird, machen wir Sie mit diesem Symbol darauf aufmerksam.

[zB]

Ich hoffe, dass Sie mit diesem Buch eine hilfreiche Gebrauchsanleitung für die Konfiguration »Ihrer« Materialwirtschaft in Händen halten und dass Sie stets mit sehr viel Freude und Enthusiasmus mit den Softwareprodukten aus dem Hause SAP arbeiten. Helfen Sie Ihrem Unternehmen dabei, die digitale Transformation umzusetzen und sich für die Zukunft zu wappnen!

Die SAP-Welt ist ja bekanntlich ein Dorf – vielleicht treffen wir uns auf Ihrem Weg zu SAP S/4HANA einmal persönlich irgendwo. Ich würde mich freuen!

Mit den besten Grüßen

Maximilian Münkel

Ihr Fachbuchautor mit den passenden Initialen

Kapitel 1

Einführung in die Materialwirtschaft mit SAP S/4HANA

In diesem Kapitel erhalten Sie eine kompakte, allgemeine Einführung in SAP S/4HANA aus der Perspektive der Komponente Materialwirtschaft sowie Informationen zu den zentralen Veränderungen unter SAP S/4HANA.

Die Materialwirtschaft ist als klassische logistische Kernkomponente in einem SAP-System unumstritten und nicht mehr aus der prozessgetriebenen Geschäftswelt wegzudenken. Als Teilbereich der operativen Logistik spielt die Materialwirtschaft eine tragende Rolle dabei, eine lückenlose Lieferkette in Ihrem Unternehmen aufrechtzuerhalten. Insbesondere die rechtzeitige Beschaffung von Materialien (oder Dienstleistungen) für eine interne Fertigung steht dabei im Fokus des Handelns – auch unter dem Aspekt, bewertete Materialbestände in Lagerorten aufzubauen und letztlich zu verwalten. Zugleich erwarten externe Kunden eine hohe Lieferfähigkeit, sprich Materialverfügbarkeit, Ihrer Produkte. So ergibt sich für die Materialwirtschaft ein spannendes Bild zwischen der Beschaffung und der Lagerung von Materialien.

Die Kernkomponente Materialwirtschaft (engl. *Materials Management*, MM) ist, wie alle SAP-Kernkomponenten, modular aufgebaut. Wir unterscheiden folgende fachspezifische Teilbereiche:

- Einkauf
- Bestandsführung und Inventur
- Bewertung und Kontierung
- Logistik-Rechnungsprüfung

Als Hauptbereiche sind die Einkaufsaktivitäten und die Führung der Bestände anzusehen. Die Themenblöcke Bewertung und Kontierung sowie logistische Rechnungsprüfung dienen vorwiegend der Integration mit der Finanzbuchhaltung, die sehr eng mit der Materialwirtschaft in SAP verzahnt ist.

Im Zeitalter von SAP S/4HANA verwenden wir den Begriff *SAP S/4HANA Sourcing and Procurement* oder auch *SAP S/4HANA Procure-to-Pay* als Synonyme für die Komponente Materialwirtschaft. Die Bezeichnungen der Teilbereiche sind unverändert geblieben.

In den folgenden Abschnitten beschäftigen wir uns zunächst damit, wie das neue Produkt SAP S/4HANA aus den letzten Jahrzehnten SAP-Geschichte entstanden ist (Abschnitt 1.1,

»Der Weg zu SAP S/4HANA«), und widmen uns anschließend den prägnanten Neuerungen in SAP S/4HANA im materialwirtschaftlichen Bereich (Abschnitt 1.2, »Was ist neu?«), untergliedert in die Fokusthemen Simplification List, SAP HANA als Datenbank und SAP Fiori.

1.1 Der Weg zu SAP S/4HANA

Die Erfolgsgeschichte des Softwareherstellers SAP beginnt im Jahr 1972. Die ehemaligen IBM-Mitarbeiter Claus Wellenreuther, Hans-Werner Hector, Klaus Tschira, Dietmar Hopp und Hasso Plattner gründen das Unternehmen unter dem Namen »Systemanalyse und Programmentwicklung« (SAP) in der beschaulichen Kleinstadt Weinheim im nördlichen Baden-Württemberg. Dass sich die Firma nach wenigen Jahrzehnten als wertvollstes deutsches Unternehmen im Deutschen Aktienindex wiederfinden würde, ahnte zu diesem Zeitpunkt wohl niemand.

Das erste Enterprise-Resource-Planning-System (kurz ERP-System) SAP R/2 wird ab dem Jahr 1979 für die Abwicklung betriebswirtschaftlicher Prozesse mithilfe von Standardsoftware eingesetzt (siehe Abbildung 1.1). SAP entwickelt das System auf Basis der damaligen Mainframe-Technologie leistungsfähiger Großrechner (meist von den Herstellern Siemens oder IBM). Bereits zu Zeiten von SAP R/2 hat die Materialwirtschaft, wenn auch nur mit eingeschränkter Funktionalität, unter dem Kürzel RM-MAT Einzug in die ERP-Softwarelösung von SAP gefunden.

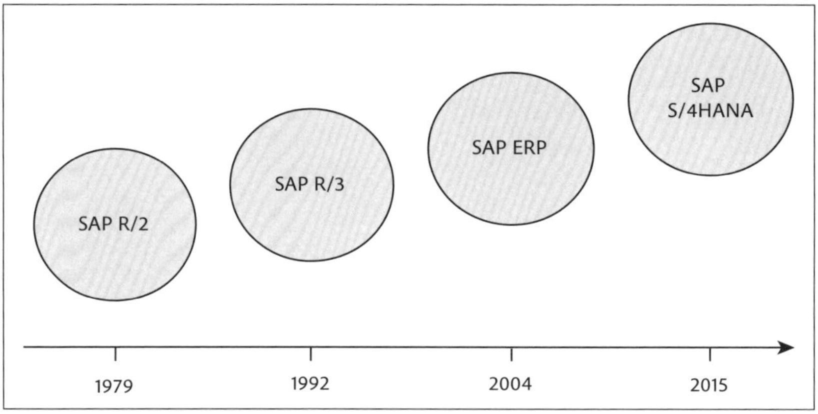

Abbildung 1.1: SAP-ERP-Systeme auf der Zeitachse ab deren Marktverfügbarkeit

Ab dem Jahr 1992 beginnt die Ära von SAP R/3 als führendem ERP-System. Mit der Einführung einer Client-Server-Architektur, die durch das Voranschreiten fester Computer am Arbeitsplatz getrieben war, mussten bestehende Anwendungen neu geschrieben werden, wodurch SAP die volle Leistungsfähigkeit der Datenverarbeitung in den Schichten Client, Anwendung und Datenbank der bestehenden Drei-Ebenen-Architektur ausnutzte.

Im Jahr 2004 löst dann SAP ERP seinen Vorgänger SAP R/3 ab. Der wesentliche Unterschied zwischen den beiden ERP-Produkten liegt darin, dass in SAP ERP alle Anwendungen auf der gemeinsamen Plattform SAP NetWeaver ausgeführt werden, um die Integrität der Anwendungen zu erhöhen. Die Zusammenfassung aller Anwendungen bildet die sogenannte *SAP Business Suite*. SAP ERP ist eine tragende Säule dieser Anwendungssuite.

Bereits im Jahr 2005 beginnt SAP mit der Erforschung neuartiger Anwendungen, die auf einer In-Memory-Datenbank ausführbar sein sollen. Im Zuge der Recherche stellt der Softwarehersteller fest: Kein Marktteilnehmer verfügt über ein solches Produkt. Die Idee einer eigenen In-Memory-Datenbank-Lösung ist geboren.

2011 veröffentlicht SAP mit *SAP High Performance Analytic Appliance* (SAP HANA) das erste In-Memory-Produkt. Diese erste Version von SAP HANA ist dabei als eigenständige In-Memory-Datenbank zu verstehen und hat den Hauptzweck, große kundenspezifische Datenmengen aus beliebigen Quellen für Berichte im Bereich Geschäftsanalytik (engl. *Business Intelligence*, BI) zu erstellen.

Mit SAP Business Warehouse (SAP BW) und der SAP Business Suite profitieren ein Jahr später, 2012, die ersten namhaften Anwendungen von SAP HANA. Umfangreiche Codeanpassungen ermöglichen dabei das Zusammenspiel bestehender Produkte mit der neuen Welt. Die Anwendungen erhalten die zusätzliche Bezeichnung *powered by SAP HANA* oder *on HANA*. SAP ERP 6.0 mit Enhancement Package 7 ist die erste ERP-Version, die auf der neuen, hoch performanten Datenbank SAP HANA ausgeführt wird.

2015 stellt SAP schließlich sein neues Flaggschiff unter den Anwendungssuiten vor: *SAP Business Suite 4 SAP HANA* oder kurz *SAP S/4HANA*. Für die neue SAP Business Suite wurde der gesamte Code neu geschrieben, um die volle Leistungsfähigkeit von SAP HANA zu nutzen. Der systemeigene Code eines SAP-S/4HANA-Produkts ist nur in Verbindung mit SAP HANA nutzbar.

Genau genommen ist SAP S/4HANA kein einzelnes Produkt, sondern besteht aus mehreren Anwendungen. Der sogenannte »digitale Kern«, *SAP S/4HANA Enterprise Management*, ist der klassische Startpunkt in die SAP-S/4HANA-Welt. Sie können sich SAP S/4HANA Enterprise Management dabei vereinfacht ausgedrückt als Ersatz für SAP ERP vorstellen. Im digitalen Kern sind alle Komponenten für die Abwicklung aller zentralen Geschäftsprozesse enthalten. Hier finden Sie die Materialwirtschaft unter dem Begriff *Procure-to-Pay* wieder. Geschäftsbereichslösungen ergänzen den Funktionsumfang dank einer nahtlosen Integration zum digitalen Kern.

Kunden können SAP S/4HANA wahlweise als On-Premise-Edition, als Private-Cloud-Edition oder als Public-Cloud-Edition erwerben und bereitstellen. Für die On-Premise-Variante stehen aktuell die folgenden Releasestände zur Verfügung:

- SAP S/4HANA 1511
- SAP S/4HANA 1610
- SAP S/4HANA 1709

- SAP S/4HANA 1809
- SAP S/4HANA 1909
- SAP S/4HANA 2020
- SAP S/4HANA 2021
- SAP S/4HANA 2022
- SAP S/4HANA 2023

Die Private-Cloud-Editionen sind seit 2021 fester Bestandteil des SAP-Portfolios. Sie bieten eine Cloud-Erfahrung mit einem vergleichbaren Funktionsumfang und einer vergleichbaren Upgrade-Flexibilität wie SAP S/4HANA On-Premise. Jeder Kunde, der die Private-Cloud-Version verwendet, verfügt über seine eigene dedizierte virtuelle Private Cloud. Die offizielle Bezeichnung für ein On-Premise-System lautet inzwischen SAP S/4HANA. Bei einer Private- oder Public-Cloud-Edition werden die Editionsbezeichnungen hintenanstellend ergänzt, etwa SAP S/4HANA Cloud Private Edition. Ab dem Jahr 2025 wird die Private-Cloud-Edition von SAP auch als SAP Cloud ERP Private bezeichnet.

[»]

Funktionsumfang der SAP S/4HANA On-Premise-/Cloud-Editionen

Umfassende Informationen, z. B. dazu, welche Funktionen oder welche Integrationsszenarien in SAP S/4HANA produktabhängig unterstützt werden, finden Sie unter: *https://help.sap.com/docs/*.

Wir legen den Beschreibungen und Erklärungen in diesem Fachbuch den Releasestand SAP S/4HANA 2023 Private Cloud FSP02 zugrunde.

1.2 Was ist neu?

Die neue SAP-Business-Suite SAP S/4HANA bringt einige Änderungen für die Materialwirtschaft mit sich. Zunächst ist zu betonen, dass die materialwirtschaftsspezifischen Kernprozesse, wie Sie sie aus SAP ERP kennen, in der neuen SAP S/4HANA nahezu unverändert vorzufinden sind. Die gravierendsten Änderungen haben nicht auf Prozessebene, sondern auf technischer Ebene stattgefunden.

[+]

Kernprozesse der Materialwirtschaft

Falls Sie Ihr Wissen über die SAP-Kernprozesse im Bereich Materialwirtschaft auffrischen müssen, ist das Fachbuch »Materialwirtschaft mit SAP S/4HANA« (Rheinwerk Verlag 2022) zu empfehlen. Denn ohne fundiertes Prozesswissen ist die Übernahme von Customizing-Aktivitäten in der Regel nicht langfristig von Erfolg gekrönt.

So profitieren Sie in SAP S/4HANA von der hochperformanten Datenbank *SAP HANA* (siehe Abschnitt 1.2.2, »SAP HANA als Datenbank«) und können sich dadurch einen Wettbewerbsvorteil sichern, indem Sie anstehende Kaufentscheidungen basierend auf Echtzeitdaten treffen, datengestützte Einblicke in die strategische Lieferantenauswahl erhalten oder Echtzeitanalysen rund um die Beschaffung oder Bestandsführung durchführen.

Dank SAP S/4HANA erhalten Sie die Möglichkeit, eine neue Benutzererfahrung in Ihrem Unternehmen zu etablieren. Eine verbesserte und insbesondere benutzerfreundlichere Oberfläche bedeutet, dass Sie die tägliche Bildschirmzeit Ihrer Anwenderinnen und Anwender mit einfachen Mitteln signifikant reduzieren können. Die dadurch frei werdenden Kapazitäten können diese etwa für zeitintensive Verhandlungen mit Lieferanten nutzen. SAP Fiori bietet Ihnen die passenden Werkzeuge (siehe Abschnitt 1.2.3, »SAP Fiori«).

Simplifizierungen oder Änderungen in SAP S/4HANA gegenüber SAP ERP sind in der *Simplification List* zusammengetragen (siehe Abschnitt 1.2.1, »Simplification List«). Namhafte Standardbeispiele, die auch in späteren Kapiteln ausführlich besprochen werden, sind:

- der Geschäftspartneransatz
- die obligatorische Aktivierung des Material-Ledgers
- die neue Nachrichtenausgabe von Einkaufsbelegen
- die Feldlänge der Materialnummer

1.2.1 Simplification List

Was müssen Sie bei einer SAP-S/4HANA-Konvertierung beachten und welche funktionalen sowie technischen Änderungen warten in der neuen Business Suite auf Sie? Aussagekräftige Antworten und Handlungsempfehlungen erhalten Sie in der sogenannten *Simplification List*. Sie bietet ihnen einen gesamtheitlichen Überblick über alle Vereinfachungen in der SAP-S/4HANA-Welt gegenüber der alten Business Suite SAP ERP 6.x. Wenn Sie SAP S/4HANA einführen, ohne zuvor SAP-Kunde gewesen zu sein, müssen Sie sich nicht mit diesem Dokument vertraut machen.

Mithilfe von sogenannten *Simplification Items* beschreibt das Dokument detailliert, welche funktionalen und technischen Aspekte Sie berücksichtigen müssen, damit Sie Ihr SAP-S/4HANA-System über eine Systemkonvertierung erfolgreich einführen können. Aus funktionalen Gesichtspunkten erfährt z. B. eine Transaktion eine vereinfachte Nachfolgeanwendung aufgrund des neuen Datenmodells. Technisch ist für Sie dabei von Interesse, ob die Möglichkeit besteht, getätigte Eigenentwicklungen unverändert in das neue führende ERP-System zu übernehmen oder nicht.

Die Simplification List hilft Ihnen, Ihre SAP-S/4HANA-Einführung besser zu planen und den aufkommenden Umfang der Implementierung abzuschätzen. Zudem unterstützt Sie die Datei dabei, mögliche Auswirkungen einer SAP-S/4HANA-Umstellung auf Ihr aktuelles Warenwirtschaftssystem umfassend zu analysieren.

[»]

Releaseabhängigkeit der Simplification List

Die Simplification List ist ein releaseabhängiges Dokument. Das heißt im Klartext: Für jedes SAP-S/4HANA-Release steht Ihnen eine eigene Simplification List zur Verfügung, die alle gültigen Vereinfachungselemente für die betrachtete Version enthält. Beachten Sie, dass mit jedem Release die dazugehörige Simplification List mit den aktuellen Informationen bereitgestellt wird. Im weiteren Verlauf des Buches verwenden wir die *Simplification List for SAP S/4HANA 2023 initial shipment, Feature Pack Stack 1-3 and SAP S/4HANA Cloud Private Edition 2023 initial shipment, Feature Pack Stack 1-3*. Sie finden das Dokument mithilfe der Suche nach dem angeführten Dokumententitel unter *https://help.sap.com/docs/*.

Dabei ist jedes Simplification Item in der Simplification List prinzipiell identisch aufgebaut. Ein Simplification Item besteht immer aus mehreren Abschnitten (siehe Abbildung 1.2):

- einer Beschreibung des Simplification Items
- Informationen zum Geschäftsprozess inklusive Business Impact Note
- Empfehlungen
- SAP-Hinweise

Die Beschreibung umfasst eine sehr kurze Erklärung dazu, was inhaltlich im jeweiligen Simplification Item betrachtet wird, untergliedert in die bekannten Anwendungsbereiche der SAP Business Suite. Zusätzlich ist eine Applikationskomponente angegeben, anhand derer Sie erkennen, welcher Bereich betroffen ist (z. B. MM-IM für die Bestandsführung). Die Business Impact Note stellt Ihnen das Simplification Item in Form eines klassischen SAP-Hinweises mit zusätzlichen Referenzen zur Verfügung. Auswirkungen auf bestehende Geschäftsprozesse, wenn es diese gibt, werden kombiniert mit möglichen Lösungsansätzen und Handlungsempfehlungen je nach ins Auge gefasster Implementierungsart erläutert. Abgerundet werden die Simplification Items durch die Angabe von zusätzlichen SAP-Hinweisen, die für Ihr Projekt relevant sein können.

Ein einfaches Beispiel für ein Simplification Item ist die Verfügbarkeit von Transaktionen im Umfeld der Bestandsführung (siehe Abbildung 1.3). Sie erkennen die zuvor beschriebene Struktur wieder. Nicht alle Elemente in der Simplification List gehen jedoch mit einer Änderung im Customizing einher. Das aufgeführte Beispiel beinhaltet eine für die Anwenderinnen und Anwender geänderte zukünftige Arbeitsweise, was Sie als zusätzlichen Punkt für den »aufkommenden Schulungsaufwand« im Projektplan berücksichtigen sollten. Denn nur mit geschulten Anwenderinnen und Anwendern lassen sich unnötige IT-Tickets im laufenden Betrieb vermeiden.

27.6 S4TWL - AVAILABILITY OF TRANSACTIONS IN MM-IM

Application Components:MM-IM-GF

Related Notes:

Page | 644

Simplification List for SAP S/4HANA 2023 – Feature Pack Stack 3 and SAP S/4HANA Cloud Private Edition 2023 – Feature Pack Stack 3

Note Type	Note Number	Note Description
Business Impact	2210569	Obsolete Material inventory management transactions

Symptom

The following transactions for entering and displaying goods movements (material documents) - called "MB transactions" - below, have been replaced by the single-screen generalized transaction MIGO or the BAPI's BAPI_GOODSMVT_CREATE and BAPI_GOODSMVT_CANCEL:

MB01, MB02, MB03, MB04, MB05, MB0A, MB11, MB1A, MB1B, MB1C, MB31, MBNL, MBRL, MBSF, MBSL, MBST, MBSU and MBBM

The transaction MMBE_OLD has been replaced by transaction MMBE. Alternatively there is also the Fiori App Stock Overview

These transaction do still exist as transaction codes but calling these transaction codes from the menu has the consequence that an error message is raised.

These transaction codes shall not be used in customer coding especially with S/4HANA OP1610 and higher because with this release a new enhanced and improved lock concept has been introduced for transaction MIGO and the BAPI BAPI_GOODSMVT_CREATE but the above listed obsolete transactions still using the old lock concept (see note 2319579). Hence in case of paralle posting done via one of the obsolete transactions and transaction MIGO or BAPI BAPI_GOODSMVT_CREATE you may be able to create stock inconsistencies just because the postings are not protected by the same lock object.

The transaction codes will be deprecated in the near future.

Reason and Prerequisites

Transaction were alreday outdated in SAP ERP 6.0x.

Abbildung 1.2: Beispiel für ein Simplification Item (veraltete MM-Transaktionen)

Solution

Use transaction MIGO or MMBE in dialog.

Replace customer coding using the transaction codes MB01, MB04, MB05, MB0A, MB11, MB1A, MB1B, MB1C, MB31, MBNL, MBRL, MBSF, MBSL and MBSU (e.g. by suing CALL TRANSACTION MBxy) by make use of function module BAPI_GOODSMVT_CREATE

Page | 645

Simplification List for SAP S/4HANA 2023 – Feature Pack Stack 3 and SAP S/4HANA Cloud Private Edition 2023 – Feature Pack Stack 3

Replace customer coding using the transactions MB02 and MB03 by making use of function module MIGO_DIALOG

Replace customer coding using the transaction MBST by making use of function module BAPI_GOODSMVT_CANCEL

Other Terms

MIGO_GR, MIGO_GI, MIGO_ST, BAPI_GOODSMVT_CANCEL, NSDM_MESSAGES499, NSDM_MESSAGES-499, omcq; MMBE

Abbildung 1.3: Beispiel eines Simplification Items

Ein Musterbeispiel für zusätzliche Customizing-Einstellungen ist die obligatorische Verwendung des Material-Ledgers in der Materialwirtschaft für die Bestandsbewertung. Sie müssen das Material-Ledger, ein Nebenbuch des Controllings, zwingend in SAP S/4HANA aktivieren. Dadurch führen Sie bewertete Materialbestände in mehreren Währungen gleichzeitig in Ihrem System (siehe Kapitel 7, »Bewertung und Kontierung«).

An geeigneten Stellen im Buch finden Sie Verweise auf zutreffende Simplification Items. Diese werden kurz und prägnant zusätzlich mit der Angabe entsprechender SAP-Hinweise für Sie beschrieben.

Weitere Instrumente im Zusammenhang mit einer Systemkonvertierung nach SAP S/4HANA sind:

- **SAP Readiness Check for SAP S/4HANA**

  Als Resultat eines Readiness Checks erhalten Sie eine auf Ihre Systemkonfiguration und -nutzung ausgerichtete Simplification List mit allen Simplification Items, die für Sie infrage kommen. Die Liste zeigt Ihnen, in welchen Bereichen funktionale und technische Anpassungen notwendig sind. Ferner generiert die Prüfung der transaktionsbasierten Auswertungen Vorschläge dazu, welche SAP-Fiori-Apps und dazugehörige Rollen Sie nutzen können.

- **Maintenance Planner**

  Der Maintenance Planner unterstützt Sie bei Fragen hinsichtlich der technischen Konvertierungsbereitschaft Ihres ERP-Systems. Sie ermitteln mit diesem Werkzeug, ob genutzte Business Functions, Industrielösungen und Add-ons konvertierungsfähig sind (sofern diese durch das Tool unterstützt werden).

- **Pre-Check Notes**

  Pre-Check Notes sind spezielle SAP-Hinweise, die Kunden zur Verfügung gestellt werden, damit sie herausfinden können, welche obligatorischen Schritte für eine Systemkonvertierung durchzuführen sind. Die Ergebnisse der Vorabprüfungen müssen im Optimalfall bereits vor dem Start der Konvertierung adressiert und bearbeitet werden.

- **Custom Code Analysis Tools**

  Mithilfe von Code-Analyse-Werkzeugen prüfen Sie, inwiefern kundeneigene Entwicklungen SAP-S/4HANA-kompatibel sind. Werden Eigenentwicklungen als nicht verträglich identifiziert, müssen entweder Anpassungen des Codings erfolgen oder Überlegungen stattfinden, ob die betroffenen Stellen überhaupt in das neue System übernommen werden sollen (»Back to Standard«-Gedanke). Die Analysewerkzeuge stehen Ihnen als Teil von SAP NetWeaver 7.50 zur Verfügung.

Die gewählte Reihenfolge der Hilfsmittel entspricht der empfohlenen Abfolge für eine Systemkonvertierung in Richtung einer SAP-S/4HANA-On-Premise-Edition. Ausführliche Informationen zu den beschriebenen Hilfsmitteln finden Sie unter *https://help.sap.com/docs*.

Unabhängig davon, welches und wie viele Werkzeuge Sie nutzen möchten, ist es empfohlen, den Weg in die S/4HANA-Welt äußerst strukturiert und gewissenhaft zu planen. Dabei ist es meines Erachtens ein unumgängliches Muss, sich mit der Simplification List detailliert auseinanderzusetzen.

1.2.2 SAP HANA als Datenbank

Die neue Business Suite SAP S/4HANA ist ohne SAP HANA nicht vorstellbar. Der gesamte Quellcode der Business Suite basiert auf dem bereitgestellten vereinfachten Datenmodell in SAP HANA. Doch was genau versteckt sich eigentlich hinter SAP HANA? Ist SAP HANA nicht einfach nur eine neuartige Datenbank?

Die Antwort lautet: Es kommt auf die Perspektive an. Bei SAP HANA handelt es sich genau genommen um eine In-Memory-Plattform, die große Datenmengen in Echtzeit erfasst, verarbeitet und speichert. Anfänglich ist das Produkt SAP HANA als reine In-Memory-Datenbank auf den Markt gekommen. Daher hat sich die Bezeichnung SAP HANA für die Datenbanklösung etabliert, was den gegenwärtigen Stand jedoch nicht mehr widerspiegelt. Genau genommen ist SAP HANA die Hauptspeicherdatenbank der gleichnamigen SAP-HANA-Plattform.

Die Hauptaufgaben von SAP HANA lassen sich unterteilen in:

- **Datenbankservices**

  Darunter fallen das Speichern von und Zugreifen auf Daten und Spaltenspeicher, die Anwendung von Data-Aging-Strategien, die Verteilung der aufkommenden Systemlast, das Sicherstellen einer hohen Verfügbarkeit und Notfallverfügbarkeit sowie das Modellieren von Daten.

- **Integrationsservices**

  Zu den integrativen Aufgaben gehören das Extrahieren, Transformieren und Laden (ETL-Funktionen) zur Bereinigung und Analyse von Daten, die Integration von Big-Data-Speichern (Stichwort: Internet of Things, IoT) sowie Zugriffe auf Datenstände.

- **Anwendungsservices**

  Hierzu zählen die Entwicklung und Ausführung von Applikationen und deren Wartungsaktivitäten sowie die neue Benutzererfahrung mit SAP Fiori (siehe Abschnitt 1.2.3, »SAP Fiori«).

Betrachten wir die Datenbankservices von SAP HANA und das Datenmodell genauer. Bei der verwendeten Datenbank setzt SAP konsequent auf den Einsatz von In-Memory-Technologie. Dabei werden die Daten nicht wie bei gängigen Datenbanktechnologien auf Festplatten gespeichert, sondern direkt im Arbeitsspeicher, um eine deutlich höhere Geschwindigkeit beim Zugriff auf die Daten zu erzielen. Dadurch ist es möglich, Online Transaction Processing (OLTP) und Online Analytical Processing (OLAP) unter SAP HANA wieder zu vereinen.

Frühere Datenbankmodelle waren entweder auf die Verarbeitung von analytischen oder von transaktionalen Datenstrukturen spezialisiert. Geschäftsdaten eines Tages standen üblicherweise mit deutlichem Zeitverzug, teilweise auch erst am Folgetag, für analytische Zwecke zur Verfügung, da die Daten mit zusätzlichem Extraktionsaufwand ausgelesen und in ein System des Berichtswesens geladen wurden. Dank der Zusammenführung von OLTP und OLAP können Sie in SAP S/4HANA analytische Daten, die durch Ihre Geschäftsprozesse entstehen, in Echtzeit einsehen und als wichtige Entscheidungsunterstützung nutzen.

Die Spaltenorientierung von SAP HANA ermöglicht eine starke Reduzierung des komplexen Datenmodells vorheriger, meist zeilenbasierter Datenbanken. SAP HANA organisiert seine Daten in *Spaltenspeichern*. Dadurch erübrigt sich die Verwendung von Indizes, die nach jeder Tabellenaktualisierung gelöscht und neu aufzubauen wären. Datenaggregate können dank der Leistungsfähigkeit von SAP HANA in Millisekunden sofort erzeugt werden und bedürfen keiner Vordefinition als zusätzliche Datenbankobjekte. Somit reduzieren sich die Komplexität des Datenmodells und der Datenspeicherbedarf auf der Datenbank enorm.

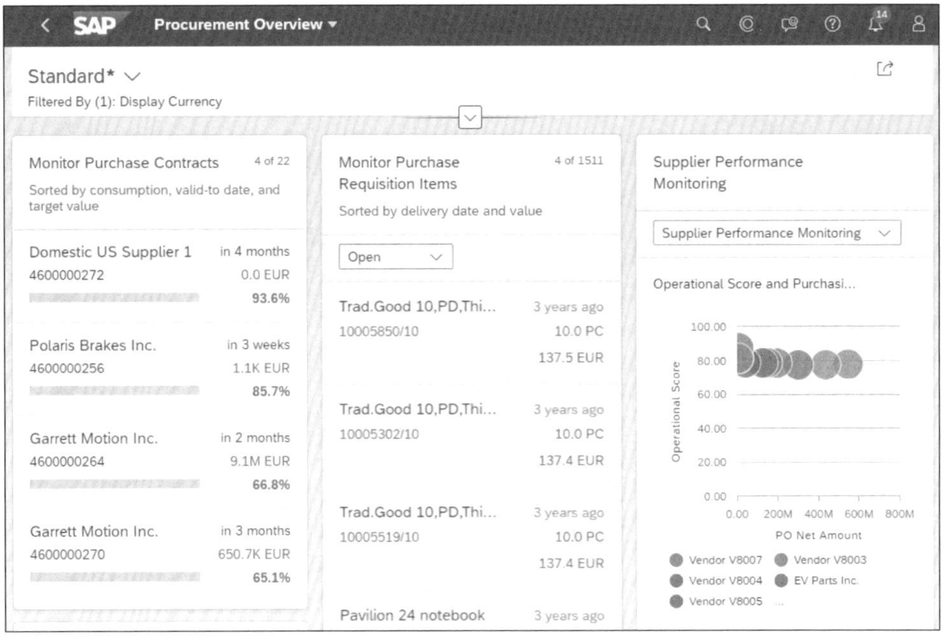

Abbildung 1.4: SAP S/4HANA Embedded Analytics und SAP Fiori im Zusammenspiel – die SAP-Fiori-App »Procurement Overview«

[zB]

SAP S/4HANA Embedded Analytics

SAP S/4HANA Embedded Analytics erlaubt Ihnen eine Echtzeitanalyse Ihrer operativen Daten in SAP S/4HANA, damit Sie operative Entscheidungen auf einer aktuellen Datenbasis treffen können. Anwenderinnen und Anwender erhalten fundierten Einblick in die transaktionalen Daten, insbesondere in Kombination mit SAP-Fiori-Apps (siehe Abschnitt 1.2.3, »SAP Fiori«). Im Bereich des operativen Einkaufs ist die SAP-Fiori-App **Procurement Overview** ein Paradebeispiel dafür, wie aus Echtzeitanalysen operative Folgeaktionen resultieren. Sie erkennen auf einen Blick, bei welchen Kontrakten Sie tätig werden müssen oder welche Bestellanforderungen einer Weiterbearbeitung bedürfen.

Zudem verringert sich der Datenspeicherbedarf, weil nicht mehr benötigte Tabellen dank der Spaltenorientierung und Ad-hoc-Aggregation in SAP HANA gelöscht werden. Vorhandene Datenbanktabellen werden zusätzlich automatisch durch die Dictionary-Komprimierung verdichtet und geben weiteren wertvollen Speicherplatz frei.

Simplification Item – Datenmodell Bestandsführung [+]

Die neue Datenstruktur in SAP S/4HANA hat unter anderem Auswirkungen auf das Datenmodell in der Bestandsführung. Durch die vereinfachte Datenstruktur reduziert sich die Anzahl der aus SAP ERP bekannten Tabellen in diesem Anwendungsbereich deutlich. Beachten Sie das Simplification Item für diesen Bereich (siehe SAP-Hinweis 2206980).

Ferner verfügt SAP HANA über *Data-Aging-Strategien*, um den In-Memory-Datenspeicherbedarf weiter zu reduzieren. Dabei teilt SAP HANA die Daten in zwei Speicherebenen auf. Die *HOT-Speicherebene* bezeichnet die In-Memory-Ebene, wohingegen die *WARM-Speicherebene* die festplattenbasierte Ebene beschreibt. Häufig aufgerufene Daten finden Sie auf der HOT-Ebene. Werden Daten aus der HOT-Ebene im Verlauf ihrer Speicherdauer wenig genutzt, verschiebt SAP HANA die Daten in die WARM-Speicherebene und reduziert so den Speicherbedarf. Bei Bedarf sind die Daten selbstverständlich nach wie vor abrufbar.

Aus dem Blickwinkel einer Datenbank lässt sich zusammenfassend sagen: SAP HANA ist eine hochperformante, spaltenorientierte In-Memory-Datenbank, die OLTP und OLAP zusammenführt. Eine Reduktion des Datenspeicherbedarfs erfolgt über die automatische Tabellenkomprimierung und angewendete Data-Aging-Strategien.

1.2.3 SAP Fiori

Intuitives Arbeiten in einem ERP-System – davon träumen Anwenderinnen und Anwender nach ihrer ersten Begegnung mit einem klassischen SAP-System und dessen veralteter grafischer Benutzeroberfläche. Ohne ausführliche Erklärung und fundiertes transaktionales Wissen wird die Mehrheit frustriert scheitern, wenn z. B. eine neue Bestellung für einen ausgewählten Lieferanten angelegt werden soll. Die Lösung lautet *SAP Fiori*.

SAP Fiori ist nicht nur eine neue Benutzeroberfläche, sondern eine rollenbasierte Benutzererfahrung, die den Hauptzweck hat, den Umgang mit dem SAP-System für Anwenderinnen und Anwender stark zu vereinfachen. Statt eines Softwareprodukts handelt es sich bei SAP Fiori um ein zukunftsweisendes Designkonzept, das auf einem in SAP S/4HANA integrierten SAPUI5-Framework basiert.

[»] **SAPUI5**

Das Programmiergerüst SAPUI5 (*SAP User Interface for HTML5*) wird bei der Entwicklung von Benutzeroberflächen im SAP-Umfeld verwendet und beinhaltet die Komponenten Open Data Protocol (OData), SAP NetWeaver Gateway, HTML5 und Cascading Style Sheets (CSS).

Das SAP-Fiori-Designkonzept unterliegt strikten Richtlinien für Entwicklerinnen und Entwickler, die die SAPUI5-Technologie nutzen möchten. SAP-Fiori-Anwendungen sollten folgende Merkmale haben:

- rollenbasiert (anwenderspezifische Funktionszuweisung)
- adaptiv (endgerätunabhängige Nutzung)
- kohärent (intuitive Verwendung)
- einfach (nur benötigte Funktionen sind enthalten)
- ansprechend (baut eine emotionale Bindung auf)

Durch die vorgegebenen Designrichtlinien entstehen auf SAPUI5 basierende Anwendungen für eine einzigartige Benutzererfahrung – kurz: *SAP-Fiori-Apps*. Diese Apps lassen sich in drei Gruppen unterteilen:

- **Transaktionale Apps**

  Sie nutzen transaktionale SAP-Fiori-Apps, um Geschäftsprozesse oder deren aufgabenorientierte Interaktionen mittels einer geführten Navigation durchzuführen. Transaktionale Apps basieren auf der SAP-spezifischen Programmiersprache ABAP. Ein Beispiel hierfür ist die SAP-Fiori-App **Manage Purchase Orders** (siehe Abbildung 1.5). Bestellungen anpassen oder ändern sind nur zwei ausgewählte Tätigkeiten, die Sie mit dieser App durchführen können.

- **Analytische Apps**

  Analytische Apps unterstützen Sie dabei, zahlenbasierte Analysen und Kennzahlen in Echtzeit darzustellen, um zahlengestützte Einblicke in Ihre Geschäftsprozesse zu erlangen. Dabei greifen Sie auf Analysefunktionen in SAP HANA zu. Unter anderem stehen Ihnen in den Apps Diagramme und Grafiken zur Verfügung. Die SAP-Fiori-App **Stock – Single Material** (siehe Abbildung 1.6) ist eine exemplarische analytische App, die Ihnen für ein bestimmtes Material Bestände über alle Werke und Lagerorte auflistet.

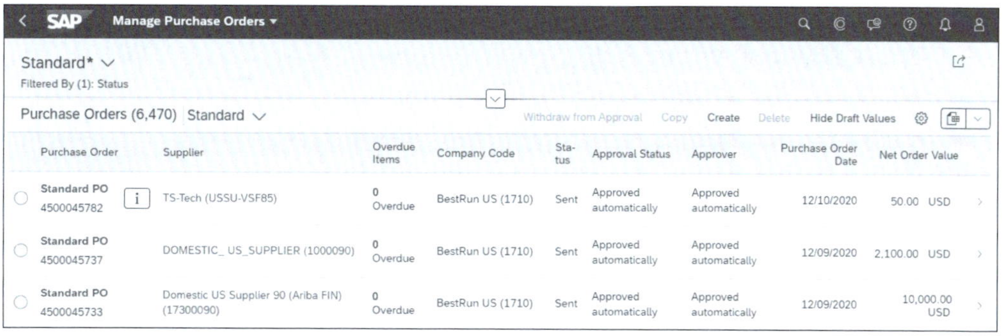

Abbildung 1.5: SAP-Fiori-App »Manage Purchase Orders«

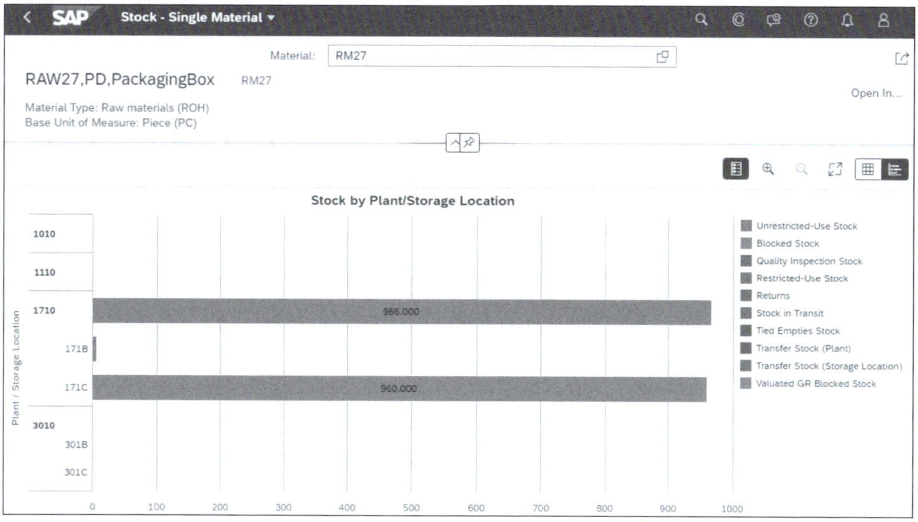

Abbildung 1.6: SAP-Fiori-App »Stock – Single Material«

- **Infoblätter**

  Für Informationen über ein bestimmtes Objekt nutzen Sie Infoblätter als aufschlussreiche Quelle. Zusätzlich können Sie aus einem Infoblatt heraus kontextbezogen zu verwandten Objekten navigieren. Infoblätter bedienen sich der Enterprise-Search-Funktion in SAP HANA.

Den zentralen Einstiegspunkt zu den SAP-Fiori-Apps bildet das webbasierte *SAP Fiori Launchpad*, unabhängig davon, welches Endgerät Sie zum täglichen Arbeiten bevorzugen. Anwenderinnen und Anwender finden nach dem erfolgreichen Anmeldevorgang alle SAP-Fiori-Apps vor, die ihrem User über eine oder mehrere Rollen zugeordnet sind. Die Anwendungen selbst sind meist nach semantischen Kriterien in Kachelgruppen auf dem Launchpad zusammengefasst (siehe Abbildung 1.7). Darum verwenden wir gern den Begriff *Kachel* als gängiges Synonym für eine SAP-Fiori-App.

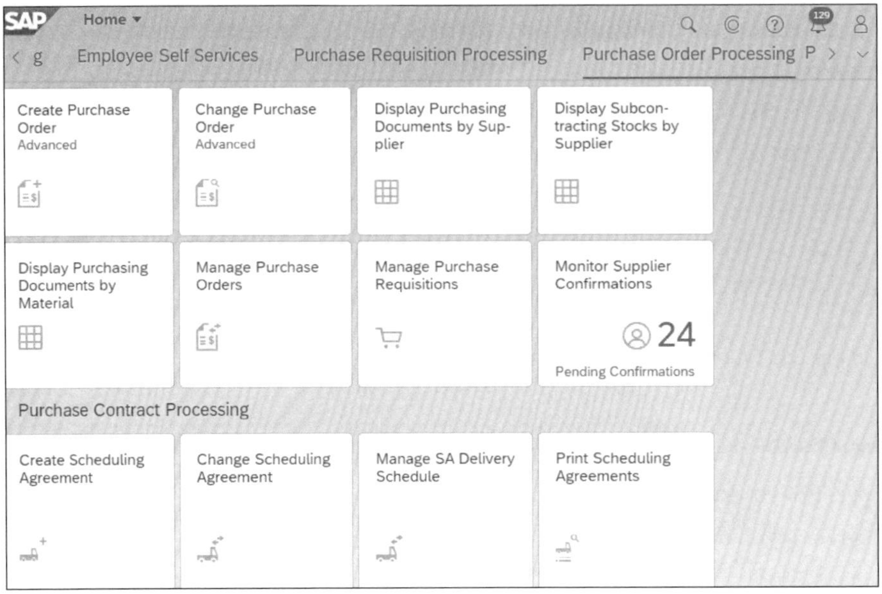

Abbildung 1.7: SAP Fiori Launchpad (Ausschnitt)

Das SAP Fiori Launchpad bietet Ihnen zusätzlich die Option, Ihre Startseite über die Schaltfläche (**Personalisieren**) nach Ihren Bedürfnissen einzurichten. Sie löschen nicht benötigte Apps aus den zugewiesenen Kataloggruppen – natürlich nur auf der Oberfläche –, ordnen Anwendungen anderen Gruppen zu oder erstellen eigene Gruppen mit Ihren favorisierten Kacheln. Zudem benennen Sie Anwendungen um und speichern Selektionen als Kacheln ab.

SAP unterstützt Sie dank vordefinierter Rollen bei der Einführung und späteren Nutzung von SAP-Fiori-Apps. Im Bereich Materialwirtschaft werden Ihnen unter anderem folgende Standardrollen vorgeschlagen, auch als Input für Rollen, die Sie kundenindividuell zusammensetzen und konfigurieren können:

- Purchaser
- Purchasing Manager
- Strategic Buyer
- Employee Procurement
- Inventory Manager
- Warehouse Clerk
- Accounts Payable Accountant – Procurement

Bereits das vordefinierte Rollenrepertoire, das vom operativen Einkäufer über den Lageristen bis zum logistischen Rechnungsprüfer reicht, unterstreicht die Hauptstrukturen in der Komponente Materialwirtschaft. Den Standardrollen sind bereits die benötigten SAP-Fiori-Apps für die prozessspezifischen Tätigkeiten zugeordnet.

[+]

Simplification Item – Enterprise Search

Die Funktion **Enterprise Search** ist ein bemerkenswertes Hilfsmittel des SAP Fiori Launchpads. Sie können mit dieser Suchfunktion ausgehend von Ihren zugeteilten Rollen z. B. über alle Anwendungsbereiche hinweg nach Materialien suchen und erhalten so einen vollständigen Überblick über bestehende Belege oder Stammdaten. Die Suchfunktion rufen Sie oben rechts auf dem Launchpad über die Lupe [Q] auf. Zugleich ist die Enterprise Search ein Simplification Item (SAP-Hinweis 2318521).

Die Verwendung von SAP-Fiori-Apps ist dennoch optional. Sie können ein SAP-S/4HANA-System auch ohne sie einführen. Jedoch würden Sie verfügbare Potenziale für Ihr Unternehmen leichtfertig vertun, wenn Sie auf SAP Fiori und seine Anwendungen verzichten. SAP-Fiori-Apps bieten Ihnen zahlreiche Vorteile:

- intuitive Benutzeroberfläche für die Anwendung
- endgeräteunabhängige Verwendung
- steigende Produktivität durch schnellere Bearbeitung von Aufgaben
- Kostenreduzierung im Schulungsbereich für neue Mitarbeitende
- Entscheidungshilfe für geschäftsrelevante Vorgänge

Ungeachtet der Vorzüge einer Nutzung der neuen Benutzeroberfläche müssen Sie natürlich vorrangig wissen, welche SAP-Fiori-Apps überhaupt für die ins Auge gefasste SAP-S/4HANA-Version zur Verfügung stehen. Die passende Antwort finden Sie in der *SAP Fiori Apps Reference Library*, einem digitalen Katalog aller verfügbaren SAP-Fiori-Anwendungen, geordnet nach produktspezifischen Kategorien (siehe Abbildung 1.8). Die URL zum Katalog lautet: *https://fioriappslibrary.hana.ondemand.com/sap/fix/externalViewer/#*.

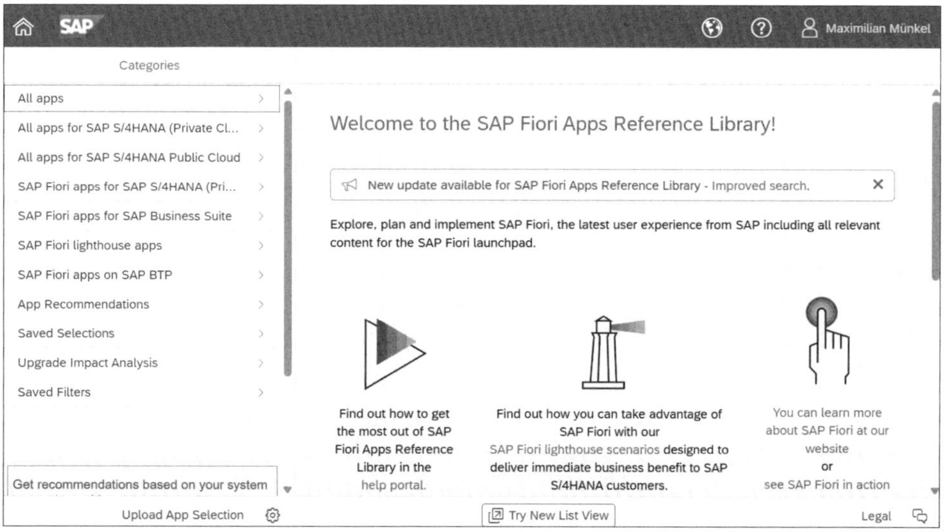

Abbildung 1.8: Startseite der SAP Fiori Apps Reference Library

Allein für den Geschäftsbereich »Sourcing and Procurement« finden Sie im Katalog in der Kategorie **SAP Fiori Apps for SAP S/4HANA** über 649 materialwirtschaftsspezifische Apps. Mithilfe des Katalogeintrags erfahren Sie alles Wissenswerte rund um einzelne SAP-Fiori-Apps – dabei sind die Informationen rund um die ausgewählte App stets identisch aufgebaut.

Als Beispiel haben wir die App **Stock – Single Material** ausgewählt (siehe Abbildung 1.9). Die Details beginnen mit der Bezeichnung der App gefolgt von der Standardrolle, in der SAP die jeweilige Anwendung prozesstechnisch vorsieht. Über das Drop-down-Menü wählen Sie, für welche SAP S/4HANA Edition Sie die App betrachten. Neben technischen Bedingungen, die für die Nutzung dieser App benötigt werden, erkennen Sie, um welche Art es sich bei der vorliegenden App handelt. Jede SAP-Fiori-App identifizieren Sie eindeutig durch eine eigene App-ID.

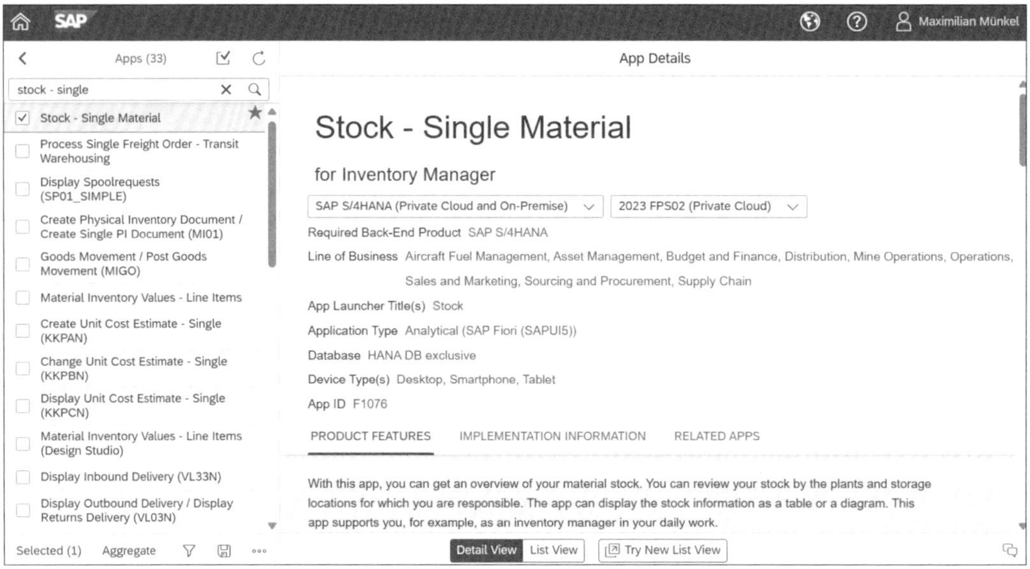

Abbildung 1.9: Die SAP-Fiori-App »Stock – Single Material« in der SAP Fiori Apps Reference Library

Von größerem Interesse sind die Produktinformationen auf der ersten Registerkarte **Product Features**. Sie erfahren dort, welche Funktionen die SAP-Fiori-App unterstützt, erlangen erste Einblicke in die spätere Benutzeroberfläche und sehen im unteren Abschnitt, in welchen Scope Items der SAP Best Practices die App Anwendung findet. Abschließend werden die Produktdetails durch weitere SAP-Fiori-Apps ergänzt, die der Standardrolle zugewiesen sind.

Die Registerkarte **Implementation Information** rundet den Katalogeintrag ab. Hier finden Sie alle wichtigen Implementierungsinformationen auf einen Blick: von wichtigen SAP-Hinweisen über die Installation und Konfiguration bis hin zur Erweiterbarkeit der betrachteten SAP-Fiori-App, auswählbar für alle ausgelieferten SAP-S/4HANA-Versionen.

Bereichsansicht

[«]

Für die SAP Fiori Apps Reference Library gibt es entweder eine externe Ansicht des webbasierten Katalogs oder den eingeloggten Modus. Wenn Sie den Katalog in der eingeloggten Variante verwenden, erhalten Sie zusätzliche Informationen rund um die SAP-Fiori-Anwendungen. Sie erkennen oben rechts, ob Sie eingeloggt sind oder nicht.

1.3 Zusammenfassung

Die Materialwirtschaft sowie alle weiteren SAP-Anwendungsbereiche haben durch die technologischen Fortschritte im Hard- und Softwarebereich der letzten Jahre stark profitiert. Als Grundlage für SAPs neue Business Suite SAP S/4HANA ist vor allem der Durchbruch der spaltenorientierten In-Memory-Technologie SAP HANA unumstritten. Das neue Datenmodell ermöglicht tiefgründige Echtzeitanalysen in operativen Prozessen und bildet so die ideale Entscheidungsgrundlage. Mit SAP Fiori kombinieren Sie die fortschrittliche Technologie mit einer Benutzererfahrung auf hohem Niveau. Auch wenn die materialwirtschaftlichen Kernprozesse im Vergleich zu SAP ERP fast unverändert geblieben sind, gehört SAP S/4HANA in seiner Gänze einer neuen Ära von ERP-Systemen an.

Kapitel 2
Unternehmensstruktur

Dieses Kapitel befasst sich mit der Abbildung der Unternehmensstruktur in die SAP-Software als zentralem Fundament für alle prozessualen Anwendungen.

Ziel dieses Kapitel ist, dass Sie Ihre bestehende Unternehmensstruktur innerhalb eines SAP-S/4HANA-Systems digitalisiert abbilden können. Die *Unternehmensstruktur* bildet im klassischen betriebswirtschaftlichen Sinne die Kompetenzen eines Unternehmens ab. Nach der Organisationstheorie kann eine Unternehmens- beziehungsweise Organisationsstruktur als Aufbau- und als Ablauforganisation beschrieben werden. Die *Aufbauorganisation* ist »das hierarchische Grundgerüst einer Organisation. Mit ihrer Hilfe werden Rahmenbedingungen für die Aufgabenteilung festgesetzt« (*https://www.betriebswirtschaft-lernen.net/erklaerung/aufbauorganisation*). Die Aufbauorganisation wird vereinfacht als Organigramm abgebildet. Die *Ablauforganisation* hingegen »ist eine Organisationsform, deren Grundlage die Ergebnisse der Aufbauorganisation sind. Dabei dienen dynamische Arbeitsprozesse zur Erreichung bestimmter Ziele« (*https://www.betriebswirtschaft-lernen.net/erklaerung/ablauforganisation*). Heutzutage würde man diese Form am ehesten als *Prozessmanagement* bezeichnen.

Damit Sie Ihre Unternehmensstruktur abbilden können, stehen Ihnen im SAP-System diverse Organisationseinheiten zur Verfügung. Neben Einheiten für das Rechnungswesen und die Personalwirtschaft sind logistische Strukturen ein wesentlicher Bestandteil fast jeder Unternehmensstruktur. In Abschnitt 2.1 geht es um die Abbildung dieser Unternehmensstruktur in SAP S/4HANA.

Der weitere Fokus dieses Kapitels liegt insbesondere auf den notwendigen Definitionen und Zuordnungen von Organisationseinheiten, die einen direkten oder indirekten Einfluss auf die Materialwirtschaft haben. Wir werden im Verlauf dieses Kapitels in Abschnitt 2.2, »Logistik Allgemein«, bis Abschnitt 2.7, »Logistics Execution«, alle relevanten Organisationseinheiten sortiert nach Anwendungsbereichen abhandeln. Abschnitt 2.8, »Ergänzende Unternehmensstruktur«, unterstreicht dann noch einmal die Verflechtung der Organisationseinheiten und gibt Ihnen abschließend einen umfassenden Überblick über die Abbildung der Unternehmensstruktur in einem SAP-S/4HANA-System mit Fokus auf die Materialwirtschaft.

2.1 Unternehmensstruktur in SAP S/4HANA

Bevor Sie mit den Systemeinstellungen beginnen, ist zu empfehlen, die eigene Unternehmensstruktur detailliert zu analysieren und mit den vorhandenen Strukturen in SAP S/4HANA in Einklang zu bringen. Wie viele Werke Sie abbilden möchten oder ob Sie mehrere Buchungskreise für Ihr Unternehmen benötigen, sind grundlegende Fragen, mit denen Sie sich vorab beschäftigen müssen. Getroffene Strukturfestlegungen sollten klar, offen, verständlich und komponentenübergreifend für alle beteiligten Projektmitglieder kommuniziert werden. Auch Fachbereiche sollten Sie in die Entscheidungsfindung miteinbeziehen. Denn eine nachträgliche Änderung an der Unternehmensstruktur kann einen enormen, nicht zu unterschätzenden Aufwand für das gesamte Projektteam bedeuten.

Nach erfolgreicher Konsolidierung aller Fachbereiche und Zustimmung der Projektleitung setzen Sie die Unternehmensstruktur im System um. Der SAP-Standard liefert bereits exemplarische Organisationseinheiten für alle Anwendungen aus, die Sie als Kopiervorlage für neue Customizing-Einträge verwenden können. Dies ist nicht nur für neue Unternehmensstrukturen zu empfehlen, sondern bei kundeneigenen Anpassungen innerhalb des SAP-Customizing-Leitfadens generell hilfreich.

Organisationseinheiten, die aus materialwirtschaftlicher Sicht einer detaillierten Erklärung und Einordnung in das komplexe Geflecht der Unternehmensstruktur bedürfen, lassen sich in fachspezifische Anwendungsbereiche untergliedern:

- **Logistik Allgemein**
  - Werk
  - Bewertungsebene
  - Standort
  - Sparte
- **Materialwirtschaft**
  - Einkaufsorganisation
  - Einkäufergruppe
  - Lagerort
  - Dispositionsbereich
  - Disponent
- **Finanzwesen**
  - Gesellschaft
  - Buchungskreis
  - Geschäftsbereich
- **Controlling**
  - Kostenrechnungskreis
  - Ergebnisbereich
- **Vertrieb**
  - Verkaufsorganisation
  - Vertriebsweg
  - Vertriebsbereich
  - Verkaufsbüro
  - Verkäufergruppe
- **Logistics Execution**
  - Lagernummer
  - Versandstelle
  - Ladestelle
  - Transportdispositionsstelle

Nach erfolgreicher Übersetzung der vorhandenen Unternehmensstrukturen in die vom System unterstützten Organisationseinheiten beginnen Sie mit der Umsetzung im System.

Bevor Sie das tun, sollten Sie sich aber unbedingt detailliert mit den Organisationseinheiten auseinandersetzen. Sie können dieses Kapitel zum einen als Überblick über die wichtigsten Einheiten nutzen und zum anderen fundiertes Wissen über systemseitige kundenspezifische Einstellungsmöglichkeiten bei der Unternehmensstruktur aufbauen.

Allgemeines Vorgehen – zweistufiges Verfahren

Das zweistufige Verfahren, zunächst ein neues Objekt zu definieren und anschließend eine Zuordnung zu einem bestehenden Eintrag durchzuführen, ist bei zahlreichen Customizing-Aktivitäten unabhängig vom Anwendungsbereich gängige Praxis und muss von Ihnen zwingend beachtet werden.

Der Ausschnitt **Unternehmensstruktur** aus dem Einführungsleitfaden, den wir im Folgenden als *Customizing-Einführungsleitfaden* oder als *Implementation Guide* (kurz: IMG) bezeichnen, suggeriert Ihnen ein zweistufiges Vorgehen, um die Organisationsstruktur nach ihren Bedürfnissen anzupassen (siehe Abbildung 2.1). Zunächst erfolgt die Definition einer neuen Organisationseinheit im dafür vorgesehenen Anwendungsbereich, bevor Sie eine Zuordnung zwischen den Einheiten durchführen. Erst durch die Zuteilung zu einer bestehenden, meist fachfremden Organisationseinheit ist eine Verwendung der neuen Einheit überhaupt möglich und diese damit aus Einstellungssicht vollständig.

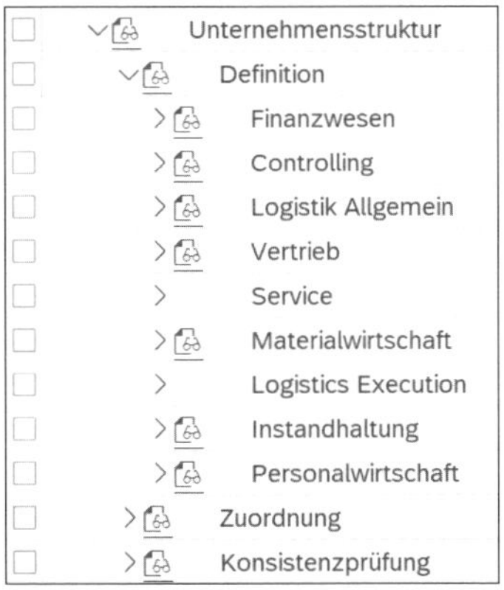

Abbildung 2.1: Der Knoten »Unternehmensstruktur« im IMG

Die Unterknoten **Definition** und **Zuordnung** des Knotens **Unternehmensstruktur** sind jeweils noch einmal in fachspezifische Anwendungsbereiche unterteilt:

- Finanzwesen
- Controlling
- Logistik Allgemein
- Vertrieb
- Service
- Materialwirtschaft
- Logistics Execution
- Instandhaltung
- Personalwirtschaft

Wir erläutern und vertiefen die Berührungspunkte der Organisationseinheiten mit der Materialwirtschaft in Abschnitt 2.2, »Logistik Allgemein«, bis Abschnitt 2.7, »Logistics Execution«. Die Bereiche **Instandhaltung**, **Service** und **Personalwirtschaft** sind als Ergänzungen zum Gesamtpaket Unternehmensstruktur zu verstehen.

Neben der Definition und Zuordnung neuer Unternehmensstrukturen ist im Pfad **Unternehmensstruktur** auch die Option **Konsistenzprüfung** enthalten, damit Sie die neu geschaffene Struktur maschinell bewerten können. Die Prüfung bezieht sich in überwiegenden Anteilen auf Organisationseinheiten, die dem Bereich **Vertrieb** zugeordnet werden. Validierungen finden auf folgenden Organisationseinheiten statt:

- Verkaufsorganisationen
- Vertriebswege
- Sparten
- Verkaufsbüros
- Verkäufergruppen
- Versandstellen
- Werke

Auch wenn bei diesem Prüfungsreport Vertriebsorganisationseinheiten im Vordergrund stehen: Durch die Zuordnungen der Organisationseinheiten kann ein Grundstein der Unternehmensstruktur mit Hilfe von Systemunterstützung wunderbar geprüft werden. Beispielsweise können Sie prüfen, ob allen Versandstellen Werke zugeordnet sind oder ob für alle Werke Lagerorte angelegt wurden.

2.2 Logistik Allgemein

Im Bereich **Logistik Allgemein** entstehen Organisationseinheiten, die für alle logistischen Komponenten relevant sind, also für die Bereiche:

- Vertrieb (Sales and Distribution, SD)
- Logistics Execution (Logistics Execution, LE)
- Produktionsplanung (Production Planning, PP)
- Instandhaltung (Plant Maintenance, PM)
- Service (Service Management)
- Qualitätsmanagement (Quality Management, QM)
- Materialwirtschaft (Materials Management, MM)

Ohne Einstellungen in diesem Teilbereich der Unternehmensstruktur können Sie keine Komponente der Logistik einsetzen. Insbesondere die Organisationseinheit *Werk* spielt eine tragende Rolle, wenn es um logistische Prozesse geht.

Sie definieren die logistischen Organisationseinheiten, die Sie benötigen, über den IMG-Pfad **Unternehmensstruktur • Definition • Logistik Allgemein** (siehe Abbildung 2.2).

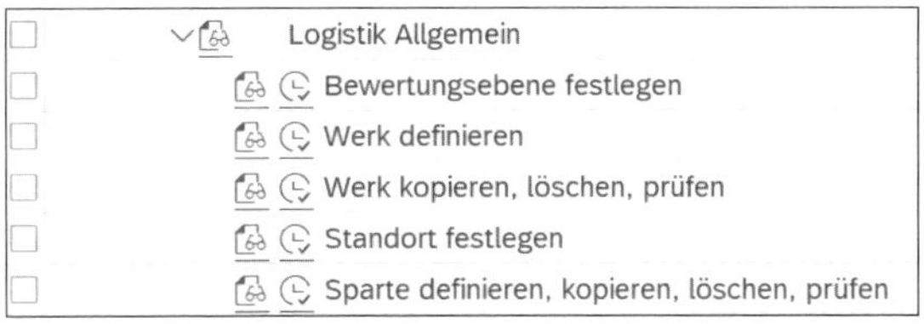

Abbildung 2.2: Definitionen im Bereich »Logistik Allgemein«

2.2.1 Bewertungsebene

Bevor Sie mit der Definition der logistischen Einheiten starten, muss zunächst die Entscheidung über die *Bewertungsebene* (oder den *Bewertungskreis*) getroffen werden. Die Festlegung, auf welcher Ebene Sie Ihre Materialbestände bewerten, kann auf zwei Ebenen erfolgen: auf Werks- oder auf Buchungskreisebene (siehe Abbildung 2.3).

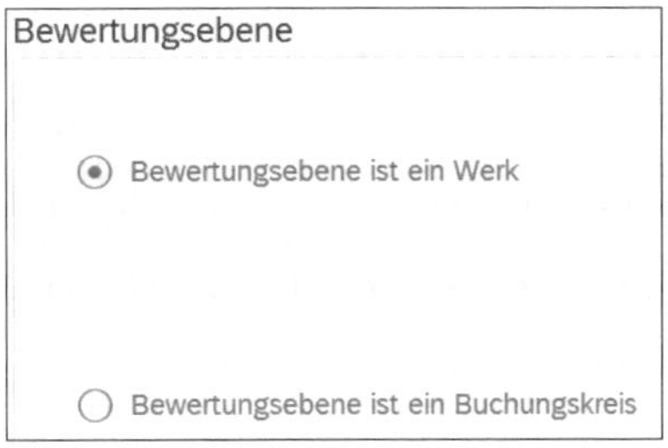

Abbildung 2.3: Auswahlmöglichkeiten der Bewertungsebene

Die Bewertungsebene legen Sie über IMG-Aktivität **Unternehmensstruktur • Definition • Logistik Allgemein • Bewertungsebene festlegen** fest (Transaktion OX14). Ihre Entscheidung wird in Tabelle TCURM gespeichert.

Doch welche Auswirkungen hat die Wahl der Bewertungsebene für Sie? Entscheiden Sie sich für die Bewertungsebene **Werk**, müssen Sie die Buchhaltungsdaten in Ihren Materialstämmen pro Werk pflegen. Der werksspezifische Bewertungspreis dient als Grundlage für die Ermittlung des tatsächlichen Warenwerts in der Bilanz. Zudem können Sie die Materialbestände der einzelnen Werke auf unterschiedlichen Sachkonten führen. Dadurch kann die Kontenfindung unter dem IMG-Knoten **Bewertung und Kontierung** (siehe Kapitel 7) im Bereich **Materialwirtschaft** für jedes Werk separat definiert werden. Falls mehrere Werke dieselbe automatische Kontenfindung verwenden sollen, lässt sich diese im angesprochenen Bereich zusammenführen. Auch auf Sachkonten von Warenbewegungen in der Materialwirtschaft wirkt sich die Wahl der Bewertungsebene aus.

Entscheiden Sie sich für die Bewertungsebene **Buchungskreis**, müssen Sie Bewertungspreise im Materialstamm pro Buchungskreis pflegen. Materialbestände aller Werke, die demselben Buchungskreis zugeordnet sind, werden auf einem gemeinsamen Bestandskonto geführt. Gibt es mehrere Buchungskreise, ist ein Bestandskonto pro Buchungskreis für die Materialbestände anzugeben. Dasselbe Bild zeichnet sich für die Sachkonten ab, die bei Warenbewegungen angesprochen werden.

[!] **Produktionsplanung/Kalkulation**

Für die Komponenten Produktionsplanung beziehungsweise Kalkulation ist es zwingend erforderlich, die Bewertungsebene auf Werksebene einzustellen.

Die Einstellung der Bewertungsebene ist mandantenweit gültig und im weiteren Verlauf des Projektes nicht mehr – beziehungsweise nur mit erhöhtem Aufwand – anpassbar. Bereits mit der Zuordnung eines Werks zu einem Buchungskreis können Sie die getroffene Auswahl nicht mehr ändern. Ich empfehle Ihnen deshalb, die Bewertung auf Werksebene vorzunehmen.

Je nach gewählter Bewertungsebene ordnen Sie einen Geschäftsbereich einer Sparte zu (siehe Abschnitt 2.4.3, »Geschäftsbereich«), um Erlösbuchungen im Vertrieb oder Kontierungen bei Warenbewegungen in der Materialwirtschaft zu ermitteln.

Haben Sie die empfohlene Bewertungsebene **Werk** gewählt, nutzen Sie die IMG-Aktivität **Datenabgleich mit Vertrieb Werk/Bwkrs - Sparte**, die über den IMG-Pfad **Unternehmensstruktur • Zuordnung • Logistik Allgemein** zu finden ist, um fehlende Geschäftsbereichszuordnungen zum Bewertungskreis automatisiert zu generieren (siehe Abschnitt 2.4.3, »Geschäftsbereich«).

2.2.2 Werk

Das *Werk* ist mit Abstand die bedeutendste Organisationseinheit innerhalb der Logistik und bildet nicht nur die empfohlene Bewertungsebene ab, sondern ist zugleich das strukturelle Fundament zahlreicher logistischer Anwendungen. Materialbestände werden innerhalb eines Werks geführt. Plan- und verbrauchsgesteuerte Dispositionen sowie Fertigungsprozesse finden pro Werk statt. Qualitätsprüfungen bei Wareneingängen von neu bestellten Lagermaterialien sind ein Beispiel für werksspezifische Prozesse. Als Grundlage aller genannten Prozesse dienen Stammdatenobjekte, die einen Werksbezug vorweisen – Stichwort: *werksspezifische Materialstammdaten*.

Ein Werk ist typischerweise eine Betriebsstätte innerhalb einer Firma, an der Produkte hergestellt, bearbeitet oder veredelt werden. Branchenspezifische Bezeichnungen, die auch ein Werk im SAP-Sinne darstellen können, sind unter anderem Institut, Fabrik, Niederlassung oder Werkstatt.

Über die IMG-Aktivität **Unternehmensstruktur • Definition • Logistik Allgemein • Werk definieren** beziehungsweise **Werk kopieren, löschen, prüfen** (siehe Abbildung 2.4) legen Sie neue Werke an. Alle Werke werden in SAP-Tabelle T001W geführt.

Aktivitäten	
Ausgeführt	Bezeichnung der Aktivität
	Werk kopieren, löschen, prüfen
	Werk für den systemübergreifenden Warenfluss definieren

Abbildung 2.4: Aktivitätenauswahl in der IMG-Aktivität »Werk kopieren, löschen, prüfen«

Die Bezeichnung der IMG-Aktivität kann irreführend sein. Mit der Aktivität **Werk definieren** (Transaktion V_T001W) legen Sie lediglich ein neues Werk an, ohne abhängige Werte wie beispielsweise die Zuordnung zu einem Buchungskreis oder die Zuordnung eines Lagerorts. Stattdessen sollten Sie die Aktivität **Werk kopieren, löschen, prüfen** (Transaktion EC02) verwenden, um ein neues Werk zu definieren. Hierzu nehmen Sie ein bestehendes Werk als Kopiervorlage und übernehmen abhängige Einträge des Vorlagewerks. Selbstverständlich nutzen Sie ein Werk als Kopiervorlage, das Ihren Anforderungen an die neue Organisationseinheit am nächsten kommt. Es empfiehlt sich daher, sich mit den Systemeinstellungen der Vorlage auseinanderzusetzen, bevor Sie mit der Kopierfunktion arbeiten. In der Standardauslieferung verwenden Sie das Werk 0001 als Kopiervorlage. Dieses Werk verfügt über Voreinstellungen in allen abhängigen Tabellen.

Schlüsselfelder bei Organisationseinheiten

Schlüsselfelder sind Felder im SAP-System, mit denen Sie Tabelleneinträge zeilenbezogen eindeutig bestimmen. Bei Organisationseinheiten ist das Schlüsselfeld ein alphanumerisches Feld und gegebenenfalls in Kombination mit einem anderen Schlüsselfeld eindeutig in einer Tabelle hinterlegt. Zulässig sind in Schlüsselfeldern sowohl die Ziffern Null bis Neun als auch Buchstaben des Alphabets. Das Werk ist ein vierstelliges Schlüsselfeld. Werte wie A001, GER1 oder 2800 sind zulässig und können genau einmal vergeben werden. Bei der Benennung der Organisationseinheiten sollten Sie sicherstellen, dass sich Anwenderinnen und Anwender später in den gewählten Bezeichnungen zurechtfinden. Zugleich achten Sie bitte auf eine Bezeichnungslogik, die eine nachträgliche Erweiterung der Unternehmensstruktur zulässt. Da die Zeichenanzahl bei Werken auf maximal vier Stellen begrenzt ist, können Sie nach Bedarf mit einem Präfix im Schlüsselfeld arbeiten. Bedenken Sie hierbei jedoch, dass Sie damit bereits ein Zeichen des Schlüsselfelds belegen.

Wenn Ihre Firma zum Beispiel ein Werk in Italien, Österreich und Deutschland hat, ließen sich die Werke durch I001, A001 und D001 abbilden. Aufgrund des Zukaufs eines weiteren deutschen Werks möchten Sie die entsprechende neue Organisationseinheit im SAP-System einführen. Hier bietet sich der Schlüssel D002 an, um das neue Werk abzubilden.

Sie merken: Eine gesamtheitliche Betrachtung der Unternehmensstruktur inklusive einer systematischen Vergabe der Schlüsselfelder ist unumgänglich und bildet einen wichtigen Grundstein für den Erfolg des Projekts.

Sie gehen folgendermaßen vor, um ein neues Werk mittels Kopiervorlage im System anzulegen:

1. Wählen Sie aus der Aktivitätenauswahl **Werk kopieren, löschen, prüfen** unter IMG-Pfad **Unternehmensstruktur • Definition • Logistik Allgemein • Werk kopieren, löschen, prüfen** (Transaktion EC02).
2. Über das Icon (**Kopieren**) kopieren Sie Einträge einer bestehenden Organisationseinheit auf einen neuen Eintrag. Im Feld **von Werk** erfassen Sie das Vorlagewerk, wohingegen im Feld **nach Werk** die neue Einheit einzutragen ist (siehe Abbildung 2.5).

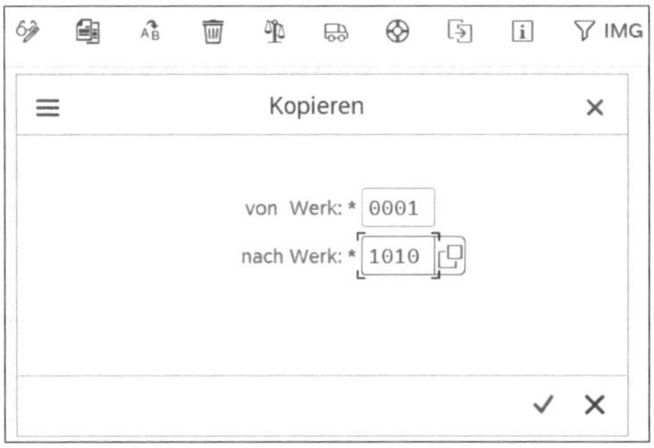

Abbildung 2.5: Kopierfunktion in der IMG-Aktivität »Werk kopieren, löschen, prüfen«

3. Klicken Sie auf das Icon (**Bestätigen**), um den Kopiervorgang zu starten.
4. Das Kopieren der Organisationseinheit inklusive abhängiger Einträge endet mit einer Erfolgsmeldung. Sie haben ein neues Werk mit der Kopierfunktion erfolgreich angelegt.
5. Sie verlassen nun die Kopierfunktion über die Schaltfläche **Zurück**. Nun ist bei der IMG-Aktivität **Werk kopieren, löschen, prüfen** ein grünes Häkchen in der Spalte **Ausgeführt** zu sehen.
6. Wählen Sie nun die Aktivität **Werk definieren** (Transaktion V_T001W) aus, und passen Sie Namen, Fabrikkalender und Adresse des neuen Werks nach Bedarf an, denn bei der Kopierfunktion wurden sowohl Detail- als auch Adressdaten aus der Kopiervorlage in das neue Werk übernommen. Über das Icon (**Details**) gelangen Sie zur Detailansicht des zuvor ausgewählten Werks.
7. Neben der Bezeichnung, die in den Feldern **Name 1** und **Name 2** steht, pflegen Sie den Fabrikkalender im gleichnamigen Feld (siehe Abbildung 2.6). Der Fabrikkalender definiert die Arbeitstage einschließlich Sonderregelungen in Ihrem Werk – so können Sie bundeslandspezifische Feiertagsregelungen berücksichtigen. Die nicht eingabebereiten Felder sind über die Adresse änderbar und werden durch die Angabe einer Adresse automatisch befüllt.
8. Passen Sie also abschließend die Werksadresse an Ihre Bedürfnisse an. Neben klassischen Adressdaten, wie Straße, Hausnummer, Postleitzahl und Ort, hinterlegen Sie bei Bedarf hier auch Suchbegriffe und Kommunikationsdaten (siehe Abbildung 2.7).

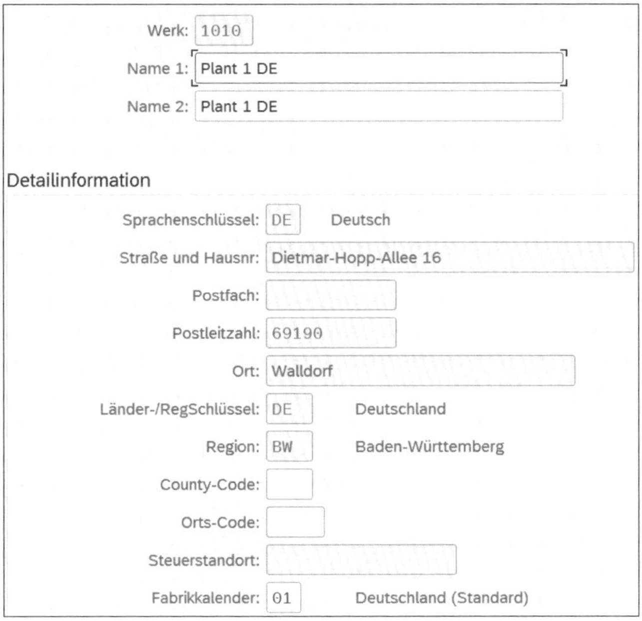

Abbildung 2.6: Detailansicht des Werks

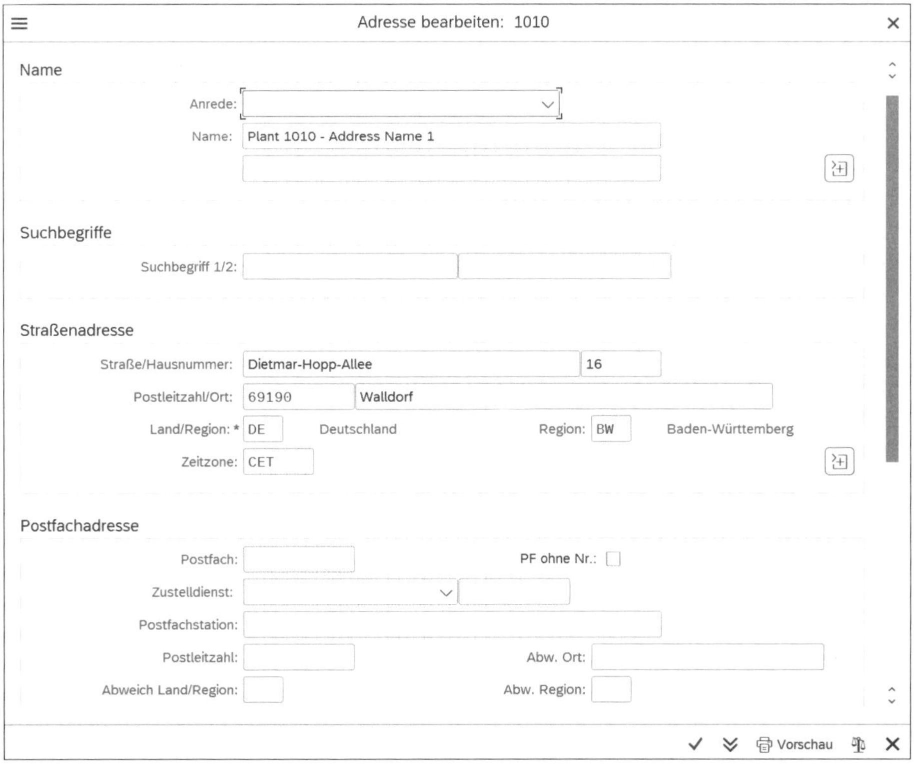

Abbildung 2.7: Ansicht »Adresse bearbeiten« eines Werks

Die Adressdetails erreichen Sie über das Icon (**Adresse**) entweder aus der Übersicht aller Werke oder aus der Detailansicht. Beide Wege führen Sie zur Oberfläche für die Adressbearbeitung. Für bestimmte Abschnitte in der Sicht **Adresse bearbeiten** können Sie weitere Felder einblenden. Klicken Sie hierfür jeweils auf das Icon (**Weitere Felder**) am rechten Rand.

Mit den beschriebenen Schritten legen Sie schnell und effizient ein neues Werk an und übernehmen abhängige Einträge, die Sie ansonsten zusätzlich über weitere IMG-Aktivitäten pflegen müssten.

[+]

Einträge kopieren (Werk)

Vorhandene Einträge als Kopiervorlagen zu nutzen, ist ein komfortables und zielführendes Vorgehen im Customizing, nicht nur für neue Organisationseinheiten, sondern auch allgemein für neue Customizing-Einträge. Nutzen Sie diese Funktionalität für Ihre Systemeinstellungen.

Wenn Sie nur mit der Aktivität **Werk definieren** (Transaktion V_T001W) arbeiten, müssen Sie unter anderem folgende IMG-Aktivitäten in der angegebenen Reihenfolge durchführen, um das Werk letztendlich nutzen zu können:

1. **Unternehmensstruktur • Definition • Logistik Allgemein • Werk definieren**
2. **Unternehmensstruktur • Definition • Materialwirtschaft • Lagerort pflegen**
3. **Unternehmensstruktur • Zuordnung • Logistik Allgemein • Werk – Buchungskreis zuordnen**
4. **Unternehmensstruktur • Zuordnung • Logistik Allgemein • Materialwirtschaft • Einkaufsorganisation – Werk zuordnen**
5. **Logistik Allgemein • Materialstamm • Grundeinstellungen • Materialarten • Eigenschaften der Materialarten festlegen**
6. **Materialwirtschaft • Bestandsführung und Inventur • Werksparameter**
7. **Materialwirtschaft • Bewertung und Kontierung • Kontenfindung • Kontenfindung ohne Assistent • Bewertungskreise gruppieren**
8. **Controlling • Produktkosten-Controlling • Istkalkulation/Material-Ledger • Materialfortschreibung • Fortschreibungsschema einem Bewertungskreis zuordnen**
9. **Controlling • Produktkosten-Controlling • Istkalkulation/Material-Ledger • Material-Ledger-Typen einem Bewertungskreis zuordnen**
10. **Controlling • Produktkosten-Controlling • Istkalkulation/Material-Ledger • Material-Ledger für Bewertungskreise aktivieren**

Weitere Aktivitäten sind nicht ausgeschlossen (abhängig vom jeweiligen Stand der aktuellen Systemeinstellungen). Die in der Liste aufgeführten IMG-Aktivitäten erklären wir in den folgenden Abschnitten genauer (wo sie jeweils zu finden sind, entnehmen Sie dem IMG-Pfad, etwa **Logistik Allgemein** oder **Materialwirtschaft**). Die Einstellungen im Bereich **Controlling** werden in Kapitel 7, »Bewertung und Kontierung«, behandelt.

Einträge prüfen (Werk)

Die Prüffunktion ist eine rein technische Prüfung des Werks. Ob das Werk inhaltlich korrekt angelegt wurde, müssen Sie eigenständig prüfen. Beispielsweise prüft das System nicht, ob die korrekte Werksadresse hinterlegt ist.

Neben der Kopierfunktion in der IMG-Aktivität **Werk kopieren, löschen, prüfen** (Transaktion EC02) können Sie neu angelegte oder auch bestehende Werke maschinell auf Konfigurationslücken prüfen. Da Sie beim Kopiervorgang alle werksabhängigen Anwendungs- und Customizing-Tabellen abhängig vom Vorlagewerk übernehmen, ist eine Überprüfung zu empfehlen. Zusätzlich überprüfen Sie Ihre getätigten werksspezifischen Anpassungen wie beispielsweise eine konfigurierte abweichende Kontenfindung. Sie gehen folgendermaßen vor, um ein Werk zu prüfen:

1. Wählen Sie die erste IMG-Aktivität **Werk kopieren, löschen, prüfen** (Transaktion EC02) unter dem IMG-Pfad **Unternehmensstruktur • Definition • Logistik Allgemein • Werk kopieren, löschen, prüfen** aus.
2. Über das Icon (**Prüfen**) prüfen Sie alle werksabhängigen Einträge einer bestehenden Organisationseinheit. Im Feld **Werk** erfassen Sie das zu prüfende Werk (siehe Abbildung 2.8).

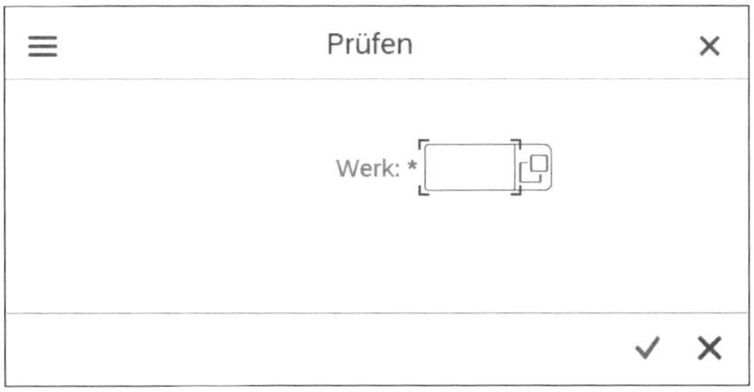

Abbildung 2.8: Prüffunktion in der IMG-Aktivität »Werk kopieren, löschen, prüfen«

3. Klicken Sie auf das Icon (**Bestätigen**), um den Prüfvorgang zu starten.
4. Die Prüfung durchläuft alle werksabhängigen Tabellen. Während des Prüfvorgangs sehen Sie unten links im Schnelldurchlauf alle Tabellen, für die werksabhängige Einträge vorhanden sein sollten. Ist die Prüfung negativ verlaufen, erhalten Sie eine Fehlerprotokoll (siehe Abbildung 2.9).

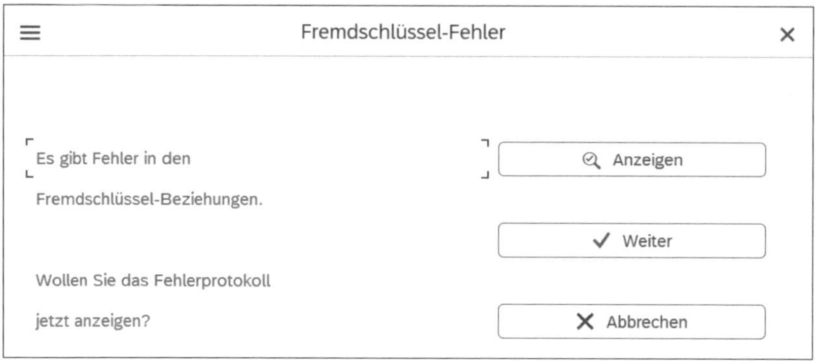

Abbildung 2.9: Negative Rückmeldung der Prüffunktion

Ermittelt das System fehlende Einträge, werden Ihnen die Fehler der Fremdschlüsselbeziehungen angezeigt. Wählen Sie die Option **Anzeigen**, um die gefundenen Fehler anzuzeigen und daraus Folgeaktionen abzuleiten.

Eine weitere Funktion der IMG-Aktivität **Werk kopieren, löschen, prüfen** (Transaktion EC02) ist das Löschen von bestehenden Werken und deren abhängigen Tabelleneinträgen. Ein typischer Anwendungsfall dafür, ein Werk zu löschen, ist, dass Ihnen bei der Anlage der Werke ein Fehler unterlaufen ist und Sie versehentlich ein Werk zu viel angelegt haben. Sie gehen folgendermaßen vor, um ein Werk zu löschen:

1. Wählen Sie die die IMG-Aktivität **Werk kopieren, löschen, prüfen** (Transaktion EC02) unter dem IMG-Pfad **Unternehmensstruktur • Definition • Logistik Allgemein • Werk kopieren, löschen, prüfen**.
2. Über das Icon (**Löschen**) löschen Sie alle werksabhängigen Einträge eines Werks. Im Feld **Werk** erfassen Sie das zu löschende Werk (siehe Abbildung 2.10).

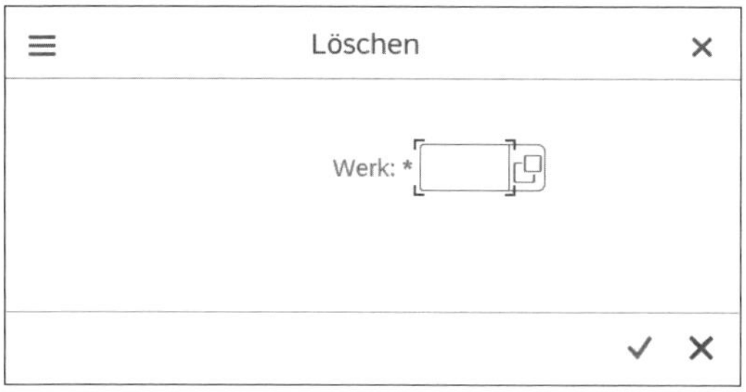

Abbildung 2.10: Löschfunktion in der IMG-Aktivität »Werk kopieren, löschen, prüfen«

3. Klicken Sie auf das Icon (**Bestätigen**), um den Löschvorgang zu starten.
4. Der Report zum Löschen durchläuft alle betroffenen Tabellen. Ist das Löschen des Werks ohne Fehler durchgelaufen, erhalten Sie eine Erfolgsmeldung. Entdeckt das System Ungereimtheiten, gibt ein Fehlerprotokoll im Anschluss des Löschversuchs detaillierte Hinweise, wieso das Löschen fehlgeschlagen ist.

[!]

Einträge löschen (Werk)
Nutzen Sie die Löschfunktion mit Bedacht! Sind Stammdaten oder gar Bewegungsdaten für das Werk, das gelöscht werden soll, in der Systemlandschaft insbesondere im Produktivsystem vorhanden, ist dringend zu empfehlen, alle Prozesse aller Anwendungen vorher abgeschlossen zu haben. Daten von gelöschten Werken sind Datenmüll und nicht mehr änder- oder verwendbar. Da das Werk ein Feld in Berechtigungsobjekten darstellt, ist es in diesen Fall zielführender, Anwenderinnen und Anwender über deren Berechtigungen das Anlegen von Stamm- oder Bewegungsdaten zu verbieten und das Werk »auslaufen« zu lassen, ohne es aus dem Customizing zu entfernen.

In der zweiten IMG-Aktivität **Werk für systemübergreifenden Warenfluss definieren** (Transaktion V_T001W_EXT) soll aus Vollständigkeitsgründen nicht unerwähnt bleiben – sie findet jedoch selten Anwendung. Sie definieren hier externe Werke für systemübergreifende Warenflüsse bei Einsatz mehrere SAP-Systeme. Im Standardfall möchten Sie systemübergreifende Umlagerungen (buchungskreisintern oder buchungskreisübergreifend), Konsignationsprozesse und systemübergreifende Lieferungen abbilden. Um die extern betroffenen Werke zu pflegen, führen Sie diese IMG-Aktivität neben anschließenden Folgeaktivitäten aus. Es sei noch einmal betont, dass es sich hier ausschließlich um systemübergreifende Warenflussprozesse handelt. Die aufgeführten Prozesse stehen Ihnen selbstverständlich systemintern durch die Pflege der IMG-Aktivität **Werke kopieren, löschen, prüfen** (Transaktion EC02) zur Verfügung.

[«]

Kopieren, löschen, prüfen bei anderen Organisationseinheiten
Die Funktionen Kopieren, Prüfen und Löschen finden Sie auch bei weiteren Organisationseinheiten, beispielsweise beim Buchungskreis, beim Vertriebsweg oder bei der Verkaufsorganisation.

Wenn Sie die Neuanlage der Werke mit Hilfe der Kopierfunktion abgeschlossen haben, prüfen Sie unter dem IMG-Pfad **Unternehmensstruktur • Zuordnung • Logistik Allgemein • Werk – Buchungskreis zuordnen** (Transaktion OX18), ob die angelegten Werke auch dem inhaltlich richtigen Buchungskreis zugeordnet sind. Ist eine kopierte Zuordnung nicht korrekt, nehmen Sie hier manuell Anpassungen vor (siehe Abschnitt 2.4.2, »Buchungskreis«). Das System führt die Zuordnungen in Tabelle V_T001K_ASSIGN.

Auch die Zuordnung zur Einkaufsorganisation muss validiert werden. Sie finden sie unter dem Knoten **Materialwirtschaft** im Zuordnungsbereich der Unternehmensstruktur (siehe Abschnitt 2.3.1, »Einkaufsorganisation«). Zusätzlich prüfen Sie die gepflegten Lagerorte des Werks (siehe Abschnitt 2.3.3). Aus Vertriebssicht müssen Sie die Zuordnung des Werks zu einem Vertriebsweg und einer Verkaufsorganisation auf Richtigkeit überprüfen (siehe Abschnitt 2.6.2). Abschließend kontrollieren Sie noch die Versandstellenzuordnung zu den Werken (siehe Abschnitt 2.7.2). Die Vielzahl an Möglichkeiten, die logistische Organisationseinheit *Werk* den unterschiedlichsten Fachkomponenten zuzuordnen, unterstreicht ihre Integrität eindrucksvoll.

2.2.3 Standort

Mit Hilfe von *Standorten* können Sie Werke zusätzlich strukturieren. Standorte werden lediglich informativ und auswertungstechnisch vor allem für die Anlagenwirtschaft und Instandhaltung genutzt. In der Anlagenwirtschaft können Sie jeder Anlage einen Standort zuweisen, in der Instandhaltung hinterlegen Sie den Standort am Instandhaltungsobjekt. Um den Detaillierungsgrad zu erhöhen, pflegen Sie je Standort eine eigene Adresse, vergleichbar mit der Adresse im Werk. Stammdatenobjekte, die Sie einem Standort zuordnen, sind:

- Anlagenstammsatz
- Equipment
- technischer Platz
- Arbeitsplatz
- Fertigungshilfsmittel

Der Standort hat einen zehnstelligen alphanumerischen Schlüssel und ist einem Werk zugeordnet (Tabelle T499S). Durch die Kombination der beiden Schlüsselfelder **Werk** und **Standort** ist es möglich, einen Standort mehreren Werken zuzuordnen. Falls Sie Standorte nutzen möchten, legen Sie einen neuen Standort folgendermaßen an, wenn die Sicht **Standorte ändern** noch leer ist:

1. Wählen Sie die IMG-Aktivität **Standort festlegen** im Knoten **Unternehmensstruktur • Definition • Logistik Allgemein** aus.
2. Klicken Sie auf die Schaltfläche **Neue Einträge**, und erfassen Sie den neuen Standort, indem Sie das betroffene Werk eintragen sowie einen Schlüssel und eine Bezeichnung für den Standort hinterlegen (siehe Abbildung 2.11). Zudem geben Sie eine Standortadresse an.

Abbildung 2.11: Neuer Standort im Werk 1010

3. Sichern Sie Ihre Einstellungen mit einem Klick auf die Schaltfläche **Sichern**.

Sind bereits Standorte im System hinterlegt, arbeiten Sie mit der Kopierfunktion. Markieren Sie die Zeile, die Sie als Vorlage nutzen möchten, und klicken Sie auf das Icon (**Kopieren als ...**). Anschließend passen Sie die Einträge nach Ihren Bedürfnissen an.

2.2.4 Sparte

Verkaufsfähige Produkte, Materialien und Dienstleistungen können Sie anhand der Organisationseinheit *Sparte* nach ihrer Vertriebszugehörigkeit einteilen. Die Sparte hinterlegen Sie als Feld im Materialstamm. Zudem beeinflusst die Sparte in Kombination mit dem Werk die automatische Geschäftsbereichskontierung. Das System ermittelt über das Werk und die Sparte die Kontierung für die Erlös- und Bestandsbuchungen (siehe Abschnitt 2.4, »Finanzwesen«). Die Sparte hat lediglich einen zweistelligen alphanumerischen Schlüssel und ist einer oder mehreren Verkaufsorganisationen sowie indirekt einem oder mehreren Vertriebswegen zugeordnet.

[!]

Nutzung der Organisationseinheit Sparte

Auch wenn Sie Ihren Vertrieb nicht mit Hilfe von Sparten einteilen, müssen Sie aus technischen Gründen zumindest mit einer »Dummy-Sparte« für alle Produkte arbeiten.

Sie legen neue Sparten über die IMG-Aktivität **Unternehmensstruktur • Definition • Logistik Allgemein • Sparte definieren, kopieren, löschen, prüfen** an. Die interne Tabelle lautet TSPA. Die Analogie zur Anlage eines Werks ist bereits durch die Bezeichnungen der Aktivitäten erkennbar (siehe Abbildung 2.12).

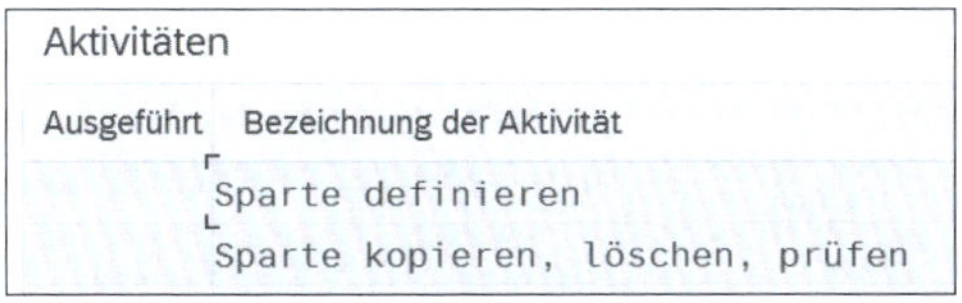

Abbildung 2.12: Aktivitätenauswahl in der IMG-Aktivität »Sparte definieren, kopieren, löschen, prüfen«

1. Wählen Sie die zweite IMG-Aktivität **Sparte kopieren, löschen, prüfen** (Transaktion EC06) im Knoten **Unternehmensstruktur • Definition • Logistik Allgemein • Sparte definieren, kopieren, löschen, prüfen** aus.
2. Über das Icon (**Kopieren**) kopieren Sie Einträge einer bestehenden Organisationseinheit auf einen neuen Eintrag. Im Feld **von Sparte** erfassen Sie die Vorlagesparte, wohingegen im Feld **nach Sparte** die neue Einheit einzutragen ist.
3. Klicken Sie auf das Icon (**Bestätigen**), um den Kopiervorgang zu starten.
4. Das Kopieren der Organisationseinheit inklusive abhängiger Einträge endet mit einer Erfolgsmeldung. Sie haben eine neue Sparte mit der Kopierfunktion erfolgreich angelegt.
5. Sie verlassen nun die Kopierfunktion über die Schaltfläche **Zurück** und wählen die erste Aktivität **Sparte definieren** (Transaktion V_TSPA), um finale Anpassungen an der kopierten Sparte vorzunehmen (ähnlich den Schritten in Abschnitt 2.2.2, »Werk«).

Die kopierte Zuordnung der Sparte zur Verkaufsorganisation validieren Sie über den IMG-Pfad **Unternehmensstruktur • Zuordnung • Vertrieb • Sparte – Verkaufsorganisation** (siehe Abschnitt 2.6.1, »Verkaufsorganisation«).

Die Werk-Sparte-Kombination für die Geschäftsbereichskontierung veranlassen und überprüfen Sie unter **Unternehmensstruktur • Zuordnung • Vertrieb – Geschäftsbereichskontierung • Geschäftsbereich – Werk – Sparte zuordnen** (siehe Abschnitt 2.4.3, »Geschäftsbereich«).

2.3 Materialwirtschaft

In diesem Abschnitt betrachten wir die für die Materialwirtschaft spezifischen Organisationseinheiten – Lagerort und Einkaufsorganisation – und definieren so die tragenden Säulen für die Teilbereiche in der Materialwirtschaft:

- Einkauf
- Bestandsführung
- Bewertung und Kontierung
- Logistik-Rechnungsprüfung

Die Einheiten pflegen Sie über den IMG-Pfad **Unternehmensstruktur • Definition • Materialwirtschaft** (siehe Abbildung 2.13).

Abbildung 2.13: Definitionen im Bereich »Materialwirtschaft«

Zusätzlich betrachten wir Einkäufergruppen, Dispositionsbereiche und Disponenten. Auch wenn die relevanten Systemeinstellungen nicht im Bereich **Unternehmensstruktur** zu finden sind, möchten wir mit diesen Elementen die Beschreibung der Materialwirtschaft im Rahmen der Bedarfsplanung vervollständigen.

2.3.1 Einkaufsorganisation

Anfragen bearbeiten, Bestellungen anpassen oder Kontrakte bearbeiten – all das zählt für operative Einkäuferinnen und Einkäufer zu den täglichen Aufgaben. Für die korrekte und fachliche Abwicklung der Einkaufstätigkeiten ist die *Einkaufsorganisation* zuständig. Auf der Ebene der Einkaufsorganisation können Sie Stammdaten wie Lieferanten, Infosätze sowie Konditionen und damit je Einkaufsorganisation unterschiedliche Verhandlungsergebnisse pflegen.

Sie legen Ihre Einkaufsorganisation über den IMG-Pfad **Unternehmensstruktur • Definition • Materialwirtschaft • Einkaufsorganisation pflegen** an. Die Daten liegen in Tabelle T024E. Für diese Organisationseinheit ist ein vierstelliger alphanumerischer Schlüssel vorgesehen. Die Länge der Bezeichnung ist auf maximal 20 Zeichen beschränkt.

Die entscheidende Frage lautet im Kontext der Einkaufsorganisation nicht, wie Sie eine Organisationseinheit anlegen, sondern wie Sie die Einkaufsorganisation mit Ihren Buchungskreisen (siehe Abschnitt 2.4.2) und Werken (siehe Abschnitt 2.2.2) verknüpfen. Ihnen stehen drei Möglichkeiten zur Verfügung, um Ihre Einkaufsorganisation zentral oder dezentral zu strukturieren:

- **Firmenbezogener Einkauf**

  Sie ordnen einer Einkaufsorganisation genau einen Buchungskreis zu. Die Einkaufsorganisation ist damit für alle Werke, die dem Buchungskreis zugeordnet sind, verantwortlich. Ordnen Sie der Einkaufsorganisation nur Werke im betrachteten Buchungskreis zu (siehe Abbildung 2.14).

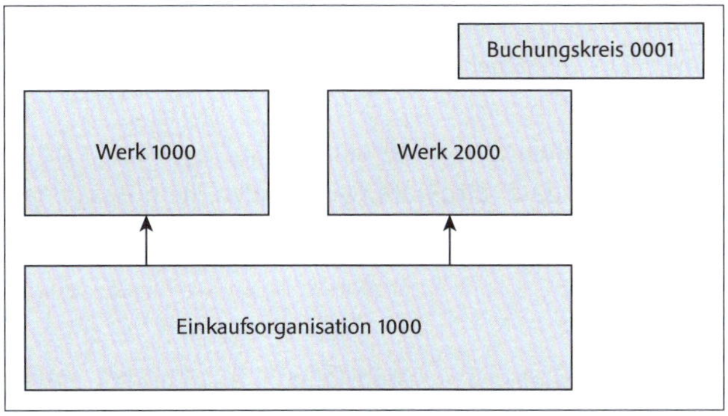

Abbildung 2.14: Beispiel für einen firmenbezogenen Einkauf

- **Werksbezogener Einkauf**

  Ordnen Sie einer Einkaufsorganisation genau ein Werk und dessen Buchungskreis zu (siehe Abbildung 2.15).

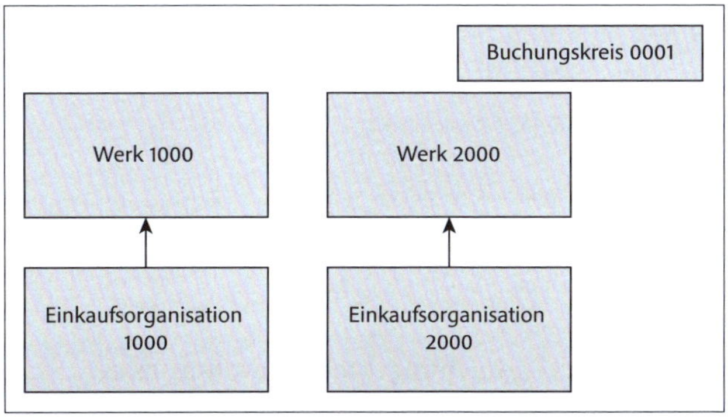

Abbildung 2.15: Beispiel für einen werksbezogenen Einkauf

- **Konzernbezogener (Zentral-)Einkauf**

  Ordnen Sie die Einkaufsorganisation keinem Buchungskreis zu. Stattdessen weisen Sie der Einkaufsorganisation mehrere Werke unterschiedlicher Buchungskreise zu (siehe Abbildung 2.16).

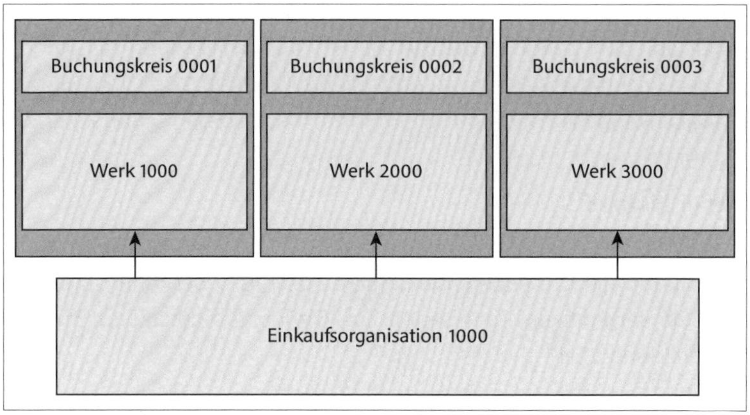

Abbildung 2.16: Beispiel für einen konzernbezogenen Einkauf

Selbstverständlich können die vorgestellten Einkaufsstrukturen auch parallel existieren. Für eine Mischform zentraler und dezentraler Strukturen verwenden Sie die sogenannte *Referenzeinkaufsorganisation*.

[»]

Stammdatenstruktur

Neben der späteren Struktur der Einkaufsorganisation legen Sie auch indirekt fest, dass Stammdaten im Bezug zu den Einkaufsorganisationen angelegt, angepasst und angezeigt werden müssen, um die Funktionalitäten im Einkauf zu verwenden. Dies betrifft unter anderem Einkaufsinfosätze, Konditionen und Lieferanten.

In der IMG-Aktivität **Unternehmensstruktur • Zuordnung • Materialwirtschaft** finden Sie die Möglichkeiten für die Zuordnungen zwischen Buchungskreis, Werk und Einkaufsorganisation (siehe Abbildung 2.17).

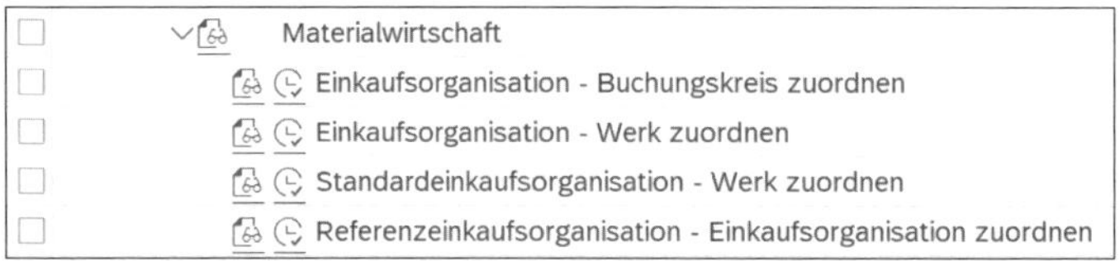

Abbildung 2.17: Zuordnungsmöglichkeiten für eine Einkaufsorganisation

Die erste Aktivität **Einkaufsorganisation – Buchungskreis zuordnen** führen Sie aus, wenn Sie einen firmen- oder werksbezogenen Einkauf abbilden möchten. Eine Einkaufsorganisation kann genau einem Buchungskreis zugeordnet werden. Für den konzernbezogenen Einkauf ordnen Sie hier keinen Buchungskreis zu. Die Buchungskreisermittlung erfolgt dann indirekt über das Werk beim Beschaffungsvorgang. Die Zuweisungen rufen Sie alternativ über Tabelle V_T024E_ASSIGN auf.

In der zweiten Aktivität **Einkaufsorganisation - Werk zuordnen** müssen Sie einem oder mehreren Werken mindestens eine oder mehrere Einkaufsorganisationen zuordnen - unabhängig von der gewählten Struktur. Für einen firmenbezogenen Einkauf weisen Sie eine Einkaufsorganisation allen Werken für einen bestimmten Buchungskreis zu. Bei einem werksbezogenen Einkauf gilt, dass eine Einkaufsorganisation genau einem Werk zugeordnet wird. Handelt es sich um einen konzernbezogenen Einkauf, ordnen Sie wiederum allen Werken genau eine Einkaufsorganisation zu. Tabelle W_T024W_ASSIGN führt die vorgenommenen Zuordnungen.

Für das betrachtete Beispielwerk 1710 (aus Abschnitt 2.2.2, »Werk«) sind die beiden hier beschriebenen Aktivitäten ausgeführt worden. Der Einkaufsorganisation sind mit demselben Schlüssel sowohl ein Buchungskreis als auch ein Werk (siehe Abbildung 2.18 und Abbildung 2.19) zugeordnet. Dass für das Werk und die Einkaufsorganisation derselbe Schlüssel verwendet wird, ist nicht zwingend notwendig, ist aber bei einem werksbezogenen Einkauf ein bewährtes Mittel, um Einkäuferinnen und Einkäufer per Schlüsselfeld zu signalisieren, dass diese Einkaufsorganisation zu ihrem Werk gehört. Über die Spalte **Status** gibt Ihnen das System einen direkten Hinweis, ob die getroffene Zuordnung richtig ist oder ob Abweichungen auftreten. In Abbildung 2.19 sehen Sie in der zweiten Zeile, dass es ein Problem mit einem abweichenden Buchungskreis zwischen Werk und Einkaufsorganisation gibt, das Sie beheben müssen.

Einkaufsorganisation -> Buchungskreis zuordnen

EkOr	Bezeichnung	BuKr	Gesellschaftsname
1010	Einkaufsorg. 1010	1010	Company Code 1010

Abbildung 2.18: Zuordnung Einkaufsorganisation - Buchungskreis

Einkaufsorganisation -> Werk zuordnen

EkOr	Bezeichnung	Werk	Name 1	Status
0002	Einkaufsorg. 0002	0003	Plant 0003 (is-ht-sw)	Buchungskreis von Werk/Einkaufsorg. sind nicht identisch
1010	Einkaufsorg. 1010	1010	Plant 1 DE	

Abbildung 2.19: Zuordnung Einkaufsorganisation - Werk

Eine Standardeinkaufsorganisation verwenden Sie, wenn in einem Werk mehrere Einkaufsorganisationen zugeteilt sind. Pro Werk legen Sie mit der Aktivität **Standardeinkaufsorganisation - Werk zuordnen** eine Einkaufsorganisation als Standardeinkaufsorganisation fest (Tabelle V_001W_E). Insbesondere bei der Bezugsquellenfindung für Umlagerungs- und Konsignationsprozesse ermittelt das System die Standardeinkaufsorganisation. Auch bei Warenausgängen in der Pipelinebeschaffung tritt die Standardeinkaufsorganisation in Erscheinung.

Die vierte und letzte Aktivität **Referenzeinkaufsorganisation - Einkaufsorganisation zuordnen** nutzen Sie, um Ihren Einkaufsorganisationen eine Referenzeinkaufsorganisation zuzuweisen (Tabelle V_T024Z). Die Referenzeinkaufsorganisation erfüllt den Zweck eines konzernbezogenen Zentraleinkaufs, damit Sie von Skaleneffekten bei Vertragsverhandlungen profitieren und sich vorteilhafte Konditionen für Ihre Bestellvorgänge sichern können. Durch die Zuordnung zu einer Referenzeinkaufsorganisation stellen Sie sicher, dass Sie die verbesserten Bedingungen für die Beschaffung in den einzelnen Werken in Form eines Zentralkontrakts zur Verfügung stellen. Zugleich können Sie bei der Preisfindung Konditionen der Referenzeinkaufsorganisation verwenden. Beide Vorgänge erlauben Sie in der Detailansicht im Customizing (siehe Abbildung 2.20). Sie weisen jeder Einkaufsorganisation maximal eine Referenzeinkaufsorganisation zu.

Abbildung 2.20: Erlaubte Vorgänge und referierte Daten in einer Referenzeinkaufsorganisation

Referenzeinkaufsorganisation

Um mit einer Referenzeinkaufsorganisation arbeiten zu können, legen Sie vor der Zuordnung zu einer Einkaufsorganisation die Referenzeinkaufsorganisation als gewöhnliche Einkaufsorganisation an. Erst durch die Zuordnung wird aus der Einkaufsorganisation eine Referenzeinkaufsorganisation. Weiter gilt: Eine Zuweisung zu einem Werk oder Buchungskreis ist nicht notwendig. Sollten Sie dennoch eine Zuordnung durchführen, erhalten Sie eine Mischform aus den drei bekannten Strukturierungsmöglichkeiten.

2.3.2 Einkäufergruppe

Eine Einkaufsorganisation kann aus SAP-Sicht auch als eine Gesamtheit aller Einkäufergruppen betrachtet werden. *Einkäufergruppen*, die genau genommen nicht zu den Organisationseinheiten gehören, untergliedern eine Einkaufsorganisation in operative Teilbereiche und legen interne Verantwortungsbereiche der Einkäuferinnen und Einkäufer fest

– beispielsweise wer für die Beschaffung des Materials oder der Dienstleistung zuständig ist. Nach außen sind die Einkäufergruppen die ersten Ansprechpartner für die ihnen zugewiesenen Lieferanten. Obwohl der Begriff auf eine Gruppe hindeutet, kann eine Einkäufergruppe auch aus einer einzelnen Person bestehen. Die Einkäufergruppe ist zudem ein wichtiges Selektionskriterium für Einkaufsbelege. Ferner wird die Einkäufergruppe als Feld in Berechtigungsobjekten für die Materialwirtschaft verwendet. So ist es möglich, dass einer Person Vorgänge für mehrere Einkäufergruppen abwickelt.

Sie definieren Ihre Einkäufergruppen über den IMG-Pfad **Materialwirtschaft • Einkauf • Einkäufergruppen anlegen**. Die gepflegten Einträge finden Sie in Tabelle T024. Für Einkäufergruppen ist ein dreistelliger alphanumerischer Schlüssel im System vorgesehen. Sie hinterlegen hier ebenfalls die Kontaktdaten für die jeweiligen Gruppen (siehe Abbildung 2.21).

Einkäufergruppen

Einkäufergruppe	Bezeichnung EkGrp	Telefon EkGruppe	Telefaxnummer	Telefon	Nebenstelle	E-Mail-Adresse
001	Group 001	770 840 9421	770 840 9000	331	+	001@sap.com
002	Group 002	770 840 9421	770 840 9000	331	+	002@sap.com
003	Group 003	770 840 9421	770 840 9000	331	+	003@sap.com

Abbildung 2.21: Beispiele für Einkäufergruppen mit Kontaktdetails

[«]

Zuordnung einer Einkäufergruppe

Für Einkäufergruppen werden keine Zuordnungen zu Organisationseinheiten benötigt. Die entscheidenden Objekte der Einkäufergruppen finden Sie in den Berechtigungsobjekten der Materialwirtschaft wieder. Sie legen beispielsweise in den Berechtigungen fest, für welches Werk eine Einkäufergruppe Bestellungen anlegen oder sich anzeigen lassen darf.

2.3.3 Lagerort

Ein *Lagerort* ist der Ort innerhalb Ihres Werks, in dem Sie Ihre physischen Bestände aufbewahren. Ein Werk hat mindestens einen Lagerort. Typischerweise haben Sie an Ihrem Werk mehrere Lagerorte für unterschiedliche Reifegrade Ihrer Produkte im Fertigungszyklus. Sie können daher auch mehrere Lagerorte pro Werk pflegen, um beispielsweise ein Lager für Endprodukte von einem Lager für Rohstoffe zu unterscheiden.

Die Adressverwaltung ist auch bei Lagerorten gegenwärtig. Im Gegensatz zum Werk steht Ihnen hier sogar eine Adresspflege zur Verfügung, die mehrere Adressen je Lagerort ermöglicht. Ist mehr als eine Adresse hinterlegt, schlägt das System die erste gepflegte Adresse vor. Sie wählen die weiteren Adressen beim Anlegen der betreffenden Belege manuell aus. Lagerortadressen können sich von der Werksadresse unterscheiden.

[»]

Lagerortebene

Auf Lagerortebene werden die Bestände lediglich mengenmäßig geführt. Die wertmäßige Bestandsführung ist auf Werksebene angesiedelt. Das bedeutet, dass die Inventur auf Lagerortebene erfolgt.

Sie legen Ihre Lagerorte über die IMG-Aktivität **Unternehmensstruktur • Definition • Materialwirtschaft • Lagerort pflegen** an. Ein Lagerort hat einen vierstelligen alphanumerischen Schlüssel und ist einem Werk zugeordnet. In Tabelle T001L finden Sie alle gepflegten Werk-Lagerort-Kombinationen. Es kann durchaus vorkommen, dass derselbe Lagerschlüssel in einem anderen Werk verwendet wird. Durch die Kombination beider Schlüsselfelder ist Eindeutigkeit gewährleistet.

Sie gehen folgendermaßen vor, um einen Lagerort zu pflegen:

1. Wählen Sie die IMG-Aktivität **Lagerort pflegen** (Transaktion OX09) über den IMG-Pfad **Unternehmensstruktur • Definition • Materialwirtschaft**.
2. Legen Sie anschließend den Arbeitsbereich fest. Bei der Anlage eines Lagerorts ist der Arbeitsbereich ein Werk (siehe Abbildung 2.22). Hier wird die Verknüpfung von Lagerort und Werk ersichtlich.

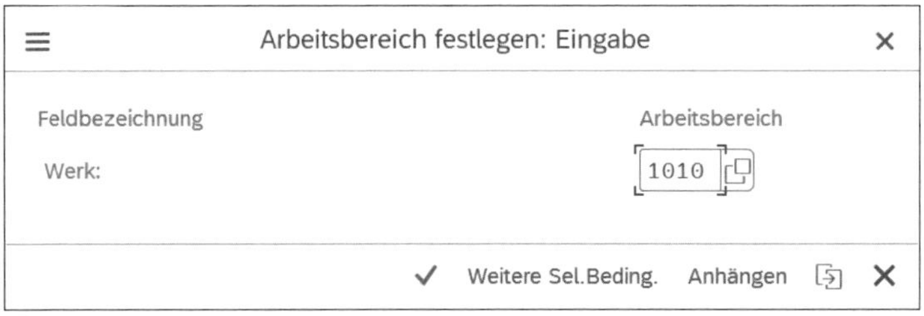

Abbildung 2.22: Einstieg in die Lagerortpflege für ein ausgewähltes Werk

3. Klicken Sie auf das Icon (**Bestätigen**), um mit der Pflege zu beginnen.
4. Falls Sie Ihr Werk mit Hilfe der Kopierfunktion angelegt haben, sind die Lagerorte aus der Kopiervorlage bereits im Pflegedialog vorhanden (siehe Abbildung 2.23).

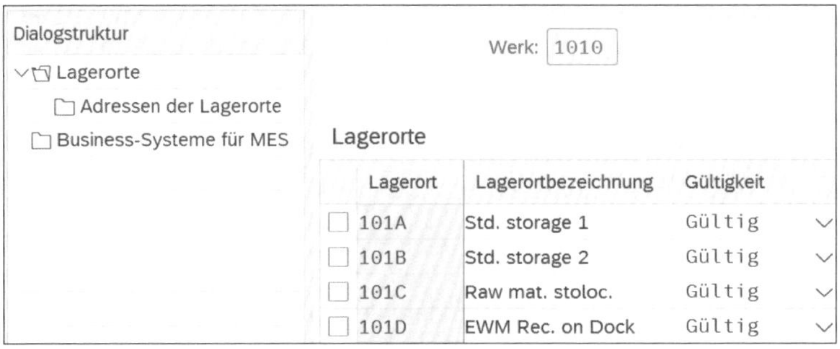

Abbildung 2.23: Pflegedialog für Lagerorte

Wenn Sie die Kopiervorlage nicht verwenden, legen Sie mindestens einen neuen Lagerort für Ihr Werk direkt an.

5. Um einen vorhandenen Lagerort anzupassen, können Sie zum einen die 16-stellige Lagerortbezeichnung ändern, zum anderen die Adressen des Lagerorts anpassen. Die Änderung der Bezeichnung führen Sie direkt im Pflegedialog durch. Die Lagerortadressen passen Sie an, indem Sie den Lagerort auswählen und anschließend in der Dialogstruktur auf **Adressen der Lagerorte** klicken. Sie gelangen zu den Adressen des Lagerorts (siehe Abbildung 2.24). Die Pflege der Adresse erfolgt über eine Markierung der zu bearbeitenden Adresse mit anschließendem Klick auf das Icon (**Adresse**). Anschließend öffnet sich das Fenster **Adresse bearbeiten**. Nach erfolgter Anpassung der Adresse kehren Sie über die Schaltfläche **Zurück** in die Übersicht der Lagerorte je Werk zurück.

Abbildung 2.24: Pflegedialog für Adressen eines Lagerorts

6. Für einen neuen Lagerort verwenden Sie entweder in der Sicht **Lagerorte ändern** die Schaltfläche **Neue Einträge**, oder Sie nutzen die Kopierfunktion über das Icon (**Kopieren**), wenn bereits ein Lagerort vorhanden ist. Sie erzeugen dadurch einen neuen Lagerortschlüssel, der zuvor nicht innerhalb des Werks verwendet wurde. Neben der Bezeichnung des Lagerorts hinterlegen Sie mindestens eine Adresse für das Lager. Auch für die Adressbearbeitung stehen die beiden genannten Funktionen zur Verfügung.

7. Um überflüssige Lagerorte, die aus einer Werkskopie resultieren, zu löschen, markieren Sie den zu löschenden Eintrag in der Sicht **Lagerorte ändern** und klicken auf das Icon (**Löschen**). Dasselbe Vorgehen können Sie bei nicht notwendigen Adressen anwenden.

Seit Release SAP S/4HANA 2021 müssen überflüssige Lagerorte jedoch nicht mehr gelöscht werden. Sie können stattdessen die Gültigkeit des Lagerorts in der gleichnamigen Spalte (siehe Abbildung 2.23) definieren, um den Lagerort aus der Eingabehilfe auszublenden. Folgende Optionen stehen zur Verfügung:

- **Gültig**: Der Lagerort wird in der Eingabehilfe angezeigt und kann von den Anwenderinnen und Anwendern ausgewählt werden.

- **Veraltet**: Der Lagerort wird in der Eingabehilfe angezeigt und kann von den Anwenderinnen und Anwendern ausgewählt werden. Jedoch wird eine Warnmeldung ausgegeben.
- **Nicht mehr gültig**: Der Lagerort wird nicht in der Eingabehilfe angezeigt.

Die Werk-Lagerort-Kombination weisen Sie bei Bedarf unter **Unternehmensstruktur • Zuordnung • Logistics Execution • Lagernummer zu Werk und Lagerort zuordnen** einer Lagernummer zu (siehe Abschnitt 2.7.1). Auch Dispositionsbereiche auf Lagerortebene können Sie für die definierten Lagerortstrukturen in Erwägung ziehen.

2.3.4 Dispositionsbereich

Die verbrauchsgesteuerte Disposition ist Bestandteil der Bedarfsplanung, deren zentrale Aufgabe darin besteht, Lagerbestände zu überwachen und Beschaffungsvorschläge für den Einkauf automatisch zu erzeugen. Dabei nutzt die verbrauchsgesteuerte Disposition statistische Verfahren und Prognosemodelle basierend auf Verbrauchswerten der Vergangenheit, damit Sie eine hohe Materialverfügbarkeit sicherstellen können. Eine Unterschreitung eines festgelegten Meldebestands oder ein prognostizierter Bedarf lösen Beschaffungsvorschläge aus. Die verbrauchsgesteuerte Disposition ist somit durch die Materialbedarfsplanung, die per Hintergrundjob meist täglich Bedarfe für alle Dispositionsbereiche in einem Werk ermittelt, in die Materialwirtschaft integriert. Die Disposition ist der Komponente Produktionsplanung zuzuordnen.

[»]

Customizing der verbrauchsgesteuerten Disposition

Die Einstellungen für eine verbrauchsgesteuerte Disposition finden Sie unter dem IMG-Pfad **Materialwirtschaft • Verbrauchsgesteuerte Disposition**. Die hier aufgeführten Konfigurationsmöglichkeiten sind Ausschnitte aus dem Bereich **Bedarfsplanung**. Wenn Sie nur eine verbrauchsgesteuerte Planung in Ihrem Unternehmen durchführen möchten, sind die hierauf zutreffenden Einstellungen im genannten Bereich ausreichend. Planen Sie hingegen, sowohl eine verbrauchs- als auch eine plangesteuerte Disposition einzusetzen, nehmen Sie die Systemeinstellungen im Bereich **Bedarfsplanung** im IMG-Menüpunkt **Produktion** vor. Möchten Sie keine Materialbedarfsplanung einsetzen, können Sie auf Dispositionsbereiche verzichten.

Der *Dispositionsbereich* ist eine selbstständige Organisationseinheit, für die eine eigenständige Bedarfsplanung durchgeführt wird. Bedarfe werden für jeden Dispositionsbereich einzeln ermittelt und ausgewiesen. SAP unterscheidet drei Arten von Dispositionsbereichen:

1. **Werk (Typ 01)**
   Der Werks-Dispositionsbereich umfasst das gesamte Werk mit allen Lagerorten und allen Lohnbearbeitungsbeständen. Alle Materialien werden im Werks-Dispositionsbe-

reich geplant. Die betrachtete Menge reduziert sich, wenn Sie anschließend Dispositionsbereiche für Lagerorte definieren und die Materialien über den Materialstamm dem Lagerort als Dispositionsbereich zuordnen. Erfolgt keine Zuordnung, planen Sie die Materialien weiterhin im Werks-Dispositionsbereich.

2. **Lagerorte (Typ 02)**
   Der Lagerort-Dispositionsbereich umfasst einen oder mehrere Lagerorte in einem Werk. Einen Lagerort ordnen Sie genau einem Dispositionsbereich und einem Zugangslagerort zu.
3. **Lohnbearbeiter (Typ 03)**
   Der Lohnbearbeiter-Dispositionsbereich hilft Ihnen, die Beistellung der Komponenten für einzelne Lohnbearbeiterinnen und Lohnbearbeiter zu planen. Hierzu definieren Sie für jede Person einen Dispositionsbereich, da jeweils nur eine Person zu einem Lohnbearbeiter-Dispositionsbereich zugeordnet werden kann. Der Planumfang des Werks reduziert sich ohne Zuordnung der betroffenen Materialien weiter.

Sie nutzen die IMG-Aktivität **Dispositionsbereiche für Werk/Lagerorte definieren** unter dem IMG-Pfad **Materialwirtschaft • Verbrauchsgesteuerte Disposition • Stammdaten • Dispositionsbereiche**, um Dispositionsbereiche für ein Werk und dessen Lagerorte zu hinterlegen. Unter demselben Pfad finden Sie auch die Aktivität für die Definition der Dispositionsbereiche für die Lohnbearbeitung. Ein Dispositionsbereich hat einen zehnstelligen alphanumerischen Schlüssel. Die definierten Bereiche finden Sie in Tabelle MDLV.

Aus Sicht der Produktion lautet der IMG-Pfad **Produktion • Bedarfsplanung • Stammdaten • Dispositionsbereiche**.

Aktivierung der Bedarfsplanung

Bevor Sie die Bedarfsplanung aktivieren und damit nutzen können, müssen Sie zunächst festlegen, für welche Werke eine Materialbedarfsplanung durchgeführt werden soll. Anschließend bauen Sie eine Planungsvormerkdatei auf, bevor Sie diese Vormerkdatei abschließend auf ihre Konsistenz prüfen lassen.

2.3.5 Disponent

Der *Disponent* ist eine Person oder Gruppe, die für die Überwachung der Materialverfügbarkeit verantwortlich ist. Bei jedem planlaufrelevanten Material müssen Sie werksabhängig einen Disponenten im Materialstamm hinterlegen, und zwar über den IMG-Pfad **Materialwirtschaft • Verbrauchsgesteuerte Disposition • Stammdaten • Disponenten festlegen**. Ein Disponent hat einen dreistelligen alphanumerischen Schlüssel und wird einem Werk zugewiesen. Sie können die Disponenten in Tabelle T024D nachschauen.

Darüber hinaus hinterlegen Sie in der Detailansicht des Disponenten eine Telefonnummer, um mögliche Unstimmigkeiten bei der Materialverfügbarkeit direkt telefonisch klären zu können. Für die Rückstandsbearbeitung tragen Sie einen Empfänger oder eine Empfängerin ein, den oder die Sie informieren möchten, sollte ein fehlendes Teil Wareneingang gebucht werden. Ebenfalls pflegbar sind Geschäftsbereich und Profitcenter des Disponenten für das Rechnungswesen.

Aus Sicht der Produktion lautet der IMG-Pfad **Produktion • Bedarfsplanung • Stammdaten • Disponenten festlegen**.

2.4 Finanzwesen

Das Finanzwesen und die Materialwirtschaft sind zwei SAP-Komponenten mit einer hohen Integration. Insbesondere in der Bestandsbewertung (siehe Kapitel 7, »Bewertung und Kontierung«) und in der logistischen Rechnungsprüfung (siehe Kapitel 8, »Logistik-Rechnungsprüfung«) werden die Berührungspunkte beider Anwendungen ersichtlich. Aus Sicht der Materialwirtschaft ist der Buchungskreis die zentrale Organisationseinheit aus dem Bereich **Finanzwesen**. Darüber hinaus erläutern wir Ihnen auch die Einheiten *Gesellschaft* und *Geschäftsbereich*.

Sie pflegen die Organisationseinheiten über den IMG-Pfad **Unternehmensstruktur • Definition • Finanzwesen** (siehe Abbildung 2.25). Im Bereich **Finanzwesen** legen Sie für folgende Komponenten den Grundstein:

- Hauptbuchhaltung
- Debitorenbuchhaltung
- Kreditorenbuchhaltung

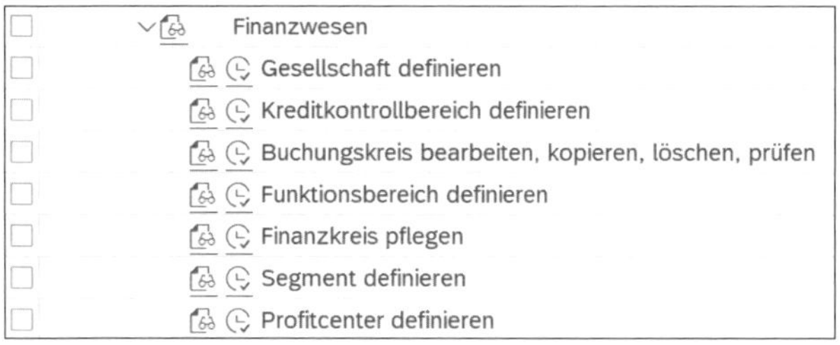

Abbildung 2.25: Definitionen im Bereich »Finanzwesen«

2.4.1 Gesellschaft

Die *Gesellschaft* ist eine Organisationseinheit im Rechnungswesen, die Ihr Unternehmen gemäß den Anforderungen aus der Handelsgesetzgebung gliedert. Sie ist daher die kleinste Organisationseinheit, für die ein Einzelabschluss erstellt werden muss. Die Konsolidierungsfunktionen der Finanzbuchhaltung werden auf der Ebene der Gesellschaft durchgeführt. Dabei besteht eine Gesellschaft aus mindestens einem Buchungskreis. Alle der Gesellschaft zugeordneten Buchungskreise müssen mit demselben Kontenplan arbeiten.

[«]

Kontenplan

Der *Kontenplan* ist ein Verzeichnis aller Sachkonten, die Sie innerhalb eines oder mehrerer Buchungskreise operativ verwenden. Bei Warenbewegungen, die buchhalterisch relevant sind, ermittelt das System automatisch im Hintergrund die aus FI-Sicht zu be- und entlastenden Sachkonten.

Über die IMG-Aktivität **Unternehmensstruktur • Definition • Finanzwesen • Gesellschaft definieren** legen Sie Ihre Gesellschaft mit einem sechsstelligen alphanumerischen Schlüssel an. Neben Adressdaten hinterlegen Sie die Hauswährung der Gesellschaft in der Detailansicht. Die betroffene interne SAP-Tabelle lautet T880.

Für die Zuordnung der Buchungskreise zu einer Gesellschaft nutzen Sie die IMG-Aktivität **Unternehmensstruktur • Zuordnung • Finanzwesen • Buchungskreis – Gesellschaft zuordnen** (siehe dazu auch Abschnitt 2.4.2).

2.4.2 Buchungskreis

Der *Buchungskreis* ist die zentrale Organisationseinheit des externen Rechnungswesens für eine vollständige und in sich abgeschlossene Buchhaltung. Mit anderen Worten: Auf Buchungskreisebene erstellen Sie alle Nachweise für einen gesetzlichen Einzelabschluss, Bilanzen sowie für die Gewinn- und Verlustrechnung (GuV). In der Regel entspricht ein Buchungskreis einem rechtlich selbstständigen Unternehmen. Sie müssen mindestens einen Buchungskreis in einem Mandanten einrichten. Mehrere Buchungskreise in einem Mandanten sind selbstverständlich auch möglich.

Über die IMG-Aktivität **Unternehmensstruktur • Definition • Finanzwesen • Buchungskreis bearbeiten, kopieren, löschen, prüfen** legen Sie neue Buchungskreise an. In Tabelle T001 werden die Buchungskreise gespeichert. Für den Schlüssel des Buchungskreises steht Ihnen ein vierstelliges alphanumerisches Feld zur Verfügung.

Die Aktivitätenauswahl bietet Ihnen ein bereits vertrautes Bild (siehe Abbildung 2.26). Sie legen neue Buchungskreise wie gewohnt mit Hilfe der Kopierfunktionalität an und können hierfür länderspezifische Vorlagen verwenden, die in der Standardauslieferung enthalten sind. Dadurch werden Länderspezifika wie die Hauswährung mitkopiert. Die *Hauswährung* ist die jeweilige Landeswährung, die im Land als Zahlungsmittel verwendet wird. Nach erfolgreichem Kopieren eines Buchungskreises bearbeiten Sie anschließend die Buchungskreisdaten, um beispielsweise die Bezeichnung anzupassen, und prüfen die kopierten Einträge für den Buchungskreis.

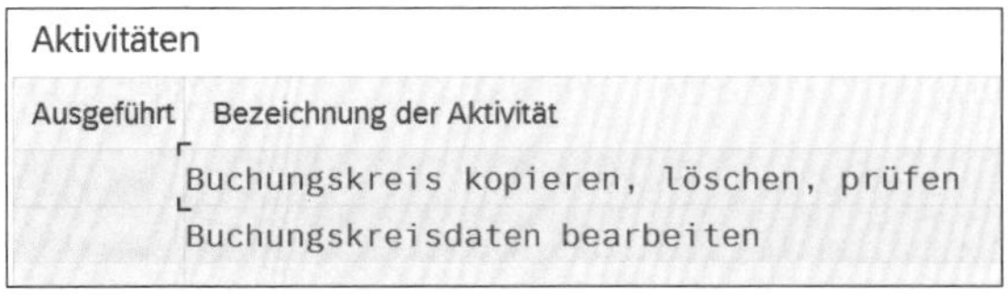

Abbildung 2.26: Aktivitätenauswahl in der IMG-Aktivität »Buchungskreis bearbeiten, kopieren, löschen, prüfen«

Um die Bedeutung des Buchungskreises für weitere SAP-Komponenten zu unterstreichen, zeigen wir Ihnen die Möglichkeiten der Zuordnung zu »komponentenfremden« Organisationseinheiten. Sie ordnen einen oder mehrere Buchungskreise folgenden Einheiten zu:

- einem Kostenrechnungskreis (siehe Abschnitt 2.5.1)
- einem oder mehreren Werken (siehe Abschnitt 2.2.2)
- einer Verkaufsorganisation (siehe Abschnitt 2.6.1)
- bei Bedarf einer Einkaufsorganisation (siehe Abschnitt 2.3.1)
- einem Personalbereich (siehe Abschnitt 2.8.3)

Sie finden alle Zuordnungen unter dem IMG-Pfad **Unternehmensstruktur • Zuordnung**. Somit verknüpft der Bereich **Finanzwesen** über den Buchungskreis indirekt die Bereiche **Controlling**, **Vertrieb**, **Materialwirtschaft** und alle logistischen Anwendungsbereiche miteinander. Ferner ordnen Sie finanzwesenintern Ihrem Buchungskreis eine Gesellschaft zu (siehe Abschnitt 2.4.1, »Gesellschaft«).

2.4.3 Geschäftsbereich

Der *Geschäftsbereich* entspricht einem abgegrenzten Tätigkeitsbereich in der Finanzbuchhaltung, dem Wertebewegungen mit dem Zweck zugerechnet werden, eigene interne Abschlüsse darzustellen. Somit ist der Geschäftsbereich eine interne Bilanzierungseinheit innerhalb des externen Rechnungswesens. Sie können Geschäftsbereiche zur Geschäftsbereichskontierung definieren. Im SAP-System ist die Nutzung von Geschäftsbereichen optional.

Die Ermittlung der Geschäftsbereichskontierung findet über die gewählte Bewertungsebene kombiniert mit der Sparte statt. Die dazugehörige IMG-Aktivität finden Sie unter **Unternehmensstruktur • Zuordnung • Logistik Allgemein • Werk/Bewertungskreis – Sparte -> Geschäftsbereich zuordnen**.

Wenn Sie die Bewertungsebene **Buchungskreis** gewählt haben (siehe Abbildung 2.27), pflegen Sie die Geschäftsbereichszuordnung für die einzelnen Werke und Buchungskreise. Über die Kombination **Werk – Sparte** ermittelt das System die Geschäftsbereichskontierung für Erlösbuchungen im Vertrieb. Dahingegen kommt beim Geschäftsbereich für die Kontierung bei beispielsweise Warenbewegungen oder Rechnungseingängen die Kombination **Bewertungskreis - Sparte** zum Tragen.

Abbildung 2.27: Zuordnung des Geschäftsbereichs nach Bewertungsebene

Wenn Sie die Bewertungsebene **Werk** gewählt haben, können Sie für die Geschäftsbereichszuordnung die dritte Option **Werk/Bewertungskreis - Sparte** für alle Werke verwenden (siehe Abschnitt 2.2.4, »Sparte«). Zusätzlich steht Ihnen mit der Bewertungsebene Werk eine automatisierte Konsistenzprüfung zur Verfügung. Über die IMG-Aktivität **Datenabgleich mit Vertrieb/Werk/Bwkrs - Sparte -> G.bereich** überprüfen Sie unter **Unternehmensstruktur • Zuordnung • Logistik Allgemein**, ob Geschäftsbereichszuordnungen für Werke fehlen. Sollte das System unvollständige Zuordnungen erkennen, wird die Zuordnung des Werks automatisch vorgenommen.

2.5 Controlling

Das Controlling dient als internes Informationssystem, mit dessen Hilfe auf zahlenbasierten Fakten abgeschlossene Prozesse bewertet und Entscheidungen für zukünftige unternehmerische Handlungen vor allem aus Kostengesichtspunkten getroffen werden. In der Materialwirtschaft werden kostenrelevante Datensätze unter anderem bei kontierten Bestellvorgängen oder Warenbewegungen erzeugt.

Sie definieren im Bereich **Controlling** die Organisationseinheiten für die folgenden Komponenten:

- Kostenstellenrechnung
- Auftragskalkulation
- Ergebnisrechnung

Kostenrechnungskreise und Ergebnisbereiche richten Sie unter dem IMG-Pfad **Unternehmensstruktur • Definition • Controlling** ein (siehe Abbildung 2.28). Der Kostenrechnungskreis ist die zentrale Organisationseinheit für das Controlling.

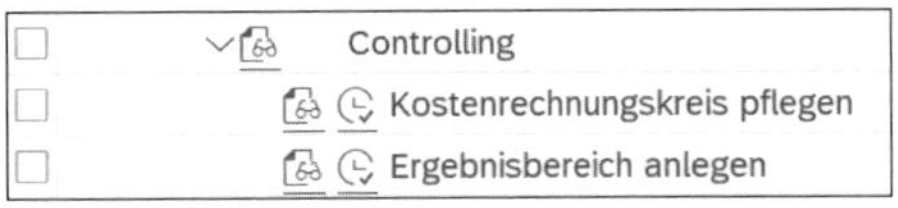

Abbildung 2.28: Definitionen im Bereich »Controlling«

2.5.1 Kostenrechnungskreis

Der *Kostenrechnungskreis* ist eine organisatorische Einheit innerhalb des Unternehmens, mit der eine Kostenrechnung durchgeführt wird. Im Kostenrechnungskreis bilden Sie innerbetriebliche Geschäftsvorfälle ab und nutzen dafür Stammdaten wie Kostenstellen, Innenaufträge oder Profitcenter.

Mit Hilfe der IMG-Aktivität **Unternehmensstruktur • Definition • Controlling • Kostenrechnungskreis pflegen** (Transaktion OX06) passen Sie die SAP-Standardauslieferung an Ihre Bedürfnisse an. Kostenrechnungskreise werden in Tabelle TKA01 mit einem vierstelligen alphanumerischen Schlüssel geführt. Für die Bezeichnung können Sie bis zu 25 Zeichen verwenden.

Bevor Sie beginnen, Ihren eigenen Kostenrechnungskreis zu pflegen, legen Sie zunächst einen neuen Kostenrechnungskreis als Kopie eines bestehenden Kostenrechnungskreises an. Die Aktivitätenreihenfolge entspricht der Anordnung in der aufgeführten Aktivitätenauswahl (siehe Abbildung 2.29). In den Grunddaten des Kostenrechnungskreises treffen Sie folgende Festlegungen:

- Zuordnungssteuerung zu einem Buchungskreis
- Währungseinstellungen
- Kontenplanzuweisung inklusive Geschäftsjahresvariante
- Einstellungen der Berechtigungshierarchien für Kostenstellen und Profitcenter

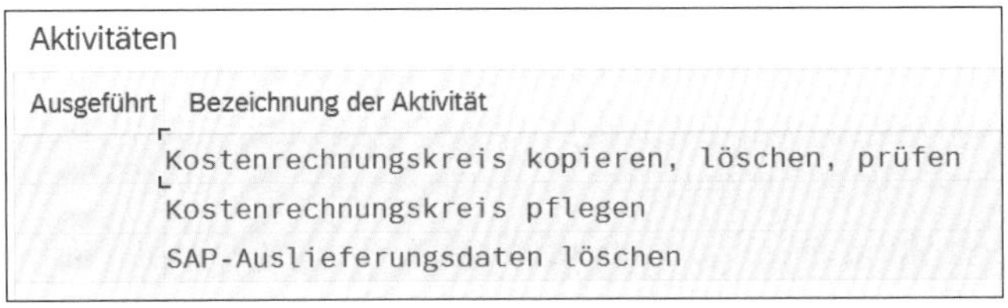

Abbildung 2.29: Aktivitätenauswahl in der IMG-Aktivität »Kostenrechnungskreis pflegen«

Über die Zuordnungssteuerung entscheiden Sie, ob Sie dem Kostenrechnungskreis genau einen Buchungskreis zuordnen oder ob Sie eine *buchungskreisübergreifende Kostenrechnung* verwenden. Letzteres ist interessant, wenn Sie für Ihr Unternehmen eine gemeinsame Kostenrechnung der Tochtergesellschaften, die selbst eine Bilanz erstellen, durchführen möchten. Stimmt die buchhalterische Sicht hingegen mit der kostenrechnerischen Sicht überein, ordnen Sie einem Kostenrechnungskreis nur einen Buchungskreis zu.

Die Zusammenführung von Kostenrechnungskreis und Buchungskreis nehmen Sie über den IMG-Pfad **Unternehmensstruktur • Zuordnung • Controlling • Buchungskreis – Kostenrechnungskreis zuordnen** vor (siehe Abschnitt 2.4.2, »Buchungskreis«).

Buchungskreisübergreifende Kostenrechnung

Für den Einsatz einer buchungskreisübergreifenden Kostenrechnung *muss* der genutzte Kontenplan in allen zugehörigen Buchungskreisen derselbe sein. Zusätzlich wählen Sie als Währung im Kostenrechnungskreis die Konzernwährung aus, sollten in den Buchungskreisen unterschiedliche Währungen Anwendung finden. Die Konzernwährung ist die Währung, in der der Konzernabschluss erfolgt.

Über die Aktivität **SAP-Auslieferungsdaten löschen** (Transaktion OKKP2) können Sie lediglich von SAP ausgelieferte Kostenrechnungskreise löschen. Nicht mehr benötigte Kostenrechnungskreise löschen Sie, wenn Sie Ihre neuen Organisationseinheiten mit Hilfe von Kopiervorlagen des Kostenrechnungskreises 0001 mit Buchungskreis 1000 definiert haben. Damit löschen Sie auch kostenrechnungskreisabhängige Daten wie Stammdaten und andere kostenrechnungskreisabhängige Einstellungen. Direkt oder indirekt verbundene Organisationseinheiten sind vom Löschvorgang des Kostenrechnungskreises nicht betroffen.

Weisen Sie zusätzlich über die IMG-Aktivität **Unternehmensstruktur • Zuordnung • Controlling • Kostenrechnungskreis – Ergebnisbereich zuordnen** (siehe Abschnitt 2.5.2, »Ergebnisbereich«) einen gemeinsamen Ergebnisbereich für Kostenrechnungskreise zu. Dadurch können Sie eine gemeinsame Ergebnisrechnung für die zugewiesenen Kostenrechnungskreise durchführen.

2.5.2 Ergebnisbereich

Der *Ergebnisbereich* gliedert Ihr Unternehmen aus Sicht der Ergebnis- und Marktsegmentrechnung. Dabei stellt der Ergebnisbereich einen Teil des Unternehmens dar, für den eine einheitliche Absatzmarktsegmentierung vorliegt.

Für die Definition eines Ergebnisbereichs nutzen Sie die IMG-Aktivität **Unternehmensstruktur • Definition • Controlling • Ergebnisbereich anlegen**. Sie legen hier nur den vierstelligen alphanumerischen Schlüssel zusammen mit der Bezeichnung für den Ergebnisbereich an (Tabelle TKEB). Die dazugehörigen Stammdaten und Strukturen legen Sie direkt im Anwendungsmenü unter **Rechnungswesen • Controlling • Ergebnis- und Marktsegmentrechnung • Stammdaten** fest.

Abschließend ordnen Sie Ihrem Ergebnisbereich Kostenrechnungskreise zu. Streben Sie eine gemeinsame Ergebnisrechnung bestimmter Kostenrechnungskreise an, weisen Sie alle betroffenen Kostenrechnungskreise einem Ergebnisbereich zu. Die Zuordnung kann erst erfolgen, wenn Sie den Kostenrechnungskreis und die Ausprägung des Ergebnisbereichs vorgenommen haben. Zudem müssen die Geschäftsjahresvarianten in den zwei Organisationseinheiten identisch sein. Unter **Unternehmensstruktur • Zuordnung • Controlling • Kostenrechnungskreis – Ergebnisbereich zuordnen** führen Sie die Verknüpfung beider Einheiten durch (siehe Abschnitt 2.5.1, »Kostenrechnungskreis«).

2.6 Vertrieb

Die SAP-Komponente Vertrieb ermöglicht es Ihnen, sämtliche Vertriebsaktivitäten in Ihrem Unternehmen systemtechnisch abzubilden, beginnend bei der ersten Kundenanfrage bis hin zur Fakturierung eines ausgelieferten Produkts oder einer ausgeführten Dienstleistung. Der Vertrieb gliedert sich in folgende Bereiche:

- Verkauf
- Versand
- Fakturierung

Betrachten Sie die Integrationspunkte zwischen Vertrieb und Materialwirtschaft, stoßen Sie unumgänglich auf komponentenübergreifende Verbindungen wie Auslieferungen oder Bestellanforderungen, die aus Kundenaufträgen resultieren. Die Vertriebskomponente greift bei der Verfügbarkeitsprüfung auf die in der Materialwirtschaft geführten Lagerbestände zu, wodurch das System einen Liefertermin für den Kunden ermittelt.

Die dem Vertrieb zugehörigen Organisationseinheiten definieren Sie über den IMG-Pfad **Unternehmensstruktur • Definition • Vertrieb**. Hierzu zählen Verkaufsorganisation, Vertriebsweg, Verkaufsbüro und Verkäufergruppe (siehe Abbildung 2.30). Verkaufsorganisation und Vertriebsweg sind die zentralen Organisationseinheiten im Vertrieb, die zugleich für die Anwendung **Vertrieb** verpflichtend sind.

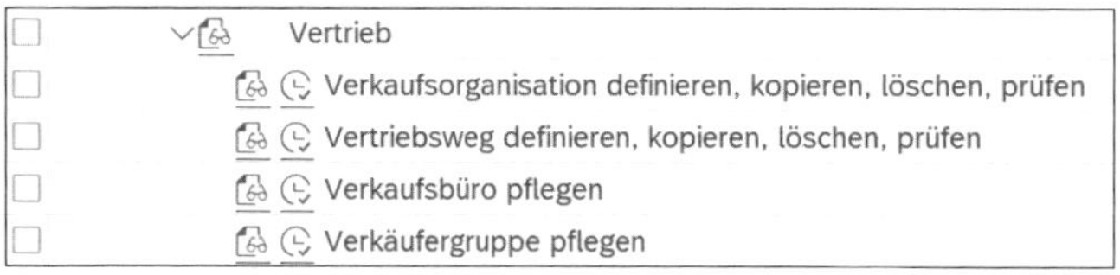

Abbildung 2.30: Definitionen im Bereich »Vertrieb«

2.6.1 Verkaufsorganisation

Die *Verkaufsorganisation* ist eine organisatorische Einheit, die Ihren Vertrieb nach dessen Erfordernissen aufteilt. Alle Positionen eines Vertriebsbelegs, in diesem Fall Auftrag, Lieferung oder Faktura, sind eindeutig einer Verkaufsorganisation zuzuordnen und können damit auch auf Ebene der Verkaufsorganisation ausgewählt werden. Zudem können Sie eigene Verkaufsbelegarten innerhalb einer Verkaufsorganisation anlegen.

Um eine neue Verkaufsorganisation im System einzuführen, nutzen Sie die IMG-Aktivität **Verkaufsorganisation definieren, kopieren, löschen, prüfen**, die im Definitionsbereich in der vertrieblichen Unternehmensstruktur zu finden ist. Für eine Verkaufsorganisation ist ein vierstelliger alphanumerischer Schlüssel vorgesehen. Verkaufsorganisationen werden in der Tabelle TVKO geführt. Folgende Schritte müssen Sie für eine neue anzulegende Verkaufsorganisation umsetzen:

1. Wählen Sie die IMG-Aktivität **Verkaufsorganisation definieren, kopieren, löschen, prüfen** unter dem IMG-Pfad **Unternehmensstruktur • Definition • Vertrieb**, und verwenden Sie hier die zweite Aktivität **Verkaufsorganisation kopieren, löschen, prüfen** (Transaktion EC04). Analog zum Werk oder Buchungskreis können Sie die Kopierfunktionalität nutzen. Die SAP-Standardauslieferung enthält die Verkaufsorganisation 0001 als empfohlene Kopiervorlage.
2. Anschließend wählen Sie die erste Aktivität **Verkaufsorganisation definieren** (Transaktion V_TVKO) des in Schritt 1 genannten Pfades aus und passen die Detaildaten der kopierten Verkaufsorganisation inklusive der übernommenen Adressdaten für Ihre Zwecke an.
3. Prüfen und adaptieren Sie abschließend die Zuordnungen zu den anderen Anwendungsbereichen. Als zentrale Organisationseinheit im Vertrieb verfügt die Verkaufsorganisation vor allem über Zuordnungen zu anderen vertriebszugehörigen Einheiten. Sie ordnen einer Verkaufsorganisation folgende Einheiten direkt zu:
   - einen oder mehrere Vertriebswege (siehe Abschnitt 2.6.2)
   - eine oder mehrere Sparten (siehe Abschnitt 2.2.4)
   - einen Buchungskreis (siehe Abschnitt 2.4.2)

Vertriebswege und Sparten können Sie auch mehreren Verkaufsorganisationen zuweisen. Alle direkten Zuordnungen nehmen Sie unter dem IMG-Pfad **Unternehmensstruktur • Zuordnung • Vertrieb** vor.

Stammdaten aus Sicht der Verkaufsorganisation [!]

Eine Verkaufsorganisation teilt keine Stammdaten mit anderen Verkaufsorganisationen, daher müssen Sie Stammdaten verkaufsorganisatorisch getrennt anlegen und pflegen. So entstehen eigene Kunden- und Materialstammdaten sowie Konditionen.

2.6.2 Vertriebsweg

Der *Vertriebsweg* beschreibt, auf welchem Weg Ihre Kunden an verkaufsfähige Produkte beziehungsweise Dienstleistungen kommen. Einfache Beispiele für klassische Vertriebswege sind Groß- und Einzelhandel. Alle Positionen von Verkaufsbelegen und Fakturen gehören zu einem Vertriebsweg. Bei Lieferungen können Sie auf Positionsebene zwischen unterschiedlichen Vertriebswegen wählen.

Für die Definition von Vertriebswegen greifen Sie über den IMG-Pfad **Unternehmensstruktur • Definition • Vertrieb** auf die IMG-Aktivität **Vertriebsweg definieren, kopieren, löschen, prüfen** zu. Bereits an der Beschreibung der Aktivität erkennen Sie das Verfahren, mit dem Sie einen neuen Vertriebsweg anlegen: ein erfolgreicher Kopiervorgang (Transaktion EC05) mit anschließender Anpassung der kopierten Organisationseinheit. Für einen Vertriebsweg nutzen Sie einen zweistelligen alphanumerischen Schlüssel, und diese Schlüssel werden in Tabelle TVTW gespeichert.

Für die Zuordnung beliebig vieler Vertriebswege zu einer oder mehreren Verkaufsorganisationen steht Ihnen die IMG-Aktivität **Unternehmensstruktur • Zuordnung • Vertrieb • Vertriebsweg – Verkaufsorganisation zuordnen** (siehe Abschnitt 2.6.1, »Verkaufsorganisation«) zur Verfügung.

Nach der Zuordnung zwischen Vertriebsweg und Verkaufsorganisation müssen Sie abschließend die entstandenen Kombinationen aus beiden Organisationseinheiten zu beliebig vielen Werken durchführen (siehe Abschnitt 2.2.2, »Werk«). Die dazugehörige IMG-Aktivität **Verkaufsorganisation, Vertriebsweg, Werk zuordnen** finden Sie unter dem IMG-Pfad **Unternehmensstruktur • Zuordnung • Vertrieb**. Damit können Sie mehrere Lieferwerke für einen Vertriebsweg in einer Verkaufsorganisation hinterlegen.

[»]

Stammdaten aus Sicht des Vertriebswegs

Sie können Stammdaten innerhalb eines Vertriebswegs für Kunden und Materialien sowie Konditionen verwenden. Im Gegensatz zur Verkaufsorganisation gibt es hier die Möglichkeit, mit einem sogenannten *repräsentativen Vertriebsweg* zu arbeiten. Stammdaten für einen repräsentativen Vertriebsweg können für andere Vertriebswege genutzt werden, wenn Sie eine Zuordnung des repräsentativen Vertriebswegs zu anderen Vertriebswegen vornehmen. Für die benötigte Zuordnung nutzen Sie den IMG-Pfad **Vertrieb • Stammdaten • Gemeinsame Vertriebswege definieren**.

2.6.3 Vertriebsbereich

Vertriebsbereiche sind streng genommen keine Organisationseinheiten, sondern eine kombinatorische Zusammensetzung aus zwingend benötigten Strukturen im Vertrieb und einem Feld im Materialstamm. Ein Vertriebsbereich besteht aus folgenden Einheiten:

- Verkaufsorganisation (siehe Abschnitt 2.6.1)
- Vertriebsweg (siehe Abschnitt 2.6.2)
- Sparte (siehe Abschnitt 2.2.4)

Bevor Sie Vertriebsbereiche bilden können, müssen Sie Vertriebswege und Sparten einer oder mehreren Verkaufsorganisationen zuordnen. Daraufhin schlägt Ihnen das System beim Erstellen des Vertriebsbereichs Auswahlmöglichkeiten vor.

Sie pflegen Ihre Vertriebsbereiche unter dem IMG-Pfad **Unternehmensstruktur • Zuordnung • Vertrieb • Vertriebsbereich bilden**. Neben der Preisfindung im Vertrieb legen Sie mit Hilfe von Vertriebsbereichen fest, welche vertriebsfähigen Dienstleistungen oder Materialien über welchen Vertriebsweg von einer Verkaufsorganisation verkauft werden. Mit der Bildung von Vertriebsbereichen bestimmen Sie indirekt die Pflegemöglichkeiten der Vertriebssichten im Materialstamm. Vertriebsbereiche werden in Tabelle V_TVTA_ASSIGN geführt.

Außerdem können Sie je Vertriebsbereich Regeln für die Geschäftsbereichskontierung bestimmen (siehe Abschnitt 2.4.3, »Geschäftsbereich«). Wenn Sie keine Ableitungsregel für einen Vertriebsbereich festlegen, können Sie keine Kontierung pro Geschäftsbereich vornehmen. Für die automatische Geschäftsbereichsermittlung bei der Erlöskontenfindung und bei Wertbuchungen aufgrund von Warenbewegungen wählen Sie im Standard zwischen drei Optionen:

- Regel 1: aus Werk und (Positions-)Sparte
- Regel 2: aus dem Vertriebsbereich
- Regel 3: aus Verkaufsorganisation, Vertriebsweg und (Positions-)Sparte

Für die Festlegung des Regelwerks steht Ihnen der IMG-Pfad **Unternehmensstruktur • Zuordnung • Vertrieb • Geschäftsbereichskontierung • Regeln je Vertriebsbereich zuordnen** zur Verfügung. Mit der gleichnamigen IMG-Aktivität unter dem obigen Pfad ordnen Sie des Weiteren jedem Vertriebsbereich einen Geschäftsbereich zu.

Bei Bedarf weisen Sie einem Verkaufsbüro einen Vertriebsbereich zu. Hierzu verwenden Sie die IMG-Aktivität **Verkaufsbüro – Vertriebsbereich zuordnen** unter dem IMG-Pfad **Unternehmensstruktur • Zuordnung • Vertrieb** (siehe Abschnitt 2.6.4, »Verkaufsbüro«). Ferner können Sie einem Vertriebsbereich auch eine Serviceorganisation (siehe Abschnitt 2.8.2, »Service«) zuweisen.

2.6.4 Verkaufsbüro

Ein *Verkaufsbüro* ist eine optionale Organisationseinheit im vertrieblichen Umfeld, die in regionalen Absatzmärkten als Ansprechpartner für die vor Ort ansässigen Kunden agiert. Auch ohne Vertriebsbüros kann die Komponente Vertrieb eingesetzt werden. Positionen von Lieferungen und Fakturen können unterschiedliche Verkaufsbüros enthalten. Bei Verkaufsbelegen ist das Verkaufsbüro jedoch eindeutig und als Selektionsfeld für Listen und Arbeitsvorräte anwendbar.

Sie definieren Ihre Verkaufsbüros mit Adressdaten unter dem IMG-Pfad **Unternehmensstruktur • Definition • Vertrieb • Verkaufsbüro pflegen**. Das Schlüsselfeld ist ein vierstelliges alphanumerisches Feld. Gepflegte Verkaufsbüros sind in Tabelle TVBUR abgelegt.

Direkte Verbindungen für Vertriebsbüros zu Vertriebsbereichen stellen Sie über die IMG-Aktivität **Verkaufsbüro – Vertriebsbereich zuordnen** her. Dabei nutzen Sie den IMG-Pfad **Unternehmensstruktur • Zuordnung • Vertrieb**, um beliebig viele Verkaufsbüros den Vertriebsbereichen zu zuweisen (siehe Abschnitt 2.6.3, »Vertriebsbereich«).

Alternativ können Sie ein Verkaufsbüro auch als Gesamtheit aller zugeordneten Verkäufergruppen beschreiben. Sie untergliedern ein Verkaufsbüro in eine oder mehrere Verkäufergruppen, wobei eine Verkäufergruppe durchaus für mehrere Verkaufsbüros tätig sein kann (siehe Abschnitt 2.6.5, »Verkäufergruppe«). Wie die Zuordnung dieser beiden Organisationseinheiten genau aussieht, legen Sie über den IMG-Pfad **Unternehmensstruktur • Zuordnung • Vertrieb • Verkäufergruppe – Verkaufsbüro zuordnen** fest.

2.6.5 Verkäufergruppe

Eine *Verkäufergruppe* ist eine optionale Organisationseinheit, die eine oder mehrere Vertriebsmitarbeitende umfasst. Die Verkäufergruppe regelt die vertriebliche Zugehörigkeit von Materialien und Dienstleistungen innerhalb eines Verkaufsbüros. Im Benutzerstamm der Mitarbeitenden können Sie genau eine Verkäufergruppe hinterlegen. Wie beim Verkaufsbüro ist eine Verkäufergruppe für alle Positionen eines Verkaufsbelegs zuständig und dadurch ein Selektionskriterium für Listen und Arbeitsvorräte im Vertrieb. Lieferungs- und Fakturapositionen können unterschiedliche Verkäufergruppen beinhalten.

Sie legen eine neue Verkäufergruppe mit einem dreistelligen alphanumerischen Schlüssel und einer maximal 20-stelligen Bezeichnung über den IMG-Pfad **Unternehmensstruktur • Definition • Vertrieb • Verkäufergruppe pflegen** an. Definierte Verkäufergruppen können Sie in Tabelle TVKGR einsehen.

Sie können einer solchen Verkäufergruppe eine oder mehrere Verkaufsbüros zuweisen (siehe Abschnitt 2.6.4, »Verkaufsbüro«). Die Zuordnung erfolgt in der Aktivität **Verkäufergruppe – Verkaufsbüro zuordnen**. Der dazugehörige IMG-Pfad lautet **Unternehmensstruktur • Zuordnung • Vertrieb**.

2.7 Logistics Execution

Die Anwendungen im Bereich **Logistics Execution** umfassen vordergründig Prozesse, die für die Distributionslogistik und Lagerverwaltung entwickelt wurden. Insbesondere vertriebliche An- und Auslieferungen prägen das Belegbild und die Verwaltung einer im Vergleich zur Materialwirtschaft komplexeren Lagerverwaltung. Zu den wichtigen Organisationseinheiten im Logistics-Execution-Umfeld gehören:

- Lagernummer
- Versandstelle
- Ladestelle

Sie definieren die von Ihnen benötigten Organisationseinheiten unter dem IMG-Pfad **Unternehmensstruktur • Definition • Logistics Execution** (siehe Abbildung 2.31).

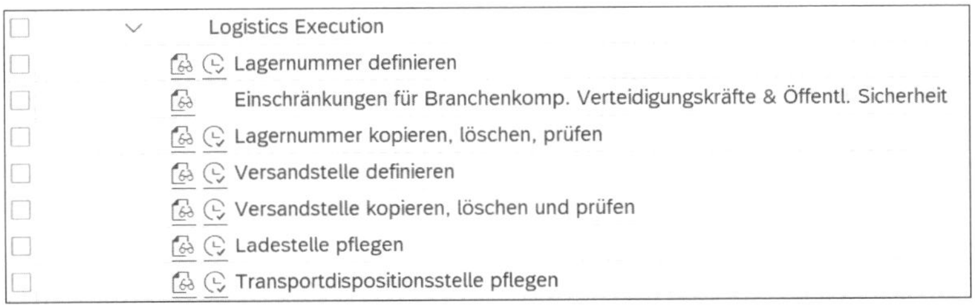

Abbildung 2.31: Definitionen im Bereich »Logistics Execution«

2.7.1 Lagernummer

Aus Sicht eines Lagerverwaltungssystems bildet eine *Lagernummer* eine komplexe Lagerstruktur ab. Sie ist die oberste Organisationseinheit und fasst Lagertypen sowie Lagerplätze, die gemeinsam verwaltet werden, zusammen. Alle Vorgänge der Lagerverwaltung führen Sie immer innerhalb einer Lagernummer durch. Die Bestände in einer Lagernummer werden lediglich mengenmäßig und nicht wertmäßig geführt.

Simplification Item – Lagerverwaltung (Warehouse Management)

Die Lagerverwaltung (LE-WM) gehört im Umfeld von SAP S/4HANA als Lagerverwaltungssystem nicht mehr zur Zielarchitektur. Das funktionale Äquivalent ist hier *SAP Extended Warehouse Management* (SAP EWM). Ab SAP S/4HANA 1909 steht Ihnen alternativ auch die Lagerraumverwaltung (*SAP S/4HANA Stock Room Management*) zur Verfügung. Die Lagerraumverwaltung beinhaltet wesentliche Bestandteile der Komponente LE-WM und wird im Gegensatz zu LE-WM über 2025 hinaus von SAP unterstützt (siehe SAP-Hinweis 2270211).

Um eine neue Lagernummer zu definieren, nutzen Sie die IMG-Aktivität **Lagernummer definieren** oder **Lagernummer kopieren, löschen, prüfen**, die unter dem IMG-Pfad **Unternehmensstruktur • Definition • Logistics Execution** zu finden sind. Unabhängig davon, welches Lagerverwaltungssystem Sie für Ihre Zwecke als geeignete Lösung ansehen, müssen Sie die Lagernummer für das ERP-System unter der genannten Aktivität anlegen. Ein dreistelliger alphanumerischer Schlüssel legt die Lagernummer in Tabelle T300 fest. Die Lagernummer verfügt nicht über eine Adresse. Das Anlegen einer Lagernummer erfolgt, wie gehabt, über die Kopierfunktion mit dem Vorlagewert 001 und der anschließenden Korrektur der Lagernummerbezeichnung. Für die Bezeichnung können Sie bis zu 25 Zeichen verwenden.

Durch den Einsatz eines Lagerverwaltungssystems können Sie die Anzahl an Lagerorten im Hinblick auf materialwirtschaftliche Prozesse stark reduzieren. Im Normalfall genügt es, einen Lagerort je Werk zu definieren (siehe Abschnitt 2.3.3, »Lagerort«).

Die Zuordnung einer Lagernummer zu den logistischen Organisationseinheiten Werk und Lagerort nehmen Sie unter dem IMG-Pfad **Unternehmensstruktur • Zuordnung • Lagernummer zu Werk und Lagerort zuordnen** vor. Innerhalb eines Werks können Sie mehreren Lagerorten dieselbe Lagernummer zuweisen. Dadurch vermitteln Sie dem System, welche Lagerorte in der Materialwirtschaft durch ein Lagerverwaltungssystem gesteuert werden.

2.7.2 Versandstelle

Die *Versandstelle* beschreibt den Ort in Ihrer Unternehmensstruktur, von dem aus Sie beispielsweise Produkte an Kunden versenden. Alle Positionen der (Aus-)Lieferung enthalten als oberste Ebene im Versand dieselbe Versandstelle. Sie stellt damit ein geeignetes Selektionskriterium für Lieferungen dar.

[»]

Warenannahmestelle

Sie können eine Versandstelle mit demselben Organisationselement auch als Warenannahmestelle für Anlieferungen erstellen. Um aus einer Versandstelle eine Warenannahmestelle zu machen, rufen Sie nach der erfolgreichen Definition der Versandstelle die IMG-Aktivität **Warenannahmestellen für Anlieferung zuordnen** unter **Logistics Execution • Versand • Grundlagen • Versand-/Warenannahmestellenfindung** auf.

Versandstellen definieren Sie unter dem IMG-Pfad **Unternehmensstruktur • Definition • Logistics Execution • Versandstelle definieren** oder **Versandstelle kopieren, löschen, prüfen**. Hierzu wählen Sie zunächst die Aktivität **Versandstelle kopieren, löschen, prüfen und kopieren** (Transaktion EC07) und kopieren mittels der ausgelieferten Organisationseinheit die abhängigen Tabelleneinträge für Ihre neu einzurichtende Versandstelle. Als Schlüsselfeld nutzen Sie ein vierstelliges alphanumerisches Feld. Für die Bezeichnung können Sie bis zu 30 Zeichen verwenden. Als Nächstes passen Sie neben der kopierten Bezeichnung über die erste Aktivität **Versandstelle definieren** (Transaktion EC21) die Details der Versandstelle an. Sie geben unter anderem einen Fabrikkalender sowie Arbeits- und Ladezeiten an. Weiter pflegen Sie für die Versandstelle eine geeignete Adresse ein. Versandstellen werden in Tabelle TVST gespeichert.

Die Verbindung von Versandstellen zu einem Werk legen Sie unter dem IMG-Pfad **Unternehmensstruktur • Zuordnung • Logistics Execution • Versandstelle – Werk zuordnen** an (siehe Abschnitt 2.2.2, »Werk«). Es besteht die Möglichkeit, eine Versandstelle mehreren Werken zuzuteilen. Zusätzlich können Sie eine Versandstelle in mehrere Ladestellen unterteilen. Ladestellen sind optionale vertriebliche Organisationseinheiten.

2.7.3 Ladestelle

Eine *Ladestelle* ist eine optionale Organisationseinheit, die in der Komponente Vertrieb verortet ist. Mit Hilfe von Ladestellen unterteilen Sie Ihre definierten Versandstellen in verschiedene Verantwortungsbereiche der Lademeisterinnen und Lademeister. Im Lieferbeleg wird die Ladestelle manuell in den Kopfdaten erfasst.

Unter dem IMG-Pfad **Unternehmensstruktur • Definition • Logistics Execution • Ladestellen pflegen** legen Sie die Ladestellen direkt mit Bezug zur Versandstelle im System an (siehe Abschnitt 2.7.2, »Versandstelle«). Dieser Vorgang ist vergleichbar mit der Anlage von Lagerorten. Nach Aufruf der Aktivität werden Sie sofort nach der Versandstelle beziehungsweise nach der Warenannahmestelle gefragt, für die Sie eine oder mehrere Ladestellen einführen möchten. Anschließend legen Sie die Ladestelle mit einem zweistelligen alphanumerischen Schlüssel und einer maximal 20-stelligen Beschreibung an. Zur Abgrenzung des Verantwortungsbereichs geben Sie im Textfeld eine Lademeisterin oder einen Lademeister an. Die Ladestellen finden Sie in Tabelle TVLA wieder.

2.7.4 Transportdispositionsstelle

Eine *Transportdispositionsstelle* ist eine Organisationseinheit, die verwaltungstechnisch für die Disposition von Transporten zuständig ist. Als Transport wird im SAP-System eine Zusammenfassung von Lieferbelegen verstanden, egal ob es dabei um An- oder um Auslieferungen geht. Jeder Transport wird von genau einer Transportdispositionsstelle verwaltet und bearbeitet. Traditionell werden solche Dispositionsstellen abhängig von den jeweiligen Transportwegen der Waren und den zuständigen Disponenten festgelegt.

Für die Definition einer Transportdispositionsstelle nutzen Sie die IMG-Aktivität **Transportdispositionsstelle pflegen**. Sie finden diese Aktivität unter dem IMG-Pfad **Unternehmensstruktur • Definition • Logistics Execution**. Abgesehen von einem vierstelligen alphanumerischen Schlüssel und einer maximal 20-stelligen Bezeichnung hinterlegen Sie je Transportdispositionsgruppe einen Buchungskreis (Tabelle TTDS). Sie geben einen Buchungskreis an, damit die Frachtkosten im dafür vorgesehenen Buchungskreis systemtechnisch verbucht werden können. Ferner geben Sie eine Adresse für Ihre Dispositionsstelle an.

2.8 Ergänzende Unternehmensstruktur

Wir komplettieren unseren ganzheitlichen Blick auf die Unternehmensstruktur in SAP S/4HANA abschließend durch eine kurze und kompakte Beschreibung der Komponenten Instandhaltung, Service und Personalwirtschaft.

2.8.1 Instandhaltung

Die Komponente Instandhaltung (Plant Maintenance, PM) gehört zu den Logistik-Komponenten in SAP und umfasst alle Aufgaben rund um geplante sowie unvorhergesehene Wartungs- und Instandhaltungsmaßnahmen in Ihrem Unternehmen. Für die Integration zur Materialwirtschaft bedeutet das z. B., dass Waren und Dienstleistungen kontiert auf Instandhaltungsaufträgen beschafft oder Materialreservierungen aus Instandhaltungsprozessen in der Bestandsführung koordiniert werden.

Bei der Betrachtung von instandhaltungsspezifischen Organisationseinheiten wird zwischen *Standortwerk* und *Instandhaltungsplanungswerk* unterschieden. In einem Standortwerk können Sie technische Objekte sowie Gewerke verwalten, wohingegen in einem Instandhaltungsplanungswerk zusätzlich Instandhaltungspläne für die zugehörigen Standortwerke, Materialplanungen, Aufträge und Instandhaltungsmeldungen verwaltet werden. Sie nutzen Instandhaltungsplanungswerke, wenn beispielsweise die Planung der Instandhaltungsmaßnahmen für mehrere Werke zentral gesteuert aus einem Werk erfolgt. Arbeitet jedes Werk selbstständig an seinen Instandhaltungsvorgängen, ist es per Definition auch ein Instandhaltungsplanungswerk.

Resultierend aus der Abgrenzung beider Werksbegriffe ergibt sich, dass Sie in einem ersten Schritt Instandhaltungsplanungswerke im System hinterlegen müssen, bevor Sie mit Standortwerken fortfahren können. Für diesen Zweck nutzen Sie den IMG-Pfad **Unternehmensstruktur • Definition • Instandhaltung • Instandhaltungsplanungswerk pflegen** (siehe Abbildung 2.32). Um überhaupt Planungswerke anlegen zu können, müssen Sie die ausgewählten Planungswerke zuvor zwingend als normale logistische Werke definieren (siehe Abschnitt 2.2.2, »Werk«).

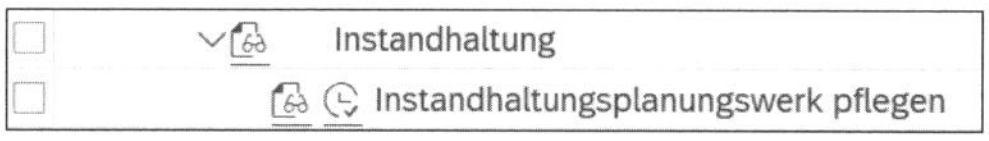

Abbildung 2.32: Definitionen im Bereich »Instandhaltung«

Instandhaltungsplanungswerke (Tabelle T399I) verwenden dieselben vierstelligen alphanumerischen Schlüssel wie normale Werke. Ist der gewählte Schlüssel nicht in Tabelle T001W enthalten, können Sie ihn nicht für das Instandhaltungsplanungswerk vergeben. Soll jedes Werk ein Instandhaltungsplanungswerk sein, müssen Sie alle Werkseinträge unter dem eben genannten Pfad hinterlegen. Für ein neues Instandhaltungsplanungswerk geben Sie lediglich das Schlüsselfeld als neuen Eintrag an. Die Bezeichnungen ermittelt das System aus der Werkstabelle T001W.

Falls gewünscht, ordnen Sie im zweiten Arbeitsschritt den zukünftigen Standortwerken Instandhaltungsplanungswerke zu (IMG-Pfad **Unternehmensstruktur • Zuordnung • Instandhaltung • Standortwerk – Instandhaltungswerksplanungswerk zuordnen**). Achten Sie dabei darauf, jedem Standortwerk genau ein Instandhaltungsplanungswerk zuzuweisen. Ferner müssen Sie berücksichtigen, dass ein Standortwerk, dem ein abweichendes Instandhaltungsplanungswerk zugeordnet ist, nicht selbst ein Instandhaltungsplanungswerk darstellen kann.

2.8.2 Service

SAP S/4HANA Service ist eine auf die Bedürfnisse von Serviceorganisationen zugeschnittene Komponente für das Servicegeschäft. Sie umfasst unter anderem Funktionen für den Kundenservice, das Vertragsmanagement und die Serviceabwicklung. Die dabei entstehenden Materialbedarfe können über die Materialwirtschaft eingekauft werden.

Die Komponente Service von SAP S/4HANA basiert auf Elementen der SAP-ERP-Komponente Customer Service (CS) sowie auf Servicefunktionen aus dem SAP Customer Relationship Management (SAP CRM). Seit dem Jahr 2018 ist sie fester Bestandteil von SAP S/4HANA.

Welche Organisationseinheiten im Service zu definieren sind, erkennen Sie in Abbildung 2.33. Hier sehen Sie die IMG-Aktivität zur Definition der Organisationseinheit *Unternehmens-Serviceorganisation*. Sie erreichen diese Aktivität über den IMG-Pfad **Unternehmensstruktur • Definition • Service.**

Abbildung 2.33: Definitionen im Bereich »Service«

Eine Unternehmens-Serviceorganisation oder einfach Serviceorganisation ist für die Bereitstellung von Services an Kunden verantwortlich. Je nach gewünschtem Funktionsumfang legen Sie die Serviceorganisation mit oder ohne Werk beziehungsweise mit oder ohne Lagerort an.

Für eine Serviceorganisation ist ein vierstelliger, alphanumerischer Schlüssel im System vorgesehen. In Tabelle CRMS4V_SRVC_ORG werden diese Einheiten gespeichert.

Da Service und Vertrieb nicht nur SAP-seitig eng miteinander integriert sind, können Sie Ihre eingeführten Serviceorganisationen jeweils einem Vertriebsbereich zuweisen. Hierzu nutzen Sie die IMG-Aktivität **Standard-Unternehmens-Serviceorganisation zu Vertriebsbereich zuordnen** unter dem Pfad **Unternehmensstruktur • Zuordnung • Service**.

2.8.3 Personalwirtschaft

Die Personalwirtschaft (Human Capital Management, HCM) umfasst alle Aufgaben und Prozesse rund um das Thema Human Resources in Ihrem Unternehmen. Die für diesen Teilbereich wichtigen Organisationseinheiten finden Sie in Abbildung 2.34. Der IMG-Pfad für alle Definitionen in der Personalwirtschaft lautet **Unternehmensstruktur • Definition • Personalwirtschaft**.

Abbildung 2.34: Definitionen im Bereich »Personalwirtschaft«

Ein *Personalbereich* ist eine Organisationseinheit, die zeitwirtschaftliche, personaladministrative sowie abrechnungstechnische Aspekte der Personalwirtschaft umfasst. Der Personalbereich gliedert sich in mehrere Personalteilbereiche auf. Sie müssen einem Personalbereich mindestens einen Personalteilbereich zuordnen. Im System geben Sie für einen Personalbereich einen vierstelligen alphanumerischen Schlüssel an. Personalbereiche sind in Tabelle T500P wiederzufinden. Die eindeutige Zuordnung zu einem bestehenden Buchungskreis schließt die Definition des Personalbereichs ab.

Der *Personalteilbereich* ist eine personalwirtschaftliche Organisationseinheit, die einen abgegrenzten Teil eines Personalbereichs repräsentiert. Auf der Ebene des Personalteilbereichs sind betriebswirtschaftliche Teilaufgaben wie die Festlegung der Tarif- und Lohnartenstruktur oder Bestimmungen zur Sollarbeitszeit angesiedelt. Zu jedem Personalbereich gehört mindestens ein Personalteilbereich. Für Personalteilbereiche, die direkt mit Bezug zu einem Personalbereich angelegt werden, stellt SAP ebenfalls ein vierstelliges alphanumerisches Schlüsselfeld zur Verfügung (Tabelle T001P).

Mittels der Organisationseinheit *Mitarbeitergruppen* teilen Sie Ihre Mitarbeitenden grob in Gruppen ein, die die jeweilige Stellung im Unternehmen definieren. Ein typisches Beispiel für eine solche Mitarbeitergruppe ist die Gruppe »Praktikant*innen«. Tabelle T501 dient als Ablageort für den einstelligen alphanumerischen Schlüssel einer Mitarbeitergruppe mit entsprechender Bezeichnung.

Mitarbeiterkreise unterteilen die Mitarbeitergruppen wiederum in detailliertere Personalstrukturen. Ihr zweistelliger alphanumerischer Schlüssel ist in Tabelle T503K gespeichert. Im Zuordnungsbereich der Personalwirtschaft ist eine aktive Zuordnung der Mitarbeiterkreise zu den Mitarbeitergruppen notwendig.

Zudem können Sie für alle angesprochenen Organisationseinheiten einen Gültigkeitszeitraum definieren, wenn Sie zuvor die Option **Gültigkeitszeitraum** über die IMG-Aktivität **Unternehmensstruktur • Zuordnung • Personalwirtschaft • Gültigkeitszeitraum für organisatorische Zuordnungen • Schalter für Gültigkeitszeitraum aktivieren** aktiviert haben.

2.9 Zusammenfassung

Zum Abschluss dieses Kapitels bietet sich eine kompakte Übersicht der direkten und indirekten Verbindungen von Organisationseinheiten aus logistischer und materialwirtschaftlicher Sicht an.

Das Werk als zentrale Organisationseinheit der Logistik ist mit folgenden Einheiten direkt oder in Kombination mit einer weiteren Organisationseinheit verbunden (siehe Abbildung 2.35):

- Buchungskreis (Finanzwesen)
- Geschäftsbereich (Finanzwesen)
- Verkaufsorganisation (Vertrieb)
- Vertriebsweg (Vertrieb)
- Einkaufsorganisation (Materialwirtschaft)
- Lagerort (Materialwirtschaft)
- Lagernummer (Logistics Execution)
- Versandstelle (Logistics Execution)
- Instandhaltungsplanungswerk (Instandhaltung)
- Serviceorganisation (Service Management)

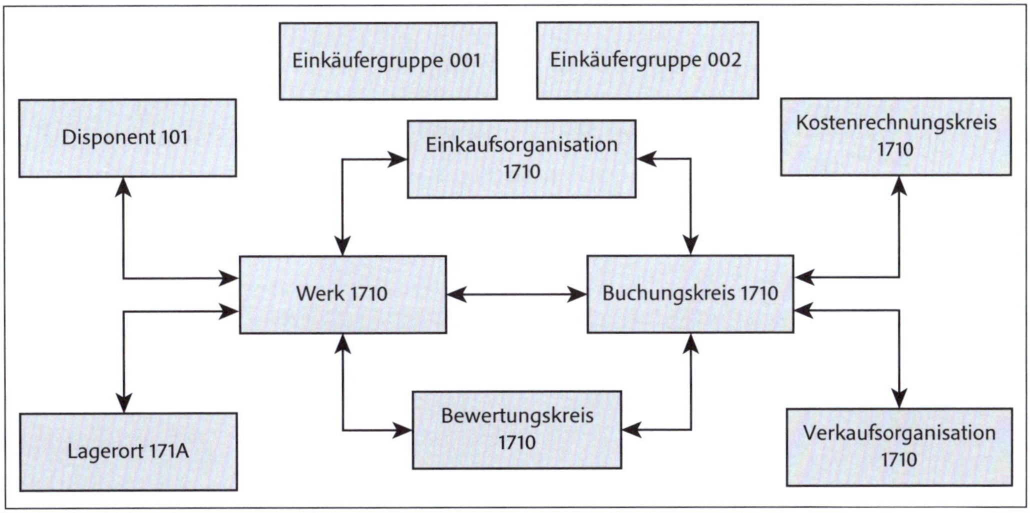

Abbildung 2.35: Beispielhafte Unternehmensstruktur

Dabei erweist sich die zwingend benötigte Zuordnung eines Buchungskreises zu einem Werk als Ausgangspunkt für eine hochintegrierte Unternehmensstruktur und damit zugleich als Fundament prozessualer Berührungspunkte über die bekannten SAP-Komponenten hinweg. Die Werk-Buchungskreis-Zuordnung bedeutet eine indirekte Verbindung ersten Grades auch für die Materialwirtschaft zu diesen Organisationseinheiten:

- Kostenrechnungskreis (Controlling)
- Personalbereich (Personalwirtschaft)

Die Unternehmensstruktur wird neben direkten und indirekten Verbindungen insbesondere durch anwendungsinterne Zuweisungen geprägt und weiter verzweigt.

Aus einem materialwirtschaftlichen Blickwinkel sind selbstverständlich nicht alle hier erläuterten Organisationseinheiten obligatorisch. Sie benötigen für den Einsatz der Materialwirtschaft ein Werk, einen Lagerort, einen Buchungskreis, einen Kostenrechnungskreis, eine Einkaufsorganisation und eine Einkäufergruppe. Möchten Sie die verbrauchsgesteuerte Disposition nutzen, muss zusätzlich ein Disponent angelegt sein.

Die Customizing-Einstellungen im Bereich **Unternehmensstruktur** sind relativ einfach und schnell umgesetzt – unter der Voraussetzung, dass Sie alle möglichen Organisationsstrukturen Ihres Unternehmens im SAP-Sinne identifiziert haben, die Sie digital abbilden möchten. Einmal festgelegt, sollte die Aufbauorganisation keinerlei Änderungen erfahren (oder zumindest so wenige wie möglich). Der Rattenschwanz, den eine nachträgliche Anpassung der Unternehmensstruktur im SAP-System nach sich zieht, wird häufig unterschätzt. Je nach Projektphase müssen bereits aufgesetzte Prozesse verändert oder im schlimmsten Fall Stamm- und Bewegungsdaten sowie Berechtigungen angepasst werden.

Daher gilt die Devise: Arbeiten Sie in Ihrem Projekt mit einer Unternehmensstruktur, die die aktuelle Realität abbildet, aber auch die absehbare Zukunft einschließt. Nutzen Sie nur so viele Organisationseinheiten, wie benötigt werden, und verwenden Sie die im SAP-Standard ausgelieferten Objekte als Kopiervorlage, um die Unternehmensstruktur nach Ihren Bedürfnissen auszugestalten.

Kapitel 3
Stammdaten

Das Fundament aller Geschäftsprozesse bilden die Stammdaten. Ohne korrekt angelegte Stammdaten können keine betrieblichen Anwendungen genutzt werden. Das oberste Gebot bei der Anlage und Verwaltung von Stammdaten lautet also: Achten Sie auf die Qualität!

In diesem Kapitel beschäftigen wir uns mit den benötigten Systemeinstellungen für anwendungsübergreifende Stammdaten und Anwendungsdaten in der Materialwirtschaft. Ohne Stammdaten können Sie keinerlei Geschäftsprozesse, geschweige denn Bewegungsdaten in SAP S/4HANA erzeugen. Sie müssen Stammdaten im System anlegen, um mit dem SAP-System arbeiten zu können. Gehen Sie dabei mit höchster Sorgfalt und Genauigkeit vor, und stellen Sie eine hohe Stammdatenqualität sicher! Ihre Anwenderinnen und Anwender werden es Ihnen danken.

Metaphorisch gesprochen sind Stammdaten das Benzin in Ihrem Auto. Stimmt die Oktanzahl im getankten Treibstoff nicht, arbeitet der Motor nicht optimal. Es kommt zu Leistungsabfällen und im schlimmsten Fall zu kostspieligen Folgeschäden. Ähnlich verhält es sich mit qualitativ schlecht gepflegten Stammdaten in SAP. Daher sollte das Thema Stammdaten in Ihrem Projekt einen hohen Stellenwert bekommen. Bestimmen Sie Ansprechpersonen für bestimmte Stammdatenobjekte, oder bauen Sie ein eigenes Stammdatenteam zur Qualitätssicherung auf.

Stammdaten sind Anwendungsdaten, die vor einer geschäftlichen Tätigkeit in einem SAP-System angelegt werden müssen. Es handelt sich um statische Daten, und sie enthalten grundlegende Informationen über die relevanten Objekte. Wir unterscheiden in SAP zwischen *anwendungsübergreifenden* und *anwendungsspezifischen Stammdaten*. Anwendungsübergreifende Stammdaten werden von unterschiedlichen Fachbereichen für verschiedene Aufgaben gemeinsam genutzt, wohingegen anwendungsspezifische Stammdaten nur in den jeweiligen Anwendungsbereichen Anwendung finden.

Für die Materialwirtschaft sind nachfolgende Stammdatenobjekte relevant und bedürfen einer genaueren Betrachtung:

- Materialstamm
- Geschäftspartner mit Lieferantenausprägung
- Einkaufsinfosatz
- Quotierung
- Orderbuch
- materialwirtschaftsspezifische Konditionen

Die Objekte Materialstamm und Geschäftspartner sind den anwendungsübergreifenden Stammdaten zuzuordnen. Ohne Materialstamm und Geschäftspartner können Sie beispielsweise kein Lagermaterial bestellen. Die darunter aufgeführten Stammdaten gehören zu den anwendungsspezifischen Stammdaten.

In Abschnitt 3.1, »Materialstamm«, lernen Sie mit dem Materialstamm das wichtigste Stammdatenobjekt in einem SAP-System kennen. Grundlegende Einstellungen, die Feldauswahlsteuerung, Materialarten und Einstellungen zu zentralen Feldern werden wir bei den Customizing-Einstellungen umfassend beschreiben. Der besondere Stellenwert dieses Stammdatenobjektes wird dabei herausgestellt. Abschnitt 3.2, »Geschäftspartner«, beschäftigt sich mit den Einstellungen rund um den Geschäftspartner. Nach einer kurzen Einführung in das Geschäftspartnermodell widmen wir uns den möglichen Systemeinstellungen. Vervollständigt wird das Kapitel durch die anwendungsspezifischen Stammdaten aus dem Bereich der Materialwirtschaft (siehe Abschnitt 3.3, »Materialwirtschaftsspezifische Stammdaten«) und die Vorstellung der Chargenverwaltung. Sie nutzen Chargen zum Zwecke der Rückverfolgbarkeit, um im Fall von qualitativen Mängeln im Herstellungsprozess schnell handlungsfähig zu sein (siehe Abschnitt 3.4, »Chargenstammdaten«).

3.1 Materialstamm

Der *Materialstamm* ist in SAP S/4HANA ein zentrales Stammdatenobjekt. Alle logistischen Anwendungen greifen in ihren Prozessen auf dieses Objekt zu. Ein Materialstammsatz enthält alle relevanten Daten für das betrachtete Material und ist in fachspezifische *Sichten* unterteilt. Entweder ist ein Fachbereich selbst für die Daten in der spezifischen Sicht zuständig, oder ein zentral organisiertes Team pflegt die Stammdaten.

Neben den Sichten sind die *Organisationsebenen* ein wichtiger Faktor bei der Anlage und Pflege von Materialstammdaten. Über die Organisationsebene legen Sie zum Beispiel fest, welche werks- beziehungsweise lagerortspezifischen Daten für das Material hinterlegt werden. Daher ist es nicht verwunderlich, dass das Stammdatenobjekt Materialstamm sich über zahlreiche SAP-Tabellen erstreckt. Hier sehen Sie eine Auswahl der wichtigsten Materialstammtabellen:

- MARA (Allgemeine Materialdaten)
- MAKT (Materialkurztexte)
- MARC (Werksdaten zum Material)
- MARD (Lagerortdaten zum Material)
- MBEW (Materialbewertung)

- MLGN (Materialdaten pro Lagernummer)
- MVKE (Verkaufsdaten zum Material)

Die fachspezifischen Daten der Materialwirtschaft finden Sie größtenteils in den beiden Tabellen MARA und MARC wieder. Mit der Transaktion SE16N können Sie einfach und zielführend Selektionen auf Datenbanktabellen durchführen.

Doch wieso benötigen Sie überhaupt ausgeprägte Materialstammsätze? Für die Materialwirtschaft ist die Verwendung eines Materialstamms obligatorisch unter anderem für folgende Anwendungsfälle:

- Beschaffung von Lagermaterial
- Bestandsführung
- Materialbewertung
- Materialbedarfsplanung

Für diese und weitere Zwecke müssen Sie zwingend einen Materialstamm mit den benötigten Sichten anlegen. Für die Pflege der Materialstammdaten stehen Ihnen insbesondere die allgemeinen Materialstammpflegetransaktionen unter dem IMG-Pfad **Logistik • Materialwirtschaft • Materialstamm • Material** im Anwendungsmenü zur Verfügung:

- MM01 (Material anlegen)
- MM02 (Material ändern)
- MM03 (Material anzeigen)

Für Massenänderungen am Materialstamm nutzen Sie die Standardtransaktion MM17 (Massenpflege: Material Industrie). Klassischerweise wird diese Transaktion nur von geübten Anwenderinnen und Anwendern aus Ihrer IT-Abteilung genutzt, und Sie sollten Massenänderungstransaktionen nie für Anwenderinnen und Anwender im Normalbetrieb bereitstellen.

Das Customizing für den Materialstamm ist vielseitig. Wir beginnen mit den Grundeinstellungen und fahren anschließend mit der Feldauswahlsteuerung fort. Weiter betrachten wir die Einstellungen zu zentralen Feldern und den Materialarten, bevor wir abschließend die Konfiguration des Materialstamms ins Auge fassen.

3.1.1 Grundeinstellungen

Die Grundeinstellungen sollten vor der Anlage des ersten Materialstamms abgeschlossen sein. Legen Sie keinen Materialstamm an, bevor Sie nicht die fundamentalen Einstellungen des Objektes abgeschlossen haben. Alle IMG-Aktivitäten, die in den Kategorie Grundeinstellungen fallen, finden Sie unter dem IMG-Pfad **Logistik Allgemein • Materialstamm • Grundeinstellungen** (siehe Abbildung 3.1).

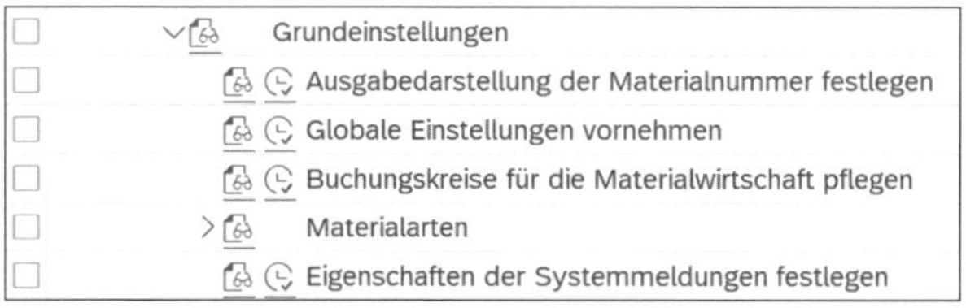

Abbildung 3.1: IMG-Aktivitäten im Bereich »Grundeinstellungen« des Materialstamms

Ausgabedarstellung der Materialnummer

Über die IMG-Aktivität **Ausgabedarstellung der Materialnummer festlegen** (Transaktion OMSL) steuern Sie die Darstellung der Materialnummer (siehe Abbildung 3.2). Die getroffenen Einstellungen finden Sie in Tabelle TMCNV wieder. Zuerst entscheiden Sie über die Länge der Materialnummer. Im SAP-Standard ist das Feld mit 18 Zeichen vorbelegt. Die maximal mögliche Länge beträgt 40 Zeichen.

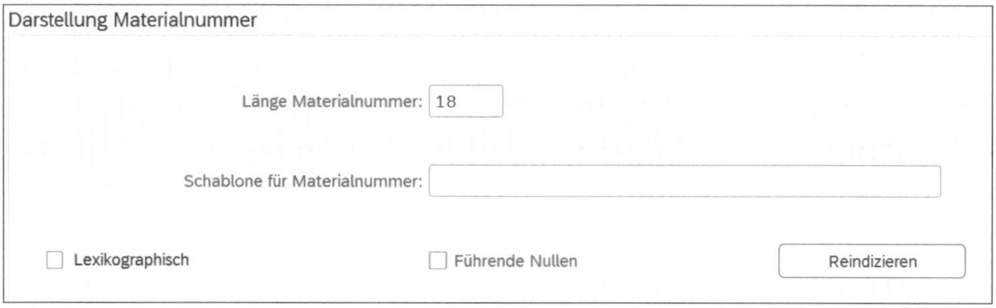

Abbildung 3.2: Grundeinstellungen – Ausgabedarstellung der Materialnummer

[!]

Simplification Item – Länge der Materialnummer

In SAP S/4HANA ist die maximale Länge der Materialnummer von 18 Zeichen auf 40 Zeichen erweitert worden. Aber Vorsicht bei der Festlegung: Sie müssen zwingend Ihre Schnittstellen, Eigenentwicklungen und Umsysteme in die Entscheidung mit einbinden (siehe SAP-Hinweis 2267140), um sicherzustellen, dass der systemübergreifende Datenaustausch und Ihre eigenentwickelten Programme weiterhin funktionieren, sofern der Materialstamm involviert ist.

Zu Ihrer Sicherheit muss die erweiterte Feldlänge des Materialstamms explizit aktiviert werden (Transaktion FLETS oder IMG-Pfad **Anwendungsübergreifende Komponenten • Allgemeine Anwendungsfunktionen • Feldlängenerweiterung • Erweiterte Felder aktivieren**) und es muss zusätzlich eine Lesebestätigung für den SAP-Hinweis 2232396 in der aufgerufenen Transaktion erfolgen.

Bei der Ausgabe der Materialnummer können Sie bei Bedarf mit einer Schablone arbeiten. Beim Materialstamm ist es eine Kombination aus Auswahl- und Aufbereitungszeichen. An vorgegebenen Stellen fügt das System ein Aufbereitungszeichen, z. B. einen Bindestrich, ein. Diese zusätzlichen Zeichen reduzieren jedoch die Anzahl der verfügbaren signifikanten Stellen.

Schablone für Materialnummer

Wir nehmen als ausgewählte Länge für die Materialnummer 14 an und möchten an der vierten und achten Stelle ein Aufbereitungszeichen verwenden. Die Materialnummernschablone sieht dann wie folgt aus: ___-___-______.

Das Kennzeichen **Lexikografisch** betrifft die Speicherform numerischer Materialnummern auf der Datenbanktabelle. Wir müssen zwei Szenarien unterscheiden:

- **Fall 1: Das Kennzeichen ist gesetzt.**
  Sie legen extern vergebene Materialnummern, die numerisch sind oder nicht vollständig aus Zahlen bestehen, nach dem Prinzip »wie angegeben« linksbündig ausgerichtet in der Datenbank ab. Das heißt, eingegebene führende Nullen werden mit abgespeichert. Die Materialien 0987 und 987 sind demnach unterschiedliche Materialien. Intern angelegte, numerische Materialnummern dagegen speichert das System mit führenden Nullen ab.
- **Fall 2: Das Kennzeichen ist nicht gesetzt.**
  Sie legen numerische Materialnummern mit aufgefüllten führenden Nullen an, die vom System ergänzt werden, die die Anwenderinnen und Anwender nicht sehen. Die Materialnummer wird rechtsbündig auf der Datenbank abgelegt. Verwenden Sie ein nicht numerisches Zeichen in der Materialnummer, erfolgt die Speicherung linksbündig.

Die getroffene Auswahl beeinflusst die Reihenfolge, wie die Materialnummern in Tabellen oder Listen sortiert sind.

Änderung des Kennzeichens »Lexikografisch«

Ein nachträgliches Setzen oder Zurücknehmen des Kennzeichens ist nur unter der Bedingung möglich, dass Sie noch keine numerischen Materialnummern angelegt haben. Ansonsten kommt es zu Interpretationsproblemen im System. Treffen Sie die Auswahl also mit Bedacht.

Über das Kennzeichen **Führende Nullen** bestimmen Sie, ob Sie die numerische Materialnummer bei der Ausgabe mit führenden Nullen bis zur definierten Maximallänge auffüllen möchten. Sie müssen hierbei beachten, dass das Feld **Führende Nullen** keine Relevanz hat, wenn Sie sich für eine lexikografische Speicherform entschieden haben.

Globale Grundeinstellungen

Die globalen Grundeinstellungen sind besondere Einstellungen für bestimmte Geschäftsanwendungen. Wenn Sie keinen dieser Geschäftsprozesse abbilden möchten, müssen Sie in der IMG-Aktivität **Globale Grundeinstellungen** (Transaktion OMT0) keinerlei Anpassungen vornehmen und können mit der nächsten Customizing-Einstellung fortfahren. Ihre Einstellungen werden in Tabelle T130S gespeichert.

Bei folgenden Anwendungsfällen sind Anpassungen denkbar:

- Massenübernahme von Materialstämmen
- Dokumentverwaltungssystem (Konstruktionszeichnungen)
- Einsatz von SAP Retail
- Zugriff auf einen externen Einkaufskatalog
- Verwendung des Funktionsbausteins `MATERIAL_FIND`
- getrennte Bewertung
- Stammdatenverteilungen

Zudem können Sie im Bereich **Bezugsmaterialien** festlegen, ob Sie Materialien als Bezugsmaterialien verwenden dürfen oder nicht. Durch das Setzen der Kennzeichen blenden Sie dazugehörige Felder im Materialstamm ein. Bitte prüfen Sie alle vorhandenen Auswahlkästchen.

[zB]

Herstellerteilenummer

Wenn Sie in der Beschaffung Ihrer Waren mit Herstellerteilenummer (HTN) und Hersteller arbeiten, ist es ratsam, für beides Felder im Materialstamm zu hinterlegen. Selektieren Sie hierfür das Auswahlkästchen **Herstellerteilenummer** innerhalb der IMG-Aktivität für die globalen Einstellungen des Materialstamms. Die angesprochenen Felder, HTN und Hersteller, finden Sie in der Sicht **Einkauf** Ihres Materialstamms wieder.

Buchungskreise der Materialwirtschaft

Mittels der IMG-Aktivität **Buchungskreise für die Materialwirtschaft pflegen** (Transaktion OMSY) richten Sie die zuvor angelegten Buchungskreise (siehe Abschnitt 2.4.2) für die Materialwirtschaft ein. Sie geben hier die aktuelle Buchungsperiode an und entscheiden, ob Sie eine Buchung in die Vorperiode – den vorherigen Monat – zulassen möchten oder nicht (siehe Abbildung 3.3). Der resultierende *Materialverwaltungssatz* für die ausgewählten Buchungskreise ist eine zwingende Grundvoraussetzung, damit Sie einen Materialstamm überhaupt anlegen und Warenbewegungen buchen können. Der Verwaltungssatz wird in Tabelle MARV hinterlegt.

	BuKr	Name der Gesellschaft	Jahr	Pe	GJ	MV	GJ	LM	RVP	RüN
☐	0001	SAP SE	1998	3	1998	2	1997	12	☑	☐
☐	0003	SAP US (IS-HT-SW)	2004	9	2004	8	2003	12	☑	☐

Abbildung 3.3: Einstellungen für die ausgelieferten Buchungskreise 0001 und 0003

Bevor Sie den ersten Materialstamm in Ihrem System anlegen, initialisieren Sie die Buchungsperiode über die Transaktion MMPI. Sie wählen den zu initialisierenden Buchungskreis aus und geben die geeignete Periode inklusive des Geschäftsjahrs an oder arbeiten alternativ mit einer Datumsangabe (siehe Abbildung 3.4). Sie können diesen Report auch unter dem IMG-Pfad **Logistik allgemein • Materialstamm • Werkzeuge • Periode initialisieren** abrufen.

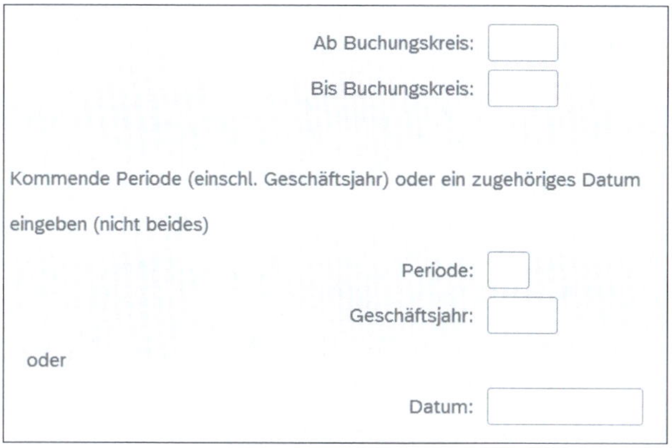

Abbildung 3.4: Periodeninitialisierung im Materialstamm

Im weiteren Projektverlauf müssen Sie mandantenspezifisch in allen Systemen die Buchungsperiode in der Regel auf den Monatsanfang verschieben. Ansonsten kommt es bei allen Warenbewegungen zu Fehlermeldungen: Buchen sei nur in bestimmten Perioden zulässig. Den sogenannten *Periodenverschieber* rufen Sie über Transaktion MMPV auf. Es ist zu empfehlen, das Verschieben der Periode durch einen automatisch ablaufenden Job am Monatsanfang durchzuführen. Sie legen für das Programm `RMMPERI` einen monatlichen Job an, der abhängig von der Ortszeit im jeweiligen Buchungskreis nach Mitternacht die Periodenverschiebung automatisiert durchführt.

Materialarten

Die spezifischen Einstellungen für die verschiedenen Materialarten erklären wir umfassend in Abschnitt 3.1.4. Zunächst sollten alle Werkzeuge bekannt sein. Die Materialart fasst die gewonnenen Erkenntnisse zusammen.

Systemmeldungen

Systemmeldungen runden die Grundeinstellungen des Materialstamms ab. Über aussagekräftige Systemmeldungen erhalten Anwenderinnen und Anwender wichtige Hinweise zu ihren Aktivitäten direkt im System. Wir betrachten hier Meldungen, die bei der Bearbeitung von Materialstammsätzen kundenspezifisch eingestellt werden können. Wählen Sie hierzu die IMG-Aktivität **Eigenschaften der Systemmeldungen festlegen** (Transaktion OMT4).

Bei Systemmeldungen unterscheiden Sie drei Ausprägungen:

- »blank« – Die Meldung wird unterdrückt.
- **W** – Die Meldung wird als Warnmeldung angezeigt.
- **E** – Die Meldung wird als Fehlermeldung angezeigt.

Die Systemkonfiguration ist in Tabelle T160M abgelegt.

> **Systemmeldungen**
> Sie können nicht bei allen Systemmeldungen über eine Customizing-Aktivität deren Ausprägung beeinflussen. Bestimmte Meldungsausprägungen sind hart kodiert, um schwerwiegende Inkonsistenzen im SAP-System schon vorab strikt zu unterbinden.

Bei einer Warnmeldung können Sie mit Ihrer Aktivität fortfahren. Meist ist das Drücken der [↵]-Taste ausreichend. Nur bei einer Fehlermeldung blockiert das System Ihr Unterfangen und beharrt auf einer Verbesserung der Eingabe, bevor Sie fortfahren können.

Neben der Information in der bereits erklärten letzten Spalte **Typ** erhalten Sie zugleich einen Einblick darin, wie Systemmeldungen in SAP deklariert sind (siehe Abbildung 3.5). Eine Meldung setzt sich aus einem *Arbeitsgebiet* und einer dreistelligen *Meldungsnummer* zusammen. Das Arbeitsgebiet entspricht der Nachrichtenklasse aus der Nachrichtenpflege-Transaktion SE91. Die Meldungsversion verrät Ihnen, dass die Meldungen nur für diese Version konfigurierbar sind. Somit können Sie diese Meldungen nicht benutzerabhängig mit unterschiedlichen Ausprägungen je Version einstellen.

Version	Arbgeb.	Nr.	Meldungstext	Typ
00	M3	347	EAN bereits bei Mengeneinheit & des Materials verwendet	W
00	M3	348	Die EAN & wird bereits bei dem Material & verwendet	W
00	M3	765	Geben Sie noch eine Mindestrestlaufzeit ein	E
00	M3	767	Achtung: Im Wareneingang muß das Herstelldatum eingegeben werden	W
00	M3	818	Zum Material & wurde noch keine EAN erfaßt	

Abbildung 3.5: Systemmeldungen für den Materialstamm

[zB]

Systemmeldung M3 347

Die Systemmeldung M3 347 gehört zum Arbeitsbereich Materialstamm (M3) und hat die Nummer 347 innerhalb des Arbeitsbereichs. Der Meldungstext lautet: »EAN bereits bei Mengeneinheit & des Materials verwendet.« Bei & handelt es sich um einen Platzhalter für die betroffene Mengeneinheit. Die Meldung ist als Fehlermeldung eingestuft.

3.1.2 Feldauswahl

Im Teilbereich **Logistik Allgemein • Materialstamm • Feldauswahl** treffen Sie Entscheidungen über die Steuerung aller Materialstammfelder. Sie legen für jedes einzelne Feld fest, wie das Feld im späteren Produktivbetrieb ausgeprägt werden soll. Ohne auf den Unterabschnitt »Einflussfaktoren (Feldreferenzen) eruieren« vorgreifen zu wollen, der im Verlauf dieses Abschnitts noch folgt, können wir grundsätzlich vier Möglichkeiten unterscheiden, ein Feld im Materialstamm zu beeinflussen:

- **Ausblenden**: Das Feld ist nicht sichtbar (-).
- **Anzeigen**: Das Feld ist nicht eingabebereit (*).
- **Musseingabe**: Das Feld muss befüllt werden (+).
- **Kanneingabe**: Das Feld kann befüllt werden (.).

Die obige Auflistung folgt ferner der Priorität, mit der eine Feldeigenschaft im SAP-System betrachtet wird. Die Feldsteuerung **Ausblenden** hat die höchste, die Ausprägung **Kanneingabe** die niedrigste Priorität. Es setzt sich immer, ohne Ausnahme, die höhere Priorität gegenüber der niedrigeren Priorität durch.

[zB]

Anforderung aus dem Fachbereich Einkauf

Sie erhalten via IT-Ticket die Anforderung aus dem Fachbereich Einkauf, das Feld **Einkäufergruppe** als Pflichtfeld bei der Materialstammneuanlage zu deklarieren, da der Fachbereich schon des Öfteren vergessen hat, es zu befüllen. Ohne das befüllte Feld entstehen jedoch bei der Durchführung des MRP-Laufs auf der Sicht **Einkauf** Bestellanforderungen, die keiner Einkäufergruppe zugeordnet sind. Die dadurch aufkommenden nachträglichen Pflegeaufwände für den Fachbereich Einkauf lassen sich durch eine einfache Änderung in der Feldsteuerung egalisieren. Zusätzlich sollten Sie nach der erfolgreichen Anpassung alle Materialien, die keine Einkäufergruppe auf der Sicht **Einkauf** beinhalten, über eine Tabellenabfrage ermitteln und nachpflegen.

Die ausgelieferte Feldauswahlsteuerung ist ein Vorschlag von SAP, den Sie ändern können. Sie können die Steuerung auf Ihre Bedürfnisse ausrichten und somit Anforderungen aus Ihren Fachbereichen umsetzen. In diesem Abschnitt lernen Sie, wie Sie die Feldauswahl anpassen.

Alle Einstellungen zur Feldauswahl treffen Sie unter dem IMG-Pfad **Logistik Allgemein • Materialstamm • Feldauswahl**. Im weiteren Verlauf dieses Abschnitts gehen wir auf alle IMG-Aktivitäten ein, die in diesem Bereich anfallen (siehe Abbildung 3.6).

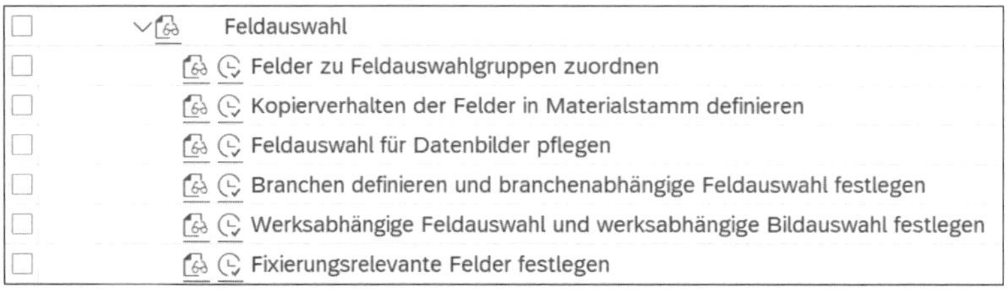

Abbildung 3.6: IMG-Aktivitäten im Bereich »Feldauswahl«

Anpassungen der Feldauswahlsteuerung

Bei Anpassungen an der Feldauswahlsteuerung gilt die Devise »nur, wenn es unbedingt notwendig ist«. Wenn Sie die Standardauslieferung nutzen, müssen Sie keinerlei Aktivitäten vornehmen. Ein triftiger Grund für eine Anpassung der Steuerung ist beispielsweise die zwingende Aufnahme kundeneigener Felder, die zuvor durch Erweiterungen der Datenbanktabellen hinzugefügt wurden.

Feldauswahlgruppe

Feldauswahlgruppen fassen mindestens ein Datenfeld, in der Regel aber mehrere Felder zusammen, deren Feldauswahlsteuerung identisch ausgeprägt werden soll. Die dreistelligen Gruppennummern der insgesamt 360 verfügbaren Gruppen unterteilen sich in folgende Bereiche:

- 001 bis 110: Materialstamm für Industrie
- 111 bis 120: reserviert für Kunden (ausgenommen bereits verwendete Werte)
- 121 bis 150: Materialstamm für Industrie
- 151 bis 210: Materialstamm für Retail
- 211 bis 240: reserviert für Kunden
- 241 bis 360: Materialstamm für Industrie

Ein Feld kann genau einer Feldauswahlgruppe zugeordnet werden. Über die IMG-Aktivität **Felder zu Feldauswahlgruppen zuordnen** (Transaktion OMSR) legen Sie die Einstellungen Ihrer Felder fest. Die eingestellten Optionen speichert das System in Tabelle T130F.

Simplification Item – Materialstammfelder Außenhandel/MRP

In SAP S/4HANA stehen bestimmte Felder für den Außenhandel und für die Disposition aus Gründen der Vereinfachung nicht mehr zur Verfügung. Bitte beachten Sie hierzu die SAP-Hinweise 2267225 (Außenhandel) und 2267246 (MRP-Felder).

Betrachten wir nun ein aussagekräftiges Beispiel anhand der Feldes **Einkäufergruppe** (technischer Feldname: `MARC-EKGRP`), um das Konstrukt der Feldauswahlgruppen und die dazugehörigen Einstellungen zu verdeutlichen. Der vollständige Feldname setzt sich aus dem Tabellennamen, einem Bindestrich und dem Feldnamen zusammen. Abbildung 3.7 zeigt, dass das Feld **Einkäufergruppe** der Feldauswahlgruppe 52 zugeordnet ist. Welche weiteren Felder sich in der Auswahlgruppe befinden und wie die Gruppe ausgesteuert ist, finden Sie durch einen Klick auf die Schaltfläche (**Zur Feldauswahlpflege**) heraus (siehe Abbildung 3.8). Sie erkennen im oberen Bereich **Felder**, dass der Feldauswahlgruppe 52 fünf weitere Felder zugeordnet sind. Im unteren Bereich **Feldauswahl** treffen Sie die Entscheidung darüber, wie die Feldsteuerung der obigen Felder abhängig von der Feldreferenz aussehen soll. Für die in der Abbildung sichtbaren Feldreferenzen 0001 und 0002 sind die betroffenen Felder als Kannfelder gekennzeichnet.

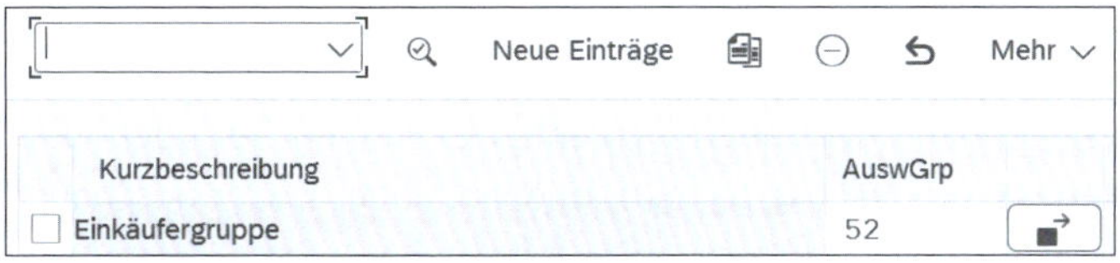

Abbildung 3.7: Das Feld »Einkäufergruppe« bei der Feldauswahlsteuerung

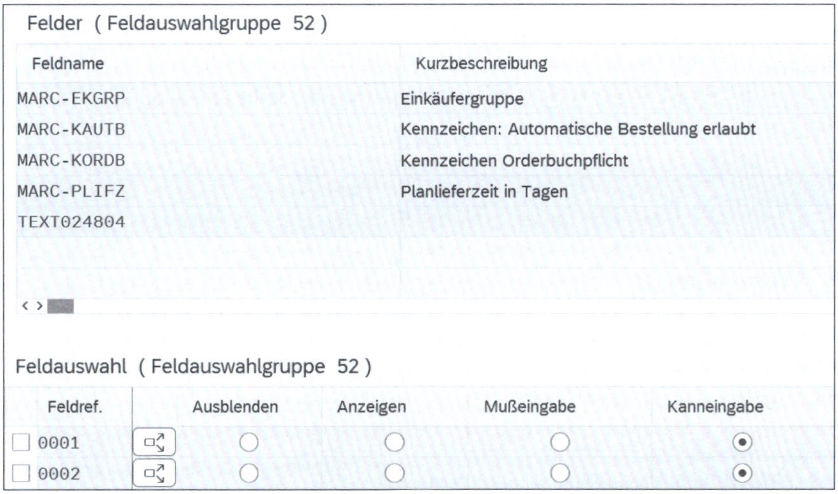

Abbildung 3.8: Übersicht der Feldauswahl – Datenbilder der Feldauswahlgruppe 52

Ein weiterer wichtiger Aspekt zusätzlich zur Feldauswahlgruppe ist die Detailansicht des einzelnen Feldes zur Pflege der Feldattribute (siehe Abbildung 3.9). Sie rufen die Details durch einen Doppelklick auf den technischen Namen oder die Kurzbeschreibung des ausgewählten Feldes auf. Alternativ markieren Sie das Feld und verwenden die Schaltfläche (**Details**). Über das Kennzeichen **Feldinh. vorschlagen** wählen Sie, ob der Feldinhalt beim Anlegen eines Materialstamms mit einer Vorlage als Vorschlagswert in das neue Material übernommen werden soll oder nicht (siehe Unterabschnitt »Kopierverhalten« weiter unten). Die Angabe im Feld **Pflegestatus** schreibt vor, welche Fachbereiche das Feld pflegen dürfen. Sie tragen hier die Sichtenkürzel des Materialstamms ein. Diese lauten:

- Arbeitsvorbereitung (A)
- Buchhaltung (B)
- Klassifizierung (C)
- Disposition (D)
- Einkauf (E)
- Fertigungshilfsmittel (F)
- Kalkulation (G)
- Grunddaten (K)
- Lagerung (L)
- Prognose (P)
- Qualitätsmanagement (Q)
- Lagerverwaltung (S)
- Vertrieb (V)
- Werksbestände (X)
- Lagerortbestände (Z)

Mit Hilfe der in Klammern stehenden Buchstaben-Sichtenkürzel können Sie zudem über ein Berechtigungsobjekt steuern, wer welche Sichten anlegen, ändern oder anschauen darf.

Beim Feld **Einkäufergruppe** sind die Sichtenkürzel E (für Einkauf) und D (für Disposition) hinterlegt. Die ALE-Feldgruppe (*Application Link Enabling*) fasst die Änderungsberechtigung in ALE-Systemen zusammen. In unserem Fall lautet der Eintrag im Feld **ALE Feldgruppe** GR_ED. Wenn Sie die SAP-Middleware-Technologie ALE zum Stammdatenaustausch nicht im Einsatz haben, müssen Sie diesem Feld keine weitere Beachtung schenken.

Abbildung 3.9: Feldattribute für das Feld »Einkäufergruppe«

Für Anpassungen an der Feldauswahlsteuerung müssen Sie vor der tatsächlichen Umsetzung im System alle Informationen und Einflussfaktoren bündeln, um eine korrekte Ausführung ohne Nebeneffekte zu gewährleisten. Ohne dass Sie die nachfolgenden Schritte durchgeführt haben, ist eine Veränderung an der Feldauswahlsteuerung nicht zielführend. Das Vorgehen können Sie sowohl auf bestehende SAP-Standardfelder anwenden als auch auf die Aufnahme von kundeneigenen Feldern:

1. Ermittlung des technischen Feldnamens
2. Ermittlung der Feldauswahlgruppe
3. Einflussfaktoren (Feldreferenzen) eruieren
4. Anpassungen durchführen
5. Anpassungen testen

Wir verallgemeinern hierzu unser oben aufgeführtes Beispiel mit dem Feld **Externe Warengruppe** und erläutern die bereits genannten Fachbegriffe. Zudem weisen wir Sie auf die Unterschiede zwischen bestehenden und kundeneigenen Feldern bei den ersten beiden Schritten hin. Bei den restlichen Vorgängen ist die Vorgehensweise analog.

Ermittlung des technischen Feldnamens

Der erste durchzuführende Schritt ist die Ermittlung des technischen Feldnamens. Hierzu rufen Sie eine der klassischen Materialstammtransaktionen MM01, MM02 oder MM03 auf und navigieren zur Sicht mit dem Feld **Externe Warengruppe**. In unserem Fall befindet sich das Feld auf der Sicht Grunddaten 1 (siehe Abbildung 3.10). Klicken Sie mit der Maus in das Feld **Externe Warengruppe**, und rufen Sie über die F1-Taste den Hilfetext auf (siehe Abbildung 3.11).

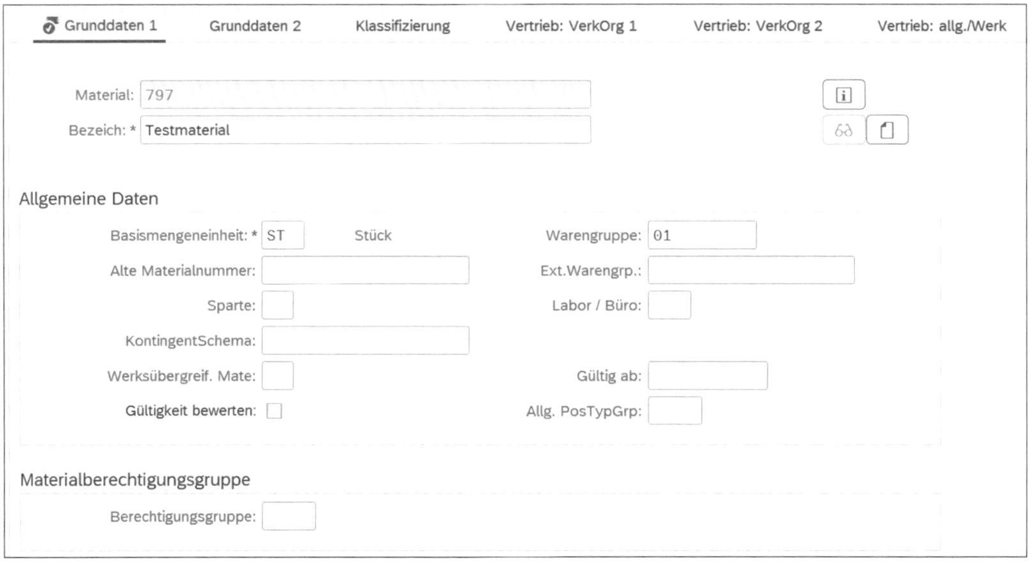

Abbildung 3.10: Transaktion MM01 – Feld »Externe Warengruppe«

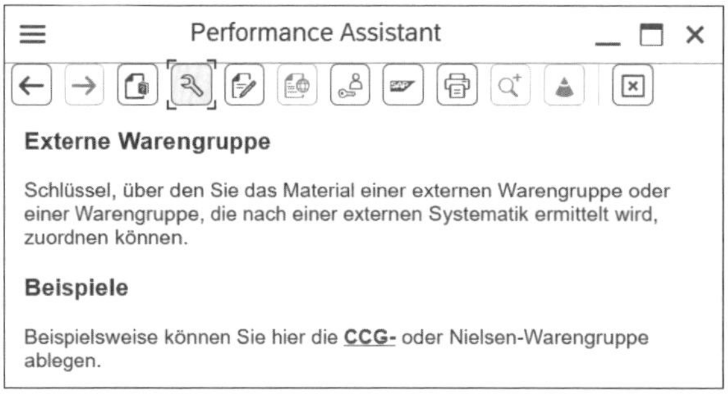

Abbildung 3.11: F1-Hilfetext für das Feld »Externe Warengruppe«

Über die Schaltfläche (**Technische Informationen**) gelangen Sie per Mausklick zu den technischen Details des Felds (siehe Abbildung 3.12). Im Bereich **Felddaten** entdecken Sie die erforderlichen Informationen in den Feldern **Tabellenname** und **Feldname**. Notieren Sie sich die Einträge »MARA« und »EXTWG« für den nächsten Schritt.

Abbildung 3.12: Technische Informationen zum Feld »Externe Warengruppe«

Alternativ finden Sie den technischen Feldnamen über die Transaktion SE11 heraus. Dafür müssen Sie jedoch bereits die Tabelle kennen, in der Sie das Feld vermuten. Über die Suchfunktion gelangen Sie zum gesuchten Feld (siehe Abbildung 3.13).

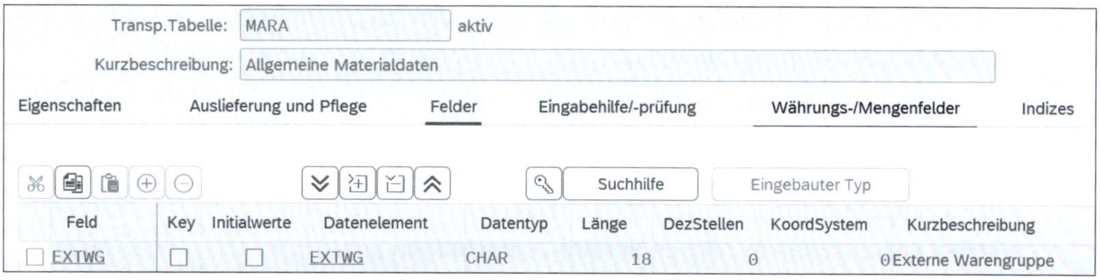

Abbildung 3.13: Das Feld »Externe Warengruppe« in Transaktion SE11

Für neue kundeneigene Felder erhalten Sie alle benötigten Informationen entweder von dem zuständigen Mitglied des Entwicklungsteams, oder Sie arbeiten direkt bei der Spezifizierung mit. Unabhängig von der Quelle brauchen Sie zwingend die erforderlichen Details zum Tabellen- und Feldnamen.

Ermittlung der Feldauswahlgruppe

Über die IMG-Aktivität **Felder zu Feldauswahlgruppen zuordnen** (Transaktion OMSR) ermitteln Sie die dem Feld zugewiesene Feldauswahlgruppe. Sie suchen die Feldauswahlgruppe mit Hilfe der Funktion **Positionieren auf Feldname** im unteren Bereich **Sortieren und Positionieren**. Sie geben hier den ermittelten Feldnamen »MARA-EXTWG« ein und erfahren zügig die zugeordnete Feldauswahlgruppe 151 (siehe Abbildung 3.14).

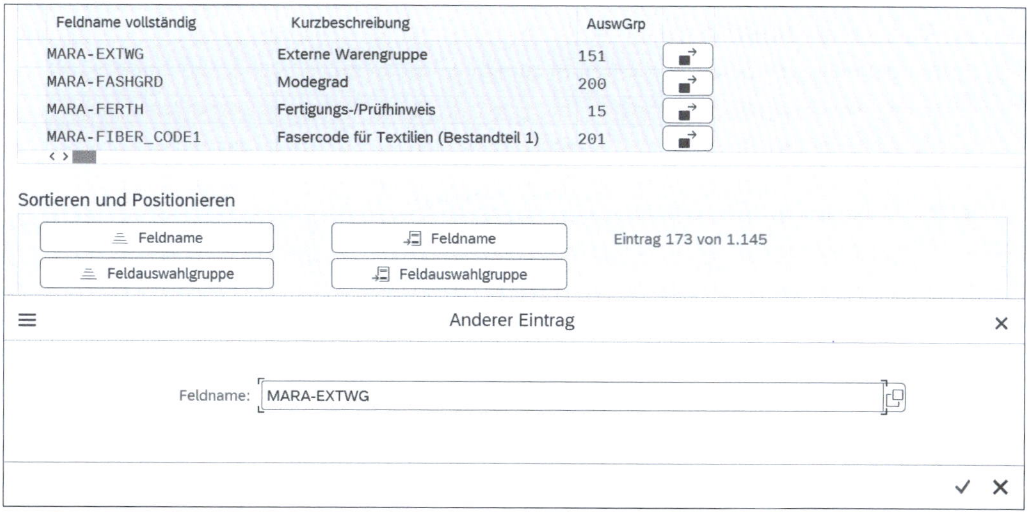

Abbildung 3.14: Positionierungsergebnis für das Feld »MARA-EXTWG«

Durch die Funktion **Positionieren auf Feldauswahlgruppe** in derselben Sicht können Sie außerdem alle zur Feldauswahlgruppe gehörenden Felder einsehen. In unserem Fall besteht die Feldauswahlgruppe 151 nur aus dem Feld **Externe Warengruppe**.

Handelt es sich bei dem Feld um ein neues Feld, rufen Sie ebenfalls die IMG-Aktivität **Felder zu Feldauswahlgruppen zuordnen** auf (Transaktion OMSR). Bevor Sie eine geeignete Feldauswahlgruppe zuordnen, müssen Sie das Feld zunächst über die Schaltfläche **Neue Einträge** hinzufügen. Sie tragen den Feldnamen in der bekannten Form ein: Tabellenname, Bindestrich und Feldname. Anschließend pflegen Sie den Pflegestatus und die ALE-Feldgruppe abhängig von der Sicht, in der sich das neue Feld befinden soll. Wählen Sie bei Bedarf das Kennzeichen **Feldinh. vorschlagen** aus.

Abschließend ordnen Sie dem Feld eine Gruppe zu. Dabei haben Sie zwei Möglichkeiten: Entweder ordnen Sie dem Feld eine bestehende Feldauswahlgruppe zu, die Ihren Anforderungen entspricht, oder Sie tragen eine neue, bisher nicht benutzte Feldauswahlgruppe ein. Glücklicherweise müssen Sie die neue Feldauswahlgruppe nicht zuvor anlegen, Sie tragen lediglich die gewünschte Gruppennummer in der Spalte **AuswGrp** ein und beachten den für kundenspezifische Auswahlgruppen reservierten Nummernraum. Im nächsten Schritt legen Sie die Feldsteuerung fest.

Einflussfaktoren (Feldreferenzen) eruieren

Um die Einflussfaktoren, sprich Feldreferenzen zu eruieren, springen Sie über die Schaltfläche (**Zur Feldauswahlpflege**) aus der IMG-Aktivität **Felder zu Feldauswahlgruppen zuordnen** (Transaktion OMSR) in die Transaktion OMS9 ab. Sie bekommen gleich die relevante Feldauswahlgruppe angezeigt und können ad hoc mit der Anpassung beginnen. Alternativ wählen Sie die IMG-Aktivität **Feldauswahl für Datenbilder pflegen** (Transaktion OMS9) direkt aus und geben die ermittelte Feldauswahlgruppe im dazugehörigen Feld ein. Beide Wege führen zum gewünschten Ziel (siehe Abbildung 3.15).

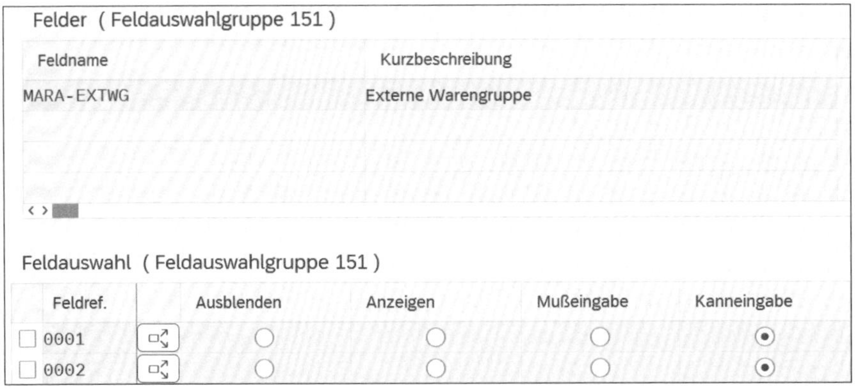

Abbildung 3.15: Sicht »Feldauswahl Datenbilder ändern« für Feldauswahlgruppe 151

Bevor wir mit dem jetzigen Schritt fortfahren, muss die sogenannte *Feldreferenz* zunächst definiert und anschließend genauer beschrieben werden. In Abbildung 3.15 erkennen Sie im unteren Bereich, dass die Ausprägung der Feldsteuerung auf der Feldreferenz basiert.

[+]

Simplification Item – Vereinfachte Produktstammtabellen

In SAP S/4HANA ist eine simplifizierte Produktstammtabellenstruktur mit Bezug auf die Transaktion OMSR vorzufinden (siehe SAP-Hinweis 2267138). Im Hinweis selbst finden Sie zudem ein empfohlenes Vorgehen zum Anpassen der Feldauswahleinstellungen.

Feldreferenzen steuern die vier Ausprägungsmöglichkeiten aller Felder, die in einer Feldauswahlgruppe vereint sind. Ihnen stehen die angesprochenen Ausprägungen je Feldreferenz aufgelistet nach angewandter Priorität im System zur Verfügung:

- **Ausblenden**: Das Feld ist nicht sichtbar (-).
- **Anzeigen**: Das Feld ist nicht eingabebereit (*).
- **Musseingabe**: Das Feld muss befüllt werden (+).
- **Kanneingabe**: Das Feld kann befüllt werden (.).

Die höhere Priorität setzt sich bei einem Feldreferenzenvergleich ausnahmslos durch. Einflüsse auf die Feldauswahlgruppe entstehen durch die Kombinationen der unterschiedlichen Feldreferenzen. Alle im System befindlichen Objekte, die einen Einfluss auf die Feldauswahlgruppe haben, sind:

- Materialarten
- Branchen
- Werke
- Transaktionen
- Beschaffungsarten

Sie ordnen einer *Materialart* im allgemeinen Bereich unter den allgemeinen Einstellungen rund um die selektierte Materialart genau eine Feldreferenz zu. Hierfür wählen Sie die erste IMG-Aktivität **Eigenschaften der Materialarten festlegen** (Transaktion OMS2) im Abschnitt **Materialstamm • Grundeinstellungen • Materialarten** aus. Alle umfassenden Informationen zum Themenblock Materialarten finden Sie in Abschnitt 3.1.4.

In unsere Feldauswahlgruppe 151 treffen wir auf zahlreiche Beispiele einer materialartenspezifischen Feldreferenz. Unter anderem stoßen Sie auf die Feldreferenz **HALB** für die Standardmaterialart Halbfabrikat (siehe Abbildung 3.16). Für die Materialart **HALB** ist die externe Warengruppe als **Kanneingabe** ausgesteuert.

Feldauswahl (Feldauswahlgruppe 151)					
Feldref.		Ausblenden	Anzeigen	Mußeingabe	Kanneingabe
☐ HALB		○	○	○	⦿

Abbildung 3.16: Feldreferenz einer Materialart – Halbfabrikate (HALB)

Bei der Neuanlage eines Materialstamms ist die Angabe einer Branche verpflichtend. Die *Branche* gruppiert Ihr Unternehmen nach dessen betriebswirtschaftlichen Unternehmenstätigkeiten. Sie steuern über eine Branche eine weitere Feldreferenz für die Feldauswahlgruppe. Eine eigene Branche legen Sie mit Hilfe der IMG-Aktivität **Branchen definieren und branchenabhängige Feldauswahl festlegen** an (Transaktion OMS3). Zusätzlich zum einstelligen alphanumerischen Branchenschlüssel tragen Sie eine sprechende Bezeichnung mit einer maximalen Feldlänge von 25 Zeichen ein. Im Feld **Feldreferenz** erfassen Sie das einstellige Kürzel der späteren Feldreferenz (siehe Abbildung 3.17). Die Daten werden in der Tabelle T137 abgelegt.

Branche	Branchenbezeichnung	Feldreferenz
☐ M	Maschinenbau	M

Abbildung 3.17: Branche Maschinenbau mit Schlüssel und Feldreferenz M

Betrachten wir unsere Feldauswahlgruppe 151 erneut. Unter den unzähligen Feldreferenzen entdecken Sie bei der Durchsicht alle branchenspezifischen Feldreferenzen (siehe Abbildung 3.18). Für die Branche M (Maschinenbau) ist die Feldsteuerung als **Kanneingabe** hinterlegt.

Feldauswahl (Feldauswahlgruppe 151)					
Feldref.		Ausblenden	Anzeigen	Mußeingabe	Kanneingabe
☐ M		○	○	○	⦿

Abbildung 3.18: Feldreferenz einer Branche – Maschinenbau (M)

Des Weiteren erfassen Sie werksspezifische Feldreferenzen über die IMG-Aktivität **Werksabhängige Feldauswahl und werksabhängige Bildauswahl festlegen** (Transaktion OMSA) im System, siehe Abbildung 3.19. Sie können bei Bedarf zu allen angelegten Werken eine eigene Feldreferenz hinterlegen und dabei einem Werk maximal eine Feldreferenz zuordnen. Wünschen Sie eine identische Bildauswahl für alle Werke, sind hier keine Einträge notwendig. Außerdem begrenzen Sie den zulässigen Pflegestatus für jedes Werk. Dabei ist zu beachten, dass nur werksabhängige Sichten ausgeblendet werden können. Die Sichten **Klassifizierung** und **Grunddaten** lassen sich nicht ausblenden. Die getroffenen Entscheidungen finden Sie in Tabelle T130W wieder.

Werk	Name 1	Pflegestatus	Feldreferenz
☐ 0001	Werk 0001	KDEVALBPQSZXCFG	0001

Abbildung 3.19: Werk 0001 mit Pflegestatus und Feldreferenz

In Feldauswahlgruppe 151 ist die werksspezifische Feldreferenz 0001 mit der Ausprägung **Kanneingabe** vorzufinden (siehe Abbildung 3.20).

Feldauswahl (Feldauswahlgruppe 151)

Feldref.		Ausblenden	Anzeigen	Mußeingabe	Kanneingabe
0001		○	○	○	◉

Abbildung 3.20: Feldreferenz eines Werks – Werk 0001

Kundeneigene Feldreferenzen

Nur für die Einflussfaktoren Materialart, Branche und Werk können Sie, wenn benötigt, kundeneigene Feldreferenzen anlegen und anschließend die Referenz zu einem Einflussfaktor Ihrer Wahl zuordnen. Sie definieren eigene Referenzen, indem Sie die IMG-Aktivität **Feldauswahl für Datenbilder pflegen** (Transaktion OMS9) ausführen und über die Schaltfläche **Neue Einträge** neue Feldreferenzen anlegen. Beachten Sie den Namensraum für kundeneigene Feldreferenzen – sie sollen mit Y oder Z beginnen.

Transaktionsbasierte Feldreferenzen prägen zusätzlich die Feldauswahlgruppe. Diese Feldreferenzen sind an die Transaktionen angelehnt, die im Umfeld des Materialstamms Anwendung finden. Abhängig von der aufgerufenen Transaktion kann die Feldsteuerung variieren.

Natürlich ist es nicht verwunderlich, dass Sie bei der Anzeigetransaktion MM03 die Ausprägung **Anzeigen** vorfinden werden. Diese Aussage gilt selbstverständlich auch für unsere Feldauswahlgruppe 151 (siehe Abbildung 3.21). Es ist nicht möglich, für diese transaktionale Gruppe eigene Feldreferenzen anzulegen.

Feldauswahl (Feldauswahlgruppe 151)

Feldref.		Ausblenden	Anzeigen	Mußeingabe	Kanneingabe
MM01		○	○	○	◉
MM02		○	○	○	◉
MM03		○	◉	○	○

Abbildung 3.21: Feldreferenzen der Transaktionen MM01, MM02 und MM03

Der Einflussfaktor *Beschaffungsart* unterscheidet zwei Ausprägungen: Entweder wird das Material fremdbeschafft (Beschaffungsart F) oder das Material entsteht durch Eigenfertigungsprozesse (Beschaffungsart E). Beide Beschaffungsarten sind als Feldreferenzen in der angesprochenen Kurzform anzutreffen (siehe Abbildung 3.22). Wie hier zu sehen, nehmen bei Feldauswahlgruppe 151 beide Feldreferenzen die Ausprägung **Kanneingabe** an.

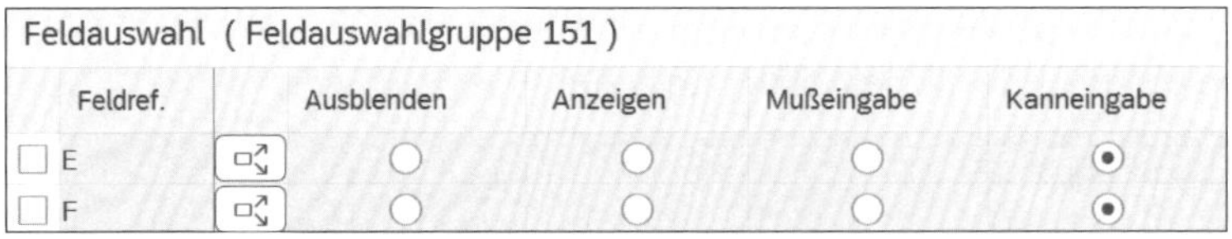

Abbildung 3.22: Feldreferenzen der Beschaffungsarten

Darüber hinaus spielt zusätzlich die genutzte SAP-Auslieferung eine Rolle bei den Feldreferenzen. Sie finden zu allen angesprochenen Feldreferenzen noch Referenzen mit dem prägnanten Präfix »SAP«. Beispiele sind »SAP1« und »SAP2« oder »SAPR«. Die beiden erstgenannten Feldreferenzen sind Referenzen der Industrielösung, wohingegen die Feldreferenz SAPR für Retail-spezifische Mandanten zum Einsatz kommt. Solche Feldreferenzen sind mandantenweit gültig und können von Ihnen nicht geändert werden (siehe Abbildung 3.23).

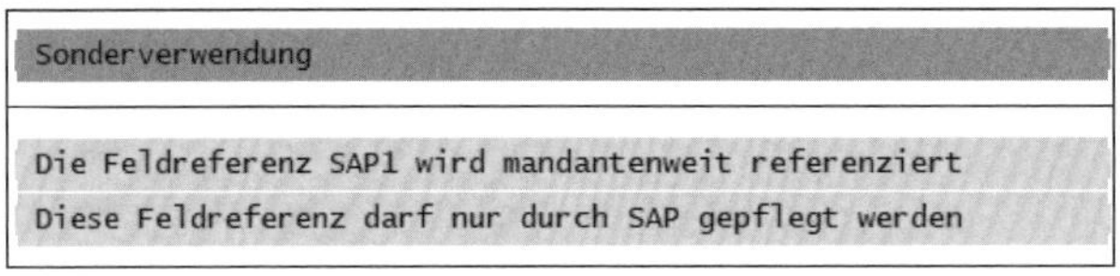

Abbildung 3.23: Nicht änderbare Feldreferenz »SAP1«

Bevor Sie die Ausprägung einer Feldreferenz ändern, prüfen Sie, bei welchen Einflussfaktoren die Feldreferenz überhaupt verwendet wird. Über die Schaltfläche (**Verwendungsnachweis**) bekommen Sie einen Überblick über alle betroffenen Faktoren. Den Verwendungsnachweis rufen Sie in der bekannten IMG-Aktivität **Feldauswahl für Datenbilder pflegen** (Transaktion OMS9) auf. In Abbildung 3.22 sehen Sie das besagte Icon direkt rechts neben den Feldreferenzen.

Je nach Art des Einflussfaktors erwarten Sie unterschiedliche Ergebnisse. Bei einer werksspezifischen Feldreferenz z. B. erfahren Sie alle Werke, die mit der Feldreferenz verbunden sind. Der Verwendungsnachweis bei einer Feldreferenz mit dem Ursprung Materialart zeigt Ihnen alle mit der Feldreferenz in Verbindung stehenden Materialarten an.

Die Feldreferenz **HALB** findet sich bei den in Abbildung 3.24 ersichtlichen Materialarten wieder. Das heißt im Umkehrschluss: Würden Sie die Ausprägung der Feldauswahl bei dieser Feldreferenz von **Kanneingabe** auf **Musseingabe** ändern, wären alle Materialstämme mit den aufgeführten Materialarten betroffen. Bei einem neuen Materialstamm beziehungsweise bei einer Änderung eines bestehenden Materials würde das System eine Feldeingabe als obligatorisch erachten. Wir nehmen dazu an, dass bei der Feldreferenz **HALB** mit der neuen Feldausprägung die höchste Priorität aller zu berücksichtigenden Feldreferenzen liegt.

In der Regel bietet es sich an, für kundeneigene Materialarten gezielt auch spezifische Feldreferenzen für die Materialarten anzulegen. Somit können Sie die Anzahl an referenzierten Materialarten übersichtlich gestalten und je Materialart Felder punktgenau aussteuern. Nutzen Sie die gewohnte Vorgehensweise und legen Sie die neuen Feldreferenzen mit einer Kopiervorlage an. Die Kehrseite dieses Vorgehens ist, dass Sie bei einer Anpassung an einer Feldauswahlgruppe, die alle Materialarten betrifft, mehrere Feldreferenzen ändern müssen. Dies ist selbstverständlich abhängig von der genutzten Anzahl an Materialarten im zukünftigen SAP-System. Die Aussagen treffen ebenso auf die werksspezifischen Feldreferenzen zu.

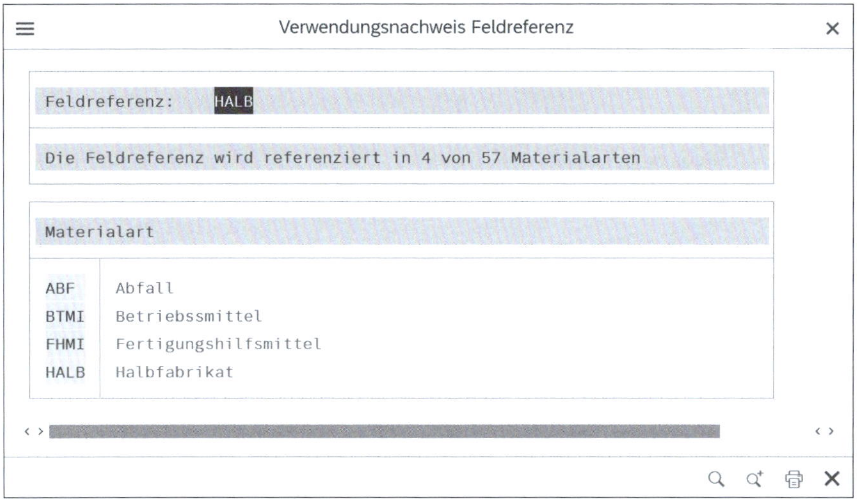

Abbildung 3.24: Verwendungsnachweis für die Feldreferenz »HALB«

Um zu ermitteln, ob ein Feld im Materialstamm ausgeblendet, angezeigt oder als Kann- bzw. Musseingabe ausgesteuert wird, geht das System wie folgt vor:

1. Es prüft, ob der Branche, der Materialart, dem Werk, der Transaktion oder der Beschaffungsart eine Feldreferenz zugeordnet ist.
2. Es wertet alle Ausprägungen zu den ermittelten Feldreferenzen aus.
3. Es verwendet die Einstellung mit der höchsten Priorität im Materialstamm.

Kommen wir zum ursprünglichen Eruierungsschritt zurück, da Sie nun den Begriff Feldreferenz einordnen und Einflussfaktoren bestimmen können. Für das Feld **Externe Warengruppe** kommen Sie zum Entschluss, dass Sie das Feld für alle Materialarten und alle Werke ausblenden möchten, da Sie aber nur eine Branche (M - Maschinenbau) für Ihre Materialstämme verwenden, nutzen Sie die bracheneigene Feldreferenz. Es ist nach dem obigen Ermittlungsansatz daher ausreichend, lediglich bei Feldreferenz M die Feldauswahlsteuerung auf **Ausblenden** zu setzen. Die transaktionalen Feldreferenzen bedürfen hier dann auch keiner Beachtung mehr.

Anpassungen durchführen

Die Änderung ist dank intensiver Vorabanalyse zügig im System umgesetzt, hat aber dennoch weitreichende Konsequenzen für Ihren Materialstamm. Das Feld **Externe Waren-**

gruppe ist nun für alle Materialstämme mit der Branchenverwendung Maschinenbau ausgeblendet (siehe Abbildung 3.25). Sie nutzen zur Umsetzung der Anpassung die bekannte IMG-Aktivität **Feldauswahl für Datenbilder pflegen** (Transaktion OMS9).

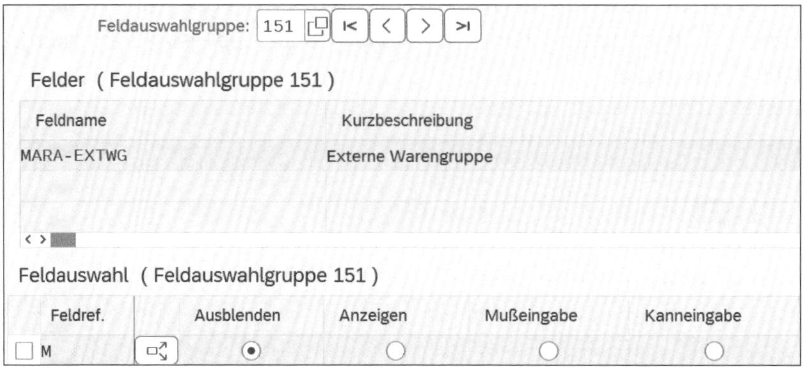

Abbildung 3.25: Anpassung der Feldreferenz M für die Feldauswahlgruppe 151

Anpassungen testen

Nach erfolgreicher Anpassung ist ein unmittelbarer Test unumgänglich. Sie legen z. B. einen neuen Materialstamm an und wählen eine beliebige Materialart aus. Als Branche nutzen Sie aus der vorgegebenen Auswahlliste die Branche **M (Maschinenbau)**. Anschließend prüfen Sie, ob das Feld **Externe Warengruppe** auf der Sicht **Grunddaten 1** ausgeblendet ist (siehe Abbildung 3.26).

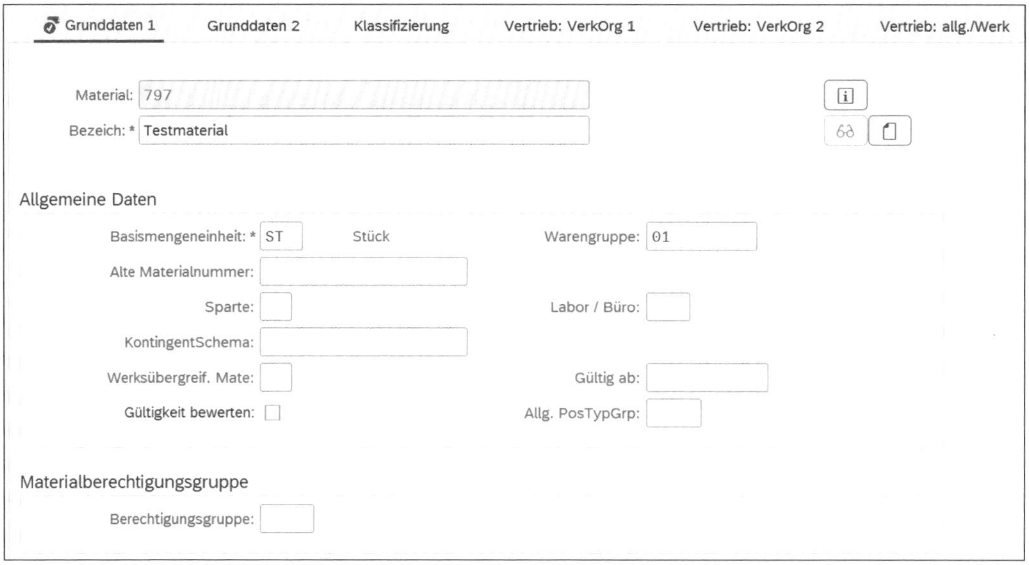

Abbildung 3.26: Ausgeblendetes Feld »Externe Warengruppe«

[!]

Feldauswahlsteuerung direkt im Programm

Für bestimmte Fälle haben die Einstellungen zur Feldauswahlsteuerung begrenzte Auswirkungen, da das Programm die getroffene Feldauswahl direkt übersteuert. Im Code ist hierfür eine Sonderfeldauswahlgruppe hinterlegt, die nicht von Ihnen per Customizing angepasst werden kann. Ein einkaufsnahes Beispiel wäre, dass das Feld Warengruppe auf der Sicht **Grunddaten 1** automatisch ein obligatorisches Feld wird, wenn Sie die Sicht **Einkauf** im Materialstamm pflegen.

Kopierverhalten

Das Kopierverhalten eines Feldes beeinflusst, ob bei der Neuanlage eines Materials auf Basis einer Vorlage der Feldinhalt aus dem Vorlagematerial als Vorschlagswert für den neuen Materialstamm übernommen wird. Sie treffen die benötigten Einstellungen zur Kopiersteuerung für Materialstämme mit der IMG-Aktivität **Kopierverhalten der Felder in Materialstamm definieren**. Dabei ist zu beachten, dass für Industrielösungen nur das Kennzeichen **Vorschlagen** relevant ist (siehe Abbildung 3.27). Ist das Kästchen ausgewählt, übernimmt das System den Wert aus der Vorlage als Vorschlagswert. Alle anderen Einstellungen finden nur bei Retail-Lösungen Anwendung. Die Ausrichtung der Kopiersteuer wird in Tabelle T130F_C gespeichert.

Kopiersteuerung für Materialstammfelder

Feldname	Vorschlagen	Einschr. MatTyp	Kopieren	Auch Initialw.
☐ MARA-MTPOS_MARA	☑	1 Vorschlag für alle Materialtypen	☑	☐

Abbildung 3.27: Kopiersteuerung für das Feld »Allgemeine Positionstypengruppe« (MARA-MTPOS_MARA)

[+]

Simplification Item – Vereinfachte Kopiersteuerung

Möchten Sie ein SAP-ERP-System auf SAP S/4HANA 1610 oder höher migrieren, müssen alle für die Kopiersteuerung relevanten Einträge aus Tabelle T130F (siehe Abbildung 3.9 in Abschnitt 3.1.2, »Feldauswahl«) in Tabelle T130F_C kopiert werden. Ferner müssen die Ausprägungen der Feldinhalte übereinstimmen (siehe SAP-Hinweis 2330063).

Fixierungsrelevante Felder

Fixierungsrelevante Felder sind Felder im Materialstamm, die nicht mehr geändert werden können, nachdem der Materialstamm fixiert wurde. Sie fixieren Materialstämme über die Schaltfläche (**Material fixieren**) bei Aufruf der Änderungstransaktion MM02 (siehe Abbildung 3.28). Die Fixieren-Funktion finden Sie nur in Industrielösungen von SAP, nicht aber im Retail-Bereich.

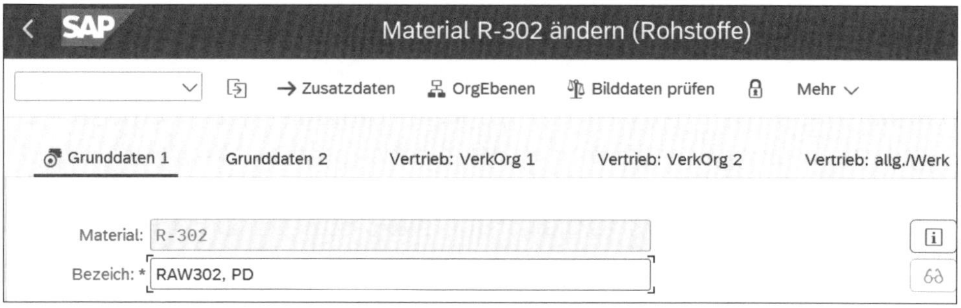

Abbildung 3.28: Icon für die Materialstammfixierung oben rechts in der Leiste

Welche Felder überhaupt fixierungsrelevant sind, stellen Sie über die IMG-Aktivität **Fixierungsrelevante Felder festlegen** (Transaktion OMSFIX) ein. In der Standardauslieferung sind keine Felder als fixierungsrelevant gekennzeichnet. Würden Sie dennoch einen Materialstamm fixieren, wäre die Fixierung ohne Folgen. Sie fixieren die gewünschten Felder mittels Selektion des Kennzeichens **Fix.rel.** (siehe Abbildung 3.29). Im unteren Bereich können Sie eine Anzeigeauswahl nutzen, um zügig die betroffenen Felder zu selektieren. Alle für eine Fixierung vorgesehen Felder speichert das System in Tabelle T130F ab.

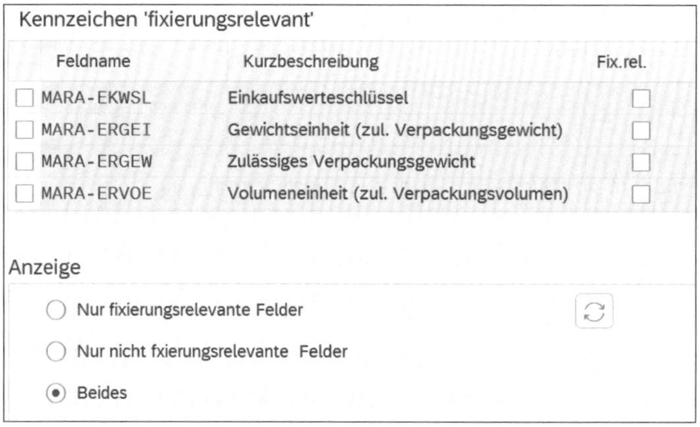

Abbildung 3.29: Pflege fixierungsrelevanter Felder mit Anzeigemöglichkeiten

Änderung der Fixierungsrelevanz

Das Kennzeichen **Fixierungsrelevant** können Sie in Testsystemen rückgängig machen. Handelt es sich um Daten im Produktivsystem, ist dies nur möglich, falls keine fixierten Materialstämme vorhanden sind.

Erweitern Sie ein bestehendes Material über die Transaktion MM01 und haben Sie es bereits zuvor fixiert, werden nur fixierungsrelevante Felder zur Eingabe geöffnet, die als

Mussfelder ausgesteuert sind. Für alle anderen fixierungsrelevanten Felder gilt weiterhin der Grundsatz: Es ist keine Änderung nach einer Fixierung möglich.

Feldauswahlsteuerung statt Fixierung

Bevor Sie mit fixierungsrelevanten Feldern arbeiten, sollten Sie alle Möglichkeiten der Feldauswahlsteuerung in Erwägung ziehen. Denken Sie auch über entsprechende Berechtigungsobjekte im Bereich Materialstammpflege nach. Die Fixierung sollte hier das letzte Mittel sein.

3.1.3 Einstellungen zu zentralen Feldern

Die zentralen Felder sind den allgemeinen Materialdaten (Tabelle MARA) zuzuschreiben. Einstellungen in diesem Teilbereich prägen insbesondere die Grunddaten im Materialstamm. Daher bietet es sich an, dass Sie die Ausprägungen und Darstellungen der Feldinhalte anwendungsübergreifend abstimmen, bevor Sie im System aktiv werden. Vergleichbar mit der Unternehmensstruktur erhöhen Sie so mit einfachen Mitteln die Akzeptanz der Fachbereiche und späterer Anwenderinnen und Anwender.

Die Einstellungen zu den zentralen Feldern nehmen Sie unter dem IMG-Pfad **Logistik Allgemein • Materialstamm • Einstellungen zu zentralen Feldern** vor. Die zugehörigen IMG-Aktivitäten sehen Sie in Abbildung 3.30. Wir werden im Folgenden ausgewählte Aktivitäten in diesem Bereich beschreiben, die am häufigsten im Projekt Anwendung finden.

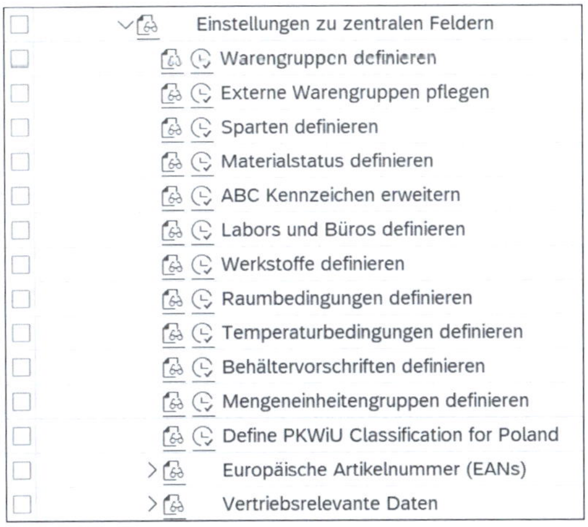

Abbildung 3.30: IMG-Aktivität »Einstellungen zu zentralen Feldern«

Warengruppen

Warengruppen (Tabellenfeld MARA-MATKL) fassen gleichartige Materialien mit gleichem Verwendungszweck zusammen. Bei der Anlage des Materialstamms müssen Sie eine Warengruppe angeben. Das Feld **Warengruppe** befindet sich auf zahlreichen Sichten, unter anderem auf der Sicht **Einkauf**, und eignet sich als nützliches Selektionskriterium. Sie legen Ihre Warengruppen über die Aktivität **Warengruppen definieren** (Transaktion OMSF) an – sie werden in der Tabelle T023 hinterlegt.

Da Sie Warengruppen frei definieren, müssen Sie vorab Überlegungen dazu anstellen, welche Kriterien abzudecken sind. Möchten Sie viele detaillierte Warengruppen für Ihre Materialien einführen oder genügt es, mit einer groben Einteilung zu arbeiten? Standardisierte Kataloge wie UNSPSC oder eClass zu nutzen, kann ebenfalls ein passender Lösungsansatz für Sie bei der Warengruppendefinition sein.

Die systemseitige Umsetzung ist unabhängig von der getroffenen Entscheidung. Eine Warengruppe hat einen neunstelligen Schlüssel. Bereits die Angabe des Schlüsselfelds wäre ausreichend, aber nicht sinnvoll. Sie sollten daher als Mindestanforderung an die Warengruppe noch eine Warengruppenbezeichnung hinterlegen. Für die Bezeichnung steht Ihnen ein Feld mit maximal 20 Zeichen zur Verfügung. Reicht die Feldlänge nicht aus, nutzen Sie das Feld für die zweite Bezeichnung der Warengruppe, um die erste Angabe zu präzisieren. Hier erlaubt das System eine maximale Anzahl von 60 Zeichen. Zudem tragen Sie bei Bedarf einen Vorschlag für die Gewichtseinheit ein. In der Regel wird dieses Feld nicht verwendet, da sich so Fehler bei der Anlage eines neuen Materialstamms vermeiden lassen. In Abbildung 3.31 sehen Sie eine beispielhaft neu definierte Warengruppe für Kabelbäume.

Warengrp	Warengruppenbez	BGrp	VGE	Bezeichnung 2 der Warengruppe
☐ 000000001	Kabelbäume		ST	Kabelbäume für Personenkraftwagen

Abbildung 3.31: Definition einer neuen Warengruppe 000000001 (Kabelbäume)

Sparten

Die *Sparte* (Tabellenfeld MARA-SPART) ist für Sie kein unbekannter Begriff. Sie wissen bereits, dass die Sparte als vertriebszugehörige Organisationseinheit Ihre verkaufsfähigen Dienstleistungen und Materialien nach ihrer Vertriebszugehörigkeit einteilt (siehe Abschnitt 2.2.4).

[!]

Nutzung von Sparten

Auch wenn Sie Ihren Vertrieb nicht mit Hilfe von Sparten einteilen möchten, müssen Sie aus technischen Gründen zumindest mit einer »Dummy-Sparte« für alle Produkte arbeiten.

Sie definieren Ihre Sparten über die IMG-Aktivität **Sparten definieren** und verwenden einen zweistelligen alphanumerischen Schlüssel. Die Bezeichnung der Sparte ist auf maximal 20 Zeichen beschränkt. Die angelegten Daten finden Sie in Tabelle TSPA. In Abbildung 3.32 sehen Sie beispielhaft definierte Sparten.

Sparte	Bezeichnung	InEingHi
☐ 00	Produktsparte 00	☐
☐ 01	Produktsparte 01	☐

Abbildung 3.32: Beispiele für Sparten

Materialstatus

Der *Materialstatus* entscheidet in SAP über die gezielte Verwendung einzelner Anwendungen für ein bestimmtes Material und kann zur Abbildung eines Produktlebenszyklus genutzt werden. Dabei unterscheiden Sie zwischen zwei unterschiedlichen Materialstatus: *werksübergreifend* und *werksspezifisch*.

Der werksübergreifende Materialstatus (Tabellenfeld MARA-MSTAE) beeinflusst die anwendungsspezifische Nutzung des Materials über alle Werke hinweg, wohingegen der werksspezifische Status (Tabellenfeld MARC-MMSTA) nur auf ein bestimmtes Werk Auswirkungen hat. Den werksspezifischen Status finden Sie auf den Sichten **Fertigungshilfsmittel**, **Qualitätsmanagement**, **Disposition**, **Arbeitsvorbereitung**, **Kalkulation** und **Einkauf**.

Die Einstellungen zu beiden Status führen Sie in der IMG-Aktivität **Materialstatus definieren** (Transaktion OMS4) durch. In Tabelle T141 sind alle Einstellungen aufgeführt. Sie verwenden einen zweistelligen alphanumerischen Schlüssel für den Materialstatus. Für seine Bezeichnung steht ein Feld mit 25 Zeichen bereit.

Werksspezifischer oder werksübergreifender Materialstatus?

Da beide Materialstatus in derselben Tabelle gespeichert werden, gibt es aus Einstellungssicht streng genommen keinen Unterschied zwischen einem werksspezifischen und werksübergreifenden Materialstatus. Sie entscheiden mit der Pflege des Materialstamms, um welche Art Status es sich handelt. Dabei können Sie denselben Status in einem Material als werksspezifischen Status und in einem anderen Material als werksübergreifenden Status hinterlegen.

Für (fast) jede Anwendung können Sie drei Ausprägungen hinterlegen:

- »blank«: Es wird kein Hinweis ausgegeben.
- **A**: Es wird eine Warnung ausgegeben.
- **B**: Es wird eine Fehlermeldung ausgegeben.

Für die Einstellung auf der Sicht **Kalkulation** sind sogar fünf Ausprägungen möglich. Diese lauten:

- »blank«: Das Material wird kalkuliert.
- **A**: Das Material wird kalkuliert bei Verwendung mit Warnmeldung.
- **B**: Das Material wird kalkuliert bei Verwendung mit Fehlermeldung.

- **C**: Das Material wird nicht kalkuliert bei Verwendung mit Warnmeldung.
- **D**: Das Material wird nicht kalkuliert bei Verwendung mit Fehlermeldung.

Durch die Ausprägung **B** im Feld **Hinweis Einkauf** (siehe Abbildung 3.33) erhalten alle Anwenderinnen und Anwender eine Fehlermeldung, wenn sie einen Einkaufsbeleg für das Material anlegen möchten. Sollte es sich dabei um einen werksspezifischen Eintrag handeln, ist das Werk ausschlaggebend dafür, ob eine Fehlermeldung angezeigt wird oder nicht.

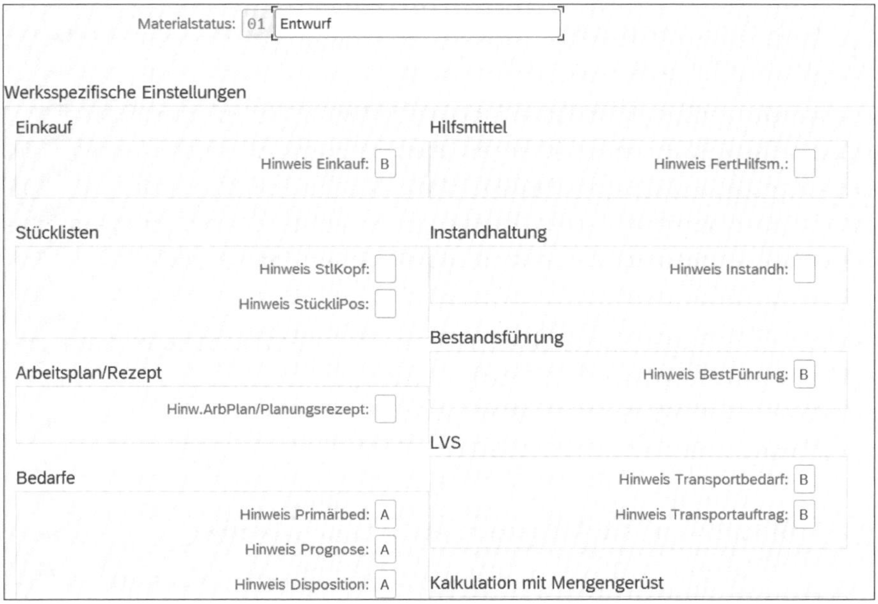

Abbildung 3.33: Ausschnitt des Materialstatus 01 (Entwurf)

Für folgende Anwendungen können Sie die Verwendung des Materialstamms einschränken:

- Einkauf (Materialwirtschaft)
- Stücklisten (Produktion)
- Arbeitsplan/Rezept (Produktion)
- Bedarfe (Materialwirtschaft/Produktion)
- Fertigung (Produktion)
- Fertigungshilfsmittel (Produktion)
- Instandhaltung
- Bestandsführung (Materialwirtschaft)
- Lagerverwaltung
- Kalkulation mit Mengengerüst (Kalkulation)

[»]

Gültigkeit des Materialstatus

Sie können zusätzlich im Materialstamm ein Datum hinterlegen, ab dem der erfasste werksübergreifende und werksspezifische Materialstatus seine Gültigkeit erhalten soll.

Wenn Sie den Materialstatus in den genannten Anwendungen verwenden, sollten Sie sich auch über die Nutzung des Vertriebsstatus Gedanken machen, um die Bereiche »synchron« zu halten. Der stark auf die Materialwirtschaft und Produktion ausgerichtete Materialstatus deckt leider die vertriebliche Prozessseite nicht ab. Ausführungen zum Thema Vertriebsstatus finden Sie am Ende des Unterabschnitts »Weitere zentrale Felder« in diesem Abschnitt.

Mengeneinheitengruppen

Mit Hilfe von *Mengeneinheitengruppen* fassen Sie bestehende Mengeneinheiten in geeignete Gruppen zusammen und hinterlegen diese im Materialstamm auf der Registerkarte **Mengeneinheiten** im Bereich **Zusatzdaten**. Dadurch reduzieren Sie die Pflegeaufwände für Umrechnungsfaktoren bei der Verwendung von alternativen Mengeneinheiten enorm, da alle zusammengefassten Einheiten mit den hinterlegten Umrechnungsfaktoren in den Materialstamm übernommen werden. Sie pflegen alternative Mengeneinheiten, wenn Sie beispielsweise ein Material in unterschiedlichen Einheiten bestellen. Jedoch sind Sie verpflichtet, zuvor die alternativen Mengeneinheiten mit einem passenden Umrechnungsfaktor im Material zu erfassen. Einen Umrechnungsfaktor legen Sie immer mit Bezug zur Basismengeneinheit an.

Sie legen mit der IMG-Aktivität **Mengeneinheitengruppen definieren** eigene Mengeneinheitengruppen an. Die Daten werden in Tabelle T006M gespeichert. Ein vierstelliger alphanumerischer Wert wird als Bezeichnung für die Gruppe unterstützt. Die anschließende alternative Mengeneinheit komplettiert den Tabellenschlüssel. Den Maßeinheitentext ermittelt das System automatisch aus den Einstellungen der Maßeinheiten.

Die wichtigsten Einstellungen bei Mengeneinheitengruppen sind Zähler und Nenner. Auf Basis beider numerischer Werte ergibt sich der Quotient, der das Verhältnis zwischen der alternativen Mengeneinheit und der Basismengeneinheit festlegt. Das System nutzt den Quotienten, um die alternative Mengeneinheit in die Basismengeneinheit umrechnen zu können. Vereinfacht ausgedrückt, geben Sie im Feld **Nenner** an, wie viele Einheiten der alternativen Mengeneinheit den in der Basismengeneinheit angegebenen Einheiten entsprechen.

[«]

Maßeinheiten

Maßeinheiten gehören zu grundlegenden Einstellungen in SAP. Sie finden daher alle Maßeinheiten und deren Einstellungsoptionen unter **ABAP Platform • Allgemeine Einstellungen • Maßeinheiten überprüfen** (Transaktion CUNI). Sie legen unter anderem fest, welche Einheiten für Bestellungen zulässig sind oder nicht.

In Abbildung 3.34 sehen Sie in der Spalte **Nenner**, dass zwölf Einheiten einem Dutzend entsprechen und 144 Einheiten der Basismengeneinheit einem Groß entspricht. Nehmen wir an, Sie pflegen einen neuen Materialstamm mit **Stück** als hinterlegte Basismengeneinheit. Dann können Sie mittels des Mengeneinheitenschlüssels 10 bequem die entsprechenden Alternativmengeneinheiten mit den zugehörigen Umrechnungsfaktoren pflegen.

ME-Gruppe	Alt.ME	Maßeinheitentext	Zähler	Nenner
10	DZ	Dutzend	12	1
10	GRO	Gross	144	1

Abbildung 3.34: Beispiel für eine Mengeneinheitengruppe

Weitere zentrale Felder

Abschließend beschreiben wir kurz weitere Felder, die zumindest nicht unerwähnt bleiben sollen. Die benötigten Einstellungen nehmen Sie abhängig von Ihren Anforderungen vor.

Externe Warengruppen (Tabellenfeld MARA-EXTWG) können Sie in Betracht ziehen, wenn sich Ihre intern verwendeten Warengruppen von denen Ihrer Geschäftspartner oder einer externen standardisierten Systematik unterscheiden. Sie definieren externe Warengruppen über die IMG-Aktivität **Externe Warengruppe pflegen**. Es kann ein 18-stelliger alphanumerischer Schlüssel mit einer 20-stelligen Warengruppenbeschreibung (Tabelle TWEW) eingetragen werden (siehe Abbildung 3.35).

Externe Warengruppe	Ext.Warengruppenbez.
DMM165-001	DMM165-001

Abbildung 3.35: Beispiel für eine externe Warengruppe

Kategorieerweiterungen für eine ABC-Analyse für Materialien führen Sie mit der IMG-Aktivität **ABC-Kennzeichen erweitern** durch. Dabei verwenden Sie einen einstelligen Schlüssel als neue Materialkategorie und fügen zur besseren Differenzierung zwischen den Kennzeichen eine Bezeichnung hinzu, die aus maximal 30 Zeichen bestehen darf (siehe Abbildung 3.36). Die ABC-Kennzeichen werden in Tabelle TMABC gespeichert.

ABC-Kennzeichen	Bezeichnung
A	Bedeutendes Material
B	Material mittlerer Bedeutung
C	Material geringerer Bedeutung

Abbildung 3.36: ABC-Kennzeichen in der Standardauslieferung

Handelt es sich beim Material um eine chemische Komponente, machen Sie vom Materialstammfeld **Labor/Büro** Gebrauch (Tabellenfeld MARA-LABOR). Sie legen benötigte Labore und (Konstruktions-)Büros über die IMG-Aktivität **Labors und Büros definieren** fest. Ein Labor beziehungsweise Büro wird mit einem dreistelligen alphanumerischen Schlüssel angelegt. Die Bezeichnung kann bis zu 30 Stellen enthalten. Abgelegt werden die Daten in Tabelle T024L.

Zusätzlich entscheiden Sie über die Gültigkeit, ob ein Labor oder Büro im Materialstamm gepflegt werden kann (siehe Abbildung 3.37). Die drei Optionen lauten:

- »blank«: Gültig
- **W**: Veraltet
- **E**: Nicht mehr gültig

An den Kürzeln erkennen Sie die bereits bekannte Systematik bei Meldungen. Nur bei der Gültigkeit **Nicht mehr gültig** lässt das System eine Verwendung nicht zu.

L/B	Text Labor/Ko.Büro	Gültigkeit
001	Labor 1	Gültig
002	Labor 2	E Nicht mehr gültig

Abbildung 3.37: Labor 001 und Labor 002 mit Gültigkeiten

Bestimmte Materialien erfordern besondere Lagerhaltungsbedingungen, die konsequent in allen Lagerorten einzuhalten sind. Darunter fallen auch die Raumbedingungen. Sie hinterlegen den notwendigen Eintrag im Materialstamm (Tabellenfeld MARA-RAUBE) in der Sicht **Lagerverwaltung**. Dafür pflegen Sie in der IMG-Aktivität **Raumbedingungen definieren** alle relevanten Raumbedingungen als zweistelligen alphanumerischen Schlüssel, kombiniert mit einer 20-stelligen Beschreibung. Alle Daten sind in Tabelle T142 aufgeführt.

RB	Bezeichnung
01	Raumbedingung 1
02	Raumbedingung 2

Abbildung 3.38: Raumbedingungen 01 und 02 als Beispiele

Damit Materialien außerdem temperaturtechnisch fachgerecht gelagert werden können, tragen Sie auf der Sicht **Lagerverwaltung** eine lagerortübergreifende Temperaturbedingung (Tabellenfeld MARA-TEMPB) für das Material ein. Über die IMG-Aktivität **Temperaturbedingungen definieren** hinterlegen Sie Ihre kundenspezifischen Bedingungen. Ein zweistelliger alphanumerischer Schlüssel und eine insgesamt 60-stellige Bezeichnung bilden eine Temperaturbedingung in SAP ab (siehe Abbildung 3.39). Die betreffende Tabelle ist T143.

Temperaturbedingung	Bezeichnung
01	Temp.bedingung 1
02	Temp.bedingung 2

Abbildung 3.39: Temperaturbedingungen 01 und 02 als Beispiele

In welcher Behälterart Sie Materialien lagern und versenden, können Sie unter Zuhilfenahme von Behältervorschriften im System erfassen. Sie pflegen die Behältervorschrift über alle Lagerorte hinweg auf der Sicht **Lagerverwaltung** (Tabellenfeld MARA-BEHVO). Für die Definition nutzen Sie die IMG-Aktivität **Behältervorschriften definieren**. In Abbildung 3.40 erkennen Sie, dass hierfür ein zweistelliger Schlüssel, der auch alphanumerische Werte unterstützt, verwendet wird. Für die Bezeichnung steht Ihnen ein Feld mit bis zu 20 Zeichen zur Verfügung. Die erfassten Einträge speichert das System in Tabelle T144.

Behältervorschrift	Bezeichnung
01	Behältervorschr. 1
02	Behältervorschr. 2

Abbildung 3.40: Behältervorschriften 01 und 02 als Beispiele

Mit den vertriebszugehörigen Feldern schließen wir den Teilbereich der Einstellungen zu zentralen Feldern ab. Im Bereich **Vertriebsrelevante Daten** treffen Sie unter anderem Einstellungen zum Vertriebsstatus (siehe Abbildung 3.41).

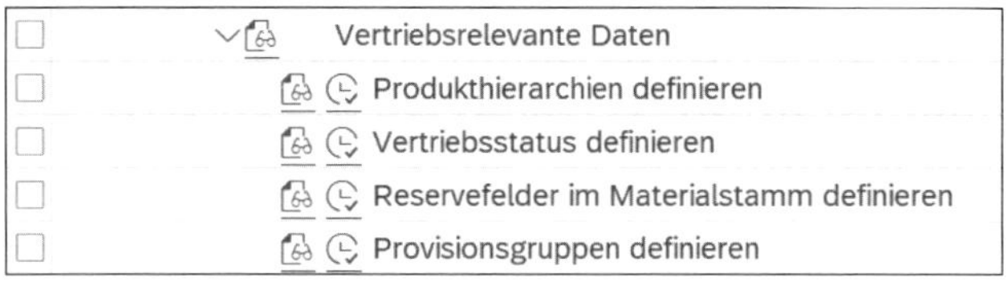

Abbildung 3.41: IMG-Aktivitäten im Bereich »Vertriebsrelevante Daten«

Der *Vertriebsstatus* bildet aus vertrieblicher Sicht das Pendant zum Materialstatus. Da sich der Materialstatus nicht auf vertriebliche Geschäftsprozesse auswirkt, ist zu empfehlen, mit einem Vertriebsstatus für die betroffenen Materialstämme zu arbeiten. Sie schränken die vertriebliche Verwendbarkeit des Materials belegspezifisch ein.

Für die Anlage von Vertriebsstatus wählen Sie die IMG-Aktivität **Vertriebsstatus definieren** aus. Als Vertriebsstatus wird ein zweistelliger alphanumerischer Schlüssel genutzt. Die dazugehörige Bezeichnung darf maximal 20 Zeichen umfassen. Alle Daten inklusive der Ausprägungen finden Sie in Tabelle TVMS wieder. Für die Ausprägungen gibt es gegenwärtig im Standard folgende Möglichkeiten:

- »blank«: Es wird kein Hinweis ausgegeben.
- **A**: Es wird eine Warnung ausgegeben.
- **B**: Es wird eine Fehlermeldung ausgegeben.

Lediglich beim letzten Feld **Ausgangssperre** geben Sie einen Grund an, warum das Material für eine Lieferung gesperrt ist. Einen beispielhaft ausgeprägten Status für den Vertrieb zeigt Abbildung 3.42.

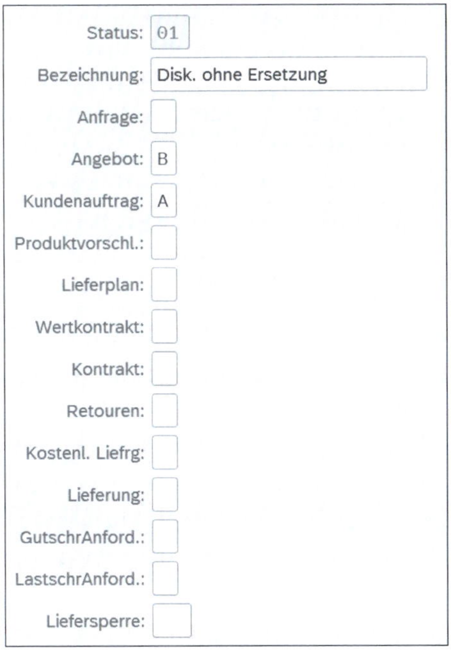

Abbildung 3.42: Vertriebsstatus 01 (Disk. ohne Ersetzung)

Vertriebsstatus im Materialstamm

Sie können den Vertriebsstatus entweder als *vertriebslinienübergreifenden* (Tabellenfeld MARA-MSTAV) oder als *vertriebslinienspezifischen* Status (Tabellenfeld MVKE-VMSTA) im Materialstamm hinterlegen. Den übergreifenden Status nutzen Sie, wenn Sie das Material konsequent über alle Vertriebslinien hinweg mit den getroffenen Statusausprägungen vertriebstechnisch einschränken möchten. Der vertriebslinienspezifischen Status kommt hingegen in Betracht, wenn Sie das Material für eine bestimmte Vertriebslinie reglementieren. Bei beiden Feldern arbeiten Sie bei Bedarf zusätzlich mit einem Gültigkeitsdatum.

3.1.4 Materialarten

Materialarten vereinen Materialien mit denselben Grundeigenschaften. Bei der Anlage eines neuen Materialstamms im SAP-System müssen Sie zwingend eine Materialart angeben. Die ausgewählte Materialart steuert unter anderem:

- Nummernvergabe
- zulässige Nummernkreisintervalle
- Zweck des Materials
- Sichtenauswahl der Fachbereiche
- Beschaffungsart
- Mengen- und Wertfortschreibung

[!]

Materialart ändern

Eine nachträgliche Änderung der Materialart (Transaktion MMAM) ist nur unter bestimmten Bedingungen möglich. Kann die Materialart noch geändert werden, passt die aufgerufene Transaktion die Materialart an. Ein typischer Fall, in dem die Materialart nicht ohne Weiteres umgestellt werden kann, ist, wenn Sie bereits Bestände für das Material im System führen. Weitere Paradebeispiele sind offene Bestellungen oder Reservierungen.

Die SAP-Standardauslieferung hält zahlreiche Materialarten für Sie bereit. Abhängig von Ihrer Geschäftstätigkeit evaluieren Sie zunächst alle vorhandenen Materialarten anhand deren Eigenschaften und entscheiden sich anschließend gezielt für die Nutzung bestimmter Materialarten. Berücksichtigen Sie bereits hier, dass der Schulungsaufwand für Ihre Anwenderinnen und Anwender wächst, je mehr Materialarten Sie verwenden möchten. Als produzierendes Unternehmen verwenden Sie mit sehr hoher Wahrscheinlichkeit die klassischen Materialarten Rohstoffe (ROH), Halbfabrikate (HALB) und Fertigerzeugnis (FERT) neben weiteren ergänzenden Materialarten.

Sollten die im Standard ausgelieferten Materialarten nicht zu Ihren Anforderungen passen, definieren Sie eigene Materialarten und passen deren Eigenschaften an. Ändern Sie die Einstellungen ausgelieferter Materialarten nicht mehr! Nutzen Sie diese Materialarten inklusive der abhängigen Einträge als Kopiervorlagen für Ihre neuen Materialarten. Alle Einstellungen zu den Materialarten nehmen Sie unter IMG-Pfad **Logistik Allgemein • Materialstamm • Grundeinstellungen • Materialarten** vor. Im Folgenden erfahren Sie, wie Sie die Aktivitäten (siehe Abbildung 3.43) anwenden und dadurch eigene Materialarten bedürfnisgerecht einstellen.

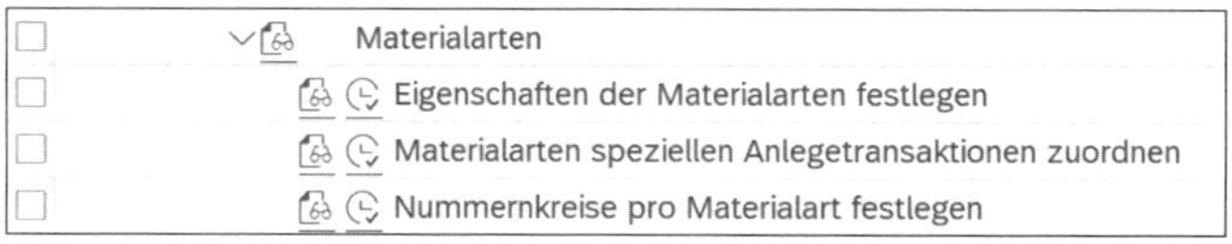

Abbildung 3.43: IMG-Aktivitäten für die Einstellungen der Materialarten

[+]

Simplification Item – Materialart SERV

Die Materialart Serviceprodukt (SERV) wurde in SAP S/4HANA für Dienstleistungsbeschaffungen eingeführt, insbesondere für Prozesse der sogenannten *Lean-Services-Beschaffung* (siehe Abschnitt 5.1, »Dienstleistungen in SAP S/4HANA«). SAP empfiehlt die Verwendung der Materialart SERV vor der bekannten Materialart Dienstleistung (DIEN). Sie können jedoch auch weiterhin auf die Materialart DIEN zurückgreifen (siehe SAP-Hinweis 2267247).

Eigenschaften der Materialarten

Um die Eigenschaften einer Materialart einzusehen, rufen Sie die IMG-Aktivität **Eigenschaften der Materialarten festlegen** (Transaktion OMS2) auf. Sie suchen die gewünschte Materialart in der Übersicht aller Materialarten heraus und navigieren zu den Details der ins Auge gefassten Materialart. Die Detailsicht besteht aus unterschiedlichen Bildbereichen, die wir nun Bereich für Bereich erläutern.

Für eine Materialart verwendet das System einen eindeutigen vierstelligen alphanumerischen Schlüssel. Die Bezeichnung der Materialart umfasst maximal 25 Zeichen. Die Einstellungen zur Materialart hinterlegt das System in Tabelle T134.

Standardmaterialart ROH

Betrachten wir zunächst die Eigenschaften der Materialart ROH in der wie beschrieben aufgerufenen Detailsicht. Wir beginnen mit den Feldern im Bereich **Allgemeine Daten** (Abbildung 3.44):

- **Feld »Produkttypgruppe«**
  Unter einer *Produkttypgruppe* wird die Art des Produkts verstanden, das beschafft wird. Sie unterscheiden zwischen Materialien (Produkttypgruppe 1) und Dienstleistungen (Produkttypgruppe 2). Die Produkttypgruppe steuert im Beschaffungsprozess, dass bei der Positionstypengruppe Dienstleistungen ein Leistungserfassungsblatt als Folgebeleg für eine Bestellung anzulegen ist (siehe Abschnitt 5.1, »Dienstleistungen in SAP S/4HANA«). Die Ableitung der Produkttypgruppe erfolgt automatisch aus der Materialart, wenn eine Bestellposition mit Materialstamm angelegt wird.
- **Feld »Feldreferenz«**
  Die *Feldreferenz* ist hier mit dem Wert »ROH« befüllt. Wie die Feldreferenz die Feldauswahlsteuerung beeinflusst, haben Sie bereits in Abschnitt 3.1.2, »Feldauswahl«, kennengelernt.

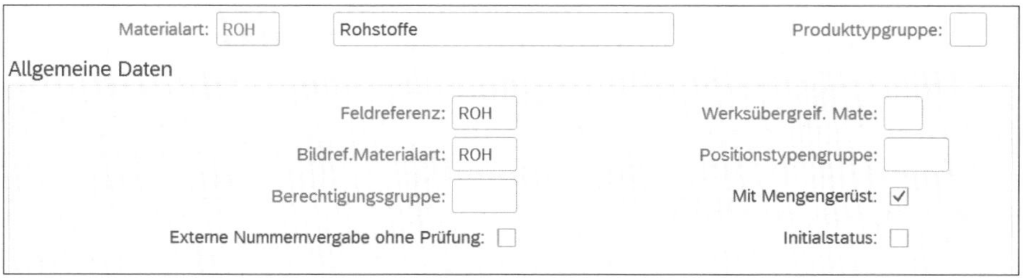

Abbildung 3.44: Allgemeine Daten für Materialart ROH

- **Feld »Werksübergreif. Mate«**
  Den *werksübergreifenden Materialstatus* sollten Sie in der Materialart hinterlegen, wenn Sie den Materialstatus auf der Sicht **Grunddaten** mit einem bestimmten Wert vorbelegen möchten. Der werksübergreifende Materialstatus gehört zur Kategorie der zen-

tralen Felder im Materialstamm (siehe Abschnitt 3.1.3, »Einstellungen zu zentralen Feldern«).

- **Feld »Bildref.Materialart«**
  Mit der *Bildreferenz* steuern Sie, welche Bilder bei der Materialstammpflege in Abhängigkeit von der Materialart angezeigt werden. Zudem entscheiden Sie, in welcher Reihenfolge die Bilder erscheinen. Mehr zum Thema Bildreferenz erwartet Sie in Abschnitt 3.1.5, »Konfiguration«. In unserem Beispiel ist die Standardbildreferenz ROH angegeben.
- **Feld »Positionstypengruppe«**
  Zur *Positionstypgruppe* wurde hier ebenfalls keine Angabe gemacht. Dies kann damit begründet werden, dass Sie Rohstoffe tendenziell selten verkaufen. Denn die Positionstypgruppe gruppiert Materialien, um bei Vertriebsbelegen einen Positionstyp zu ermitteln. Sie geben in diesem Feld einen Vorschlagswert für die Sicht **Vertrieb** der Materialart an.
- **Feld »Berechtigungsgruppe«**
  Eine *Berechtigungsgruppe* schützt das Objekt vor unberechtigten Zugriffen. Ist die Berechtigungsgruppe leer, wie bei unserer Materialart ROH, findet keine spezielle Berechtigungsprüfung statt. Sie können ohne Weiteres die Materialart verändern. Da es sich aber um eine Standardmaterialart handelt, gilt die Devise: »Finger weg von der Standardauslieferung!«
- **Kennzeichen »Mit Mengengerüst«**
  Dieses Kennzeichen bezieht sich auf die Einstellung, ob ein Material mit oder ohne Mengengerüst kalkuliert wird. Ist das Häkchen nicht gesetzt, berechnet das System die Plankosten für das Material ohne Mengengerüst. Das vorgeschlagene Kennzeichen können Sie bei Bedarf nachträglich auf der Kalkulationssicht anpassen.
- **Kennzeichen »Externe Nummernvergabe ohne Prüfung«**
  Das Kennzeichen für eine externe Nummernvergabe ohne Prüfung ist hier nicht gesetzt. Wenn es gesetzt ist, prüft das System bei einer externen Nummernvergabe die eingegebene Materialnummer nicht gegen den Nummernkreis (siehe Unterabschnitt »Nummernkreise« in diesem Abschnitt). Dafür muss jedoch mindestens ein Buchstabe in der externen Nummer enthalten sein.
- **Kennzeichen »Initialstatus«**
  Das Kennzeichen für den *Initialstatus* betrifft den Zustand einer neu angelegten Charge für diese Materialart. Setzen Sie hier ein Häkchen, haben neu angelegte Chargen den Status **nicht frei**. Bei der vorliegenden Materialart ist das Kennzeichen nicht gesetzt. Weitere Einstellungen zum Thema Charge finden Sie in Abschnitt 3.4, »Chargenstammdaten«.

Sollen mit der Materialart spezielle Vorgänge zugeordnet werden, wählen Sie die entsprechenden Kennzeichen im Bildbereich **Spezielle Materialarten** der Detailsicht aus (siehe Abbildung 3.45). Auf Materialartebene geben Sie an, ob alle zugehörigen Materialstämme für folgende Fälle vorgesehen sind:

- Variantenkonfiguration (Kennzeichen **Material konfigurierbar**)
- Prozessabwicklung mit Kuppelprodukten (Kennzeichen **Material f. Prozess**)
- Pipelineabwicklung (Kennzeichen **Pipeline obligat.**)
- automatisierte Leihgutkontoführung (Kennzeichen **Leihgutkonto oblig.**)
- Herstellerteile (Kennzeichen **Herstellerteil**)
- Form-Fit-Function-Klasse (Kennzeichen **FFF-Klasse**)

Beachten Sie dabei, dass diese Einstellungen keine Vorschläge für den späteren Materialstamm sind, sondern stattdessen als unveränderliche Gegebenheiten bei der Stammdatenpflege hingenommen werden müssen.

Abbildung 3.45: Einstellungen im Bereich »Spezielle Materialarten«

[zB]

Materialart Herstellerteile (HERS)

Das gängigste Beispiel für spezielle Materialarten aus Materialwirtschaftssicht ist die Materialart Herstellerteile (HERS). Sie verwenden diese Materialart, um beschaffte Materialien von unterschiedlichen Herstellern zu differenzieren. Wenn Sie die spezifischen Einstellungen der Materialart im Standard betrachten, stellen Sie fest, dass das Kennzeichen **Herstellerteil** gesetzt ist.

Im Bildbereich **Fachbereiche** der Detailsicht legen Sie den Grundstein dafür, welche Sichten für die Materialart sichtbar sind und damit zugleich von den Fachabteilungen gepflegt werden können. In Abbildung 3.46 erkennen Sie, dass alle Sichten bis auf die Sichten **Arbeitsvorbereitung** und **Fertigungshilfsmittel** ausgewählt sind.

Die Sichten **Werksbestände** und **Lagerortbestände** sind für die Materialart ROH ebenfalls ausgewählt (sie sind in Abbildung 3.46 nicht zu sehen, weil sie nur durch Scrollen erreicht werden können). Für die Beschaffung von Lagermaterialien spielen insbesondere die Sichten **Grunddaten**, **Einkauf** und **Buchhaltung** eine entscheidende Rolle, denn ohne diese Sichten ist das Anlegen einer Bestellung für lagergeführtes Material nicht möglich.

Abbildung 3.46: Ausgewählte Fachbereiche für die Materialart ROH

Fachbereichssichten

Zu einer Fachbereichssicht gehören in der Regel mehrere untergeordnete, im Materialstamm auswählbare Sichten. Die Sicht **Einkauf** beispielsweise vereint die Sichten **Einkauf**, **International Trade Import** und **Einkaufsbestelltext**. Diese dazugehörigen Sichten werden automatisiert vom System ohne Inhalt mitangelegt, wenn Sie im Bereich **Fachbereiche** die Sicht **Einkauf** für ein Material auswählen und damit anlegen. Sie entscheiden daher im Customizing über den »Verbund« der Sichten.

Die Beschaffungsart, mit der Sie eine bestimmte Materialart beschaffen, stellen Sie im Bildbereich **Interne/Externe Bestellungen** der Detailsicht ein. Wir unterscheiden grundsätzlich zwei Beschaffungsarten: die externe und die interne Beschaffung. Eine externe Beschaffung führen Sie über Ihre Lieferanten durch. Bei einem internen Beschaffungsvorgang stellen Sie das Material selbst her. Folgende Einträge sind hierbei möglich:

- 0: keine Bestellungen erlaubt
- 1: Bestellungen mit Warnmeldungen erlaubt
- 2: Bestellungen erlaubt

Abbildung 3.47 zeigt, dass die Materialien (Materialart ROH) hauptsächlich über den externen Beschaffungsweg beschafft werden. Da es ausgeschlossen ist, dass die Beschaffung solcher Materialien auch über den internen Beschaffungsweg erfolgt, lassen Sie den internen Weg nicht zu, indem Sie den Wert 2 im Feld **Ext. Bestellungen** und den Wert 0 im Feld **Int. Bestellungen** hinterlegen.

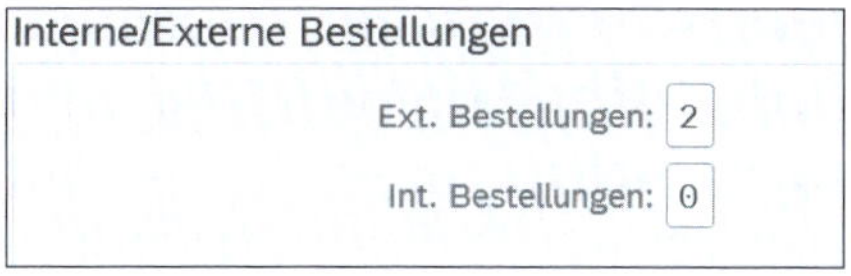

Abbildung 3.47: Einstellungen im Bereich »Interne/Externe Bestellungen«

Falls Sie mit klassifizierten Materialstämmen arbeiten möchten, können Sie eine Klasse mit einer dazugehörigen Klassenart hinterlegen. Für Materialstämme ist die Klassenart 001 vorgesehen. Haben Sie keine Verwendung für klassifizierte Materialstämme, übergehen Sie einfach den Klassifizierungsbereich und lassen die Einträge, wie hier bei der Materialart ROH (siehe Abbildung 3.48), leer. Nachträgliche Klassifizierungen sind bei der Materialstammpflege problemlos möglich.

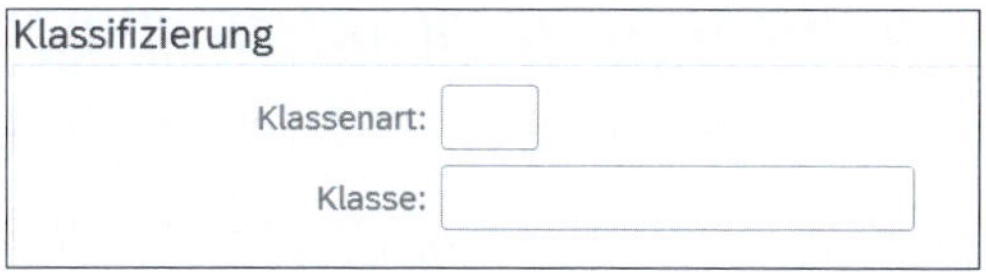

Abbildung 3.48: Klassifizierung einer Materialart

Über die *Preissteuerung* legen Sie im Bereich **Bewertung** der Detailsicht fest, mit welchen Verfahren Ihre Bestände zu bewerten sind (siehe Abbildung 3.49). Sie haben zwei Möglichkeiten:

- S: Standardpreis
- V: Gleitender Durchschnittspreis/Periodischer Verrechnungspreis

Das Kennzeichen **Preissteuerung verb.** steuert, ob Ihnen bei der Materialstammpflege die Preissteuerung als änderbarer Vorschlagswert empfohlen wird oder ob die Steuerung durch die Materialart nicht verändert werden kann. Ist das Häkchen gesetzt, ist ein Preissteuerungswechsel nicht möglich. (Umfassende Details zur Bewertung von Lagermaterialbeständen finden Sie in Abschnitt 7.1, »Bewertung und Kontierung in SAP S/4HANA«.)

Abbildung 3.49: Bereich »Bewertung« in der Materialart ROH

Die *Kontoklassenreferenz* ist eine Gruppierung von Bewertungsklassen und überprüft, ob die im Materialstamm hinterlegte Bewertungsklasse auf der Sicht **Buchhaltung** zulässig ist. Die Bewertungsklasse benötigen Sie für eine automatisierte Kontenfindung in der Bestandsführung (siehe Abschnitt 7.2).

Einige der in Abbildung 3.46 sichtbaren Informationen finden sich auf indirekte Weise im Bereich **Mengen-/Wertfortschreibung** der Detailsicht wieder. Denn für die Materialart ROH sind die Sichten **Buchhaltung** und **Lager/Lagerverwaltung** ausgewählt. Dies lässt wiederum auf eine mengen- und wertmäßige Bestandsführung schließen (siehe Kapitel 6, »Bestandsführung und Inventur«). Wie in Abbildung 3.50 zu sehen, ist entsprechend auch in der Detailsicht im Bereich **Mengen-/Wertfortschreibung** eine Mengen- und Wertfortschreibung für alle Bewertungskreise eingestellt (siehe Abschnitt 2.2.1, »Bewertungsebene«) – nicht überraschend für ein bewertetes Lagermaterial.

Für die Mengen- beziehungsweise Wertfortschreibung stehen Ihnen drei Optionen zur Verfügung:

- In allen Bewertungskreisen
- In keinem Bewertungskreis
- Nach Bewertungskreis

Die beiden erstgenannten Auswahlmöglichkeiten sind dabei hervorzuheben. Sie sollten darauf achten, dass es keine bis kaum Abweichungen für Bewertungskreise gibt. Wünschenswert ist entweder eine strikte Fortschreibung in allen Bewertungskreisen oder in keinem Bewertungskreis.

Abbildung 3.50: Einstellungen im Bereich »Mengen-/Wertfortschreibung«

[»] **Mengen-/Wertfortschreibung bei anderen Materialarten**

Die Materialart Unbewertetes Material (UNBW) ist ein perfektes Beispiel für eine Materialart, die mengen-, aber nicht wertmäßig geführt wird. Materialstämme der Materialart Nichtlagermaterial (NLAG) hingegen unterliegen weder einer mengen- noch einer wertmäßigen Bestandsführung.

Über den Eintrag **Mengen-/Wertfortschreibung** in der Dialogstruktur erreichen Sie die Mengen- und Wertfortschreibung auf Bewertungskreisebene für die jeweilige Materialart (siehe Abbildung 3.51). Die enthaltenen Daten speichert das System in Tabelle T134M ab.

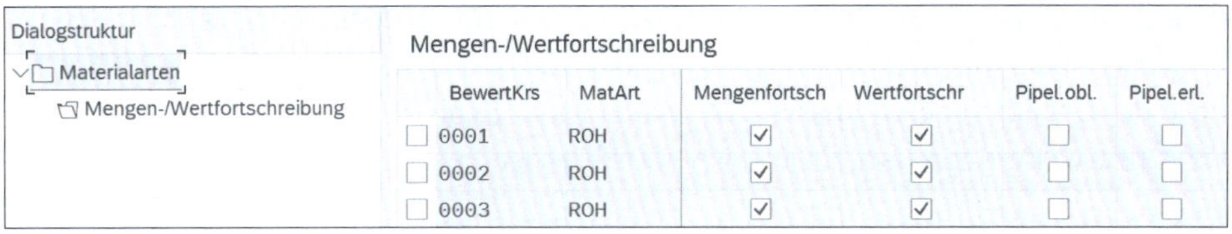

Abbildung 3.51: Bewertungskreisabhängige Einstellungen in der Detailsicht

Wenn Sie zuvor im Bereich **Mengen-/Wertfortschreibung** die Option **In allen Bewertungskreisen** ausgewählt haben, sind hier in den Spalten **Mengenfortschreibung** beziehungsweise **Wertfortschreibung** alle Auswahlkästchen angehakt. (Mit der Option **In keinem Bewertungskreis** wären alle Kästchen leer.) Nach Bedarf können Sie hier aber noch manuelle Anpassungen vornehmen. Wenn Sie dann erneut in die Detailsicht der Materialart navigieren, wurde der Bereich **Mengen-/Wertfortschreibung** automatisch an die getätigten Änderungen angepasst.

Anpassung der Mengen-/Wertfortschreibung [!]

Nachträgliche Anpassungen der Mengen- beziehungsweise Wertfortschreibung können zu schwerwiegenden Inkonsistenzen im System führen. Stellen Sie daher sicher, dass beide Fortschreibungsarten nach Ihrer eigenen Materialartendefinition nicht mehr verändert werden müssen.

Die Retail-spezifischen Felder am Schluss der Einstellungen zur Materialart behalten Sie unverändert bei, wenn Sie mit einem Industriesystem arbeiten.

Neue Materialart ZROH

Ihre Evaluierung hat gezeigt, dass Sie zur Abbildung der beschafften Rohstoffmaterialien eine neue Materialart benötigen, da die im Standard ausgelieferte Materialart ROH Ihren Anforderungen nicht vollumfänglich gerecht wird. Für die neue Materialart soll abweichend zur Vorlage gelten:

- Die Sicht **Arbeitsvorbereitung** ist notwendig.
- Interne Bestellungen sind zulässig, es erfolgt aber eine Warnmeldung.
- Eine eigene Feld- und Bildreferenz sind wünschenswert.

Unter Zuhilfenahme der Kopierfunktion legen Sie aus der Vorlagematerialart ROH die neue Materialart ZROH an. Sie verwenden auch für die Z-Materialart die Bezeichnung »Rohstoffe« (siehe Abbildung 3.52).

Ihnen ist sicherlich direkt aufgefallen, dass in unserem Beispiel in den Feldern **Feldreferenz** und **Bildref.Materialart** im Bereich **Allgemeine Daten** jeweils »ZROH« eingetragen ist. Sie müssen beide Referenzen entweder vor dem Anlegen der Materialart definieren, um sie dann direkt beim Anlegen angeben zu können, oder Sie legen die Referenzen nach der Definition an und passen die Materialart anschließend an. Unabhängig von Ihrer Arbeitsweise tragen Sie die jeweiligen Referenzen in die entsprechenden Felder ein.

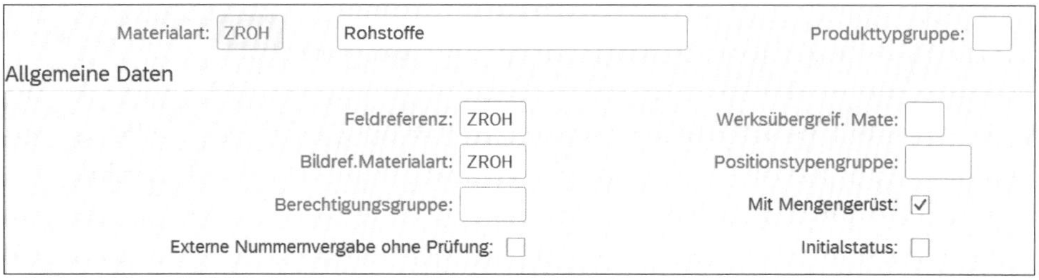

Abbildung 3.52: Allgemeine Daten der Materialart ZROH

Für *Feldreferenzen* wählen Sie die IMG-Aktivität **Feldauswahl für Datenbilder pflegen** unter dem IMG-Pfad **Logistik Allgemein • Materialstamm • Feldauswahl** (siehe Abschnitt 3.1.2, »Feldauswahl«). Die Einstellungen zur *Bildreferenz* rufen Sie über **Logistik Allgemein • Materialstamm • Konfigurieren des Materialstamms • Aufbau der Datenbilder pro Bildsequenz definieren** auf (siehe Abschnitt 3.1.5, »Konfiguration«).

[»]

Verwendung kundeneigener Materialarten

Bei kundeneigenen Materialarten sollten Sie stets mit dem Buchstaben Z als erstem Buchstaben für den Materialartenschlüssel arbeiten. Sie grenzen damit Ihre Materialarten deutlich erkennbar von den Standardmaterialarten ab. Zudem ist zu überlegen, ob Sie nur eigene oder vorgegebene Materialarten nutzen. Eine Mischung beider Ansätze ist durchaus möglich, dennoch hat die Verwendung genau einer Strategie ihren Reiz, um Ihren Anwenderinnen und Anwendern einen einheitlichen Umgang mit den gewünschten Materialarten vorzugeben.

Im Bildbereich **Fachbereiche** entfernen Sie das Häkchen vor **Arbeitsvorbereitung**, weil Sie diese Sicht für die Materialart ZROH schließlich einblenden möchten (siehe Abbildung 3.53).

Da Sie interne Bestellungen, selbst bei einer Warnmeldung, zulassen möchten, hinterlegen Sie im Feld **Int. Bestellungen** den Wert 1 (siehe Abbildung 3.54). Für Materialien der Materialart ZROH sind nun interne Beschaffungsvorgänge möglich.

Alle anderen, hier nicht angesprochenen Einstellungen lassen Sie unverändert. Sie können Ihre neue Materialart nun fast nutzen. Nur die Pflege eines Nummernkreises ist noch offen (siehe den Unterabschnitt »Nummernkreise« in diesem Abschnitt).

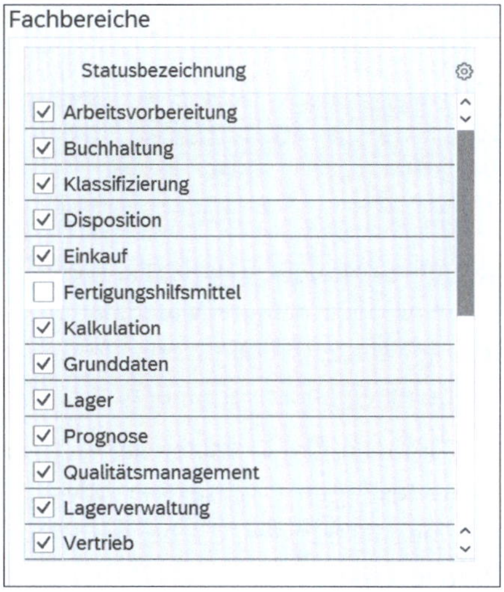

Abbildung 3.53: Die Sicht »Arbeitsvorbereitung« einblenden

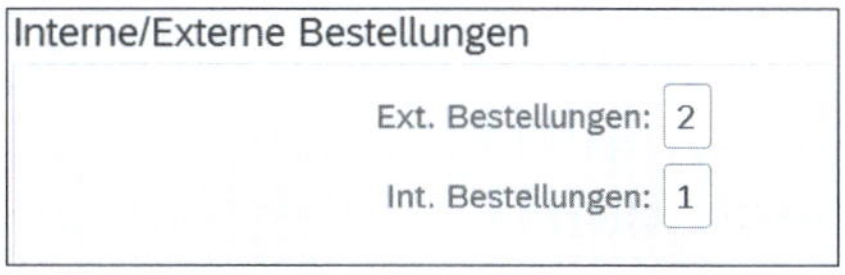

Abbildung 3.54: Interne Bestellungen erlaubt (Materialart ZROH)

Nummernkreise

Nummernkreise identifizieren Objekte im System eindeutig. Bei Materialien legen Sie je Materialart einen Nummernkreis fest. Alle Nummernkreise müssen dabei überschneidungsfrei angelegt werden. Die maximale Länge einer Materialnummer haben Sie bereits festgelegt (siehe Abschnitt 3.1.1, »Grundeinstellungen«), Sie können daher höchstens 18 Zeichen bei Ihrer Intervalldefinition verwenden.

Wir unterscheiden zwei Arten der Nummernvergabe. Bei der *internen Nummernvergabe* vergibt das System für Sie direkt bei der Anlage des Materialstamms die spätere Materialnummer. Die Nummer ist nicht editierbar. Anhand der gewählten Materialart wird die nächste freie Nummer im zulässigen Intervall automatisch ermittelt. Die Nummer kann bei einer internen Vergabe nur numerische Werte enthalten.

Bei einer *externen Nummernvergabe* vergeben die Anwenderinnen und Anwender die Nummer beim Anlegen des Materialstamms selbst. Die angegebene Nummer wird anhand der Materialart gegen das Nummernkreisintervall und auf Eindeutigkeit geprüft. Bei einer externen Nummernvergabe arbeiten Sie mit numerischen und alphanumerischen Intervallen.

[»]

Wahl der Nummernvergabe

Für den Materialstamm empfiehlt sich eine interne Nummernvergabe. Dennoch kann eine externe Nummernvergabe sinnvoll sein, wenn Sie z. B. Ihre Materialien in SAP-fremden Systemen nutzen möchten.

Ob eine Materialart einer internen oder externen Nummernvergabe unterliegt, regeln Sie über sogenannte *Gruppen*. Sie ordnen jeder Gruppe eine oder mehrere Materialarten zu und hinterlegen in der Gruppe die für Ihre Belange jeweils zulässigen Intervalle. Somit sind Materialart und Nummernkreis über eine Gruppe miteinander verbunden.

Sie definieren und pflegen Ihre Intervalle sowie die Gruppen für alle Materialarten über die IMG-Aktivität **Nummernkreise pro Materialart festlegen** (Transaktion MMNR). Das Einstiegsbild (siehe Abbildung 3.55) bietet folgende Funktionen, die bei der Pflege des Nummernkreisobjektes MATERIALNR Anwendung finden:

- Übersicht über alle Gruppen und zugewiesenen Materialarten inklusive Nummernkreisintervalle (Icon , **Übersicht**)
- Übersicht aller Gruppen mit allen Materialarten im Anzeigemodus (Icon , **Gruppen anzeigen**) und im Änderungsmodus (Icon , **Gruppen ändern**)
- Übersicht aller Änderungsbelege (Icon , **Änderungsbelege**)
- Anzeige und Pflege aller Nummernkreisintervalle
- Nummernstandpflege der bestehenden Intervalle

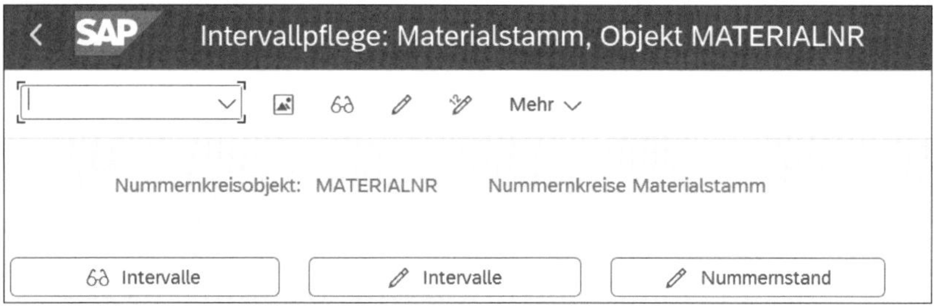

Abbildung 3.55: Einstiegsbild der Nummernkreispflege der Materialarten

Gehen Sie bei der Zuordnung von Nummernkreisen pro Materialart wie folgt vor:

1. Rufen Sie die IMG-Aktivität **Nummernkreise pro Materialart festlegen** oder die Transaktion MMNR auf.
2. Machen Sie sich mit den bestehenden Einstellungen bezüglich Intervalle und Gruppen vertraut. Verwenden Sie hierfür die angesprochenen Funktionen im Einstiegsbild. Möglicherweise existieren die von Ihnen ins Auge gefassten Intervalle schon im System oder Sie können bereits vorhandene Gruppen für Ihre Zuweisung der neuen Materialarten nutzen.

3. Navigieren Sie nun über die Schaltfläche (**Gruppen ändern**) in den Gruppenänderungsmodus.
4. Je nach Anpassungsbedarf stehen Ihnen im Gruppenänderungsmodus die folgenden Werkzeuge für Ihre Zwecke zur Verfügung (siehe Abbildung 3.56):
   - **Gruppe ändern** (Icon)
     Sie ändern eine bestehende Gruppe. Zum Beispiel passen Sie die Intervalle, Nummernstände oder die Bezeichnung der Gruppen an.

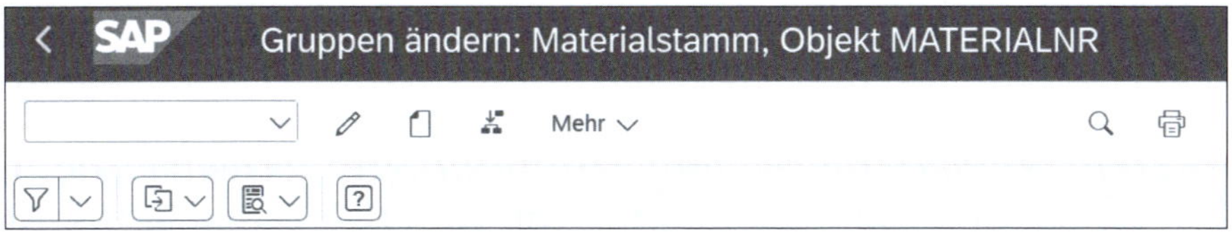

Abbildung 3.56: Anpassungsmöglichkeiten im Gruppenänderungsmodus

   - **Gruppe anlegen** (Icon)
     Sie legen eine neue Gruppe an (siehe Abbildung 3.57). Dabei geben Sie eine treffende Bezeichnung der Gruppe und ein Intervall an. Über die Nummernkreisnummer bekommt das Intervall einen eindeutigen Schlüssel. Zudem entscheiden Sie, ob es sich beim angegebenen Intervall um ein Intervall mit externer Nummernvergabe handelt. Ist das Kennzeichen gesetzt, wird eine externe Nummernvergabe vorgesehen. Die aktuell vorhandenen Intervalle rufen Sie über **Mehr • Intervall • Vorhandene** auf. Sie müssen die neuen Intervalle zwingend ohne Überlappungen mit den bereits existenten Intervallen definieren. Eine Überschneidung würde zu einer Fehlermeldung führen.

Abbildung 3.57: Eine neue Gruppe erstellen

   - **Element einer Gruppe zuweisen** (Icon)
     Sie ordnen einer bestehenden oder neu angelegten Gruppe aus dem vorangegangenen Schritt (Gruppe anlegen) ein oder mehrere Elemente, sprich Materialarten

zu. Dazu markieren Sie das gewünschte Objekt und wählen die Schaltfläche (**Element einer Gruppe zuweisen**). Es öffnet sich ein Auswahlfenster mit allen Gruppen. Per Doppelklick weisen Sie die Materialart der Gruppe und damit einem Nummernkreis zu.

5. Speichern Sie abschließend Ihre Änderungen, und verlassen Sie die IMG-Aktivität beziehungsweise die Transaktion.

Zuordnung Materialart – Gruppe

Sie müssen alle Materialarten zu einer Gruppe zuordnen, sonst ist die Verwendung der Materialart nicht möglich. Es gibt jedoch eine Ausnahme: Sie können eine Materialart, die keiner Gruppe zugeordnet ist, trotzdem nutzen, wenn Sie in ihren Grundeinstellungen das Kennzeichen **Externe Nummernvergabe ohne Prüfung** gesetzt haben.

Normalerweise transportieren Sie Nummernkreisobjekte nicht, sondern führen die Pflege der Intervalle direkt in allen betroffenen Systemen Ihrer Systemlandschaft durch. Es ist zu empfehlen, die Nummernkreise nach erfolgreichem Testen in der Entwicklungsumgebung direkt im Qualitätssystem »nachzuziehen«, damit beide Systeme identisch eingestellt sind. Für das spätere Produktivsystem ist die Nummernkreispflege ein klassischer Cut-over-Task im Cut-over-Plan. Nicht nur die Nummernkreise der Materialien sind hiervon betroffen – weitere Lehrbuchbeispiele sind Nummernkreisintervalle bei Dokumenten oder Meldungen im System.

Weitere technische Informationen zum Nummernkreisobjekt MATERIALNR erhalten Sie über die anwendungsübergreifende Transaktion SNRO (siehe Abbildung 3.58). Diese Transaktion ermöglicht Ihnen einen umfassenden technischen Blick auf alle Objekte des Nummernkreises. Im Anwendungsmenü finden Sie die Transaktion über **Werkzeuge • Entwicklung • Weitere Werkzeuge • Nummernkreise**.

Abbildung 3.58: Einstiegsbild der Transaktion SNRO

Über die Schaltfläche **Anzeigen** gelangen Sie zu den Details des angegebenen Nummernkreisobjektes, die in die Registerkarten **Intervalle**, **Customizing** und **Gruppe** unterteilt sind.

Auf der Registerkarte **Intervalle** sehen Sie, dass die Domäne für die Nummernlänge bei 18 Zeichen liegt (siehe Abbildung 3.59). Das heißt, Sie können Intervalle vom Typ `CHARACTER` mit maximal 18 Stellen anlegen. Beträgt die Restmenge weniger als 10 % der freien Nummern eines Nummernkreises, gibt das System eine Warnmeldung aus. Geben Sie daher hinreichend große Intervalle bei der Definition Ihrer Intervalle an.

Abbildung 3.59: Registerkarte »Intervalle« in Transaktion SNRO

Auf der Registerkarte **Customizing** (siehe Abbildung 3.60) finden Sie die zugehörige Transaktion zur Nummernkreispflege des Materialstamms. Wie Sie bereits wissen, lautet die Transaktion MMNR. Über die Pufferung regelt das System, ob die Intervalle für die Vergabe und Prüfung von Materialnummern gepuffert werden. Bei den Materialstämmen kommt die Hauptspeicherpufferung zur Anwendung. Dadurch können Lücken bei der Nummernvergabe entstehen. Legen Sie einen neuen Materialstamm an, wird eine neue eindeutige Nummer vergeben. Brechen Sie den Anlagevorgang ab, ohne zu speichern, wird die Nummer im System wieder frei. Insgesamt hält das System eine Anzahl von zehn Materialstämmen im Puffer vorrätig.

Abbildung 3.60: Registerkarte »Customizing« in Transaktion SNRO

Die internen und externen Nummernkreise, die einer Materialart zugeordnet sind, finden sich in Tabelle T134 wieder (siehe Abbildung 3.61).

Auf der Registerkarte **Gruppe** ist zu sehen, dass im Feld `NUMKI` der interne Nummernkreis abgelegt ist, im Feld `NUMKE` hingegen der externe Nummernkreis. Dies bedeutet, dass Sie zu jeder Materialart je einen internen und auch einen externen Nummernkreis zuordnen können. In der Regel weisen Sie einer Materialart jedoch nur eine Art der Nummernvergabe zu.

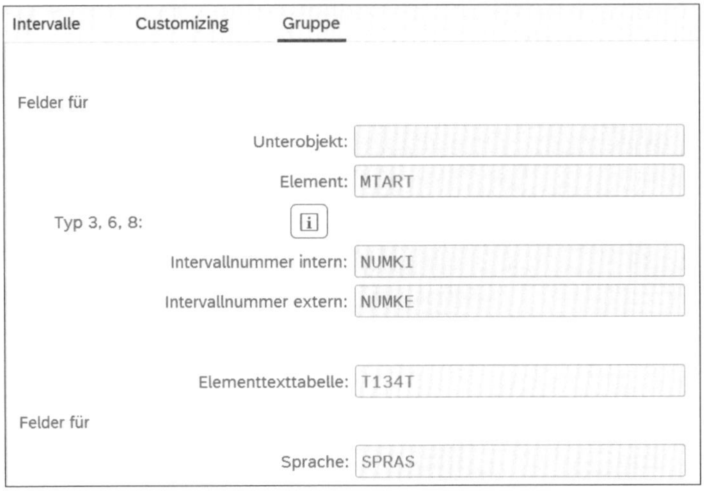

Abbildung 3.61: Registerkarte »Gruppe« in Transaktion SNRO

Spezielle Anlegetransaktionen

Der SAP-Standard liefert spezielle Anlegetransaktionen für den Materialstamm aus. Bei Verwendung dieser Transaktionen muss man nicht wie in Transaktion MM01 (Material anlegen) eine Materialart gezielt auswählen, sondern die gewünschte Materialart wird bei Aufruf der Transaktion vorbelegt. Insgesamt 14 spezielle Anlegetransaktionen stehen im Anwendungsmenü unter **Logistik • Materialwirtschaft • Material • Anlegen speziell** für Sie bereit.

Anpassungen zu den speziellen Anlegetransaktionen nehmen Sie in der IMG-Aktivität **Materialarten spezielle Anlegetransaktionen zuordnen** vor (siehe Abbildung 3.62). Sie können beispielsweise die eingepflegten Materialarten je Transaktionsgruppe durch Ihre kundeneigenen Materialarten ersetzen. Aus der Transaktionsgruppe ergibt sich die spezielle Anlegetransaktion. Der Gruppe B ist die Materialart HALB zugeordnet, die dazugehörige Anlegetransaktion heißt MMB1. Entsprechend ist etwa die Transaktion zur Anlage von Fertigerzeugnissen im Menü MMF1.

Grp	MArt	Bezeichnung Materialart
B	HALB	Halbfabrikat
F	FERT	Fertigerzeugnis

Abbildung 3.62: Spezielle Anlegetransaktionen für bestimmte Materialarten (Ausschnitt)

Beachten Sie, dass bei einer Anpassung der Transaktionskurztext unverändert bestehen bleibt. Wenn Sie z. B. bei Transaktionsgruppe B die Materialart ZROH mit der Bezeichnung »Rohstoff« eintragen, bleibt der Transaktionstext im Menü dennoch mit »Halbfabrikat« bestehen. Mit der Transaktion MMB1 legen Sie aber trotzdem einen Materialstamm der Materialart ZROH an.

Für neue Transaktionscodes oder Änderungen an bestehenden Transaktionscodes nutzen Sie die dafür vorgesehene Transaktion SE93 (Transaktionspflege).

Benutzerparameter Branche

Wenn Sie bei Anlegetransaktionen für den Materialstamm zusätzlich mit dem Userparameter `MTP` (Branchenschlüssel) arbeiten, reduzieren Sie den Aufwand bei der Materialstammanlage weiter. Zusätzlich können Sie das Auswahlfeld **Branche** ausblenden, sollte – wovon auszugehen ist – eine Default-Belegung möglich sein.

3.1.5 Konfiguration

In diesem abschließenden Abschnitt zum Materialstamm beschäftigen wir uns mit der Konfiguration der Benutzeroberfläche. Genauer gesagt lernen Sie, wie Sie die Datenbilder des Materialstamms anpassen, die unter anderem über die Transaktionen MM01, MM02 und MM03 sowie die dazugehörigen Fiori-Apps aufrufbar sind. In Bezug auf den Materialstamm sprechen Anwenderinnen und Anwender von *Materialstammsichten* statt von Datenbildern.

Alle IMG-Aktivitäten zur Konfiguration des zentralen Stammdatenobjektes in der Logistik finden Sie unter dem IMG-Pfad **Logistik Allgemein • Materialstamm • Konfigurieren des Materialstamms** (siehe Abbildung 3.63).

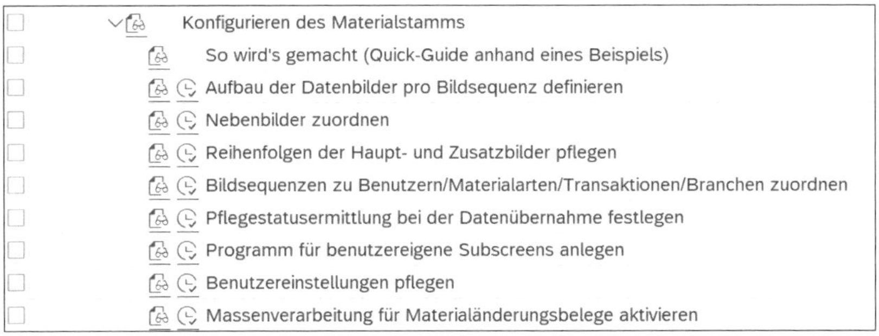

Abbildung 3.63: IMG-Aktivitäten im Bereich »Konfigurieren des Materialstamms«

Bei der Konfiguration des Materialstamms unterscheiden wir in Hinblick auf die Einstellungen in diesem Teilbereich zwischen dem ausgelieferten Industrie- und dem Retail-Standard. In diesem Abschnitt fokussieren wir uns auf die Optionen des Industriestandards.

Es soll nicht unerwähnt bleiben, dass es sich bei allen Customizing-Aktivitäten rund um die Konfiguration der Datenbilder um Einstellungen im Fortgeschrittenenbereich handelt. In der Regel müssen Sie im Projekt keine beziehungsweise nur geringe Anpassungen in diesem Bereich im IMG-Leitfaden vornehmen, es sei denn, Sie sollen an Sie herangetragene Anforderungen umsetzen, wie kundeneigene Felder auf bestimmten

Datenbildern zu verankern. Oft werden die anfallenden Tätigkeiten jedoch bereits durch Ihr Entwicklungsteam umgesetzt. Wenn Sie ein neues kundeneigenes Feld z. B. auf der Sicht **Einkauf** ergänzen möchten, legen Ihre Kolleginnen und Kollegen die benötigten Objekte selbst an.

Bildsequenz

Eine *Bildsequenz* ist eine festgelegte Reihenfolge von zusammengefassten Datenbildern für das Objekt Materialstamm und dessen Standardtransaktionen MM01 (Material anlegen), MM02 (Material ändern) und MM03 (Material anzeigen).

Sie wählen die IMG-Aktivität **Aufbau der Datenbilder pro Bildsequenz definieren** (Transaktion OMT3B), um eigene Bildsequenzen im vorgegebenen Kundennamensbereich (mit Y oder Z beginnend) zu erstellen. Die zweistelligen alphanumerischen Bildsequenzschlüssel speichert das System in Tabelle T133S ab.

SAP liefert standardmäßig diverse Bildsequenzen für Branchenlösungen aus (siehe Abbildung 3.64). Für Industrielösungen stehen drei Bildsequenzen im Fokus:

- **Bildsequenz 01 – Industrie-Standard**
  In der Standardbildsequenz 01 werden auf jedem Datenbild so viele Daten wie möglich angezeigt. Sie müssen zu den unteren Subscreens in den Datenbildern scrollen, damit Sie alle Subscreens sehen.
- **Bildsequenz 11 – Ind-Standard kurze Bilder**
  Standardbildsequenz 11 verwendet pro Datenbild maximal 21 Zeilen. Daher ist diese Bildsequenz für kleinere Bildschirmgröße ausgelegt.
- **Bildsequenz 21 – Ind-Std kurz TabStrips**
  Bei der Standardbildsequenz 21 handelt es sich um die von SAP voreingestellte Bildsequenz. Bei den Datenbildern erkennen Sie die bekannte Sichtenstruktur des Materialstamms an den Bildbezeichnungen wieder. Die Subscreens der Datenbilder sehen Sie bei dieser Bildsequenz ohne Scrollen auf einen Blick.

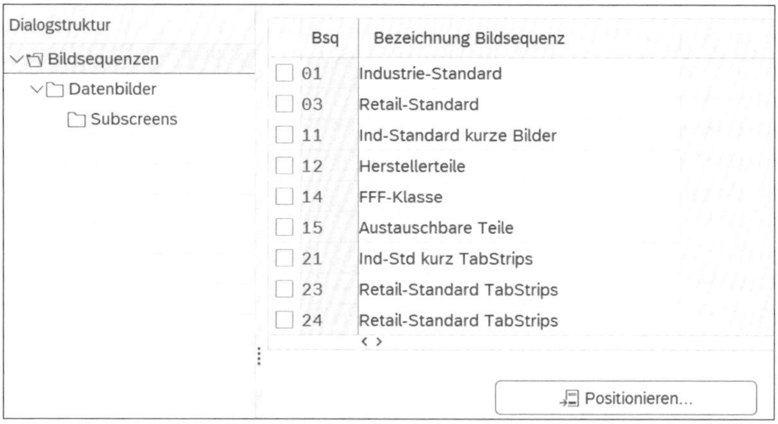

Abbildung 3.64: Datenbilder pro Bildsequenz definieren (Einstiegsbild)

[!]

Standardbildsequenzen ändern

Ändern Sie nicht die mitausgelieferten Standardbildsequenzen! Nutzen Sie sie stattdessen als Kopiervorlagen für Ihre eigenen Bildsequenzen. Insbesondere Bildsequenz 21 eignet sich aus Industriesicht als Vorlage für Ihre kundeneigenen Bildsequenzen. Kopieren Sie alle abhängigen Einträge mit und führen Sie bei Bedarf anschließend alle Änderungen durch.

Über die Dialogstruktur auf der linken Seite navigieren Sie zu den einer vorher markierten Bildsequenz zugeordneten Datenbildern. In diesem Bereich führen Sie Anpassungen an den Datenbildern und eine Ebene tiefer auf Subscreenebene durch. Die Begriffe *Datenbild* und *Subscreen* definieren und erläutern wir im nächsten Unterabschnitt genauer.

Datenbilder und Bildbausteine

Ein *Datenbild* bezeichnet im Customizing eine komplette *Registerkarte* für das Objekt Materialstamm. Aus der klassischen Anwendersicht würden Sie bei einem Datenbild von einer Materialstammsicht sprechen. Im Materialstammdialog, sprich in den allgemeinen Anlegetransaktionen, pflegen Sie die fachspezifischen Sichten. Datenbilder ordnen Sie einer Bildsequenz zu. Daher ist es ebenfalls korrekt, eine Bildsequenz als Zuweisung aller Datenbilder zu definieren. Ein Datenbild wiederum besteht aus einer vorgegebenen Anzahl von Bildbausteinen.

Ein *Bildbaustein*, im Customizing als *Subscreen* benannt, enthält inhaltlich verbundene Datenfelder, die gemeinsam auf einem Bildausschnitt zu sehen sind. Mehrere Bildbausteine zusammen bilden ein Datenbild. Wie viele Subscreens auf einem Datenbild angezeigt werden, steuern Sie über die Einstellungen des Datenbilds im Zusammenspiel mit den hinterlegten Subscreens. Zusätzlich zur Bezeichnung Subscreen verwendet man aus programmtechnischer Sicht den Begriff *Dynpro*.

Sie navigieren in der Aktivität **Aufbau der Datenbilder pro Bildsequenz definieren** (Transaktion OMT3B) über die Dialogstruktur **Datenbilder** zu den Datenbildern der Bildsequenz. Die Einstellungen werden in Tabelle T133A abgelegt.

Abbildung 3.65 zeigt die Einstellungen, die auf der Ebene der Datenbilder möglich sind:

- **Bildnummer (Bild)**
  Die Bildnummer identifiziert das Datenbild in der betrachteten Bildsequenz eindeutig. Im späteren Verlauf ordnen Sie der Bildnummer die gewünschte Bildreihenfolge zu. Die Bildnummer in der ersten Zeile lautet 07.
- **Bildbezeichnung**
  Die Bildbezeichnung beschreibt das logische Bild in schriftlicher Form näher, wobei Ihnen maximal 30 Zeichen für die Beschreibung zur Verfügung stehen. »Grunddaten 1« ist die Bildbezeichnung zur Bildnummer 07.

Bsq	Bild	Bildbezeichnung	T	TrDy	Pflegestatus	Status	TT	Pflegestatus Ret	Altern.Bildbezeich.
21	07	Grunddaten 1	1	4004	K	DATE00	2		Grunddaten 1
21	08	Grunddaten 2	1	4004	K	DATE00	2		Grunddaten 2
21	09	Vertrieb: VerkaufsorgDaten 1	1	4000	V	DATE00	2		Vertrieb: VerkOrg 1
21	10	Vertrieb: VerkaufsorgDaten 2	1	4000	V	DATE00	2		Vertrieb: VerkOrg 2
21	11	Vertrieb: allg./Werksdaten	1	4004	V	DATE00	2		Vertrieb: allg./Werk
21	12	International Trade: Export	1	4004	V	DATE00	2		Intl Trade: Export
21	13	Vertriebstext	1	4040	V	DATELT00	2		Vertriebstext
21	14	Einkauf	1	4000	E	DATE00	2		Einkauf

Abbildung 3.65: Zugewiesene Datenbilder in Bildsequenz 21 (Ausschnitt)

- **Bildtyp (T)**
  Der Bildtyp legt fest, ob die Registerkarte in den Haupt- oder Zusatzdaten des Materialstamms zu finden ist. Ist das Feld mit dem Wert 1 befüllt, gehört die Registerkarte zu den Hauptdaten. Ist hingegen der Wert 2 eingetragen, ordnen Sie die Registerkarte damit den Zusatzdaten im Materialstamm zu. Unsere Registerkarte **Grunddaten 1** gehört zu den Hauptbildern.
- **Nummer des Trägerdynpros (TrDy)**
  Die Nummer des Trägerdynpros steuert, wie viele Bildbausteine (Subscreens) auf einer Registerkarte möglich sind. Das Trägerdynpro 4000 lässt bis zu sechs Bildbausteine zu, Trägerdynpro 4004 bis zu zehn. Bei Bildnummer 07 ist das Trägerdynpro 4004 hinterlegt. Insgesamt verwenden wir im Standard sieben von zehn Subscreens auf der Sicht **Grunddaten 1**.
- **Pflegestatus**
  Den Pflegestatus haben Sie bereits in Abschnitt 3.1.2, »Feldauswahl«, kennengelernt. Für die Sicht **Grunddaten 1** ist hier wie zu erwarten der Wert K eingetragen.
- **Status**
  Der (GUI-)Status gibt an, welche Funktionen auf dem Datenbild aktiv sind. Bei Status, die mit »DATE« beginnen, handelt es sich um Status, die Hauptbildern zugeordnet werden. Für unser Beispiel ist der Status DATE00 (Hauptbild ohne Springen-Menü) hinterlegt. Weitere Status rufen Sie über die F1-Hilfe auf.
- **Titeltyp Auswahlgruppe (TT)**
  Über den Titeltyp für die Auswahlgruppe legen Sie fest, wie der Titel für das logische Bild aussehen soll. Sie können aus einer vorgegebenen Auswahl wählen:
  - Typ 1: zweiteiliger Titeltyp (Transaktions- und Bildbezeichnung)
  - Typ 2: drei-/vierteiliger Titeltyp (Typ 1 mit Branche und ggf. Materialart)
  - Typ 3: einteiliger Typ (Bildbezeichnung)
  - Typ 4: fester Wert

  Die Sicht **Grunddaten 1** arbeitet mit dem Titeltyp 2.
- **Pflegestatus Retail (Pflegestatus Ret)**
  Wie der Name schon verrät, handelt es sich um ein Retail-spezifisches Feld, das wir in einer Industrielösung unbeachtet und daher leer lassen.

- **Alternative Bildbezeichnung (Altern. Bildbez.)**
  Die alternative Bildbezeichnung gibt die Bezeichnung der Sicht im Menü unter der Funktion **Springen** an. In unserem Fall entspricht die alternative Bezeichnung der Bildbezeichnung. Beachten Sie jedoch, dass die Feldlänge der alternativen Bezeichnung nur maximal 20 Stellen zulässt.

Auf der nächsten Unterebene der Dialogstruktur finden Sie die Einstellungen für die Bildbausteine (Subscreens) eines Datenbilds. Sie navigieren zu den Bildbausteinen, indem Sie zunächst ein Datenbild markieren und anschließend auf **Subscreens** doppelklicken. Wir wählen hier das bereits aus Abschnitt 3.1.2, »Feldauswahl«, Abbildung 3.10, bekannte Datenbild 07 (Sicht **Grunddaten 1**) als Beispiel aus.

Dass das Trägerdynpro 4004 auf der Datenbildebene eingetragen ist, bewirkt, dass Sie insgesamt bis zu zehn Subscreens für Datenbild 07 verwenden können (siehe Abbildung 3.66). Des Weiteren stellen Sie systemseitig Folgendes ein:

- **Subscreen laufende Nummer (BS)**
  Die laufende Subscreen-Nummer identifiziert den Bildbaustein innerhalb des Datenbilds eindeutig. Dabei entsteht eine einzigartige Schlüsselkombination aus Bildsequenz, logischem Bild und Subscreen-Nummer.
- **Programm Subscreen (Programm)**
  Beim Subscreen-Programm `SAPLMGD1` handelt es sich um die im Standard genutzte Funktionsgruppe für den Materialstamm in einer Industrielösung. Die Funktionsgruppe enthält alle zulässigen Dynpros für die Bildbausteine, die maximal zehn Zeilen und genau 83 Spalten haben. Oft sind die Subscreens von einer Überschrift in der ersten Zeile eingerahmt. Da wir uns mit der Industrielösung auseinandersetzen, ist es keine sonderliche Überraschung, hier das Programm `SAPLMGD1` vorzufinden. Das Pendant für SAP for Retail ist `SAPLMGD2`.
- **Dynpro Subscreen (Dynp)**
  Die Dynpros selbst legen fest, wie Ihr Subscreen beziehungsweise das spätere gesamtheitliche Datenbild aussehen wird. Dabei stehen Ihnen alle Dynpros aus der obigen Funktionsgruppe `SAPLMGD1` zur Verfügung. Insgesamt treffen Sie Ihre Auswahl aus über 193 Standard-Dynpros. Unser Beispiel verwendet folgende Dynpros:
  - Kopf: Materialnummer (1002)
  - Grunddaten – Allgemeine Daten (2001)
  - Materialberechtigungsgruppe (2561)
  - Grunddaten – Abmessungen/EAN (2007)
  - Grunddaten – Wettwerber (2005)
  - Vertriebs-Werks-Daten – Verpackungsfelder (2011)
  - Grunddatentexte (2033)
  - Leerer Subscreen (0001)

  Wenn Sie das letztgenannte Dynpro genauer betrachten, fällt Ihnen auf, dass drei leere Subscreens auf der Sicht **Grunddaten 1** noch zur Befüllung frei sind. Sieben von zehn möglichen Bildbausteinen sind besetzt.

Alle Einstellungen aus diesem Unterbereich finden Sie in Tabelle T133C wieder.

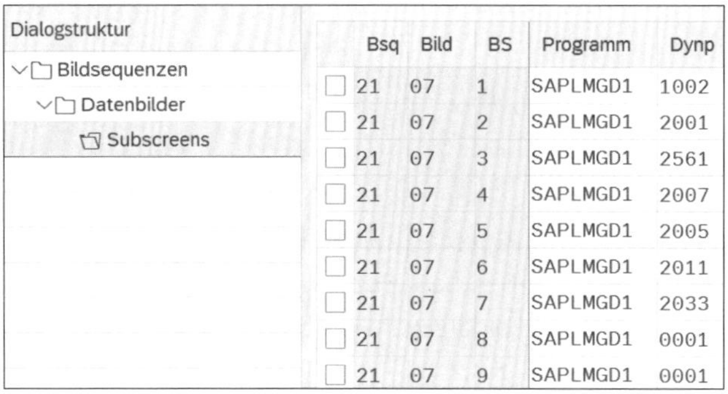

	Bsq	Bild	BS	Programm	Dynp
☐	21	07	1	SAPLMGD1	1002
☐	21	07	2	SAPLMGD1	2001
☐	21	07	3	SAPLMGD1	2561
☐	21	07	4	SAPLMGD1	2007
☐	21	07	5	SAPLMGD1	2005
☐	21	07	6	SAPLMGD1	2011
☐	21	07	7	SAPLMGD1	2033
☐	21	07	8	SAPLMGD1	0001
☐	21	07	9	SAPLMGD1	0001

Abbildung 3.66: Einstellungen für die Subscreens des Datenbilds 07

Anpassungen an Bildsequenzen, Datenbildern und Bildbausteinen

Für alle Anpassungen an Bildsequenzen, Datenbildern und Bildbausteinen nutzen Sie die IMG-Aktivität **Aufbau der Datenbilder pro Bildsequenz definieren** (Transaktion OMT3B). Sie sollten keine Änderungen an Standardbildsequenzen durchführen. Für nötige Anpassungen an Datenbildern erstellen Sie stattdessen eine eigene Bildsequenz und nutzen hierfür eine Standardbildsequenz als Kopiervorlage, etwa Bildsequenz 21 für den Industriestandard. Sie übernehmen beim Kopiervorgang alle abhängigen Einträge der Bildsequenz. Anderenfalls wäre Ihre neue Bildsequenz lediglich eine leere Hülle ohne irgendeinen Eintrag. In Ihrer Bildsequenz führen Sie dann die benötigten Anpassungen an den Datenbildern und Bildbausteinen des Materialstamms durch.

Datenbilder passen Sie in der zuvor kopierten Bildsequenz an. Sie legen somit den späteren Rahmen für die Bildbereiche fest. Folgende Aktivitäten können Sie auf Ebene der Datenbilder problemlos durchführen:

- ein neues Datenbild anlegen
- bestehende Datenbilder anpassen
- Datenbilder entfernen
- die Reihenfolge der Datenbilder ändern

Die entscheidenden Anpassungen der Materialstammsichten nehmen Sie auf der untersten Ebene, also auf Ebene der Bildbereiche vor. Jedoch sind die Änderungen, die Sie im Customizing bei den Bildbereichen durchführen können, begrenzt. Solange Sie für Ihre Zwecke mit den vorhandenen Einstellungsmöglichkeiten der Subscreens auskommen, sind die Berechtigungen ausreichend.

Betrachten wir hierzu erneut die ausgewählte Sicht **Grunddaten 1**. Rufen Sie in der Dialogstruktur über **Bildsequenzen • Datenbilder • Subscreens** (wie in Abbildung 3.66 zu sehen) gezielt die Bildsequenz 21 und das Datenbild 07 auf. Wir nehmen, da es sich um eine Standardeinstellung handelt, keine Änderungen vor, sondern veranschaulichen vielmehr, welche Anpassungen im Customizing umsetzbar sind.

Ein wichtiges Hilfsmittel bei Anpassungen im Subscreen-Bereich finden Sie auf der rechten Seite im Bildbereich **Ansicht** (siehe Abbildung 3.67).

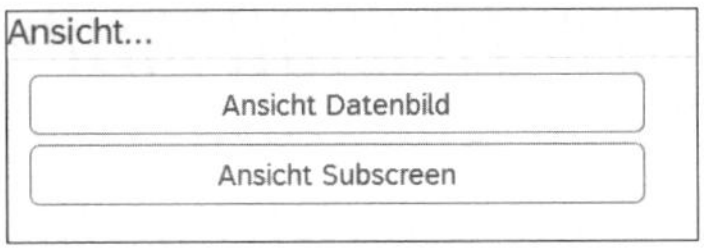

Abbildung 3.67: Werkzeuge für die Konfiguration der Datenbilder

Über die Schaltfläche **Ansicht Datenbild** simuliert das System die spätere Materialstammsicht. Sie erhalten ein direktes Feedback, wie das von Ihnen konfigurierte Datenbild bei späterer Nutzung aussieht (siehe Abbildung 3.68). Sie erkennen die beiden Dynpros 1002 (Materialnummer) und 2001 (Allgemeine Daten) im Ausschnitt des Simulationsergebnisses wieder.

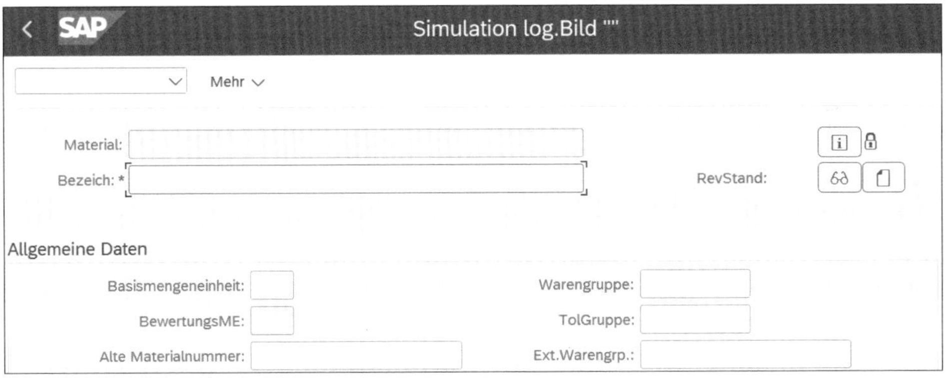

Abbildung 3.68: Simulationsergebnis für die Datenbildansicht

Zusätzlich lassen Sie sich über die Schaltfläche **Ansicht Subscreen** die einzelnen Bildbausteine anzeigen (siehe Abbildung 3.69). Das ist ein hilfreiches Mittel, mit dem Sie alle Felder eines Dynpros ohne viel Aufwand visualisieren können.

Anpassungen im Bereich **Subcreens** (siehe Abbildung 3.70) beschränken sich im IMG auf bestimmte Tätigkeiten. Dazu zählen:

- vorhandene Subscreens neu zuordnen
- eine neue Reihenfolge der Subscreens festlegen
- Subscreens aus Datenbildern löschen

Mit Hilfe des Programms `SAPLMGD1` können Sie vorhandene Dynpros bequem einfügen und neu zuordnen. Sie ersetzen einen Platzhalter (Dynpro 0001) durch das ausgewählte Dynpro, indem Sie ihn einfach mit dem Ziel-Dynpro überschreiben.

Beispielsweise möchten Sie auf der Sicht **Grunddaten 1** zusätzlich das Dynpro 2010 (Grunddaten Umwelt) aufnehmen, denn eine Anforderung aus dem Projektalltag ist, dass der Bildbaustein aus der angestammten Sicht in die Sicht **Grunddaten 1** aufgenommen werden soll. Hierzu überschreiben Sie in der dazugehörigen Bildsequenz (an der achten Stelle des Datenbilds 07) den Wert 0001 mit dem Wert 2010.

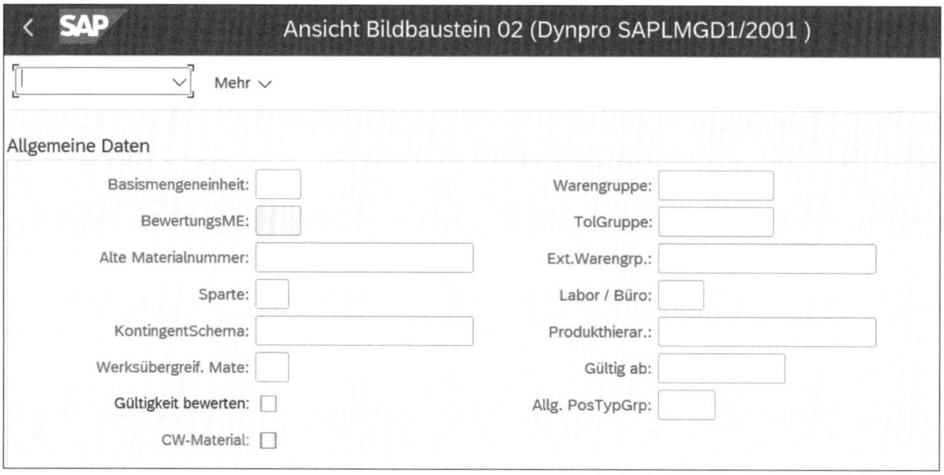

Abbildung 3.69: Dynpro 2001 – Allgemeine Daten

Abbildung 3.70: Neues Dynpro 2010, eingefügt für den Platzhalter 0001

Überprüfen Sie unmittelbar nach dem Einfügen, wie das Datenbild nun aussieht. Dafür nutzen Sie die Datenbildsimulation. Sie sehen den eingefügten Bildbaustein **Umwelt** am Ende des Datenbilds (siehe Abbildung 3.71).

[»]

Pflegestatus

Beachten Sie, dass Sie gegebenenfalls den Pflegestatus des Datenbilds auf der Ebene der Datenbildpflege anpassen müssen. In unserem Beispiel ist eine Anpassung nicht notwendig, da sich der Bildbaustein ebenfalls auf der Sicht **Grunddaten** befunden hat. Der eingetragene Pflegestatus bleibt mit dem Eintrag K weiterhin korrekt.

Abbildung 3.71: Eingefügter Bildbaustein »Umwelt« am Ende der Sicht »Grunddaten 1«

Nachdem Sie das Datenbild probeweise simuliert haben, fällt Ihnen auf, dass der Bildbaustein **Umwelt** an einer anderen Position auf dem Datenbild besser platziert wäre. Mit den in Abbildung 3.72 gezeigten Optionen zum Verschieben von Bildbausteinen erlaubt Ihnen das System, die Subscreens nach Ihren Wünschen auf dem Datenbild zu positionieren. Sie schieben den Bildbaustein also mit dem Icon [V] (**Subscreen nach unten**) an die ins Auge gefasste Position 3 (siehe Abbildung 3.73). Eine erneute Simulation bestätigt Ihr Unterfangen: Sie finden den Bildbaustein **Umwelt** jetzt im oberen Bereich des Datenbilds wieder.

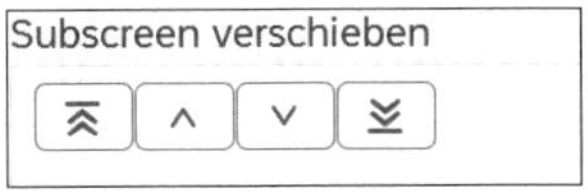

Abbildung 3.72: Optionen zum Verschieben von Bildbausteinen

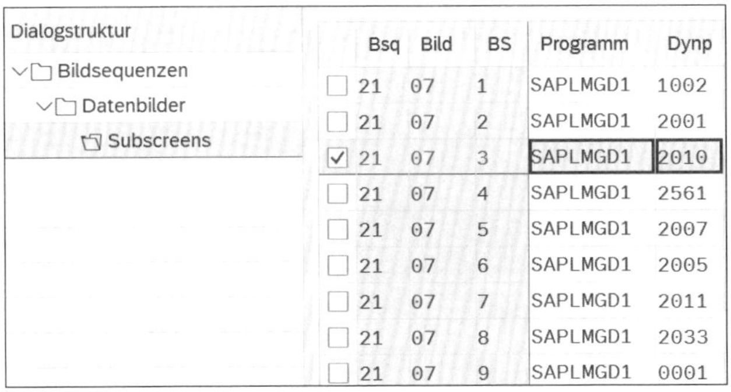

Abbildung 3.73: Verschieben des eingefügten Bildbausteins auf Position 3

Statt Subscreens aus den Datenbildern zu löschen, arbeiten Sie mit dem Platzhalter 0001 im Dynpro-Feld. Sie ersetzen beim zu löschenden Subscreen die eingetragene Dynpro-Nummer einfach durch das Platzhalter-Dynpro 0001. Zudem verschieben Sie den Platzhalter ans Ende der Änderungsübersicht.

In unserem Beispiel hat sich die Anforderung, den Subscreen **Umwelt** auf der Sicht **Grunddaten 1** unterzubringen, als nicht mehr relevant herauskristallisiert. Sie sollen nun den ursprünglichen Zustand wiederherstellen. Dazu überschreiben Sie in der dazugehörigen Bildsequenz (an der dritten Stelle des Datenbilds 07) den Wert 2010 mit dem Wert 0001 und speichern Ihre Änderungen. Um den ursprünglichen Zustand zu begutachten, nutzen Sie Ihre Kopiervorlage 21 und gleichen deren Einstellungen mit Ihrer Bildsequenz ab.

Benutzereigene Subscreens können Sie aus verschiedenen Gründen leider nicht mit Hilfe von Customizing-Aktivitäten anlegen:

1. Sie benötigen für die IMG-Aktivität **Programm für benutzereigene Subscreens anlegen Entwicklung** Entwicklungskenntnisse in ABAP. Eine kundeneigene Funktionsgruppe legen Sie dann als Kopie der Funktionsgruppe `MGD1` an.
2. Sie können keine bestehenden oder neue Felder in Bildbausteine einfügen. Dies obliegt der Entwicklung, die dazu die Entwicklungstransaktion SE51 (Screen Painter) nutzen.
3. Die Customizing-Berechtigungen sind schlichtweg nicht ausreichend, um eigene Bildbausteine für das Programm `SAPLMGD1` anzulegen.

Eine enge Zusammenarbeit mit Ihren Entwicklerkolleginnen und -kollegen ist unumgänglich, es sei denn, Sie selbst sind sowohl für Entwicklung und Customizing ausgebildet.

Nebenbilder und Zusatzbilder

In den vorherigen Abschnitten lag das Hauptaugenmerk auf den Hauptbildern des Materialstamms. Die *Nebenbilder* sollen aber hier auch nicht vergessen werden. Sie gelangen zu den Nebenbildern eines Materials, indem Sie in den Materialstammpflegetransaktionen auf **Zusatzdaten** klicken (siehe Abbildung 3.74). Wir sprechen in diesem Zusammenhang von einem *Zusatzbild*. Ebenfalls zu den Nebenbildern gehören diejenigen Bilder, die über eine Schaltfläche von einem Hauptbild aus aufgerufen werden. Solche Nebenbilder sind jedoch keine Zusatzbilder.

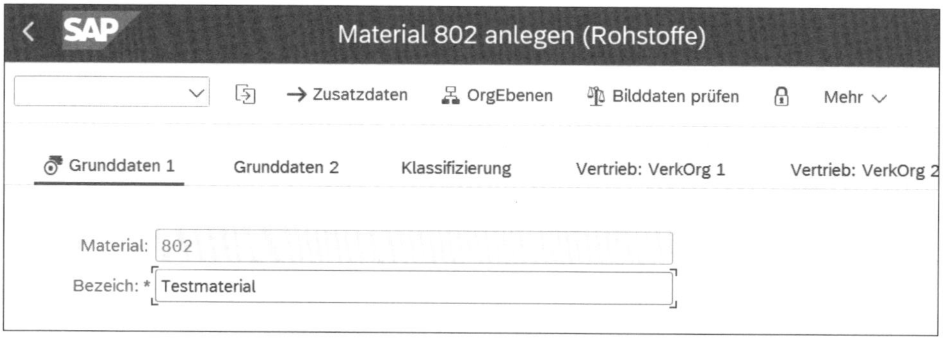

Abbildung 3.74: Navigation zu den Nebenbildern über die Schaltfläche »Zusatzdaten«

Zu den Zusatzbildern zählen in der Standardauslieferung folgende Sichten:

- Kurztexte
- Mengeneinheiten
- Zusätzliche EANs
- Dokumentdaten
- Grunddatentext
- Prüftext
- Interner Vermerk

Über die IMG-Aktivität **Nebenbilder zuordnen** (Transaktion OMT3Z) führen Sie Anpassungen an den Nebenbildern durch. In Tabelle T133D speichert das System unter anderem nebenbildspezifische Einstellungen ab.

Sie passen die Nebenbilder genau wie die Hauptbilder in Abhängigkeit von einer Bildsequenz an. Bevor Sie zum eigentlichen Konfigurationsbereich für die Nebenbilder gelangen (siehe Abbildung 3.75), wählen Sie eine Bildsequenz per Doppelklick aus. In unserem Fall begutachten wir die Standardeinstellungen in Bildsequenz 21, die Sie – um es nochmals zu betonen – nicht direkt ändern, sondern nur als Kopiervorlage verwenden.

Bildsequenz: 21 Ind-Std kurz TabStrips

Bildnr	Bildbezeichnung	FCode	Zusatzbild	Verarbeitungsroutine
40	Kurztexte		1	OKCODE_KURZTEXTE
41	Mengeneinheiten		2	OKCODE_MENGENEINHEITEN
42	Grunddatentext	PB26	5	OKCODE_BDT
48	Verbrauch	PB09	8	OKCODE_VERBRAUCH
50	Kalkulationszusätze	PB04		OKCODE_KALKZUS
51	Buchhaltung Vorperiode/Vorjahr	PB02		OKCODE_MBEW_VPER
52	Steuerdaten	PB07		OKCODE_STEUERN
53	Bestände Vorperiode	PB05		OKCODE_BEST_VPER
60	Dokumentdaten		4	OKCODE_DOKUMENT_DUMMY
62	Prüftext		6	OKCODE_IT
63	Interner Vermerk		7	OKCODE_IC
64	Zusätzliche EANs		3	OKCODE_ZUS_EAN

Abbildung 3.75: Customizing der Nebenbilder (Ausschnitt)

Abbildung 3.75 verdeutlicht die Customizing-Einstellungen im Teilbereich der Nebenbilder. Folgende Spalten charakterisieren das Nebenbild:

- **Bildnummer und Bildbezeichnung**
  Bildnummer und Bildbezeichnung des Nebenbilds legen Sie bereits in der IMG-Aktivität **Aufbau der Datenbilder pro Bildsequenz definieren** (Transaktion OMT3B) fest. Erinnern Sie sich an das Feld **Bildtyp**. Aufgrund des dort hinterlegten Werts 2 ist die

Bildnummer inklusive Bezeichnung als Nebenbild definiert, das Sie entsprechend in der aktuell betrachteten Aktivität anpassen können.

- **Funktionscode (FCode)**
  Der vierstellige *Funktionscode* entscheidet darüber, welchen Programmfunktionen eine Menüfunktion, Funktions- oder Drucktaste zugeordnet wird. In der dritten Zeile sehen Sie, dass bei Bildnummer 42 der Funktionscode PB26 eingetragen ist. Nebenbilder, deren Code mit PB beginnt, können Sie aus einem Hauptbild heraus über die Schaltfläche **Grunddatentext** aufrufen (siehe Abbildung 3.76). Mit den Icons rechts des Feldes **FCode** (siehe noch einmal Abbildung 3.75) legen Sie einen neuen Funktionscode an (, **Neuer Eintrag**) oder löschen einen bestehenden Eintrag (, **Löschen**). Ein Funktionscode muss eindeutig sein.

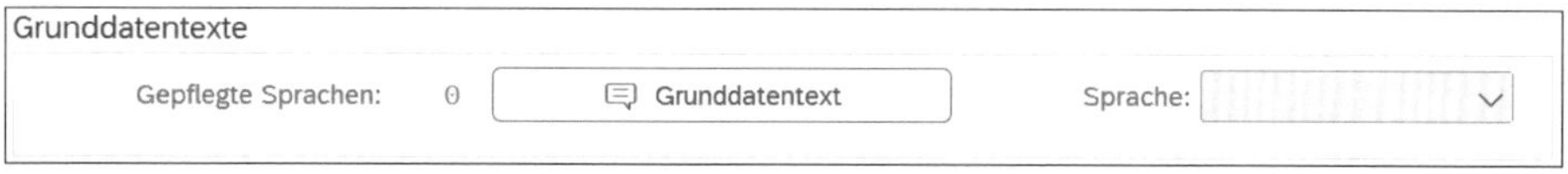

Abbildung 3.76: Nebenbilder aus dem Hauptbild heraus aufrufen

[!]

> **Funktionscode**
> Um einen Funktionscode in ein Hauptbild einzubauen, benötigen Sie zwingend die Transaktion SE51 (Screen Painter) und damit Entwicklungs-Know-how. Hierfür sind Customizing-Aktivitäten nicht ausreichend.

- **Zusatzbild**
  Die Nummer in der Spalte **Zusatzbild** gibt die Nummer des Zusatzbilds in der Bildreihenfolge an. Alle Zusatzbilder sind durchnummeriert. Dabei wird die nächste freie Nummer automatisch vom System vergeben. In Abbildung 3.76 sehen Sie, dass vier Bilder als Zusatzbild definiert sind. Die höchste Zahl in diesem Ausschnitt deutet an, dass es mindestens acht Zusatzbilder bei dieser Bildsequenz gibt. Über die beiden Icons rechts neben dem Feld **Zusatzbild** fügen Sie die Bildnummer als Zusatzbild hinzu (, **Neuer Eintrag**) oder entfernen das Zusatzbild wieder (, **Löschen**). Bei Bildnummer 42 stellen Sie fest, dass ein Zusatzbild auch gleichzeitig ein Nebenbild sein kann, das über eine Schaltfläche aufgerufen wird. Das eine schließt das andere nicht aus.

- **Verarbeitungsroutine**
  Die Angaben in der Spalte **Verarbeitungsroutine** geben Auskunft darüber, mit welchem Funktionscode der ausgewählte Vorgang aufgerufen wird. Die Angabe einer Verarbeitungsroutine für ein Nebenbild ist nicht zwingend erforderlich. Bei Zusatzbild 5 finden Sie die Verarbeitungsroutine `OKCODE_BDT`.

Reihenfolge der Bilder

In der IMG-Aktivität **Reihenfolge der Haupt- und Zusatzbilder pflegen** (Transaktion OMT3R) legen Sie die Reihenfolge fest, in der die Haupt- und Zusatzbilder später in den Materialstammpflegetransaktionen erscheinen. Sie beeinflussen damit, anders gesagt, die Reihenfolge der Registerkarten. Ferner regulieren Sie dadurch die Reihenfolge im Dialogfenster **Sichtenauswahl** der betrachteten Bildsequenz.

Im linken Bildbereich (siehe Abbildung 3.77) sind die Hauptbilder der Bildsequenz aufgelistet. Direkt rechts daneben finden Sie die zuvor als Zusatzbilder gekennzeichneten Nebenbilder. An den Nummern, die Sie jeweils rechts der Listen sehen, erkennen Sie auf einen Blick die eingestellte Reihenfolge der Haupt- und Zusatzbilder. Die erste Registerkarte, die Sie bei der Sichtenauswahl und im Materialstamm erwarten würden, ist die Registerkarte **Grunddaten 1**.

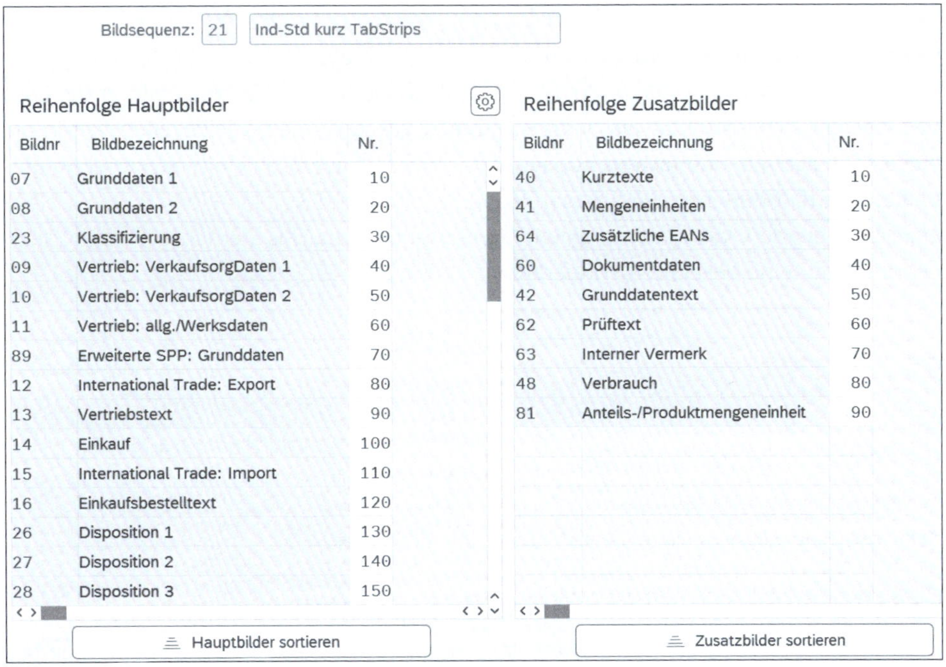

Abbildung 3.77: Reihenfolge der Haupt- und Zusatzbilder in Bildsequenz 21

Sie können die Reihenfolge verändern, dazu passen Sie einfach die Zahlenwerte in der Spalte **Nr.** an. Ein einfaches Beispiel: Wenn Sie möchten, dass die Registerkarten **International Trade: Import**, **Einkaufsbestelltext** und **Einkauf** direkt hinter den beiden **Grunddaten**-Sichten verankert werden, überschreiben Sie die vorgeschlagenen Werte und tragen Zahlen zwischen 21 und 30 in die entsprechenden Felder ein. Mit dem Zweck, dass Sie zügig Änderungen vornehmen können und der Pflegeaufwand reduziert wird, wird die Bildreihenfolge im SAP-Standard in 10er-Schritten ausgeliefert.

Zuordnungen der Bildsequenzen

Sie ordnen eine Bildsequenz einer Bildreferenz oder auch einer Kombination aus mehreren Bildreferenzen zu. Bei einer *Bildreferenz* handelt es sich um eine Gruppierung eines Einflussfaktors, der steuert, welche Bilder bei der Pflege von Materialstammsätzen in Abhängigkeit des Einflussfaktors angezeigt werden und in welcher Rheinfolge die Bilder erscheinen. Sie können Bildreferenzen für folgende Einflussfaktoren anlegen:

- Transaktion
- Benutzer
- Materialart
- Branche

Die Einstellungen nehmen Sie über die IMG-Aktivität **Bildsequenzen zu Benutzern/Materialarten/Transaktionen/Branchen zuordnen** (Transaktion OMT3E) vor.

Der Einstieg in die Pflege erfolgt über das Einstiegsbild aus Abbildung 3.78. In der Übersicht sehen Sie die Kombinationen der vier Einflussfaktoren, die Sie ebenfalls in der links befindlichen Dialogstruktur als Bildreferenzen wiedererkennen. Gleichzeitig weisen Sie auf der Dialogebene **Steuerung Bildsequenz** einer definierbaren Einflussfaktorenkombination eine Bildsequenz zu. Bei Bedarf legen Sie eine neue Kombination an oder weisen einer bestehenden Kombination eine neue Bildsequenz zu. Das Sternchen (*) steht stellvertretend für eine beliebige Bildreferenz.

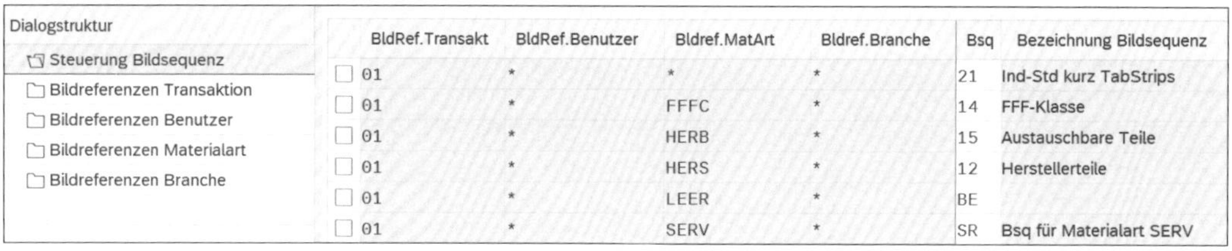

Abbildung 3.78: Einstiegsbild im Bereich »Steuerung Bildsequenz«

Nur die in Tabelle 3.1 aufgeführten Kombinationen sind als neue Kombination der Einflussfaktoren überhaupt zulässig. Das X im jeweiligen Tabelleneintrag ist durch eine bestimmte Bildreferenz zu ersetzen, damit ein gültiger Eintrag entsteht. Die angegebene Reihenfolge entspricht der Priorität der systemischen Betrachtungsweise, beginnend mit der höchsten Priorität.

	Transaktion	Benutzer	Materialart	Branche
1	X	X	X	X
2	X	X	*	*

Tabelle 3.1: Zulässige Kombinationen der Bildreferenzen

	Transaktion	Benutzer	Materialart	Branche
3	X	*	X	X
4	X	*	X	*
5	X	*	*	*

Tabelle 3.1: Zulässige Kombinationen der Bildreferenzen (Forts.)

Bildreferenz zu Transaktionen

Über die Dialogstruktur navigieren Sie zu den benötigten Bildreferenzen, zunächst also zum Punkt **Bildreferenzen Transaktion** Abbildung 3.79). Sie weisen jeder vorhandenen Transaktion eine Bildreferenz zu (Spalte **BldRef.Transakt**). Es gibt zwei Möglichkeiten:

- 01: SAP-Industrielösung
- 03: SAP for Retail

Den klassischen Materialstammpflegetransaktionen MM01, MM02 und MM03 ist beispielsweise die Bildreferenz 01 zugeordnet.

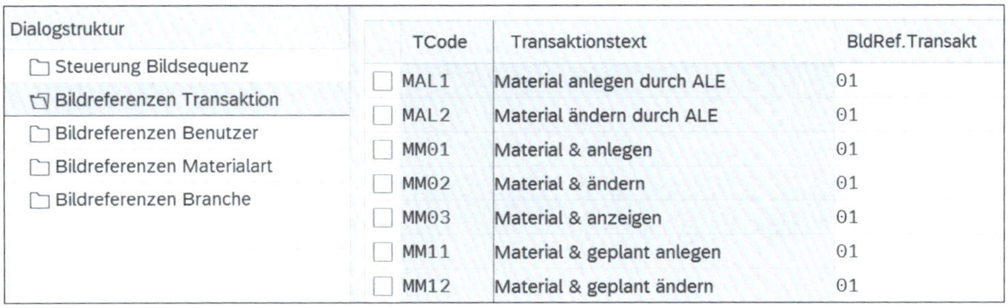

Abbildung 3.79: Bildreferenz je Transaktion

Bildreferenz zu Benutzern

Sie möchten benutzerspezifisch aussteuern, ob ausgewählte Anwenderinnen und Anwender beispielsweise eine vom Standard abweichende Bildreferenz bekommen. Hierzu tragen Sie in der anfänglichen leeren Liste alle im System hinterlegten Benutzernamen ein, die von dieser Anpassung betroffen sein sollen. Der Bereich **Bildreferenzen Benutzer** ist neben dem Einstiegsbild der einzige Bereich, der neue Einträge zulässt.

Abbildung 3.80 zeigt, dass für Benutzer DE101364019 die Bildreferenz F4 vorgesehen ist (Spalte **Bld.Ref.Benutzer**).

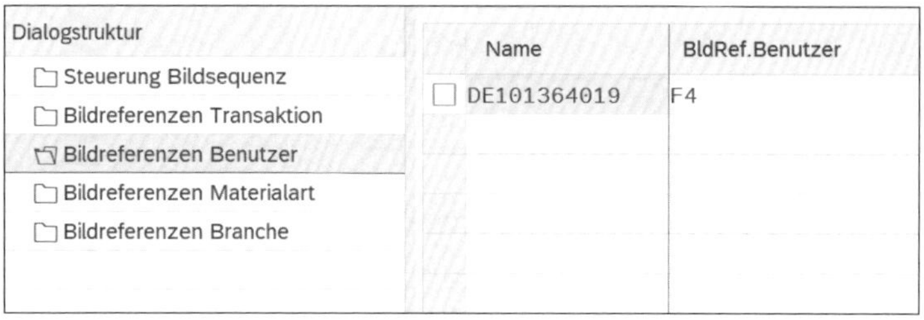

Abbildung 3.80: Bildreferenz je Benutzer

Bildreferenz zu Materialarten

Die Bildreferenz für Materialarten ist ein vierstelliger Schlüssel, der steuert, welche Registerkarten bei welchen Materialarten zu sehen sind und in welcher Reihenfolge sie bei der Pflege der Materialstämme erscheinen. Diese Bildreferenz ist Ihnen bereits durch die Materialartenkonfiguration (siehe Abschnitt 3.1.4, »Materialarten«) bekannt. In Abbildung 3.81 sehen Sie beispielsweise, dass die Bildreferenz ROH der Standardmaterialart HAWA (Handelsware) zugeordnet ist.

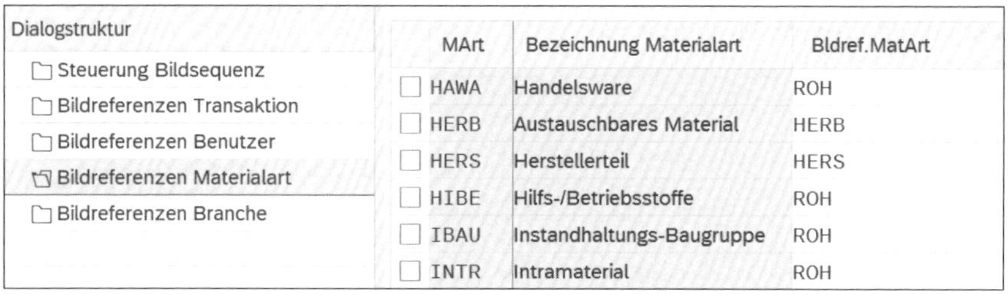

Abbildung 3.81: Bildreferenz je Materialart

Alternativ können Sie die Bildreferenz der Materialart unter **Logistik Allgemein • Materialstamm • Grundeinstellungen • Materialarten • Eigenschaften der Materialarten festlegen** (Transaktion OMS2) anpassen, wenn Sie die Referenz zuvor definiert haben.

Bildreferenz zu Branchen

Die Bildreferenz für die Branche ist einstellig. Sie können Branchen über die Bildreferenz gruppieren und dadurch die Bildreihenfolge mehrerer Branchen gleichzeitig beeinflussen.

Für die Branchen Chemie, Handel, Anlagen- und Maschinenbau sowie Pharmazie ist in der Spalte **Bldref.Branche** jeweils der Wert M hinterlegt (siehe Abbildung 3.82). Aus Bildreferenzsicht verhalten sich diese fünf Branchen gleich.

Sie definieren Branchen über die IMG-Aktivität **Logistik Allgemein • Feldauswahl • Branchen definieren und branchenabhängige Feldauswahl festlegen** (Transaktion OMS3). Hier können Sie auch die Bildreferenz alternativ festlegen.

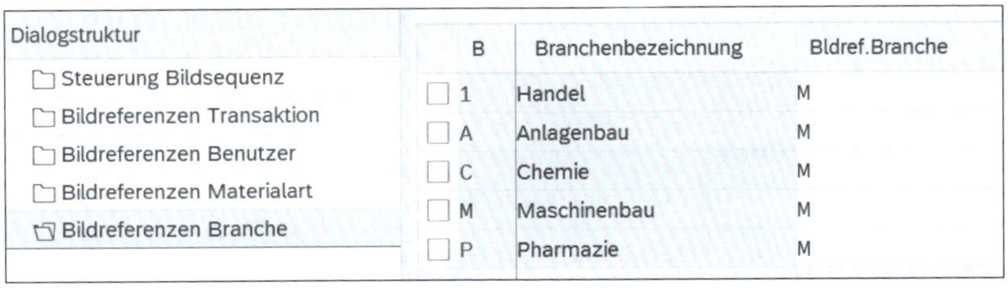

Abbildung 3.82: Bildreferenz je Branche

> **Branche bei SAP for Retail**
> Bei Retail-Lösungen arbeiten Sie bei der Bildreferenz für die Branche immer mit einem Sternchen (*), da sie bei der Ermittlung der Bildsequenz nicht in Betracht gezogen wird.

Benutzereinstellungen

Hilfreiche Voreinstellungen für die Materialstammpflege durch Ihre Anwenderinnen und Anwender nehmen Sie in der Aktivität **Benutzereinstellungen pflegen** (Transaktion OMT3U) vor. Dabei legen Sie mit Hilfe des Benutzernamens fest:

- welche Branche vorgeschlagen und ob die Branche ausgeblendet wird
- welche Organisationsebenen voreingestellt sind
- welche Sichten im Dialogfenster **Sichtenauswahl** als Vorschlagswert markiert sind

Die Einstellungen zu den Organisationsebenen und zur Sichtenauswahl treffen Sie in Abhängigkeit von der verwendeten Bildsequenz. Über die Dialogstruktur gelangen Sie zum gewünschten Bereich (siehe Abbildung 3.83). Sie erkennen an der Bezeichnung der Aktivitäten, dass auf die Branchenspezifika geachtet werden muss.

Abbildung 3.83: Benutzereinstellungen zur Sichtenauswahl

Aus unserem Beispiel können Sie entnehmen, dass dem Benutzer DE101364019 die bekannte Standardbildsequenz 21 zugewiesen ist. Sowohl die Grunddatensichten als auch die Einkaufssicht sind als Vorschlagswerte vorbelegt. Ruft der betreffende Benutzer also eine Transaktion zur Materialstammpflege auf, werden die Sichten im Dialogfenster markiert. Die Sichten **Vetrieb: VerkaufsorgDaten 1**, **International Trade: Import** und **Einkaufsbestelltext** hingegen werden beim Aufruf der Transaktion nicht vorausgewählt.

Falls die getroffenen Benutzereinstellungen nicht für alle Benutzer pauschal anwendbar sind, haben alle Anwenderinnen und Anwender alternativ die Möglichkeit, die Voreinstellungen im Einstiegsbild der Materialstammpflegetransaktionen selbst vorzunehmen. Über den Menüpunkt **Einstellungen** in der Menüleiste gelangen Sie zu den Vorschlagswerten, die in Branchen, Sichten und Organisationsebenen unterteilt sind.

Für die Branche (siehe Abbildung 3.84) legen Sie das gewünschte Element über das Dropdown-Menü fest. Zudem entscheiden Sie per Kennzeichen, ob Sie die Branche auf dem Einstiegsbild ausblenden möchten. Dies ist zu empfehlen, wenn Sie immer mit derselben Branche arbeiten.

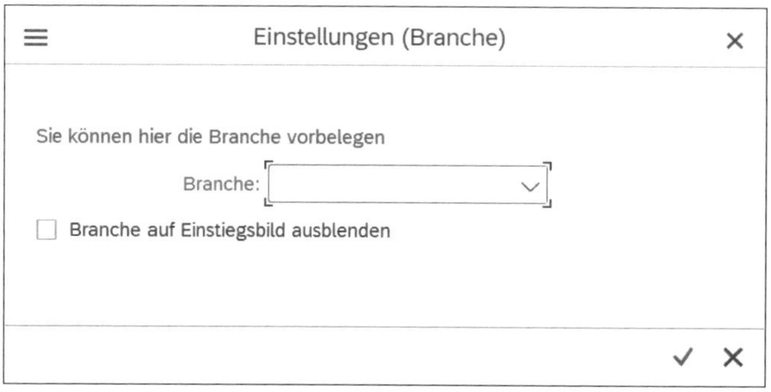

Abbildung 3.84: Voreinstellungen zur Branche

3.2 Geschäftspartner

In SAP S/4HANA ist der *Geschäftspartner* (engl. *Business Partner*) das führende Stammdatenobjekt für die Pflege aller Geschäftspartner-, Lieferanten- und Kundenstammdaten. Durch den obligatorischen Geschäftspartneransatz in der neuen Business Suite verwalten Sie alle dazugehörigen Stammdaten zentral über den Geschäftspartner und profitieren dadurch von einem zentralen Anlaufpunkt für Ihre geschäftlichen Beziehungen. Über Transaktion BP (Geschäftspartner pflegen) starten Sie alle Aktivitäten rund um die Stammdatenpflege.

[+]

Simplification Item – Geschäftspartneransatz

Der Geschäftspartneransatz ist in SAP S/4HANA verpflichtend. Abhängig von dem Implementierungsverfahren, das Sie ins Auge gefasst haben, führen Sie empfohlene Vorabtätigkeiten und die Bereinigung Ihrer Stammdaten im Legacy-System durch. Bei einer Systemkonvertierung von SAP ERP nach SAP S/4HANA müssen Sie eine *Customer-Vendor-Integration* (CVI) im ERP-System durchführen, um im System befindliche Kreditoren und Debitoren für den Geschäftspartneransatz in SAP S/4HANA vorzubereiten. Die CVI stellt sicher, dass allgemeine Daten des Geschäftspartners (Tabelle BUT000) korrekt in die lieferanten- und kundenspezifischen Tabellen (LFA1 und KNA1) repliziert werden. Somit entsteht eine für die Anwenderinnen und Anwender nicht ersichtliche Verknüpfung zwischen Geschäftspartner und Lieferant (Tabelle CVI_VEND_LINK) beziehungsweise zwischen Geschäftspartner und Kunde (Tabelle CVI_CUST_LINK). Weitere umfangreiche Informationen erhalten Sie mit den SAP-Hinweisen 2265093 und 2713963. Für die CVI steht Ihnen zusätzlich der Leitfaden »SAP S/4HANA Cookbook – Customer/Vendor Integration« unter *https://support.sap.com/* zur Verfügung.

Mehr Informationen finden Sie in den Buch »SAP-Geschäftspartner und Customer-Vendor-Integration« von Antje Diekhoff, Mathias Cararo (Rheinwerk Verlag 2022).

Geschäftspartner, bei denen Sie Waren oder Dienstleistungen einkaufen und/oder von denen Sie Rechnungen bekommen, erfassen Sie als *Lieferanten* im System. Verkaufen Sie Waren oder Dienstleistungen und/oder erstellen Sie Rechnungen für einen Geschäftspartner, legen Sie diesen als *Kunden* an.

Einen neuen Geschäftspartner legen Sie mit einer *Geschäftspartnerkategorie* an. Sie unterscheiden hier zwischen einer natürlichen Person, einer Organisation oder einer Gruppe als mögliche Ausprägungen im System. Anschließend pflegen Sie anhand definierter *Geschäftspartnerrollen* Ihre geschäftliche Beziehung zum Geschäftspartner. Handelt es sich um einen Lieferanten (*Kreditor*), weisen Sie dem Stammsatz die Standardgeschäftspartnerrollen FLVN00 (Lieferant (Finanzbuchh.)) und FLVN01 (Lieferant) zu. Sie hinterlegen auf dieser Ebene zunächst allgemeingültige Daten zum Geschäftspartner, wie Name oder Adresse, bevor Sie im nächsten Schritt die spezifischen Sichten innerhalb der Geschäftspartnerrollen ausprägen. Dies bedeutet, Sie legen in der Rolle FLVN00 die Buchungskreisdaten und in der Rolle FLVN01 die Daten für die Einkaufsorganisation für den Lieferanten an. Erst danach können Sie den Geschäftspartner als Lieferanten für Ihre Beschaffung verwenden.

Tritt der Geschäftspartner gleichzeitig auch als Kunde (*Debitor*) in Ihren Geschäftsprozessen in Erscheinung, ergänzen Sie die benötigten debitorischen Rollen, FLCU00 (Kunde (Finanzbuchhaltung)) und FLCU01 (Kunde), inklusive den spezifischen Sichten. Bei weiteren Geschäftsbeziehungen erweitern Sie den Geschäftspartner um zusätzliche Geschäftspartnerrollen. Die einem Geschäftspartner zugewiesenen Rollen führt das System in Tabelle BUT100.

In Abbildung 3.85 ist ein fiktiver Geschäftspartner 456 in einer Übersicht veranschaulicht. Alle Rollen, die für eine vollständige Lieferanten- und Kundenausprägung benötigt werden, sind vorhanden. Ferner wird der Geschäftspartner als Lieferant 123 für zwei unterschiedliche Einkaufsorganisationen genutzt.

Für die Materialwirtschaft sind insbesondere die Customizing-Einstellungen für Lieferanten im Bereich **Logistik Allgemein** relevant, daher werden sie in Abschnitt 3.2.2, »Geschäftspartner – Lieferanten (Logistik Allgemein)«, ausführlich erläutert. Doch zunächst lernen Sie die grundlegenden Einstellungen des Geschäftspartners kennen.

<table>
<tr><td colspan="4">Geschäftspartner 456 (Typ: Organisation)</td></tr>
<tr><td colspan="2">Lieferant 123</td><td colspan="2">Kunde 789</td></tr>
<tr><td>FLVN00</td><td>FLVN01</td><td>FLCU00</td><td>FLCU01</td></tr>
<tr><td>BuKr 1000
BuKr 2000</td><td>EKOrg 1000
EKOrg 2000</td><td>BuKr 3000</td><td>BuKr 3000</td></tr>
</table>

Abbildung 3.85: Beispiel für den Geschäftspartner 456

3.2.1 Geschäftspartner (anwendungsübergreifende Komponenten)

Bevor Sie mit den Systemeinstellungen des Lieferanten beginnen, müssen Sie sich mit den Customizing-Einstellungen im anwendungsübergreifenden Bereich für das zentrale Konstrukt des Geschäftspartners auseinandersetzen. Unter dem IMG-Pfad **Anwendungsübergreifende Komponenten • SAP-Geschäftspartner** finden Sie grundlegende Einstellungen für das Objekt Geschäftspartner. Im Folgenden betrachten wir ausgewählte Konfigurationsmöglichkeiten, die das Bild des Geschäftspartners enorm prägen.

Geschäftspartnerrollen

Geschäftspartnerrollen definieren die betriebswirtschaftlichen Ausprägungen des Geschäftspartners. Sie ordnen einem Geschäftspartner alle Funktionen zu, die er gegenüber Ihrem Unternehmen einnimmt. Die dazugehörigen fachspezifischen Rollen pflegen Sie über den IMG-Pfad **Anwendungsübergreifende Komponenten • SAP-Geschäftspartner • Geschäftspartner • Grundeinstellungen • Geschäftspartnerrollen • GP-Rollen definieren**.

Tritt ein Geschäftspartner als Lieferant auf, weisen Sie ihm die Standardrollen FLVN00 und FLVN01 zu (siehe Abbildung 3.86). In der Detailansicht einer Rolle legen Sie zudem fest, wie die Bildsteuerung im Geschäftspartnerpflegedialog aussieht.

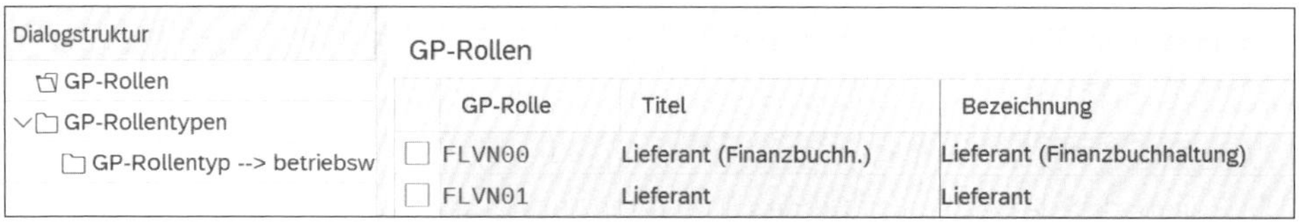

Abbildung 3.86: Geschäftspartnerrollen FLVN00 und FLVN01

Nummernkreise

Über das Nummernkreisobjekt BU_PARTNER bestimmen Sie die Intervalle für die spätere Geschäftspartnernummer. Sie entscheiden sich zwischen einer internen und einer externen Nummernvergabe. In der Standardauslieferung sind alle Nummernkreise für die ausgelieferten Gruppierungen enthalten, z. B.:

- Nummernkreis 01 von 0000000001 bis 0000099999 (intern)
- Nummernkreis AB von A bis ZZZZZZZZZZ (extern)

Die Intervallpflege führen Sie in der IMG-Aktivität **Nummernkreise definieren** (Transaktion BUCF) unter dem IMG-Pfad **Anwendungsübergreifende Komponenten • SAP-Geschäftspartner • Geschäftspartner • Grundeinstellungen • Nummernkreise und Gruppierungen** durch.

Gruppierung

Bei der Anlage eines neuen Geschäftspartners müssen Sie eine *Gruppierung* auswählen. Die Gruppierung legt fest, welchen Nummernkreis und damit welche Art der Nummernvergabe für den Stammsatz vorgesehen ist. Sie weisen einer Gruppierung ein bestehendes Nummernkreisintervall zu. Anpassungen an der Gruppierung führen Sie unter dem IMG-Pfad **Anwendungsübergreifende Komponenten • SAP-Geschäftspartner • Geschäftspartner • Grundeinstellungen • Nummernkreise und Gruppierungen • Gruppierungen definieren und Nummernkreise zuordnen** durch.

Sie sehen in Abbildung 3.87 zwei im Standard ausgelieferte Gruppierungen: 0001 und 0002. Bei Gruppierung 0001 kommt der interne Nummernkreis 01 zur Anwendung, bei Gruppierung 0002 dagegen ist eine externe Nummernvergabe vorgesehen. Nicht änderbar sind die Einträge in der Spalte **Extern**, die Ihnen jedoch Informationen über die Art der Nummernvergabe bereitstellen.

Gruppier.	Kurzbezeichnung	Bezeichnung	Nummernkreis	Extern	Interner Std.	Externer Std.	Ausblenden
☐ 0001	Interne NrVerg.	Interne Nummernvergabe	01	☐	⦿		☐
☐ 0002	Externe NrVerg.	Externe Nummernvergabe	AB	☑		⦿	☐

Abbildung 3.87: Standardgruppierungen 0001 und 0002

Des Weiteren treffen Sie in den Spalten **Interner Standard** und **Externer Standard** die Entscheidung, welche Gruppierung abhängig von der Art der Nummernvergabe als Standardgruppierungen zu verwenden ist. Sie können nur eine Gruppierung jeder Art als Standardgruppierung auswählen. Über die Kästchen in der Spalte **Ausblenden** blenden Sie die Gruppierung im Dropdown-Menü aus. Dies ist beispielsweise für eine initiale Versorgung von Daten erforderlich, aber nicht für Gruppierungen, die Sie im Regelbetrieb nutzen möchten. Deshalb ist das Kästchen bei den vorliegenden Gruppierungen nicht ausgewählt.

3.2.2 Geschäftspartner – Lieferanten (Logistik Allgemein)

Geschäftspartner, die in Ihrem Auftrag Waren oder Dienstleistungen beschaffen, prägen Sie als *Lieferanten* (*Kreditoren*) aus. Relevant für eine vollständige Ausprägung sind die beiden Geschäftspartnerrollen FLVN00 (Lieferant (Finanzbuchh.)) und FLVN01 (Lieferant) in Kombination mit den spezifischen Sichten innerhalb beider Rollen. Dies hat zur Folge, dass ein Lieferantenstammsatz über mehrere Tabellen verteilt gespeichert wird. Wichtige Tabellen in diesem Zusammenhang sind:

- LFA1 (Lieferantenstamm allgemeine Daten)
- LFB1 (Lieferantenstamm Buchungskreisdaten)
- LFM1 (Lieferantenstamm Einkaufsorganisationsdaten)
- LFM2 (Lieferantenstamm: Einkaufsdaten)
- CVI_VEND_LINK (Zuordnung zwischen Lieferant und Geschäftspartner)

Für die Pflege der Lieferantenstammsätze steht den Anwenderinnen und Anwendern die Transaktion BP (Geschäftspartner pflegen) zur Verfügung. Rufen Sie die bisher verwendeten MKnn- oder XKnn-Transaktionen auf, etwa MK01 (Anlegen Kreditor, Einkauf), leitet Sie das System automatisch zur Zieltransaktion BP um.

Unter dem IMG-Pfad **Logistik Allgemein • Geschäftspartner • Lieferanten • Steuerung** nehmen Sie die Systemeinstellungen vor, die Voraussetzung für die Verwendung von Lieferanten in der Materialwirtschaft sind. Diese Einstellungen runden die komponentenübergreifenden Vorgaben ab. Legen Sie bitte erst einen Lieferantenstammsatz an, wenn Sie den kompletten Bereich **Geschäftspartner** im Customizing durchgearbeitet haben.

Nummernkreise

Der Nummernkreis legt die eindeutige Nummer eines Lieferanten fest. Sie definieren die Nummernkreise mit Hilfe der IMG-Aktivität **Nummernkreise für Lieferantenstammsätze festlegen** (Transaktion OMSJ). Das für Lieferanten reservierte Nummernkreisobjekt heißt KREDITOR.

Sie entscheiden sich zwischen einer internen und einer externen Nummernvergabe. Bei einer internen Nummernvergabe können Sie nur ein numerisches Intervall berücksichtigen. Das System vergibt bei der Anlage eines Lieferanten automatisiert die nächste freie Nummer im vorgegebenen Intervall. SAP empfiehlt eine interne Nummernvergabe. Eine externe Nummernvergabe eignet sich hingegen, wenn Sie existierende Lieferantennummern in das aktuelle System übernehmen möchten. Im Intervall sind alphanumerische Werte zulässig.

[»] **Nummernvergabe**

Die Lieferanten- und die Geschäftspartnernummer müssen nicht zwingend identisch sein. Auch die Kundenausprägung desselben Geschäftspartners kann durchaus unter einer im Vergleich zum Geschäftspartner und/oder Lieferanten abweichenden Nummer im System angelegt werden.

Nach der Definition des Intervalls können Sie, falls dies schon möglich ist, den angelegten Nummernkreis zu einer bestehenden Kontengruppe zuordnen. Für eine Kontengruppe müssen Sie zwingend einen Nummernkreis angeben. Daher prüfen Sie vor der Anlage einer neuen kundeneigenen Kontengruppe, ob der gewünschte Nummernkreis möglicherweise bereits existiert. Wen nicht, legen Sie das ins Auge gefasste Nummernkreisintervall an, bevor Sie die neue Kontengruppe anlegen.

Kontengruppe

Die *Kontengruppe* ist das steuernde Element im Lieferantenstamm. Ohne die Zuordnung einer Kontengruppe können Sie keinen Lieferantenstamm anlegen. Sie ist vergleichbar mit der Materialart für den Materialstamm. Über die Kontengruppe gruppieren Sie Lieferanten mit gemeinsamen Kriterien und steuern folgende Eigenschaften:

- Nummernvergabe und Nummernkreis
- Status
- Feldstatussteuerung
- Datenerhaltungsebene im Einkauf
- Vorschlagwerte
- Partnerschema

Eigene Kontengruppen definieren Sie über die IMG-Aktivität **Kontengruppen und Feldauswahl Lieferanten festlegen** (Transaktion OMSG). Sie nutzen, wie üblich, eine von SAP ausgelieferte Kontengruppe als geeignete Vorlage. Das System speichert die Kontengruppen der Lieferanten unter dem angegebenen vierstelligen alphanumerischen Schlüssel in Tabelle T077K.

Im Folgenden betrachten wir die Standardkontengruppe KRED (Kreditoren (int. NrVergabe)) und erläutern deren Ausprägungen. Im Bereich **Allgemeine Daten** treffen Sie Entscheidungen bezüglich folgender Merkmale (siehe Abbildung 3.88):

- **Bedeutung**
  Über das Feld **Bedeutung** legen Sie die Bezeichnung der Kontengruppe fest (bis zu 30 Stellen sind möglich). Die Kontengruppe KRED wird schlicht mit »Kreditoren (int. Nr-Vergabe)« bezeichnet.
- **CPD-Konto**
  Das Kennzeichen **CPD-Konto** steuert, ob es sich bei den buchhalterischen Konten der Kontengruppe um CPD-Konten (Conto pro Diverse) beziehungsweise um Einmalkonten handelt. CPD-Konten sind Sammelkonten für Geschäftspartner ohne eigenes Konto. Sie nutzen sie, wenn Sie bei einem Lieferanten einmalig bestellen und dafür keinen umfänglichen Lieferantenstammsatz anlegen möchten. Jeder Bestellvorgang bei einem Einmallieferanten erfordert die Eingabe einer gültigen Adresse.

In der Kontengruppe KRED ist das Kästchen nicht ausgewählt. Das bedeutet, dass alle Lieferanten in dieser Kontengruppe »echte« Lieferanten sind und somit eigenständige Konto- sowie Adressdaten im Stammsatz führen.

- **Adressprüfung überspringen**
  Über das Kennzeichen **Adressprüfung überspringen** steuern Sie, ob Sie die Prüfung der Adressfelder überspringen möchten, wenn Sie ein Einmalkonto (CPD-Konto) anlegen. Bei unserer Kontengruppe KRED ist das Kästchen nicht ausgewählt und nicht eingabebereit, da es abhängig vom Kennzeichen **CPD-Konto** ist. Nur wenn das CPD-Kennzeichen selektiert ist, kann das Kennzeichen **Adressprüfung überspringen** ausgewählt werden.

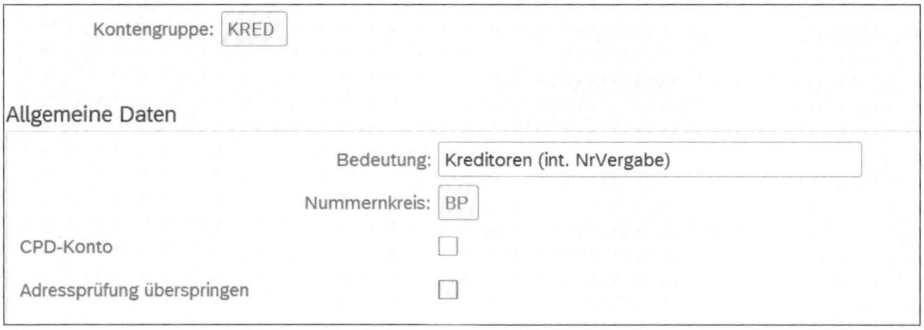

Abbildung 3.88: Bereich »Allgemeine Daten« der Kontengruppe KRED

In unserem Beispiel ist das Feld **Nummernkreis** ausgegraut, da Sie einer neuen oder bestehenden Kontengruppe über die Ihnen bereits bekannte IMG-Aktivität **Nummernkreise für Lieferantenstammsätze festlegen** (Transaktion OMSJ) einen Nummernkreis zuweisen.

In Abbildung 3.89 sehen Sie drei Rubriken: **Feldstatus**, **Datenerhaltungsebenen: Einkauf** und **Vorschlagswerte**. Im nächsten Unterabschnitt »Feldauswahlsteuerung« greifen wir die Einstellungsmöglichkeiten aus der Rubrik **Feldstatus** ausführlicher auf. Kommen wir zunächst zu den anderen Teilbereichen.

Abbildung 3.89: Die Bereiche »Feldstatus«, »Datenhaltungsebenen: Einkauf« und »Vorschlagswerte« der Kontengruppe KRED

Sie legen über die Kennzeichen **LiefTeilsort. relevant** und **Werksebene relevant** im Bereich **Datenhaltungsebenen: Einkauf** für alle Lieferantenstammsätze der Kontengruppe fest, ob Sie auf den Ebenen Teilsortiment und Werk spezifische Daten hinterlegen können. Im Fall der Kontengruppe KRED sind - außer den bekannten Ebenen - keine weiteren Datenebenen auf Einkaufsorganisations- und Buchungskreisebene vorgesehen.

Mit der einzigen Einstellung in der Rubrik **Vorschlagswerte** steuern Sie, inwiefern Vorschlagswerte für Materialstämme und Einkaufsinfosätze, die Sie im Lieferantenstammsatz pflegen können, in bereits bestehende Materialstämme und Einkaufsinfosätze mit Relevanz für den Lieferanten übernommen werden. Sie unterscheiden dabei zwischen den nachfolgenden Optionen:

- »blank«: keine Daten übernehmen
- **A**: nur Einkaufsinfosatzdaten (mit Pop-up zur Bestätigung)
- **B**: nur Einkaufsinfosatzdaten (ohne Pop-up)
- **C**: nur Materialstammdaten (mit Pop-up zur Bestätigung)
- **D**: nur Materialstammdaten (ohne Pop-up)
- **E**: alle Daten übernehmen (mit Pop-up zur Bestätigung)
- **F**: alle Daten übernehmen (ohne Bestätigung)

Für die Kontengruppe KRED werden keine Vorschlagswerte durchgereicht, obwohl dies ein nützliches Instrument für eine vereinfachte Stammdatenpflege in Ihrem System sein kann.

Im Bildbereich **Partnerschema** (siehe Abbildung 3.90) bestimmen Sie die später verfügbaren Partnerrollen auf der entsprechenden Ebene. Sie können jeweils ein Partnerschema für die Ebenen Einkaufsorganisation, Teilsortiment und Werk hinterlegen. Da die Kontengruppe KRED keine Daten auf Werksebene und kein Lieferantenteilsortiment enthält, erwarten Sie in den entsprechenden Feldern auch keine Einträge. Lediglich das Partnerschema für die Einkaufsorganisation ist mit dem Standardpartnerschema SUPL befüllt. (Mehr zu den Themen Partnerschema und Partnerrollen finden Sie im weiteren Verlauf im Abschnitt »Partnerrollen«.)

Abbildung 3.90: Bereich »Partnerschema« der Kontengruppe KRED

Feldauswahlsteuerung

Kommen wir nun zur Rubrik **Feldstatus** zurück (siehe Abbildung 3.89). Mit der Feldauswahlsteuerung legen Sie die Ausprägung der Feldeigenschaften fest. Dabei stehen, vergleichbar mit dem Materialstammsatz, die Optionen Kann- und Musseingabe sowie Anzeigen und Ausblenden in der gewohnten Prioritätenreihenfolge zur Verfügung. Einflussfaktoren, die Sie hier miteinander kombinieren können, sind:

- Kontengruppe
- Einkaufsorganisation
- Buchungskreis
- Transaktion

Einflussfaktor Transaktion

Bei dem transaktionsabhängigen Bildaufbau für die Lieferantenstammsätze können Sie die Standardauslieferung beibehalten. Überspringen Sie die Feldauswahlsteuerung der ehemaligen Lieferantenpflegetransaktionen, denn Sie werden ohnehin automatisch zur Transaktion BP (Geschäftspartner pflegen) umgeleitet.

Über die Kontengruppe steuern Sie die Teilbereiche **Allgemeine Daten**, **Buchungskreisdaten**, **Einkaufsdaten**, **Einkauf Teilsortiment** und **Einkauf Werk**. Die beiden Letzteren müssen Sie bei der Pflege nur dann berücksichtigen, wenn Sie die jeweiligen Optionen im Bereich **Datenhaltungsebenen: Einkauf** mit einem Häkchen versehen haben. Sie legen die Feldsteuerung der Kontengruppe über die IMG-Aktivität **Kontengruppen und Feldauswahl Lieferanten festlegen** (Transaktion OMSG) fest.

Durch einen Doppelklick auf eine Ebene gelangen Sie zu den festgelegten Feldstatusgruppen. Mit einem erneuten Doppelklick auf die näher zu betrachtende Gruppe navigieren Sie zur Auswahlmaske, in der Sie über die Feldeigenschaft entscheiden (siehe Abbildung 3.91). Wie Sie sehen, sind in unserem Beispiel die Felder **Zahlungsbedingungen** und **Incoterms** als Kanneingaben ausgesteuert. Das Feld **Bestellwährung** ist ein Mussfeld.

Abbildung 3.91: Kontengruppe KRED – Gruppe »Einkaufsdaten« in der gleichnamigen Selektion

Die Feldauswahl der Lieferanten bezogen auf die Einkaufsorganisation nehmen Sie über die IMG-Aktivität **Einkaufsorganisationsabhängigen Bildaufbau festlegen** (Transaktion OMFK) vor. Sie steuern abhängig von der Einkaufsorganisation die Feldauswahl für die Bereiche **Einkaufsdaten**, **Einkauf Teilsortiment** und **Einkauf Werk** und deren zugeordnete Feldgruppen. Die oben getroffene Aussage, dass die Ebenen für Lieferantenteilsortiment und Werk nur von Bedeutung sind, falls Sie diese Datenhaltungsebenen in der Kontengruppe selektiert haben, behält hier ebenfalls Gültigkeit. Bei Bedarf können Sie für unterschiedliche Einkaufsorganisationen gesonderte Feldauswahlsteuerungen hinterlegen. Dazu nutzen Sie eine bestehende Einstellung als Kopiervorlage. Eine Besonderheit in dieser Aktivität ist der sogenannte *Default-Feldstatus*. Er prägt die Feldeigenschaften der Einkaufsorganisation für alle nicht aufgelisteten Organisationen aus. Sie sollten den Default-Status, erkennbar am Sternchen (*) und der Bezeichnung »Default-Feldstatus«, nicht aus dem System löschen.

Der Buchungskreis beeinflusst die Feldsteuerung der Buchhaltungsdaten. Sie nehmen die Einstellungen analog zur Einkaufsorganisation vor. Den Default-Feldstatus treffen Sie hier beispielsweise ebenfalls an, wenn Sie Anpassungen vornehmen möchten. Die Einstellungen zum Buchungskreis prägen Sie in der IMG-Aktivität **Finanzwesen • Debitoren- und Kreditorenbuchhaltung • Kreditorenkonten • Stammdaten • Anlegen der Kreditorenstammdaten vorbereiten • Bildaufbau pro Buchungskreis definieren (Kreditoren)**.

Um letztlich die Feldeigenschaften final bewerten zu können, müssen Sie die Kombination aus allen Einflussfaktoren betrachten. Es gilt, dass sich die höchste Priorität der Steuerung durchsetzt. Ausblenden übersteuert Anzeigen, Anzeigen übertrifft Musseingabe und Musseingabe dominiert Kanneingabe.

Partnerrollen

Ein Geschäftspartner kann gegenüber einem Unternehmen in einem Geschäftsvorfall verschiedene Rollen einnehmen. *Partnerrollen* im Lieferantenstamm legen fest, welche Rollen ein Lieferant übernimmt beziehungsweise welche Rollen durch andere Kreditoren bedient werden.

Partnerrollen im Lieferantenstamm [zB]

Ein Lieferant muss nicht zwingend zugleich Rechnungssteller, Warenlieferant oder Bestellempfänger sein. Kreditorische Partner übernehmen die Aufgaben des Lieferanten in der Geschäftsprozessabwicklung. Die vom Lieferanten eingenommenen Rollen und deren Partner in den Partnerrollen legen Sie direkt im Geschäftspartner auf Einkaufsorganisationsebene ab.

SAP sieht für lieferantenspezifische Partnerrollen unter anderem folgende Rollen vor:

- Ansprechpartner (AP)
- abweichender Zahlungsempfänger (AZ)
- Bestelladresse (BA)
- Lieferant (LF)
- Lieferwerk (LW)
- Rechnungssteller (RS)
- Spediteur (SP)
- Warenlieferant (WL)

Sie definieren und passen die Partnerrollen über den IMG-Pfad **Materialwirtschaft • Einkauf • Partnerfindung • Partnerrollen • Partnerrollen definieren** an. Für eine Partnerrolle nutzen Sie einen zweistelligen alphanumerischen Schlüssel. Für die Bezeichnung sind maximal 20 Zeichen vorgesehen. Die getroffenen Einstellungen speichert das System in Tabelle TPAR.

Abbildung 3.92 verdeutlicht, welche Einstellungen für eine Partnerrolle möglich sind. Neben dem angesprochenen Schlüssel und der Bezeichnung legen Sie über die *Partnerart* (Feld **NrArt**) fest, um welche Art Partner es sich handelt, z. B. um Lieferant, Kunde oder Ansprechpartner. Sie können keine neuen Partnerarten hinzufügen. Für die Partnerrolle LF ist in unserem Beispiel die Partnerart LI vorgesehen, wobei »LI« für Lieferant steht. Das Kennzeichen **Eindeutig** gibt Auskunft darüber, ob die Partnerrolle nur einmal im Lieferantenstamm benutzt werden darf. Bei unserem Beispiel ist das Kästchen ausgewählt, d. h., Sie können die Partnerrolle LF nur einmal im Stammsatz führen. Über das Feld **Überg.Par.Rolle** legen Sie eine übergeordnete Partnerrolle fest, um Hierarchien abzubilden. Für die Rolle LF ist dies nicht vorgesehen.

	Rolle	Bezeichnung	NrArt	Eindeutig	Überg.Par.Rolle
☐	LF	Lieferant	LI	☑	

Abbildung 3.92: Partnerrolle Lieferant (LF)

Sie können bei Bedarf die Sprache für die Partnerkürzel anpassen. Rufen Sie in der jeweiligen Anmeldesprache die IMG-Aktivität **Sprachabhängige Umschlüsselung von Partnerrollen pflegen** unter dem IMG-Pfad **Materialwirtschaft • Einkauf • Partnerfindung • Partnerrollen** auf. Im Englischen ist das Kürzel VN (Vendor) für die Partnerrolle Lieferant vorgesehen. In der Regel können Sie hier mit der SAP-Standardauslieferung arbeiten. Die sprachabhängige Umschlüsselung finden Sie dann in der Tabelle TPAUM wieder.

Damit Sie die Partnerrolle überhaupt in der Lieferantenrolle verwenden können, müssen Sie sie explizit für die genutzte Kontengruppe vorsehen und ihre Zulässigkeit festlegen. Über den IMG-Pfad **Materialwirtschaft • Einkauf • Partnerfindung • Partnerrollen •**

Zulässige Partnerrollen pro Kontengruppe festlegen ordnen Sie alle zulässigen Partnerrollen zu den Kontengruppen zu. In Tabelle TPAKL finden Sie die in diesem Abschnitt festgelegten Entscheidungen wieder. Eine Partnerrolle kann für mehrere Kontengruppen vorgesehen und erlaubt sein. Abbildung 3.93 zeigt einen beispielhaften Ausschnitt aller zulässigen Kontengruppen. Sie sehen hier, dass Partnerrolle LF sowohl für die Kontengruppe KRED als auch für LIEF und SUPL zulässig ist.

Rolle	Bezeichnung	Gruppe	Bedeutung
LF	Lieferant	KRED	Kreditoren (int. NrVergabe)
LF	Lieferant	LIEF	Kreditoren (ext. NrVergabe)
LF	Lieferant	SUPL	Lieferant

Abbildung 3.93: Zulässige Kontengruppen für die Partnerrolle LF

Als einzelne Rollen nützen Ihnen die Partnerrollen leider jedoch gar nichts. Sie müssen also im nächsten unausweichlichen Schritt die vorhandenen Partnerrollen in einem sogenannten *Partnerschema* zusammenführen. Das Partnerschema gruppiert die Partnerrollen und gibt an, welche Partnerrollen Sie für den Stammsatz verwenden können. Über den IMG-Pfad **Materialwirtschaft • Einkauf • Partnerfindung • Partnereinstellungen im Lieferantenstammsatz • Partnerschemata definieren** legen Sie ein neues Partnerschema mit einem vierstelligen alphanumerischen Schlüssel an. Die Bezeichnung darf maximal 20 Zeichen umfassen. Sie finden die Partnerschemata in Tabelle TVPG wieder.

Über das Dialogfenster gelangen Sie zu den Partnerrollen, die bereits im Schema SUPL (Lieferant) hinterlegt sind (siehe Abbildung 3.94).

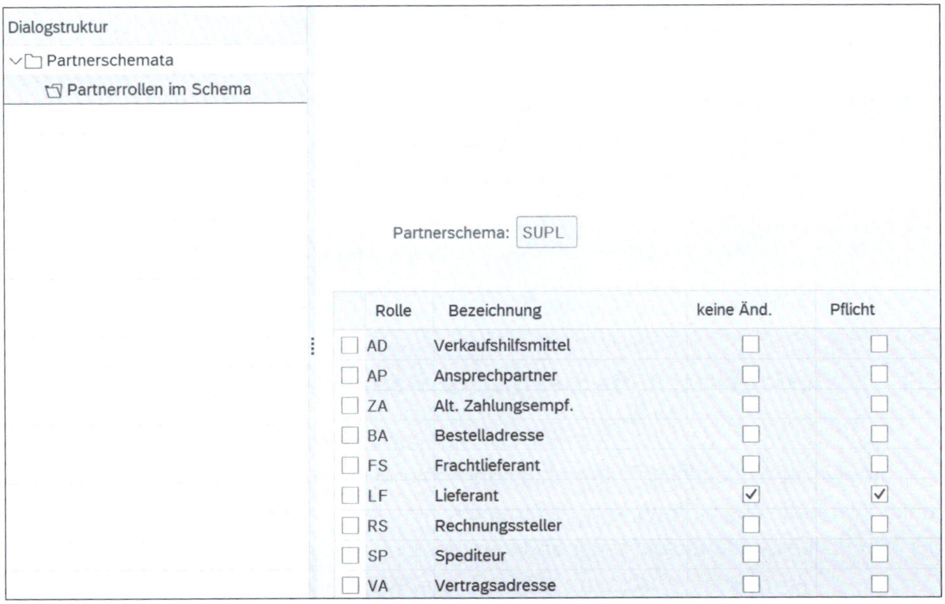

Rolle	Bezeichnung	keine Änd.	Pflicht
AD	Verkaufshilfsmittel	☐	☐
AP	Ansprechpartner	☐	☐
ZA	Alt. Zahlungsempf.	☐	☐
BA	Bestelladresse	☐	☐
FS	Frachtlieferant	☐	☐
LF	Lieferant	☑	☑
RS	Rechnungssteller	☐	☐
SP	Spediteur	☐	☐
VA	Vertragsadresse	☐	☐

Abbildung 3.94: Partnerschema SUPL

Sie erblicken drei zugewiesene Rollen: BA (Bestelladresse), LF (Lieferant) und LW (Lieferwerk). Über die Spalten **keine Änd.** und **Pflicht** können Sie bestimmen, ob eine Partnerrolle im Schema geändert werden darf und/oder verpflichtend ist. In unserem Beispiel ist lediglich die Rolle LF als nicht änderbar gekennzeichnet. Keine der Rollen ist eine Pflichtrolle im Partnerschema SUPL.

Bereits in Abbildung 3.90 konnten Sie erkennen, dass in einer Kontengruppe unterschiedliche Partnerschemata hinterlegt werden können. Damit Sie die Partnerrollen im Lieferantenstamm auswählen können, bedarf es der Zuordnung zwischen Kontengruppe und Partnerschema. Rufen Sie hierfür die IMG-Aktivität **Partnerschemata zu Kontengruppen zuordnen** unter dem Pfad **Materialwirtschaft • Einkauf • Partnerfindung • Partnereinstellungen im Lieferantenstammsatz • Partnerschemata zu Kontengruppen zuordnen** auf. Die Zuweisung wird in Tabelle T077K abgelegt.

Nur das Partnerschema SUPL ist der Kontengruppe KRED zugewiesen (siehe Abbildung 3.95). Das Schema ist für die Einkaufsorganisationsebene vorgesehen (Spalte **PS EKORG**). Da die Datenhaltungsebenen Lieferantenteilsortiment und Werk in der Gruppe nicht ausgewählt sind, ist in den Spalten **PS LTS** und **PS Werk** kein Partnerschema eingetragen.

Gruppe	Bedeutung	PS EKORG	PS LTS	PS Werk
KRED	Kreditoren (int. NrVergabe)	SUPL		

Abbildung 3.95: Zuordnung Partnerschemata zur Kontengruppe

Alternativ führen Sie die Zuordnung der Partnerschemata zur Kontengruppe über den IMG-Pfad **Logistik Allgemein • Geschäftspartner • Lieferanten • Steuerung • Kontengruppen und Feldauswahl Lieferanten festlegen** (Transaktion OMSG) durch.

[»]

Einstellungen im Kundenstammsatz

Die angeführten Einstellungen des Lieferantenstammsatzes weisen eine sehr große Ähnlichkeit zu den Ausprägungen im Kundenstammsatz auf. Haben Sie sich intensiv mit dem Lieferantenstamm beschäftigt, können Sie bei Interesse einen Blick auf die Kundenseite werfen. Zahlreiche Begriffe kennen Sie bereits.

3.3 Materialwirtschaftsspezifische Stammdaten

Der Materialstamm und der Lieferant als fachspezifische Geschäftspartnerausprägung sind die zwei bedeutendsten Stammdatenobjekte und die zentralen Stammdaten für eine funktionierende Beschaffung von Lagermaterialien. Weitere hilfreiche Stammdaten bei der Materialbeschaffung sind unter anderem der *Einkaufsinfosatz*, das *Orderbuch* und die *Quotierung*. In diesem Abschnitt erläutern wir diese materialwirtschaftsspezifischen Stammdaten der Bezugsquellenfindung mit Fokus auf ihre Einstellungsmöglichkeiten im

Customizing. Systemseitig ist die Verwendung dieser Stammdaten optional. Dennoch sind vor allem Einkaufsinfosätze ein sehr häufig genutztes Werkzeug bei der Suche nach möglichen Bezugsquellen für ein Material.

Ebenfalls unter die Stammdaten einzuordnen sind sogenannte *Konditionen* z. B. für Preise oder Nachrichten. Die Systemkonfiguration der Konditionen für Nachrichten erläutern wir in Kapitel 4, »Einkauf«, da sich Konditionen ohne den fachlichen Bezug schwieriger verständlich erklären lassen als die übrigen, im Folgenden betrachteten Objekte der Bezugsquellenfindung.

3.3.1 Einkaufsinfosatz

Der *Einkaufsinfosatz* enthält lieferantenspezifische Informationen zu einem bestimmten Material, z. B. den aktuellen Lieferantenpreis, und dient der Einkaufsabteilung als Informations- und mögliche Bezugsquelle. Dabei kann ein Infosatz auf Einkaufsorganisations- oder auf Werksebene gültig sein. Insgesamt unterscheiden Sie vier Arten von Infosätzen:

- Normal
- Lohnbearbeitung
- Pipeline
- Konsignation

Manuell legen Sie Infosätze über die Transaktion ME11 oder über den IMG-Pfad **Logistik • Materialwirtschaft • Stammdaten • Infosatz** an. Sie ändern einen Infosatz über Transaktion ME12, die Anzeige erfolgt über Transaktion ME13. Neben der manuellen Anlage können Infosätze auch automatisiert angelegt werden. Die Haupttabellen der Einkaufsinfosätze lauten:

- A017 (Materialinfosatz werksspezifisch)
- EINA (Einkaufsinfosatz – allgemeine Daten)
- EINE (Einkaufsinfosatz – Einkaufsorganisationsdaten)

[+]

Simplification Item – Vereinfachte Bezugsquellenfindung

Die Bezugsquellenfindung wurde in SAP S/4HANA vereinfacht: Einkaufsinfosätze stellen nun die alleinige Bezugsquelle in der Materialbedarfsplanung dar, falls Sie das Kennzeichen **Relevant für automatische Bezugsquellenfindung** im Infosatz setzen (siehe SAP-Hinweis 2268069).

Die notwendigen Einstellungen im Customizing führen Sie unter dem IMG-Pfad **Materialwirtschaft • Einkauf • Einkaufsinfosatz** durch (siehe Abbildung 3.96). Beachten Sie, dass Sie in diesem Teilbereich ohne eigene Einstellungen sofort Einkaufsinfosätze anlegen können. Wenn keinerlei besondere Anforderungen an Sie herangetragen werden, sind hier keine Anpassungen erforderlich.

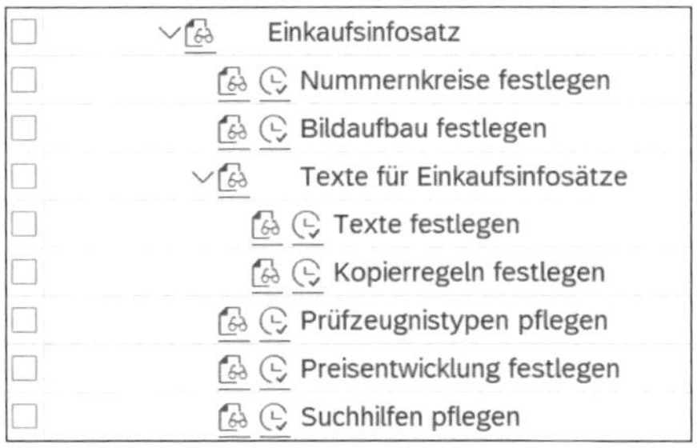

Abbildung 3.96: IMG-Aktivitäten im Bereich »Einkaufsinfosatz«

Nummernkreise

Um Nummernkreise für Einkaufsinfosätze zu definieren, rufen Sie die IMG-Aktivität **Nummernkreise festlegen** (Transaktion OMEO) auf. Infosätze werden als Belege im System verwaltet, daher benötigen sie zwingend einen Nummernkreis. Das zugehörige Nummernkreisobjekt lautet INFOSATZ. In der Standardauslieferung finden Sie folgende Voreinstellungen:

- **für Lagermaterialien (Gruppe IL)**
  - intern von 5300000000 bis 5399999999
  - extern von 5400000000 bis 5499999999
- **für Nichtlagermaterialien (Gruppe IN)**
  - intern von 5500000000 bis 5599999999
  - extern von 5600000000 bis 5699999999

Bildaufbau

Mit Hilfe der IMG-Aktivität **Bildaufbau festlegen** stellen Sie den Bildaufbau der Infosätze ein und steuern die Eigenschaften der dortigen Eingabefelder. Über transaktionsbasierte Feldauswahlschlüssel legen Sie die Feldauswahlsteuerung fest. Dabei unterscheiden Sie die Ausprägungen Musseingabe, Kanneingabe und Anzeigen (vergleichbar mit den Auswahlmöglichkeiten bei den Materialstämmen). Der Bildaufbau bei den Infosätzen hängt nur von Transaktionen ab.

Die folgenden Feldauswahlschlüssel sind für Einkaufsinfosätze relevant. Sie finden die Auswahlschlüssel in Tabelle T162 wieder:

- ANZE (Anzeigen Infosatz)
- ME11 (Hinzufügen Einkaufsinfo)
- ME12 (Verändern Einkaufsinfo)
- ME13 (Anzeigen Einkaufsinfo)
- ME15 (Löschvormerkung Einkaufsinfo)

Eine umfassende Erläuterung zum Bildaufbau finden Sie in Abschnitt 4.2.7, »Bildaufbau bei Einkaufsbelegen«. In der Regel nehmen Sie bei Einkaufsinfosätzen keine Anpassungen am Bildaufbau vor.

Texte

Einkaufsinfosatzrelevante Texte bearbeiten Sie über die IMG-Aktivitäten **Texte festlegen** und **Kopierregeln festlegen**, die Sie über den IMG-Pfad **Texte für Einkaufsinfosätze** erreichen.

In der Aktivität **Texte festlegen** prüfen Sie die im Standard vorgegebenen Texte für Einkaufsinfosätze. Sie unterscheiden folgende Positionstextarten:

- 01 - Infonotiz
- 02 - Bestelltext

Anschließend legen Sie noch die Kopierregeln für die Infosätze fest. Sie bestimmen, welche Quelltexte aus anderen SAP-Objekten (Anfrage/Angebot, Bestellung, Kontrakt, Lieferplan oder Materialstamm) in die Zieltexte der Einkaufsinfosätze übernommen werden.

Neue Textarten?
Sie können keine neuen Textarten für Einkaufsinfosätze im System anlegen. Sie müssen mit den vorhandenen Textarten vorliebnehmen.

Abbildung 3.97 verdeutlicht die Einstellungen der Kopiersteuerung am Beispiel eines Bestelltextes. Sie legen für den Zieltext **Bestelltext** fest, in welcher Reihenfolge die Quellobjekte durchsucht werden. Der erste gefundene Quelltext wird in den Zieltext übernommen. Um welchen Quelltext es sich genau handelt, entnehmen Sie der gleichnamigen Spalte. Im Beispiel wird der Einkaufsbestelltext (Quelltext) aus dem Materialstamm (Quellobjekt) in den Bestelltext des Einkaufinfosatzes (Zieltext) übernommen.

Abbildung 3.97: Beispiel – Kopiersteuerung Bestelltext

Das Fixierungskennzeichen (Spalte **Fix**) steuert, wie Sie einen Text aus einem Objekt übernehmen und ob die übernommenen Texte weiterbearbeitet werden können. Für dieses Unterfangen stehen Ihnen folgende Möglichkeiten zur Verfügung:

- »blank« - Der Text wird automatisch in das Zielobjekt übernommen und ist fixiert.
- ***** - Mit dieser Eingabe kann der Text in das Zielobjekt übernommen werden.
- **N** - Der Text kann nicht in das Zielobjekt übernommen werden.

Prüfzeugnistypen

In den allgemeinen Daten des Einkaufsinfosatzes pflegen Sie einen *Zeugnistyp* und die dazugehörigen Informationen. Sie machen von Zeugnistypen Gebrauch, wenn Sie bei Importgeschäften mit Zeugnissen arbeiten möchten. Über die IMG-Aktivität **Prüfzeugnistypen** pflegen Sie die benötigten Zeugnistypen. Dabei definieren Sie, welche Detailinformationen verpflichtend angegeben werden müssen (siehe Abbildung 3.98). Sie legen Zeugnistypen mit einem einstelligen alphanumerischen Schlüssel an. Die angelegten Daten speichert das System in Tabelle T069.

Abbildung 3.98: Prüfzeugnistyp – Beispiel »Zeugnis 1«

Preisentwicklung

In der Aktivität **Preisentwicklung festlegen** entscheiden Sie, mit welchem Preis die Bestellpreisentwicklung im Einkaufsinfosatz fortgeschrieben wird. Sie wählen die gewünschte Fortschreibungsart auf Einkaufsorganisationsebene. Im Standard erfolgt die Fortschreibung mit dem Nettopreis. Das heißt, Zu- und Abschläge sowie vom Lieferanten erteilte (Mengen-)Rabatte können sich im übertragenen Preis wiederfinden. Setzen Sie ein Häkchen bei **Effektivpreis in Bestellpreisentwicklung**, so erfolgt die Fortschreibung mit dem Effektivpreis. Der Effektivpreis schließt alle Konditionen mit ein, und er berücksichtigt ebenfalls unter anderem Steuern, Skonto oder Bezugsnebenkosten. Tabelle T024E gibt Aufschluss über die getroffene Entscheidung.

EkOr	Bezeichnung EkOrg	Effektivpreis in Bestellpreisentwicklung
☐ 0001	Einkaufsorg. 0001	☐

Abbildung 3.99: Bestellpreisentwicklung in Einkaufsorganisation 0001

Suchhilfen

Suchhilfen erleichtern Ihnen die gezielte Suche nach Objekten. Im Fall von Einkaufsinfosätzen nutzen Sie im Standard folgende Suchhilfen:

- Infosätze für Lieferant
- Infosätze zum Material
- Infosätze zur Warengruppe (Nichtlagermaterial)
- Infosätze für Fremdbearbeitung

Bei Bedarf definieren Sie neue Suchhilfen, passen existierende Hilfen an oder deaktivieren nicht benötigte Suchhilfen mit dem Ziel, die Systemperformance zu steigern.

Die Suchhilfen für Einkaufsinfosätze (Sammelsuchhilfe MEIN) passen Sie unter der IMG-Aktivität **Suchhilfen pflegen** (Transaktion OMHL) an. Jedoch gehen Änderungen an Suchhilfen über das Customizing hinaus. Sie haben sicherlich schon beim Aufruf der Customizing-Aktivität festgestellt, dass Ihre Berechtigungen nicht ausreichen, um Suchhilfen zu konfigurieren. Für Anpassungen an Suchhilfen, die mandantenweit gültig sind, benötigen Sie Zugriff auf die Transaktion SE11 (ABAP Dictionary). Weitere Informationen zur Konfiguration von Suchhilfen finden Sie in den Dokumentationen von Transaktion SE11.

3.3.2 Quotierung

Die *Quotierung* nutzen Sie für eine automatische Verteilung von Bedarfen auf unterschiedliche Bezugsquellen anhand einer festgesetzten Quote und zu einem bestimmten Zeitpunkt. Eine Quotierung umfasst mehrere Quotierungssätze, die sich wiederum aus einer Bezugsquelle, einem Gültigkeitszeitraum und einer Quote zusammensetzen.

Simplification Item – Vereinfachte Bezugsquellenfindung [+]

Die Bezugsquellenfindung wurde in SAP S/4HANA vereinfacht: Quotierungen werden nun, auch ohne vorhandenes Materialstammkennzeichen (Feld `MARC-USEQU`), immer in der Materialbedarfsplanung berücksichtigt (siehe SAP-Hinweis 2268069).

Unter dem Pfad **Logistik • Materialwirtschaft • Einkauf • Stammdaten • Quotierung** im SAP-Menü stehen Ihnen die Anwendungstransaktionen rund um die Quotierung zur Verfügung. Die in diesem Zusammenhang bedeutendsten Transaktionen sind MEQ1 (Quotierung pflegen), MEQ3 (Quotierung anzeigen) und MEQ4 (Änderungen zur Quotierung).

In SAP ERP war es möglich, über einen Quotierungsverwendungsschlüssel im Customizing zu entscheiden, welche Mengen für die Quotierung berücksichtigt werden sollen. In SAP S/4HANA definieren Sie nur noch die Nummernkreise der Quotierung. Dazu rufen Sie die IMG-Aktivität **Materialwirtschaft • Einkauf • Quotierung • Nummernkreise für Quotierungen (Einkauf) festlegen** auf. Die Standardauslieferung sieht für das Nummernkreisobjekt QUOTIERUNG das interne Nummernkreisintervall von 8000000001 bis 8999999999 vor.

3.3.3 Orderbuch

Im *Orderbuch* verwalten Sie alle erlaubten Bezugsquellen für ein Material. Dabei entscheiden Sie auf Werksebene und unter Angabe einer Zeitspanne, welche Bezugsquelle überhaupt für die Fremdbeschaffung des Materials in Frage kommt. Aber auch der Ausschluss bestimmter Bezugsquellen oder das Setzen einer generellen Einkaufssperre für das Material gehören zu den Funktionen im Orderbuch. Auf der werksspezifischen Sicht **Einkauf** im Materialstamm setzen Sie bei Bedarf manuell das Kennzeichen **Orderbuchpflicht** im Subscreen **Sonstige Daten/Herstellerdaten**. Ist das Kennzeichen ausgewählt, ist eine Beschaffung erst möglich, wenn die Bezugsquelle einen Orderbucheintrag vorweisen kann (siehe dazu auch den folgenden Unterabschnitt »Orderbuchpflicht«).

Simplification Item – Vereinfachte Bezugsquellenfindung

Die Bezugsquellenfindung wurde in SAP S/4HANA vereinfacht: Sie verwenden Orderbücher, um zusätzliche Informationen wie das Sperren einer vorhandenen Bezugsquelle zu steuern (siehe SAP-Hinweis 2268069). Indirekt nutzen Sie Orderbücher auch für die Materialbedarfsplanung.

Im Auswahlmenü finden Sie unter dem Pfad **Logistik • Materialwirtschaft • Einkauf • Stammdaten • Orderbuch** alle orderbuchbezogenen Aktivitäten im Betrieb. Kennenswerte Transaktionen für Orderbücher sind ME01 (Orderbuch pflegen), ME03 (Orderbuch anzeigen) und ME04 (Änderungen zum Orderbuch). Orderbuchdaten hinterlegt das System in Tabelle EORD.

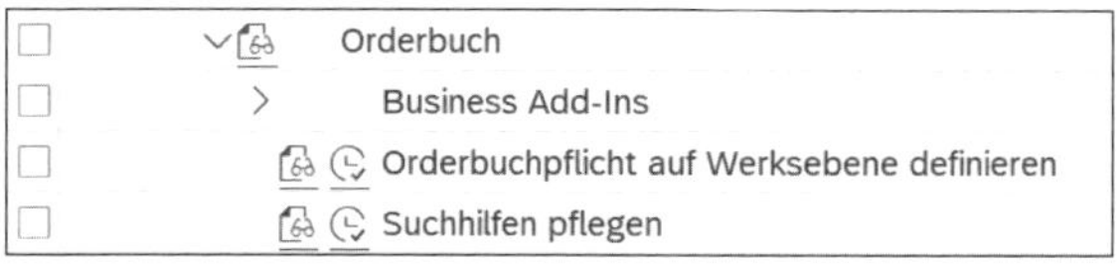

Abbildung 3.100: IMG-Aktivitäten im Bereich »Orderbuch«

Zu den orderbuchrelevanten IMG-Aktivitäten (siehe Abbildung 3.100) gelangen Sie über den IMG-Pfad **Materialwirtschaft • Einkauf • Orderbuch**. Wie bei den Einstellungen der Einkaufsinfosätze gilt auch beim Orderbuch, dass Sie die Orderbuchfunktionen ohne Anpassungen im Customizing sofort verwenden können.

Orderbuchpflicht

Unter Zuhilfenahme der IMG-Aktivität **Orderbuchpflicht auf Werksebene definieren** legen Sie fest, für welche Werke Sie eine Orderbuchpflicht einführen möchten. Die Orderbuchpflicht betrifft ausnahmslos alle Materialien, die Sie im Zusammenhang mit den betroffenen Werken fremdbeschaffen. Sie können jedes Werk separat aussteuern. Im Beispiel aus Abbildung 3.101 ist für das Werk 0001 keine Orderbuchpflicht eingestellt.

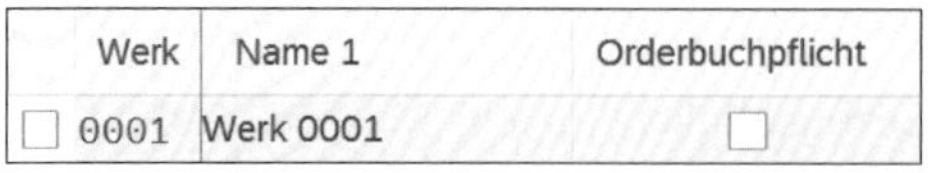

Werk	Name 1	Orderbuchpflicht
0001	Werk 0001	☐

Abbildung 3.101: Werk 0001 ohne Orderbuchpflicht

Suchhilfen

Sie nutzen die IMG-Aktivität **Suchhilfen pflegen** (Transaktion OMHO), um Anpassungen an Suchhilfen von Orderbüchern (Sammelsuchhilfe MEOR) durchzuführen.

Wie schon bei der Suchhilfe für Einkaufsinfosätze trifft auch hier die Aussage zu, dass Sie Suchhilfen ohne Entwicklerberechtigungen nicht bearbeiten können. Sie benötigen dazu Transaktion SE11 (ABAP Dictionary). Beachten Sie, dass Suchhilfen mandantenweit Gültigkeit besitzen. Für Anpassungen an Suchhilfen ist die Dokumentation der Dictionary-Pflege zu empfehlen.

3.4 Chargenstammdaten

Chargenstammdaten benötigen Sie, um chargengeführte Materialien eindeutig im System zu verwalten. Im klassischen betriebswirtschaftlichen Sinne verstehen wir unter einer *Charge* (auch *Produktionslo*; engl. *Batch*) eine begrenzte Menge von gleichartigen Produkterzeugnissen, die in einem bestimmten Zeitfenster unter denselben Rahmenbedingungen entstanden sind.

Im SAP-System führen Sie Chargen unter einer eindeutigen Nummer. Bei der Bestandsführung chargenpflichtiger Materialien ist darauf zu achten, dass Sie fremdbeschaffte oder eigenproduzierte Erzeugnisse chargenrein lagern. Damit schaffen Sie die Grundlage für eine Rückverfolgbarkeit der verwendeten Materialien in der Produktionskette. Insbesondere für Lebensmittel-, Pharma- und Chemieunternehmen ist das Konstrukt der Chargenverwaltung mitunter die gesetzlich angeordnete Voraussetzung, um Waren wie Süßigkeiten oder Düngemittel herzustellen. Mit dem Chargenstamm sind weitere Informationen verknüpft. So können Sie beispielsweise das Mindesthaltbarkeitsdatum über die Charge ermitteln, Dokumente mit der Chargennummer verknüpfen oder die Chargen durch die Angabe weiterer Merkmale genauer klassifizieren. Ob ein Material chargenpflichtig ist oder nicht, entscheiden Sie unter anderem auf der Sicht **Einkauf** des Materialstamms mit Hilfe des Kennzeichens **Chargenverwaltung**.

Eine Charge beziehungsweise ein Los hat eine eindeutige Chargennummer im System. Dies ermöglicht eine chargenreine Führung der Bestände über die verwendete Materialnummer. Bei Warenbewegungen chargenpflichtiger Materialien wird daher zwangsläufig eine Chargennummer benötigt, um mit der Buchung fortfahren zu können. Die Daten der Chargen werden in diversen Tabellen gespeichert. Zu Ihren wichtigen Informationsquellen gehören unter anderem folgende Tabellen:

- MCHA (Chargen)
- MCHB (Chargenbestände)
- MCH1 (Chargen werksübergreifend)

Sie greifen über den Anwendungspfad **Logistik • Zentrale Funktionen • Chargenverwaltung** auf Chargen und unterstützende Transaktionen wie BMBC (Batch Information

Cockpit) zu. Die dazugehörigen Pflegetransaktionen sind MSC1N (Charge anlegen), MSC2N (Charge ändern) und MSC3N (Charge anzeigen).

In der Regel legen Anwenderinnen und Anwender Chargen nicht direkt über die angeführten Transaktionen an, sondern nutzen indirekte Funktionen, die in andere Transaktionscodes integriert sind, z. B. in Transaktion MIGO (Warenbewegungen buchen).

[+]

Simplification Item – Logistik: Chargenverwaltung

Die veralteten Transaktionen MSC1 (Charge anlegen), MSC2 (Charge ändern), MSC3 (Charge anzeigen) und MSC4 (Änderungsbelege zur Charge anzeigen) sind in SAP S/4HANA nicht mehr verfügbar. Sie müssen die oben aufgeführten Transaktionen, die mit N enden, nutzen (siehe SAP-Hinweis 2267298).

Zu den Customizing-Einstellungen im vielseitigen und durchaus komplexen Themenbereich Chargen gelangen Sie über den IMG-Pfad **Logistik Allgemein • Chargenverwaltung**. In den folgenden Abschnitten beschäftigen wir uns mit den Grundeinstellungen für den Chargenstamm. Für eine vollständige Übersicht über das Thema Chargenverwaltung machen Sie sich mit dem kompletten Teilbereich im Customizing vertraut.

3.4.1 Chargenebene

Als Erstes legen Sie fest, auf welcher Ebene die spätere Chargennummer ihre Eindeutigkeit besitzt. In der IMG-Aktivität **Chargenebene bestimmen und Zustandsverwaltung aktivieren** (Transaktion OMCT) wählen Sie zwischen folgenden *Chargenebenen* aus:

- **Werksebene**
  Entscheiden Sie sich für die Werksebene als bevorzugte Chargenebene, ist die Chargennummer in Verbindung mit der dazugehörigen Materialnummer und einem Werk eindeutig. Bei werksübergreifenden Warenbewegungen kann sich die Chargennummer also ändern. Damit ist keine lückenlose Rückverfolgung möglich.
- **Materialebene**
  Die Chargenebene ist im SAP-Standard auf Materialebene voreingestellt. Dadurch ist die Chargennummer nur in Verbindung mit dem Material eindeutig und das Material muss damit in allen Werken chargenpflichtig geführt werden. Sie müssen bei Warenbewegungen also eine Chargennummer im Vorgang erfassen.
- **Mandantenebene zu einem Material**
  Bei Festlegung der Chargenebene auf Mandantenebene ist die erzeugte Chargennummer mandantenweit eindeutig.

Nachträgliche Änderungen an der Chargenebene sind in der Regel mit einem sehr hohen Aufwand verbunden. Es gibt für diesen Zweck zwar ein Umsetzungsprogramm, das Sie aufrufen, indem Sie zunächst die gewünschte Chargenebene auswählen und anschließend die Option **Chargenebene -> Umsetzung** im Einstiegsbild der Transaktion OMCT ausführen, dennoch sollten Sie Ihre Entscheidung, auf welcher Ebene die Chargennummern geführt werden, im Nachgang möglichst nicht mehr ändern. Aus einer Veränderung der Chargenebene resultieren bei mehrfach vorkommenden Chargennummern zahlreiche »Material an Material«-Umbuchungen.

Direkter Aufruf der Chargenebene

Sie gelangen ohne Umwege zur Festlegung der Chargenebene, indem Sie die Transaktion OMCE (Chargenebene definieren) aufrufen. Damit überspringen Sie das vorgelagerte Einstiegsbild der Transaktion OMCT.

[+]

Werksebene auf höhere Ebene umsetzen

Beachten Sie, dass eine Umsetzung von der Chargenebene Werk auf die höhere mandantenweite Ebene im Standard nicht mehr rückgängig gemacht werden kann.

[!]

3.4.2 Feldauswahl

Sie passen die Eigenschaften der Eingabefelder in den Chargenstammdaten genauso an, wie wir es bereits für die Feldauswahlsteuerung im Materialstamm ausführlich erklärt haben (siehe Abschnitt 3.2.2, »Geschäftspartner – Lieferanten (Logistik Allgemein)«). Auch hier unterscheiden Sie zwischen den Feldoptionen Ausblenden, Anzeigen, Musseingabe und Kanneingabe (in derselben Prioritätenreihenfolge). Bei Chargen ist die Feldauswahlsteuerung jedoch übersichtlicher und kann mit deutlich weniger Aufwand angepasst werden. Sie gelangen über den IMG-Pfad **Logistik Allgemein • Chargenverwaltung • Chargenstamm • Feldauswahl Chargenstamm** zu den Customizing-Aktivitäten.

In der Standardauslieferung sind alle Felder im Chargenstamm bereits zu einer Feldgruppe (001 bis 040) zugeordnet. Sie ermitteln den technischen Namen des anzupassenden Felds mittels der [F1]-Hilfe. Anschließend rufen Sie IMG-Aktivität **Felder zu Feldgruppen zuordnen** auf und ermitteln die Feldgruppe. Dem Feld **Bewertungsart** (technischer Name: `MCHA-BWTAR`) ist beispielsweise die Feldgruppe 001 zugewiesen.

Daraufhin legen Sie die Feldsteuerung anhand bestehender transaktionaler Feldreferenzen in der Aktivität **Feldauswahlsteuerung bearbeiten** fest. Im Gegensatz zum Materialstamm gelten bei Chargen besondere Einschränkungen:

- Ausgelieferte Mussfelder können nicht geändert werden.
- Nur in der Standardeinstellung eingabebereite Felder können als Mussfelder deklariert werden.
- Nur Felder, die im Standard keine Mussfelder sind, können als Anzeigefelder definiert oder ausgeblendet werden.

In Abbildung 3.102 sehen Sie das Feld **Bewertungsart** in der Feldauswahlgruppe 001. Das Feld ist in der Feldreferenz MSC1, die sich auf die Enjoy-Transaktion MSC1N (Charge anlegen) bezieht, im Bereich **Feldoption** als **Kanneingabe** ausgesteuert.

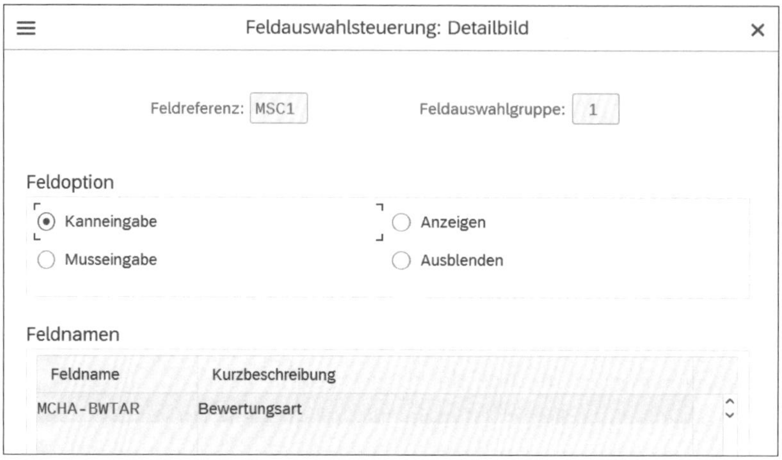

Abbildung 3.102: Feldauswahlgruppe 001 bei Feldreferenz MSC1

3.4.3 Dokumentenverwaltung

Für Chargenstämme können Sie bei Bedarf die *Dokumentenverwaltung* aktivieren. Dies bedeutet, dass im Chargenstamm nach Aktivierung der Funktion eine zusätzliche Registerkarte **Dokumente** erscheint, mit deren Hilfe Sie eine Charge mit Dokumenten verknüpfen können. Deaktivieren Sie nachträglich die Dokumentenverwaltung, bleiben die Objektverknüpfungen und Dokumente trotzdem bestehen. Lediglich die Registerkarte **Dokumente** wird im Chargenstamm dann ausgeblendet. Über die Dokumentenverwaltung editieren Sie die Verknüpfungen.

Sie aktivieren die Dokumentenverwaltung für Chargenstämme in der IMG-Aktivität **Dokumentenverwaltung für Chargen aktivieren** (siehe Abbildung 3.103). Standardmäßig ist die Registerkarte im Chargenstamm nicht sichtbar. Für unser Beispiel haben wir sie hier einmal auf **aktiv** gesetzt.

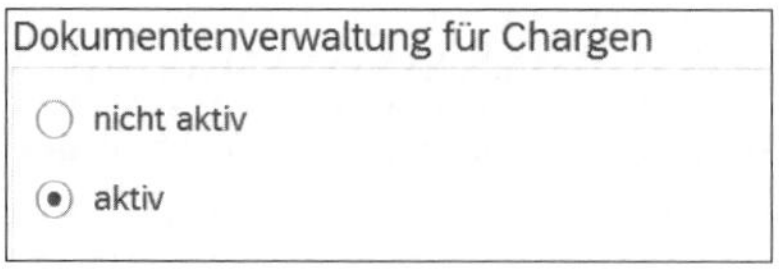

Abbildung 3.103: Aktivierte Dokumentenverwaltung für Chargen

3.4.4 Nummernvergabe

Wie die spätere Nummernvergabe für Chargen aussieht, legen Sie über den IMG-Pfad **Logistik Allgemein • Chargenverwaltung • Chargennummernvergabe** fest. Sie entscheiden über die folgenden Nummernkreisintervalle, die zugleich alle IMG-Aktivitäten in diesem Abschnitt widerspiegeln:

- Aktivierung der internen Chargennummernvergabe
- Nummernkreise für interne Chargennummernvergabe pflegen
- Customer-Exits für interne Chargennummernvergabe einrichten
- Nummernkreise für externe Chargennummernvergabe pflegen
- Customer-Exits für externe Chargennummernvergabe einrichten

Für den internen Nummernkreis sieht SAP in der Standauslieferung das Intervall 01 von 0000000001 bis 9999999999 vor. Das zugehörige Nummernkreisobjekt lautet BATCH_CLT. Benötigen Sie für Ihre Zwecke einen Nummernkreis mit externer Nummernvergabe, fügen Sie ein neues Intervall 02 ein. Dazu wählen Sie ein freies zehnstelliges alphanumerisches Nummernkreisintervall aus. Die Standardauslieferung umfasst keinen externen Nummernkreis.

3.4.5 Neuanlage von Chargen

Über den IMG-Pfad **Logistik Allgemein • Chargenverwaltung • Neuanlage von Chargen** steuern Sie, wie neue Chargen bei einem Fertigungs-/Prozessauftrag, bei Warenbewegungen und bei der Erstanlage für die Chargenstammpflege angelegt werden.

[«]

Automatisierte Neuanlage

Sofern Sie eine automatische Anlage der Charge nutzen möchten, müssen Sie als Voraussetzung die interne Chargennummernvergabe konfigurieren (siehe Abschnitt 3.4.4, »Nummernvergabe«). Anderenfalls stehen Ihnen die Optionen der automatischen Neuanlage nicht zur Verfügung.

Über die IMG-Aktivität **Neuanlage bei Warenbewegungen definieren** wählen Sie bewegungsartenabhängig die Einstellungen für die Chargenneuanlage aus. Sie treffen Ihre Auswahl aus folgenden Optionen:

- »blank«: automatisch/manuell ohne Prüfung
- **A**: automatisch/manuell mit Prüfung gegen externen Nummernkreis
- **B**: automatisch/manuell mit Prüfung mit USER EXIT
- **C**: automatisch/keine manuelle Neuanlage
- **D**: manuell ohne Prüfung
- **E**: manuell mit Prüfung gegen externen Nummernkreis
- **F**: manuell mit Prüfung im USER EXIT
- **G**: keine Neuanlage

Sie müssen alle Bewegungsarten, die einen Chargenzugang auslösen können, bei Ihren Einstellungen berücksichtigen. Hier dürfen Sie die Stornobewegungsarten nicht vernachlässigen. Die Standardauslieferung sieht bei Wareneingängen die Option **automatisch/manuell ohne Prüfung** vor (siehe Abbildung 3.104). Über das Dropdown-Menü in der Spalte **Chrg.neu** wählen Sie die gewünschte Einstellung aus.

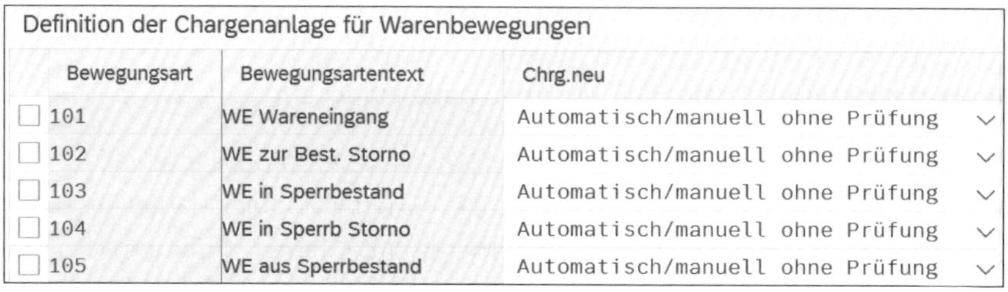
Definition der Chargenanlage für Warenbewegungen

Bewegungsart	Bewegungsartentext	Chrg.neu
101	WE Wareneingang	Automatisch/manuell ohne Prüfung
102	WE zur Best. Storno	Automatisch/manuell ohne Prüfung
103	WE in Sperrbestand	Automatisch/manuell ohne Prüfung
104	WE in Sperrb Storno	Automatisch/manuell ohne Prüfung
105	WE aus Sperrbestand	Automatisch/manuell ohne Prüfung

Abbildung 3.104: Chargenneuanlage bei Warenbewegungen

Nehmen Sie notwendige Einstellungen für den Fertigungs- beziehungsweise Prozessauftrag in Absprache mit Ihren Kolleginnen und Kollegen vor, die die SAP-Kernkomponente Produktionsplanung (PP) betreuen. Für materialartenspezifische Aussteuerungen sollten Sie alle logistischen Fachbereiche bei der Entscheidungsfindung mit einbinden.

3.5 Zusammenfassung

In diesem Kapitel haben wir Ihnen detaillierte Kenntnisse zu den stammdatenbezogenen Customizing-Einstellungen vermittelt. Vor allem die allgemeinen logistischen Stammdaten – der Materialstamm und der Lieferant als Geschäftspartnerausprägung – standen im Vordergrund der ausführlichen Erklärungen. Komplettiert wurde das Kapitel durch Erläuterungen zu den materialwirtschaftsspezifischen Stammdaten Einkaufsinfosatz, Orderbuch und Quotierung sowie einem Einblick in die Welt der Chargenführung.

Nichtsdestotrotz sollte, wenn Sie das Wort Stammdaten hören, immer die Devise »Qualität, Qualität und nochmals Qualität!« gelten. Falsch oder unvollständig angelegte Stammdaten führen zwangsläufig zu Systemmeldungen für Ihre Anwenderinnen und Anwender. Im schlimmsten Fall können Geschäftsvorgänge nicht gebucht werden. Die Systemeinstellungen bilden zwar die Grundlage für Ihre Stammdaten, aber nichts ist frustrierender als die Arbeit mit einem SAP-System, in dem die Stammdaten qualitativ unzureichend gepflegt sind.

Kapitel 4
Einkauf

Materialien einzukaufen und eine lückenlose Versorgung der hochkomplexen Lieferkette zu gewährleisten, ist die Hauptaufgabe der Materialwirtschaft. Sie lösen Bestellungen aus, um benötigte Materialien rechtzeitig zu beschaffen.

In diesem Kapitel beschäftigen wir uns mit der Frage, inwiefern Sie Systemeinstellungen für die Beschaffung von intern oder extern angeforderten (Lager-)Materialien vornehmen können. Sie lernen die möglichen Anpassungen zu den unterschiedlichen Einkaufsbelegarten in einem SAP-System kennen und vertiefen indirekt Ihr Wissen zum Bestellprozess. Dienstleistungsbeschaffungen behandeln wir separat in Kapitel 5, »Dienstleistungen«. Jedoch werden überlappende Konfigurationen zwischen Material- und Dienstleistungseinkauf vereinzelt bereits in diesem Kapitel behandelt.

Auf Basis der angelegten Stammdaten, wie Materialstammsatz, Lieferant oder auch Einkaufsinfosatz, beschaffen Sie Materialien und erzeugen bei der Abwicklung des Geschäftsprozesses *Bewegungsdaten*. Bei Bewegungsdaten handelt es sich um zeitlich befristete, meist sehr kurzlebige Daten, die durch vorhandene Stammdaten charakterisiert sind. Im Einkaufsumfeld handelt es sich dabei klassischerweise um Bestellungen, die Sie an Ihre Lieferanten übermitteln, oder um andere Arten von Einkaufsbelegen.

Wir beginnen mit einer kurzen Einordnung und einer Einführung in den Einkauf in SAP S/4HANA (siehe Abschnitt 4.1) und setzen uns anschließend ausführlich mit den Einkaufsbelegarten auseinander (siehe Abschnitt 4.2). Dabei werden unter anderem die Begriffe Positions- und Kontierungstyp sowie die Belegarten selbst in den Fokus gerückt. Hilfreiche Systemunterstützungen legen Sie in Abschnitt 4.3, »Umfelddaten«, fest, bevor Sie einkaufsspezifische Einstellungen für den Materialstamm und für den Lieferantenstamm kennenlernen (siehe Abschnitt 4.4, »Materialstamm«, und Abschnitt 4.5, »Lieferantenstamm«). Abschnitt 4.6, »Bestätigungen«, Abschnitt 4.7, »Lieferantenbeurteilung«, Abschnitt 4.8, »Partnerfindung«, Abschnitt 4.9, »Freigabe von Einkaufsbelegen«, Abschnitt 4.10, »Texte im Einkaufsbeleg«, und Abschnitt 4.11, »Nachrichten«, runden die erlangte Sicht auf den Teilbereich Einkauf ab und ergänzen Ihr Customizing-Repertoire.

4.1 Einkauf in SAP S/4HANA

Der Begriff *Einkauf* umfasst alle Tätigkeiten, die mit der Beschaffung von Waren und Dienstleistungen verbunden sind. Dabei ist das Hauptziel des Einkaufs die Sicherstellung einer lückenlosen Versorgung von fremdbeschafften Waren zur Unterstützung der Unternehmensleistungen. Ist Ihr Unternehmen ein produzierender Betrieb, versorgt der Einkauf vollumfänglich die Anforderungen der Fertigung, damit die Produktionsabläufe nicht gestört werden. Nichts ist einschneidender für einen Produktionsbetrieb - auch mit Blick auf den finanziellen Schaden -, als wenn die Fertigung aufgrund fehlender Materialbestände stillsteht.

Wir differenzieren zwischen strategischen und operativen Tätigkeiten im Einkauf. Strategische Aufgaben dienen vor allem der Sicherung Ihrer Wettbewerbsfähigkeit und sind daher auf einen mittel- bis langfristigen Zeitraum ausgelegt. Preisverhandlungen mit bestehenden Lieferanten sind ein typisches Beispiel für eine strategische Aufgabe. Der operative Einkauf reagiert dagegen auf die täglichen Herausforderungen, wie die Abarbeitung der aktuellen Bedarfe oder die Nachverfolgung eines erteilten Auftrags. Ob Einkäuferinnen und Einkäufer strategische und/oder operative Aufgaben im Unternehmen durchführen, ist abhängig von der Unternehmensgröße und der Organisationsstruktur.

In SAP S/4HANA stehen Ihnen alle bekannten Einkaufskernprozesse aus SAP ERP weiterhin zur Verfügung. Nennenswerte Veränderungen, die insbesondere den Einkauf betreffen, sind:

- neue Nachrichtenausgabe (siehe SAP-Hinweise 2267444 und 2470711)
- integriertes Deployment von SAP Supplier Relationship Management (SRM) und Self-Service Beschaffung mit SAP S/4HANA (siehe SAP-Hinweise 2271184, 2271168 und 2271166)
- Einkaufsauswertungen
- flexibler Workflow

Die angegebenen SAP-Hinweise sollen Ihnen bei der Entscheidungsfindung behilflich sein und offene Fragen beantworten. Mit SAP Fiori heben Sie Einkaufsauswertungen und Workflows auf eine neue Ebene. Sie erhalten dazu über *https://help.sap.com/* hilfreiche Ausführungen.

Im Auswahlmenü der Materialwirtschaft finden Sie alle Anwendungen des Einkaufs wieder. Über den Anwendungspfad **Logistik • Materialwirtschaft • Einkauf** rufen Sie die einkaufsspezifischen Transaktionen auf. Der Bereich **Einkauf** ist in folgende Hauptbestandteile untergliedert:

- Im Menüteil **Bestellung** führen Sie Ihre komplette Bestellabwicklung durch. Hier stehen u. a. Funktionen bereit, um Bestellungen anzulegen, freizugeben, auszuwerten und um Bestellnachrichten auszugeben.
- Im Menü **Banf** (kurz für *Bestellanforderung*) bearbeiten Sie die entstandenen Anforderungen. Sie legen Banfen an, geben Anforderungen frei, bearbeiten und werten Bestellanforderungen aus.

- Unter **Rahmenvertrag** finden Sie alle Standardtransaktionen für Lieferpläne und Kontrakte. Von der Anlage bis hin zur Nachrichtenausgabe bearbeiten Sie hier die von Ihnen geschlossenen Rahmenverträge.
- Im Menü **Stammdaten** prägen Sie einkaufsspezifische Stammdaten aus, die Sie bei Ihren Einkaufsaktivitäten benötigen.

Zum Einkauf gehörende Customizing-Einstellungen nehmen Sie über den IMG-Pfad **Materialwirtschaft • Einkauf** vor (siehe Abbildung 4.1). Sie lernen nachfolgend alle bedeutenden Konfigurationsmöglichkeiten kennen, damit Sie gewünschte Anpassungen am System ohne Probleme vornehmen können.

Abbildung 4.1: IMG-Pfade in der Materialwirtschaft – Einkauf

4.2 Einkaufsbelege

Ein *Einkaufsbeleg* ist ein Werkzeug für strategisch oder operativ agierende Einkäuferinnen und Einkäufer, mit dessen Hilfe sie die entstandenen Material- oder Dienstleistungsbedarfe bedienen können. Man unterscheidet folgende Einkaufsbelege in SAP:

- **Anfragen/Ausschreibung**
  Anfragen/Ausschreibungen nutzen Sie, um alle potenziellen Lieferanten für die Beschaffung bestimmter Materialien direkt zu kontaktieren und zu erfragen, ob aus Sicht des Lieferanten Interesse an einem zukünftigen Geschäft besteht.
- **Angebote**
  Angebote sind Anfragen, die die vom Lieferanten angebotenen Preiskonditionen enthalten. Sie führen auf Basis der zugestellten Angebote einen Preisvergleich durch und ermitteln Ihren präferierten Lieferanten. Bei Anfrage und Angebot handelt es sich um denselben Beleg.
- **Bestellungen**
  Bestellungen stellen rechtlich verbindliche Aufträge gegenüber einem Lieferanten dar, die besagen, dass die angegebenen Mengen zu den aufgeführten Konditionen abgenommen werden.

- **Kontrakte**
  Kontrakte sind zeitlich befristete Rahmenverträge über die Abnahme festgelegter Materialien mittels Angabe eines definierten Werts oder einer ausgehandelten Menge gegenüber einem Lieferanten.
- **Lieferpläne**
  Lieferpläne sind eine spezielle Art von Rahmenverträgen, die fest definierte Zeitpunkte enthalten, wann und wie viel Material ein Lieferant seinem Kunden zur Verfügung stellen muss.

Der Aufbau eines Einkaufsbelegs ist bei allen genannten Typen ähnlich. Wir betrachten den Belegaufbau anhand einer Bestellung näher. Ein Bestellbeleg unterteilt sich in den Belegkopf, eine oder mehrere Belegpositionen und die Positionsdetails:

- **Belegkopf**
  Die im Belegkopf erfassten Daten betreffen die gesamte Bestellung. Beispiele hierfür sind die Organisationsdaten Buchungskreis und Einkaufsorganisation. Mit anderen Worten: Sie können in den Bestellpositionen nur Werke angeben, die demselben Buchungskreis zugeordnet sind.
- **Belegpositionen**
  Belegpositionen enthalten alle Daten, die für die Beschaffung des Materials von Bedeutung sind. Dazu gehören unter anderem Informationen über Menge, Bestellmengeneinheit und Werk.
- **Positionsdetails**
  Mithilfe der Positionsdetails legen Sie, falls erforderlich, zusätzliche Daten zu einer Bestellposition an. Für die weitere Bearbeitung spielen die Details eine wichtige Rolle. So erlangen Sie zum Beispiel Einblick in den aktuellen Bearbeitungsstand der Position.

Das System speichert die Daten auf Kopf- und Positionsebene in verschiedenen Tabellen. Die Kopfdaten eines Einkaufbelegs finden Sie z. B. in Tabelle EKKO (Einkaufsbelegkopf) wieder, wohingegen Bestellpositionen in Tabelle EKPO (Einkaufsbelegposition) gespeichert werden. Positionsdetails können zudem in zusätzlichen Tabellen geführt werden. Die zugehörigen Kontierungsdaten finden Sie beispielsweise über eine Tabellenabfrage (Transaktion SE16N) in Tabelle EKKN (Kontierung im Einkaufsbeleg).

[+]

Simplification Item – Klassische Transaktionen/BAPIs (MM-PUR)

Klassische Transaktionen und BAPIs der Materialwirtschaftskomponente MM-PUR von SAP ERP stehen in SAP S/4HANA nicht mehr zur Verfügung und werden durch ihre funktionalen Nachfolger ersetzt. Beispielsweise können Sie die alte Transaktion ME21 (Bestellung anlegen) nicht mehr verwenden, stattdessen greifen Sie auf die Nachfolgetransaktion ME21N (Bestellung anlegen) zurück. Weitere Details finden Sie in SAP-Hinweis 2267449.

Um Einkaufsbelege im SAP-System anzulegen, zu ändern oder sich anzeigen zu lassen, rufen Sie die entsprechenden Transaktionen auf:

- ME41 (Anfrage anlegen)
- ME42 (Anfrage ändern)
- ME43 (Anfrage anzeigen)
- ME47 (Angebot pflegen)
- ME48 (Angebot anzeigen)
- ME21N (Bestellung anlegen)
- ME22N (Bestellung ändern)
- ME23N (Bestellung anzeigen)
- ME31K (Kontrakt anlegen)
- ME32K (Kontrakt ändern)
- ME33K (Kontrakt anzeigen)
- ME31L (Lieferplan anlegen)
- ME32L (Lieferplan ändern)
- ME33L (Lieferplan anzeigen)

Selbstverständlich können Sie auch die funktional äquivalenten SAP-Fiori-Apps in Betracht ziehen, um Einkaufsbelege zu verwalten. Für die in SAP S/4HANA eingeführten Lieferantenausschreibungsprozesse können Sie ausschließlich SAP-Fiori-Apps verwenden. Die oben aufgeführten Transaktionen sind nicht als SAP-Fiori-Apps verfügbar.

[+]

Simplification Item – RFQ vereinfachte Transaktionen

Für Request for Quotations (RFQ) beziehungsweise Anfragen und Angebote sieht SAP vor, dass Ausschreibungen und Lieferantenangebote über eine SAP-Fiori-App an externe Bezugsquellenplattformen ohne die Angabe von Lieferanten gesendet werden (siehe SAP-Hinweis 2332710). Das bisherige Konzept sah eine obligatorische Lieferanteneingabe vor. Dadurch war die Lieferantenauswahl deutlich begrenzt.

Im Zusammenhang mit Einkaufsbelegen führt das System dazugehörige Daten in unterschiedlichen Tabellen. Zu den wichtigsten Tabellen, die Sie namentlich kennen sollten, gehören:

- EKKO (Einkaufsbelegkopf)
- EKPO (Einkaufsbelegposition)
- EKKN (Kontierung im Einkaufsbeleg)
- EKPB (Beistellposition im Einkaufsbeleg)
- EKES (Bestellbestätigungen)
- EKBE (Historie zum Einkaufsbeleg)
- EKAB (Abrufdokumentation)
- EKEH (Lieferplanabruf-Dokumentation)
- EKET (Lieferplaneinteilungen)

Bevor wir mit den Einstellungen der Einkaufsbelege fortfahren, beschäftigen wir uns mit der Einordnung der Bestellanforderung in den Beschaffungsprozess.

4.2.1 Bestellanforderung

Eine *Bestellanforderung*, auch kurz als *Banf* bezeichnet, ist ein intern geführter Beleg. Über die Bestellanforderung erhält Ihre Einkaufsabteilung alle relevanten Informationen über die fremd zu beschaffenden Materialien: Für welches Werk sollen die aufgeführten Materialien in welcher Menge erworben werden? Sie können in der Anforderung bevorzugte oder gewünschte Bezugsquellen für die anfallenden Materialbedarfe hinterlegen. Damit übernimmt die Bestellanforderung die Aufgabe einer Art Vorbeleg für die resultierenden Einkaufsbelege. Die Banf selbst gehört nicht zu den Einkaufsbelegen.

Bestellanforderungen entstehen entweder indirekt oder direkt im System. Bei einer indirekten Erstellung von Bestellanforderungen erzeugen angrenzende SAP-Komponenten automatisiert Bedarfe. Ausgelöst werden die geplanten Anforderungen durch:

- die Disposition
- Instandhaltungsaufträge
- Fertigungsaufträge
- Kundenaufträge

Bei direkten, sprich ungeplanten Bestellanforderungen legen Sie Bedarfe manuell über die entsprechenden Transaktionen an. Da nicht alle Anwenderinnen und Anwender manuell Bestellanforderungen erfassen sollen, steuern Sie über Ihr Rollen- und Berechtigungskonzept die Ausprägungen der Benutzerrollen. Die Transaktionen für eine manuelle Pflege von Bestellanforderungen lauten:

- ME51N (Bestellanforderung anlegen)
- ME52N (Bestellanforderung ändern)
- ME53N (Bestellanforderung anzeigen)

Die angelegten Bestellanforderungen hinterlegt das SAP-System in den dafür vorgesehenen Tabellen:

- EBAN (Bestellanforderung)
- EBKN (Bestellanforderungs-Kontierung)

Auch wenn die Bestellanforderung nicht zu den Einkaufsbelegen zählt, finden Sie in den folgenden Abschnitten grundlegende Anpassungsmöglichkeiten zu Bestellanforderungen und echten Einkaufsbelegen gemeinsam aufgeführt, weil in der Praxis nicht so genau differenziert wird.

4.2.2 Beschaffungsprozess

Nachdem Sie in den einführenden Abschnitten die Bestellanforderung und Einkaufsbelege kennengelernt haben, ordnen wir die Begrifflichkeiten anhand eines Schaubilds in den Beschaffungsprozess ein und verdeutlichen die Zusammenhänge der Belege. In Abbildung 4.2 erkennen Sie, wie die angesprochenen Einkaufsbelege und die Bestellanforderung in Verbindung stehen. Eine Bestellanforderung steht in der Regel am Anfang der Prozesskette und kann in alle Einkaufsbelege umgewandelt werden. Einkaufsbelege können Sie auch ohne Bestellanforderung oder andere Vorgängerbelege direkt im System manuell erfassen.

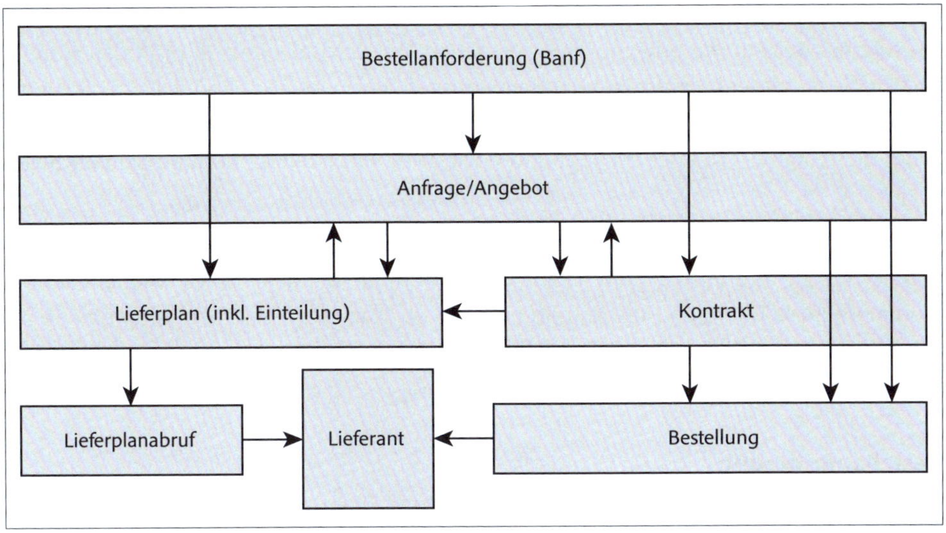

Abbildung 4.2: Einkaufsbelege im Bestellprozess

Eine Anfrage (Angebot) setzen Sie in einen Kontrakt, eine Bestellung oder in einen Lieferplan um. Aus einem Kontrakt und aus einem Lieferplan können sich wiederum Anfragen an Lieferanten ergeben.

Mit Bezug zu einem Kontrakt legen Sie einen Lieferplan oder eine Bestellung an. Bei Letzterer sprechen wir von einer *(Kontrakt-)Abrufbestellung*. Sie übermitteln die Bestellung oder den Lieferplanabruf an Ihren ausgewählten Lieferanten. Bei einem Lieferplanabruf müssen Sie dem Lieferanten vor Ihrem ersten Abruf Ihre Lieferplaneinteilung übermitteln. Wie die Belegübermittlung stattfindet, steuern Sie über die Nachrichtenausgabe.

Für die schnelle Anlage neuer Bestellanforderungen oder neuer Einkaufsbelege nutzen Sie einen bestehenden Beleg derselben Art als Kopiervorlage. So können Sie Informationen ohne Aufwand übernehmen und den neuen Beleg an Ihre Bedürfnisse anpassen. Die Belegübersicht und ihre Selektionsvarianten unterstützen eine gezielte Auswahl der gewünschten Kopiervorlagen.

4.2.3 Nummernkreise

Jeder Beleg ist über eine Nummer im System eindeutig auffindbar. Wie und in welchem Intervall diese *Belegnummer* erzeugt wird, steuern Sie über den *Nummernkreis*. Wählen Sie zwischen einer internen oder einer externen Nummernvergabe. Für Einkaufsbelege ist eine zehnstellige Nummer vorgesehen.

Bei einer *internen Nummernvergabe* vergibt das System automatisch die nächste freie Nummer im vorgegebenen Intervall. In der Regel ist die interne Nummernvergabe einer externen Vergabe vorzuziehen.

Eine *externe Nummernvergabe* ermöglicht es, dass Anwenderinnen und Anwender oder ein externes System die Belegnummer vergeben. Bei der Beleganlage prüft das System, ob sich die Nummer im entsprechenden Nummernkreisintervall befindet. Liegt die Nummer außerhalb des Intervalls, wird eine unumgängliche Fehlermeldung ausgegeben. Erst wenn die Nummer im Intervall liegt und noch nicht vergeben ist, können Sie den Beleg speichern.

Einen Nummernkreis ordnen Sie den unterschiedlichen Einkaufsbelegen über die sogenannte *Belegart* (siehe Abschnitt 4.2.4) zu. Beachten Sie bei der Intervallpflege, dass die Nummernkreise überlappungsfrei sein müssen. Im Standard liefert SAP empfohlene interne und externe Intervalle aus, mit denen Sie ohne weitere Vorabaktivitäten direkt Belege erzeugen können.

Bestellanforderung

Für die Nummernkreispflege der Bestellanforderung (Banf) rufen Sie IMG-Aktivität **Materialwirtschaft • Einkauf • Bestellanforderung • Nummernkreise für Bestellanforderungen definieren** (Transaktion OMH7) auf. Das dazugehörige Nummernkreisobjekt lautet BANF. Die SAP-Standardauslieferung sieht folgende Nummernkreisintervalle für Bestellanforderungen vor:

- 01 (intern): von 0010000000 bis 0019999999
- 02 (extern): von 0090000000 bis 0099999999

Anfrage/Angebot und Ausschreibung/Lieferantenangebot

In SAP S/4HANA stehen Ihnen für Anfragen und Angebote sowohl die »alten« Systemeinstellungen, die aus dem letzten SAP-ERP-Release übernommen wurden, als auch die Konfigurationen des generalüberholten Anfrageverfahrens zur Verfügung.

[»]

IMG-Pfade für Lieferantenangebote

Alle Einstellungen bezüglich der aus SAP ERP bekannten Anfrage/Angebotsprozesse sind unter **Materialwirtschaft • Einkauf • Anfrage und Angebot (SAP ERP)** zu finden. Wohingegen die neu eingeführten Aktivitäten unter **Materialwirtschaft • Einkauf • Bezugsquellenfindung • Ausschreibung und Lieferantenangebot** aufgeführt sind.

Bevor Sie mit den Konfigurationsschritten beginnen, sollten Sie sich informieren, ob der neue Angebotsprozess, der auf SAP-Fiori-Apps, dem flexiblen Workflow und der neuen Nachrichtenausgabe aufsetzt, für Sie überhaupt infrage kommt. Auf *https://help.sap.com/* finden Sie hilfreiche Ausführungen für Ihren Entscheidungsprozess.

Die Nummernkreise für Anfragen/Angebote pflegen Sie über IMG-Aktivität **Materialwirtschaft • Einkauf • Anfrage und Angebot (SAP ERP) • Nummernkreise für Ein-**

kaufsbelege definieren (Transaktion OMH6). Das Nummernkreisobjekt heißt EINKBELEG. Für Anfragen/Angebote sieht SAP in der Standardauslieferung folgende Intervalle vor:

- 60 (intern): von 6000000000 bis 6099999999
- 61 (extern): von 6100000000 bis 6199999999

Die Nummernkreise für das neuartige Ausschreibungs- und Angebotsverfahren pflegen Sie über die IMG-Aktivität **Materialwirtschaft • Einkauf • Bezugsquellenfindung • Ausschreibung und Lieferantenangebot • Nummernkreise für Einkaufsbelege definieren** (Transaktion OMH6). Der SAP-Standard sieht folgende Nummernkreisintervalle vor:

- 70 (intern): von 7000000000 bis 7099999999 für Ausschreibungen
- 80 (intern): von 8000000000 bis 8099999999 für Lieferantenangebote

[«]

Nummernkreisobjekt EINKBELEG

Für alle Einkaufsbelege führen Sie die Nummernkreisintervallpflege über das Objekt EINKBELEG durch. Entweder rufen Sie die angegebenen IMG-Aktivitäten auf oder nutzen Transaktion SNRO (Nummernkreispflege).

Bestellung

Nummernkreise für Bestellungen passen Sie über die IMG-Aktivität **Materialwirtschaft • Einkauf • Bestellung • Nummernkreise für Einkaufsbelege definieren** (Transaktion OMH6) an. Für Bestellungen werden diese Nummernkreise ausgeliefert:

- 41 (extern): von 4100000000 bis 4199999999
- 45 (intern): von 4500000000 bis 4599999999

Kontrakt

Anpassungen an den Nummernkreisen für die Einkaufsbelege vom Typ Kontrakt führen Sie über die IMG-Aktivität **Materialwirtschaft • Einkauf • Kontrakt • Nummernkreise für Einkaufsbelege definieren** (Transaktion OMH6) durch. SAP empfiehlt folgende Nummernkreisintervalle, um Kontrakte im System zu führen:

- 44 (extern): von 4400000000 bis 4499999999
- 46 (intern): von 4600000000 bis 4699999999

Lieferplan

Nummernkreise für Lieferpläne überprüfen und bearbeiten Sie in der IMG-Aktivität **Materialwirtschaft • Einkauf • Einkaufslieferplan • Nummernkreise für Einkaufsbelege definieren** (Transaktion OMH6). Die vorgesehenen Intervalle für Lieferpläne lauten:

- 55 (intern): von 5500000000 bis 5599999999
- 56 (extern): von 5600000000 bis 5699999999

4.2.4 Belegarten

Mithilfe der *Belegart* differenzieren Sie die unterschiedlichen Formen eines *Belegtyps* und steuern die Anwendungen des Einkaufs. Zu jedem Belegtyp existieren mehrere Belegarten.

Im SAP-System sind folgende Belegtypen für die Einkaufsbelege vorgesehen:

- B - Bestellanforderung
- A - Anfrage
- F - Bestellung
- K - Kontrakt
- L - Lieferplan
- R - Ausschreibung
- O - Angebot
- C - Zentralkontrakt
- N - Zentrale Ausschreibung
- T - Zentrales Lieferantenangebot

[+]

Standardbelegarten als Kopiervorlage

Möchten Sie eigene Belegarten anlegen, verwenden Sie am besten die ausgelieferten Belegarten als Kopiervorlage und übernehmen dabei alle abhängigen Einträge. Überflüssige Einträge löschen Sie aus der neuen Belegart. Das ist deutlich einfacher, als alle Einträge manuell hinzuzufügen. Für kundeneigene Einträge legen Sie die Belegarten mit Z beginnend an. Führen Sie keine Anpassungen an der SAP-Standardauslieferung durch!

Für alle Einkaufsbelege sind bereits standardmäßig Belegarten ausgeprägt, mit denen Sie Belege unmittelbar und fehlerfrei anlegen können. Über die Belegart steuern Sie unter anderem folgende Einstellungen:

- Nummernkreise
- Positionsintervalle
- Fortschreibungsgruppe für Statistiken
- Feldauswahlschlüssel für den Bildaufbau
- Umlagerungskennzeichen
- Positionsintervall für Unterpositionen

- Verknüpfung einer Dokumentenart
- Retourenabwicklungen
- zulässige Positionstypen

Sie definieren Belegarten sinngemäß abhängig vom jeweiligen Einkaufsbeleg im Customizing. Das hat zur Folge, dass Sie die Pflege der Belegarten über unterschiedliche Aktivitäten vornehmen müssen. Verallgemeinert lautet der Pfad also: **Materialwirtschaft • Einkauf • [Platzhalter Beleg] • Belegarten für [Platzhalter Belege] definieren**. Lediglich für Belegarten rund um die neuen Lieferantenangebote nutzen Sie den Pfad **Materialwirtschaft • Einkauf • Bezugsquellenfindung • Ausschreibung und Lieferantenangebot • Belegarten für [Platzhalter Belege] definieren**.

Alle Belegarten nutzen einen alphanumerischen vierstelligen Schlüssel. Zusammen mit dem Belegtyp bildet die Belegart die Schlüsselwerte in der Tabelle T161 für die Einkaufsbelegarten.

Für alle Einkaufsbelege ist der Aufbau einer neuen Belegart ähnlich. Über die Dialogstruktur (siehe Abbildung 4.3) prägen Sie die kopierte Belegart nach Ihren fachlichen Anforderungen aus.

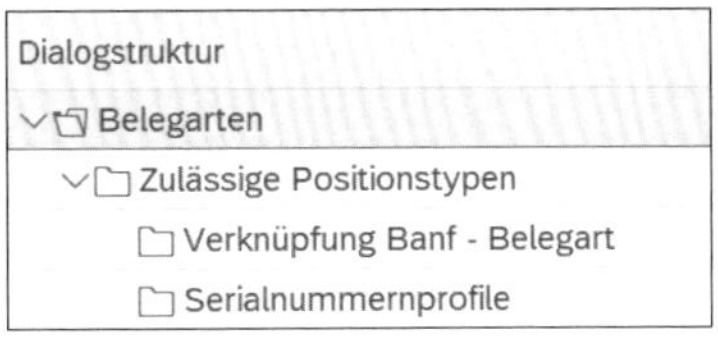

Abbildung 4.3: Belegarten einstellen

Auf der Ebene **Belegarten** treffen Sie neben der Entscheidung, wie der spätere Schlüssel und die Bezeichnung der Belegart lauten sollen. Auch die Zuordnung zu einem Nummernkreisintervall nehmen Sie auf dieser Ebene vor.

Über das Menü **Zulässige Positionstypen** geben Sie alle Positionstypen an, die Sie für die Belegart vorsehen möchten. Sie müssen zuvor eine Belegart im rechten Bildbereich markieren. Umfassende Details zu den Positionstypen finden Sie in Abschnitt 4.2.5.

Für die nächste Strukturebene **Verknüpfung Banf - Belegart** reicht es, nur die Bestellanforderung zu betrachten, obwohl Sie diese Dialogebene bei allen Belegarten »echter« Einkaufsbelege vorfinden. Sie verknüpfen hiermit die Kombination aus Belegart und Position der Banf mit den zulässigen Optionen aus den Belegart-Positions-Kombinationen, die sich aus den Einkaufsbelegen ergeben. Ohne diese Verknüpfungen ist es nicht möglich, aus den Banf-Positionen heraus Einkaufsbelege anzulegen. Die vorgesehenen Kombinationen sind in Tabelle T161A gespeichert.

Für Bestellanforderung und Bestellung können Sie ein Serialnummernprofil für den Einkauf direkt in den Belegen hinterlegen. Die entsprechenden Anpassungen nehmen Sie im Bereich **Serialnummernprofile** vor.

Die belegspezifischen Unterschiede stellen wir in den jeweiligen Unterabschnitten explizit in den Vordergrund.

Bestellanforderung

Eigene Belegarten für Bestellanforderungen definieren Sie über die IMG-Aktivität **Materialwirtschaft • Einkauf • Bestellanforderung • Belegarten für Bestellanforderungen definieren**. Nutzen Sie die voreingestellten Belegarten von SAP als Kopiervorlagen, um auf deren Basis individuelle Belegarten anzulegen:

- FO - Rahmenbestellanforderung
- NB - Bestellanforderung
- NBS - Bestellanforderung NBS
- RV - Rahmenvertragsanforderung

Über die Kopierfunktion wurde aus der Standardbelegart NB (Bestellanforderung) die Z-Belegart ZNB erzeugt und die abhängigen Einträge übernommen (Z steht für den Kundennamensraum). Neben dem gewählten Schlüssel sehen Sie auch an der Belegartbezeichnung, dass zunächst die Standardbelegart kopiert wurde (siehe Abbildung 4.4).

Art	Belegartbezeichnung	PosInt.	NumkrInt.	NumKr.ext	Feldausw.	Steuerung	GesFrgBanf	Variante	Dokumentart
☐ ZNB	Bestellanforderung	10	01	02	NBB		☐		

Abbildung 4.4: Belegart ZNB (Bestellanforderung)

In Abbildung 4.4 ist auch zu sehen, dass die Positionsnummer im Beleg in 10er-Schritten angegeben wird. Das interne Nummernkreisintervall lautet 01. Für eine externe Nummernvergabe greifen Sie auf Nummernkreis 02 zurück. Die Feldauswahlgruppe legt die Ausprägung der Felder fest und ist mit dem Wert NBB vorbelegt. Weitere Einstellungen sind auf dieser Ebene für die Belegart ZNB nicht vorgesehen.

Nennenswerte Unterschiede zu anderen bekannten Belegarten finden Sie hier bei folgenden Feldern:

- **Steuerungskennzeichen zur Einkaufsbelegart (Steuerung)**
  Über die Steuerung unterscheiden Sie die unterschiedlichen Varianten eines Belegs. Möglich sind die Varianten T (Transport) und R (Bestellanforderung für Rahmenvertrag). Für die Standardbelegart RV ist im Feld **Steuerung** der Wert R hinterlegt. Damit ist die Banf-Belegart eine geeignete Vorlage für einen Rahmenvertrag.
- **Gesamtfreigabe für Bestellanforderungen (GesFrgBanf)**
  Mit der Auswahl dieses Kennzeichens steuern Sie, dass alle Positionen einer Banf freigegeben werden müssen, damit der Folgebeleg erzeugt werden kann. Bei Belegart ZNB ist das Kästchen nicht angehakt, deshalb können Sie die Bestellanforderungen auch positionsweise freigeben. Details zu den Freigabeverfahren finden Sie in Abschnitt 4.9.1.

In Abbildung 4.5 sehen Sie alle für die Belegart ZNB zulässigen Positionstypen. Am häufigsten wird für Ihre Anforderungen vermutlich der Positionstyp **Standard** zum Einsatz kommen. Ob die geschäftsprozessspezifischen Positionstypen, wie Konsignation und Lohnbearbeitung, Anwendung finden, hängt vor allem von Ihrer Branchenzugehörigkeit ab.

	PosTyp	Text Positionstyp
☐		Standard
☐	K	Konsignation
☐	L	Lohnbearbeitung
☐	S	Strecke
☐	U	Umlagerung
☐	D	Leistung
☐	E	Erweiterte Limits
☐	C	Kundenbeistellbest.
☐	P	Mehrwegtransp.-Verp.

Abbildung 4.5: Zulässige Positionstypen der Belegart ZNB

Ausgehend von der Bestellanforderung sind alle zulässigen Einkaufsbelege in Abbildung 4.6 als Vorlagebelege zu interpretieren. Sie sehen im Ausschnitt den Vorlagebeleg ZNB (Normalbestellung), der durch Kopieren der Standardbestellbelegart NB entstanden ist.

Die erste Zeile liest sich demnach wie folgt: Für die Banf-Belegart NB mit dem Positionstyp **Standard** ist der Bestellbeleg ZNB mit demselben Positionstyp zulässig. Die Position darf eine Kontierung vorweisen, denn das Kennzeichen **Unk** (Unkontiert) ist nicht ausgewählt. Da auch das Kennzeichen **A/E** (Abruf/Einteilung) nicht aktiviert ist, sind Abrufe (Kontrakte) und Einteilungen (Lieferplan) im Einkaufsbeleg ausgeschlossen. Ebenfalls ohne Bedeutung für die Belegart ZNB ist die Ausgabe einer Warnmeldung bei der vorliegenden Belegarten-Positionstypen-Kombination (Kennzeichen **Dialog**).

Bestellanforderung = Vorlagebeleg;						Einkaufsbeleg = akt. Beleg			
	BArt	Bezeichnung	PosTyp	Bez. PosTyp	Positionstyp	Bez. PosTyp	Unk	A/E	Dialog
☐	NB	Bestellanforderung		Standard		Standard	☐	☐	☐
☐	NB	Bestellanforderung		Standard	K	Konsignation	☑	☐	☑
☐	NB	Bestellanforderung		Standard	L	Lohnbearbeitung	☐	☐	☑
☐	NB	Bestellanforderung		Standard	S	Strecke	☐	☐	☐

Abbildung 4.6: Verknüpfung der Banf NB mit dem Einkaufsbeleg ZNB (Ausschnitt)

Anfrage/Angebot und Ausschreibung/Lieferantenangebot

Belegarten für die aus SAP ERP bekannten Anfragen und Angebote konfigurieren Sie über den IMG-Pfad **Materialwirtschaft • Einkauf • Anfrage und Angebot (SAP ERP) • Belegarten für Ausschreibungen und Angebote definieren**. In der SAP-Standardauslieferung sind folgende Belegarten vorkonfiguriert und einsatzbereit:

- AB - Angebotsanfrage
- AN - Anfrage
- CPL - Lagerbestandsanfrage
- RAN - Lagerbestandsanfrage

Für die Standardbelegart AN (Anfrage) sehen Sie in Abbildung 4.7 den zugewiesenen internen Nummernkreis 60 und den für eine externe Nummernvergabe vorgesehenen Nummernkreis 61. Anfragepositionen unterliegen einem Positionsintervall in 10er-Schritten. Die Fortschreibung der Statistiken im Logistikinformationssystem (LIS) erfolgt mit der Fortschreibungsgruppe SAP, die Feldauswahlsteuerung anhand des Feldauswahlschlüssels ANA, und Sie können im Beleg zeitabhängige Konditionen pflegen. Alle anderen Felder weisen keine Ausprägungen auf.

Art	Belegartbezeichnung	PosInt.	NumkrInt.	NumKr.ext	FortGruppe	Feldausw.	UPosI	zeitabh. K	Variante	Abgebot	Dokumentart
☐ AN	Anfrage	10	60	61	SAP	ANA		☑		☐	

Abbildung 4.7: Belegart AN (Anfrage)

Simplification Item - Logistikinformationssystem (LIS)

Das Logistikinformationssystem (LIS) entspricht nicht mehr der von SAP angestrebten Zieltechnologie. Reportingfunktionen basieren in SAP S/4HANA auf CDS-Views und der SAP-Smart-Business-Technologie. Sie erhalten dadurch Auswertungen in Echtzeit. Ein nennenswertes Beispiel hierfür ist die Lieferantenbeurteilung (siehe SAP-Hinweis 2267414).

Es gibt einige erklärungsbedürftige Felder, die im Zusammenhang mit der Belegart AN auftreten:

- **Zeitabhängige Konditionen (zeitabh. K)**
  Über das Kennzeichen **zeitabh. K** steuern Sie, ob Sie zeitabhängige oder zeitunabhängige Konditionen im Beleg festlegen können. Ist das Kennzeichen gesetzt, sind zeitabhängige Konditionen vorgesehen. Eine solche Kondition hat einen bestimmten Gültigkeitszeitraum. Betrachten Sie die verschiedenen Einkaufsbelege, stellen Sie fest: Nur für Angebote und Lieferpläne steuert die Belegart die Zeitabhängigkeit der Konditionen. Bei Kontrakten sind die Konditionen grundsätzlich zeitabhängig, bei Bestellungen immer zeitunabhängig.
- **Abgebot**
  Bei einem Abgebot handelt es sich um eine spezielle nachträgliche Offerte im Dienstleistungsbereich mit dem Zweck, kostenlose Zusatzleistungen und Preisreduktionen für bestehende Kontrakte vom ausführenden Lieferanten zu erhalten. Im Standard ist hier die Belegart AB (Angebotsanfrage) vorgesehen. Entsprechend ist das Auswahlkästchen für diese Belegart selektiert.

Belegarten für den neuen Anfrageprozess in SAP S/4HANA konfigurieren Sie über die IMG-Pfade **Materialwirtschaft • Einkauf • Bezugsquellenfindung • Ausschreibung und Lieferantenangebot • Belegarten für Ausschreibungen definieren** und **Belegarten für Lieferantenangebote definieren**. Die SAP-Standardauslieferung sieht folgende Belegarten für Ausschreibungen vor:

- RE - Externe Bezugsquellenfindung Anfrage
- RQ - Interne Bezugsquellenfindung Anfrage
- RSI - Externe Preisabfrage

Abbildung 4.8 verdeutlicht, dass bei den neu eingeführten Belegarten signifikant weniger Einstellungen für die Belegarten möglich sind. Neben dem Schlüssel für die Belegarten können Sie deren Belegartbezeichnung und das zugewiesene Nummernkreisintervall konfigurieren.

Art	Belegartbezeichnung	Numkrlnt.	Ext. Verarbeitung	Vergabe
RE	Ext. BezQuFindAnfr.	70	SREQ Ariba-Bezugsquellenfindungsanfrage	E Extern
RQ	Int. BezQuFindAnfr.	70		I Intern
RSI	Externe Preisanfrage	70	SPOT Ariba Quote Automation	I Intern

Abbildung 4.8: Standardbelegarten für Ausschreibungen

Besondere Einstellungen bei diesen Belegarten sind:

- **Externe Verarbeitung (Ext. Verarbeitung)**
  Wenn ein Eintrag für die externe Verarbeitung der Ausschreibung vorliegt, legen Sie fest, ob die Ausschreibung mithilfe von SAP Ariba weiterverarbeitet werden soll. In diesem Fall legen Sie die Ausschreibung entweder automatisiert an (Eintrag **SPOT Ariba Quote Automation** für eine Quote Automation in SAP Ariba) oder Sie führen eine Bezugsquellenfindungsanfrage in SAP Ariba durch. Ein leerer Eintrag in diesem Feld deutet auf eine Ausschreibung hin, die in SAP S/4HANA verbleibt und nicht an SAP Ariba verteilt wird.
- **Vergabe**
  Sie können im Feld **Vergabe** für jede Ausschreibungsbelegart definieren, ob die Vergabe intern oder extern stattfinden soll.

Zusätzlich zu den Ausschreibungsbelegarten sieht SAP für Lieferantenangebote eigene Belegarten für den neuen Ausschreibungsprozess vor (siehe Abbildung 4.9). Die Belegarten für Lieferantenangebote lauten:

- RE - Externes Angebot
- RQ - Internes Angebot
- RSI - Preisangebot

Bei diesen Belegarten können Sie lediglich eine Belegartenbezeichnung und ein Nummernkreisintervall pflegen.

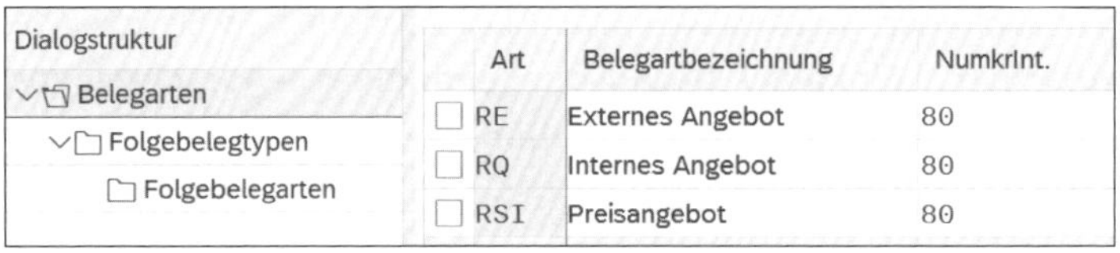

Abbildung 4.9: Standardbelegarten für Lieferantenangebote

Was die Belegarten für Lieferantenangebote von anderen Belegarten im Einkauf unterscheidet, ist, dass Sie in deren Dialogstruktur (siehe Abbildung 4.10) weder die zulässigen Positionstypen noch die Belegartenverknüpfungen definieren. Stattdessen legen Sie die **Folgebelegtypen** fest. In der SAP-Standardauslieferung sind dies die Belegtypen F (Bestellung) und K (Kontrakt).

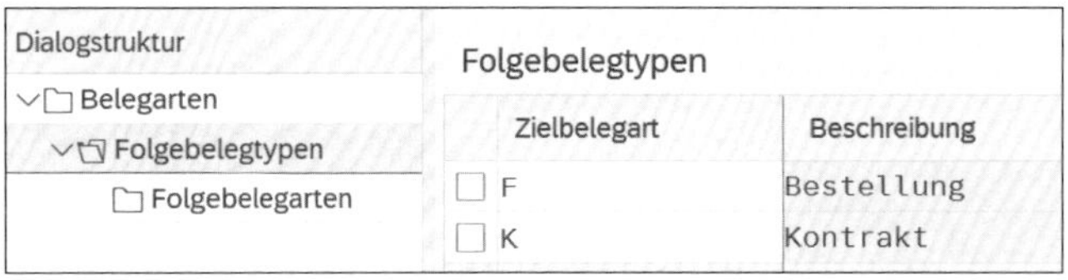

Abbildung 4.10: Folgebelegtypen und -arten der Lieferantenangebote

Auf der nächsten Strukturebene legen Sie fest, welche *Folgebelegart* für den ausgewählten Folgebelegtyp für Lieferantenangebote vorgesehen ist. An dieser Stelle können Sie bei Bedarf auch Ihre eigenen Belegarten für Bestellungen und Kontrakte hinterlegen.

Bestellung

Zur Definition individueller Bestellbelegarten im SAP-System nutzen Sie die IMG-Aktivität **Materialwirtschaft • Einkauf • Bestellung • Belegarten für Bestellungen definieren**. Hier stehen unter anderem folgende Belegarten als empfohlene Kopiervorlagen zur Verfügung:

- FO - Rahmenbestellung
- NB - Normalbestellung
- UB - Umlagerungsbestellung

Die Bestellbelegart ZNB (Normalbestellung) ist via Kopierfunktion aus der Belegart NB entstanden. Abbildung 4.11 zeigt den ersten Teil der Einstellungen zu Belegart ZNB. Die Bezeichnung der Belegart lautet »Normalbestellung«. Für die Bestellpositionen sehen Sie eine Nummerierung in 10er-Schritten vor, beginnend mit Position 10. Die Belegnummer wird bei einer internen Nummernvergabe im Nummernkreisintervall 45 angelegt. Für eine externe Vergabe ist die Intervallnummer 41 hinterlegt. Die Fortschreibungsgruppe für statistische Zwecke lautet »SAP« und die Felder werden über die Feldauswahlgruppe NBF gesteuert.

Art	Belegartbezeichnung	PosInt.	Numkrlnt.	NumKr.ext	NumkrALE	FortGruppe	Feldausw.
☐ ZNB	Normalbestellung	10	45	41		SAP	NBF

Abbildung 4.11: Belegart ZNB (Normalbestellung) – 1

Die Belegart ZNB berücksichtigt die *erweiterte Filialretoure* (siehe Abbildung 4.12). Alle anderen Konfigurationsoptionen sind nicht berücksichtigt worden. Die dazugehörigen Felder sind dementsprechend leer.

Steuerung	UPosl	Variante	Uml. Lief.	Dokumentart	ÜbTransit	Erw.FilRet	Erw RetAbw
			☐			☑	☐

Abbildung 4.12: Belegart ZNB (Normalbestellung) – 2

Spezielle Felder für die Bestellbelegarten sind:

- **Umlagerung: Lieferantendaten berücksichtigen (Uml. Lief.)**
  Sie setzen dieses Kennzeichen, wenn Sie Daten aus einem Lieferantenstamm in die Umlagerungsbestellung (oder den Umlagerungslieferplan) und aus einem Einkaufsinfosatz übernehmen möchten. Der Lieferant entspricht bei diesem Vorgang einem Lieferwerk, das als Stammsatz angelegt ist.
- **Filialretoure mit Aus- und Anlieferung (Erw.FilRet)**
  Dieses Kennzeichen gibt Ausschluss darüber, ob Sie eine Filialretoure mit dem erweiterten Verfahren inklusive Aus- und Anlieferung abwickeln. Das erweiterte Verfahren sieht eine automatisierte Anlage der Anlieferung für das empfangene Werk der Retourenumlagerungsbestellung vor. Die Anlieferung entsteht bei der Warenausgangsbuchung der Auslieferung. Anderenfalls ist ein nicht automatisiertes Verfahren zu verwenden.
- **Erweitere Retourenabwicklung (Erw RetAbw)**
  Über dieses Auswahlkästchen aktivieren Sie für die betrachtete Belegart die erweiterte Retourenabwicklung. Im Falle von Retourenbestellungen oder Retourenumlagerungsbestellungen können Sie nun von einer durchgängigen Abwicklung von Lieferantenretouren Gebrauch machen. Das Kennzeichen finden Sie ebenfalls bei Verkaufsbelegarten im Vertrieb.

Anders als bei der Bestellanforderung drehen Sie die dort getroffenen Erläuterungen hier aus Einkaufsbelegsicht (am Beispiel der Bestellbelegart ZNB) um. In Abbildung 4.13 sehen Sie, welche Bestellpositionen mit Bezug zu einer Bestellanforderung angelegt werden können. Sie nehmen die Einstellungen in Abhängigkeit vom jeweiligen Positionstyp vor. Der Bildausschnitt resultiert aus dem Einstellungsbereich des Positionstyps L (Lohnbearbeitung) und zeigt in der ersten Zeile die Verknüpfung der Banf-Belegart NB mit dem Positionstyp **Standard** als Vorlagebeleg für die gleichnamige Bestellbelegart ZNB. Hier ist für den Einkaufsbeleg nicht derselbe Positionstyp vorgesehen. Die Verknüpfung sieht stattdessen den Positionstyp L (Lohnbearbeitung) vor. Die Anwenderinnen und Anwender werden beim Anlegen des Einkaufsbelegs durch eine Warnmeldung auf die in beiden Belegen unterschiedlichen Positionstypen aufmerksam gemacht. Dafür sorgt das Kennzeichen **Dialog**.

Bestellanforderung = Vorlagebeleg;					Einkaufsbeleg = akt. Beleg				
	BArt	Bezeichnung	PosTyp	Bez. PosTyp	Positionstyp	Bez. PosTyp	Unk	A/E	Dialog
☐	NB	Bestellanforderung		Standard	L	Lohnbearbeitung	☐	☐	☑
☐	NB	Bestellanforderung	L	Lohnbearbeitung	L	Lohnbearbeitung	☐	☐	☐

Abbildung 4.13: Verknüpfung der Bestellung ZNB mit der Banf NB (Lohnbearbeitung) (Ausschnitt)

Kontrakt

Eine neue Kontraktbelegart fügen Sie über den IMG-Pfad **Materialwirtschaft • Einkauf • Kontrakt • Belegarten für Kontrakte definieren** hinzu. Standardmäßig besteht die Auslieferung aus folgenden Kontraktarten:

- CMK - Mengenkontrakt - PSE
- CWK - Wertkontrakt - PSE
- MK - Mengenkontrakt
- WK - Wertkontrakt

Details zu den Ausprägungen der Kontraktbelegart MK (Mengenkontrakt) entnehmen Sie Abbildung 4.14 und Abbildung 4.15. Für diese Belegart ist ein 10er-Schritte-Positionsintervall hinterlegt. Die interne Nummernvergabe ist mit Intervall 41 belegt. Die externe Belegnummernvergabe sieht Nummernkreisintervall 44 vor. Für die Fortschreibungs- und die Feldauswahlgruppe sind die Standardwerte SAP sowie MKK vorgesehen. Die Belegart MK lässt zeitabhängige Konditionen im Beleg zu. Alle weiteren Felder sind nicht befüllt, dennoch möchten wir eine kurze Erklärung ergänzen:

- **Shared-Sperre**
  Mit dem Kennzeichen **Shared-Sperre** ermöglichen Sie es mehreren Anwenderinnen und Anwendern, gleichzeitig einen Kontraktabruf durchzuführen. Aber beachten Sie dabei unbedingt Folgendes: Übersteigt der abgerufene Wert oder die festgelegte Bestellmenge bei einem zeitgleich platzierten Abruf die Vorgaben des Kontrakts, können die Bestellungen ohne Meldungen gespeichert werden. Das System schreitet in diesem Fall nicht ein (im Gegensatz zur exklusiven Sperre). Ist das Kennzeichen **Shared-Sperre** nicht gesetzt, führt das System eine exklusive Sperre des Kontrakts durch. Dies garantiert Ihnen die konsequente Einhaltung der vorgegebenen Grenzwerte im Mengen- oder Wertkontrakt. Ein gleichzeitiger Kontraktabruf ist nicht möglich.
- **Kontrakt ALE-verteilt (ALE-Vert)**
  Arbeiten Sie mit verteilten Kontrakten, sollten Sie das Kennzeichen **ALE-Vert** setzen. Dadurch werden Änderungen beim Versenden der Kontrakte über Application Link Enabling (ALE) mit Zeigern identifiziert und können somit über das ALE-Monitoring ausgewertet werden.

- **Obligoplan aktiv (OP aktiv)**

  Soll ein Obligoplan für die Kontraktbelegart aktiviert werden, setzen Sie das Kennzeichen **OP aktiv**.

- **Typ des Obligoplans (OP Typ)**

  Zu welchem Typ der aktivierte Obligoplan gehört, definieren Sie im Feld **OP Typ**.

Art	Belegartbezeichnung	PosInt.	NumkrInt.	NumKr.ext	NumkrALE	FortGruppe	Feldausw.
☐ MK	Mengenkontrakt	10	46	44		SAP	MKK

Abbildung 4.14: Belegart MK (Mengenkontrakt) – 1

UPosl	zeitabh. K	Shared-Sperre	Variante	ALE-Vert	Dokumentart	OP aktiv	OP Typ	Leeres Segm. zulass.
	☑	☐		☐		☐		☐

Abbildung 4.15: Belegart MK (Mengenkontrakt) – 2

Lieferplan

Für die charakteristischen Belegarten der (Einkaufs-)Lieferpläne setzen Sie die IMG-Aktivität **Materialwirtschaft • Einkauf • Einkaufslieferplan • Belegarten für Einkaufslieferpläne definieren** ein. Bereits in der Standardauslieferung vordefinierte Belegarten sind unter anderem:

- LP – Lieferplan
- LPA – Lieferplan (mit Abrufdokumentation)
- LU – Umlagerungslieferplan

Für die Belegart LPA (Lieferplan mit Abrufdokumentation) ist ein Positionsintervall in 10er-Schritten vorgesehen (siehe Abbildung 4.16). Der interne Nummernkreis lautet 55. Nummernkreis 56 bedient die externe Nummernvergabe. Die statistische Fortschreibungsgruppe ist mit »SAP« voreingestellt. Die Feldauswahlsteuerung beinhaltet den Standardwert »LPL« für Lieferpläne.

Art	Belegartbezeichnung	PosInt.	NumkrInt.	NumKr.ext	FortGruppe	Feldausw.
☐ LPA	LiefPlan mit Abrufb.	10	55	56	SAP	LPL

Abbildung 4.16: Belegart LPA (Lieferplan) – 1

Abbildung 4.17 führt die Einstellungen der Lieferplanbelegart LPA fort. Sowohl zeitabhängige Konditionen als auch die Abrufdokumentation sind aktiv. Alle weiteren Felder sind nicht selektiert.

Art	Feldausw.	Steuerung	UPosl	zeitabh. K	Abrufdoku.	Variante	Uml. Lief.	Dokumentart	ÜbTransit
☐ LPA	LPL			☑	☑		☐		

Abbildung 4.17: Belegart LPA (Lieferplan) – 2

Speziell für Lieferpläne können Sie über das Kennzeichen **Abruf-Doku** steuern, ob Sie die getätigten Lieferabrufe in einer eigenen Datei speichern. Die Abrufe finden Sie in Tabelle EKAB wieder und können Sie von dort jederzeit aufrufen.

Vorschlagswerte

Bei Bedarf können Sie *Vorschlagswerte* für Belegarten im Customizing für bestimmte Transaktionen oder über Benutzerparameter hinterlegen. So erleichtern Sie Ihren Anwenderinnen und Anwendern die tägliche Arbeit im SAP-System.

Eine transaktionale Abhängigkeit zur vorgeschlagenen Belegart pflegen Sie in der IMG-Aktivität **Materialwirtschaft • Einkauf • Vorschlagswerte für Belegart festlegen**. Die Vorschlagswerte führt das System in Tabelle T160. Beispielsweise wird die Belegart NB (Normalbestellung) vorgeschlagen, wenn Sie die Transaktion ME21N (Bestellung anlegen) aufrufen (siehe Abbildung 4.18). Zudem arbeiten Sie typischerweise die Belegart für die dazugehörigen Berechtigungsobjekte ein, um fehlerhafte Belege zusätzlich auszuschließen.

TCode	Transaktionstext	Art	Belegartbezeichnung
ME21N	Bestellung anlegen	NB	Normalbestellung

Abbildung 4.18: Vorschlagswert Belegart NB für Transaktion ME21N

Sie können Vorschlagswerte nicht nur auf transaktionaler Basis vorbelegen. Benutzerparameter bilden ein weiteres funktionales Werkzeug zur Gestaltung von Vorschlagswerten für die Belegart. Beispiele für Benutzerparameter sind unter anderem:

- BBA - Bestellanforderung
- BSA - Bestellung
- VSA - Rahmenvertrag

Bitte beachten Sie, dass gesetzte Benutzerparameter keine steuernde Wirkung haben, wenn im Customizing ein Vorschlagswert für die Transaktion hinterlegt ist.

4.2.5 Positionstyp

Der *Positionstyp* bestimmt, wie eine Bestellposition im Einkaufsbeleg beschafft wird, und steuert bestimmte Eigenschaften für die angelegten Belegpositionen. Zu den Eigenschaften gehören:

- Materialnummernpflicht
- Kontierungspflicht
- Wareneingang
- Bestandsführung
- Rechnungseingang

Positionstypen passen Sie über den IMG-Pfad **Materialwirtschaft • Einkauf • Externe Darstellung der Positionstypen festlegen** an. Eigene Positionstypen sind nicht zulässig, da es sich bei der Tabelle der Positionstypen (Tabelle T163) um eine SAP-Systemtabelle handelt. Auch Änderungen an bestehenden Positionstypen sind lediglich in einem sehr begrenzten Rahmen möglich. Wie die Bezeichnung der IMG-Aktivität bereits vermuten lässt, können Sie die externe Darstellung der Positionstypen noch anpassen.

Wir unterscheiden zwischen einer internen und externen Darstellung des Positionstyps (siehe Abbildung 4.19). Das interne Kürzel ist nicht änderbar und findet hauptsächlich auf Programmebene Verwendung. Die externe Darstellung kann insofern angepasst werden, als Sie die einstellige externe Darstellung sowie deren Bezeichnung verändern können. Anwendertransaktionen verwenden die externe Darstellung in den Einkaufsbelegen.

PosTyp (intern)	PosTyp (extern)	Text Positionstyp
0		Standard
1	B	Limit
2	K	Konsignation
3	L	Lohnbearbeitung
4	M	Material unbekannt
5	S	Strecke
6	T	Text
7	U	Umlagerung
8	W	Warengruppe
9	D	Leistung
A	E	Erweiterte Limits
C	C	Kundenbeistellbest.
P	P	Mehrwegtransp.-Verp.
R	R	Verm. - Textposition
V	V	Lieferanteneig. Pos.

Abbildung 4.19: Interne und externe Darstellung der Positionstypen

Positionstypen zu Belegarten

[«]

Über die Belegart definieren Sie alle zulässigen Positionstypen für Ihre Belege. Überlegen Sie bei individuellen Belegarten, für welche Geschäftsprozesse Sie diese Belegarten und, daraus resultierend, welche Positionstypen Sie systemseitig benötigen.

Neben dem am häufigsten verwendeten Positionstyp 0 (Standard) mit seinen relativ freizügig definierten Eigenschaften (siehe Abbildung 4.20) nutzen Sie spezielle Positionstypen für die Abbildung spezifischer Prozesse. Mithilfe der folgenden ausgewählten Positionstypen decken Sie weitere besondere Anwendungen ab:

- **B (Limit)**
  Über den Positionstyp B beschaffen Sie verschiedene Verbrauchsmaterialien oder Dienstleistungen bis zu einem festgelegten *Wertlimit* in der Position. Statt eines genauen Liefertermins legen Sie eine Laufzeit fest.

- **E (Erweitertes Limit)**
  Der Positionstyp E ist eine in SAP S/4HANA eingeführte simplifizierte Form einer Limitposition. Bestimmte Positionsfelder sind ausgegraut, und nicht alle Registerkarten sind verfügbar. Dieser Positionstyp kommt insbesondere bei der Beschaffung externer Dienstleistungen zum Einsatz (siehe dazu auch Kapitel 5).
- **K (Konsignation)**
  Bei einer *Konsignation* stellt Ihnen der Lieferant die angeforderten Materialien zur Verfügung, bleibt aber Eigentümer der Waren, bis Sie Materialien aus dem Konsignationslager (*Konsignationsbestand*) entnehmen. Über den Positionstyp K sehen Sie das Material der Belegposition für eine Konsignation vor.
- **L (Lohnbearbeitung)**
  Der Positionstyp L steht für die Abwicklung einer *Lohnbearbeitung*. Das heißt, Sie übermitteln Ihrem Lieferanten (Lohnbearbeiter) den Bedarf eines Produkts, das er durch beigestellte Materialien erzeugt beziehungsweise veredelt (*Lieferantenbeistellbestand*). Welche Materialien Sie zur Verfügung stellen, ist in der Materialstückliste des Endprodukts hinterlegt. Stücklisten ordnen Sie fachlich der SAP-Komponente Produktionsplanung (PP) zu.
- **S (Strecke)**
  Bei einem *Streckengeschäft* bestellen Sie bei einem Lieferanten für eine dritte Partei. Sie selbst erhalten keine Materialien. Die Lieferung erfolgt direkt vom Lieferanten zum dritten Vertragspartner. Sie nutzen hierfür den Positionstyp S.
- **U (Umlagerung)**
  Eine *Umlagerung* zwischen zwei Werken oder zwischen zwei Lagerorten führen Sie mithilfe des Positionstyps U durch. Alternativ nutzen Sie direkt die dafür vorgesehenen Bewegungsarten in der Bestandsführung, wenn Sie keinen Einkaufsbeleg anlegen möchten.
- **D (Dienstleistung)**
  Über den Positionstyp D beschaffen Sie ausschließlich *Dienstleistungen* mit oder ohne Leistungsstammdaten und Leistungsverzeichnissen. Die Abnahme der Leistung erfolgt über ein Leistungserfassungsblatt anstelle des gewohnten Wareneingangs (siehe dazu auch Kapitel 5, »Dienstleistungen«).

Die Detailansicht des Positionstyps 0 (Standard) in Abbildung 4.20 gibt Ihnen einen Überblick über alle Einstellungen eines Positionstyps. Änderungen an den Eigenschaften sind nicht gestattet. Für Positionstyp 0 (Standard) gilt: Eine Materialnummer ist in der Belegposition nicht zwingend notwendig. Auch sind Kontierungen und Bestandsführung für Normalpositionen zugelassen, aber nicht verpflichtend. Ein Wareneingang ist mit der Position verbunden, jedoch können Sie das Wareneingangskennzeichen (**WE-Kennz.**) bei Bedarf positionsweise ändern. Der Wareneingang erfolgt entweder bewertet oder unbewertet. Ein in der Regel anschließender Rechnungseingang wird bei Positionstyp 0 (Standard) unterstützt.

Abbildung 4.20: Detailansicht des Positionstyps 0 (Standard)

Die Ausprägungen der Eigenschaften zu den verbleibenden Positionstypen rufen Sie direkt über die oben angegebene IMG-Aktivität auf.

4.2.6 Kontierungstyp

Kontierungen legen bei Bestellpositionen fest, auf welches Kontierungsobjekt die entstehenden Kosten zu verteilen sind. Kontierte Positionen können Sie mit und ohne Materialnummer anlegen. Statt zu einer Buchung auf ein Bestandskonto führen kontierte Bestellungen beim Wareneingang zu Verbrauchsbuchungen. Mit anderen Worten: Kontierte Bestellungen lösen nie eine Bestandserhöhung aus. Im SAP-System hinterlegen Sie bereits bei der Bestellung die gewünschte Kontierung entweder als Einfach- oder Mehrfachkontierung.

Der *Kontierungstyp* steuert, welche Konten bei einer Wareneingangs- oder Rechnungsbuchung belastet werden und welche Kontierungsdaten erforderlich sind (Feldauswahlsteuerung). Sie finden die Einstellungen zum Kontierungstyp unter dem IMG-Pfad **Materialwirtschaft • Einkauf • Kontierung** (siehe Abbildung 4.21).

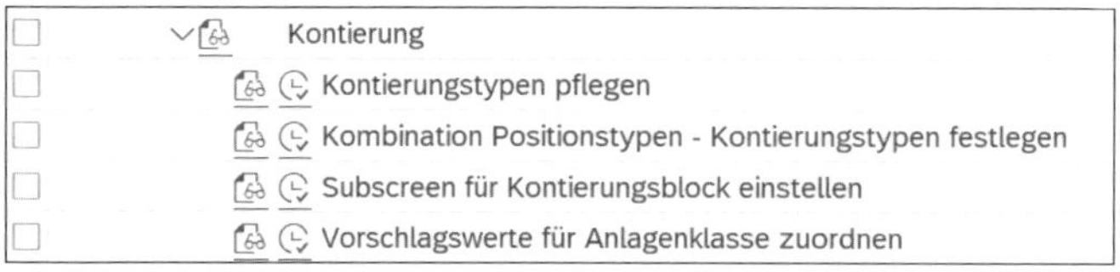

Abbildung 4.21: IMG-Aktivitäten im Bereich »Kontierung«

Kontierungstypen pflegen

Die Eigenschaften bestehender Kontierungstypen passen Sie über die IMG-Aktivität **Kontierungstypen pflegen** an. Bei Bedarf können Sie eigene Kontierungstypen definieren und ausprägen. Ein Kontierungstyp setzt sich aus einem einstelligen alphanumerischen Schlüssel, einer maximal 20-stelligen Beschreibung und den ausgeprägten Eigenschaften zusammen. Alle Informationen finden Sie in Tabelle T163K wieder. Der SAP-Standard liefert folgende Kontierungstypen aus:

- A (Anlage)
- B (Lagerfert./KundAuftr.)
- C (Kundenauftrag)
- D (KD-Einzel/Projekt)
- E (KD-Einzel mit KD-CO)
- F (Auftrag)
- G (Lagerfert./Projekt)
- H (Nichtlagerverkauf)
- I (Retourenprozess)
- J (TM: Kostenverteilung)
- K (Kostenstelle)
- M (KD-Einzel ohne KD-CO)
- N (Netzplan)
- P (Projekt)
- Q (Proj. Einzelfertig.)
- R (Serviceauftrag)
- S (Streckenprojekt)
- T (Alle neuen NebKont.)
- U (Unbekannt)
- W (Strecke mit LA)
- X (Alle Nebenkont.)
- Y (Streckenbest. o. LA)
- Z (Leihgut)

Die steuernden Eigenschaften legen Sie in der Detailansicht des jeweiligen Kontierungstyps fest. Im Bildbereich **Detailinformation** (siehe Abbildung 4.22) bestimmen Sie das kontierungstypspezifische Verhalten.

Positionen mit dem Kontierungstyp A (Anlage) können Sie nach einem Waren- oder Rechnungseingang ändern. Die Voraussetzung zum Anpassen der Kontierung bei der Rechnungsprüfung ist, dass Sie für die Position einen unbewerteten oder keinen Wareneingang gebucht haben. Der Kontierungstyp A sieht keine Ableitung eines Sachkontos vor. Das Buchen von Bezugsnebenkosten auf ein separates Konto ist nicht gewünscht. Nicht überraschend ist die Einstellung im Feld **Verbrauchsbuchung**. Die Buchung wird auf die Anlage durchgeführt (Wert A). Über die Kontomodifikation ermittelt das System die automatische Kontenfindung (siehe Abschnitt 7.2, »Kontenfindung in der Bestandsführung«).

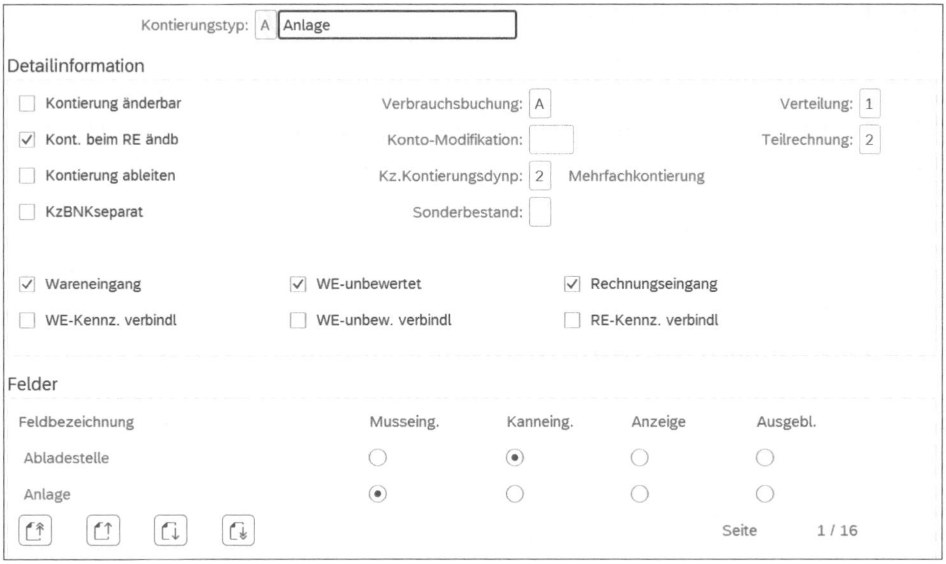

Abbildung 4.22: Details zum Kontierungstyp A (Anlage)

Weiterhin legen Sie fest, welches Kontierungsbild einer Bestellposition standardmäßig genutzt wird. Dank des im Feld **Kz.Kontierungsdynp** angegebenen Werts »2« wird das Dialogfenster der Mehrfachkontierung mit einer vorbelegten mengenmäßigen Verteilung eingeblendet. Bei einem mehrfachkontierten Teilrechnungseingang werden die Rechnungseingangsmengen proportional auf die gebuchten Mengen beim Wareneingang verteilt. Dies wird über das Feld **Teilrechnung** gesteuert. Sonderbestandsbuchungen sind nicht vorgesehen. Sowohl ein Wareneingang, der unbewertet erfolgen soll, als auch ein Rechnungseingang sind gewünscht, aber nicht verbindlich.

Im unteren Bereich von Abbildung 4.22 sehen Sie die Feldeigenschaften für die Registerkarte **Kontierung**. Die Ausprägungen sind die bereits bekannten Feldeigenschaften **Musseingabe**, **Kanneingabe**, **Anzeige** und **Ausgeblendet**. Die Feldauswahlsteuerung bei Kontierungstypen besitzt keine Abhängigkeiten. Sie stellen an dieser Stelle nur die späteren Feldeigenschaften ein, beispielsweise geben Sie bei Kontierungstyp A für das Feld **Anlage** eine Musseingabe vor. Die Abbildung zeigt nur einen Bruchteil der vorhandenen Felder (die Liste aller Optionen erstreckt sich über zahlreiche Seiten).

Positionstyp und Kontierungstyp

Achten Sie bei Anpassungen der Eigenschaften eines Kontierungstyps darauf, dass diese sich mit den Einstellungen des Positionstyps vertragen (siehe dazu auch den Unterabschnitt »Kombinationen zwischen Positionstyp und Kontierungstyp«). Es ist widersinnig, wenn Sie im Kontierungstyp einen verbindlichen unbewerteten Wareneingang einstellen, der Positionstyp jedoch eine bewertete Buchung des Wareneingangs vorsieht. Diese Aussage trifft auch aus Sicht des Positionstyps zu.

Kombinationen zwischen Positionstyp und Kontierungstyp

Haben Sie einen eigenen Positionstyp oder einen Kontierungstyp definiert, müssen Sie die dazwischen zulässigen Kombinationen bestimmen. Dafür rufen Sie die IMG-Aktivität **Kombination Positionstypen - Kontierungstypen festlegen** auf. Achten Sie darauf, dass sich die Eigenschaften des Positions- und des Kontierungstyps nicht widersprechen (siehe dazu auch den Kasten »Positionstyp und Kontierungstyp«). In Tabelle T163A können Sie die Kombinationen einsehen.

Für den Positionstyp Standard (»blank«) sind unter anderem die Kontierungstypen A (Anlage), C (Kundenauftrag) und D (KD-Einzel/Projekt) zulässig. Abbildung 4.23 zeigt nur einen ausgewählten Ausschnitt aller erlaubten Kontierungstypen für den betrachteten Positionstyp.

	PosTyp	KontTyp	Text	Bez. Kontierungstyp
☐		A	Standard	Anlage
☐		C	Standard	Kundenauftrag
☐		D	Standard	KD-Einzel/Projekt

Abbildung 4.23: Zulässige Kontierungstypen für den Positionstyp Standard (Ausschnitt)

Subscreens des Kontierungsblocks

Anpassungen an vorhandenen Subscreens für Kontierungsblöcke nehmen Sie über die IMG-Aktivität **Subscreen für Kontierungsblock einstellen** (Transaktion OXK1) vor. Die Änderungsmöglichkeiten sind jedoch sehr stark beschränkt. Sie können ausgelieferte Subscreens deaktivieren oder die Ermittlungspriorität anpassen. Das Definieren eigener Subscreens ist ebenfalls möglich. Die von Ihnen vorgenommenen Änderungen sind mandantenweit gültig und betreffen alle Transaktionen, die den Kontierungsblock nutzen.

Voraussetzung für die Pflege der Subscreens

Voraussetzung für die Pflege der Subscreens ist die Berechtigung zur Pflege von mandantenunabhängigen Tabellen. Das Berechtigungsobjekt lautet `S_TABU_CLI`. Ob Ihr Benutzer über die benötigte Berechtigung verfügt, erfahren Sie, sobald Sie die Transaktion OXK1 aufrufen.

Abbildung 4.24 zeigt alle im Standard ausgelieferten SAP-Subscreens, die nicht gelöscht werden können. In der Spalte **Aktiv** erhalten Sie die Information, dass der Subscreen bei der Ermittlung des Kontierungsblocks berücksichtigt wird. Ob der als aktiv gekennzeichnete Subscreen ermittelt wird, hängt unter anderem von der zugewiesenen Priorität ab. Die höchste Priorität hat den Wert 1, die niedrigste Priorität ist 9.

Das SAP-System ermittelt den Subscreen nach folgender Logik: Zuerst werden diejenigen Subscreens gesucht, die alle relevanten Kontierungsfelder enthalten. Werden mehrere gefunden, entscheidet die Priorität über die Auswahl. Bleibt die Suche ohne Erfolg, wird sie mit veränderten Kriterien fortgesetzt.

Nr.	Bezeichnung	Priorität	Aktiv	Zeilen
1001	GeschBer Kostenst	3	X	5
1002	GeschBer Kostenst Auftrag Kostenträger	7	X	5
1003	GeschBer Auftrag	4	X	5
1004	GeschBer Kostenst ProfitCt Auftrag FunktBer	7	X	5
1005	GeschBer ProfitCtr ErgObj	3	X	5
1006	GeschBer Kostenst Auftrag ProfitCtr ErgObj PSP-Elm Netzpl	8	X	5
1007	GeschBer Kostenst Auftrag KdAuftrag Anlage PSP-Elm Netzpl	8	X	5
1010	GeschBer Anlage Kostenst Auftrag Material Werk	8	X	5
1011	GeschBer Sachkonto ProfitCtr	3	X	5
1012	GeschBer Material Werk BewrtArt MatPSP MatKdAuf	6	X	5
1013	Finanzst Mittelres Finanzps Fonds Kostl	6	X	5
1014	Kostenst Auftrag PSP-Elm ErgObjekt Sachkto GsBer Prctr	8	X	5
1015	Kostenst Auftrag PSP-Elm ErgObjekt Anlage BuKrs ImmoObj	8	X	5
1016	Standardscreen mit belegsplitrelevanten Feldern (NewGL)	1	X	5
1101	Großer Subscreen mit allen Standardkontierungen	9	X	20

Abbildung 4.24: Subscreens der SAP-Standardauslieferung

Es wird nach Subscreens gesucht, die möglichst viele – im besten Fall alle – Kontierungsfelder als Mussfelder enthalten. Der Subscreen mit den meisten Mussfeldern wird ausgewählt. Ist die Anzahl der Mussfelder identisch, gewinnt der Screen mit den meisten benötigten Kontierungsfeldern. Stehen erneut mehrere Subscreens zur Auswahl, setzt sich der Subscreen mit der höheren Priorität durch.

Die Feldauswahlsteuerung nehmen Sie für die Kontierungsblöcke direkt bei den Eigenschaften der Kontierungstypen vor, wie bereits im Unterabschnitt »Kontierungstypen pflegen« erläutert.

Über das Navigationsmenü **Mehr • Subscreen • Rücksetzen Standard** können Sie Ihre Änderungen zurücksetzen. Bitte beachten Sie, dass Sie die Subscreens erneut generieren müssen, damit das Zurücksetzen wirksam wird.

Eine visuelle Hilfestellung bietet Ihnen die Testanzeige der Subscreens. Sie öffnet sich mit einem Doppelklick auf einen Subscreen. In Abbildung 4.25 sehen Sie die Testanzeige für den Standardsubscreen 1010.

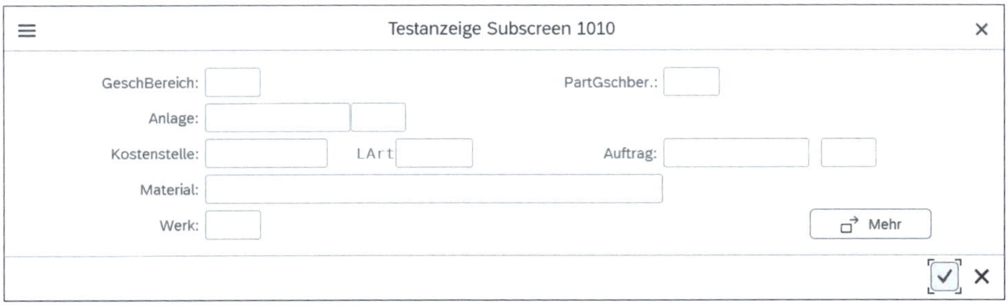

Abbildung 4.25: Testanzeige zu Subscreen 1010

Um eigene Subscreens für Kontierungsblöcke zu definieren, führen Sie folgende Schritte durch:

1. Rufen Sie die IMG-Aktivität **Subscreens für Kontierungsblock einstellen** oder Transaktion OXK1 auf.
2. Klicken Sie auf die Schaltfläche **Anlegen**.
3. Im Detailbild tragen Sie die vierstellige Subscreen-Nummer ein und geben eine unterstützende Bezeichnung für den Kontierungsblock an. Der kundeneigene Nummernbereich ist 9000 bis 9999.
4. Geben Sie eine Priorität zwischen 1 und 9 an, wobei 1 die höchste Priorität ist, und wählen Sie das Kennzeichen **Aktiv** aus.
5. Wählen Sie die gewünschten Felder des Subscreens aus, indem Sie den Feldern bis zu zehn Nummern zuordnen. Die Nummer 1 repräsentiert das Feld in der ersten Zeile oben links. Hinter der Nummer 10 verbirgt sich die Feldposition rechts in der fünften und letzten Zeile. Für bestimmte Felder können Sie den Text anzeigen. Selektieren Sie hierfür das entsprechende Kästchen.
6. Als Nächstes speichern Sie den fertig gepflegten Subscreen.
7. Um den individuellen Subscreen überhaupt systemweit verwenden zu können, müssen Sie abschließend auf die Schaltfläche Generieren (**Generieren**) klicken. Ohne das Generieren ist der Subscreen trotz vorherigen Speicherns nicht einsetzbar.
8. Über die Testanzeige kontrollieren Sie Ihren Subscreen. Führen Sie dazu einen Doppelklick auf den Subscreen aus.

Eigene Subscreens werden in der Liste unter den SAP-Subscreens aufgeführt. Sie sehen in Abbildung 4.26 einen neuen individuellen Subscreen 9000, der für kundenspezifische Felder angelegt wird.

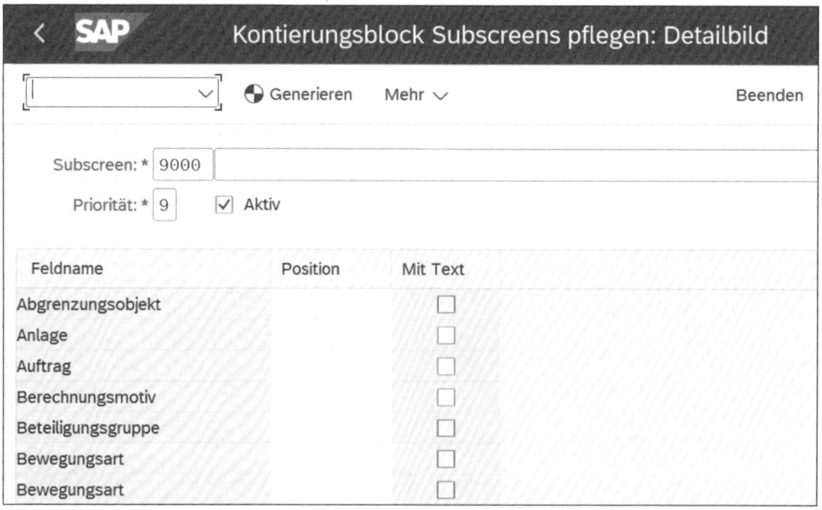

Abbildung 4.26: Kundensubscreen 9000

[!]

Eigene Subscreens

Definieren Sie eigene Subscreens nur, wenn dies wirklich notwendig ist, um den zusätzlichen Aufwand zu reduzieren. Prüfen Sie zuvor, ob Sie mit den vorhandenen Subscreens auskommen oder ob es bei Bedarf reicht, die Priorität und/oder das **Aktiv**-Kennzeichen anzupassen.

Vorschlagswerte für Anlagenklassen

Mithilfe der IMG-Aktivität **Vorschlagswerte für Anlageklasse zuordnen** stellen Sie einen Vorschlagswert für eine Anlagenklasse in Abhängigkeit zur Warengruppe ein. Die betreffende Tabelle lautet T023A. Ist eine Bestellposition auf Anlage (Kontierungstyp A) kontiert und Sie möchten zu der Bestellung eine Anlage anlegen, ermittelt das System über die angegebene Warengruppe einen überschreibbaren Vorschlagswert für die Anlagenklasse. Die Einstellung erlaubt je Warengruppe genau einen Vorschlagswert.

Als Vorschlagswert für eine neue Anlage bei Warengruppe YBFA01 und YBFA02 ist die Anlagenklasse 1000 (**Grundstuecke**) und 1100 (**Gebäude**) hinterlegt (siehe Abbildung 4.27). Bei Bestellpositionen mit Warengruppe 001210 soll keine Anlage angelegt werden, daher sehen Sie hier keinen Vorschlagswert vor.

Warengrp	Warengruppenbez	Klasse	Kurztext
YBFA01	Immobilien (Grundst)	1000	Grundstuecke
YBFA02	Gebäude	1100	Gebäude

Abbildung 4.27: Vorschlagswerte für Anlagenklassen bei Warengruppen

4.2.7 Bildaufbau bei Einkaufsbelegen

Der Bildaufbau aller Einkaufsbelege sowie der Bestellanforderung lässt sich an Ihre Bedürfnisse anpassen. Insgesamt kombiniert das Dialogprogramm beim Bildaufbau sechs verschiedene *Feldauswahlschlüssel*, die Sie berücksichtigen müssen. Faktoren, die Einfluss auf den Bildaufbau bei Einkaufsbelegen haben, sind unter anderem:

- Transaktion/Aktivitätsart
- Belegart
- Funktionsberechtigung
- Positionstyp
- Kontierungstyp
- Freigabestatus

Ein Feldauswahlschlüssel legt die Ausprägung der Felder fest. Ein Feld kann entweder als Mussfeld oder Kannfeld sowie nur zur Anzeige genutzt oder sogar ausgeblendet werden. Die Prioritätenreihenfolge mit angegebenen Kürzeln lautet: **Ausblenden** (-) übersteuert **Anzeigen** (*), das Anzeigefeld setzt sich gegen das **Mussfeld** (+) durch, und bei einem Vergleich zwischen Muss- und Kanneingabe (.) gewinnt die Musseingabe.

Für Anpassungen am Bildaufbau nutzen Sie die IMG-Aktivität **Materialwirtschaft • Einkauf • [Einkaufsbeleg]/Bestellanforderung • Bildaufbau auf Belegebene festlegen**. Die Einstellungen finden Sie in Tabelle T162 (Feldauswahl auf Belegebene) über die Tabellenanzeige wieder (siehe Abbildung 4.28). Die Tabellenansicht verwendet als Ansichtsvariante die Kürzelform.

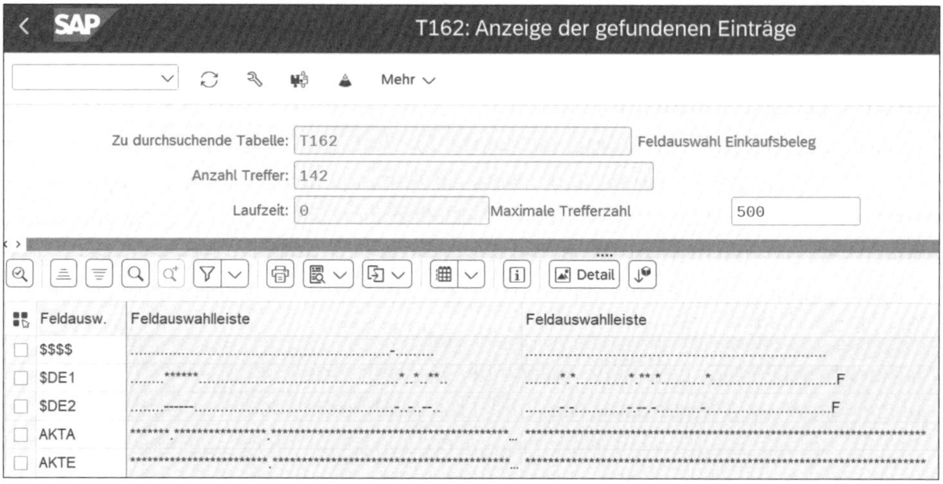

Abbildung 4.28: Tabellenansicht der Feldauswahlsteuerung

[!]

Feldauswahlschlüssel im Dialogprogramm

Löschen Sie keine Feldauswahlschlüssel, die im Dialogprogramm zur Steuerung benutzt werden! Dies führt sonst unausweichlich zu Abbrüchen in der Dialogverarbeitung.

Stellvertretend für alle Einkaufsbelege und Bestellanforderungen betrachten wir nachfolgend den Bildaufbau einer Bestellung. In Abbildung 4.29 erkennen Sie das Einstiegsbild der IMG-Aktivität. Sie ordnen die aufgeführten Feldauswahlsteuerungen nach einem der oben genannten Einflussfaktoren zu:

- **Transaktion/Aktivitätsart**

  Transaktionale Feldauswahlschlüssel erkennen Sie an ihrem Namen, der gleichlautend mit dem der Transaktion ist. Für Transaktion ME21N (Bestellung anlegen) ist Feldauswahlschlüssel ME21N vorgesehen. Bei Enjoy-Transaktionen gibt es, anders als z. B. bei den veralteten Transaktionen ME21, ME22 und ME23, nur einen Schlüssel.

  Aktivitätsbezogene Feldauswahlschlüssel werden intern vom Anwendungsprogramm aufgerufen. Für die Aktivitäten stehen Ihnen die vier Feldauswahlschlüssel AKTE (Erweitern Bestellung), AKTA (Anzeigen), AKTH (Anlegen) und AKTV (Ändern) zur Verfügung.

- **Belegart**
  Den Feldauswahlschlüssel für die Belegarten kennen Sie bereits durch die Definition der Belegart (siehe Abschnitt 4.2.4). Sie müssen für jede Belegart einen Feldauswahlschlüssel hinterlegen. Wenn Sie mehreren Belegarten denselben Schlüssel zuordnen, müssen Sie bei nachträglichen Anpassungen auf Abhängigkeiten achten. Ein Beispiel für einen belegartenspezifischen Schlüssel ist der Feldauswahlschlüssel FOF aus Abbildung 4.29. Er steuert die Belegart FO (Rahmenbestellung).

FAusw	Bezeichnung
$$$$	Ohne Preise
$DE1	Ohne Eingabe des Preises
$DE2	Ohne Anzeige des Preises
AKTA	Anzeigen
AKTE	Bestellung erweitern
AKTH	Anlegen
AKTV	Ändern
FOF	Rahmenbestellung
ME21	Bestellung anlegen
ME21N	Bestellung

Abbildung 4.29: Feldauswahlschlüssel für Bestellungen (Ausschnitt)

- **Funktionsberechtigung**
  Anwenderinnen und Anwender, denen die Berechtigung zur Preisanzeige fehlt, nutzen den Feldauswahlschlüssel $$$$ (ohne Preise), der ebenfalls in Abbildung 4.29 zu sehen ist. Er wird wirksam, wenn der Benutzerparameter EFB (Funktionsberechtigungen im Einkauf) belegt ist und ein Feldauswahlschlüssel zugeordnet wurde.

  Den Benutzerparameter EFB pflegen Sie über die IMG-Aktivität **Materialwirtschaft • Einkauf • Berechtigungsverwaltung • Funktionsberechtigungen für Einkäufer festlegen** (Transaktion OMET). Sie bestimmen gezielt, welche Konditionen die Anwenderinnen und Anwender über den Benutzerparameter einsehen können (siehe Abbildung 4.30). Ordnen Sie den definierten Parameter anschließend den betroffenen Benutzern zu, oder lassen Sie die Anwenderinnen und Anwender selbst den Parameter mit dem Wert »Z1« setzen.

- **Positionstyp**
  Feldauswahlschlüssel für Positionstypen sind nicht eigenständig und werden immer im Zusammenhang mit dem Belegtyp ermittelt. Sie erkennen solche Schlüssel an dem fixen Präfix PT. In der internen Darstellung ist der Positionstyp an dritter Stelle aufgeführt, und an vierter Stelle befindet sich der Belegtyp. Für eine Umlagerungsposition in der Bestellung lautet der Schlüssel PT7F.

- **Kontierungstyp**
  Bereits in Abschnitt 4.2.6, »Kontierungstyp«, konnten Sie die Einstellungen der Feldeigenschaften kennenlernen. Die Feldsteuerung führen Sie direkt bei der Definition des Kontierungstyps durch.

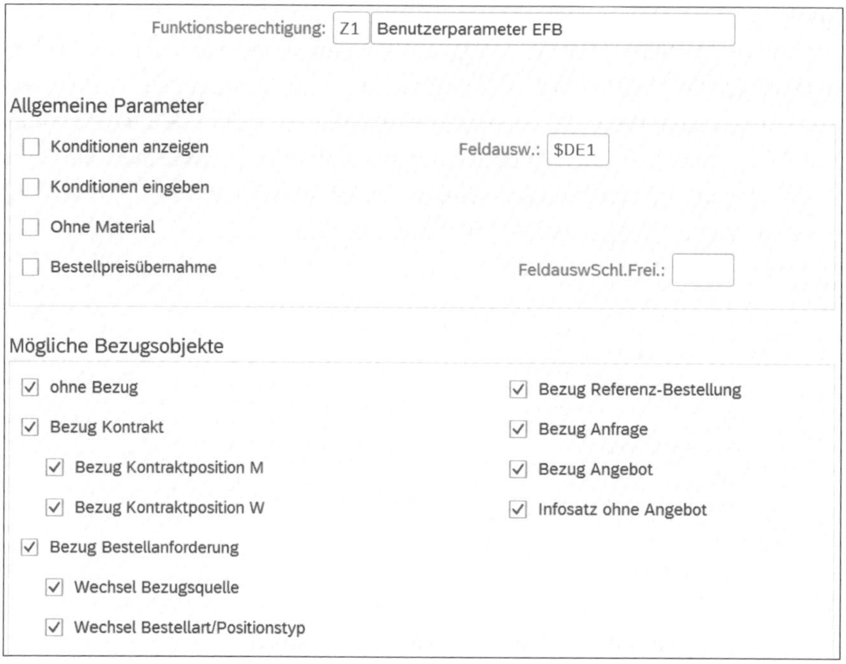

Abbildung 4.30: Beispielhafte Ausprägungen des Benutzerparameters »EFB« (Ausschnitt)

- **Freigabestatus**
  Der Schlüssel für den Freigabestatus trifft auf Bestellanforderungen zu, falls eine Freigabestrategie in Frage kommt (siehe Abschnitt 4.9, »Freigabe von Einkaufsbelegen«). Dabei wird das aktuelle Freigabekennzeichen auf einen angelegten Feldauswahlschlüssel geprüft.

Unabhängig von der Art des Einflussfaktors teilt sich ein Feldauswahlschlüssel in unterschiedliche Feldauswahlgruppen auf. Die Auswahlgruppen sind an die jeweiligen Einkaufsbelege sowie Bestellanforderung angepasst. Über die Feldauswahlgruppe gelangen Sie zu den Feldeigenschaften. Hier nehmen Sie die Feldsteuerung vor. Abbildung 4.31 zeigt die Feldauswahlgruppe **Liefer- u. Zahlungsbedingungen** zu Feldauswahlschlüssel ME21N. Wie Sie am sprechenden Namen des Schlüssels erkennen, der dem Namen der Transaktion ME21N (Bestellung anlegen) entspricht, gehören die gezeigten Ausprägungen zur Belegart Bestellung. Fast alle Felder – von **Zahlungsbed. (Tage, Prozent)** bis hin zu **Einbehalte** – sind als Kanneingaben deklariert. Da bei den beiden zuletzt aufgeführten Feldern **Versandbedingung** und **Versandart** weder das Kästchen **Musseingabe** noch **Kanneingabe** oder **Anzeige** ausgewählt ist, blendet das System diese Felder aus. Ein Muss- oder Anzeigefeld gibt es in diesem Ausschnitt nicht. Die Feldauswahlgruppe ist demnach durch eingabebereite Felder ohne Zwang zur Befüllung geprägt.

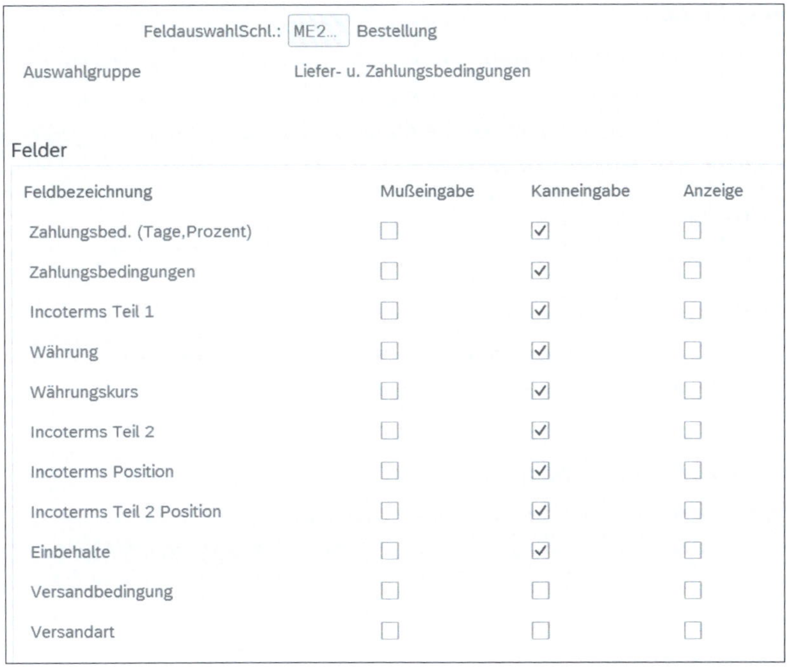

Abbildung 4.31: Feldauswahlgruppe »Liefer- u. Zahlungsbedingungen«

4.3 Umfelddaten

Umfelddaten sind pauschal keiner spezifischen Einkaufsanwendung zugeordnet. Mit ihnen können Sie unter anderem hilfreiche Systemunterstützungen speziell für Ihre Anwenderinnen und Anwender definieren, ausprägen und aktivieren. Darunter fallen Systemmeldungen und Vorschlagswerte für den Einkauf.

Individuelle Anpassungen nehmen Sie unter dem IMG-Pfad **Materialwirtschaft • Einkauf • Umfelddaten** vor. Die untergeordneten Aktivitäten in diesem Bereich sehen Sie in Abbildung 4.32.

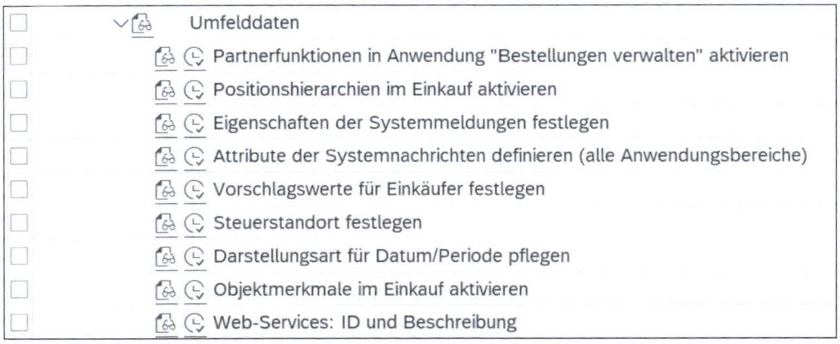

Abbildung 4.32: IMG-Aktivitäten im Bereich »Umfelddaten«

4.3.1 Systemmeldungen

Systemmeldungen unterstützen Ihre Anwenderinnen und Anwender, indem sie auf eine fehlende, unzulässige oder ungewöhnliche Befüllung von Stamm- oder Bewegungsdaten aufmerksam machen. Je nach Eigenschaft der Meldung können sie mit der Arbeit fortfahren. Man unterscheidet drei Ausprägungen:

- »blank« - Die Meldung wird unterdrückt.
- **W** - Die Meldung ist eine Warnmeldung.
- **E** - Die Meldung ist eine Fehlermeldung.

Nur bei einer Fehlermeldung muss eine Korrektur der Daten erfolgen, bevor die Tätigkeit weiter prozessiert und schließlich abgespeichert werden kann.

[»]

Eigenschaften bei Systemmeldungen anpassen

Nicht alle Ausprägungen von Systemmeldungen können durch Sie verändert werden. Manche Meldungseigenschaften finden Sie direkt im Programm hinterlegt. Dies geschieht zum Schutz Ihres Systems, um schwere Inkonsistenzen zu vermeiden.

Die Ausprägungen für Systemmeldungen im Einkauf finden Sie unter der IMG-Aktivität **Eigenschaften der Systemmeldungen anlegen** (Transaktion OMAS). Tabelle T160M führt die getroffenen Einstellungen.

Eine (System-)Meldung untergliedert sich im System in eine Version, ein Arbeitsgebiet und in eine eindeutige Meldungsnummer. Durch die Version steuern Sie, ob eine Meldung unterschiedliche Ausprägungen für unterschiedliche Personen enthält. Dafür ordnen Sie die neu definierte Version bestimmten Benutzerstämmen zu. Das Arbeitsgebiet gibt vor, welcher Nachrichtenklasse die Nachricht zugeordnet ist - hilfreich, wenn man die Nachricht über die Transaktion zur Nachrichtenpflege (SE91) selektieren möchte.

In Abbildung 4.33 sehen Sie drei Systemmeldungen, die im Einkaufsbereich verortet sind. Alle Meldungen haben die Version 00 und gehören zum Arbeitsgebiet ME (Einkauf allgemeine Meldungen). Über die Meldungsnummern 375, 386 und 391 können die Meldungen eindeutig identifiziert werden. Aus dem Meldungstext erfahren die Anwenderinnen und Anwender, warum die Meldung ausgegeben wird. In der Spalte **Typ** legen Sie die Ausprägung der Systemmeldung fest. In unserem Beispiel finden sich alle angesprochenen Ausprägungen (**W**, **E** und »blank«) wieder.

	Version	Arbgeb.	Nr.	Meldungstext	Typ
☐	00	ME	375	Mehrere Bezugsqu. eines Lieferanten für Disposition/Steuerung relevant	E
☐	00	ME	386	Bestellmenge entspricht nicht den Rundungsregeln	W
☐	00	ME	391	Keine Versandabwicklung für Lieferanten &1 definiert	

Abbildung 4.33: Systemmeldungen im Einkauf

4.3.2 Vorschlagswerte

Über die IMG-Aktivität **Vorschlagswerte für Einkäufer festlegen** (Transaktion OMFI) definieren Sie den Benutzerparameter EVO und dessen Ausprägungen. Alle Informationen sind in Tabelle T160V aufgeführt. Mithilfe des Parameters stellen Sie Vorschlagswerte für die Einkaufsabwicklung ein. Die ausgeprägten Voreinstellungen übernehmen Ihre Anwenderinnen und Anwender durch eigenständiges Zuordnen des entsprechenden Benutzerparameters. Alternativ können Sie über die genannte Aktivität in die Pflege der Benutzerstämme abspringen und den Parameter den betroffenen Benutzern dort direkt zuweisen. Die Vorschlagswerte können bei Bedarf manuell überschrieben werden.

Die in der Standardauslieferung enthaltenen Vorschlagswerte 01 und 02 eignen sich in gewohnter Manier optimal als Kopiervorlage. Doch bevor Sie Ihren eigenen Schlüssel definieren, betrachten wir zunächst ausgewählte Einstellungen im Vorschlagswerteschlüssel 01.

Die Vorschlagswerte sind in diverse Registerkarten unterteilt (siehe Abbildung 4.34). Machen Sie sich mit allen Registerkarten vertraut. Die im Einführungsprojekt in der Regel am häufigsten genutzten Registerkarten sind **Kennzeichen**, **Schnellbearbeitung**, **Preisübernahme** und **Bezugsquellenfindung** (die letzten beiden sind in unserem kleinen Ausschnitt nicht zu sehen).

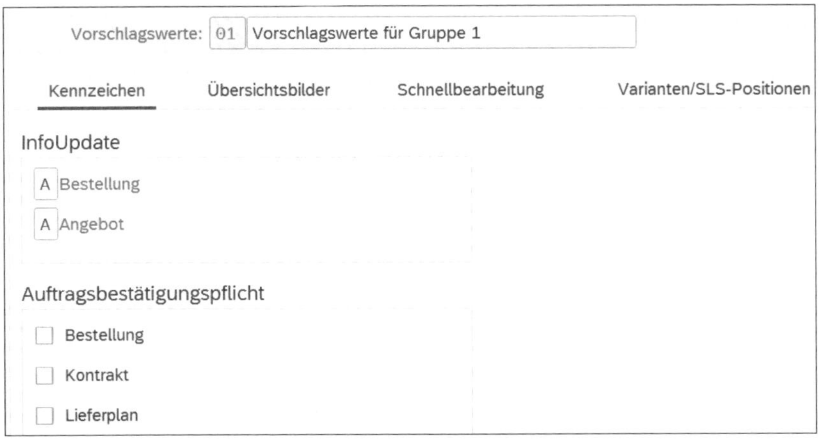

Abbildung 4.34: Registerkarte »Kennzeichen« – Vorschlagswert 01 (Vorschlagswerte für Gruppe 1)

Über die Registerkarte **Kennzeichen** sortieren Sie das Kennzeichen **InfoUpdate** auf Positionsebene in Bestellungen und/oder Angebote. Dabei wählen Sie zwischen folgenden Optionen aus:

- »blank«: Keine Fortschreibung
- **A**: Fortschreiben mit oder ohne Werk
- **B**: Fortschreiben mit Werk (falls kein Werksverbot)
- **D**: Fortschreiben ohne Werk (falls keine Werkpflicht)

Ob Sie für die aufgeführten Einkaufsbelege **Bestellung**, **Kontrakt** und **Lieferplan** eine Auftragsbestätigungspflicht vorschlagen möchten, legen Sie durch Selektion des jeweiligen Auswahlkästchens fest.

Die Vorgaben auf der Registerkarte **Schnellbearbeitung** prägen und erleichtern die Arbeit ihrer Anwenderinnen und Anwender enorm. Ob sie auf dem Übersichtsbild alle Positionen des Vorlagebelegs markieren müssen, wenn sie Einkaufsbelege mit Bezug zu Vorlagebelegen anlegen, steuern Sie im Bildbereich **Alle markieren** über die entsprechenden Auswahlkästchen. Außerdem legen Sie fest, dass die Positionen von Bestellanforderungen (Banf) beim Zuordnen und Bearbeiten der Banf automatisch in Folgebelege übernommen werden. Dabei überspringt das System bewusst das Übersichtsbild und ruft gleich die Transaktion zur Anlage des Einkaufsbelegs auf. Sie müssen lediglich den Beleg noch abspeichern. Die beschriebene Option kann bei Bedarf noch weiter geschärft werden, indem Sie das Speichern des Belegs zusätzlich gestatten.

Inwiefern Sie den Preis aus der letzten gespeicherten Bestellung übernehmen, hängt von der Auswahl auf der Registerkarte **Preisübernahme** ab. Sie entscheiden sich zwischen diesen Optionen:

- Immer kopieren (falls die Preisermittlung fehlschlägt)
- Nicht bei manueller Preiseingabe
- Nicht kopieren

Zudem legen Sie fest, ob Sie immer den manuell eingegebenen Preis als Bruttopreis verwenden möchten. Dies hat zur Folge, dass auch ein ermittelter Bruttopreis aus der Preisfindung durch die manuelle Eingabe überschrieben wird.

Die Registerkarte **Bezugsquellenfindung** kommt zum Einsatz, wenn Sie eine automatische Bezugsquellenfindung in der Bestellanforderung und der Bestellung durchführen möchten. Durch das Setzen des Häkchens belegen Sie das Kennzeichen **Automatische Bezugsquellenfindung** in den Transaktionen vor. Das System führt positionsweise eine automatisierte Bezugsquellenfindung durch. Wird ein Lieferant oder ein Rahmenvertrag gefunden, ist dies in der Position ersichtlich. Zusätzlich besteht die Möglichkeit, bei Bestellanforderungen das Lieferdatum bei der Bezugsquellenfindung zu berücksichtigen. Dadurch gelangen lediglich Bezugsquellen in die engere Auswahl, die auch das Lieferdatum erfüllen. Bei der Berechnung fließen die Bearbeitungszeit des Einkaufs, die Planlieferzeit und der Fabrikkalender als Faktoren mit ein. Liegt das mit der Anforderung gewünschte Lieferdatum in der Vergangenheit, kann das System keine Prüfung durchführen.

Der Benutzerparameter EVO ist ein außerordentlich hilfreiches Werkzeug für die Einkaufsabwicklung und daher für Ihre Anwenderinnen und Anwender ausdrücklich zu empfehlen.

4.4 Materialstamm

In diesem Abschnitt lernen Sie ausgewählte Materialstammfelder kennen, die eine Auswirkung auf Anwendungen im Einkauf haben. Alle Felder befinden sich auf der Sicht **Einkauf**, verteilt auf die Bildbereiche **Einkaufswerte** und **Sonstige Daten/Herstellerdaten**.

Über den IMG-Pfad **Materialwirtschaft • Einkauf • Materialstamm** gelangen Sie zu den materialstammspezifischen Aktivitäten (siehe Abbildung 4.35).

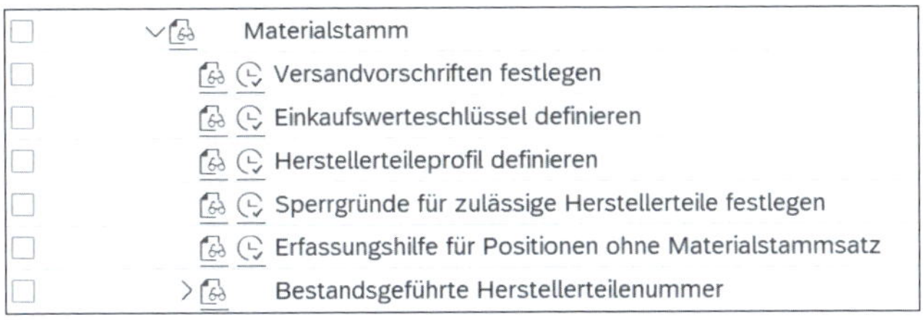

Abbildung 4.35: IMG-Aktivitäten im Bereich »Materialstamm«

4.4.1 Versandvorschriften

Versandvorschriften ermöglichen es Ihnen, Ihren Lieferanten bei der Bestellung mitzuteilen, unter welchen Rahmenbedingungen angeforderte Materialien zu verpacken und zu versenden sind. Sie können dadurch eventuellen Transportschäden vorbeugen und Retourenabwicklungen deutlich reduzieren.

Sie definieren die Versandvorschriften über die IMG-Aktivität **Versandvorschriften festlegen**. Getroffene Ausprägungen speichert das System in den Tabellen T027A und T027C ab. Die Bezeichnungen finden Sie in den Tabellen T027B und T027D wieder. Für Versandvorschriften und die dazugehörigen Einhaltungsschlüssel nutzen Sie einen zweistelligen alphanumerischen Schlüssel.

Auf der ersten Dialogebene legen Sie die Versandvorschrift mit einer Bezeichnung an. Über das Kennzeichen **Druck Versandvors.** steuern Sie, dass die Vorschrift auf dem Nachrichtenformular der Einkaufsbelege ausgegeben wird. Abbildung 4.36 zeigt die Einstellungen für die Standardversandvorschrift V1. Deren Bezeichnung lautet »Versandvorschrift 1«, und der Andruck der Versandvorschrift ist ausgewählt.

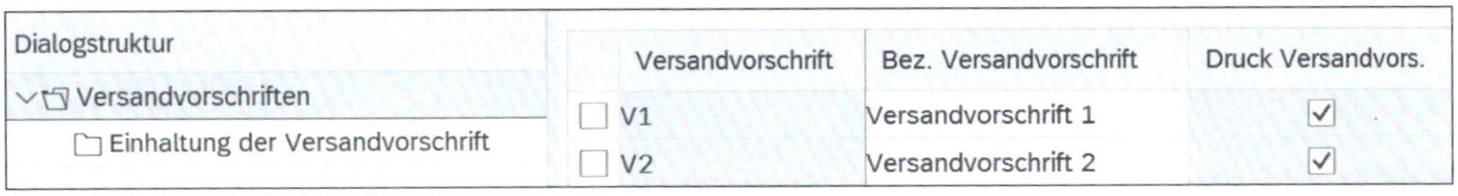

Abbildung 4.36: Versandvorschrift V1

Auf der zweiten Dialogebene prägen Sie die sogenannten *Einhaltungsschlüssel* aus (siehe Abbildung 4.37). Die Einhaltungsschlüssel geben an, inwieweit der Lieferant die geforderten Versandvorschriften eingehalten hat. Dies vermerken Sie bei der Buchung des

Wareneingangs. Neben dem Schlüsselwert und einer aussagekräftigen Bezeichnung legen Sie im Feld **Pkt** eine Punktzahl für die Einhaltung der Vorschrift fest. Die Punktzahl kann in die Lieferantenbeurteilung mit einfließen. Je höher die Zahl ist, desto besser ist die Bewertung. Aus allen Einhaltungsschlüsseln suchen Sie sich einen geeigneten Schlüssel als Vorschlagswert aus und setzen hier das Vorschlagskennzeichen (**Vorschl.**). Auch wenn Sie theoretisch beide Optionen zum Drucken des Wareneingangsscheins auswählen können, sollten Sie sich entweder für **Kurztext WE** oder für **Langtext WE** entscheiden, um ein eindeutiges Erscheinungsbild zu gewährleisten. Welchen Text Sie drucken, tragen Sie im Feld **Textschlüssel** ein.

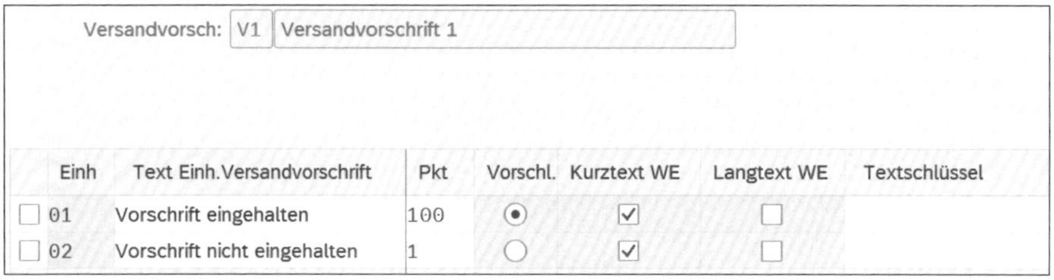

Abbildung 4.37: Vorgaben zur Einhaltung der Versandvorschrift V1

Für die Versandvorschrift V1 sind lediglich zwei Einhaltungsschlüssel definiert (01 und 02). Weitere Abstufungen helfen Ihnen, eventuelle Unterschiede zu verdeutlichen, beispielsweise dass die Verpackung beschädigt, aber insgesamt noch intakt ist. Der Schlüssel, der bei der Erfassung des Wareneingangs vorgeschlagen wird, ist 01. Hier soll der Kurztext angedruckt werden, er ist jedoch noch nicht befüllt.

4.4.2 Einkaufswertschlüssel

Ein *Einkaufswerteschlüssel* ist ein vierstelliger Schlüssel zur Steuerung der Materialbeschaffung, der in der Einkaufssicht des Materialstammsatzes zu finden ist (Feld `MARA-EKWSL`). Legen Sie einen Einkaufsbeleg für dieses Material an, übernimmt das System die Daten aus dem dortigen Schlüssel als überschreibbare Vorschlagswerte. Sie steuern über den Schlüssel folgende Werte:

- Terminüberwachung
- WE/RE-Steuerung
- Lieferantenbeurteilung

Individuelle, maximal vierstellige Einkaufswerteschlüssel definieren Sie über die IMG-Aktivität **Einkaufswerteschlüssel definieren**. Die Einstellungen führt das System in Tabelle T405.

Im Bildbereich **Terminüberwachung** geben Sie die Zeitpunkte, zu denen Sie dem Lieferanten bei einer überfälligen Bestellposition eine Erinnerung beziehungsweise Mahnung übermitteln, in der Einheit **Tage** an. Die angegebenen Intervalle müssen hierbei aufsteigend sein und orientieren sich am Liefertermin. Enthält ein Feld eine negative Tagesangabe, bedeutet das, dass Sie dem Lieferanten in den angegebenen Tagen *vor* dem geplanten Liefertermin eine Erinnerung zustellen. Positive Angaben ergeben eine Erinnerung *nach* dem gewünschten Liefertermin. Sie erinnern und mahnen Ihre Lieferanten mithilfe von Transaktion ME91F (Mahnen und Erinnern). Zudem können Sie hier einstellen, dass eine Auftragsbestätigung verpflichtend für den Einkaufsbeleg ist.

Für den Einkaufswerteschlüssel 1 sehen Sie in Abbildung 4.38 ein Mahnintervall in 10, 20 und 30 Tagen. Eine obligatorische Auftragsbestätigungspflicht ist im Schlüssel nicht vorgesehen. Die zulässige prozentuale *Unter-* und *Überlieferungstoleranz* basierend auf der Bestellmenge legen Sie im Bildbereich **WE/RE-Steuerung** fest. Erhalten Sie weniger oder mehr als die angeforderte Menge, bestimmen Sie über diese Toleranzwerte Ihren Akzeptanzbereich bei der Wareneingangsbuchung.

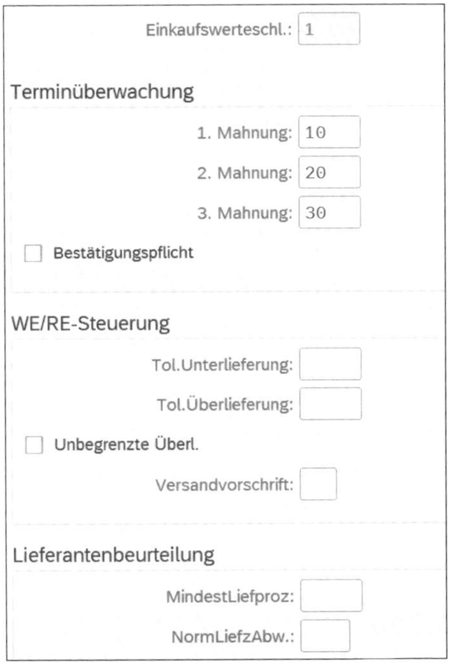

Abbildung 4.38: Einkaufswerteschlüssel 1

Wenn die Höhe der Überlieferung für Sie irrelevant ist, setzen Sie das Häkchen bei **Unbegrenzte Überl.**. Dieses Kennzeichen ist für Materialien mit einem niedrigen Preis gedacht. Bei hochpreisigen Waren kann eine Auswahl des Feldes ungewollte höhere finanzielle Belastungen mit sich bringen. Im Feld **Versandvorschrift** hinterlegen Sie einen geeigneten Vorschlagswert für die Versandvorschrift.

Der Einkaufswerteschlüssel 1 aus unserer Abbildung sieht in beiden Bereichen keine Einstellungen vor. Die Anwenderinnen und Anwender entscheiden demnach jeweils bei der

Erfassung des Wareneingangs über eine in Kauf genommene Unter- oder Überlieferungsmenge.

Im letzten Teilbereich **Lieferantenbeurteilung** bestimmen Sie eine prozentuale Mindestliefermenge, damit die erfolgte Wareneingangsbuchung für die Lieferantenbeurteilung in Betracht gezogen wird. Anderenfalls könnte ein Lieferant eine gute Punktezahl für die Einhaltung des Liefertermins erhalten, obwohl die Liefermenge unzureichend ist. Vervollständigt werden die Einstellungen durch den Normierungswert für die Lieferterminabweichung. Sie geben in Tagen an, wie lang die absolute Abweichung vom gewünschten Liefertermin maximal sein darf, um noch die Höchstpunktzahl in der Bewertung zu erhalten. Für den Einkaufswerteschlüssel 1 spielt die Lieferantenbeurteilung keine Rolle. Sie erkennen in Abbildung 4.38, dass beide Felder nicht befüllt sind.

[»]

Daten im Einkaufsinfosatz

Ist für die Lieferanten-Material-Kombination ein gültiger Einkaufsinfosatz aktiv, übernimmt das System die Vorschlagswerte aus dem Infosatz und nicht aus dem Materialstamm.

4.4.3 Herstellerteile

Eine *Herstellerteilenummer* (HTN) gibt an, unter welcher Nummer ein Material bei einem Lieferanten oder Hersteller geführt wird. Die HTN ist eindeutig.

Für die Arbeit mit HTNs ist ein Herstellerteileprofil vonnöten. Sie tragen das Herstellerteileprofil auf dem firmeneigenen Materialstamm in der Sicht **Einkauf** ein. Über Transaktion MP01 pflegen Sie die Liste der zulässigen Herstellerteile und verknüpfen so Ihr bestandsgeführtes Material mit der HTN. Das bedeutet, dass Sie sowohl für Ihr firmeneigenes Material als auch für das HTN-Material einen Materialstammsatz anlegen und ausprägen müssen.

[»]

Globale Grundeinstellungen/Materialart HERS

Im Unterabschnitt »Globale Grundeinstellungen« in Abschnitt 3.1.1 haben wir Ihnen bereits gezeigt, wie Sie benötigte Felder für die Arbeit mit HTNs aktivieren. Sie finden die Felder im unteren Bereich der Sicht **Einkauf** des Materialstamms wieder. Der SAP-Standard sieht für HTNs eine eigene Materialart Herstellerteile (HERS) mit gleichnamiger Feldreferenz vor.

Herstellerteileprofil

Für die Definition eines individuellen *Herstellerteileprofils* rufen Sie die IMG-Aktivität **Herstellerteileprofil definieren** auf. Sie nutzen einen vierstelligen alphanumerischen Schlüssel und tragen eine geeignete Bezeichnung mit maximal 40 Zeichen ein. Sie finden das Profil sowie die getroffenen Ausprägungen in Tabelle TMPPF.

Abbildung 4.39 können Sie die steuernden Eigenschaften des Teileprofils entnehmen. Sie legen über die jeweiligen Auswahlkästchen fest:

- ob ein Herstellerteil bestandsgeführt ist
- ob der Bestelltext des HTN-Materials in die Bestellung übernommen wird
- ob die HTN bei der Bestell- oder Lieferplanposition verpflichtend einzugeben ist
- ob das HTN-Material während des Beschaffungsprozesses geändert werden kann
- ob Einkaufs- beziehungsweise Qualitätsinfosätze nur für das HTN-Material und nicht für firmeneigene Materialien anzulegen sind
- ob bei der Eingabe eines HTN-Materials eine systemgestützte Listenprüfung auf Zulässigkeit stattfindet
- ob eine Fortschreibung der HTN-Informationen ins Logistikinformationssystem (LIS) erfolgt
- ob der Hersteller oder das Herstellerwerk mit der Partnerrolle HS ausgeprägt ist
- ob bei einem Wechsel des HTN-Materials eine neue Preisfindung durchgeführt wird

Für das Herstellerteileprofil IMPN sehen Sie eine verpflichtende Eingabe des HTN-Materials im Einkaufsbeleg vor. Ein Wechsel der HTN ist zulässig. Einkaufsinfosätze legen Sie für HTN-Materialien statt für firmeneigene Materialien an. Alle weiteren Optionen sind für dieses Herstellerteileprofil nicht berücksichtigt worden.

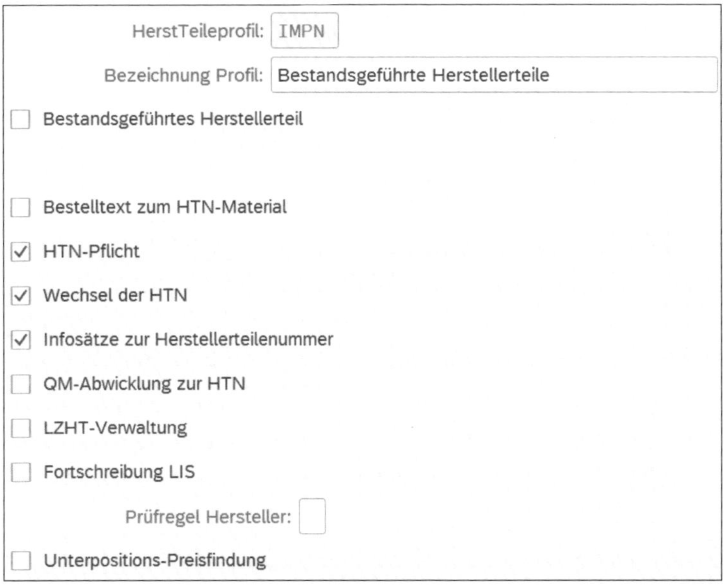

Abbildung 4.39: Herstellerteileprofil IMPN

[»]

Bestandsgeführte Herstellerteilenummer

Weitere Informationen zu bestandsgeführten HTNs finden Sie unter dem IMG-Pfad **Materialwirtschaft • Einkauf • Materialstamm • Bestandsgeführte Herstellerteilenummer**.

Sperrgründe

Möchten Sie ausgewählte HTN-Materialien von einem Beschaffungsvorgang ausschließen, erfassen Sie in der Liste der zulässigen Herstellerteile einen Grund zum Sperren. Diese *Sperrgründe* definieren Sie über die IMG-Aktivität **Sperrgründe für zulässige Herstellerteile festlegen**. Ein Sperrgrund besteht aus einem Schlüssel (vierstellig, alphanumerisch) und einem maximal 60 Zeichen umfassenden Text. Geführt werden die Sperrgründe in Tabelle TAMPSP.

Abbildung 4.40 zeigt drei individuell definierte Sperrgründe (Z001 bis Z003), die aus bekannten Problemen in der Vergangenheit resultieren. Für jeden Sperrgrund ist eine aussagekräftige Beschreibung hinterlegt worden. Überlegen Sie, aus welchen Gründen Sie Materialien nicht mehr in einem Beschaffungsprozess vorsehen möchten.

Gsp	Text
Z001	Qualitätsprobleme beim Herstellerteil
Z002	Probleme bei Liefermenge
Z003	Herstellerteil entspricht den Erwartungen

Abbildung 4.40: Individuelle Sperrgründe Z001 bis Z003

4.4.4 Erfassungshilfe

Für kontierte Bestellpositionen ohne die Verwendung einer Materialnummer steht Ihnen eine *Erfassungshilfe* zur Verfügung. Ohne eine Materialnummer kann das System weder Vorschlagswerte aus dem Einkaufswerteschlüssel noch ein Sachkonto automatisch ermitteln. Daher hinterlegen Sie für die Warengruppe eine Bewertungsklasse und einen Einkaufswerteschlüssel. Verwenden Sie in der Bestellposition einen Materialstamm, haben die hier beschriebenen Einstellungen für Sie keine Relevanz. In Abschnitt 7.2, »Kontenfindung in der Bestandsführung«, erfahren Sie umfassende Details zur Bewertungsklasse.

Die Zuordnung zur Warengruppe erfolgt über die IMG-Aktivität **Erfassungshilfe für Positionen ohne Materialstammsatz**. Sie können je Warengruppe eine Bewertungsklasse und einen Einkaufswertschlüssel hinterlegen. Die Einstellungen werden in Tabelle T023 abgelegt.

Für die Warengruppe L004 (Fertigerzeugnisse) ist die Bewertungsklasse 3000 hinterlegt (siehe Abbildung 4.41). Die Standardbewertungsklasse 3120 wird für die Warengruppe L007 (Lizenzen) verwendet. Bei der Warengruppe L008 ist dagegen die Bewertungsklasse 3110 hinterlegt. Für die abgebildeten Warengruppen ist kein Einkaufswerteschlüssel hinterlegt.

Warengrp	Warengruppenbez	BewKl	EkWSchl
L001	Handelswaren		
L002	Rohstoffe		
L003	Halbfabrikate		
L004	Fertigerzeugnisse	3000	
L005	Unbewertete Mat.		
L006	Leihgut		
L007	Lizenzen	3120	
L008	Hardware	3110	

Abbildung 4.41: Erfassungshilfe für Bestellpositionen ohne Materialnummer

4.5 Lieferantenstamm

In diesem Abschnitt lernen Sie die Systemeinstellungen für einkaufsrelevante Lieferantenstammdaten kennen. Die zu erläuternden Einstellungen für eine hinreichende Lieferantenausprägung finden Sie in den Geschäftspartnerrollen FLVN00 (**Lieferant (Finanzbuchh.)**) und FLVN01 (Lieferant) wieder (siehe Abschnitt 3.2, »Geschäftspartner«). Je nach primärer Zugehörigkeit erwarten Sie die Felder in den Sichten **Buchungskreis** oder **Einkaufsorganisation** des Geschäftspartners. Die gepflegten Daten übernimmt das SAP-System als überschreibbare Vorschlagswerte in die entsprechenden Belege.

Den Grundstein für die einkaufsrelevanten Lieferantendaten legen Sie über den IMG-Pfad **Materialwirtschaft • Einkauf • Lieferantenstamm** (siehe Abbildung 4.42).

- Lieferantenstamm
  - Incoterms
  - Zahlungsbedingungen festlegen
  - Textarten für zentrale Texte einstellen
  - Textarten für Einkaufsorganisationstexte einstellen
  - Preisauszeichnung festlegen
  - Lieferantenhierarchie
  - Ansprechpartner
  - Vorschlagswerte für Kontengruppe bei Debitorenanlage

Abbildung 4.42: IMG-Aktivitäten im Bereich »Lieferantenstamm«

4.5.1 Incoterms

Bei *Incoterms* (International Commercial Terms) handelt es sich um national sowie international anerkannte Vertrags- und Lieferbedingungen, die den beteiligten Vertragspartnern eine standardisierte Geschäftsvorfallabwicklung ermöglichen. Incoterms regeln mitunter die Kosten- und Risikoverteilung sowie die Sorgfaltspflicht der Vertragsparteien,

z. B. wer für die Versicherung der Transportware zuständig ist oder wer sich um die Transportdokumente kümmern muss.

Die aktuellen offiziellen Incoterms traten am 1. Januar 2020 in Kraft und lauten wie folgt:

- CFR (Kosten und Fracht)
- CIF (Kosten, Versicherung und Fracht)
- CIP (Frachtfrei versichert)
- CPT (Frachtfrei)
- DAP (Geliefert benannter Ort)
- DDP (Geliefert verzollt)
- DPU (Geliefert benannter Ort entladen)
- EXW (Ab Werk)
- FAS (Frei Längsseite Seeschiff)
- FCA (Frei Frachtführer)
- FOB (Frei an Bord)

Die SAP-Standardauslieferung enthält alle aufgeführten Incoterms. Zudem sind die Incoterms der zuvor gültigen Version 2010 im System zu finden.

Wird eine neue Version veröffentlicht, müssen Sie die vorgegebenen Incoterms inklusive der gültigen Version einpflegen. Hierzu gehen Sie in drei Schritten vor:

1. Rufen Sie die IMG-Aktivität **Incoterms überprüfen** auf, und erfassen Sie die neuen Incoterms im vorgesehenen dreistelligen Schlüsselfeld. Ergänzen Sie die Bezeichnung. Nicht veränderte sowie bestehende Incoterms lassen Sie unangetastet. Bei Bedarf können Sie einstellen, dass eine Ortsangabe für Incoterms obligatorisch ist. Tabelle TINC führt die Incoterms-Daten.

   In Abbildung 4.43 sehen Sie die ausgewählten Incoterms CFR, CIF und CIP. Für alle Incoterms ist eine Ortsangabe obligatorisch.

Incoterms	Bezeichnung	Ortsangabe obligat.
☐ CFR	Kosten und Fracht	☑
☐ CIF	Kosten, Versicherung & Fracht	☑
☐ CIP	Frachtfrei versichert	☑

   Abbildung 4.43: Incoterm-Definition

2. Anschließend wählen Sie die IMG-Aktivität **Incoterm-Versionen definieren**, um die gültige Incoterm-Version zu hinterlegen. Die Version entspricht der Jahresangabe, ab der die Incoterms offiziell in Kraft treten. Sie ergänzen die Version um eine entsprechende Bezeichnung. Der Speicherort im System ist Tabelle TINCV. Im System finden Sie die Versionen 2000, 2010 und 2020 (siehe Abbildung 4.44) sowie **Keine Version**.

	Version	Version Description
☐		Keine Version
☐	2000	Incoterm 2000
☐	2010	Incoterm 2010
☐	2020	Incoterm 2020

Abbildung 4.44: Incoterm-Version

3. Abschließend müssen Sie die Incoterms über die IMG-Aktivität **Incoterms zu Versionen zuordnen** einer Version zuweisen. Dies hat den Hintergrund, dass Sie beispielsweise die Incoterms CIF aus Jahren 2010 und 2020 unterscheiden können. Zusätzlich legen Sie fest, ob das Feld **Standort2** weiterhin inaktiv sein soll oder ob Sie das Feld aktivieren möchten. Bei einer Aktivierung wählen Sie zwischen einer optionalen und einer obligatorischen Eingabe aus. Die zulässigen Incoterms je Version sind in Tabelle TINCVMAP gespeichert.

   Sie sehen in Abbildung 4.45, dass die bekannten Incoterms CFR, CIF und CIP der Version 2020 zugeordnet sind. Bei allen Incoterms ist das Feld **Standort2** aktiv und kann optional gepflegt werden.

	Version	Version Description	Incoterms	Ortsangabe obligat.	Standort2 obligator.
☐	2020	Incoterm 2020	CFR	☑	O Optional
☐	2020	Incoterm 2020	CIF	☑	O Optional
☐	2020	Incoterm 2020	CIP	☑	O Optional

Abbildung 4.45: Zuordnung von Version und Incoterm

4.5.2 Zahlungsbedingungen

Zahlungsbedingungen regeln, wie und in welcher Höhe Verbindlichkeiten bei einem Geschäftsabschluss, z. B. einer Bestellung, zu begleichen sind. Von großem Interesse aus Sicht der Kreditoren und Debitoren sind hauptsächlich die hinterlegten Zahlungskonditionen in den Zahlungsbedingungen.

Zur Definition individueller Zahlungsbedingungen wählen Sie die IMG-Aktivität **Zahlungsbedingungen festlegen** aus. Bei der Zahlungsbedingung kommt ein vierstelliger alphanumerischer Schlüssel zum Einsatz. Zusammen mit den festgelegten Ausprägungsdetails werden die getätigten Einstellungen in Tabelle T052 gespeichert.

Zahlungsbedingungen im Lieferantenstamm

Sie können eine Zahlungsbedingung für Ihren Lieferanten sowohl auf Buchungskreis- und Einkaufsorganisationsebene angeben. Aus buchhalterischer Sicht ist die Zahlungsbedingung für die Abwicklung des Zahlungsverkehrs relevant. Im Einkauf finden Sie die angegebene Zahlungsbedingung auf der Kopfebene in Einkaufsbelegen vor.

Der SAP-Standard liefert in der Geschäftswelt übliche Bedingungen als hilfreiche Kopiervorlage für eigene Zahlungsbedingungen aus. In Abbildung 4.46 ist die ausgelieferte Zahlungsbedingung 0002 (»14 Tage 2 %, 30 netto«) abgebildet. Sie entnehmen der Ansicht alle Konfigurationsmöglichkeiten:

- **Taggrenze**
  Die Taggrenze legt fest, bis zu welchem Tag des Monats die Bedingungen gültig sind. Bei Zahlungsbedingungen, die davon abhängig sind, ob das Basisdatum nach dem 15. Tag des Monats liegt oder nicht, können Sie unter derselben Zahlungsbedingung einen zweiten Eintrag anlegen. Entscheidend hier ist die Abgrenzung beider Einträge durch die Taggrenze. Ein Beispiel für eine Zahlungsbedingung, die eine Taggrenze erfordert, ist Bedingung 0007. Bis zum 15. Tag des Folgemonats ist ein zweiprozentiger Skonto möglich. Bis Monatsende wiederum ist kein Abzug vorgesehen.

  Bei Zahlungsbedingung 0002 ist keine Taggrenze notwendig. Daher ist der Wert 0 eingetragen.

- **Kontoart**
  Über die Kontoart steuern Sie, ob Sie die Zahlungsbedingung sowohl für Debitoren als auch für Kreditoren verwenden können. Sind beide Optionen selektiert, nutzen Debitoren und Kreditoren denselben Schlüsselwert für die Zahlungsbedingung. Zahlungsbedingung 0002 ist eine Bedingung für Debitoren und Kreditoren.

  Dennoch empfehle ich Ihnen, zwischen debitorischen und kreditorischen Zahlungsbedingungen strikt zu differenzieren. Das hat insbesondere den Vorteil, dass die kreditorische Bedingung unverändert bleibt, falls Sie eine debitorische Bedingung anpassen. Die Aussage gilt selbstverständlich ebenfalls im umgekehrten Fall.

Abbildung 4.46: Detailansicht der Zahlungsbedingung 0002

- **Basisdatum**
  Im Subscreen **Berechnung des Basisdatums** können Sie den Kalendertag angeben, mit dem das System den Tag des Zahlungsfristenbasisdatums überschreibt. Bei Bedarf hinterlegen Sie noch die Zuschlagsmonate, die das System auf den Kalendermonat des Basisdatums aufschlägt. Unter dem Zahlungsfristenbasisdatum versteht man aus Finanzsicht das systemseitige Anwendungsdatum der Zahlungsbedingungen, das als Grundlage für z. B. den Skontobetrag gilt.

  Außerdem stellen Sie den gewünschten Vorschlagswert für das Basisdatum ein. Dafür stehen Ihnen die Optionen **Kein Vorschlag**, **Belegdatum**, **Buchungsdatum** und **Erfassungsdatum** zur Auswahl.

  Für Zahlungsbedingung 0002 sind für die Berechnung des Basisdatums keine Werte vorgesehen. Der Vorschlagswert für das Basisdatum ist das Belegdatum.

- **Zahlsperre/Zahlweg**
  Ein Sperrschlüssel kommt zum Einsatz, wenn Sie im Zahlungsprogramm einen Kreditor für eine Zahlung sperren möchten. Offene Posten werden zwar verarbeitet, es erfolgt jedoch keine Zahlung an den Kreditor. Warum die Zahlsperre besteht, erfahren Sie anhand der Bezeichnung des Sperrschlüssels. Ändern Sie die Zahlungsbedingung in einer Rechnungsposition, so können Sie über das Auswahlkästchen direkt hinter dem Feld **Sperrschlüssel** steuern, ob die Zahlsperre aus der neuen Zahlungsbedingung übernommen wird. Dies geschieht bei einem gesetzten Kennzeichen.

  Über die Angabe des Zahlwegs bestimmen Sie, mit welchem Verfahren die Zahlung erfolgt. Das bekannteste Beispiel ist wohl die SEPA-Überweisung. Über das dazugehörige Auswahlkästchen steuern Sie, vergleichbar zur Zahlsperre, ob sich der Zahlweg bei einer Änderung der Zahlungsbedingungen anpasst.

  Die Zahlungsbedingung 0002 weist weder beim Sperrschlüssel noch beim Zahlweg einen Wert auf.

- **Zahlungskonditionen**
  Das Herzstück der Zahlungsbedingungen sind die Zahlungskonditionen. Sie legen in diesem Bereich die prozentualen Abschlagswerte sowie die Anzahl der Tage fest, nach denen die Zahlung erfolgt sein muss, um den Skontoabzug zu erhalten. Alternativ hinterlegen Sie für die jeweilige Skontostufe einen festen Kalendertag (mit oder ohne Zuschlagsmonate), an dem die Skontofrist endet. Über das Kennzeichen **Ratenzahlung** steuern Sie, ob der fällige Betrag in Teilbeträge aufzuteilen ist. Die Teilbeträge haben hierbei unterschiedliche Fälligkeiten.

  Den Details für die Zahlungsbedingung 0002 entnehmen Sie, dass der erste Skontoprozentsatz bei einer Zahlung innerhalb der ersten 14 Tage in Anspruch genommen werden kann. Die Rechnung muss nach maximal 30 Tagen beglichen sein. Die Zahlungsbedingung ist nicht für eine Abwicklung über Raten vorgesehen.

4.6 Bestätigungen

Bestätigungen sind Informationen, die Sie direkt von Ihren Lieferanten zu den von Ihnen in Auftrag gegebenen Bestellmengen oder Lieferplaneinteilungen erhalten. Die Bestätigungen können Sie entweder manuell im System erfassen oder automatisiert über Electronic Data Interchange (EDI) verbuchen. Bestätigungen erhöhen die Transparenz in Bezug auf den anstehenden Liefertermin der bestellten Menge. Dadurch steigern Sie die Plangenauigkeit für die Produktion deutlich und leisten einen wertvollen Beitrag zu einer lückenlosen und transparenteren Lieferkette.

Zu den am häufigsten genutzten Bestätigungen im Einkauf zählen:

- Auftragsbestätigungen
- Lieferavis
- Anlieferungen

Alle Systemeinstellungen zu Bestätigungen nehmen Sie unter dem IMG-Pfad **Materialwirtschaft • Einkauf • Bestätigungen** vor (siehe Abbildung 4.47).

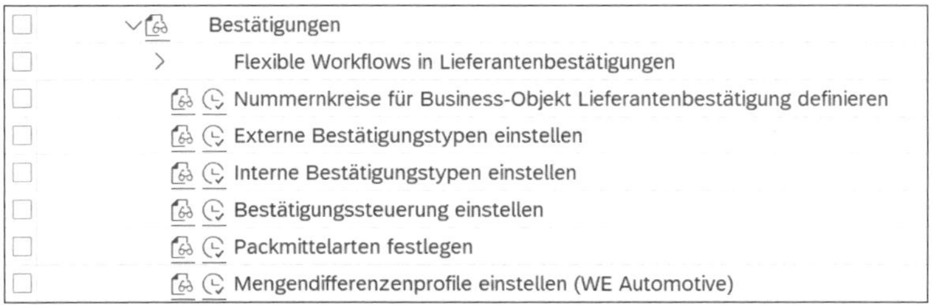

Abbildung 4.47: IMG-Aktivitäten im Bereich »Bestätigungen«

4.6.1 Bestätigungstypen

Externe und interne *Bestätigungstypen* bilden die Grundlage für die Definition des späteren Bestätigungssteuerschlüssels. Bevor Sie einen Schlüssel definieren, müssen Sie zunächst die Einstellungen für den Bestätigungstyp vornehmen.

Externe Bestätigungstypen

Bei *externen Bestätigungstypen* handelt es sich um Bestätigungen, die Sie von Ihrem Lieferanten empfangen und in der Belegposition erfassen möchten. Sie tragen externe Bestätigungstypen je Position auf der Registerkarte **Bestätigungen** ein. Die Voraussetzung hierfür ist ein eingetragener Bestätigungssteuerschlüssel.

Mit der IMG-Aktivität **Externe Bestätigungstypen einstellen** können Sie externe Bestätigungstypen definieren. Für den externen Bestätigungstyp ist ein zweistelliger alphanumerischer Schlüssel vorgesehen. Neben der Bezeichnung fügen Sie zusätzlich eine Beschreibung für die Menge des Bestätigungstyps hinzu. Die externen Bestellbestätigungstypen werden in Tabelle T163E geführt.

Die SAP-Standardauslieferung sieht unter anderem die externen Bestätigungstypen AB (Auftragsbestätigung/Bestätigte Menge) und LA (Anlieferung/Avisierte Menge) vor (siehe Abbildung 4.48). Der Bestätigungstyp AB ist für Auftragsbestätigungen nach dem Eingang der Bestellung beim Lieferanten vorgesehen. Der Lieferant bestätigt zum einen den Eingang des Auftrags, und zum anderen erteilt er Ihnen eine Auskunft über den bestätigten Lieferumfang. Ist die bestätigte Menge deutlich niedriger als der benötigte Bedarf, können Sie alternative Lieferanten kontaktieren, um einem absehbaren Lieferengpass rechtzeitig entgegenzuwirken.

Für Lieferavise nutzen Sie den Bestätigungstyp LA. Der Lieferant kündigt über den Lieferavis eine anstehende Warenlieferung an. Dabei sind ähnlich wie bei einem Lieferschein alle enthaltenen Waren aufgeführt und gegebenenfalls weitere Informationen, z. B. das Gewicht der Lieferung, angegeben.

BestätTyp	Bezeichnung	Überschrift Menge
AB	Auftragsbestätigung	Bestätigte Menge
CH	Bestelländerung	Bestelländerung
GW	Grobwareneingang	Menge GrobwarEing
LA	Anlieferung	Avisierte Menge

Abbildung 4.48: Externe Bestätigungstypen AB, CH, GW und LA

Externe Bestätigungstypen ohne eine Zuordnung zu einem internen Typ haben lediglich informativen Charakter für Ihre Anwenderinnen und Anwender, die daraus entnehmen können, um welche Art von Bestätigung es sich handelt. Damit Sie das Potenzial der externen Bestätigungstypen vollumfänglich ausnutzen können, ist eine Zuordnung zu einem internen Bestätigungstyp unumgänglich.

Interne Bestätigungstypen

Interne Bestätigungstypen sind erforderlich, um extern erhaltene Bestätigungen eindeutig einem Bestätigungstyp zuzuordnen. Haben Sie einen externen Bestätigungstyp keinem internen Typ zugewiesen, ist ein Empfang über EDI und die damit verbundene automatisierte Verbuchung der Bestätigung nicht möglich.

Die Zuordnung der beiden Bestätigungstypen findet in der IMG-Aktivität **Interne Bestätigungstypen einstellen** statt. Die internen Bestätigungstypen und deren Ausprägungen können Sie in der Tabelle T163D einsehen. Sie können einem internen Bestätigungstyp genau einen externen Bestätigungstyp zuordnen. Damit ist die benötigte Eindeutigkeit gewährleistet.

Abbildung 4.49 zeigt die im Standard ausgelieferten internen Bestätigungstypen. Wie die Einträge zu interpretieren sind, erklären wir Ihnen am Beispiel des internen Bestätigungstyps 2 (Lieferavis) in der zweiten Zeile. Der externe Standardbestätigungstyp LA (Anlieferung/Bestätigte Menge) ist dem internen Bestätigungstyp 2 (Lieferavis) zugeordnet. Dies bedeutet: Wenn Sie eine EDI-Nachricht mit dem internen Bestätigungstyp 2 erhalten, ermittelt das System, dass es sich um einen Lieferavis handeln muss. Daraufhin aktualisieren sich die bestätigten Mengen und Zeitpunkte auf der Registerkarte **Bestätigungen** im Einkaufsbeleg automatisch. Zudem wird eine Anlieferung mit der Lieferart EL (Anlieferung) angelegt. Das Kennzeichen **Rückl. sichtb.** bewirkt, wenn es gesetzt ist, dass Rücklieferungen, die mit Bezug zur Anlieferung gebucht werden, auch in der Bestätigungsübersicht des Einkaufsbelegs sichtbar sind. Voraussetzungen dafür sind, dass im verwendeten Bestätigungssteuerschlüssel die Wareneingangszuordnung eingestellt ist und dass die vorausgegangenen Warenbewegungen nicht mit einer Transaktion der Bestandsführung ausgeführt wurde.

I	BT	Bezeichnung	LFArt	Rückl. sichtb.	LF intern	LF übergr.	LFArt TrB	TB IC R.LA	TB CC R.LA
☐ 1 Auftragsbestätigu...	AB	Auftragsbestätigung		☐					
☐ 2 Lieferavis	LA	Anlieferung	EL	☑	ELR	ECR	ELST		
☐ 3 Grobwareneingang	GW	Grobwareneingang	EG	☐					
☐ 4 Bestelländerung	CH	Bestelländerung		☐					

Abbildung 4.49: Externe Bestätigungstypen AB, LA, GW und CH

In den drei Feldern **LFArt TrB**, **TB IC R.LA** und **TB CC R.LA** hinterlegen Sie bei Bedarf in der aufgeführten Reihenfolge die Lieferarten für die Anlieferung des Transitbestands sowie die erweiterte Retoure buchungskreisintern und buchungskreisübergreifend.

[+]

Simplification Item – Veraltete Bestandsführungstransaktionen

Die Rücklieferungsbuchung wurde in SAP ERP mit Transaktion MBRL (Rücklieferung zum Materialbeleg) durchgeführt. Diese Transaktion ist in SAP S/4HANA obsolet. Beachten Sie das in SAP-Hinweis 2210569 empfohlene Vorgehen.

4.6.2 Bestätigungssteuerschlüssel

Der *Bestätigungssteuerschlüssel* ermöglicht im Einkaufsbeleg das Erfassen von Mengen für externe und interne Bestätigungstypen pro Position. Sie können einen bevorzugten Vorschlagswert beispielsweise im Einkaufsinfosatz oder in der Sicht **Einkauf** des beteiligten Geschäftspartners hinterlegen.

[!]

Anpassungen im Produktivbetrieb

Sie sollten möglichst keine Änderungen mehr an der Bestätigungsteuerung, die im Produktivsystem aktiv genutzt wird, durchführen. Eine Anpassung des Schlüssels kann mitunter zu Datenschiefständen führen, sodass z. B. die Materialdisposition falsche Ergebnisse liefert.

Sie prägen Ihren eigenen Schlüssel über die IMG-Aktivität **Bestätigungsteuerung einstellen** aus. Für die Definition nutzen Sie ein vierstelliges alphanumerisches Schlüsselfeld zusammen mit einer aussagekräftigen Beschreibung mit maximal 20 Zeichen. Auf der Ebene des Bestätigungsschlüssels sind die Daten in Tabelle T163L gespeichert. Die Einstellungen der Bestätigungsreihenfolge finden Sie in Tabelle T163G.

Bevor Sie mit der Definition eines eigenen Bestätigungssteuerschlüssels beginnen, gehen wir noch auf die essenziellen Ausprägungen auf der Ebene des Schlüssels und der Bearbeitungsreihenfolge ein. Abbildung 4.50 veranschaulicht verschiedene mögliche Einstellungen auf Schlüsselebene für die im Standard enthaltenen Bestätigungssteuerschlüssel 0001 (Bestätigungen) bis 0004 (Anlieferung). Sie treffen hier folgende Entscheidungen:

- **Anlieferung anlegen**
  Über das Kennzeichen **Anlieferung anlegen** steuern Sie, dass auch ohne Avis automatisch Anlieferungen für Bestellungen angelegt werden können. Selbst wenn nur teilweise mit Lieferavis gearbeitet wird, stellen Sie dadurch sicher, dass Sie benötigte Anlieferungen zur Weiterverarbeitung im Lager erzeugen. Darüber hinaus können Sie über die IMG-Aktivität **Logistics Execution • Versand • Lieferungen • Bestellbestätigung Anlieferung definieren** festlegen, für welche Belegtyp-Belegart-Werk-Lagerort-Kombination eine automatische Anlage von Anlieferungen vorgesehen ist. Sie erfassen den gewünschten Bestätigungssteuerungsschlüssel pro Konstellation.
- **Lieferempfangsbestätigung (LEB Rel.)**
  Im Zusammenspiel mit dem Lieferpositionstyp (siehe **Logistics Execution • Versand • Lieferungen • Lieferempfangsbestätigung • LEB-Relevanz in Abhängigkeit vom Lieferpositionstyp einstellen**) konfigurieren Sie, ob eine Lieferposition für eine Empfangsbestätigung durch den Empfänger der Ware relevant ist. Die Übernahme des LEB-Kennzeichens erfolgt aus dem Einkaufsbeleg. Folgende Ausprägungen sind möglich:
  - »blank«: nicht LEB-relevant
  - **A**: immer LEB-relevant
  - **B**: nur bei Mengenabweichungen LEB-relevant
- **Automatischer Wareneingangsprozess (AutoReg/We)**
  Das Kennzeichen **AutoReg/We** unterstützt Sie bei der Verarbeitung von Anlieferungen und bewirkt, dass das System Anlieferungen sofort bei der Anlage registriert (Status **Im Werk**) oder vereinnahmt. Der Status ist auf der Registerkarte **Statusübersicht** in der Anlieferung ersichtlich.
  - »blank«: nicht relevant
  - **1**: automatisch registrieren
  - **2**: automatisch registrieren und vereinnahmen
  - **3**: automatisch vereinnahmen bei manueller Registrierung

  Hierbei ist nicht relevant, auf welchem Weg die Anlieferung erzeugt wurde (manuell oder per IDoc (Intermediate Document)).

- **Mengendifferenzenprofil (MengenDiffProfil)**
  Über **Mengendifferenzenprofile einstellen (WE Automotive)** definieren Sie Mengendifferenzenprofile. Darüber steuern Sie, wie Sie mit im Nachhinein, z. B. durch Stornobuchungen oder Rücklieferungen, entstandenen Mengendifferenzen umgehen, wodurch Sie beispielsweise vermeiden, dass bei einer Unterlieferung Mengendifferenzen beim nächsten Lieferplanabruf als offene Menge angezeigt werden. Diese Profile kommen vor allem bei Kunden in der Automobilbranche zum Einsatz, die einen mehrstufigen Wareneingangsprozess nutzen.

  Als notwendige Voraussetzung zum Verwenden der Funktion darf der Bestätigungssteuerungsschlüssel lediglich den Bestätigungstyp **Anlieferung** nutzen. Zudem muss das Kennzeichen **WE-Zuordnung** aktiviert sein (siehe Abbildung 4.50). Dies erklärt, warum nur bei Bestätigungssteuerschlüssel 0004 ein Mengendifferenzenprofil hinterlegt ist. Beide Bedingungen sind hier erfüllt.

BestätSteu	Bezeichnung	Anlieferung anlegen	LEB Rel.	Tracking aktiv	AutoReg/We	MengenDiffProfil
0001	Bestätigungen	☐	nicht LEB-relevant	☐	nicht relevant	
0002	Grobwareneingang	☐	nicht LEB-relevant	☐	nicht relevant	
0003	Anlieferung/Grob-WE	☐	nicht LEB-relevant	☐	nicht relevant	
0004	Anlieferung	☑	nicht LEB-relevant	☐	nicht relevant	0004

Abbildung 4.50: Bestätigungssteuerschlüssel 0001 bis 0004

Die Einstellungen auf der Ebene **Bestätigungsreihenfolge** sind sowohl in Abbildung 4.51 als auch in der folgenden Abbildung 4.52 zu sehen. Hier geben Sie die Reihenfolge an, in der Sie die Bestätigungstypen erwarten. Zudem legen Sie abhängig vom Typ Folgendes fest:

- **Dispositionsrelevanz der Bestätigung**
  Angegebene Liefertermine und -mengen aus dem Bestätigungstyp werden vom Dispositionslauf beachtet. Dadurch werden angekündigte Lieferungen bereits vor Vereinnahmung in Ihrem Lagerort dispositiv berücksichtigt und verplant.
- **Wareneingangsrelevanz der Bestätigung**
  Sie bestimmen durch Setzen des Kennzeichens **WE-relevant**, dass ein Abbau der offenen Liefermenge für den Bestätigungstyp vorgesehen ist. Damit wird aus Sicht der Disposition der Vorgang abgeschlossen. Sie können das WE-Kennzeichen nur für einen Bestätigungstyp setzen.
- **Buchung der Wareneingänge mit Bezug zu einer Lieferantenbestätigung**
  Haben Sie zu einer Bestellposition mehrere Bestätigungen erhalten, legt das Kennzeichen **WE-Zuordnung** fest, dass die anschließenden Wareneingangsbuchungen zu der jeweiligen Bestätigung zugewiesen werden. Haben Sie für die Position keine Bestätigung erfasst, können Sie keinen Wareneingang buchen.

	Reihenflg.	BestätTyp	Bezeichn.	Disporelevant	WE-relevant	WE-Zuordnung	ÜberwZeit
☐	1	AB	Auftragsbestätigung	☑	☐	☐	10
☐	2	LA	Anlieferung	☑	☑	☑	5

Abbildung 4.51: Bestätigungsreihenfolge für Schlüssel 0001 (Teil 1)

Über die Eingabe im Feld **ÜberwZeit** geben Sie in Tagen an, bis zu welchem Zeitpunkt Sie die Bestätigung erwarten. Die Angabe müssen Sie in Abhängigkeit von der Berechnungsgrundlage des Bezugsdatums (**BezDatum**) betrachten (siehe Abbildung 4.52). Dafür stehen folgende Optionen bereit:

- »blank«: keine Angabe
- **1**: Bestelldatum plus Überwachungszeitraum
- **2**: Lieferdatum minus Überwachungszeit

Ist Option 1 gewählt, muss die Auftragsbestätigung (AB) zehn Tage nach Datum der Bestellung erfolgt sein. Bei Option 2 gilt: Lieferdatum minus zehn Tage. Eine überfällige Bestätigung ist in den Auswertungen zur Bestätigungsüberwachung sichtbar.

BezDatum	TolZuFrüh	TolZuSpät	LMat	Preis	PreisÜb. %	PreisUn. %	Mahnrelevant
2 Lieferdatum minus Überwachungszeit	999	999	☐	☐	10,00	5,00	☐
2 Lieferdatum minus Überwachungszeit	999	999	☐	☐	2,00	1,00	☐

Abbildung 4.52: Bestätigungsreihenfolge für den Bestätigungsschlüssel 0001 (Teil 2)

In den Feldern **TolZuFrüh** und **TolZuSpät** können Sie eine Tagestoleranz für einen zu früh oder zu spät bestätigten Termin angeben. Die Angaben beziehen sich auf die Verarbeitung von Auftragsbestätigungen und Lieferavis, die über EDI übermittelt werden.

Ähnlich verhält es sich bei einer preislichen Abweichung. Sie geben in den Feldern **PreisUn. %** und **PreisÜb. %** einen zulässigen Wertebereich für eine untere und obere Grenze der Preisabweichungen in Prozent an. Liegt der übermittelte Wert in der vorgesehenen Spanne, können Sie die Preisänderung in die Bestellposition übernehmen. Hierfür markieren Sie die Option **Preis**.

Systemmeldung im Einkauf (ME 795)

Damit ein überschrittener Toleranzwert bei der EDI-Verarbeitung zu einer Fehlermeldung führt, muss die Systemmeldung ME 795 (Terminabweichung bei Bestätigung zur Bestellposition & &) als Fehlermeldung eingestellt werden. Sie führen diese Anpassung über die IMG-Aktivität **Materialwirtschaft • Einkauf • Umfelddaten • Eigenschaften der Systemmeldungen festlegen** durch (siehe Abschnitt 4.3.1, »Systemmeldungen«).

Ebenfalls nur für die EDI-Abwicklung relevant ist das Kästchen **LMat**. Bei Auswahl dieses Kennzeichens erlauben Sie die Übernahme der übermittelten Lieferantenmaterialnummer in die Bestellposition. Falls in der Bestellung bereits eine Lieferantenmaterialnummer enthalten ist, überschreibt das System diese.

Möchten Sie Bestätigungstypen für Mahnläufe berücksichtigen, selektieren Sie die Option **Mahnrelevant**. Sie erinnern Ihren Lieferanten an ausstehende Bestätigungen, indem Sie Mahnungen versenden.

Um schließlich einen individuellen Bestätigungssteuerschlüssel im System hinterlegen zu können, führen Sie folgende Schritte in der angegebenen Reihenfolge aus:

1. Rufen Sie die IMG-Aktivität **Bestätigungsteuerung einstellen** auf.
2. Kopieren Sie einen bestehenden Bestätigungssteuerschlüssel, der nahe an die von Ihnen gewünschten Ausprägungen herankommt. Geben Sie einen nicht benutzten Schlüsselwert ein, und ergänzen Sie bedarfsabhängig eine sprechende Bezeichnung. Alternativ können Sie mit einem neuen Eintrag ganz ohne Kopiervorlage Ihre Schlüsselanlage starten.
3. Schließen Sie die beschriebenen Einstellungen auf der Dialogebene **Bestätigungssteuerschlüssel** ab.
4. Navigieren Sie nun zur Ansicht **Bestätigungsreihenfolge**, und machen Sie hier die gewünschten Angaben.
5. Speichern Sie Ihren Bestätigungssteuerschlüssel ab.

4.6.3 Packmittelarten

Das *Packmittel* selbst ist ein Material, das für die Verpackung und den Transport der Ware vorgesehen ist. Die *Packmittelart* gruppiert verschiedene Packmittel. In der Logistik kommen klassische Packmittelarten wie z. B. Paletten, Kisten oder Lkw zum Einsatz. Beim Anlegen einer Anlieferung können Sie eine geeignete Packmittelart hinterlegen.

Im Customizing definieren Sie individuelle Packmittelarten über die IMG-Aktivität **Packmittelarten festlegen**. Eine Packmittelart besteht aus einem vierstelligen alphanumerischen Schlüssel und einer 20-stelligen Bezeichnung. Die einzelnen Ausprägungen der Packmittelart nehmen Sie über die jeweilige Detailansicht vor. Geführt werden die Einstellungen in Tabelle TVTY.

Über die Packmittelart legen Sie unter anderem fest:

- wie die Werksfindung für das Packmittel einer Handling Unit erfolgt
- wie der Packmitteltyp lautet
- wie die Lieferpositionen generiert werden
- wie bei der Anlage einer Handling Unit die externe Nummernvergabe stattfindet
- wie die Handling-Unit-Art definiert ist

Für die Standardpackmittelart 0001 (Paletten), siehe Abbildung 4.53, wird die Werkzugehörigkeit des Packmittels manuell in die Handling Unit eingetragen. Bei Paletten handelt es sich um ein Packmittel (Ausprägung **C** im Feld **Packmitteltyp**). Für die Vergabe der externen Nummer ist das Nummernkreisintervall HU_VEKP vorgesehen, und die eingestellte Handling-Unit-Art ist – nicht überraschend – **1 Palette**.

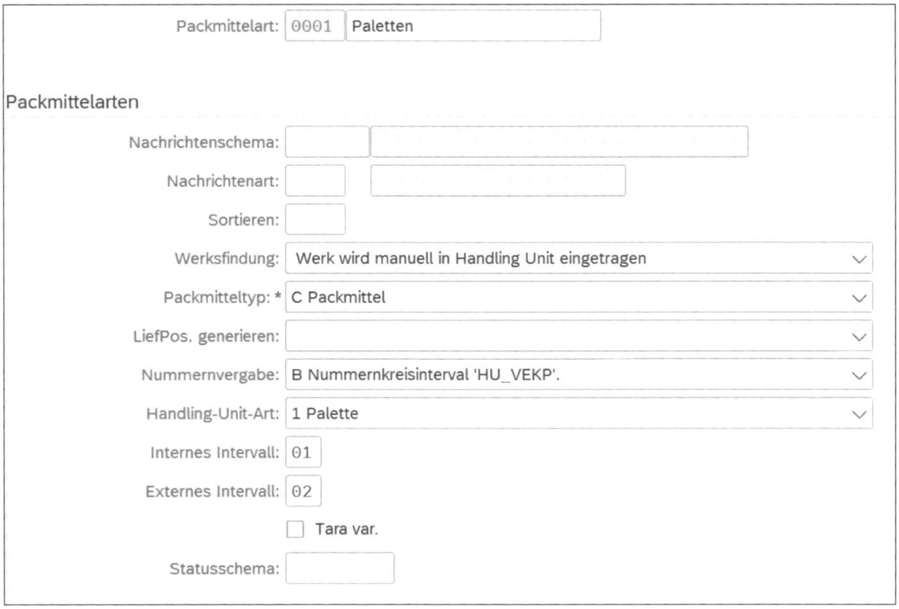

Abbildung 4.53: Detailansicht der Packmittelart 0001 (Paletten)

Weitere Einstellungen zum Themenbereich Packmittelart nehmen Sie über den IMG-Pfad **Logistics Execution • Versand • Verpacken** vor. Neben der Definition einer Materialgruppe für gleichartige Packmittel legen Sie hier fest, welche Art von Packmittel für eine Handling Unit zulässig ist. Dies geschieht durch die Zuordnung von Packmittelarten zu Materialgruppen für Packmittel.

4.7 Lieferantenbeurteilung

Die Bewertung externer Lieferanten anhand definierter Kriterien ist ein fester Bestandteil der täglichen Arbeit im Einkauf. Zahlen schaffen Fakten und daraus ergeben sich eindeutige Handlungsempfehlungen für anstehende Verhandlungen. Die festgehaltenen Kennzahlen spiegeln zudem das Geschäftsverhältnis zwischen Lieferant und Abnehmer wider. Dabei spielen harte Faktoren ebenso eine Rolle wie die immer wichtiger werdenden weichen Faktoren, etwa eine vertrauensvolle Zusammenarbeit.

Welche Systemeinstellungen für die Lieferantenbeurteilung in SAP S/4HANA notwendig sind, erfahren Sie in den folgenden Abschnitten. Bevor Sie mit den Einstellungen beginnen, sollten Sie sich jedoch mit den beiden grundlegenden Möglichkeiten zur Lieferantenbewertung in SAP vertraut machen:

- **SAP-GUI-basierte Lieferantenbeurteilung**
  Entscheiden Sie sich für die SAP-GUI-basierte Lieferantenbeurteilung, die Sie mitunter bereits aus SAP ERP kennen (siehe Abschnitt 4.7.2, »Lieferantenbeurteilung mit SAP-Fiori-Apps«), finden Sie das zugehörige Customizing im IMG unter dem Pfad **Materialwirtschaft • Einkauf • Lieferantenbeurteilung** (siehe Abbildung 4.54).

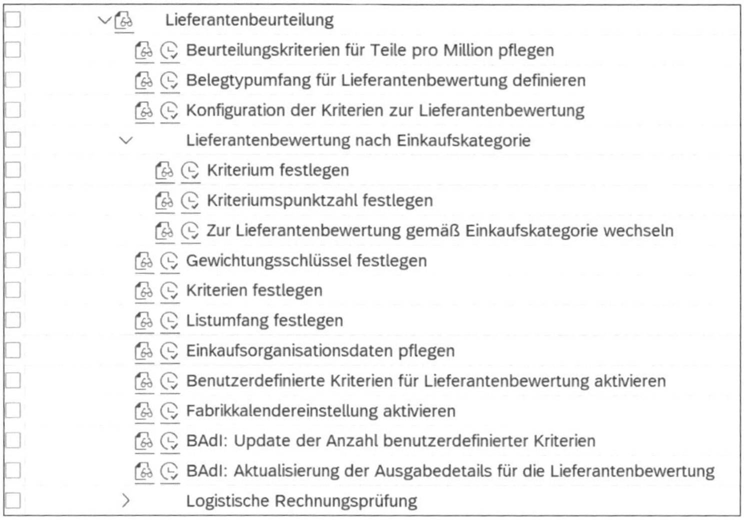

Abbildung 4.54: IMG-Aktivitäten im Bereich »Lieferantenbeurteilung«

  Ihre Anwenderinnen und Anwendern führen die Lieferantenbeurteilung in diesem Fall unter anderem über die folgenden Transaktionen durch:
  - ME61 (Lieferantenbeurteilung pflegen)
  - ME62 (Lieferantenbeurteilung anzeigen)
  - ME63 (Automatische Teilkriterien neu beurteilen)
  - ME64 (Beurteilungsvergleich durchführen)
  - ME65 (Hitliste der Lieferanten)
  - ME6A (Änderungen zur Lieferantenbeurteilung anzeigen)
  - ME6F (Beurteilungsblatt drucken)

- **SAP-Fiori-basierte Lieferantenbeurteilung**
  Entscheiden Sie sich für die SAP-Fiori-basierte Lieferantenbeurteilung (siehe Abschnitt 4.7.2, »Lieferantenbeurteilung mit SAP-Fiori-Apps«) finden Sie die zugehörigen Einstellungen im IMG unter dem Pfad **Materialwirtschaft • Einkauf • Lieferantenbeurteilung** (siehe Abbildung 4.54) und zusätzlich unter Pfad **Materialwirtschaft • Einkauf • Lieferanten- und Kategoriemanagement • Lieferantenbewertung** (siehe Abbildung 4.55).

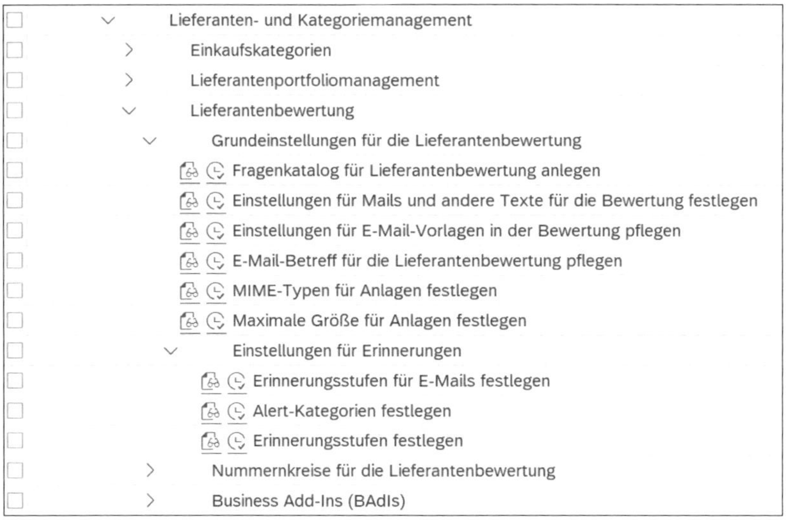

Abbildung 4.55: IMG-Aktivitäten im Bereich »Lieferantenbewertung«

IMG-Aktivitäten im Bereich »Lieferantenbeurteilung«

Leider beinhalten die Customizing-Einstellungen im Bereich **Lieferantenbeurteilung** (siehe Abbildung 4.54) nicht nur Konfigurationsmöglichkeiten für die SAP-GUI-basierte Lieferantenbeurteilung, sondern auch Einstellungen für die Bewertung Ihrer Lieferanten mithilfe von SAP-Fiori-Apps. Daher ist es wichtig zu wissen, welche Einstellungen zu welcher Variante der Lieferantenbeurteilung gehören. Das hierfür erforderliche Fachwissen eignen Sie sich in den nachfolgenden Abschnitten an.

Weitere Informationen dazu, welche Variante der Lieferantenbeurteilung Ihre Anforderungen erfüllt, finden Sie unter *https://help.sap.com/*. In jedem Fall sollten Sie eine der beiden Varianten nutzen, da eine Lieferantenbeurteilung für den Einkauf unerlässlich ist.

4.7.1 SAP-GUI-basierte Lieferantenbeurteilung

Haben Sie sich für die SAP-GUI-basierte Lieferantenbeurteilung entschieden, finden Sie alle relevanten Konfigurationsmöglichkeiten unter dem IMG-Pfad **Materialwirtschaft • Einkauf • Lieferantenbeurteilung**. Damit Sie die Transaktionen rund zur Lieferantenurteilung in Ihrem System verwenden können, müssen Sie die folgenden Einstellungen im System vornehmen.

Gewichtungsschlüssel

Starten Sie die Konfiguration mit dem *Gewichtungsschlüssel*. Dieser legt fest, wie die einzelnen Kriterien für die Gesamtbewertung eines Lieferanten gewichtet werden. Bei der Gewichtung können Sie ganz nach Ihren Präferenzen vorgehen. Das Gewicht, das die einzelnen Beurteilungskriterien erhalten, legen Sie pro Einkaufsorganisation später in diesem Kapitel fest.

An dieser Stelle legen Sie über die IMG-Aktivität **Gewichtungsschlüssel festlegen** zunächst fest, ob eine Gleichgewichtung (Gewichtungsschlüssel 01) oder eine Ungleichgewichtung (Gewichtungsschlüssel 02) erfolgen soll (siehe Abbildung 4.56).

Sie können bei Bedarf auch Ihren eigenen zweistelligen Schlüssel anlegen. Die Kurzbeschreibung des Schlüssels darf maximal 40 Zeichen lang sein. Die Gewichtungsschlüssel für die Lieferantenbewertungen werden in der Tabelle T147J gespeichert.

GewichtSchl.	Kurztext
01	Gleichgewichtung
02	Ungleichgewichtung

Abbildung 4.56: Gewichtungsschlüssel 01 und 02 zur Lieferantenbeurteilung

Beurteilungskriterien

Über die Aktivität **Kriterien festlegen** legen Sie fest, welche Kriterien Sie in Ihre Lieferantenbeurteilung einbeziehen möchten. Zunächst legen Sie Hauptkriterien fest, die Sie anschließend in Teilkriterien unterteilen können. Bei der Definition der Kriterien ist es wichtig, die richtige Balance zwischen Übersichtlichkeit und Detaillierungsgrad zu finden. Zu viele Hauptkriterien können die Beurteilung unnötigerweise verkomplizieren und Vergleiche zwischen den Lieferanten erschweren.

Ein Beurteilungshauptkriterium ist systemseitig betrachtet ein zweistelliger Code von 01 bis 99. Daher beträgt die maximale Anzahl der Hauptkriterien 99. Jedes Hauptkriterium ist durch eine 20-stellige Beschreibung sowie durch eine zusätzliche 6-stellige Kurzbeschreibung gekennzeichnet. Die Hauptkriterien zur Lieferantenbeurteilung sind in Tabelle T147G aufgeführt.

Abbildung 4.57 zeigt die in der SAP-Standardauslieferung enthaltenen Kriterien. Damit diese Beurteilungskriterien jedoch auch in der Lieferantenbewertung berücksichtigt werden, müssen sie im Rahmen der Pflege der Einkaufsorganisationsdaten explizit ausgewählt werden.

Dialogstruktur
- Hauptkriterien
  - Teilkriterien

BeurtKriterium	Bezeichnung für Kriterium	Kurztext
01	Qualität	
02	Menge	
03	Liefertermintreue	
04	Preis	
05	Service	SERVI.
06	Rechnungen	RECHN
07	Nachhaltigkeit	SSTN

Abbildung 4.57: Hauptkriterien der Lieferantenbeurteilung

Über die Dialogstruktur können Sie jeweils in die Ansicht der Teilkriterien eines Hauptkriteriums navigieren. Zu jedem Hauptkriterium können Sie bis zu 20 Teilkriterien hinzufügen. Dabei ordnen Sie den Teilkriterien jeweils eine zweistellige Nummer von 1 bis 20 zu. Zusätzlich vergeben Sie eine Bezeichnung, die maximal 20 Stellen umfassen darf. Über das Feld **ErmittlMethode** legen Sie fest, wie das System das Teilkriterium ermittelt. Es stehen 17 Ermittlungsmethoden zur Auswahl. Sollte keine passende Kalkulationsart vorhanden sein, haben Sie die Möglichkeit, eigene Ermittlungsmethoden über User-Exits im vorgesehenen Feld zu hinterlegen. Die definierten Teilkriterien rufen Sie über Tabelle T147I auf.

Dem Hauptbeurteilungskriterium 01 (Qualität) wurden in Abbildung 4.58 beispielsweise zwei Teilkriterien zugeordnet. Diese Teilkriterien 1 (WE-Prüfung) und 2 (Preisverhalten) greifen auf vordefinierte Ermittlungsmethoden zurück. Die WE-Prüfung wird aus Daten der Qualitätsstatistik (Ermittlungsmethode 7) und das Preisverhalten aus Einkaufsstatistiken (Ermittlungsmethode 5) automatisch ermittelt.

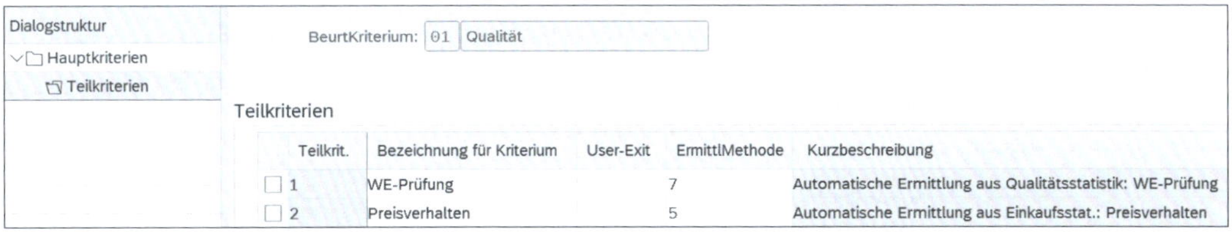

Abbildung 4.58: Teilkriterien des Beurteilungskriteriums »Qualität«

Folgende Teilkriterien sind standardmäßig für die restlichen Hauptkriterien vorgesehen:

- für Menge:
  - Mengentreue
  - Reklamation
  - Audit
- für Liefertermintreue:
  - Liefertermintreue
  - Mengentreue
  - Versandvorschrift
  - Eingehaltenes Bestätigungsdatum
- für Preis
  - Rechnungspreisänderung
- für Service
  - Qualität Leistung
  - Termin Leistung

- für Rechnungen:
  - Preisabweichung
  - Mengenabweichung
- Für Nachhaltigkeit
  - Lieferant
  - Material

Listumfang

Mithilfe der *Listumfangsparameter* definieren Sie die verschiedenen Arten von Hitlisten für die Lieferantenbeurteilung. Eine *Hitliste* gibt eine feste Reihenfolge wieder, in der die Bewertungshauptkriterien angewandt werden. Um Anpassungen an den ausgelieferten Parametern durchzuführen oder eigene Umfangsparameter einzuführen, nutzen Sie die IMG-Aktivität **Listumfang festlegen**. Ein Listumfangsparameter ist ein 10-stelliger Schlüssel mit einer maximal 40 Zeichen langen Beschreibung. In Tabelle T147M werden diese Parameter gespeichert. Abbildung 4.59 zeigt die Listumfangsparameter `STANDARD` (Hitliste nach Gesamtbeurteilung) und `VERSION1` (Hitliste nach Preisbeurteilung).

Listumfang	Beschreibung
☐ STANDARD	Hitliste nach Gesamtbeurteilung
☐ VERSION1	Hitliste nach Preisbeurteilung

Abbildung 4.59: Listumfangsparameter

Möchten Sie eigene Listumfangsparameter definieren, gehen Sie wie folgt vor:

1. Klicken Sie auf die Schaltfläche **Neue Einträge**, um einen neuen Listumfangsparameter mit einer aussagekräftigen Beschreibung anzulegen.
2. Markieren Sie den neu erzeugten Eintrag und navigieren Sie über die Schaltfläche **Inhalt der Hitliste** zur Eingabemaske, um die Hitliste weiter zu definieren.
3. Legen Sie fest, welche Hauptkriterien angezeigt werden sollen. Legen Sie außerdem die genaue Reihenfolge der Hauptkriterien fest.
4. Abschließend müssen Sie in der Hitliste eine Zeile für die Gesamtbeurteilung einfügen. Dies geschieht durch das Hinzufügen eines leeren Eintrags. Das System erkennt Ihr Vorhaben.
5. Speichern Sie Ihre Einstellungen.

Die Hitliste zu Ihrem neuen Listumfangsparameter finden Sie anschließend in Tabelle T147O wieder.

Einkaufsorganisationsdaten

Die bisher durchgeführten Konfigurationen sind als Vorarbeiten für den entscheidenden Arbeitsschritt zu interpretieren: die individuelle Konfiguration der Beurteilung für jede relevante Einkaufsorganisation. Diese Konfiguration nehmen Sie mit der Aktivität **Einkaufsorganisationsdaten pflegen** vor. Rufen Sie zunächst die Detailansicht für die gewünschte Einkaufsorganisation auf. Klicken Sie dazu auf die Schaltfläche (**Details**), siehe Abbildung 4.60. Anschließend können Sie sich durch die Dialogstruktur arbeiten und dort unter anderem Haupt- und Teilkriterien für die Lieferantenbeurteilung definieren. Ihre Einstellungen finden Sie anschließend in Tabelle T147 wieder.

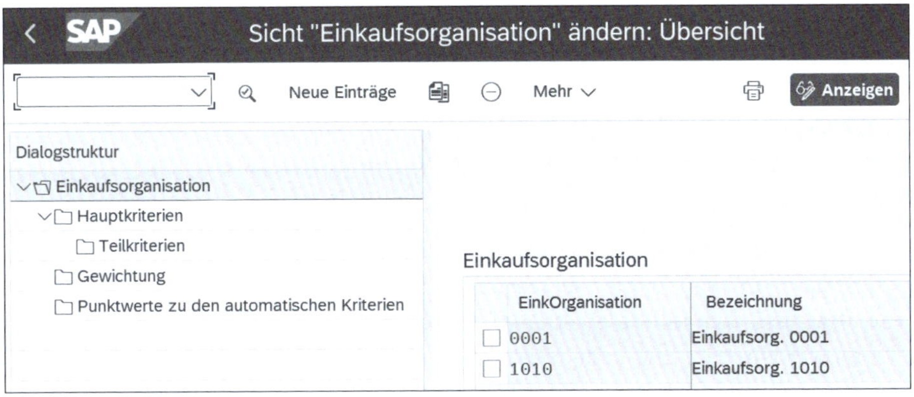

Abbildung 4.60: Sicht »Einkaufsorganisation« (Übersicht)

Im Bereich **Allgemeine Parameter** der Detailsicht bestimmen Sie anschließend Folgendes:

- die beste erzielbare Lieferantennote
- wie alt (in Tagen) die Daten maximal sein dürfen, um berücksichtigt zu werden
- den Kalender, der bei der Berechnung der Termintreue und der Einhaltung des Bestätigungsdatums herangezogen wird
- das Formular für das Lieferantenbeurteilungsblatt

Ferner überprüfen Sie die Parameter für Teilkriterien im gleichnamigen Bereich und passen diese bei Bedarf an. Im Folgenden führen wir die Teilkriterien und die möglichen Parametereinstellungen auf:

- **Preisniveau**
  Über das Kennzeichen **Einziger Lieferant** legen Sie fest, wie der Preis eines einzigen Lieferanten für ein Material die Noten für die Teilkriterien **Preisniveau** und **Preisentwicklung** beeinflusst. Diese Situation tritt ein, wenn Sie ein Material von nur einem Lieferanten beziehen wollen oder am Markt kein anderer Lieferant verfügbar ist. Im ersten Fall setzen Sie das Kennzeichen **Einziger Lieferant**, im zweiten Fall nicht.
- **Reklamation**
  Beim Teilkriterium **Reklamation** geben Sie einen gewünschten Prozentsatz für den Umsatzanteil an. Definiert ist der *Umsatzanteil* als Grenzwert für die niedrigste Qualitätsstufe des Teilkriteriums *Reklamation*.

- **Qualitätsaudit**
  Über das Kennzeichen **Durchschnitt aller Lose** definieren Sie, auf welcher Basis die Note für das Teilkriterium **Qualitätsaudit** ermittelt wird. Ein nicht gesetztes Kennzeichen bewirkt, dass nur der aktuelle Audit herangezogen wird. Ist das Kennzeichen gesetzt, wird ein Durchschnittswert aus den Qualitätsaudits aller Werke errechnet, die in diesem Zeitraum stattgefunden haben.
- **Termintreue**
  - Im Feld **Lieferterminabweichung** erfassen Sie einen Normwert in Tagen. Dieser gibt an, wie viele Tage Abweichung vom geplanten Liefertermin als 100-prozentige Abweichung gelten.
  - Das Feld **Mindestliefermengenprozentsatz** gibt an, wie viel Prozent der bestellten Menge als Mindestliefermenge gelten.
  - Ein gesetztes Kennzeichen **MinLfMg/NormLiefzAbw. aus Material** hat zur Folge, dass der Normwert für die Lieferzeitabweichung und der Mindestliefermengenprozentsatz aus dem im Materialstamm gepflegten Einkaufswerteschlüssel übernommen werden. Kann das System keine Daten ermitteln, werden die im Customizing definierten Standardwerte verwendet. Ist das Kennzeichen nicht gesetzt, werden die im Customizing definierten Werte direkt zur Berechnung herangezogen.
- **Glättungsfaktoren**
  - Unter Zuhilfenahme des Glättungsfaktors **Termintreue/Leistung** legen Sie für die Teilkriterien **Termintreue**, **Qualität Leistung**, **Einhaltung des Bestätigungsdatums** und **Termin Leistung** Ihren Glättungsfaktor fest.
  - Der Glättungsfaktor **Mengentreue** wird exklusiv für das Teilkriterium **Mengenabweichung** genutzt.
  - Der dritte und letzte Glättungsfaktor **Versandvorschrift** wird exklusiv für das Teilkriterium **Versandvorschriften** genutzt.

Nachdem Sie die allgemeinen Parameter sowie die Parameter für die Teilkriterien überprüft haben, navigieren Sie über die Dialogstruktur zu den **Hauptkriterien**. Welche Hauptkriterien für die gewählte Einkaufsorganisation genutzt werden, definieren Sie hier. Zusätzlich bestimmen Sie, ob die ermittelte Note von den Anwenderinnen und Anwendern manuell angepasst werden kann. Dies ist möglich, wenn das Kennzeichen **Manuelle Pflege** gesetzt ist.

Abbildung 4.61 zeigt die Hauptkriterien für die gewählte Einkaufsorganisation. Drei von fünf Hauptkriterien sind sichtbar. Alle Hauptkriterien in diesem Beispiel können nicht manuell geändert werden. Das System legt die Note ohne Änderungsmöglichkeit fest.

Eine Ebene tiefer in der Dialogstruktur finden Sie die Teilkriterien für jedes Hauptkriterium. Hier legen Sie Ihre Teilkriterien fest und bestimmen deren Gewichtung. Außerdem entscheiden Sie an dieser Stelle, ob eine manuelle Anpassung der Note des Teilkriteriums möglich sein soll.

Hauptkriterien

Kr	Kriterium	Manuelle Pflege
01	Qualität	☐
02	Menge	☐
03	Liefertermintreue	☐

Positionieren... Eintrag 1 von 5

Abbildung 4.61: Hauptkriterien aus der Dialogstruktur

In der SAP-Standardauslieferung sind für das Hauptkriterium **Qualität** die Teilkriterien **WE-Prüfung** und **Preisverhalten** vorgesehen (siehe Abbildung 4.62). Eine manuelle Änderung der Noten ist nicht möglich.

Definitionen zu Teilkriterien

Teilkrit.	Bezeichnung für Kriterium	Gewichtung	Manuelle Pflege
1	WE-Prüfung	1	☐
2	Preisverhalten	1	☐

Abbildung 4.62: Teilkriterien aus dem Hauptkriterium Qualität

Als vorletzten Schritt müssen Sie den Hauptkriterien den zuvor definierten Gewichtungsschlüssel sowie eine Gewichtung über die Spalte **Gewichtung** zuweisen. Da der Gewichtungsschlüssel 01 eine Gleichgewichtung vorsieht, ist in Abbildung 4.63 in der Spalte **Gewichtung** für alle Hauptkriterien der Wert 1 erfasst. Soll ein bestimmtes Hauptkriterium oder sollen mehrere Kriterien stärker in die Bewertung einfließen, erhöhen Sie diesen Wert.

Gewichtung

GewSchl.	Kurztext	Kr	Kriterium	Gewichtung
01	Gleichgewichtung	01	Qualität	1
01	Gleichgewichtung	02	Menge	1
01	Gleichgewichtung	03	Liefertermintreue	1

Positionieren... Eintrag 1 von 10

Abbildung 4.63: Gewichtung

Damit die Lieferantenbeurteilung Noten ermitteln kann, sind die Angabe einer Ermittlungsmethode, je eines Abweichungsprozentsatzes nach unten und oben sowie einer Note verpflichtend. Ist das Feld **Prozentsatz** leer, entspricht dies der Note 100. Das Notenintervall liegt zwischen 1 und 100. Eine prozentuale Abweichung nach unten wird durch ein nachgestelltes Minuszeichen angegeben. Beispielhafte Benotungswerte können Sie Abbildung 4.64 entnehmen.

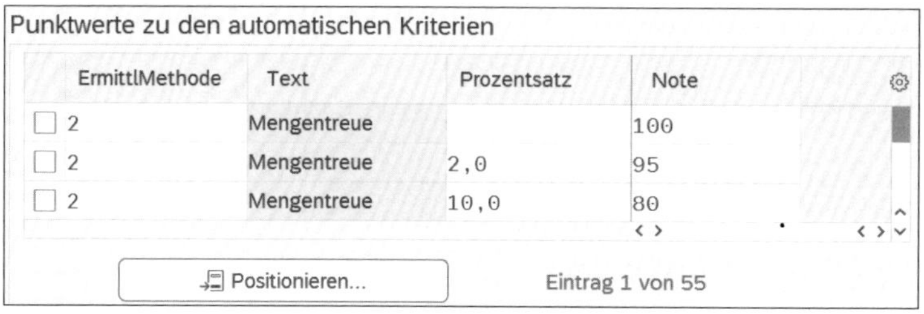
Punktwerte zu den automatischen Kriterien

ErmittlMethode	Text	Prozentsatz	Note
2	Mengentreue		100
2	Mengentreue	2,0	95
2	Mengentreue	10,0	80

Abbildung 4.64: Punktewerte zu den automatischen Kriterien

Nun können Sie die SAP-GUI-basierte Lieferantenbeurteilung durchführen.

4.7.2 Lieferantenbeurteilung mit SAP-Fiori-Apps

Kommt die SAP-GUI-basierte Lieferantenbeurteilung für Sie nicht in Frage, richten Sie Ihren Fokus auf die Einstellungen im IMG-Bereich **Materialwirtschaft • Einkauf • Lieferantenbeurteilung** für eine SAP-Fiori-basierte Lieferantenbewertung. Die Konfigurationen in diesem Bereich sind auf eine faktenbasierte Bewertung ausgerichtet.

Beurteilungskriterien für Teile pro Million

Über die Aktivität **Beurteilungskriterien für Teile pro Million pflegen** wählen Sie ein primäres Kriterium für die SAP-Fiori-App **Teile pro Million** (App-ID F4485) aus. Sie rufen diese App auf, wenn Sie sich die Anzahl fehlerhafter oder zurückgewiesener Materialien pro Million in einem Diagramm anzeigen lassen möchten. Es handelt sich um eine Hochrechnung für eine vergleichbare Anzahl von Teilen.

Standardmäßig sind zwei Kriterien anwendbar:

- **Basierend auf Rücklieferung**
  Die Berechnung basiert auf der fehlerhaften oder zurückgewiesenen Anzahl an Positionen anhand der erzeugten Materialbelege.
- **Basierend auf Qualitätsmeldung**
  Die Berechnung basiert auf der fehlerhaften oder zurückgewiesenen Anzahl an Positionen erfasst im Feld **Reklamationsmenge**.

Die Beurteilungskriterien werden in Tabelle MMPURV_PPM_EVALC geführt.

Abbildung 4.65 verdeutlicht die begrenzten Konfigurationsmöglichkeiten in dieser Aktivität. Beachten Sie, dass nur ein Kriterium zur selben Zeit aktivierbar ist. In unserem Fall ist dies die Beurteilung basierend auf Rücklieferungen, was der SAP-Standardauslieferung entspricht.

NachKrit.	Aktivieren
1 Basierend auf Rücklieferung	☑
2 Basierend auf Qualitätsmeldung	☐

Abbildung 4.65: Beurteilungskriterien für Teile pro Million

Belegtypumfang

Welche Belegtypen in Ihrer Lieferantenbewertung verarbeitet werden, legen Sie über die Aktivität **Belegtypumfang für Lieferantenbewertung definieren** fest. Sie entscheiden sich hier zwischen drei Möglichkeiten (siehe Abbildung 4.66):

- Entscheiden Sie sich für die Option **Bestellungen** als Datenbasis, können Sie mit der SAP-Standardauslieferung arbeiten.
- Möchten Sie lediglich **Lieferpläne** einbeziehen, aktivieren Sie den entsprechend Belegtyp.
- Sollen sowohl Bestellungen als auch Lieferpläne Ihre Datengrundlage sein, ist die dritte Option **Bestellungen und Lieferpläne** die perfekte Wahl.

LBewBelKo.	Aktivieren
1 Bestellungen	☑
2 Lieferpläne	☐
3 Bestellungen und Lieferpläne	☐

Abbildung 4.66: Belegtypumfang der Lieferantenbeurteilung

Es kann immer nur Datenbasis aktiviert sein. Gespeichert wird ihre Auswahl in Tabelle MMPUR_ANA_V_CONF.

Konfiguration der Kriterien

Die Berechnung der Mengenabweichung basierend auf dem Bestellstatus der Bestellpositionen können Sie über die Aktivität **Konfiguration der Kriterien zur Lieferantenbewertung** festlegen. Definiert ist eine *Mengenabweichung* als Differenz zwischen der bestellten Menge und der tatsächlich gelieferten Menge einer Bestellposition. Ihre Entscheidung finden Sie auf Tabellenebene in Tabelle:MMPURANA_VCRTCON wieder.

Folgende Optionen haben Sie, um Ihr System einzustellen:

- **NOTSET (Kennzeichen »Lieferung« nicht gesetzt)**
  Für die Berechnung der Mengenabweichung werden lediglich teilgelieferte oder noch nicht gelieferte Bestellpositionen berücksichtigt.
- **SET (Kennzeichen »Lieferung« gesetzt)**
  Für die Berechnung der Mengenabweichung werden nur Bestellpositionen, die als **vollständig geliefert** gekennzeichnet wurden, berücksichtigt.

- **BOTH (Beide(s))**
  Die Berechnung der Abweichung erfolgt unabhängig vom Lieferstatus der Bestellpositionen.

Abbildung 4.67 zeigt letztere Einstellung.

Kriterien zur Lieferantenbewertung	Endgelief.
☐ QTYVAR Mengenabweichung	BOTH Beide(s)

Abbildung 4.67: Kriterien zur Lieferantenbewertung

Lieferantenbewertung nach Einkaufskategorie

Das Herzstück der Lieferantenbewertung ist die Lieferantenbeurteilung nach Einkaufskategorie. Sie stellen diese über den IMG-Pfad **Materialwirtschaft • Einkauf • Lieferantenbeurteilung • Lieferantenbewertung nach Einkaufskategorie** ein. Dieser Teilbereich des Customizings der Lieferantenbewertung umfasst neben den Kriterien für die Lieferantenbewertung und deren Gewichtung auch die Punkte, die abhängig vom Erfüllungsgrad für ein festgelegtes Bewertungskriterium vergeben werden. Im Vergleich zur SAP-GUI-basierten Lieferantenbeurteilung fällt direkt auf, dass diese Einstellung unabhängig von der Organisationseinheit Einkaufsorganisation erfolgt. Stattdessen ist die Einkaufskategorie bei der SAP-Fiori-basierten Bewertung das Referenzobjekt. Dadurch ist das neue Verfahren flexibler als das klassische, da es nicht speziell für eine Einkauforganisation definiert wird.

[»]

Einkaufskategorien

Einkaufskategorien definieren Sie nicht im Customizing, sondern über die SAP-Fiori-App **Einkaufskategorien verwalten** (App-ID F0337).

Im Bereich **Lieferantenbewertung nach Einkaufskategorie** finden Sie mehrere IMG-Aktivitäten. Die Aktivität **Kriterium festlegen** führen Sie aus, um die Kriterien festzulegen und deren Gewichtung zu definieren. Damit ein Kriterium für die Bewertung hinzugezogen werden kann, müssen Sie es aktivieren, indem Sie das Kennzeichen **Aktiv** auswählen (siehe Abbildung 4.68).

Kriterium	Gewicht %	Aktiv	StandLief.
☐ 01 Prüflos	20,00	☑	
☐ 02 Menge	20,00	☑	
☐ 03 Zeit	20,00	☑	100
☐ 04 Preis	20,00	☑	
☐ 05 Fragebogen	20,00	☑	
☐ 06 Qualitätsmeldung		☑	

Abbildung 4.68: Bewertungskriterien festlegen

Über das Feld **Gewicht %** geben Sie pro Kriterium eine Gewichtung in Prozent an. Die Gesamtsumme aller Gewichtungen muss genau 100 % betragen. Sie legen also allein über diese Angabe fest, ob die aktivierten Kriterien gleichgewichtet werden oder bestimmte Kriterien eine höhere Gewichtung erfahren sollen.

Für das Bewertungskriterium **Zeit** bestimmen Sie zusätzlich eine Standardlieferzeit in Tagen im Feld **StandLief.**. In Abbildung 4.68 ist beispielsweise eine Standardlieferzeit von 100 Tagen eingetragen.

Alle angesprochenen Einstellungen rund um die Bewertungskriterien können Sie in Tabelle SEWS_CRITERIA_C wiederfinden.

Für jedes aktivierte Kriterium definieren Sie anschließend einen individuellen *Abweichungsprozentsatz*. Der Abweichungsprozentsatz kann sowohl negativ als auch positiv sein. Maximal ist eine Abweichung von 100 % nach oben oder unten möglich. Eine negative Abweichung wird mit einem nachgestellten Minus dargestellt. Ist keine prozentuale Abweichung gepflegt, ergibt sich die volle Punktzahl 100. Das Intervall der Punktzahlen reicht von 1 bis 100. Wie Sie Ihre Punktzahlen letztendlich definieren, ist Ihnen überlassen. Im Standard unterbreitet Ihnen das SAP-System einen Vorschlag.

Ihre Abweichungsprozentsätze und Punktzahlen definieren Sie über die Aktivität **Kriteriumspunktzahl festlegen**. Das SAP-System speichert Ihre Konfiguration in Tabelle SEWS_SCORES_C.

Abbildung 4.69 zeigt ein Beispiel für das Beurteilungskriterium **Menge**. Ist im Feld **Abweich. %** kein Prozentsatz hinterlegt, lautet die **Punktzahl** 100. Liegt eine Abweichung von über 30 % vor, beträgt die Punktzahl nur noch 10. Eine Punktzahl von 10 wird der Lieferant auch erreichen, wenn er 20 % zu wenig liefert.

Kriterium	Abweich. %	Punktzahl
02 Menge		100
02 Menge	2	95
02 Menge	10	80
02 Menge	15	60
02 Menge	20	40
02 Menge	30	10
02 Menge	100	1
02 Menge	100-	1
02 Menge	20-	10
02 Menge	15-	50

Abbildung 4.69: Punktzahlen für das Kriterium »02 Menge«

Gewichtung und Punktzahl über SAP-Fiori-App pflegen

Die getroffenen Entscheidungen bezüglich Gewichtung und Punktzahl sind zwar im Customizing hinterlegt, Sie haben aber trotzdem noch die Möglichkeit, die Werte über die SAP-Fiori-App **Lieferantenbewertung Gewichtung und Punktzahl** (App-ID F2551) anzupassen. In der App durchgeführte Änderungen werden automatisch ins Customizing übertragen. Dasselbe gilt umgekehrt.

Um die neue Lieferantenbewertung nutzen zu können, müssen Sie abschließend Ihr System auf **Lieferantenbewertung nach Einkaufskategorien** umstellen. Hierfür rufen Sie die Aktivität **Zur Lieferantenbewertung gemäß Einkaufskategorie wechseln** auf. In Tabelle SEWS_SWITCH_C wird Ihre Entscheidung gespeichert. In Abbildung 4.70 ist der Statuswechsel zur Bewertung nach Einkaufskategorien erfolgt.

Wechseln	Status wechseln
☐ 1 Lieferantenbewertung nach Einkaufskategorie	☑

Abbildung 4.70: Wechsel zur Lieferantenbewertung nach Einkaufskategorien

Benutzerdefinierte Kriterien

Möchten Sie eigene Bewertungskriterien für die Lieferantenbeurteilung anlegen und aktivieren, greifen Sie auf die IMG-Aktivität **Benutzerdefinierte Kriterien für Lieferantenbewertung aktivieren** zurück. Für die Beschreibung der benutzerdefinierten Kriterien können Sie bis zu 40 Zeichen nutzen. Um das benutzerdefinierte Kriterium zu verwenden, wählen Sie das Kennzeichen **Aktiviert** aus (siehe Abbildung 4.71). Die Anzahl der benutzerdefinierten Kriterien ist auf sechs beschränkt, von denen eines bereits durch das Kriterium **Teile pro Million** belegt ist. Sie rufen die benutzerdefinierten Kriterien über die Tabelle MMPUR_V_ANA_USCR auf.

ID	Aktiviert	Beschreibung des Kriteriums
☐ A1 Benutzerdefinierte Kriterien 1	☐	Kriterien 1
☐ A2 Benutzerdefinierte Kriterien 2	☐	Kriterien 2
☐ A3 Benutzerdefinierte Kriterien 3	☐	Kriterien 3
☐ A4 Benutzerdefinierte Kriterien 4	☐	Kriterien 4
☐ A5 Benutzerdefinierte Kriterien 5	☐	Kriterien 5
☐ A6 Teile pro Million	☐	Parts per Million

Abbildung 4.71: Mögliche benutzerdefinierte Kriterien

Die aktivierten benutzerdefinierten Kriterien können Sie über die SAP-Fiori-App **Benutzerdefinierte Kriterien für die Lieferantenbewertung pflegen** (App-ID F3812) verwalten. In SAP-Fiori-App **Lieferantenbeurteilung Gewichtung und Punktzahl** (App-ID F2551) können Sie auch Ihren eigenen Kriterien eine Gewichtung zuordnen. Die Lieferantennoten für die individuellen Kriterien können Sie über die SAP-Fiori-App **Lieferantenbewertung nach benutzerdefinierten Kriterien** (App-ID F3842A) einsehen.

Fragebögen

Weiche Faktoren in die Lieferantenbewertung mit einfließen zu lassen, ist mit der SAP-Fiori-App-basierten Lieferantenbeurteilung ebenfalls möglich. Hierzu verwenden Sie Fragebögen mit individuell gestalteten Fragen rund um das Geschäftsverhältnis, die in *Scorecards* resultieren. Die Konfigurationselemente für die weichen Bewertungskriterien legen Sie unter IMG-Pfad **Materialwirtschaft • Einkauf • Lieferanten- und Kategoriemanagement • Lieferantenbewertung** fest. Diese Einstellungen sind grundlegende technische Voraussetzungen, damit Sie Bewertungen über Fragebögen durchführen können. Die Fragebögen selbst, die Fragen und die Scorecards verwalten Sie über SAP-Fiori-Apps. Sie rufen unter anderem die SAP-Fiori-Apps **Fragen verwalten**, **Fragebogen verwalten** und **Scorecards anzeigen**. Dadurch erhöhen Sie die Flexibilität Ihrer Bewertungen. Die funktionale Konfiguration verbirgt sich nicht mehr im Customizing, sondern ist auf Anwendungsebene über Apps zugänglich.

Um Fragen und Abschnitte in Ihren Fragebögen nutzen zu können, legen Sie im Rahmen der Grundeinstellungen zunächst einen *Fragenkatalog* an. Geben Sie hierfür über das Sprachkürzel im Feld **Originalsprache** die Sprache an, die Sie für alle Fragen als Originalsprache nutzen möchten. Fragen und Abschnitte in einer anderen Sprache können anschließend nur über die Übersetzungsfunktion verwendet werden. Die Sprache des Fragenkatalogs lässt sich nachträglich nicht ändern. Bei internationalen Lieferantenbeziehungen empfiehlt es sich daher, den Fragenkatalog mit Englisch als Originalsprache anzulegen.

Die notwendige Systemeinstellung rufen Sie über die Aktivität **Fragenkatalog für Lieferantenbewertung anlegen** auf. Abbildung 4.72 zeigt die Pflegemaske für den Fragenkatalog. In diesem Beispiel wird als Originalsprache Deutsch (»DE«) festgelegt. Nach dem Ausführen der Aktivität ist der Fragenkatalog angelegt.

Abbildung 4.72: Fragenkatalog für die Lieferantenbewertung in der Sprache Deutsch (DE)

Nummernkreise

Eine Vielzahl von Nummernkreisobjekten (siehe Abbildung 4.73) verbirgt sich im Customizing-Bereich **Nummernkreise für die Lieferantenbewertung**. Hier legen Sie die Nummernkreise von Fragen, Abschnitten, Bewertungs-Scorecards und Ähnlichem fest. Rufen Sie dazu alle Aktivitäten nacheinander auf und arbeiten Sie sich systematisch von oben nach unten durch.

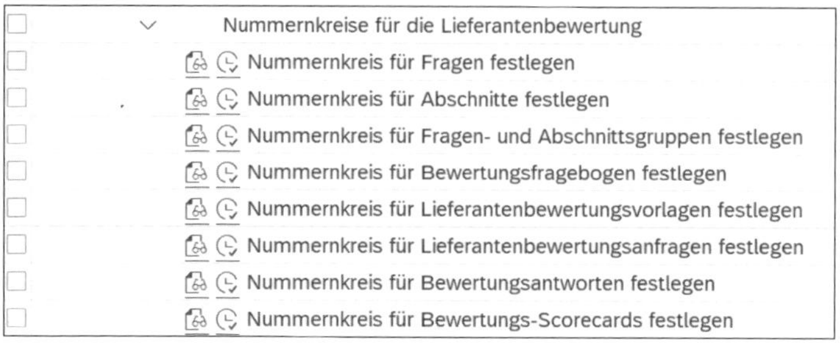

Abbildung 4.73: IMG-Aktivitäten im Bereich »Nummernkreise für die Lieferantenbewertung«

Welcher Nummernkreis für Fragen im Fragenkatalog vorgesehen wird, legen Sie z. B. über die Aktivität **Nummernkreis für Fragen festlegen** fest. Die SAP-Standardauslieferung sieht das folgende Nummernkreisintervall vor: 01 (intern): von 000000000000000 00001 bis 99999999999999999999. Für alle weiteren Aktivitäten in diesem Teilbereich ist das gleiche Intervall vordefiniert.

Damit Sie die Nummernkreispflege zügig abschließen können, listet Tabelle 4.1 die Nummernkreisobjekte auf, die Sie direkt über die Transaktion SNUM aufrufen können.

Objekt	Nummernkreisobjekt
Fragen	/SRMSMC/Q
Abschnitte	/SRMSMC/QS
Fragen- und Abschnittsgruppen	/SRMSMC/QG
Bewertungsfragebogen	/SRMSMC/QE
Lieferantenbewertungsvorlagen	/SRMSMC/EP
Lieferantenbewertungsanfragen	/SRMSMC/EV
Bewertungsantworten	/SRMSMC/RS
Bewertungs-Scorecards	/SRMSMC/SS

Tabelle 4.1: Nummernkreisobjekte im IMG-Bereich »Nummernkreise für die Lieferantenbewertung«

4.8 Partnerfindung

Ein Lieferant kann bei einer Geschäftsvorfallabwicklung mehrere Funktionen übernehmen. Er liefert die angeforderte Ware an die vereinbarte Lieferadresse, pflegt seine Geschäftsbeziehungen und wickelt die Rechnungsbearbeitung ab. Jedoch übernimmt der Lieferant diese Aufgaben nicht immer selbst. Er beauftragt einen Dienstleister für den

Warentransport oder wickelt den Zahlvorgang über eine ausgegliederte Tochterfirma ab. Für diese Zwecke unterstützen sogenannte *Partner* den Lieferanten bei der Durchführung der Tätigkeit. Die Partnerfindung unterstützt Sie dabei, mit den diversen Partnerrollen in den Einkaufsbelegen auf Belegkopfebene zu arbeiten.

Welche Partnerrollen für die Einkaufsbelege Anwendung finden, legen Sie über den IMG-Pfade **Materialwirtschaft • Einkauf • Partnerfindung • Partnerrollen** und **Partnereinstellung in Einkaufsbelegen** fest (Abbildung 4.74).

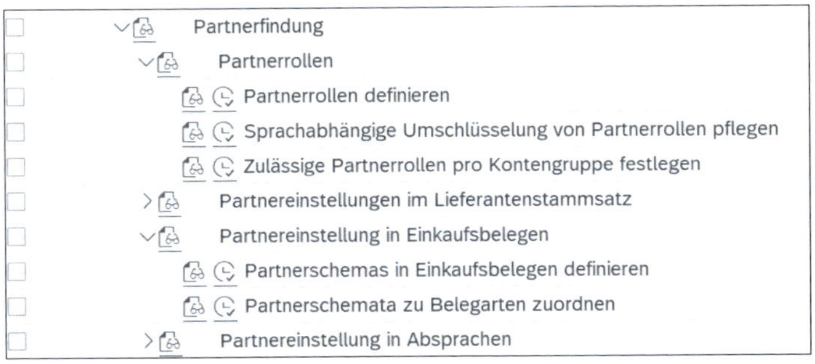

Abbildung 4.74: IMG-Aktivitäten im Bereich »Partnerfindung«

Folgende Schritte müssen Sie in der angegebenen Reihenfolge abarbeiten, damit Sie Partnereinstellungen in Ihren Einkaufsbelegen vorfinden:

1. Definieren Sie vorgesehene Partnerrollen.
2. Legen Sie gegebenenfalls eine sprachabhängige Umschlüsselung fest.
3. Prägen Sie ein Partnerschema aus.
4. Ordnen Sie dem Partnerschema eine Einkaufsbelegart zu.

Der Aufbau der nachfolgenden Abschnitte, in denen wir Ihnen das Ganze genauer erklären, entspricht der Reihenfolge der Schritte in dieser Liste.

Partnereinstellungen im Lieferantenstamm

In Abschnitt 3.2.2, »Geschäftspartner – Lieferanten (Logistik Allgemein)«, finden Sie die Einstellungen aus Sicht des Lieferantenstammsatzes. Beachten Sie, dass die Ausprägungen im Geschäftspartner und im Einkaufsbeleg nicht stark voneinander abweichen sollten. So können Sie unnötige Meldungen, beispielsweise beim Anlegen einer Bestellung, vorab vermeiden.

4.8.1 Partnerrollen

Partnerrollen entsprechen den betriebswirtschaftlichen Partnerfunktionen, die für einen Lieferanten eingenommen werden. Der SAP-Standard sieht unter anderem folgende Partnerrollen vor:

- Ansprechpartner (AP)
- abweichender Zahlungsempfänger (AZ)
- Bestelladresse (BA)
- Lieferant (LF)
- Lieferwerk (LW)
- Rechnungssteller (RS)
- Spediteur (SP)
- Warenlieferant (WL)

Rufen Sie die IMG-Aktivität **Partnerrollen definieren** auf, um eine Partnerrolle neu zu definieren oder bei Bedarf eine bestehende Rolle nach Ihren Vorstellungen anzupassen. Mithilfe eines zweistelligen alphanumerischen Schlüssels legen Sie die Partnerrolle eindeutig fest. Für die Bezeichnung steht ein Feld mit maximal 20 Zeichen parat. In Tabelle TPAR werden die Partnerrollen geführt.

In Abbildung 4.75 sehen Sie die Partnerrolle LF (Lieferant). Um welche Art es sich bei der Partnerrolle handelt, legen Sie über das Feld **NrArt** (Art der Partnernummer) fest. Der Wert LI in diesem Feld verdeutlicht, dass es sich um einen Lieferanten handelt. Anhand der Eindeutigkeit ist sichergestellt, dass die Partnerrolle lediglich einmal im Einkaufsbeleg vorkommen kann. Hierzu müssen Sie das Kästchen **Eindeutig** selektieren. Eine hierarchische Partnerrollenabfolge stellen Sie über das Feld **Überg.Par.Rolle** ein. Sehen Sie eine übergeordnete Rolle vor, pflegen Sie hier einen Wert ein.

	Rolle	Bezeichnung	NrArt	Eindeutig	Überg.Par.Rolle
☐	LF	Lieferant	LI	☑	

Abbildung 4.75: Partnerrolle LF (Lieferant)

Personen, die Englisch als Muttersprache haben, bringen im Normalfall mit der Abkürzung LF nicht ad hoc die Partnerrolle **Lieferant** in Verbindung. Um solche sprachlichen Konflikte zu lösen, prägen Sie in der Zielsprache einen zutreffenden Partnerschlüssel, hier also Englisch, aus. Um ein abweichendes Rollenkürzel für eine andere Sprache einzurichten, rufen Sie die IMG-Aktivität **Sprachabhängige Umschlüsselung von Partnerrollen pflegen** in der Anmeldesprache auf, die Sie anpassen möchten. Für die Partnerrolle LF ist auf Englisch der Wert VN (Vendor) eingestellt (siehe Abbildung 4.76). Die sprachabhängige Umschlüsselung finden Sie in Tabelle TPAUM wieder.

	Partner Function	Name	Lang-spec.part.func.
☐	LF	Supplier	VN

Abbildung 4.76: Die Partnerrolle LF in englischer Sprache (VN)

4.8.2 Partnereinstellung in Einkaufsbelegen

Mithilfe von *Partnerschemata* gruppieren Sie die verschiedenen Partnerrollen und legen innerhalb des Partnerschemas fest, welche Partnerrollen ausgewählt werden können und ob eine obligatorische Eingabe der Partnerrolle im zugewiesenen Beleg erwartet wird. Die SAP-Standardauslieferung enthält Partnerschemata für die Einkaufsbelege Kontrakte (0001), Normalbestellung (0002) und Umlagerungsbestellung (0003) (siehe Abbildung 4.77). Nutzen Sie diese Partnerschemata als Kopiervorlage für eigene Partnerschemata.

Dialogstruktur
- Partnerschemata
  - Partnerrollen im Schema

ParSc	Bezeichnung
0001	Kontrakte
0002	Normalbestellung
0003	Umlagerbestellung

Abbildung 4.77: Partnerschemata Einkaufsbelege

Sie legen ein Partnerschema mit der IMG-Aktivität **Partnerschema definieren** an. Als Schlüsselwert können Sie einen vierstelligen alphanumerischen Wert nutzen. Die Beschreibung sieht eine maximal 20-stellige Eingabe vor. Systemseitig wird das definierte Partnerschema in Tabelle TVPG geführt. Die Einstellungen zu den Partnerrollen rufen Sie über Tabelle TPAER auf.

Um die zugewiesenen Partnerrollen inklusive deren Ausprägungen zu betrachten, klicken Sie das Partnerschema an, das Sie interessiert. Über die Dialogstruktur navigieren Sie zu den Partnerrollen.

In Abbildung 4.78 sehen Sie einen Überblick über alle enthaltenen Partnerrollen und die eingestellten Eigenschaften von Partnerschema 0002, das für Normalbestellungen vorgesehen ist (Belegart NB).

Partnerschema: 0002

Rolle	Bezeichnung	keine Änd.	Pflicht	Schluß	Höh. Ebene
2A	LieferantHierarch. 1	✓			
2B	LieferantHierarch. 2	✓			
2C	LieferantHierarch. 3	✓			
2D	LieferantHierarch. 4	✓			
AP	Ansprechpartner				
BA	Bestelladresse				
FS	Frachtlieferant				
LF	Lieferant	✓	✓		✓
LW	Auslieferungswerk	✓			

Abbildung 4.78: Ausschnitt aus den Partnerrollen im Partnerschema 0002 (Normalbestellung)

Änderungen am Partner sind für die Rollen im Einkaufsbeleg möglich, bei denen nicht die Option **keine Änd.** ausgewählt wurde. Beim Anlegen einer Normalbestellung können Sie den hinterlegten Partner für die Rolle Lieferant nicht anpassen. Die Ermittlung des Partners erfolgt über den Rolleneintrag im Geschäftspartner. Verpflichtend ist im Partnerschema 0002 nur die Angabe der Partnerrolle LF (Lieferant). Das System prüft beim Speichervorgang des Belegs, ob dieses Feld befüllt ist, und gibt eine entsprechende Meldung aus, falls die Musseingabe übergangen wurde.

Das Kennzeichen **Schluß** steuert, wann die Partnerbestimmung im Beleg erfolgt. Ein gesetztes Kennzeichen bewirkt, dass die Partnerermittlung beim abschließenden Speichern beziehungsweise bei der Prüfung des Einkaufbelegs stattfindet. Dieses Vorgehen ist dann sinnig, wenn Sie auf Werks- oder Teilsortimentsebene abweichende Partner im Lieferantenstamm gepflegt haben. Ohne Ausnahme ist in Partnerschema 0002 keine Partnerermittlung am Vorgangsende eingestellt.

Das System führt eine Partnersuche auf Ebene der Einkaufsorganisation durch, wenn auf Werks- und Lieferantensortimentsebene keine Partner gepflegt sind. Hierzu müssen Sie die Option **Höh. Ebene** auswählen. Bei verschiedenen Werken in den Belegpositionen wird die Partnersuche auf Ebene der Einkaufsorganisation durchgeführt. Dies betrifft in Partnerschema 0002 die Partnerrolle LF (Lieferant) und RS (Rechnungssteller).

Bevor Sie überhaupt Partnerrollen in den unterschiedlichen Einkaufsbelegen erfassen können, müssen Sie das Partnerschema zwingend einer Belegart zuordnen. Ein Partnerschema kann hierbei mehreren Belegarten zugewiesen werden. Für die Zuordnung zur Belegart wählen Sie die IMG-Aktivität **Partnerschemata zu Belegarten zuordnen** aus. Die dadurch entstehenden Kombinationen finden Sie in Tabelle T161P.

In Abbildung 4.79 sehen Sie, dass das Partnerschema 0002 (Normalbestellung) für die Belegart NB (Normalbestellung) zuständig ist. Das heißt, Sie können alle im Partnerschema enthaltenen Partnerrollen beim Anlegen einer Normalbestellung nutzen. Verpflichtend ist lediglich die Partnerrolle LF (Lieferant).

Belegtyp	Art	Belegartbezeichnung	ParSc	Bezeichnung
☐ Bestellung	NB	Normalbestellung	0002	Normalbestellung

Abbildung 4.79: Zuordnung des Partnerschemas 0002 zur Belegart NB

[»]

Kopieren einer Belegart

Haben Sie eine bestehende Belegart als Kopiervorlage genutzt (siehe Abschnitt 4.2.4), wird die Zuordnung der Belegart zu einem Partnerschema nicht übernommen. Überprüfen Sie daher für alle neuen Belegarten Ihre Einstellungen in dieser IMG-Aktivität.

Zum Schluss führen Sie einen Anwendungstest durch, indem Sie beim Anlegen einer neuen Bestellung mit der zuvor konfigurierten Belegart auf der Kopfebene die Registerkarte **Partner** aufrufen. Prüfen Sie, ob die zuvor eingestellten Partnerrollen hier jetzt ausgewählt werden können.

4.9 Freigabe von Einkaufsbelegen

Freigabeverfahren für Einkaufsbelege (inkl. Bestellanforderungen) kommen für Sie in Frage, wenn Sie in Ihrem Unternehmen systemgestützte Genehmigungsverfahren etablieren möchten. Durch fest definierte Bedingungen stellen Sie sicher, dass Ihre Einkaufsbelege erst nach einer zusätzlichen Prüfung durch eine oder mehrere sachverständige Personen weiterverarbeitet werden kann. Sie wahren so das Vier-Augen-Prinzip.

SAP S/4HANA bietet Ihnen zwei Möglichkeiten, um ein Genehmigungsverfahren zu konfigurieren: Entweder verwenden Sie die aus SAP ERP bekannte Freigabeverfahren oder den *flexiblen Workflow* – ein neuartiges Genehmigungsverfahren in SAP S/4HANA.

Der flexible Workflow in SAP S/4HANA kommt nur dann für Sie in Frage, wenn Sie (zukünftig) das SAP Fiori Launchpad und die benötigten SAP-Fiori-Apps zur Konfiguration des Workflows einsetzen. Ist dies der Fall, konfigurieren Sie den flexiblen Workflow einkaufsbelegabhängig. Der entsprechende IMG-Pfad lautet **Materialwirtschaft • Einkauf • Einkaufsbeleg/Bestellanforderung • Flexibler Workflow für Einkaufsbelege** bzw. **Flexibler Worklow für Bestellanforderungen** (siehe Abbildung 4.80).

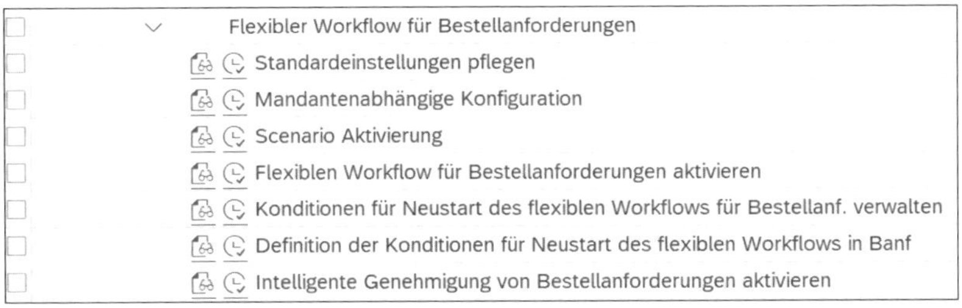

Abbildung 4.80: IMG-Aktivitäten im Bereich »Flexibler Workflow für Bestellanforderungen«

Führen Sie ein SAP-S/4HANA-System ohne neue Benutzererfahrung (ohne SAP Fiori) ein, deutet dies auf ein Genehmigungsverfahren basierend auf das Freigabeverfahren in SAP ERP hin. Hierfür arbeiten Sie mit den Aktivitäten, die Sie über den IMG-Pfad **Materialwirtschaft • Einkauf • Einkaufsbeleg/Bestellanforderung • Freigabeverfahren für Einkaufsbelege** bzw. **Freigabeverfahren** abrufen können (siehe Abbildung 4.81).

In diesem Abschnitt zeigen wir Ihnen die Customizing-Einstellungen für das Freigabeverfahren von Einkaufsbelegen aus Sicht des Einkaufs. Anschließend erfahren Sie, welche Einstellungen für den flexiblen Workflow notwendig sind.

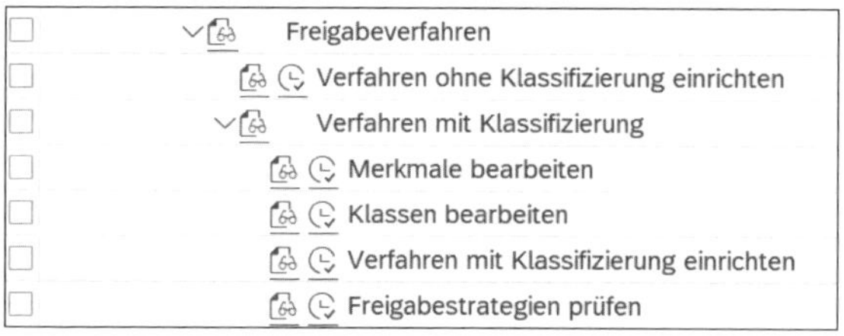

Abbildung 4.81: IMG-Aktivitäten im Bereich »Freigabeverfahren« (für Bestellanforderungen)

4.9.1 Klassisches Freigabeverfahren

Ziel des *Freigabeverfahrens* ist es, ein manuelles Unterschriftsverfahren durch einen systemgestützten Genehmigungsprozess zu ersetzen, ohne das gewünschte Vier-Augen-Prinzip zu verletzen.

Die bekannten Anwendertransaktionen zur Freigabe von Einkaufsbelegen lauten:

- ME45 (Freigeben Anfrage)
- ME54N (Einzelfreigabe Bestellanforderung)
- ME55 (Sammelfreigabe Bestellanforderungen)
- ME29N (Einzelfreigabe Bestellung)
- ME35K (Freigeben Kontrakt)
- ME35L (Freigeben Lieferplan)

Sie unterscheiden bei Einkaufsbelegen zwischen einem Freigabeverfahren ohne und mit Klassifizierung. Ein Verfahren ohne Klassifizierung ist lediglich für die Bestellanforderung nutzbar, deshalb erklären wir Ihnen im nächsten Unterabschnitt das Freigabeverfahren ohne Klassifizierung anhand der Bestellanforderung. Für ein Verfahren mit Klassifizierung betrachten wir stattdessen die Bestellung als repräsentatives Beispiel für alle übrigen Einkaufsbelege. Die Customizing-Einstellungen nehmen Sie in beiden Fällen über den IMG-Pfad **Materialwirtschaft • Einkauf • [Einkaufsbeleg]/Bestellanforderung • Freigabeverfahren für [Einkaufsbelege]** bzw. **Freigabeverfahren** vor.

[»]

Freigabeverfahren mit Workflow-Anbindung

Sie können Ihr Freigabeverfahren in Bezug auf die Benachrichtigung von beteiligten Mitarbeitenden durch die Anbindung von SAP Business Workflow unterstützen, die bewirkt, dass ein Workitem generiert und der jeweiligen Person zugewiesen wird. Bei der Bearbeitung des Workitems ruft das System die entsprechenden Freigabetransaktionen auf. Die Anbindung an SAP Business Workflow stellt einen zusätzlichen Konfigurationsschritt dar.

Verfahren ohne Klassifizierung

Die Freigabe ohne Klassifizierung ist ein spezielles *Freigabeverfahren* für Bestellanforderungen. Der Hauptfokus des Verfahrens auf Positionsebene liegt darin, die Bestellanforderung auf inhaltliche Korrektheit zu prüfen. In der Standardauslieferung ist dieses Verfahren für die Anforderung voreingestellt. Die Freigabestrategie berücksichtigt:

- den Kontierungstyp
- die Warengruppe
- das Werk
- den Bestellanforderungswert in der hinterlegten Währung

Das Freigabeverfahren ohne Klassifizierung richtigen Sie über die IMG-Aktivität **Verfahren ohne Klassifizierung einrichten** ein. Dabei führen Sie die Schritte innerhalb der genannten Aktivität in dieser Reihenfolge durch:

1. Freigabecodes
2. Freigabekennzeichen
3. Freigabekennzeichen zuordnen
4. Freigabestellen-Voraussetzung
5. Ermittlung der Freigabestrategie

Ein *Freigabecode* ist ein zweistelliges alphanumerisches Kürzel, mit dem der Bearbeiter oder die Bearbeiterin eine Bestellanforderung positionsweise oder komplett freigeben beziehungsweise die Freigabe rückgängig machen kann. Für Einkaufsbelege ist nur eine komplette Freigabe des Belegs auf Kopfebene möglich. Liegt für den Freigabecode eine Anbindung an SAP Business Workflow vor, ist zusätzlich eine Zurückweisung der Freigabe möglich. Freigabecodes führt das ERP-System in Tabelle T161E. Die Bezeichnung des Codes umfasst bis zu 20 Zeichen.

Abbildung 4.82 zeigt beispielhaft den Freigabecode 01. Als Bezeichnung für diesen Code ist »Freigabestelle 1« eingetragen.

Freigabecode	Bezeichnung
01	Freigabestelle 1

Abbildung 4.82: Freigabecode 01

Setzen Sie Ihre Konfiguration für die Freigabe ohne Klassifizierung fort, indem Sie ein *Freigabekennzeichen* anlegen. Das Freigabekennzeichen wird bei der Anlage der Bestellanforderung über die Freigabestrategie ermittelt und gibt über Folgendes Auskunft:

- Ist die Bestellanforderung fixiert, d. h. wird sie nicht mehr von der Bedarfsplanung geändert?
- Kann ein Folgebeleg (hier: Anfrage/Bestellung) mit Bezug zur Bestellanforderung angelegt werden?

- Sind bestimmte Felder nach einer erfolgten Freigabe noch anpassbar?
- Kann die Bestellanforderung nach Start des Freigabeverfahrens geändert werden? Was gilt bei einer Anpassung für die Freigabe?

Die SAP-Standardauslieferung sieht folgende Freigabekennzeichen für eine Bestellanforderung vor:

- 1 (Anfrage)
- 2 (Anfrage/Bestellung)
- 3 (Anfr./Best. keine Terminänd.)
- 4 (Abfr./Best. keine Änderungen)
- A (Fixiert Anfrage)
- B (Fixiert Anfrage/Bestellung)
- X (Gesperrt)

In der Detailansicht eines Freigabekennzeichens legen Sie die steuernden Daten fest. Für Freigabekennzeichen 2 (Anfrage/Bestellung), siehe Abbildung 4.83, ist das Kennzeichen **Fixiert für Bedarfsplanung** nicht gesetzt. Stattdessen wurden die beiden Auswahlkästchen zur Freigabe für den Folgebeleg ausgewählt. Über den Feldauswahlschlüssel FZ01 ist ferner geregelt, welche Felder in der Banf nach der Belegfreigabe noch angepasst werden können. Im Bildbereich **Änderungen nach Beginn der Freigabe** sind in unserem Beispiel keine Angaben gemacht worden.

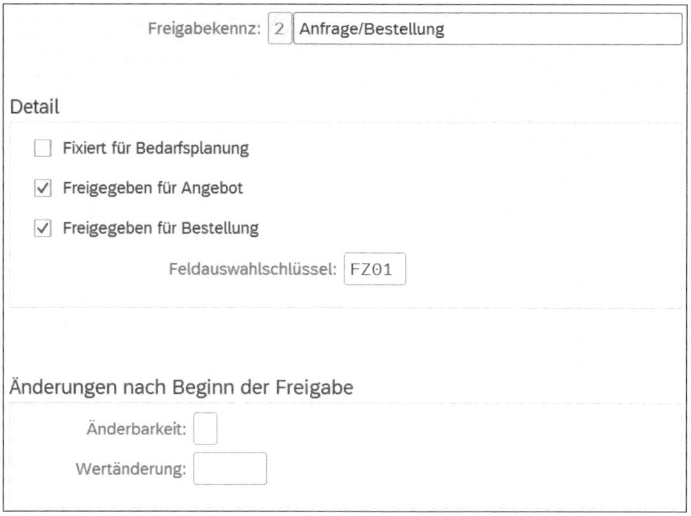

Abbildung 4.83: Detailansicht des Freigabekennzeichens 2

Sind die Freigabekennzeichen vollständig definiert, ordnen Sie sie einer *Freigabestrategie* zu, die Sie bei Bedarf zusätzlich in diesem Schritt anlegen. Die Freigabestrategie gibt die

Reihenfolge der Freigabestellen an, in der die Freigabe der Bestellanforderung erfolgen muss.

[!]

Start- und Endkennzeichen

Ein Freigabekennzeichen muss als Startkennzeichen für die nachfolgenden Kennzeichen deklariert werden. Für dieses Freigabekennzeichen wählen Sie die Auswahlkästchen **Freigegeben für Angebot** und **Freigegeben für Bestellung** *nicht* aus. In der Standardauslieferung ist das anfängliche Kennzeichen das Freigabekennzeichen X (Gesperrt).

Zudem müssen Sie an den Abschluss der Freigabe denken. Für den abgeschlossenen Zustand einer Banf ist ein Kennzeichen notwendig. Wenn Sie für Kennzeichen 2 (Anfrage/Bestellung) die Optionen **Freigegeben für Angebot** und **Freigegeben für Bestellung** auswählen, wird Kennzeichen 2 damit zu einem Endkennzeichen.

Die zweistellige alphanumerische Freigabestrategie inklusive der Zuweisungen aus Abbildung 4.84 werden in Tabelle T161G gespeichert. Die Zuordnung des Freigabekennzeichens zu einer Strategie ist als Vorarbeit für die anschließende Aufgabe zu verstehen, die Freigabecodes der Freigabestrategie zuzuordnen. Beginnen Sie mit den Einstellungen, wenn Sie wissen, wie die Freigabestrategie aussehen soll.

FrgStrat	C1	C2	C3	C4	C5	C6	C7	C8	Frgkennz
☐ S1	X								2

Abbildung 4.84: Freigabekennzeichen zuordnen

Dazu ein Beispiel: Sie möchten eine Freigabestrategie S1 definieren, die aus zwei Freigabecodes (A1 und A2) bestehen soll, wobei der Freigabecode A1 eine zwingende Voraussetzung dafür ist, dass der Freigabecode A2 überhaupt gesetzt werden kann. Hierfür haben Sie bereits zwei Kennzeichen (A und B) angelegt.

Sie legen die Freigabestrategie an und weisen der Strategie die Kennzeichen X (Gesperrt), A und B zu. Bei Kennzeichen X lassen Sie alle Freigabecodes (C1 bis C8) leer. Den Freigabecode C1 belegen Sie mit einem X für das Freigabekennzeichen A. Bei der Zuordnung zu Kennzeichen B erfassen Sie den Wert X sowohl in Spalte C1 als auch in Spalte C2.

Fahren Sie mit der Festlegung der Freigabestrategie fort, wenn die Zuordnung der Freigabekennzeichen zur Strategie abgeschlossen ist. Legen Sie anschließend fest, welche Freigabecodes die Freigabestrategie beinhaltet. In Abbildung 4.85 sehen Sie eine beispielhafte Zuweisung. Sie finden die Zuweisungen in Tabelle T161F wieder.

FrgStrategie	Freigabecode	Bezeichnung	C1	C2	C3	C4	C5	C6	C7	C8
S1	01	Freigabestelle 1	X							

Abbildung 4.85: Freigabestellenvoraussetzung

Für das fiktive Beispiel der Freigabestrategie S1 sind zwei Einträge notwendig. Zum einen kombinieren Sie die Strategie S1 mit dem Freigabecode A1 und versehen die Spalte C1 mit dem Wert X. Zum anderen weisen Sie der Strategie den Code A2 mit den ausgewählten Spalten C1 und C2 zu. Für Spalte C1 hinterlegen Sie ein +, für Spalte C2 ein X.

Durch die Angabe des Pluszeichens gewährleisten Sie, dass der Freigabecode A2 den Code A1 voraussetzt. Somit können Sie ein mehrstufiges Freigabeverfahren konfigurieren, indem die Führungskraft das letzte Wort bei der Freigabe der Bestellanforderung hat. Es gibt grundsätzlich folgende Ausprägungen:

- »blank« - Freigabezustand wird nicht gesetzt
- **X** - Freigabezustand wird gesetzt
- **+** - Freigabezustand wird vorausgesetzt

Im abschließenden Schritt bestimmen Sie, wann die Freigabestrategie ausgeführt wird. Dabei legt das Zusammenspiel zwischen Kontierungstyp, Warengruppe, Werk und Wert der Bestellanforderung die Rahmenbedingungen fest. In Tabelle T161I werden die Ermittlungen der Freigabestrategien gespeichert.

Sie müssen nicht alle Stellschrauben zur Ermittlung der Freigabestrategie mit Werten belegen. Je mehr Bedingungen Sie verwenden, desto spezifischer ist die Ermittlung. In Abbildung 4.86 sehen Sie, dass für die Werke 0001 und 0003 dieselbe Strategieermittlung angewendet wird. Sie nutzen selbstverständlich eine aktuelle Währung, nicht die ehemalige Deutsche Mark (DEM).

KontierTyp	Warengrp	Werk	Banfwert	Währg	Freigabestrategie
		0001	1.000,00	DEM	S1
		0003	1.000,00	DEM	S1

Abbildung 4.86: Ermittlung der Freigabestrategie

[»]

Kontierungstypabhängige Freigabestrategie

Wenn Sie eine Freigabestrategie kontierungstypabhängig einstellen, müssen Sie für jeden Kontierungstyp alle denkbaren Kombinationen von Warengruppen und Werke pflegen.

Bis hierher haben wir nun also das Freigabeverfahren ohne Klassifizierung in seinen Grundzügen erläutert. Nun kommen wir zum Verfahren mit Klassifizierung - dabei werden Ihnen schon bekannte Begriffe über den Weg laufen.

Verfahren mit Klassifizierung

Das Freigabeverfahren mit Klassifizierung konfigurieren Sie über die IMG-Aktivität **Verfahren mit Klassifizierung**. Dank der Klassifizierung erweitern Sie das Spektrum der Freigabebedingungen und erhöhen die Verfahrensflexibilität. Das klassifizierte Verfahren kommt für Anfragen, Bestellanforderungen, Kontrakte, Bestellungen und Lieferpläne zum Einsatz. Eine positionsweise (Teil-)Freigabe ist bei Einkaufsbelegen nicht möglich. Die Funktionalität beschränkt sich auf die Bestellanforderung.

Sie richten ein klassifiziertes Freigabeverfahren anhand folgender Schrittabfolge ein:

1. Merkmale definieren
2. Klasse anlegen
3. Freigabeverfahren einrichten
4. Freigabestrategie prüfen

Merkmale bieten innerhalb einer Freigabestrategie zusätzliche Freigabebedingungen an. Bevor Sie mit der Ausprägung der Merkmale beginnen, sollten Sie sich unbedingt mit den möglichen Merkmalen – sprich den späteren Freigabebedingungen – auseinandersetzen. In der Tabelle CEKKO sind alle Felder aufgeführt, die für eine Freigabebedingung bei Einkaufsbelegen in Frage kommen. Die entsprechende Tabelle für die Bestellanforderung lautet CEBAN. Rufen Sie also den Pfad **Werkzeuge • ABAP Workbench • Entwicklung • Dictionary** (Transaktion SE11) auf, und geben Sie »CEKKO« in das Feld **Datenbanktabelle** ein. Über die Schaltfläche **Anzeigen** gelangen Sie zu den Feldern. Insgesamt sehen Sie in der Tabelle 33 Felder, darunter z. B. `BSTYP` (Belegtyp), `EKGRP` (Einkäufergruppe) oder `GNETW` (Gesamter Bestellnettowert). Für die Befüllung des Belegtyps bedeutet dies: Falls Sie für die verschiedenen Belegtypen eine individuelle Freigabestrategie konfigurieren möchten, müssen Sie ein Merkmal für den Belegtyp anlegen.

Ein Merkmal legen Sie über die IMG-Aktivität **Merkmale bearbeiten** (Transaktion CT04) an. Alternativ rufen Sie die Transaktion über den Menüpfad **Anwendungsübergreifende Komponenten • Klassensystem • Stammdaten • Merkmalverwaltung** auf (siehe Abbildung 4.87). Gehen Sie wie folgt vor:

1. Geben Sie eine frei definierbare Merkmalsbezeichnung ein. Die Bezeichnung muss nicht dem Feldnamen aus der Struktur CEKKO entsprechen. Dennoch bietet sich dies als pauschales Vorgehen an.
2. Springen Sie zunächst zur Registerkarte **Zusatzdaten**, und hinterlegen Sie dort den Tabellen- und den Feldnamen (z. B. »CEKKO« und »GNETW«) in den vorgesehenen Feldern. Achten Sie zudem darauf, dass im Bereich **Verhalten bei Bewertung** keine Option ausgewählt ist. Anderenfalls ist eine Zuweisung eines Werts zum Merkmal beim Anlegen der Freigabestrategie nicht möglich. Bei währungsbasierten Merkmalen geben Sie zusätzlich eine Währung ein.
3. Auf der Registerkarte **Basisdaten** überprüfen Sie die Daten des Feldes. Sehen Sie für das Merkmal mehrere Werte vor, wählen Sie im Bereich **Bewertung** die Option

Mehrwertig aus. Selbiges gilt, falls das Merkmal ein numerisches Intervall repräsentieren soll.

4. Navigieren Sie zur Registerkarte **Bezeichnungen**, und kontrollieren Sie hier die Texte auf ihre Korrektheit.
5. Bei Bedarf prägen Sie Vorschlagswerte für Merkmale auf der Registerkarte **Werte** aus. Hinterlegen Sie hier Werte, sind diese bei der Definition der Freigabestrategie in der Werthilfe verfügbar. Möchten Sie abweichende Werte im Vergleich zur Wertehilfe erfassen, wählen Sie das Kästchen **Zusätzliche Werte** aus.
6. Wenn das Merkmal nur für eine bestimmte Klassenart gültig sein soll, geben Sie auf der Registerkarte **Einschränkungen** die entsprechende Klassenart ein. Hilfreich hier ist die Begrenzung auf Klassenart 032 (Freigabestrategie).
7. Speichern Sie das Merkmal.

Abbildung 4.87: Einstiegsbild von Transaktion CT04 (Merkmalverwaltung)

Die Schritte 1 bis 7 führen Sie für jede zusätzliche Freigabebedingung durch. Merkmale sind keine eigenständigen Objekte im SAP-System. Sie tauchen immer in Verbindung mit einer Klasse auf. Daher legen Sie für die kreierten Merkmale eine eigene Klasse an. Die Klasse fasst alle Merkmale bündig zusammen.

Zur Definition einer Klasse wählen Sie die IMG-Aktivität **Klassen bearbeiten** (Transaktion CL02) aus. Im SAP-Menü finden Sie die Transaktion unter dem Pfad **Anwendungsübergreifende Komponenten • Klassensystem • Stammdaten • Klassenverwaltung**. Sie gelangen zunächst zum Einstiegsbild der Klassenverwaltung, das Sie in Abbildung 4.88 sehen.

Abbildung 4.88: Einstiegsbild von Transaktion CL02 (Klassenverwaltung)

Damit Sie die korrekte Klasse im Sinne des Freigabeverfahrens anlegen, führen Sie folgende Schritte aus, nachdem Sie das Einstiegsbild der Klassenverwaltung geöffnet haben:

1. Definieren Sie eine Klasse für die Freigabebedingungen, sprich Merkmale. Hierfür nutzen Sie die Standardklassenart 032 (Freigabestrategie). Bei der Bezeichnung der Klasse müssen Sie keine Vorgaben einhalten. Empfehlenswert ist, zwischen den Belegarten zu differenzieren, z. B. könnten Sie die Klasse FREIGABE_BESTELLUNG nennen.
2. Tragen Sie auf der Registerkarte **Basisdaten** eine Bezeichnung ein. Ferner selektieren Sie im Bildbereich **Gleiche Klassifizierung** das Kennzeichen **Prüfen mit Fehlermeldung**. Dadurch gewährleisten Sie, dass den Anwenderinnen und Anwendern bei der Zuordnung von Merkmalen mit identischen Ausprägungen eine Meldung angezeigt wird, die auf einen nicht gewünschten Eintrag hinweist.
3. Bei Bedarf hinterlegen Sie auf der Registerkarte **Schlagwörter** unterstützende Suchbegriffe.
4. Ordnen Sie der Klasse auf der Registerkarte **Merkmale** alle zuvor definierten Merkmale zu. Nur so können die Merkmale überhaupt genutzt werden.
5. Speichern Sie Ihre neue Klasse.

Legen Sie so viele Klassen an, wie Sie für die Umsetzung Ihrer Anforderungen benötigen. Sowohl die Klassen als auch die Merkmale sind jederzeit anpassbar.

[«]

Anlage von Klassen und Merkmalen

Klassen und Merkmale werden in der Regel nicht transportiert. Planen Sie die Tätigkeiten entsprechend in Ihrem Projektplan ein, wenn Sie die Einstellungen in weiteren Systemen beziehungsweise Mandanten benötigen.

Sind die Klassen fertiggestellt, fahren Sie über die IMG-Aktivität **Verfahren mit Klassifizierung einrichten** mit der Konfiguration des Freigabeverfahrens fort. Sie werden Parallelen zum Verfahren ohne Klassifizierung feststellen. Halten Sie bei der Bearbeitung die folgende Reihenfolge ein:

1. Freigabegruppen
2. Freigabecodes
3. Freigabekennzeichen
4. Freigabestrategien
5. Workflow

Der letzte Schritt (Workflow) ist optional und muss nur konfiguriert werden, falls Sie die Absicht haben, den Workflow für das Freigabeverfahren zu nutzen (siehe Abschnitt 4.9.2, »Flexibler Workflow«). Beachten Sie hierfür zudem weitere grundlegende Voraussetzungen. Bei Verwendung des Workflows müssen Benutzernamen sowie Stellen innerhalb der Aufbauorganisation zugewiesen werden (Transaktion OOOE), und Sie müssen die relevanten Einstellungen im IMG-Pfad **ABAP Platform • Application Server • Business Management • SAP Business Workflow • Aufgabenspezifisches Customizing durchführen** vornehmen. Darüber hinaus benötigen Anwenderinnen und Anwender, die Einkaufsbelege freigeben sollen, das Objekt `M_EINK_FRG` in ihren Berechtigungen. Dieses Berechtigungsobjekt grenzt den Freigabecode und die Freigabegruppe ein.

Aber zurück zum eigentlichen Vorgehen: Sie benötigen *Freigabegruppen*, damit Sie die Freigabebedingungen, die Sie in Ihren Klassen als Merkmale verwalten, in Ihrem Freigabeverfahren ansprechen können. Sie weisen eine Klasse einer oder mehreren Freigabegruppen zu. In der SAP-Standardauslieferung sind keine Einträge für Freigabegruppen vorgesehen (siehe Abbildung 4.89). Ergänzen Sie also entsprechende Freigabegruppen und weisen Sie ihnen eine Klasse zu.

FrgGruppe	FrgObjekt	Klasse	Bezeichnung

Abbildung 4.89: Freigabegruppen

Eine Freigabegruppe hat einen zweistelligen alphanumerischen Wert. Auf Tabellenebene sind die Freigabegruppen in Tabelle T16FG anzutreffen. Die Spalte **FrgObjekt** (Freigabeobjekt) gibt zusätzlich den Typ des freizugebenden Objekts an. Sobald Sie im Feld **FrgGruppe** einen Freigabecode eintragen, ermittelt das System automatisch den Wert 2 (Bestellung). Das Freigabeobjekt kann nicht geändert werden.

Der Begriff *Freigabecode* dürfte Ihnen bereits aus der Erklärung zum Freigabeverfahren ohne Klassifizierung geläufig sein. Freigabecodes verwenden Sie, um den Einkaufsbeleg letztlich freizugeben. Sie legen Ihre Freigabecodes (Tabelle T16FC) fest und ordnen sie im selben Schritt den zuvor von Ihnen angelegten Freigabegruppen zu (siehe Abbildung 4.90). Falls Sie die Workflow-Funktion nutzen, tragen Sie für den Freigabecode, der im Workflow genutzt werden soll, einen gültigen Wert anhand Ihrer Anforderungen ein. Folgende Einträge sind zulässig:

- »blank«: kein Workflow
- **1**: Rollenzuordnung mit Gruppe, Code und Werk (T16FW)
- **2**: Rollenzuordnung über Tabelle T16F_PROCESSORS
- **9**: Rollenzuordnung über User-Exit

Grp	Code	Workflow	Bezeichnung

Abbildung 4.90: Freigabecodes

Das Freigabekennzeichen repräsentiert den Freigabezustand des Einkaufbelegs. Sie sehen dafür einen einstelligen alphanumerischen Schlüssel mit einer sprechenden Bezeichnung, bestehend aus maximal 30 Zeichen, vor. Die getroffenen Einstellungen werden in Tabelle T16FB abgelegt.

Abbildung 4.91 zeigt die Standard-Freigabekennzeichen B (Gesperrt, änderbar mit Wert), G (Freigegeben) und R (Freigegeben, keine Änderungen) sowie deren Konfiguration hinsichtlich der drei folgenden Kennzeichen:

- **Freigegeben**
  Das Kennzeichen **Freigeg.** legt fest, dass der Einkaufsbeleg übermittelt werden kann. Eine Bestellnachricht wird gegebenenfalls erzeugt und entweder unmittelbar, per Transaktionsaufruf oder durch einen eingeplanten Hintergrundjob an den Lieferanten übermittelt.
- **Änderbar**
  Das Kennzeichen **Änderbar** steuert, wie sich das System verhalten soll, wenn der Beleg während eines laufenden Freigabeverfahrens eine Änderung erfährt. Insgesamt stehen sieben Verhaltensmöglichkeiten zur Auswahl:
  - »blank«: änderbar, neue Freigabe bei neuer Strategie
  - **1**: nicht änderbar
  - **2**: änderbar, keine neue Strategieermittlung
  - **3**: änderbar, neue Freigabe bei neuer Strategie
  - **4**: änderbar, neue Freigabe bei neuer Strategie oder Wertänderung
  - **5**: änderbar, neue Freigabe bei neuer Strategie/ausgegeben
  - **6**: änderbar, neue Freigabe bei neuer Strategie oder Wertänd./ausgegeben
- **Wertänderung in Prozent**
  Der prozentuale Wert in der Spalte **Wertänd. in %** gibt einen Toleranzwert dafür an, um wie viel Prozent der Bestellwert gesteigert werden kann, ohne dass eine neue Freigabestrategieermittlung stattfindet, *obwohl* Sie sich mitten in einem laufenden Freigabeverfahren befinden. Der Toleranzwert weist Abhängigkeiten zu den Änderbarkeitswerten 4 und 6 auf (siehe Kennzeichen **Änderbar**).

Für das Freigabekennzeichen B (Gesperrt, änderbar mit Wert) liegt hier die Toleranzgrenze bei 40 % – das bedeutet: Übersteigt die Wertänderung 40 %, erfolgt aufgrund des Änderbarkeitskennzeichens 4 eine neue Ermittlung der Freigabestrategie. Die Beschreibung des Freigabekennzeichens deutet bereits an, dass bei einem gesperrten Beleg keine Nachrichtenübermittlung gewünscht ist.

Freigabekennz	Freigeg.	Änderbar	Wertänder. in %	Bezeichnung
☐ B	☐	4	10,0	Gesperrt, änderbar mit Wert
☐ G	☑	2	40,0	Freigegeben
☐ R	☑	1		Freigegeben, keine Änderungen

Abbildung 4.91: Freigabekennzeichen

[!] **Start- und Endkennzeichen**

Der bereits im vorangegangenen Unterabschnitt erfolgte Hinweis, dass Sie ein Start- und ein Endkennzeichen benötigen, behält weiterhin Gültigkeit. Für das Startkennzeichen einer Freigabestrategie eignet sich das Freigabekennzeichen B. Als Endkennzeichen kann sofort das Freigabekennzeichen R genutzt werden.

Nun haben Sie Freigabegruppen, Freigabecodes und Freigabekennzeichen definiert. Sie fahren also mit der Freigabestrategie fort und legen eine Strategie zu Ihrer Gruppe an und ordnen Freigabecodes zu. Dabei gehen Sie bei der Ausprägung einer neuen Freigabestrategie schrittweise vor (siehe Abbildung 4.92):

1. Geben Sie eine Freigabegruppe ein.
2. Definieren Sie einen zweistelligen alphanumerischen Schlüssel für die Freigabestrategie, und ergänzen Sie eine aussagekräftige Bezeichnung. Die Strategie wird in Tabelle T16FS gespeichert.
3. Hinterlegen Sie alle Freigabecodes, die Sie für die Freigabestrategie nutzen möchten. Insgesamt sind acht Freigabecodes möglich. Achten Sie bereits bei der Eingabe der Codes darauf, ob Sie eventuelle Abhängigkeiten zwischen den Freigabecodes berücksichtigen können.

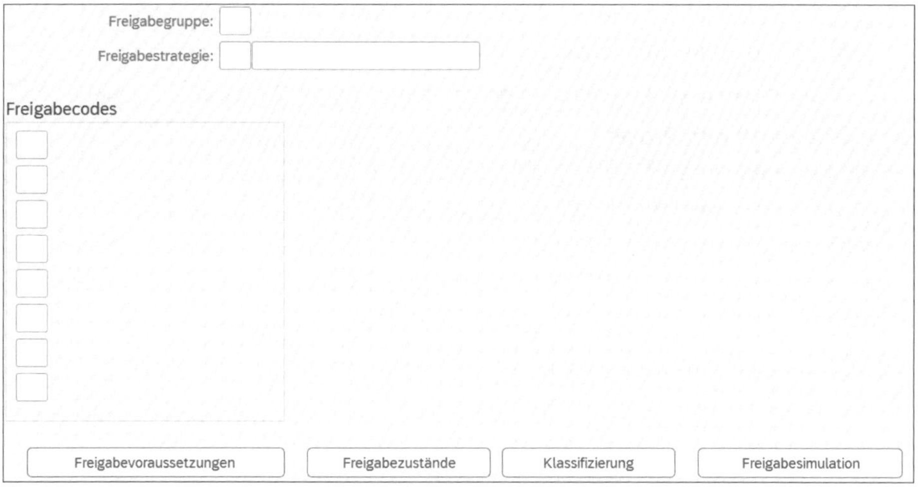

Abbildung 4.92: Freigabestrategien

4. Über die Schaltfläche **Freigabevoraussetzungen** bilden Sie ab, ob Sie bei der Freigabe des Einkaufbelegs eine bestimmte Reihenfolge wahren wollen. Dabei bauen Sie eine Entscheidungstabelle auf. Sowohl in der Spalte als auch in der Zeile finden Sie die eingetragenen Freigabecodes wieder. Die Zeile steht für den Freigabecode selbst. Die Spalte repräsentiert die Freigabevoraussetzung. Die Leserichtung der Tabelle ist von links nach rechts.

Ein Beispiel: Haben Sie drei Freigabecodes A1, A2 und A3 für die Strategie ausgewählt, finden Sie in den Freigabevoraussetzungen eine 3×3-Matrix vor. Der Code A3 soll als zwingende Freigabevoraussetzungen die Codes A1 und A2 aufweisen. Sie markieren also in der dritten Zeile die ersten beiden Spalteneinträge A1 und A2.

	A1	**A2**	**A3**
A1			
A2			
A3	X	X	

5. Über die Schaltfläche **Freigabezustände** legen Sie fest, welchen Zustand der Einkaufsbeleg nach der Freigabe eines bestimmten Freigabecodes erhalten soll (Stichwort: Freigabekennzeichen).
6. In der Klassifizierung beschäftigen Sie sich mit Merkmalswerten und Wertebereichen. Sie bestimmen, welcher Einkaufsbeleg - hier: Bestellung - welcher Freigabestrategie zugewiesen wird. Sie legen für alle vorhandenen Merkmale entsprechende Werte fest.
7. Anhand der Schaltfläche **Freigabesimulation** überprüfen Sie den Freigabezustand Ihres Belegs. Sie finden heraus, welches Freigabekennzeichen ein Beleg erhält, wenn eine bestimmte Freigabe erfolgt. Sie simulieren die Freigabe durch einen Doppelklick auf den Freigabecode.

Ihre Freigabestrategie ist nun erfolgreich konfiguriert.

Den oben abschließend genannten Schritt der Aktivitätenfolge führen Sie nur dann durch, wenn Sie ein workflowgestütztes Freigabeverfahren anstreben. Anderenfalls überspringen Sie diesen Schritt.

Sie weisen den workflowrelevanten Freigabecode einer Bearbeiter-ID entweder direkt oder indirekt zu (siehe Abbildung 4.93). Bei einer direkten Zuweisung tragen Sie die Person, die die Freigabe übernehmen soll, direkt ein. Bei der indirekten Variante erfassen Sie eine (Plan-)Stelle aus der Aufbauorganisation. Dadurch kann das System die Person, die Workitem bearbeitet, ermitteln.

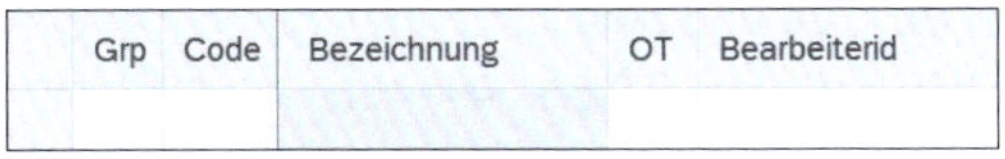

Grp	Code	Bezeichnung	OT	Bearbeiterid

Abbildung 4.93: Workflow

Zu guter Letzt überprüfen Sie Ihre Freigabestrategie systemgestützt auf mögliche Konfigurationsfehler. Rufen Sie für diese Zwecke die IMG-Aktivität **Freigabestrategien prüfen** auf. Abbildung 4.94 zeigt ein Ergebnis mit einem Fehler. Dem System ist demnach aufgefallen, dass Sie noch gar keine Freigabegruppe gepflegt haben.

Abbildung 4.94: Freigabestrategie prüfen

4.9.2 Flexibler Workflow

Der *flexible Workflow* ist das neue Freigabeverfahren in SAP S/4HANA für Bestellanforderungen und Einkaufsbelege. Es basiert auf einem vordefinierten Workflow-Szenario und erhält seine Flexibilität durch die Workflow-Definition. Statt Bedingungen, Genehmigungsschritte oder die Genehmigungsreihenfolge im Customizing starr zu konfigurieren, legen Sie das Freigabeverfahren belegspezifisch in SAP-Fiori-Apps fest. Die Freigabe des Belegs findet zentral in der SAP-Fiori-App **Meine Inbox** statt.

[»] **Workflows für Einkaufsbelege verwalten**

Sie konfigurieren und verwalten die flexiblen Workflows, die Sie für Ihre Bestellungen verwenden möchten, über die SAP-Fiori-App **Workflows für Bestellungen verwalten** (App-ID F2872). Das System führt Sie von den Startbedingungen bis hin zur Schrittfolge durch die Konfiguration. Vergessen Sie nicht, Ihren Workflow zu aktivieren, nachdem Sie das Verfahren gespeichert haben.

Sie lernen gleich die obligatorische Konfiguration für den ausgewählten Einkaufsbeleg *Bestellung* kennen. Beachten Sie, dass für Bestellanforderungen, wie aus SAP ERP bekannt, auch beim flexiblen Workflow eine Teilfreigabe auf Positionsebene möglich ist. Bei Einkaufsbelegen ist dies nicht der Fall. IMG-Aktivitäten, die in der Materialwirtschaft angesiedelt sind, erreichen Sie über den IMG-Pfad **Materialwirtschaft • Einkauf • Einkaufsbeleg/Bestellanforderung • Flexibler Workflow für Einkaufsbelege/Bestellanforderungen**.

Wir zeigen Ihnen in diesem Abschnitt kompakt die Konfigurationsschritte, die auf Bestellungen ausgerichtet sind. Ein ausführliches Beispiel und detaillierte Erklärungen zu den einzelnen obligatorischen Schritten finden Sie in Abschnitt 8.2.3, »Flexibler Workflow«.

Die Gesamtschrittfolge für die Konfiguration des flexiblen Workflows sieht für Bestellungen folgendermaßen aus:

1. **Standardeinstellungen prüfen (Transaktion SWU3)**
   Prüfen Sie die Standardeinstellungen für den flexiblen Workflow.

2. **Szenarien aktivieren**
   Aktivieren Sie dann das betroffene Workflow-Szenario WS00800238 (Workflow für Bestellung) mit der Standardaufgabe TS00800531 (Freigabe der Bestellung (manuell)).
3. **Schrittnamen und Entscheidungsoptionen festlegen**
   Prüfen Sie die Schrittnamen auf Vollständigkeit, indem Sie die Tabelle nach dem Eintrag »WS00800238« mit der Schritt-ID 0000000019 (Freigabe der Bestellung) durchsuchen. Ist der genannte Eintrag nicht enthalten, fügen Sie ihn zusammen mit den Entscheidungsoptionen, die Sie ebenfalls prüfen, hinzu. Die Entscheidungsoptionen lauten:
   - 1 (Genehmigen, Positive)
   - 2 (Ablehnen, Negative)
4. **Visualisierungsmetadaten definieren (Transaktion SWFVMD1)**
   Wählen Sie aus der Dropdown-Liste des Worklist Client die Option **SAPUI5 Meine Inbox**, und tragen Sie für das Workflow-Szenario WS00800238 und die Aufgabe TS00800531 folgende Parameter ein:
   - `ACTION`: `displayMyInbox`
   - `QUERY_PARAM00`: `PurchaseOrder={&_WI_Object_ID.MS_PURCHASE_ORDER.PURCHASEORDER&}`
   - `QUERY_PARAM01`: `openMode=embedIntoDetailsNestedRouter`
   - `SEMANTIC OBJECT: PurchaseOrder`
5. **Ereignistypkopplungen deaktivieren (Transaktion SWETYPV)**
   Deaktivieren Sie die Ereignistypkopplungen.
6. **Aufgaben generalisieren**
   Generalisieren Sie die Standardaufgabe TS00800531 unter der Komponente MM-PUR-PO (Bestellungen).
7. **Ereignistypkopplungen aktivieren**
   Aktivieren Sie die Ereigniskopplung unter der Komponente MM-PUR-PO (Bestellungen) für das Szenario WS00800238.
8. **Gateway-Service für Eingabehilfen registrieren**
   Der technische Servicename des OData-Services lautet `S_MMPURWORKFLOWVH_CDS`.
9. **Flexiblen Workflow aktivieren**
   Markieren Sie dieses Auswahlkästchen, um die Funktion schließlich zu aktivieren (siehe Abbildung 4.95).

	Art	Belegartbezeichnung	Szenariobasierter Workflow
☐	NB	Normalbestellung	☑

Abbildung 4.95: Aktivierung flexibler Workflow – Belegart NB

[»]

Objektabhängigkeit der Customizing-Werte

Aufgabengeneralisierungen, Workflow-Szenarien, Schrittnamen, Entscheidungsoptionen, Visualisierungsdaten sowie Ereignistypkopplungen sind objektabhängig. Die Werte unterscheiden sich beispielsweise grundlegend zwischen einer Bestellung und einem Einkaufskontrakt. Aktuelle, objektspezifische Werte finden Sie unter *https://help.sap.com/*, wenn Sie nach »Customizing flexibler Workflow« suchen und das jeweilige Objekt im Suchfeld angeben.

Bei Bedarf hinterlegen Sie in der IMG-Aktivität **Konditionen zum Neustart des flexiblen Workflows pflegen** Attribute, die bei Änderungen an den Einkaufsbelegen einen Neustart des Workflows auslösen. Sie bestimmen abhängig vom Attribut, ob das System das Freigabeverfahren neu startet.

Auf Belegkopfebene bietet die Standardauslieferung nachfolgende Attribute an:

- Buchungskreis
- Einkäufergruppe
- Einkaufsorganisation
- Gesamter Nettobestellwert
- Incoterms
- Währung

Die Positionsebene hingegen bedient in der Standardauslieferung die folgenden Attribute:

- Warengruppe
- Rahmenvertrag
- Werk

Damit ein Neustart ausgelöst wird, markieren Sie lediglich das Kennzeichen **Aktivieren**. Im Beispiel aus Abbildung 4.96 ist eine Änderung am Attribut BUKRS (Buchungskreis) ein Indikator für einen Neustart.

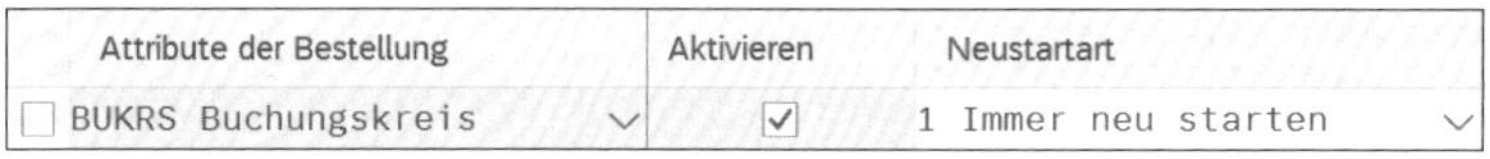

Abbildung 4.96: Neustart des Workflows bei einer Änderung am Attribut »Buchungskreis«

4.10 Texte im Einkaufsbeleg

Zusätzliche Informationen erfassen Sie in textueller Form auf Kopf- und/oder Positionsebene. Die Langtexte können jederzeit manuell direkt im Einkaufsbeleg hinterlegt und bei Bedarf angepasst werden. Eine automatisierte Übernahme aus vorgelagerten Quellobjekten steuern Sie mit Unterstützung von festgelegten Kopierregeln im Customizing. Textarten können Sie aus Vorbelegen oder aus Stammdaten wie Infosatz, Materialstammsatz und Lieferant (Geschäftspartner) übernehmen.

Da jeder Einkaufsbeleg über einen eigenständigen Customizing-Pfad verfügt, sind die Anpassungen der Texte je Einkaufsbeleg durchzuführen. Sie greifen über den IMG-Pfad **Materialwirtschaft • Einkauf • Texte für Einkaufsbelege/Bestellanforderungen** auf den gewünschten Einkaufsbeleg zu. Wie Sie im Beispiel aus Abbildung 4.97 sehen, ist der Pfad bei allen Einkaufsbelegen identisch aufgebaut.

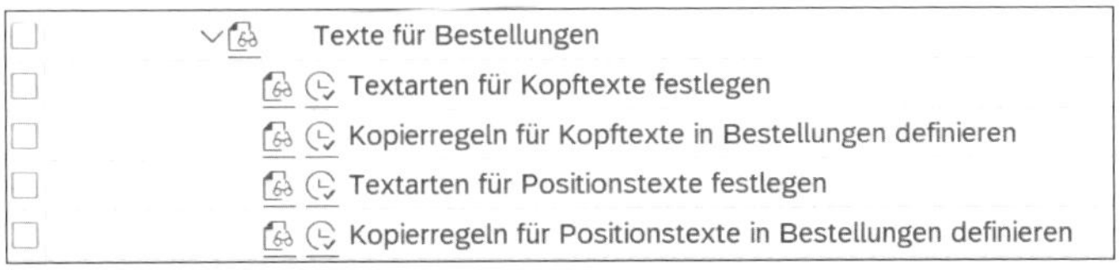

Abbildung 4.97: IMG-Aktivitäten im Bereich »Texte« – Beispiel Bestellungen

Die Texte im Einkaufsbeleg sind zum einen nützliche Informationsgeber für Ihre Anwenderinnen und Anwender, zum anderen bilden die Kopf- sowie Positionstexte die Grundlage für die spätere Ausgestaltung des Nachrichtenformulars (siehe Unterabschnitt »Texte für Nachrichten« in Abschnitt 4.11.1, »NAST-basierte Ausgabeverwaltung«).

4.10.1 Quellobjekte

Texte ermittelt das System nach vorgegebenen Kopierregeln für den Kopf und die Positionen im Einkaufsbeleg. Die *Quellobjekte* können Stammdaten und Belege selbst sein. Über die IMG-Aktivitäten **Kopierregeln für Kopftexte festlegen** und **Kopierregeln für Positionstexte festlegen** erlangen Sie einen Überblick, welche Quellobjekte für die jeweiligen Einkaufsbelege im Standard vorgesehen sind. Wie die Kopierregeln anzuwenden sind, erklären wir Ihnen in Abschnitt 4.10.3 ausführlich.

Quellobjekte je Einkaufsbeleg

Abhängig von der Zieltextart können unterschiedliche Quellen für die Befüllung des Kopf- oder Positionstextes sorgen. Im Folgenden finden Sie eine hilfreiche Übersicht über mögliche Quellobjekte, aufgegliedert nach den bekannten Belegarten. Hier kommen die Abhängigkeiten des Bestellprozesses, die wir Ihnen in Abbildung 4.2 (Abschnitt 4.2.2, »Beschaffungsprozess«) gezeigt haben, deutlich zur Geltung.

Die Quellobjekte für Positionstexte der *Bestellanforderung* lauten:

- Bestellanforderung
- Netzplan
- Stückliste
- Kundenauftrag
- Fertigungsauftrag
- Materialstammsatz

Für Bestellanforderungen können Sie auf Kopfebene eine Kopfnotiz hinterlegen. Jedoch ist die Notiz für keine Verknüpfung vorgesehen. Mit der Kopfnotiz geben Sie lediglich Informationen innerhalb der Bestellanforderung für den Einkauf an.

Für *Anfragen (Angebote)* sieht der Standard nachfolgende Quellobjekte für die Kopftexte vor:

- Anfrage (Angebot)
- Kontrakt
- Lieferant
- Lieferplan

Positionstexte in Anfragen (Angeboten) wiederum übernehmen die Texte aus diesen Objekten:

- Anfrage (Angebot)
- Bestellanforderung
- Materialstammsatz
- Einkaufsinfosatz
- Kontrakt
- Lieferplan

Die Kopftexte in Bestellungen können aus folgenden Quellen befüllt werden:

- Anfrage (Angebot)
- Bestellung
- Kontrakt
- Lieferant

Für die Bestellpositionen hingegen sehen Sie unter anderem folgende Quellobjekte vor:

- Anfrage (Angebot)
- Bestellanforderung
- Bestellung
- Einkaufsinfosatz
- Kontrakt
- Materialstammsatz

Quellobjekte für die Kopftexte in *Kontrakten* lauten:

- Anfrage (Angebot)
- Kontrakt
- Lieferant

Auf Positionsebene rücken im Zusammenhang mit Kontrakten folgende Quellen in den Fokus:

- Anfrage (Angebot)
- Bestellanforderung
- Einkaufsinfosatz
- Kontrakt
- Materialstammsatz

Betrachten Sie die Textquellen für die *Lieferplantexte* auf Kopfebene, kommen Sie zu folgender Sammlung:

- Anfrage (Angebot)
- Kontrakt
- Lieferant
- Lieferplan

Die Positionstexte des Lieferplans schließlich können aus nachfolgenden Quellobjekten stammen:

- Anfrage (Angebot)
- Bestellanforderung
- Einkaufsinfosatz
- Kontrakt
- Materialstammsatz

Stammdatensatz als Quellobjekt

Stammdatenobjekte eignen sich optimal zur Pflege ständig wiederkehrender Texte. Sie hinterlegen die dafür vorgesehenen Langtexte im Materialstammsatz, im Einkaufsinfosatz und im Lieferanten.

Im Materialstammsatz finden Sie aus Einkaufssicht folgende Langtexte vor:

- Grunddatentext
- Prüftext
- Interner Vermerk
- Einkaufsbestelltext

Die drei erstgenannten Langtexte finden Sie im Bereich **Zusatzdaten** im Materialstamm. Den Einkaufsbestelltext gehört im SAP-Standard zu den Einkaufssichten.

Im Einkaufsinfosatz stehen zwei Textarten zur Verfügung:

- 01 - Infonotiz
- 02 - Bestelltext

Eigene Textarten für Einkaufsinfosätze sind nicht möglich. Systemeinstellungen zum Infosatz – auch hinsichtlich der Textarten – führen Sie über den IMG-Pfad **Materialwirtschaft • Einkauf • Einkaufsinfosatz** durch. (Beachten Sie hierbei Abschnitt 3.3.1.)

Im Gegensatz zum Einkaufsinfosatz können Sie für lieferantenspezifische Texte individuelle Textarten definieren. Die Texte im Lieferantenstammsatz lassen sich in zwei Kategorien aufteilen:

- Textarten für zentrale Texte
- Textarten für Einkaufsorganisationstexte

Die Aktivitäten zum Anlegen von lieferantenspezifischen Textarten rufen Sie über den IMG-Pfad **Materialwirtschaft • Einkauf • Lieferantenstamm** auf. Möchten Sie einen Text im allgemeinen Bereich des Lieferanten anlegen, wählen Sie die Aktivität **Textarten für zentrale Texte einstellen** (Transaktion OMGA). Das Textobjekt lautet LFA1 (Lieferantentexte zentral). Zusammen mit der Text-ID bildet es die Schlüsselwerte für die Tabelle TTXID.

Lautet Ihre Anforderung, im einkaufsorganisationsabhängigen Bereich des Lieferanten eine neue Textart einzurichten, nutzen Sie hierfür die Aktivität **Textarten für zentrale Texte einstellen** (Transaktion OMGB). Das zugehörige Textobjekt heißt LFM1 (Lieferantentexte Einkauf).

Um eine neue Textart für Lieferantentexte anzulegen, gehen Sie wie folgt vor:

1. Rufen Sie die Transaktion OMGB auf (siehe Abbildung 4.98).
2. Legen Sie mit der Schaltfläche **Anlegen** eine neue Text-ID an.
3. Tragen Sie eine Bedeutung ein.
4. Markieren Sie die Option **Text relevant**, damit die Textart im einkaufsorganisationsspezifischen Bereich ausgewählt und gepflegt werden kann.

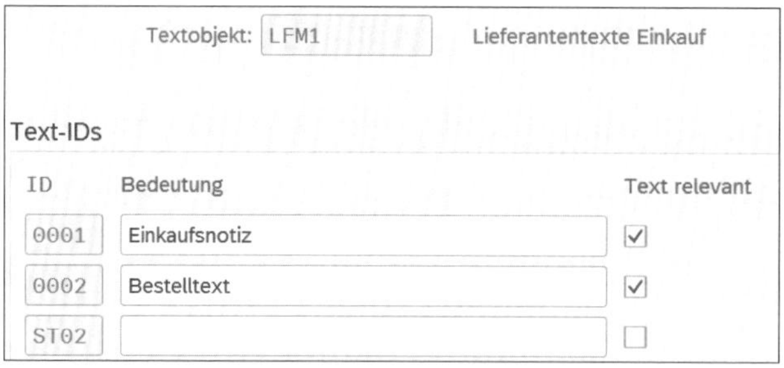

Abbildung 4.98: Standardtext-IDs in Transaktion OMGB

5. Speichern Sie Ihre Anpassungen.
6. Testen Sie Ihre Änderungen, indem Sie Transaktion BP (Geschäftspartner pflegen) aufrufen und die Texte überprüfen.

Im Folgenden fahren wir mit den Textarten in den Einkaufsbelegen fort.

4.10.2 Textarten

Sie können für alle Einkaufsbelege *Kopf- und Positionstextarten* definieren. Für Bestellanforderungen sind lediglich eigene Positionstexte möglich. Über die IMG-Aktivität **Textarten für Kopftexte definieren** passen Sie Textarten auf Kopfebene an. Positionsbezogene Textarten konfigurieren und definieren Sie mittels der IMG-Aktivität **Textarten für Positionstexte festlegen**. Eine Textart besteht aus einer zweistelligen numerischen Text-ID und einer erläuternden Beschreibung, die bis zu 30 Zeichen enthalten kann.

Mandantenunabhängigkeit der Textarten

Textarten sind mandantenunabhängig. Für die Pflege von Textarten benötigen Sie die entsprechenden Berechtigungsobjekte, mit denen Sie mandantenunabhängige Objekte anpassen dürfen. Anderenfalls können Sie sich die Textarten lediglich anzeigen lassen.

Insgesamt 16 unterschiedliche Kopftexte sieht der SAP-Standard für die Bestellung vor: von 01 (Kopftext) bis hin zu 16 (Lieferantennotiz (speziell)), siehe Abbildung 4.99. Da Sie einen vorgesehenen Lieferanten im Bestellbeleg auf Kopfebene erfassen, ist es für Sie sicher nicht verwunderlich, dass Sie die lieferantenspezifischen Texte ebenfalls auf dieser Belegebene vorfinden. Texte, die beispielsweise einen Materialstammbezug vorweisen, sind dagegen typische Positionstexte. Materialtexte gehören nicht in die Kopfdaten des Belegs, Lieferantendaten hingegen nicht in die Position.

Lfd. Nr.	Bedeutung
01	Kopftext
02	Kopfnotiz
03	Preisarten
04	Termine
05	Lieferbedingungen
06	Versandvorschrift
07	Zahlungsbedingungen
08	Gewährleistungen
09	Vertragsstrafen
10	Garantien
11	Nebenabreden
12	Anlage
13	Sonstige Vereinbarungen
14	Anlieferung
15	Lieferantennotiz (allgemein)
16	Lieferantennotiz (speziell)

Abbildung 4.99: Kopftexte des SAP-Standards (Beispiel Bestellung)

Abbildung 4.100 zeigt alle Bestellpositionstexte der SAP-Standardauslieferung. Im Gegensatz zu den Kopftexten ist ihre Anzahl deutlich übersichtlicher.

Lfd. Nr.	Bedeutung
01	Positionstext
02	Infobestelltext
03	Materialbestelltext
04	Anlieferungstext
05	Infonotiz
06	MRP-Text
10	Positionstext für SPEC2000

Abbildung 4.100: Positionstexte des SAP-Standards – Beispiel Bestellung

4.10.3 Kopierregeln

Mithilfe von *Kopierregeln* stellen Sie sicher, dass der Quelltext in das anvisierte Zielfeld übernommen wird. Hierzu verknüpfen Sie Quelle und Ziel miteinander. Dies geschieht über *Textverknüpfungen*. Bis auf die Kopfnotiz der Bestellanforderung sind alle Kopf- und Positionstexte verknüpfbar.

Die Kopierregeln und die dazugehörigen Textverknüpfungen definieren Sie über die IMG-Aktivitäten **Kopierregeln für Kopftexte festlegen** und **Kopierregeln für Positionstexte festlegen** (abhängig vom jeweiligen Einkaufsbeleg). In Tabelle T165K führt das System die Kopiermöglichkeiten von Kopftexten. Die Übernahmeeinstellungen der auf Positionsebene befindlichen Texte finde Sie in Tabelle T165P.

Beispielhaft betrachten wir die Textart **Kopftext** in der Bestellung (siehe Abbildung 4.101). Als Quellobjekte kommen für den Kopftext drei Objekte in Frage: **Anfrage/Angebot**, **Bestellung** und **Kontrakt**.

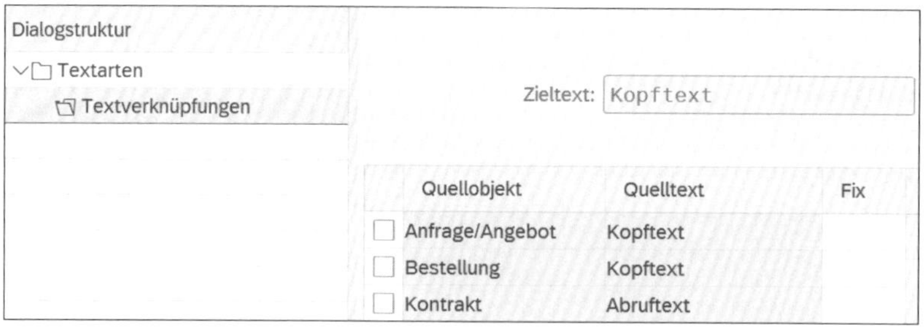

Abbildung 4.101: Textverknüpfungen am Beispiel des Kopftextes einer Bestellung

Für die Übernahme des Bestellkopftextes ist demnach von Bedeutung, wie die Bestellung angelegt wird. Legen Sie die Bestellung in Bezug zu einem Angebot an, ermittelt das System den Kopftext aus dem Kopftext des Angebots. Beim Kopieren einer bestehenden Bestellung wird der Original-Kopftext in die Kopie übernommen. Handelt es sich bei der neuen Bestellung um einen Kontraktabruf, lautet die Textquelle **Abruftext**.

Einen entscheidenden Einfluss auf die Kopftextübernahme hat das sogenannte *Fixierungskennzeichen* für Texte. Über das Fixierungskennzeichen, einzutragen im Feld **Fix**, bestimmen Sie die Übernahmeregel. Sie können im Standard drei Optionen differenzieren:

- »blank« - Der Text wird automatisch in das Zielobjekt übernommen.
- ***** - Der Text kann von der Anwenderin oder dem Anwender in das Zielobjekt übernommen werden.
- **N** - Der Text kann nicht in das Zielobjekt übernommen werden.

Für alle Quelltexte im obigen Beispiel findet eine automatische Übernahme in den Folgeeinkaufsbeleg statt, da das Feld **Fix** keine Einträge enthält.

Hinter den Fixierungskennzeichen verbergen sich zusätzliche Eigenschaften. Ist das Kennzeichen »blank«, wirken sich Änderungen im Belegtext nicht auf den Originaltext aus, und Anpassungen am Originaltext wirken sich wiederum nicht auf den Belegtext aus. Das Kennzeichen **N** sorgt nicht nur dafür, dass keine Textübernahme in das Zielobjekt stattfindet, sondern auch dafür, dass Sie den Text nicht ändern oder andrucken können. Hinterlegen Sie ein Sternchen (*****) als Fixierungskennzeichen, wird der Quelltext im Zielobjekt angezeigt und muss aktiv übernommen werden. Änderungen am Zieltext werden so lange in den Quelltext übernommen, wie der Zieltext nicht durch Ändern und **Sichern** oder Markieren und **Übernehmen** fixiert wurde.

Die Einstellungen zu den Positionstexten sind sehr ähnlich aufgebaut. Abbildung 4.102 zeigt die Textverknüpfungen für den Positionstext **Materialbestelltext** im wohlbekannten Einkaufsbeleg Bestellung. Neben den beiden Quellobjekten **Bestellung** und **Materialstamm** und den dazugehörigen Quelltexten **Materialbestelltext** und **Einkaufsbestelltext** erkennen Sie das Fixierungskennzeichen wieder. Es bietet die gleiche Auswahl an Ausprägungen, wie sie für Kopftexte vorgesehen ist.

Wie sich die Textverknüpfung der Positionstexte von denen der Kopftexte unterscheidet, zeigt sich erst an der zusätzlichen Spalte **Folge**. Sie gibt Aufschluss darüber, welcher Quelltext in den Zieltext übernommen wird, falls mehrere potenzielle Quellen zur Verfügung stehen. In den Zieltext wird der Quelltext übernommen, der in der festgelegten Kopierreihenfolge zuerst ermittelt werden kann. Endet die Suche erfolglos, bleibt der Zieltext leer. Für die Reihenfolge des Materialbestelltextes in Abbildung 4.102 ergibt sich dementsprechend:

- Der Materialbestelltext wird aus einer als Kopiervorlage genutzten Bestellung übernommen.
- Die Textübernahme erfolgt aus der Bestellanforderung.
- Der Einkaufsbestelltext kommt aus dem Materialstamm.

Die Textverknüpfungen auf Kopf- und Positionsebene in den unterschiedlichen Einkaufsbelegen bildet den Grundstein für die Nachrichtenausgabe im Einkauf. Insbesondere das Fixierungskennzeichen wirkt sich auf die Nachrichtenausgabe aus.

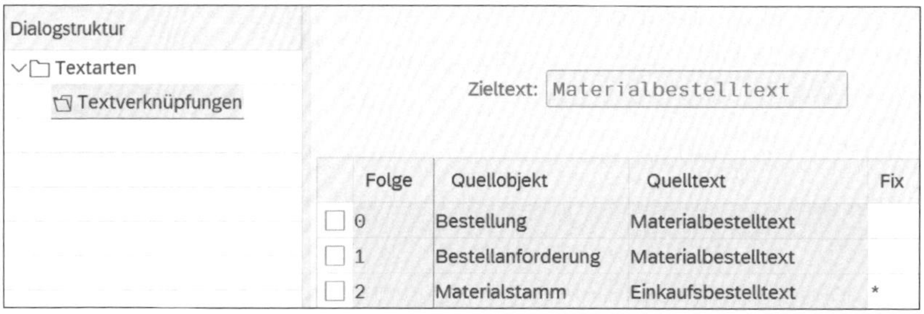

Abbildung 4.102: Textverknüpfungen am Beispiel von Positionstexten einer Bestellung

4.11 Nachrichten

Nachrichten verbessern die externe Kommunikation mit Ihren Lieferanten bei zukünftigen und bestehenden Einkaufsvorgängen. Sie erstellen Nachrichten für Anfragen, Kontrakte, Bestellungen und Lieferpläne sowie deren Abrufe. Eine Nachrichtenübertragung kann beispielsweise in elektronischer Form via E-Mail automatisiert erfolgen.

[!]

Nachrichten bei Bestellanforderungen

Da es sich bei Bestellanforderungen um interne Belege handelt, sind Nachrichten hierfür nicht vorgesehen.

Die systemseitigen Konfigurationen zum Aufbau des Nachrichtenformulars bis hin zur Übermittlung von Nachrichten lernen Sie in den nachfolgenden Abschnitten kennen. Bevor Sie jedoch mit der Konfiguration beginnen, sollten Sie sich unbedingt mit den Möglichkeiten der *Nachrichtenausgabeverwaltung* in SAP S/4HANA vertraut machen. Ihnen stehen zwei Optionen zur Verfügung:

Entweder nutzen Sie die »traditionelle« Nachrichtenfunktionalität, die aus SAP ERP bekannt ist (siehe Abschnitt 4.11.1, »NAST-basierte Ausgabeverwaltung«). Die dazugehörigen Aktivitäten finden Sie unter dem IMG-Pfad **Materialwirtschaft • Einkauf • Nachrichten** (siehe Abbildung 4.103).

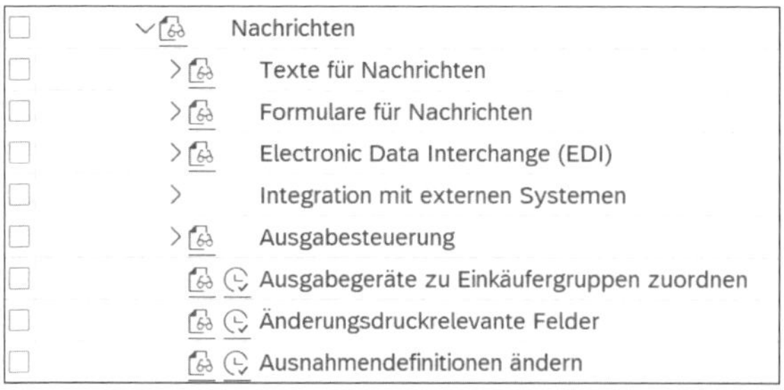

Abbildung 4.103: Übersicht über den IMG-Pfad »Nachrichten«

Oder Sie verwenden die neue Nachrichtenausgabeverwaltung in SAP S/4HANA, die auf dem erweiterten Business Rule Framework (*BRFplus*) basiert, einem webbasierten Geschäftsregelmanagementsystem von SAP. Die hierfür notwendige Konfiguration der Nachrichtenverarbeitung finden Sie in Abschnitt 4.11.2, »Neue Ausgabeverwaltung in SAP S/4HANA«. Über den modulunabhängigen Pfad **Anwendungsübergreifende Komponenten • Ausgabesteuerung** greifen Sie auf die Systemeinstellungen der neuartigen Ausgabeverwaltung zu (siehe Abbildung 4.104).

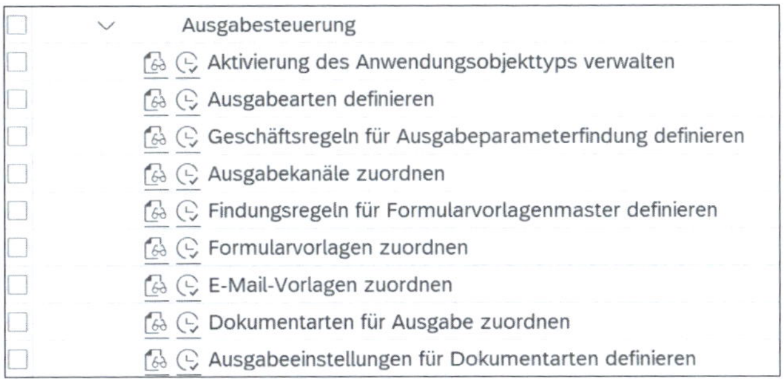

Abbildung 4.104: IMG-Aktivitäten im Bereich »Ausgabesteuerung« (neu)

Informationen dazu, welche Ausgabeverwaltung Ihre Anforderungen erfüllt, falls Sie Nachrichten als externes Kommunikationsmittel im Einkauf nutzen möchten, finden Sie unter *https://help.sap.com/*.

Simplification Item – Ausgabeverwaltung [+]
Die neue Nachrichtenausgabeverwaltung in SAP S/4HANA ist zugleich ein in der Simplification List aufgeführtes Simplification Item. Beachten Sie diesbezüglich SAP-Hinweis 2470711.

Für die neue Nachrichtenausgabeverwaltung stehen zusätzlich folgende SAP-Hinweise zur Verfügung:

- 2200404 – MM-Umstellung auf SAP S/4HANA: neue und alte Ausgabeverwaltung
- 2228611 – Ausgabeverwaltung in SAP S/4HANA
- 2267444 – Arbeitsliste für Wechsel auf SAP S/4HANA – Übernahme der Ausgabeverwaltung in Bestellungen
- 2791338 – FAQ: SAP S/4HANA Ausgabeverwaltung

Wägen Sie Ihre Entscheidung über die Ausgabeverwaltung im Projektteam ab.

4.11.1 NAST-basierte Ausgabeverwaltung

Ist Ihre Wahl auf die nachrichtensteuerungsbasierte Ausgabeverwaltung gefallen, führen Sie die in diesem Abschnitt beschriebenen Konfigurationsschritte durch. Alle relevanten

Aktivitäten rufen Sie über den IMG-Pfad **Materialwirtschaft • Einkauf • Nachrichten** auf. Texte, Formulare und die Ausgabesteuerung als Herzstück der Nachrichtenfindung bilden die nachfolgenden Fokusthemen.

[»]

Konsistenzcheck Nachrichtenfindung

Der Report RSNASTCK (NAST: Konsistenzcheck) ermöglicht es Ihnen, die getätigten Customizing-Einstellungen maschinell zu überprüfen. Rufen Sie den Report z. B. über Transaktion SE38 (ABAP Editor: Einstieg) auf, und prüfen Sie Ihre Einstellungen der Nachrichtenfindung, nachdem Sie Ihre Konfiguration abgeschlossen haben.

Nachrichteninhalte bauen auf vorgegebenen Textinhalten auf. Man kann sagen, dass die Texte das Grundgerüst für das spätere Nachrichtenformular liefern. Die Texte in den Nachrichten erhalten Sie nicht nur ausschließlich aus den Belegen, sondern auch aus Standardtexten und Texten, die für die Einkaufsorganisation vorgesehen sind.

Standardtexte für Nachrichten

Individuelle Standardtexte für Einkaufsbelege, die Sie in Nachrichten ausgeben möchten, legen Sie direkt im SAP-Menü an. Wählen Sie hierzu **Werkzeuge • Formulardruck • SAPscript • Standardtext**, oder steigen Sie alternativ direkt über Transaktion SO10 ein.

Ein SO10-Standardtext setzt sich aus einem beschreibenden Textnamen, einer Text-ID und der Sprache des Textes zusammen (siehe Abbildung 4.105). Bis zu 70 Zeichen sind für den Textnamen möglich. Die Text-ID bestimmt die Textart. Sie unterscheiden dadurch zwischen benutzerspezifischen Standardtexten (Text-ID: ST), anwendungsübergreifenden Systemtexten (Text-ID: SYST) und weiteren anwendungsspezifischen Text-IDs. Für Standardtexte im Einkaufsbeleg erfüllt die Text-ID ST ihren Zweck ausreichend. Eine eigene Z-Text-ID bietet sich an, wenn Sie die Standardtexte durch eine zusätzliche Zugriffsbeschränkung vor unerlaubten Anpassungen schützen möchten. Hierfür berücksichtigen Sie die Text-ID in Ihren Berechtigungsobjekten.

Beachten Sie die gepflegte Sprache des Standardtextes. Wird der Standardtext in mehreren Sprachen benötigt, da Sie diverse Kommunikationssprachen mit Ihren Lieferanten verwenden, müssen Sie explizit die benötigte Textsprache anlegen.

Abbildung 4.105: SO10-Standardtext

Einen eigenen Standardtext für die Fußzeile eines Bestellformulars legen Sie über Transaktion SO10 an. Die Fußzeile soll im weiteren Verlauf in den einkaufsorganisationsspezifischen Texten hinzugefügt werden. Als geeigneten Textnamen nutzen Sie »Purchasing_Footer_PurOrg1010«. Die Text-ID lautet ST und die Textsprache ist Deutsch.

Einen auf diese Weise angelegten Standardtext können Sie sich anzeigen lassen, oder Sie können bei Bedarf Änderungen am Text durchführen.

Texte für die Einkaufsorganisation

Texte, die speziell für eine Einkaufsorganisation zu hinterlegen sind, pflegen Sie über die IMG-Aktivität **Texte für Einkaufsorganisation festlegen** in das System ein. Über die Detailansicht einer markierten Einkaufsorganisation navigieren Sie zu den Textnamen für die Formularbausteine. Folgende Standardtexte treffen Sie an:

- Absenderzeile
- Briefkopf
- Fußzeile
- Grußformel

Über die [F4]-Hilfe suchen Sie den gewünschten Standardtext für das entsprechende Textfeld heraus. Abbildung 4.106 verdeutlicht beispielhaft, wie eine solche Belegung für Einkaufsorganisation 1010 aussehen kann. Im Feld **Text Fußzeilen** erkennen Sie unseren zuvor definierten SO10-Standardtext wieder.

Abbildung 4.106: Standardtexte auf Einkaufsorganisationsebene

Texte für den Einkaufsbelegtyp

Die Textarten, die Sie bei den Einstellungen zu den Texten für Einkaufsbelege finden, kennen Sie bereits aus Abschnitt 4.10, »Texte im Einkaufsbeleg«. Aus Nachrichtensicht rufen Sie belegartenspezifisch die IMG-Aktivität **Texte für [Einkaufsbelegtyp] festlegen** auf, um festzulegen, welche Textarten nachrichtenrelevant sind. Die nachfolgenden Erläuterungen sind zwar auf die Bestellung ausgerichtet, sie sind jedoch auf die verbleibenden Belegtypen übertragbar.

Für Texteinstellungen zum Belegtyp F (Bestellung) wählen Sie die Aktivität **Texte für Bestellung festlegen** aus. Beginnen Sie Ihre Einstellungen im ersten Punkt der Dialogstruktur: **Texte für den Belegkopf**. Kopftexte, die für den Belegdruck relevant sind, können Sie alternativ über Tabelle T166K einsehen.

Über die Spalte **Vorgang** hinterlegen Sie das Druckvorgangskennzeichen (siehe Abbildung 4.107). Das Kennzeichen steuert, um welche Art von Druck es sich handelt. Sie hinterlegen je Druckvorgang den auszugebenden Text für den Belegkopf und die Belegposition sowie für den Beleganhang. Im Standard sind folgende Kennzeichen auswählbar:

- **1** - Neu
- **2** - Änderung
- **3** - Mahnung/Erinnerung
- **4** - Absage Anfrage
- **5** - Lieferplaneinteilung
- **6** - Mahnung LP-Einteilung
- **7** - Auftragsbestätigung
- **8** - Änderung LP-Einteilung
- **9** - LP-Abrufdokumentation LAB
- **A** - LP-Abrufdokumentation FAB
- **B** - Reserve 1
- **C** - Reserve 2

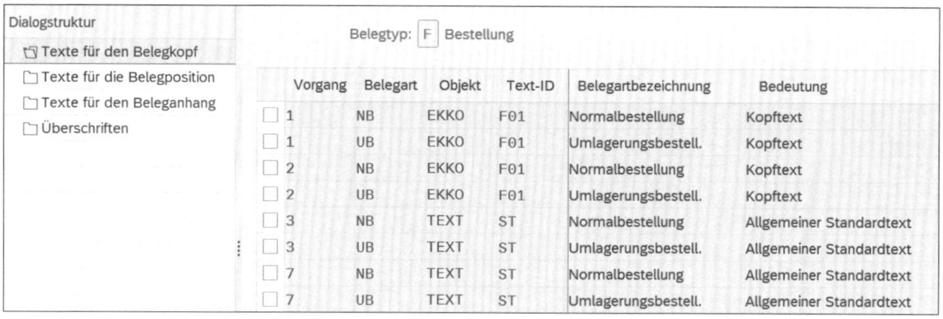

Vorgang	Belegart	Objekt	Text-ID	Belegartbezeichnung	Bedeutung
1	NB	EKKO	F01	Normalbestellung	Kopftext
1	UB	EKKO	F01	Umlagerungsbestell.	Kopftext
2	NB	EKKO	F01	Normalbestellung	Kopftext
2	UB	EKKO	F01	Umlagerungsbestell.	Kopftext
3	NB	TEXT	ST	Normalbestellung	Allgemeiner Standardtext
3	UB	TEXT	ST	Umlagerungsbestell.	Allgemeiner Standardtext
7	NB	TEXT	ST	Normalbestellung	Allgemeiner Standardtext
7	UB	TEXT	ST	Umlagerungsbestell.	Allgemeiner Standardtext

Abbildung 4.107: Texte für den Belegkopf (Bestellung)

Die Belegarten sind Ihnen aus Abschnitt 4.2.4 geläufig. Betrachten Sie stattdessen die Objektzugehörigkeit. Die Objekte geben Ihnen Aufschluss über die Textherkunft, da Texte in den betriebswirtschaftlichen Anwendungen nicht als eigenständige Objekte angesehen werden. Texte sind über die Text-ID identifizierbar. Grenzen Sie die Objekte auf Einkaufsbelege ein, lauten die wichtigsten Anwendungsobjekte:

- EKKO (Kopftexte Einkaufsbeleg)
- EKPO (Positionstexte Einkaufsbeleg)
- TEXT (unter anderem Standardtexte ST)

Zu welchem Belegtyp die erfasste Text-ID gehört, entnehmen Sie dem ersten Buchstaben der Text-ID. In den ersten vier Spalten aus Abbildung 4.107 ist die Text-ID F01 vorzufinden. Es handelt sich hierbei um den Bestellkopftext. Die Text-ID für andere Belegarten heißen dementsprechend:

- A01 (Kopftext in Anfragen)
- K01 (Kopftext im Kontrakt)
- L01 (Kopftext im Lieferplan)

Auf der Basis des ersten Eintrags in Abbildung 4.107 für die Kopftexte können Sie folgende Aussage treffen: Bei einer Nachrichtenneuausgabe (Kennzeichen 1) einer Bestellung (Belegart NB) ist der Kopftext F01 aus dem Anwendungsobjekt EKKO vorgesehen. In der Detailansicht eines Eintrags entscheiden Sie über die Druckreihenfolge.

In der übernächsten Abbildung 4.109 sind die Details für einen Positionstext (Text-ID F01) für die Bestellung dargestellt, jedoch sind die Einstellungen analog auch in der Detailansicht eines Kopftextes anzutreffen. Eine abweichende Ausnahme stellt die Druckpriorität dar. Dies ist eine reine belegpositionsspezifische Einstellung. Über die Druckreihenfolge legen Sie fest, in welcher Reihenfolge die Texte auf dem Beleg gedruckt werden. Da sich die Einstellungen zur Druckreihenfolge in den Details verstecken, ist es mit Sicherheit hilfreich, einen gesamtheitlichen Überblick über die festgelegte Reihenfolge zu erhalten. Rufen Sie hierfür einfach über die Schaltfläche (**Drucken**) die Druckansicht auf (siehe Abbildung 4.108). In mittleren Teil sowie in der letzten Spalte befinden sich die Objekte, die Sie interessieren, z. B. die angesprochene Druckreihenfolge in der Spalte **RF**.

Vorgang	Typ	Art	Objekt	ID	RF	Textname	Bedeutung	Bedeutung	Bezeichnung	B
1		NB	EKKO	F01	3		Kopftexte Einkaufsbeleg	Kopftext	Normalbestellung	
1	F	UB	EKKO	F01	1		Kopftexte Einkaufsbeleg	Kopftext	Umlagerungsbestell.	
2	F	NB	EKKO	F01	3		Kopftexte Einkaufsbeleg	Kopftext	Normalbestellung	
2	F	UB	EKKO	F01	1		Kopftexte Einkaufsbeleg	Kopftext	Umlagerungsbestell.	
3	F	NB	TEXT	ST	1	ME_PO_REMINDER	SAPscript Standardtexte	Allgemeiner Standardtext	Normalbestellung	
3	F	UB	TEXT	ST	1	ME_PO_REMINDER	SAPscript Standardtexte	Allgemeiner Standardtext	Umlagerungsbestell.	
7	F	NB	TEXT	ST	2	ME_PO_ACKN_REM	SAPscript Standardtexte	Allgemeiner Standardtext	Normalbestellung	
7	F	UB	TEXT	ST	2	ME_PO_ACKN_REM	SAPscript Standardtexte	Allgemeiner Standardtext	Umlagerungsbestell.	

Abbildung 4.108: Texte für den Belegkopf (Druckansicht für die Bestellung)

Bei den Positionstexten ist zusätzlich zur Druckreihenfolge die Druckpriorität eingabebereit (siehe Abbildung 4.109). Die *Druckpriorität* ermöglicht es Ihnen, eine Reihenfolge zu bestimmen, falls Positionstexte mit derselben Druckreihenfolge auszugeben sind. Sie legen fest, welcher Text einem anderen Text vorgezogen wird. Ist der gewünschte Positionstext mit Druckpriorität 1 nicht befüllt, ermittelt das System den Text mit der nächsten Priorität. Auf einer Stufe der Druckreihenfolge ist genau ein Text für die Nachrichtenausgabe vorgesehen. Da die Anzahl an Positionstexten im Vergleich zu den Kopftexten deutlich höher ausfällt, wurde das Konstrukt der Druckpriorität auf Positionsebene eingeführt. Bei Positionstext F01 für Belegart NB mit dem Druckkennzeichen **Neu** ist keine Druckpriorität anzutreffen. Das wird dadurch erklärt, dass keine anderen Positionstexte mit der Druckpriorität 3 geführt werden.

Die Systemkonfigurationen für die Nachrichtenausgabe von Positionstexten nehmen Sie übrigens über die Ebene **Texte für die Belegposition** in der Dialogstruktur vor. Die druckrelevanten Positionstexte führt das System in der internen Tabelle T166P.

Zusätzlich beeinflusst der Positionstyp die Textausgabe von positionsgebundenen Texten. Im Bereich **Detailschlüssel** entdecken Sie neben den bekannten Feldern **Druckvorgang**, **Einkaufsbelegart**, **Textobjekt** und **Text-ID** aus den Belegkopftexten auch den Einflussfaktor **Positionstyp**. In unserem Fall ist der Positionstyp **Standard** abgebildet.

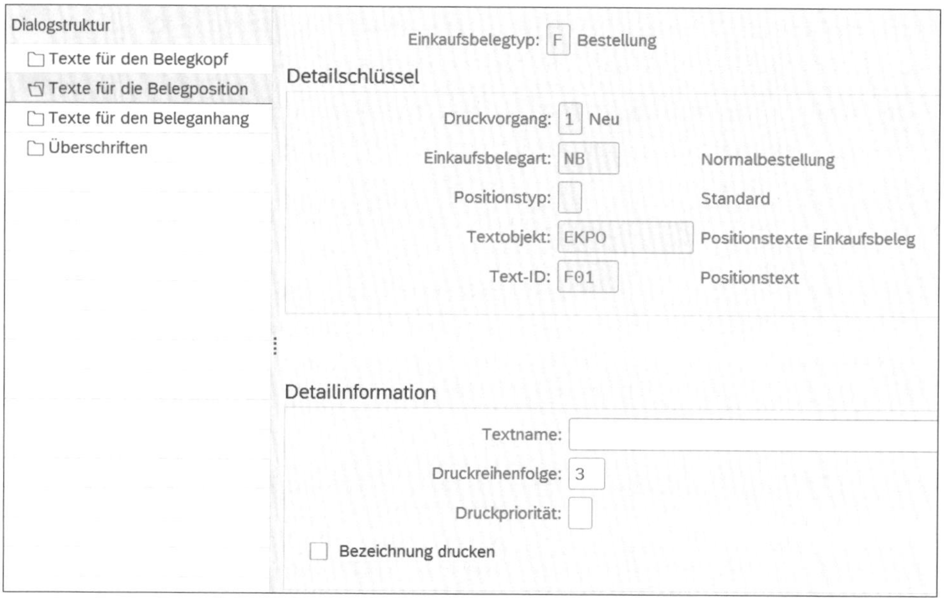

Abbildung 4.109: Texte für die Belegposition – Normalbestellung EKPO F01

[+]

Druckansicht für Belegpositionstexte

Die positionsspezifischen Felder – **Positionstyp** und **Druckpriorität** – sind in der Druckansicht für die Belegpositionstexte enthalten. Sie können also die Druckansicht nutzen, um einen Überblick über die Konfigurationen für die Texte der Belegpositionen zu erhalten.

Navigieren Sie zur nächsten Dialogstrukturebene **Texte für den Beleganhang**, um die Texte anzupassen, die für die Ausgabe bei Beleganhängen herangezogen werden. Diese Einstellungen führen Sie analog zu den Einstellungen im Kopftextbereich durch. Die einkaufsdruckrelevanten Anhangtexte rufen Sie über die Tabellenanzeige mit Tabelle T166A auf.

Das Customizing für druckrelevante Überschriften führen Sie über die Dialogstrukturebene **Überschriften** durch. Tabelle T116U führt die druckrelevanten Überschriften. Abbildung 4.110 zeigt das Einstiegsbild der Überschriftenpflege. Auffällig ist, dass Sie hier keine vordefinierten Texte vorfinden. Die Spalten **Objekt** und **Text-ID** sind nicht verfügbar. Im Umkehrschluss bedeutet dies: Sie pflegen für die Kombination der Spalten **Druckvorgang** und **Einkaufsbelegart** die Überschrift direkt in der Detailansicht.

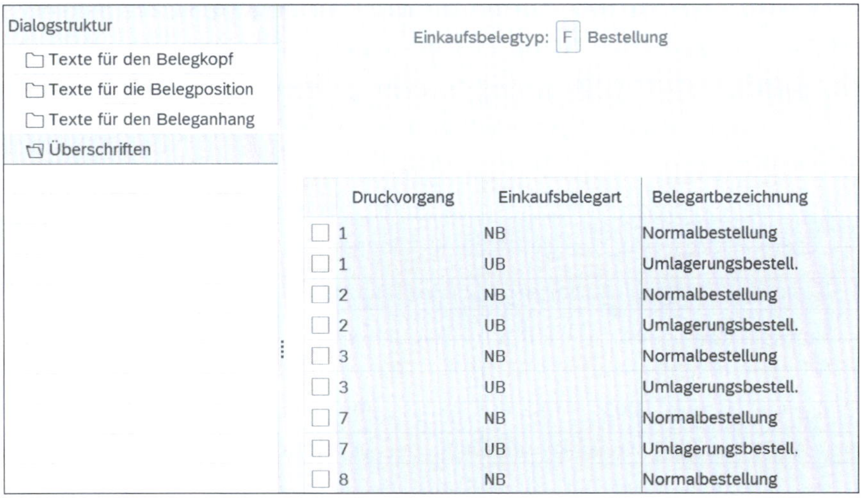

Abbildung 4.110: Überschriften in der Bestellung (Übersicht)

Die Detailansicht offenbart im Bildbereich **Detailinformation** (siehe Abbildung 4.111) die Konfigurationsmöglichkeiten für die Überschrift. Sie nutzen folgende Felder:

- Titel
- Belegart
- Überschrift Belegnummer

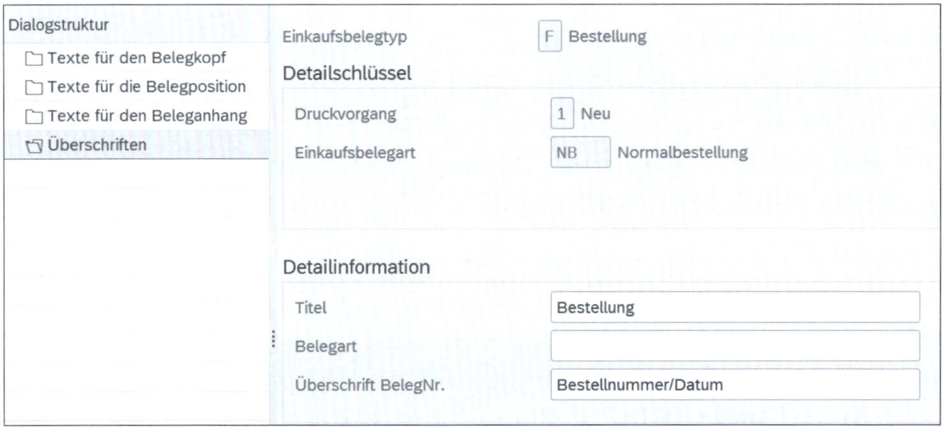

Abbildung 4.111: Überschriften – Druckvorgang 1 und Normalbestellung (NB)

Texte für Beleganderungen definieren Sie nicht in den erläuterten Einstellungen. Hierfür ist ein gesonderter Bereich vorgesehen, den wir Ihnen im nächsten Unterabschnitt erklären.

Änderungstexte

Unter der Voraussetzung, dass ein Einkaufsbeleg bereits als Neudruck verarbeitet wurde, kommen die Einstellungen für den Änderungsdruck zur Anwendung. Sie bestimmen auf Feldebene, wann ein Änderungsdruck auszuführen ist und wie der *Änderungstext* lautet.

Ob eine Feldänderung im Einkaufsbeleg in einem Änderungsdruck resultiert, stellen Sie über die IMG-Aktivität **Änderungsdruckrelevante Felder** ein. Geführt werden die druckrelevanten Feldänderungen in Tabelle T166C.

Reichen Ihnen die Standardauslieferungen an änderungsdruckrelevanten Felder nicht, fügen Sie weitere Felder hinzu. Dies geschieht in folgender Schrittfolge:

1. Rufen Sie die IMG-Aktivität **Änderungsdruckrelevante Felder** auf.
2. Geben Sie den technischen Tabellen- und Feldnamen ein, die Sie in einem vorbereitenden Schritt ermittelt haben.
3. Selektieren Sie die Auswahlkästchen für die betroffenen Einkaufsbelegtypen: B (Bestellung), A (Anfrage), K (Kontrakt) und/oder L (Lieferplan).
4. Ordnen Sie eine Textnummer oder eine Formroutine zu.

Sie können zusätzlich benötigte Felder mit in die Tabelle aufnehmen. Treffen Sie Ihre Auswahl aus den Feldern des folgenden Tabellenpools:

- ADRC (Adressen (Business Address Services))
- EKES (Bestellbestätigungen)
- EKET (Lieferplaneinteilungen)
- EKKN (Kontierung im Einkaufsbeleg)
- EKKO (Einkaufsbelegkopf)
- EKPO (Einkaufsbelegposition)
- ESLL (Zeilen des Leistungspakets)
- ESUH (Dienstleistungsabw. ungeplante Leistungslimits Kopfdaten)
- KONPAE (Konditionen (Position) - Hilfsstruktur Änderungsbelege)
- SADR (Adressverwaltung: Firmendaten)

Schritt 4 deutet zwei Wege zur Ermittlung von Änderungstexten an. Sowohl der direkte Weg über die Änderungstextnummer als auch die indirekte Variante via Formroutine (siehe Abbildung 4.112) sind möglich:

- **Textnummer**
  Für das Feld **Angebotsfrist** (Tabelle EKKO, Feld: `ANGDT`) ist die Textnummer K4 (Angebotsfrist geändert) direkt zugewiesen. Ist ein Angebotsneudruck erfolgt und wird

nachträglich die Angebotsfrist geändert, erscheint der Änderungstext »Angebotsfrist geändert« im Änderungsdruck. Dies betrifft Änderungen am Einkaufsbelegtyp Anfrage.

- **Formroutine**
  Ist es nicht möglich, einer Feldänderung einen eindeutigen Änderungstext direkt zuzuordnen, übernimmt die *Formroutine* die Ermittlung des Textes. Mit anderen Worten: Ist eine Feldänderung nicht einem eindeutigen Ereignis zuordenbar, hilft die Routine dabei, den korrekten Änderungstext auszugeben. Ein anschauliches Beispiel hierfür ist das Löschkennzeichen (Tabelle: EKPO, Feld: `LOEKZ`). Die druckrelevante Änderung kann entweder durch eine nachträglich gesperrte oder gelöschte Position zustande kommen. Abhängig von der tatsächlichen Änderung überprüft Formroutine 3 die Anpassung und gibt den korrekten Änderungstext aus:
  - S3-L (Position storniert)
  - S3-S (Position gesperrt)

	Tabellenname	Name des Referenzfeldes	B	A	K	L	Textnummer	Routine
☐	ADRC	NAME1	☑	☑	☑	☑	P10	4
☐	ADRC	NAME2	☑	☑	☑	☑	P10	4
☐	ADRC	NAME3	☑	☑	☑	☑	P10	4
☐	ADRC	NAME4	☑	☑	☑	☑	P10	4
☐	ADRC	POST_CODE1	☑	☑	☑	☑	P10	4
☐	ADRC	REGION	☑	☑	☑	☑	P10	4
☐	ADRC	STREET	☑	☑	☑	☑	P10	4
☐	EKES		☑	☐	☐	☐		
☐	EKET	CHKOM	☑	☑	☐	☑	P13	
☐	EKET	CNCL_ANCMNT_DONE	☑	☐	☐	☐	WRF1	
☐	EKET	EINDT	☑	☑	☐	☐		1
☐	EKET	LPEIN	☑	☑	☐	☐		1
☐	EKET	MENGE	☑	☑	☐	☐	S1-2	
☐	EKET	UZEIT	☑	☑	☐	☐		1
☐	EKKN		☑	☐	☐	☐	AC1	6
☐	EKKN	ABLAD	☑	☐	☐	☐	AC1	6

Abbildung 4.112: Änderungsdruckrelevante Felder

Sicherlich ist Ihnen aufgefallen, dass bei manchen Feldern, insbesondere bei den Feldern aus Tabelle ADRC (Adressen (Business Address Services)) und Tabelle EKKN (Kontierung im Einkaufsbeleg), sowohl eine Textnummer als auch eine Routine eingetragen sind. In solchen Fällen wird der Routineeintrag bei Beleganderungen bevorzugt behandelt.

Individuelle Formroutinen
Um individuelle Formroutinen zu entwickeln, können Sie den SAP-Standard-User-Exit `EXIT_SAPLMEDRUCK_001` nutzen.

Über die IMG-Aktivität **Änderungstexte festlegen** passen Sie die Änderungstexte an. Ein Änderungstext setzt sich aus einer eindeutigen Textnummer (zehnstellig, alphanumerisch) und einem beschreibenden Text zusammen. Die Beschreibung umfasst bis zu 30 Zeichen. Beachten Sie im Zusammenhang mit der Textpflege, dass Sie die Änderungstexte in der Anmeldesprache pflegen. Loggen Sie sich in weiteren Sprachen im System an, um weitere relevante Sprachen für den Text zu pflegen. Rufen Sie die systeminterne Tabelle T166T auf, um eine tabellarische Auflistung der Änderungstexte zu erhalten.

Abbildung 4.113 zeigt beispielhaft zwei Änderungstexte:

- AC1 (Warenempfänger geändert) ist im Standard für die Kontierungsdaten des Einkaufsbelegs vorgesehen.
- K1 (Zahlungsbedingungen geändert) finden Sie bei druckrelevanten Änderungen auf Kopfebene des Belegs (Tabelle EKKO).

Textnummer	Text im Druck
AC1	Warenempfänger geändert
K1	Zahlungsbedingungen geändert

Abbildung 4.113: Änderungstexte

Nun kennen Sie auch die Systemeinstellungen von Änderungstexten. Also fahren wir mit den Formularen fort.

Formulare für Nachrichten

Texte bilden die inhaltliche Grundlage für Formulare. Das *Formular* selbst prägt das Layoutdesign. Für Einkaufsbelege sieht die SAP-Standardauslieferung das Formular MEDRUCK vor. Dieses SAPscript-Formular ist für Sie vor allem die Basis für eigenverantwortlich entwickelte Formulare. Das Anlegen und Ändern von Formularen ist in erster Linie keine Customizing-Aktivität, sondern wird unter den Entwicklungsaufwänden verortet.

Zum Form-Painter-Einstiegsbild gelangen Sie über die Aktivität **Formular für Einkaufsbelege anpassen**. Aus dem Einstiegsbild heraus ist es möglich, ein Formular sprachabhängig anzulegen, zu ändern und anzuzeigen (siehe Abbildung 4.114). Alle Bestandteile eines Formulars sind aufgeführt, beispielsweise **Kopf**, **Seiten** oder **Absatzformate**.

Eigene Formulare

In der Regel sind spezielle Personen im Entwicklungsteam für Formularanpassungen Teil des Projektteams. Die Person kümmert sich meist anwendungsübergreifend um alle benötigten Anpassungen im Formularbereich. Die Formularbearbeitung für SAPscript-Formulare geschieht über Transaktion SE71 (SAPscript-Formular).

Abbildung 4.114: Einstiegsbild des Form Painters

Wenn Sie für das Formular `MEDRUCK` z. B. das Objekt **Kopf** selektiert haben, gelangen Sie über die Schaltfläche **Anzeigen** zur Objektdetailansicht (siehe Abbildung 4.115). Genauer navigieren Sie zu den Verwaltungsdaten. Das Formular ist dem Paket ME (Einkauf) zugewiesen und wurde im Jahr 1993 ab Release 1.2A zur Verfügung gestellt. Die letzte Änderung am Standardformular erfolgte 2023 durch SAP.

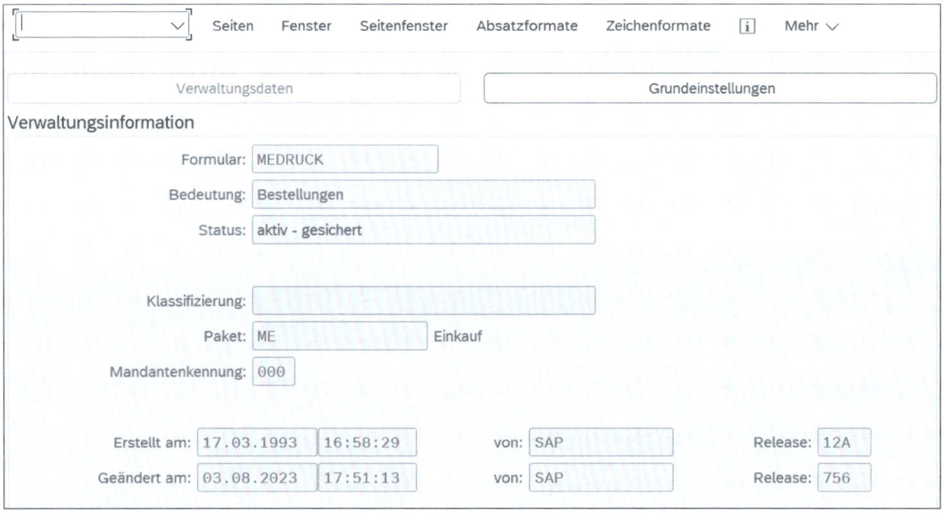

Abbildung 4.115: Detailansicht des Objekts »Kopf« des Formulars MEDRUCK

Im Datenbild **Grundeinstellungen** erhalten Sie Einblick in das Seitenformat, die Seitenorientierung und die Defaultwerte zur Textformatierung des Formulars `MEDRUCK`.

Ein Formular individuell zu entwickeln, ist der erste Schritt. Der nächste Schritt besteht aus der Zuweisung des Formulars zur Nachrichtenart. Hierfür steht die IMG-Aktivität **Formular und Ausgabeprogramm für [Einkaufsbeleg] zuordnen** bereit. Abhängig vom Belegtyp rufen Sie die jeweils dafür vorgesehene Aktivität auf. Die Ausgabeprogramme der Nachrichten sind in Tabelle TNAPR zu finden.

In der IMG-Aktivität weisen Sie der Kombination aus Nachrichtenart und Sendemedium (siehe Abbildung 4.116) ein Ausgabeprogramm, eine Formroutine und ein Formular zu. Für die Nachrichtenart `NEU` (Belegtyp B) finden Sie das Programm `SAPFM06P` vor. Die Formroutine `ADOBE_ENTRY_NEU` und das Formular `MEDRUCK_PO` runden die Systemkonfiguration ab.

	Nach	Bezeichnung	Med	Programm	Form-Routine	Formular
☐	NEU	Bestellung	1	SAPFM06P	ADOBE_ENTRY_NEU	MEDRUCK_PO
☐	NEU	Bestellung	2	SAPFM06P	ENTRY_NEU	MEDRUCK

Abbildung 4.116: Formular und Ausgabeprogramm (Bestellung, Nachrichtenart NEU)

Auch individuell vorgenommene Entwicklungen für Druckprogramme, Formroutinen oder Formulare ordnen Sie hier einer oder mehreren Nachrichtenarten zu.

Ausgabesteuerung

Die *Ausgabesteuerung* bildet das Herzstück der Nachrichtenfindung. Sie legen in Abhängigkeit zum Belegtyp fest, unter welchen Bedingungen die Nachricht erzeugt und zu welchem vordefinierten Zeitpunkt sie schließlich ausgegeben wird. Die Ausgabemedien sind vielfältig. Sie unterscheiden in der Konfiguration für die Nachrichtenausgabe folgende Ausgabemedien:

- **1** (Drucker)
- **2** (Telefax)
- **4** (Telex)
- **5** (externes Senden)
- **6** (EDI)
- **7** (einfache Mail)
- **8** (Sonderfunktion)
- **9** (Ereignisse SAP Business Workflow)
- **A** (Verteilung ALE)
- **T** (Aufgaben SAP Business Workflow)

Damit eigene Nachrichten schlussendlich erfolgreich vom System verarbeitet werden, müssen Sie aus Customizing-Sicht nachfolgende Schritte prüfen und gegebenenfalls Anpassungen an den Objekten durchführen:

- Konditionstabellen
- Zugriffsfolge
- Nachrichtenarten
- Bedingungen
- Nachrichtenschema
- Partnerrollen

Die angegebene Reihenfolge entspricht der empfohlenen Vorgehensweise bei der Einführung einer neuen Nachrichtenart. Auch wir folgen bei unseren Ausführungen in diesem Abschnitt strikt dieser Sequenz, beschränken uns bei den Betrachtungen aber auf den Belegtyp Bestellung. Die anderen Belegtypen stellen Sie analog ein.

Konditionstabellen

In *Konditionstabellen* werden die zwingend benötigten Nachrichtenkonditionssätze der Nachrichtenfindung geführt. Anhand der ausgewählten Felder pflegen Sie die Kombination, für die Sie Konditionssätze anlegen möchten. Im SAP-Standard sind folgende Konditionstabellen für die Bestellung enthalten:

- 025 (Nachrichtenfindung Einkauf: Belegart/Einkaufsorg./Lieferant)
- 026 (Nachrichtenfindung Einkauf: Belegart)
- 027 (Nachrichtenfindung Einkauf: Einkaufsorg./Lieferant für EDI)
- 029 (Einkaufsorganisation)

Die Konditionstabelle 025 (siehe Abbildung 4.117) legt beispielsweise fest, dass Sie den Konditionssatz abhängig von Belegart, Einkaufsorganisation und Lieferant erfassen. Für die Konditionssatzpflege für Bestellungen verwenden Sie die Transaktionen MN04 (Nachricht anlegen: Bestellung), MN05 (Nachricht ändern: Bestellung) und MN06 (Nachricht anzeigen: Bestellung). Beachten Sie, dass die Pflege des Konditionssatzes abhängig von der Nachrichtenart erfolgt.

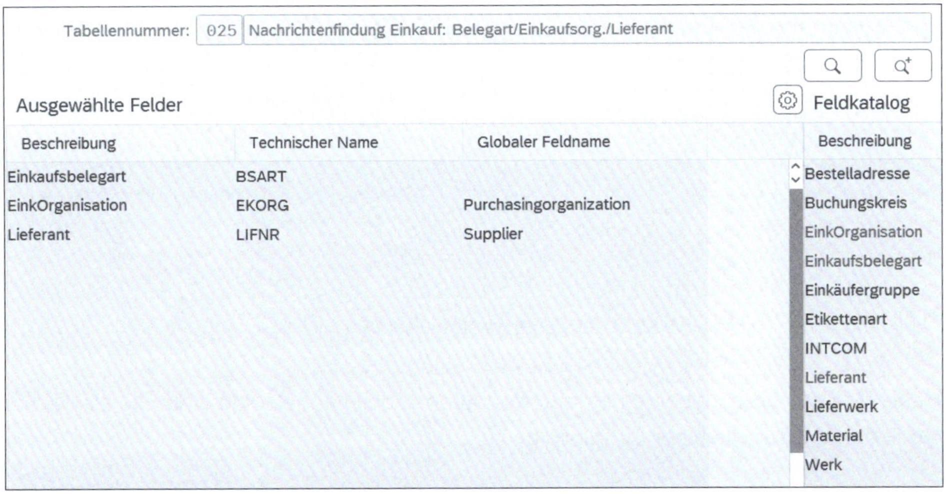

Abbildung 4.117: Konditionstabelle 025

Eigene Konditionstabellen definieren Sie über die IMG-Aktivität **Konditionstabelle für [Einkaufsbeleg]/Anlieferung festlegen**. In der Regel sind die ausgelieferten Konditionstabellen ausreichend. Statt die vorhandenen Tabellen zu bearbeiten, legen Sie eigene Tabellen an. Die ausgelieferten Tabellen eignen sich hierfür als Kopiervorlage. Zum Anlegen führen Sie folgende Schritte durch:

1. Rufen Sie die IMG-Aktivität **Konditionstabelle für [Einkaufsbeleg]** auf.
2. Wählen Sie die zweite Aktivität **Nachrichten: KondTab anl. Bestellung**.
3. Geben Sie eine Tabellennummer im vorgesehenen Kundenintervall zwischen 501 und 999 an.
4. Nutzen Sie nicht die Kopiervorlage, sondern geben Sie den Tabellentyp an.
5. Tragen Sie eine sprechende Bezeichnung ein. Hilfreich ist, die gewünschte Kombination außerdem möglichst eindeutig zu beschreiben.
6. Selektieren Sie aus dem Feldkatalog der Applikation (hier: EF für »Einkauf Bestellung«) die Datenkombination für den Konditionssatz.

   Für die Konditionstabelle 025 wurden in unserem Beispiel die Felder **EinkOrganisation**, **Einkaufsbelegart** und **Lieferant** als Kombination aus dem Feldkatalog ausgewählt. Die selektierten Felder sind auf der linken Bildhälfte anzutreffen, der gesamte Feldkatalog auf der rechten Seite. Da die Ausgabe von Nachrichten auf Kopfebene erfolgt, finden Sie dementsprechend im Katalog nur Kopffelder vor.
7. Generieren Sie die neue Konditionstabelle, und speichern Sie Ihre Anpassungen.

Über die Schaltfläche **Technische Sicht** in der Navigationsleiste können Sie die technische Sicht einer Konditionstabelle aufrufen. In Abbildung 4.118 ist diese Sicht für Konditionstabelle 025 zu sehen. Das Feld **Lieferant** ist ein Zeilenfeld. Das heißt, Sie füllen das Feld bei der Konditionssatzpflege nach der Eingabe von Belegart und Einkaufsorganisation. Auch ohne die Angabe des Lieferanten sind alle gepflegten lieferantenspezifischen Konditionssätze aufgelistet.

Tabelle: 025 Nachrichtenfindung Einkauf: Belegart/Einkaufsorg./Lieferant

Ausgewählte Felder

Beschreibung	Key	Positionsfeld	Textfeld	Feldname	Datenelement	Domänenname	Läng	Datentyp
Einkaufsbelegart	☑	☐	○	BSART	ESART	BSART	4	C
EinkOrganisation	☑	☐	○	EKORG	EKORG	EKORG	4	C
Lieferant	☑	☑	◉	LIFNR	ELIFN	LIFNR	10	C

Abbildung 4.118: Technische Sicht der Konditionstabelle 025

Haben Sie wie beschrieben eine neue Konditionstabelle angelegt, weisen Sie als nächsten Schritt die Tabelle einer Zugriffsfolge zu.

Zugriffsfolge

Hinter der *Zugriffsfolge* verbirgt sich die systemische Suchstrategie, mit der gültige Nachrichtensätze ermittelt werden. Sie definieren eine Zugriffsfolge mithilfe der IMG-Aktivität **Zugriffsfolge für [Einkaufsbeleg]/Anlieferung festlegen**. Ein vierstelliger alphanumerischer Wert bildet den eindeutigen Schlüssel. Für kundeneigene Folgen empfiehlt es sich, im vorgesehenen Kundenraum (mit Y oder Z beginnend) zu arbeiten. Geführt werden die Zugriffsfolgen in Tabelle T682.

[!]

Mandantenunabhängigkeit

Beachten Sie, dass Zugriffsfolgen ein mandantenunabhängiges Objekt in der Ausgabesteuerung darstellen. Sie benötigen eine spezielle Berechtigung für die Pflege.

Die in Abbildung 4.119 dargestellte Zugriffsfolge 0001 (Belegart/Einkaufsorg/Lieferant) für Bestellungen enthält die Standardkonditionstabellen 025, 026 und 027 als definierte Zugriffe. Die laufende Nummer legt fest, in welcher Reihenfolge die Konditionstabellen durchlaufen werden. Bei der Suchsequenz gilt folgende Regel: Sortieren Sie die Zugriffe absteigend von einer speziellen zu einer allgemeinen Ausprägung. Sie garantieren dadurch, dass die Suche nach gültigen Konditionssätzen optimal verläuft. Die Sequenz lautet in unserem Fall 027 - 025 - 026. Dadurch, dass die laufenden Nummern (Spalte **Lnr.**) nicht sofort aufeinanderfolgen, bleibt Ihnen Spielraum, um bei Bedarf noch Konditionstabellen zu ergänzen.

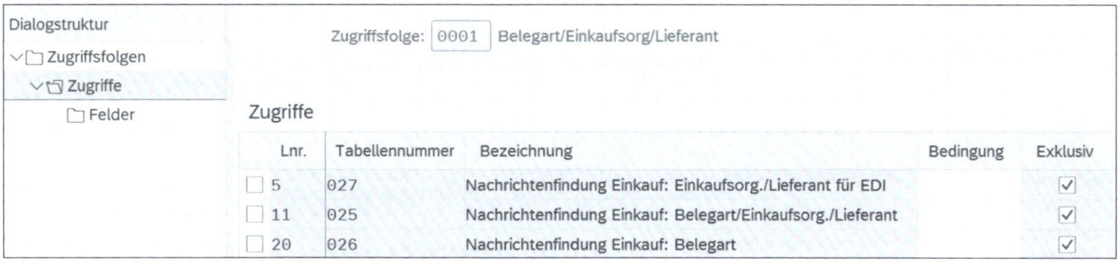

Abbildung 4.119: Zugriffe in Zugriffsfolge 0001

Für die Zugriffe ist keine spezielle Bedingung vorgesehen. Die Bedingung stellt eine Formroutine dar, mit deren Hilfe Sie festlegen können, ob bestimmte Nachrichtensätze berücksichtigt werden. Statt über eine Bedingung steuern Sie über das Kennzeichen **Exklusiv**, dass die Satzsuche nach dem ersten erfolgreichen Fund eines Konditionssatzes abzubrechen ist.

Wenn Sie einen Zugriff markieren und in der links befindlichen Dialogstruktur einen Doppelklick auf **Felder** ausführen, navigieren Sie in die Feldübersicht der Tabelle (siehe Abbildung 4.120). Für die Zugriffsfolge 0001 mit der laufenden Nummer 11 sind die Felder **Einkaufsbelegart**, **EinkOrganisation** und **Lieferant** aus Konditionstabelle 025 aufgeführt.

Abbildung 4.120: Felder in Tabelle 025 in Zugriffsfolge 0001

Nachrichtenarten

Nachrichtenarten fassen gleichartige Nachrichten zusammen. Ein vierstelliger Schlüssel identifiziert eine Nachrichtenart eindeutig. Nachrichtenarten pflegen Sie unter Zuhilfenahme der Aktivität **Nachrichtenarten für [Einkaufsbeleg]/Anlieferung festlegen**. Tabelle T685B führt die im System befindlichen Arten. Die Bezeichnung für eine Nachrichtenart kann bis zu 20 Zeichen umfassen.

Die Konfigurationsmöglichkeiten für Nachrichtenarten sind umfangreich und vielseitig. Neben verschiedenen Registerkarten finden Sie eine dreistufige Dialogstruktur vor. Sie lernen die prägenden Einstellungen anhand der Standardnachrichtenart `NEU` für Bestellungen kennen. Rufen Sie die IMG-Aktivität **Nachrichtenarten für Bestellung festlegen** auf, und führen Sie den ersten, gleichnamigen Schritt aus. Für eigene Nachrichtenarten gilt die bekannte Devise, dass Sie im Standard ausgelieferte Einträge als Kopiervorlagen verwenden und die Kopie nach Ihren Anforderungen ausgestalten.

Auf der Registerkarte **Allgemeine Daten** (siehe Abbildung 4.121) bestimmen Sie, welche Zugriffsfolge die Nachrichtenart nutzt. In unserem Fall kommt die Folge 0001 mit den drei Konditionstabellen 025, 026 und 027 zum Einsatz.

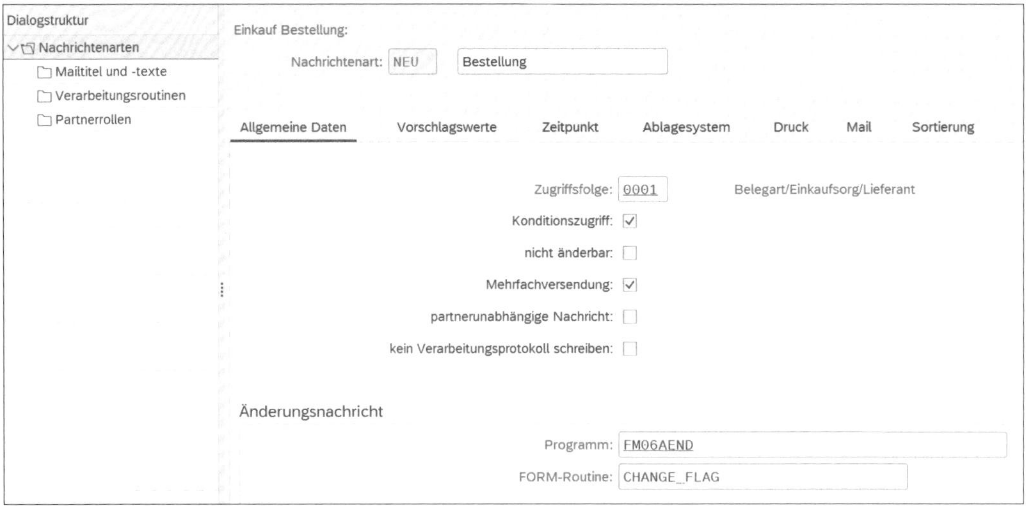

Abbildung 4.121: Details der Nachrichtenart NEU (Bestellung) – Registerkarte »Allgemeine Daten«

Durch die Auswahl der Kennzeichen **Konditionszugriff** und **Mehrfachversendung** bestimmen Sie, dass eine Nachricht für die Nachrichtenart NEU auf Grundlage gültiger Konditionssätze ermittelt wird und dass eine Nachrichtenausgabe an denselben Partner mehrfach erfolgen kann. Für die Erzeugung von Änderungsnachrichten sind das Programm `FM06AEND` und die Formroutine `CHANGE_FLAG` relevant.

Nicht ausgewählt sind hingegen die Kennzeichen **nicht änderbar**, **partnerunabhängige Nachricht** sowie **kein Verarbeitungsprotokoll schreiben**. Letzteres bedeutet, dass bei der Verarbeitung von Nachrichten ein Protokoll erstellt wird.

Legen Sie einen Konditionssatz für die Nachrichtenart NEU an, übernimmt das System automatisch die hierfür eingetragenen Vorschlagswerte (siehe Abbildung 4.122). Die Vorschlagswerte können selbstverständlich überschrieben werden.

Für den *Versandzeitpunkt* stehen Ihnen folgende Optionen zur Verfügung:

- **1** - Versenden durch periodisch eingeplanten Job
- **2** - Versenden durch Job, mit zusätzlicher Zeitangabe
- **3** - Versenden durch anwendungseigene Transaktion
- **4** - Sofort versenden

In unserem Fall ist der letzte Versandzeitpunkt vorgesehen.

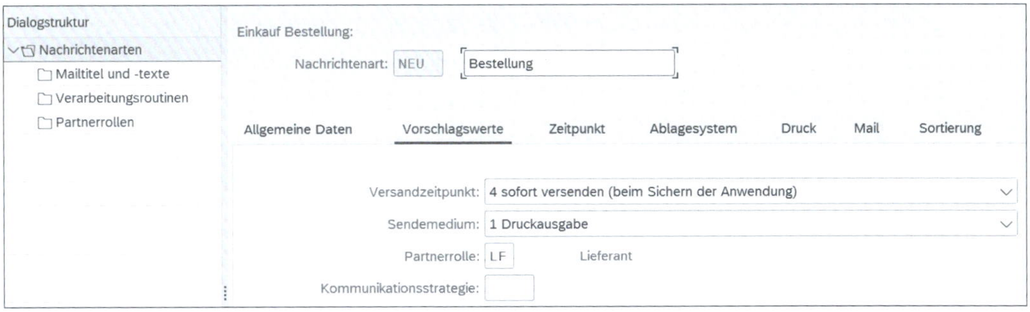

Abbildung 4.122: Details der Nachrichtenart NEU (Bestellung) - Registerkarte »Vorschlagswerte«

Beim Sichern des Einkaufsbelegs erfolgt die Ausgabe der Nachricht (siehe dazu den Unterabschnitt »Ausgabesteuerung« weiter unten in diesem Abschnitt) unmittelbar über einen Druck. Das im Feld **Sendemedium** eingetragene Sendemedium Druckausgabe lässt sowohl auf die vorgeschlagene Partnerrolle LF (Lieferant) als auch auf die fehlende Angabe zur Kommunikationsstrategie schließen. Über die *Kommunikationsstrategie* legen Sie, wenn bei **Sendemedium** die Ausprägung 5 (Externes Senden) angegeben ist, die Reihenfolge der Suche nach einer angegebenen Adresse nach Kommunikationsarten fest. Die SAP-Standardauslieferung sieht die beiden Strategien CS01 (Internet/Letter) und WEBM (Externes Mail versenden) vor. Wenn Sie individuelle Strategien einrichten möchten, rufen Sie über den IMG-Pfad **ABAP Platform • Application Server • Basis-Services • Nachrichtensteuerung** die Aktivität **Kommunikationsstrategie festlegen** auf.

Auf der Registerkarte **Zeitpunkt** grenzen Sie bei Bedarf den *Versandzeitpunkt* der Nachricht ein (siehe Abbildung 4.123). Die bekannten Versandzeitpunkte aus den Vorschlagswerten können Sie über die Selektion des dazugehörigen Auswahlkästchens ausschließen. Soll die Nachrichtenausgabe z. B. zwingend über eine Anwendertransaktion ausgegeben werden, schließen Sie die anderen Versandzeitpunkte einfach aus.

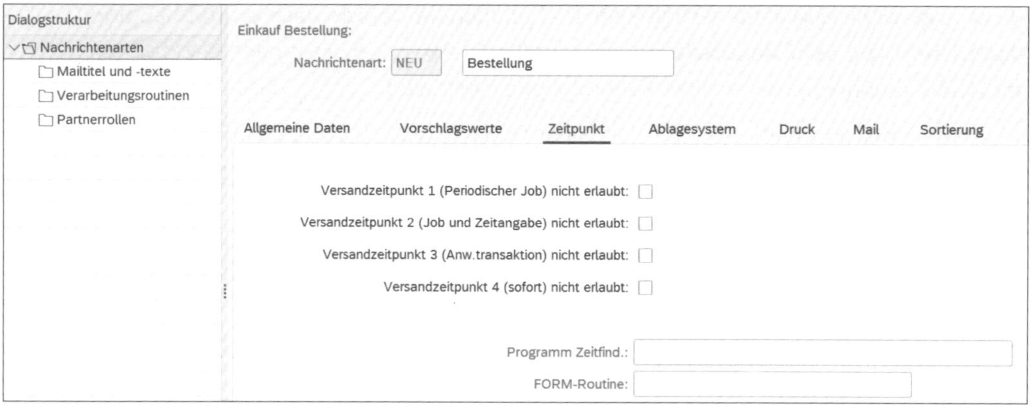

Abbildung 4.123: Details der Nachrichtenart NEU (Bestellung) – Registerkarte »Zeitpunkt«

Dadurch müssen Ihre Anwenderinnen und Anwender die Bestellnachricht über Transaktion ME9F (Nachrichten ausgeben) aktiv ausgeben. In unserem Beispiel sehen Sie, dass für die Nachrichtenart NEU kein Versandzeitpunkt pauschal ausgeschlossen ist. Demnach sind alle Versandzeitpunkte zulässig.

In welcher Form die *Archivierung* der Nachricht stattfindet, prägen Sie im Detail auf der Registerkarte **Ablagesystem** aus (siehe Abbildung 4.124). Sie treffen hier Ihre Wahl zwischen:

- **1** (Nur Drucken)
- **2** (Nur Ablegen)
- **3** (Drucken und Ablegen)

Abbildung 4.124: Details der Nachrichtenart NEU (Bestellung) – Registerkarte »Ablagesystem«

Für die Ablage der Bestellung pflegen Sie die Dokumentart MEOORDER ein, falls Sie mit der Standarddokumentart arbeiten. Beachten Sie, dass zusätzliche Customizing-Aktivitäten unter dem IMG-Pfad **ABAP Platform • Application Server • Basis-Services • ArchiveLink** anfallen, wenn Sie die Ablagefunktion nutzen möchten.

Die zulässige Menge an Druckparametern ist applikationsabhängig. Für die Applikation EF (Einkauf Bestellung) steht auf der Registerkarte **Druck** nur ein Druckparameter zur Verfügung, nämlich **6 Einkäufergruppe** (siehe Abbildung 4.125). Der Druckparameter ist ein Bestandteil der Druckerfindung.

Abbildung 4.125: Details der Nachrichtenart NEU (Bestellung) – Registerkarte »Druck«

Nachdem die wichtigsten Einstellungen auf den verschiedenen Registerkarten erläutert wurden, fahren Sie über die Dialogstruktur mit der Konfiguration der Nachrichtenart fort. Die Dialogschritte heißen in der Einzelbetrachtung:

- Mailtitel und -texte
- Verarbeitungsroutinen
- Partnerrollen

Nachdem Sie eine Nachrichtenart Ihrer Wahl markiert haben – in unserem Fall ist es die Nachrichtenart NEU (Bestellung) –, navigieren Sie via Doppelklick zur jeweiligen Dialogebene. Dadurch gelangen Sie unter anderem zum Dialogschritt **Mailtitel und -texte** (siehe Abbildung 4.126). Hier können Sie den sprachabhängigen Dokumententitel sowie Texte für Nachrichten pflegen, die für den Mailversand vorgesehen sind. Ein Dokumententitel verarbeitet bis zu 50 Zeichen. Die Titel lauten im Standard:

- Neuer Bestelldruck (auf Deutsch)
- New Purchase Order Printout (auf Englisch)

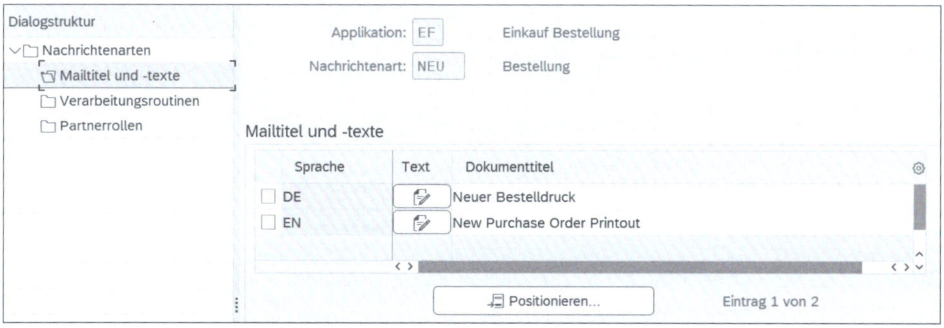

Abbildung 4.126: E-Mail-Titel und -Texte der Nachrichtenart NEU (Bestellung)

Möchten Sie einen sprachenspezifischen E-Mail-Text erfassen, klicken Sie auf die Schaltfläche (**Text**). Ein leeres Word-Template öffnet sich, in das Sie Ihren E-Mail-Text eintragen. Führen Sie diesen Schritt für alle benötigten Sprachen durch.

Abhängig vom Ausgabemedium hinterlegen Sie über die Dialogebene **Verarbeitungsroutinen** Ihr Verarbeitungsprogramm, die Formroutine und das Ausgabeformular (siehe Abbildung 4.127). Sie erkennen in der Spalte **Formular** bei dem Medium **Telefax** auf den ersten Blick das Standardformular `MEDRUCK` aus dem vorangegangenen Unterabschnitt »Formulare für Nachrichten« wieder.

Abbildung 4.127: Verarbeitungsroutinen der Nachrichtenart NEU (Bestellung)

Vermissen Sie ein Sendemedium, ergänzen Sie die Tabelle, indem Sie einen neuen Eintrag hinzufügen. Für einen E-Mail-Versand nehmen Sie das Medium »5 (Externes Senden)« auf und weisen ihm beispielsweise ein selbst erstelltes Formular auf PDF-Basis zu.

Im abschließenden Dialogschritt **Partnerrollen** (siehe Abbildung 4.128) bestimmen Sie abhängig vom Ausgabemedium die zulässigen Partnerrollen. Die Partnerrollen entsprechen aus Nachrichtensicht den Empfängern der Nachricht. Die Customizing-Einstellungen werden in Tabelle TNAPN geführt. Die Abbildung zeigt einen Teilausschnitt aus den Einstellungen der Nachrichtenart `NEU` in der Applikation EF (Einkauf Bestellung). Für das Medium **Druckausgabe** sind die Partnerrollen BA (Bestelladresse), LF (Lieferant) und LW (Lieferwerk) eingerichtet.

Abbildung 4.128: Partnerrollen der Nachrichtenart NEU (Bestellung)

Nachdem Sie die Konfiguration der Nachrichtenart abgeschlossen haben, legen Sie fest, für welche Druckvorgänge die Nachrichtenart überhaupt konzipiert ist. Dies geschieht über die zweite Aktivität **Feinsteuerung Bestellung** innerhalb der IMG-Aktivität **Nachrichtenarten für Bestellung festlegen**. Sie ordnen einem Druckvorgang mehrere Konditionsarten zu. Im vorliegenden Fall entspricht die Nachrichtenart der Konditionsart. Die Konditionsart selbst ist ein Überbegriff, der je nach Funktion, z. B. in der Preis- oder Nachrichtenfindung, unterschiedlich genutzt wird.

Aus Nachrichtenperspektive sind folgende Druckvorgänge möglich:

- **1** - Neu
- **2** - Änderung
- **3** - Mahnung/Erinnerung
- **4** - Absage Anfrage
- **5** - Lieferplaneinteilung
- **6** - Mahnung LP-Einteilung
- **7** - Auftragsbestätigung
- **8** - Änderung LP-Einteilung
- **9** - LP-Abrufdokumentation LAB
- **A** - LP-Abrufdokumentation FAB
- **B** - Reserve 1
- **C** - Reserve 2

Für Einkaufsbelegtyp B in Applikation EF (Einkauf Bestellung) sind dem Druckvorgang **1** (Neu) die Nachrichtenarten `ACE1` (Importmeldung), `NEU` (Bestellung), `RICH` (keine Beschreibung) und `WEZL` (WE-Zählliste) zugewiesen (siehe Abbildung 4.129). Eine nachrichtenunterstützte Bestelländerung ist mit der Zuweisung zu Vorgang 2 abgedeckt.

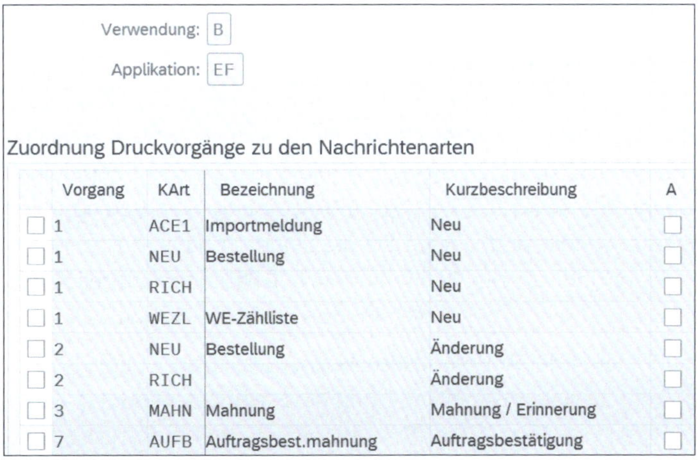
Verwendung: B

Applikation: EF

Zuordnung Druckvorgänge zu den Nachrichtenarten

Vorgang	KArt	Bezeichnung	Kurzbeschreibung	A
1	ACE1	Importmeldung	Neu	☐
1	NEU	Bestellung	Neu	☐
1	RICH		Neu	☐
1	WEZL	WE-Zählliste	Neu	☐
2	NEU	Bestellung	Änderung	☐
2	RICH		Änderung	☐
3	MAHN	Mahnung	Mahnung / Erinnerung	☐
7	AUFB	Auftragsbest.mahnung	Auftragsbestätigung	☐

Abbildung 4.129: Feinsteuerung für Bestellnachrichten

Bei Bedarf ordnen Sie den Standarddruckvorgängen in der Feinsteuerung zusätzliche Nachrichtenarten zu. Vor allem bei individuellen Nachrichtenarten sind neue Zuweisungen in der Regel notwendig.

Bedingungen

Bedingungen steuern, welche Nachricht schlussendlich ausgegeben wird, je nachdem, welcher Vorgang in der Nachrichtenfindung ausgelöst wurde. Technisch gesehen handelt es sich um eine Formroutine. Zur Definition eigener Bedingungen beziehungsweise Formroutinen steht Ihnen die IMG-Aktivität **Bedingungen zur Nachrichtensteuerung pflegen** (Transaktion OMFT) zur Verfügung. Die dreistelligen alphanumerischen Bedingungen finden Sie auf Tabellenebene in Tabelle TFRM wieder.

Die Formroutinen 101 (Neudruck) bis 107 (Auftragsbestätigungsmahnung) (siehe Abbildung 4.130) können für alle Applikationen im Einkauf genutzt werden, wohingegen sich z. B. die Bedingungen 109 und 111 lediglich für den Lieferplan (Applikation EL) eignen. Das Kennzeichen **aktiv** informiert Sie darüber, ob die Routine im Einsatz ist oder nicht. In unserem Fall sind nur die Bedingungen 110 (BA-Adresse?) und 111 (Feinabrufbedingung) nicht aktiv. Alle anderen Formroutinen im Ausschnitt sind aktiviert.

Routinennummer	Bezeichnung	aktiv	Applikation
101	Neudruck	☑	
103	Mahnung	☑	
104	Absage	☑	
105	Lieferplaneinteilung	☑	
106	Mahn. Lieferplaneint	☑	
107	Auftragsbest.mahnung	☑	
109	LP aus Doku	☑	EL
110	BA-Adresse?	☐	EA
111	Feinabrufbedingung	☐	EL
170	Bestandsführung	☑	ME
171	WE-Mail	☑	ME

Abbildung 4.130: Bedingungen zur Nachrichtensteuerung

Der Quelltext einer Routine kann über die in der Navigationsleiste verfügbare Schaltfläche (**Quelltext**) eingesehen und geändert werden. Abbildung 4.131 zeigt beispielhaft den Quelltext für Formroutine 101. Beachten Sie, dass für Anpassungen an Bedingungen Entwicklerberechtigungen notwendig sind. Lassen Sie die Standardroutinen unangetastet, und führen Sie stattdessen individuelle Bedingungen auf Basis der ausgelieferten Routinen ein.

Die Bedingung 101 lässt nur Neu- oder Änderungsdrucke zu. Dies hat zur Folge, dass die Bedingung 101 erfüllt ist, wenn bei einer Bestelländerung die Nachrichtenfindung aufgerufen wird. Dadurch veranlasst das System die Ausgabe eines Änderungsdrucks. Wird hingegen die Nachrichtenfindung durch beispielsweise ein Mahnprogramm aufgerufen, trifft die definierte Bedingung 101 nicht zu. Sie erwarten keinen Änderungsnachrichtendruck.

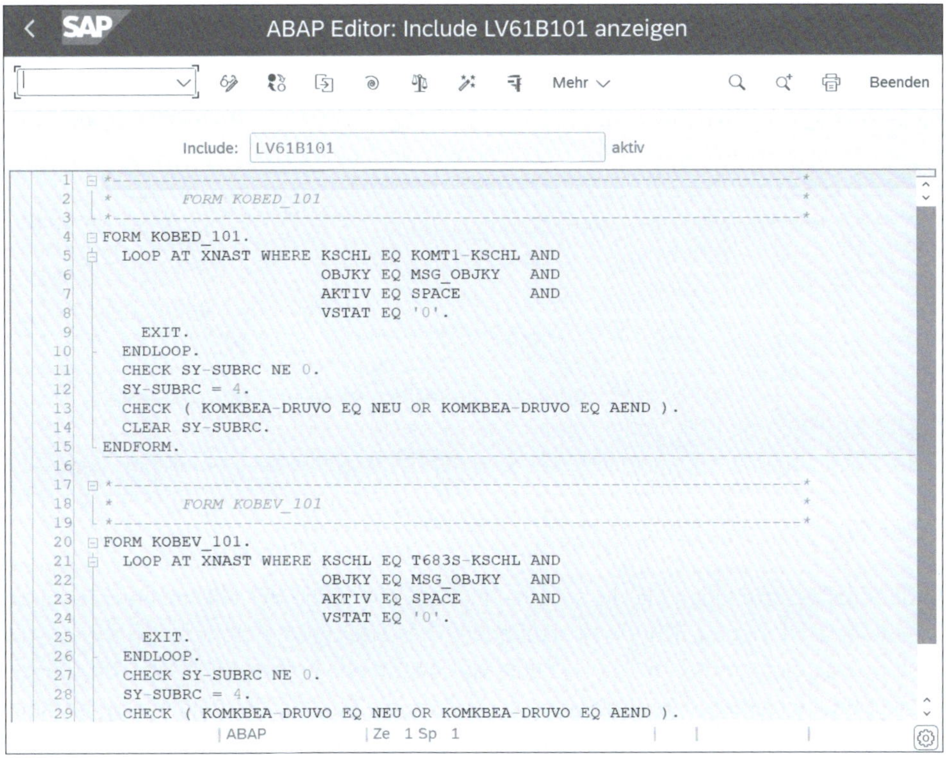

Abbildung 4.131: Quelltext für Formroutine 101

Sie pflegen die Bedingungen nun im Nachrichtenschema für den Einkaufsbelegtyp pro Nachrichtenart ein.

Nachrichtenschema

Das *Nachrichtenschema* beinhaltet alle Nachrichtenarten einer Applikation. Mit der Zuordnung zu einem Einkaufsbelegtyp ermöglichen Sie einen automatischen Vorschlag der zulässigen Nachrichtenarten im Einkaufsbeleg. Die Einstellungen zum Nachrichtenschema nehmen Sie über die IMG-Aktivität **Nachrichtenschema für [Einkaufsbeleg]/ Anlieferung festlegen** vor. Dabei gehen Sie für jeden Einkaufsbelegtyp – hier exemplarisch für Belegtyp B – schrittweise vor:

1. Definieren Sie ein neues Nachrichtenschema mittels der Kopierfunktion. Richten Sie das Nachrichtenschema für Ihre Bedürfnisse ein. Ergänzen Sie eventuell neu angelegte Nachrichtenarten (Aktivität **Nachrichtenschema pflegen: Bestell.**)
2. Ordnen Sie das Nachrichtenschema einer Verwendung und Applikation zu (Aktivität **Zuordnen Schema Bestellung**).

Ein Nachrichtenschema hat einen sechsstelligen alphanumerischen Schlüssel. Die Bezeichnung kann bis zu 30 Zeichen enthalten. Die Nachrichtenschemata sind in Tabelle T683 gesammelt.

Das Nachrichtenschema, das für die Verwendung B (Nachrichten) und Applikation EF (Einkauf Bestellung) in der Standardauslieferung vorgesehen ist, heißt `RMBEF1` (siehe Abbildung 4.132). Auf der Ebene **Steuerung** prägen Sie die maßgeblichen Einstellungen des Nachrichtenschemas aus.

Abbildung 4.132: Nachrichtenschema RMBEF1 (Einkauf Bestellung)

In der Spalte **Stufe** legen Sie die schemainterne Reihenfolge der Nachrichtenarten fest. Die Stufen sind in 10er-Schritten vorzufinden. Dies erleichtert es Ihnen, gegebenenfalls weitere Nachrichtenarten in das Schema aufzunehmen. Achten Sie beim Hinzufügen neuer Konditionsarten darauf, dass Sie versuchen, die prozessuale Reihenfolge abzubilden. Zudem hinterlegen Sie bei Bedarf eine Bedingung für die Kondition, um die Nachrichtenausgabe an Voraussetzungen zu knüpfen.

Über das Kennzeichen **nicht automatisch** bestimmen Sie, dass die Kondition entweder manuell oder durch einen externen Prozess berücksichtigt wird. Anders ausgedrückt: Alle Nachrichtenarten im Nachrichtenschema `RMBEF1` nehmen automatisch an einer Nachrichtenfindung teil.

Haben Sie das Nachrichtenschema an Ihre Bedürfnisse angepasst, ordnen Sie es einer Verwendung und Applikation zu. Das Standardnachrichtenschema `RMBEF1` ist der Verwendung B (Nachrichten) und der Applikation EF (Einkauf Bestellung) zugewiesen (siehe Abbildung 4.133).

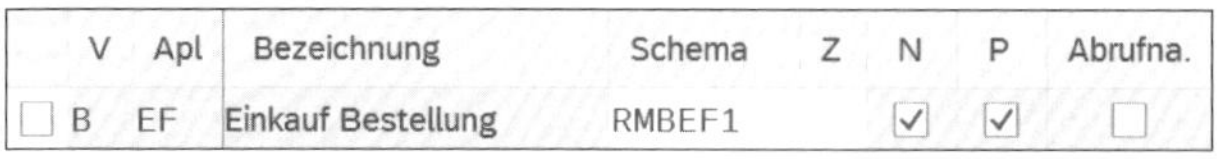

Abbildung 4.133: Zuordnung des Nachrichtenschemas

Ferner stehen folgende Felder für Einstellungen bei der Zuweisung des Nachrichtenschemas zu der Applikation bereit:

- **Z (Versandzeitpunkt Änderungsdruck)**

  Sie nutzen die Spalte **Z** (Versandzeitpunkt Änderungsdruck), um den Versandzeitpunkt für Änderungsnachrichten festzulegen. Die möglichen Versandzeitpunkte lauten:

  - **1** (Versenden durch periodisch eingeplanten Job)
  - **2** (Versenden durch Job, mit zusätzlicher Zeitangabe)
  - **3** (Versenden durch anwendungseigene Transaktion)
  - **4** (sofort versenden (beim Sichern der Anwendung))

  Beachten Sie bei der Konfiguration die Abhängigkeiten zum Kennzeichen **N** (Neue Nachrichtenfindung Änderungsdruck). Haben Sie einen Versandzeitpunkt festgelegt und das Kennzeichen **N** nicht gesetzt, greift das System für Nachrichten mit Änderungscharakter auf den ausgewählten Versandzeitpunkt zurück. Sind beide Kennzeichen nicht gesetzt, entscheidet der Versandzeitpunkt, der für den Neudruck eingestellt ist.

- **N (Neue Nachrichtenfindung Änderungsdruck)**

  Ist das Kennzeichen **N** (Neue Nachrichtenfindung Änderungsdruck ausgewählt, erfolgt bei Änderungen eine neue Nachrichtenfindung. Dabei werden alle Nachrichten gefunden, die sowohl für einen Neudruck eingerichtet als auch in der Nachrichtenfeinsteuerung als Änderungsnachrichten definiert wurden. Jene Nachrichten erkennen Sie in der Übersicht am Änderungskennzeichen im Einkaufsbeleg. Voraussetzung für die neue Nachrichtenfindung ist die Markierung des Kennzeichens **Mehrfachversendung** in der Nachrichtenart für einen Neu- und Änderungsdruck (siehe Abbildung 4.121 im vorangegangenen Unterabschnitt »Nachrichtenarten«). Setzen Sie das Kennzeichen nicht, kopiert das System im Änderungsfall die Nachrichten der Neuausgabe. Dabei sind insbesondere die in der Feinsteuerung definierten Änderungsnachrichtenarten zu berücksichtigen.

- **P (Neue Partner)**

  Setzen Sie das Kennzeichen **Neue Partner**, bedeutet dies, dass alle Partner, die im Einkaufsbeleg auf Kopfebene gepflegt sind, an die Nachrichtenfindung übergeben werden. Pro Partnerrolle ermittelt die Nachrichtenfindung einen gültigen Konditionssatz für die entsprechende Rolle – falls dieser existiert. Die Einstellung unterstützt Sie beim Versand eines Einkaufbelegs an zwei oder mehrere unterschiedliche Partner. Da Sie nur einen Konditionssatz für ein Ausgabemedium je Nachrichtenart anlegen können, müssen Sie eine zusätzliche Nachrichtenart definieren, damit Sie z. B. eine neue Bestellnachricht an die Partnerrollen LF (Lieferant) und BA (Bestelladresse) ausgeben können.

- **Abrufna. (Nachricht pro Abruf)**

  Das Kennzeichen **Abrufna.** ist für die Bestellung nicht relevant. Die Einstellung ist nur für den Lieferplan (Applikation EL) von Bedeutung. Setzen Sie das Kennzeichen, erzeugen Sie für jeden Abruf einer Position im Lieferplan eine eigene Nachricht. Bei nicht gesetztem Kennzeichen erfolgt nur eine Nachricht für alle Abrufe einer Position im Lieferplan.

Für die Kombination Verwendung B, Applikation EF und Schema `RMBEF1` sind die neu durchzuführende Nachrichtenfindung und die Verfügbarkeit der Partnerrollen im Ermittlungsprozess der Nachrichten vorgesehen.

Partnerrollen

Damit Sie Nachrichten an Partnerrollen verschicken können, lassen Sie abhängig von Nachrichtenart und Sendemedium gewünschte Partnerrollen zu. Bei der Pflege des benötigten Konditionssatzes geben Sie lediglich die Partnerrolle an. Die dazugehörige Partnernummer ermittelt die Nachrichtenfindung.

Sie nehmen die notwendigen Einstellungen in der IMG-Aktivität **Partnerrollen für [Einkaufsbeleg]/Anlieferung festlegen** vor. Die zugelassenen Kombinationen sind über Tabelle TNAPN zu ermitteln.

Ob eine Partnerrolle einer bestimmten Nachrichtenart oder einem Sendemedium zuzuweisen ist, hängt in erster Linie vom durchzuführenden Geschäftsvorgang ab. Überarbeiten Sie die zulässigen Partnerrollen, wenn die Prozessdiskussionen schon weit fortgeschritten sind. In der SAP-Standardauslieferung (siehe Abbildung 4.134) sind für die Nachrichtenart **AUFB** (Auftragsbestätigungsmahnung) z. B. die Partnerrollen BA (Bestelladresse), LF (Lieferant) und LW (Lieferwerk) zulässig. Dies betrifft die Ausgabemedien 1 (Druckausgabe) und 2 (Telefax). Für das Ausgabemedium **Druckausgabe** ist ein Ausgabegerät unerlässlich.

Nach	Med	Rolle	Bezeichnung	Bezeichnung
ACE1	6	BA	Importmeldung	Bestelladresse
ACE1	6	LF	Importmeldung	Lieferant
AUFB	1	BA	Auftragsbest.mahnung	Bestelladresse
AUFB	1	LF	Auftragsbest.mahnung	Lieferant
AUFB	1	LW	Auftragsbest.mahnung	Auslieferungswerk
AUFB	2	BA	Auftragsbest.mahnung	Bestelladresse
AUFB	2	LF	Auftragsbest.mahnung	Lieferant
AUFB	2	LW	Auftragsbest.mahnung	Auslieferungswerk
ET01	1	WE	Materialetikett	Warenempfänger
ET01	8	WE	Materialetikett	Warenempfänger
MAHN	1	BA	Mahnung	Bestelladresse

Abbildung 4.134: Zulässige Partnerrollen

Druckerfindung

Ohne Drucker kein physischer Ausdruck – die *Druckerfindung* sorgt dafür, dass bei einer Nachricht, die gedruckt werden soll, ein Ausgabegerät für den Druck ermittelt wird. Die Druckerfindung läuft folgendermaßen:

1. Ist im Konditionssatz (in der Detailansicht) ein Ausgabegerät gepflegt, wird dieses genutzt.
2. Ist kein Ausgabegerät gepflegt, greift die Suche auf den Druckparameter in der Nachrichtenart zurück.

   In der Bestellnachrichtenart NEU (Applikation EF) ist die Einkäufergruppe als Druckparameter standardmäßig hinterlegt (siehe Abbildung 4.125 im Unterabschnitt »Nachrichtenarten« weiter oben).
3. Ist kein Druckparameter anzutreffen, wird keine Nachricht generiert.

Sie weisen einer Einkäufergruppe über die Aktivität **Ausgabegeräte zu Einkäufergruppen zuordnen** ein Ausgabegerät (Drucker) zu. Die getroffene Zuordnung führt das System in Tabelle T024.

Sie ordnen genau einen Drucker zu einer Einkäufergruppe zu. Aus Abbildung 4.135 entnehmen Sie, dass den Einkäufergruppen 001, 002 und 003 das Ausgabegerät LP01 zugewiesen ist.

EKG	Bezeichnung	AGer
001	Group 001	LP01
002	Group 002	LP01
003	Group 003	LP01

Abbildung 4.135: Druckausgabegerät LP01

Ausgabegerät LP01

Bei Ausgabegerät LP01 handelt es sich um den im SAP-Standard ausgelieferten Beispieldrucker. Um eigene Drucker zu definieren, rufen Sie Transaktion SPAD auf.

Ohne die Zuordnung des Nachrichtenschemas zum Einkaufsbelegtyp folgt die Druckerfindung folgender Sequenz:

1. Einkäufergruppe
2. Benutzerparameter PRI
3. Benutzerfestwert

Die Druckerfindung prüft zunächst anhand der Einkäufergruppe, ob ein Drucker zugeordnet ist. Wird kein Drucker ermittelt, prüft das System den Benutzerparameter PRI. Ist der Parameter nicht gepflegt, wird der Drucker aus der Spool-Steuerung der Benutzerfestwerte übernommen. Falls auch in diesem Schritt kein Drucker angetroffen wird, erzeugt das System keine Nachricht.

4.11.2 Neue Ausgabeverwaltung in SAP S/4HANA

Die neue Ausgabeverwaltung in SAP S/4HANA konfigurieren Sie über den IMG-Pfad **Anwendungsübergreifende Komponenten • Ausgabesteuerung**. Um die Konfiguration aus Customizing-Sicht vollständig abzuschließen, gehen Sie die Aktivitäten in der angegebenen Reihenfolge durch. Je nach Ihren Anforderungen müssen Sie nicht alle Aktivitäten durchführen.

Anwenderobjekte

Zuerst aktivieren Sie die *Anwenderobjekte* in der IMG-Aktivität **Aktivierung des Anwenderobjekttyps verwalten**. Dabei repräsentiert ein Anwendungsobjekttyp genau eine Anwendung. Ein griffiges Beispiel hierfür ist die Bestellung (PURCHASE_ORDER). Zusätzlich erkennen Sie in Abbildung 4.136 die anwendungsübergreifende Ausrichtung der Ausgabeverwaltung. Sie finden im Ausschnitt beispielsweise das einkaufsfremde Objekt **Verkaufsbeleg** (SALES_DOCUMENT).

[»]

Anwendungsobjekttyp

Enthält die Auswahlliste den Anwendungsobjekttyp, den Sie suchen, unterstützt die neue Ausgabesteuerung das Objekt. Ist dies nicht der Fall, können Sie auf ein anderes Framework für die Ausgabeverwaltung ausweichen.

Ob eine Anwendung in den produktiven Einsatz kommt, entscheiden Sie über die Dropdown-Auswahl in der Spalte **Status**. Ihnen stehen folgende Auswahlmöglichkeiten zur Verfügung:

- **1** - Applikation aktiv
- **2** - Anwendung inaktiv
- **3** - Standard

Ist der Status 1 ausgewählt, wird die Anwendung aktiv genutzt. Beim Status **2** ist eine Nutzung - zumindest für diese Nachrichtenausgabeverwaltung - explizit nicht vorgesehen. Setzen Sie den Status **Standard**, entspricht das genutzte Framework immer der Standardeinstellung der jeweiligen Anwendung.

Anwendungsobjekttyp	Text	Status	Standard
PURCHASE_CONTRACT	Einkaufskontrakt	1 Applikation aktiv	2 Anwendung inaktiv
PURCHASE_ORDER	Bestellung	1 Applikation aktiv	2 Anwendung inaktiv
SALES_DOCUMENT	Verkaufsbeleg	1 Applikation aktiv	2 Anwendung inaktiv
SCHEDULING_AGREEMENT	Lieferplan	1 Applikation aktiv	2 Anwendung inaktiv

Abbildung 4.136: Aktivierung der Anwendungsobjekte

Für die einkaufszugehörigen Objekttypen Einkaufskontrakt (PURCHASE_CONTRACT) und Bestellung (PURCHASE_ORDER) ist die Applikation aktiv. Der Anwendungsobjekttyp Lieferplan (SCHEDULING_AGREEMENT) ist für diese Ausgabeverwaltung ebenfalls vorgesehen.

Statusänderung eines Anwendungsobjekttyps

Wenn Sie eine Änderung am Aktivierungsstatus durchführen, ist diese Adaption nur für zukünftige Nachrichten relevant. Bei bestehenden Nachrichten zählt das jeweils beim Anlegen aktive Framework.

Ausgabeart

Unter einer *Ausgabeart* versteht man einen Beleg einer Einzelanwendung, mit dessen Hilfe Sie die späteren Ausgabeparameter der Nachricht definieren. Bei Bedarf können Sie die Ausgabearten anpassen, unter der Voraussetzung, dass Sie für neue oder veränderte Ausgabearten eine Callback-Klasse implementieren. Anpassungen an den Ausgabearten nehmen Sie über die Aktivität **Ausgabearten definieren** vor.

Sie können einer Ausgabeart mehrere Anwendungsobjekttypen zuweisen. Dadurch unterscheiden Sie beim Objekttyp Warenbewegung (GOODS_MOVEMENT) beispielsweise zwischen einer Nachricht zu einer Mengenabweichung und zu einer Unterlieferung. Die obligatorische Callback-Klasse hinterlegen Sie in der Detailansicht der Ausgabeart. Abbildung 4.137 zeigt die Callback-Klasse der Ausgabeart Bestellung. Für die Bestellung sieht der Standard nur die eine Art vor.

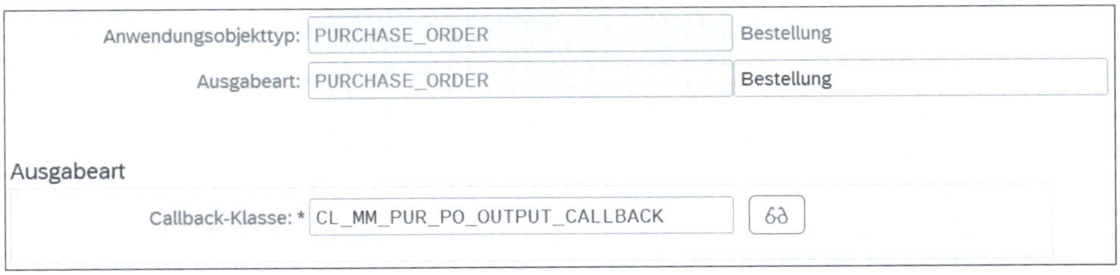

Abbildung 4.137: Detailansicht der Ausgabeart »Bestellung« mit Callback-Klasse

Ausgabearten in der Standardauslieferung

Die in der SAP-Standardauslieferung enthaltenen Ausgabearten sollten Ihren kompletten Bedarf eigentlich abdecken. Prüfen Sie also zunächst diese Ausgabearten, bevor Sie eigene anlegen.

Geschäftsregeln zur Parameterfindung

Mithilfe der IMG-Aktivität **Geschäftsregeln für Ausgabeparameterfindung definieren** prägen Sie die Ausgabeeinstellungen objektspezifisch aus. Hierzu legen Sie über das webbasierte *Business Rule Framework plus* (kurz BRFplus) *Geschäftsregeln* in Form von Entscheidungstabellen an (siehe Abbildung 4.138). Das definierte Regelwerk sorgt für die Ermittlung der Ausgabeparameter. Hierzu zählen unter anderem der Ausgabekanal und die Formularvorlage.

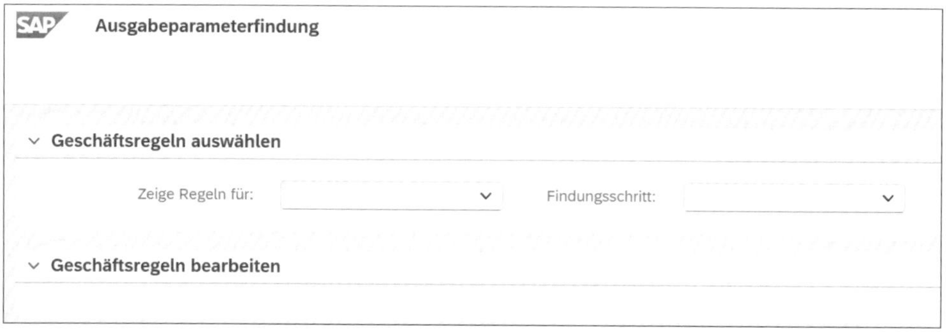

Abbildung 4.138: Geschäftsregeln in BRFplus definieren

Entscheidungstabellen, die aus Bedingungs- und Ergebnisspalten bestehen, sind mit Findungsschritten verknüpft. Durch die Reihenfolge der Findungsschritte legen Sie die Verarbeitungssequenz innerhalb jeder Entscheidungstabelle fest. Beginnen Sie zunächst mit den spezifischen Schritten, bevor Sie mit allgemeinen Schritten fortfahren. So garantieren Sie, dass spezifische Findungsschritte nicht zur Geltung kommen. Abhängig vom jeweiligen Geschäftsbeleg können Sie bis zu acht Findungsschritte hinterlegen:

- Ausgabeart
- Empfänger
- Kanal
- Druckereinstellungen
- E-Mail-Einstellungen
- E-Mail-Empfänger
- Formularvorlage
- Ausgaberelevanz

Ein Findungsschritt kann bei Bedarf für mehrere Nachrichtenausgaben sorgen. Hierzu zählen Ausgabeart, Empfänger, Kanal und E-Mail-Empfänger. Über das gesetzte Kennzeichen **exklusiv** etablieren Sie ein Verfahren, durch das nicht immer alle zutreffenden Regeln Anwendung finden. Wenn Sie mit diesem Kennzeichen geschickt arbeiten, können Sie eine genaue Anzahl an Nachrichtenverarbeitungen in der Entscheidungstabelle beeinflussen.

Ausgabekanäle

Im nächsten Schritt stellen Sie die *Ausgabekanäle* der Nachrichtenausgabe ein. Abhängig vom Anwendungsobjekttyp und gegebenenfalls von der Ausgabeart ordnen Sie einen oder mehrere Ausgabekanäle zu. Dies geschieht über die IMG-Aktivität **Ausgabekanäle zuordnen**.

Abbildung 4.139 zeigt alle im Standard zugewiesenen Ausgabekanäle für das Anwendungsobjekt Bestellung. Zu den Ausgabekanälen zählen:

- EDI
- E-Mail
- Doc
- Druck
- XML

Dies sind zugleich alle Ausgabekanäle, die für die neue Ausgabeverwaltung in SAP S/4HANA vorgesehen sind. Ordnen Sie einem Anwendungsobjekt keine bestimmte Ausgabeart zu, sind alle vorhandenen Ausgabearten für den Kanal zugelassen.

Anwendungsobjekttyp	Ausgabeart	Kanal
PURCHASE_ORDER	PURCHASE_ORDER	EDI
PURCHASE_ORDER	PURCHASE_ORDER	EMAIL
PURCHASE_ORDER	PURCHASE_ORDER	IDOC
PURCHASE_ORDER	PURCHASE_ORDER	PRINT
PURCHASE_ORDER	PURCHASE_ORDER	XML

Abbildung 4.139: Ausgabekanäle für Bestellungen

[!]

Anwendungsobjekt ohne Eintrag

Sind für ein Anwendungsobjekt keine Einträge gepflegt, stellt dies eine enorme Fehlerquelle für Ihre Anwenderinnen und Anwender dar, denn dadurch werden alle Ausgabekanäle in den Anwendungen sicht- und auswählbar. Sie vermeiden diese Situation durch korrekte Systemeinstellungen.

Gleichzeitig kann es sinnvoll sein, nicht benötigte Einträge zu löschen, wenn der geschäftliche Zweck dies unterstützt. Möchten Sie z. B. das papierlose Arbeiten in Ihrem Unternehmen auf die nächste Stufe heben, entfernen Sie alle vorhandenen Einträge des Kanals Druck (**PRINT**).

Findungsregeln für Formularvorlagen

Nachdem Sie die Ausgabekanäle festgelegt haben, führen Sie Ihre Konfiguration mit den *Findungsregeln* für die Master-Formularvorlage fort. Sie legen regelbasiert fest, wann welche Vorlage abhängig von der jeweiligen Anwendung bei der Nachrichtenausgabe ermittelt wird. Rufen Sie hierfür die IMG-Aktivität **Findungsregeln für Formularvorlagenmaster definieren** auf.

Eine Findungsregel für eine Master-Formularvorlage definieren Sie in der geöffneten IMG-Aktivität anhand folgender Schritte:

1. Geben Sie eine Formularableitungsregel-ID ein. Bis zu 40 Zeichen kann die ID-Regel umfassen. Beschreiben Sie die neue Regel so ausführlich wie möglich.
2. Hinterlegen Sie eine Ordnungszahl. Über die Ordnungszahl legen Sie die Abarbeitungsreihenfolge fest. Je niedriger die Zahl ist, desto höher ist die Priorität der Regel. Das bedeutet zugleich: Wenn Sie spezifischen Regeln kleine Zahlenwerte zuordnen,

arbeitet die Systemlogik die nächste Regel ab, wenn nicht alle Parameterbedingungen erfüllt sind. Ihnen steht ein Werteintervall von 1 bis 9999999999 bei der Ordnungszahl zur freien Verfügung.

3. Vervollständigen Sie die Findungsregel, indem Sie weitere Details angeben. Hierzu zählen unter anderem Organisationstyp, Organisationseinheitstyp, Ausgabekanal, Absenderland und Formularvorlage.
4. Geben Sie die Master-Formularvorlage an, die Sie verwenden möchten.
5. Legen Sie anschließend den Inhalt der Master-Formularvorlage fest. Neben Texttyp, Absenderadresse, Fußzeilen und Grafiktyp bestimmen Sie zudem Logos.
6. Speichern Sie Ihre Findungsregel ab.

Bestehende Findungsregeln können Sie wie gewohnt als Kopiervorlage nutzen. Abbildung 4.140 zeigt eine Findungsregel für die Mastervorlage einer Bestellung. Die Regel ist für die Organisations-ID 1010 und die Einkaufsorganisation 1010 mit der Ordnungszahl 2 vorgesehen. Als Ausgabekanal wurde **EMAIL** gewählt. Die Formularvorlage heißt `MM_PUR_PURCHASE_ORDER`.

Abbildung 4.140: Beispiel für eine Findungsregel zur Mastervorlage »Bestellung EKOrg 1010«

[»] **Optionale Bestimmungsparameter**

Nicht alle Bestimmungsparameter sind obligatorisch. Haben Sie keinen Wert eingetragen, kann jeder Wert die Bedingung erfüllen. Nutzen Sie die optionalen Parameter intensiv für Ihre Zwecke, wie in Abbildung 4.140 zu sehen. Eindeutige Findungsregeln sind einfacher zu deuten.

Formularvorlagen zuordnen

Mit der IMG-Aktivität **Formularvorlagen zuordnen** stellen Sie sicher, dass die Anwendungen die gewünschten *Formularvorlagen* verwenden. Sie ordnen der Kombination aus Anwendungsobjekttyp und Ausgabeart eine Formularart zu. Zwischen folgenden Formulararten beziehungsweise Formulartechnologien können Sie wählen:

- **1** - Ausgabeformulare (Gateway-Schnittstelle)
- **2** - Ausgabeformulare (DDIC-Schnittstelle)
- **3** - Smart Form
- **4** - SAPscript

Zudem weisen Sie der Anwendung eine Formularvorlage zu. Wenn Sie von kundenspezifischen Vorlagen Gebrauch machen, fügen Sie einen neuen Datensatz hinzu oder passen Sie einen bestehenden Datensatz an. Sie generieren ebenfalls neue Einträge, wenn Sie für Anwendungen neben den vorhandenen Datensätzen zusätzliche Formulararten benötigen.

Der Anwendungsobjekttyp Bestellung (PURCHASE_ORDER) und die gleichnamige Ausgabeart verwenden Formularart 1 (Ausgabeformulare Gateway-Schnittstelle), siehe Abbildung 4.141. Zum Einsatz kommt hier die Vorlage MM_PUR_PURCHASE_ORDER.

Anwendungsobjekttyp	Ausgabeart	FormulTyp	Formularvorlagen-ID
PURCHASE_ORDER	PURCHASE_ORDER	1 Ausgabeformulare (Gateway-Schnittstelle)	MM_PUR_PURCHASE_ORDER

Abbildung 4.141: Formularvorlage für das Anwendungsobjekt »Bestellung«

E-Mail-Vorlagen zuordnen

Ähnlich wie bei den Formularvorlagen legen Sie mithilfe der IMG-Aktivität **E-Mail-Vorlagen zuordnen** fest, welche Standardvorlagen Sie für bestimmte Anwendungsobjekte und für die Ausgabeart **EMAIL** anvisieren.

Obwohl wir uns im Kapitel »Einkauf« befinden, zeigt Abbildung 4.142 in diesem Zusammenhang eine Einstellung, die Sie eigentlich in Kapitel 6, »Bestandsführung und Inventur«, einordnen würden. Das Beispiel unterstreicht erneut, wie anwendungsunabhängig die neue Ausgabeverwaltung funktioniert, die in SAP S/4HANA verfügbar ist. Die Einstellungen für einkaufsspezifische Themen werden analog durchgeführt beziehungsweise können ähnlich interpretiert werden.

Anwendungsobjekttyp	Ausgabeart	E-Mail-Vorlag.-ID
GOODS_MOVEMENT	GOODS_RECEIPT_MP_MAIL	MM_IM_GR_MPCHK_EMAIL
GOODS_MOVEMENT	GOODS_RECEIPT_QD_MAIL	MM_IM_GR_PRVAR_EMAIL
GOODS_MOVEMENT	GOODS_RECEIPT_UD_MAIL	MM_IM_GR_UNDEL_EMAIL
GOODS_MOVEMENT	GR_MESSAGE	MM_IM_GR_MESSAGE_EMAIL

Abbildung 4.142: E-Mail-Vorlagen für die Wareneingangsbuchung

Für den Anwendungsobjekttyp Warenbewegung (GOODS_MOVEMENT) sind in diesem Bildausschnitt vier Ausgabearten gepflegt:

- Nachricht zu fehlenden Teilen (GOODS_RECEIPT_MP_MAIL)
- Nachricht zu Mengenabweichung (GOODS_RECEIPT_QD_MAIL)
- Nachricht zur Unterlieferung (GOODS_RECEIPT_UD_MAIL)
- Wareneingangsnachricht (GR_MESSAGE)

Bei allen angesprochenen Ausgabearten ist eine SAP-Standardvorlage für den E-Mail-Versand hinterlegt. Die Einstellung bezogen auf das Objekt Bestellung können Sie Abbildung 4.143 entnehmen.

Anwendungsobjekttyp	Ausgabeart	E-Mail-Vorlag.-ID
☐ PURCHASE_ORDER	PURCHASE_ORDER	MM_PUR_PO_DEFAULT_TEMPLATE

Abbildung 4.143: E-Mail-Vorlagen für die Bestellung

4.12 Zusammenfassung

In diesem Kapitel wurden die wichtigsten Customizing-Aktivitäten im Teilgebiet Einkauf der Materialwirtschaft ausführlich erklärt. Sie können nun unterschiedliche Einkaufsbelege konfigurieren, Umfelddaten bei Bedarf anpassen, einkaufsspezifische Material- und Lieferantenstammdaten einstellen, Bestätigungen von Lieferanten verbuchen, Lieferanten bewerten, die Partnerfindung ändern, Freigabeverfahren von Einkaufsbelegen etablieren, Textarten verknüpfen und kopieren oder auch die Nachrichtenfindung einstellen.

Der Einkauf ist ein wesentlicher Bestandteil innerhalb der Materialwirtschaft und bildet eine grundlegende Basis für die nachfolgenden Geschäftsprozesse in der Bestandsführung und Inventur sowie in der Rechnungsprüfung.

Kapitel 5

Dienstleistungen

Dienstleistungen sind ein fester Bestandteil in der freien Wirtschaft. Neben physischen Lagermaterialien kaufen Sie extern vergebene Dienste ein, um die Liefer- und Wettbewerbsfähigkeit Ihres Unternehmens sicherzustellen.

In diesem Kapitel befassen wir uns mit den Einstellungen speziell für die Beschaffung von Dienstleistungen in SAP S/4HANA. Konfigurationen, die sowohl die Beschaffung von Lagermaterialien als auch von Dienstleistungen betreffen, finden Sie in Kapitel 4, »Einkauf«.

Nach einer fachlichen Einführung in das Themengebiet Dienstleistungen (siehe Abschnitt 5.1) steigen Sie in Abschnitt 5.2, »Dienstleistungen (MM-SRV)«, in die Systemkonfiguration ein. Abschließend lernen Sie die Einstellungen für die »schlanke« Dienstleistungsbeschaffung (siehe Abschnitt 5.3, »Lean Services«) kennen.

5.1 Dienstleistungen in SAP S/4HANA

Vorgänge zur Beschaffung von Dienstleistungen aller Art, z. B. Wartungen oder Beratungstätigkeiten, gehören zum Tagesgeschäft Ihrer Einkaufsabteilung. Sie kaufen gezielt extern verfügbares Fachwissen ein, um Ihre internen fachlichen Ressourcen geschickt zu unterstützen, oder Sie vergeben Aufträge an Unternehmen, deren Kernkompetenz die Durchführung der Dienstleistung ist.

5.1.1 Einsatzmöglichkeiten

SAP S/4HANA unterstützt die Beschaffung von Dienstleistungen im Hinblick auf deren Umsetzung auf zwei unterschiedlichen Wegen:

- **Option 1: Dienstleistung**

  Externe Dienstleistungen beschaffen Sie unter Verwendung der Komponente MM-SRV (Dienstleistung) und der Positionstypen D (Dienstleistung) oder B (Limit) in den Einkaufsbelegen (siehe dazu auch Abschnitt 4.2.5, »Positionstyp«).

  Einkaufsbelege für die Dienstleistungsbeschaffung legen Sie unter Zuhilfenahme von Dienstleistungsstammsätzen wie Leistungsstamm, Standard- und Musterleistungsverzeichnis an. Die Abnahme der geplanten beziehungsweise ungeplanten Dienstleistungen mit Angabe eines Wertlimits erfolgt über ein *Leistungserfassungsblatt*. Sie können die Abnahme wenn notwendig durch ein Freigabeverfahren unterstützen.

Mit Abnahme der Leistungen können die Lieferantenrechnung geprüft und die Zahlung angewiesen werden.

- **Option 2: Lean Services**

  Die *Lean-Services-Beschaffung* ist eine neue verschlankte Möglichkeit, um mit SAP S/4HANA Dienstleistungen einzukaufen, ohne auf die Positionstypen D oder B zurückgreifen zu müssen. Stattdessen nutzen Sie die Positionstypen »blank« oder E (siehe Abschnitt 4.2.5).

  Für die Dienstleistungsabwicklung mit Lean Services wurde in SAP S/4HANA die *Produkttypgruppen* 1 und 2 eingeführt, damit das System zwischen Lagermaterialien und Servicematerialien unterscheiden kann. Sie finden diese Konfigurationsmöglichkeit in den Eigenschaften der Materialarten (siehe Abschnitt 3.1.4). Die Materialart für die Verwendung der Lean-Services-Beschaffung lautet standardmäßig Serviceprodukt (SERV).

  Die Abnahme der Dienstleistungen erfolgt aufgrund der Produkttypgruppe 2 (Dienstleistung) weder über Transaktion MIGO (Warenbewegungen buchen) noch über Transaktion ML81N. Für die Abnahme nutzen Sie die SAP-Fiori-App **Leistungserfassungsblatt verwalten – Lean Services** (siehe SAP-Hinweis 2710815). Das SAP-System prüft, welche Produkttypgruppe in den Bestellpositionen auf der Registerkarte **Materialdaten** erfasst ist.

  Sie unterstützen bei Bedarf die Erfassung der angenommenen Leistungen mit einem flexiblen Genehmigungsverfahren, um so das oft gewünschte Vier-Augen-Prinzip zu wahren.

Sowohl die Dienstleistungsfunktionen als auch die Lean-Services-Beschaffung sind unter anderem in die SAP-Komponenten PM (Plant Maintenance) und PS (Projektsystem) integriert. Auf diese Weise können Sie externe Dienstleistungen im Rahmen einer Instandhaltungsmaßnahme oder eines Projekts anfordern.

Die Entscheidung, welche der beiden beschriebenen Vorgehensweisen Sie für die externe Beschaffung von Dienstleistungen nutzen, hängt in erster Linie von Ihren Anforderungen ab. Der Konfigurations- sowie der Pflegeaufwand sind bei der klassischen Dienstleistungsabwicklung deutlich höher einzuschätzen als bei der Lean-Services-Beschaffung. Schon ein erster Blick auf die Länge von Abschnitt 5.2, »Dienstleistungen (MM-SRV)«, und Abschnitt 5.3, »Lean Services«, verdeutlicht, dass der Aufwand für den Einsatz der Anwendungskomponente MM-SRV größer ausfallen wird.

Grundsätzlich schließen sich beide Möglichkeiten für die Dienstleistungsbeschaffung nicht direkt aus, jedoch sollte die parallele Verwendung beider Optionen in einem System allein zum Wohle Ihrer Anwenderinnen und Anwender vermieden werden.

5.1.2 Transaktionen und Tabellen

Für die Dienstleistungsbeschaffung mit Positionstyp D (Dienstleistung) braucht es verschiedene Transaktionen und Tabellen. Da Sie externe Dienstleistungen genauso wie Lagermaterialien bestellen müssen, verwenden Sie zum Anlegen der Einkaufsbelege dieselben Transaktionscodes (siehe Abschnitt 4.2). Das bedeutet auch, dass das System aus tabellarischer Sicht nicht zwischen Dienstleistungs- und Materialbestellungen unterscheidet und die erzeugten Daten in denselben Tabellen speichert.

Einige Anwendertransaktionen sollten Sie im Zusammenhang mit Dienstleistungen (MM-SRV) näher kennen:

- **Leistungserfassung**
  - ML81N (Leistungserfassung)
  - ML85 (Sammelfreigabe Leistungserfassungsblätter)
  - MSRV6 (Reporting zu Leistungen)
  - ML84 (Liste Leistungserfassungsblätter)
- **Leistungsstamm**
  - AC03 (Leistungsstamm hinzufügen)
  - AC06 (Listanzeige Leistungsstamm)
  - ML01 (Standardleistungsverzeichnis anlegen)
  - ML02 (Standardleistungsverzeichnis ändern)
  - ML03 (Standardleistungsverzeichnis anzeigen)
  - MLS6 (Reporting zum Standardleistungsverzeichnis)
  - ML10 (Muster-Leistungsverzeichnis hinzufügen)
  - ML11 (Muster-Leistungsverzeichnis ändern)
  - ML12 (Muster-Leistungsverzeichnis anzeigen)
  - ML15 (Muster-Leistungsverzeichnis Reporting)

Wichtige Tabellen aus Sicht der Dienstleistungsabwicklung sind:

- ASMD (Leistungsstamm: Grunddaten)
- ESKL (Kontierungszuordnung Leistungszeile)
- ESKN (Kontierung im Leistungspaket)
- ESLH (Leistungspaket Kopfdaten)
- ESLL (Zeilen des Leistungspakets)
- ESLP (Dienstleistungsposition)
- ESSR (Leistungserfassungsblatt Kopfdaten)
- ESUC (Dienstleistungsabw. ungeplante Limits auf Kontraktpos.)
- ESUH (Dienstleistungsabw. unpeplante Leistungslimits Kopfdaten)

- ESUP (Dienstleistungsabw. ungeplante Limits auf Leistungspakete)
- ESUS (Dienstleistungsabw. ungeplante Limits auf Leistungsbereiche)

Die Tabellen und Transaktionen für die Lean-Services-Beschaffung entsprechen den in Kapitel 4, »Einkauf«, aufgeführten. Das Leistungserfassungsblatt sollte jedoch als Ausnahme hervorgehoben werden.

5.2 Dienstleistungen (MM-SRV)

Möchten Sie die Beschaffung von externen Dienstleistungen über die klassische Option abbilden, die Ihnen möglicherweise bereits aus SAP ERP bekannt ist, finden Sie in den folgenden Unterabschnitten hilfreiche Erläuterungen zu den möglichen Einstellungen im Customizing. Sie rufen die Systemeinstellungen zur Dienstleistungsabwicklung über den IMG-Pfad **Materialwirtschaft • Dienstleistung** auf. Die dazugehörigen IMG-Aktivitäten können Sie Abbildung 5.1 entnehmen. Wir werden Sie Ihnen analog zur Reihenfolge im Menü in den nächsten Abschnitten einzeln vorstellen.

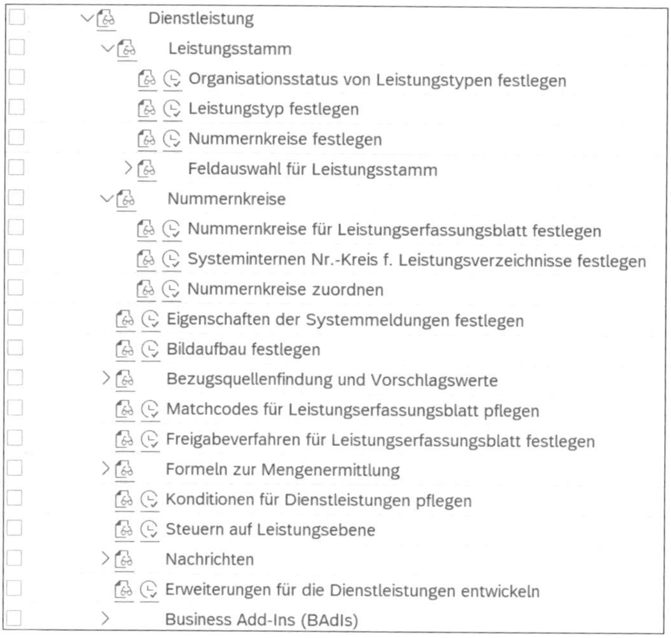

Abbildung 5.1: IMG-Aktivitäten im Bereich »Dienstleistung«

5.2.1 Leistungsstamm

Der *(Dienst-)Leistungsstammsatz* hat die Aufgabe, die zu beschaffende Leistung detailliert zu beschreiben. Bei der Leistungsverzeichniserstellung nutzen Sie die dort hinterlegten Ausführungen als Datenquelle.

Die Struktur des Leistungsstamms gliedert sich in folgende Hauptinformationen:

- Leistungsnummer
- Leistungstyp
- Beschreibungen
- Basismengeneinheit
- Warengruppe
- Bewertungsklasse

In diesem Teilabschnitt fokussieren Sie sich auf die Leistungsnummer und den Leistungstyp, wobei Sie mit dem Leistungstyp beginnen. Die übrigen Bestandteile gehören nicht ausschließlich zur Dienstleistungsabwicklung und werden daher hier nicht betrachtet. Sie finden die Systemeinstellungen zu den Basismengeneinheiten unter dem Pfad **ABAP Platform • Allgemeine Einstellungen • Maßeinheiten überprüfen** (Transaktion CUNI). Warengruppen konfigurieren Sie über die Feldeinstellungen des Materialstamms (siehe Abschnitt 3.1.3, »Einstellungen zu zentralen Feldern«). Einstellungen für Bewertungsklassen nehmen Sie im Bereich **Bewertung und Kontierung** vor (siehe Abschnitt 7.2.1, »Kontenfindung ohne Assistent«).

Leistungstypen und Organisationsstatus

Leistungsstammsätze können Sie gemäß ihrer Verwendung in unterschiedliche Leistungstypen gruppieren. Der *Organisationsstatus eines Leistungstyps* legt fest, für welche Fachbereiche Sie hilfreiche Informationen zu einem Leistungstyp im Leistungsstamm hinterlegen können. Dadurch unterscheiden Sie beispielsweise zwischen Leistungen, die Sie einkaufen oder selbst an Dritte verkaufen.

Sie prägen den Organisationsstatus eines Leistungstyps über die IMG-Aktivität **Organisationsstatus von Leistungstypen festlegen** aus. Der Status besteht aus einem vierstelligen alphanumerischen Schlüssel und kann durch eine maximal 25-stellige Bezeichnung näher beschrieben werden. Das SAP-System speichert Ihre Einstellungen in Tabelle T362O.

Ferner entscheiden Sie, ob Sie für den Leistungsstamm fachbereichsspezifische Daten hinterlegen können. Je Organisationsstatus sind folgende Daten denkbar:

- Grunddaten (S-GD)
- Kostenrechnungsdaten (S-CO)
- Einkaufsdaten (S-MM)
- Vertriebsdaten (S-SD)

Damit die Dateneingabe möglich ist, selektieren Sie die entsprechenden Kästchen (siehe Abbildung 5.2). Die abgebildeten Organisationsstatus AS01 bis AS03 entsprechen zudem den in der Standardauslieferung enthaltenen Status inklusive deren Ausprägungen und

Beschreibungen. Der Organisationsstatus wirkt sich nicht programmsteuernd aus. Sie müssen die Zuordnungen lediglich aus informativen Gründen vornehmen.

	OrgLstTyp	S-GD	S-CO	S-MM	S-SD	Bezeichn.Orgstatus Lsttyp
☐	AS01	☑	☐	☐	☐	Status Grunddaten
☐	AS02	☑	☑	☐	☐	Status Grunddaten + CO
☐	AS03	☑	☐	☑	☐	Status Grunddaten + MM

Abbildung 5.2: Organisationsstatus AS01 bis AS03

Bei der Anlage eines Leistungsstamms müssen Sie einen *Leistungstyp* angeben. Über den Leistungstyp ermittelt das System die gültigen Bewertungsklassen und liefert einen geeigneten Vorschlagswert. Ferner beeinflusst der Leistungstyp die Nummernvergabe des Leistungsstamms. Im weitesten Sinne ist der Leistungstyp daher mit der Materialart »vergleichbar«.

Für die Leistungstypdefinition rufen Sie die Customizing-Aktivität **Leistungstyp festlegen** auf. Schlüsselwerte für neue Leistungstypen umfassen einen maximal vierstelligen alphanumerischen Wert. Für die Leistungstypenbezeichnung greifen Sie auf eine Feldlänge von 25 Zeichen zu. Geführt werden die Leistungstypen in der Tabelle T362.

Abbildung 5.3 veranschaulicht die Systemeinstellungen für die Leistungstypen aus der SAP-Standardauslieferung, nämlich ALL (Komplettleistung), GRND (Basisleistung) und SERV (Dienstleistung Einkauf). Zu den Ausprägungen eines Leistungstyps gehören folgende Felder und Kennzeichen:

- **Feld »OrgLstTyp«**
  Sie weisen jedem Leistungstyp einen zuvor definierten Organisationsstatus zu. Der Organisationsstatus eines Leistungstyps entscheidet darüber, welche fachbereichsspezifische Informationen Sie zu einem Leistungstyp erfassen können.
- **Kennzeichen »Ex«**
  Die Markierung des Kennzeichens **Ex** bewirkt, dass bei einer externen Vergabe der Nummer des Leistungsstammsatzes die eingegebene Nummer systemseitig nicht gegen den Nummernkreis geprüft wird. Voraussetzung hierfür ist, dass die Leistungsnummer mindestens einen Buchstaben beinhaltet. (Das Nummernkreisintervall legen Sie in einem separaten Customizing-Schritt fest, der im anschließenden Unterabschnitt behandelt wird.)
- **Feld »KRef«**
  Welche Bewertungsklassen für den Leistungsstammsatz in Frage kommen, steuern Sie über die *Kontoklassenreferenz*. Die Kontoklassenreferenz stellt eine Gruppierung von Bewertungsklassen dar. Das System ermittelt über die erfasste Bewertungsklasse die zu belastenden Sachkonten (siehe Abschnitt 7.2, »Kontenfindung in der Bestandsführung«). Für Leistungsstämme mit dem Leistungstyp ALL, GRND oder SERV ist die Kontoklassenreferenz 0006 (Referenz für Dienstleistungen) vorgesehen.

LstTyp	OrgLstTyp	Ex	KRef	Leistungstypbezeichnung
ALL	AS02	☐	0006	Komplettleistung
GRND	AS01	☐	0006	Basisleistung
SERV	AS03	☐	0006	Dienstleistung Einkauf

Abbildung 5.3: Leistungstypen

Nach der Definition des Leistungstyps legen Sie das Nummernkreisintervall der Leistungsstämme fest.

Nummernkreise

Ein Stammdatenobjekt ist in einem SAP-System ohne zugewiesenes Nummernkreisintervall nicht vorstellbar. Daher müssen Sie auch für den Leistungsstamm entsprechende Nummernkreise pflegen und diese Nummernkreise den Leistungstypen über definierte Gruppen zuweisen.

Abbildung 5.4: Einstiegsbild der Nummernkreispflege für den Leistungsstamm

Nur wenn Sie von der SAP-Standardauslieferung abweichende Nummernkreise für den Leistungsstamm verwenden möchten, rufen Sie die Customizing-Aktivität **Nummernkreise festlegen** (Transaktion ACNR) auf. Das Nummernkreisobjekt für Leistungsstammsätze lautet LEISTUNG. Sind keine Änderungen notwendig, überspringen Sie diesen Konfigurationsschritt.

Bevor Sie Anpassungen an bestehenden Intervallen und deren Zuweisungen vornehmen, verschaffen Sie sich einen Überblick über die aktuell vorhandenen Intervalle und Zuordnungen zu den Gruppen. Sie navigieren über das Einstiegsbild zum einen in die Intervallübersicht (`Strg` + `F7`) und zum anderen in die Gruppenübersicht (`F5`). Alternativ nutzen Sie die entsprechenden Icons.

Betrachten Sie die vorgegebenen Nummernkreisintervalle, finden Sie folgende Intervalle für die Leistungsstämme vor:

- 01 (von 000000000001000000 bis 000000000001999999, intern)
- 02 (von 000000000002000000 bis 000000000002999999, extern)
- 03 (von 000000000003000000 bis 000000000003999999, intern)

- 04 (von 000000000004000000 bis 000000000004999999, extern)
- 05 (von 900000000000000000 bis 999999999999999999, extern)

Die Nummernkreisintervalle 01 bis 04 kommen im Standard zum Einsatz (siehe Abbildung 5.5). Den Leistungsstämmen mit dem Leistungstyp GRND (Basisleistung) sind die Intervalle 01 und 02 über die Gruppe **Leistung 01** zugewiesen. Die Gruppe **Leistung 01** greift für Stammsätze mit den Leistungstypen ALL (Komplettleistung) und SERV (Dienstleistung Einkauf) auf die Nummernkreisintervalle 03 und 04 zu. Damit können Sie unabhängig vom Leistungstyp sowohl eine interne als auch externe Vergabe der Leistungsnummern durchführen.

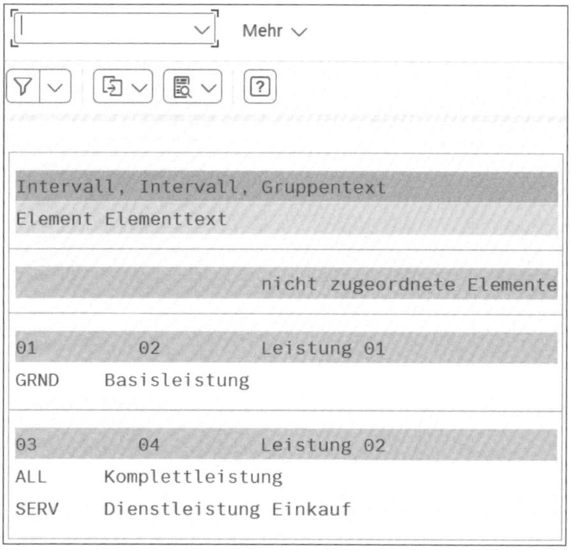

Abbildung 5.5: Nummernkreisgruppen beim Leistungsstamm

Bei Bedarf ordnen Sie die vorgeschlagenen Zuordnungen neu, definieren eigene Gruppen und weisen anschließend die entsprechenden Leistungstypen zu oder löschen überflüssige Gruppen. Um einen Leistungsstamm anlegen zu können, ist eine Zuweisung des Leistungstyps zu einer Gruppe unausweichlich. Anderenfalls erhalten Sie bei der Anlage eine Fehlermeldung.

Beachten Sie das gesonderte Transportverhalten bei Nummernkreisintervallen. Auch wenn ein Transport durchaus möglich ist, sollten Sie Nummernkreise nicht transportieren, sondern getätigte Änderungen in den betroffenen Zielmandanten beziehungsweise -systemen manuell durchführen. Nehmen Sie die Veränderung eines Standardnummernkreises als Cut-over-Tätigkeit auf. Auch die Einstellungen zu den Nummernkreisgruppen nehmen Sie als einmalig auszuführende Tätigkeit in den Cut-over-Plan auf.

Feldauswahl

Sie beeinflussen die Feldauswahl für die Pflege einzelner Leistungsstämme über die IMG-Aktivität **Feldauswahl für Leistungsstamm (Einzelpflege) einstellen** (Transaktion OXA2). Dabei legen Sie feldabhängig fest, ob:

- das Feld eine Eingabe erfordert (**Mussfeld**)
- im Feld eine Eingabe möglich ist (**Kannfeld**)
- das Feld nicht eingabebereit, aber sichtbar ist (**Anzeigefeld**)
- das Feld nicht eingabebereit und nicht sichtbar ist (**ausgeblendet**)

Wenn Sie die IMG-Aktivität aufrufen, erhalten Sie in der Übersicht **Feldauswahl: Modifizierbare Felder** eine Liste aller modifizierbaren Felder. Ein Ausschnitt ist in Abbildung 5.6 zu sehen. Die gezeigten Leistungsstammfelder sind ohne Ausnahme als Kannfelder ausgesteuert.

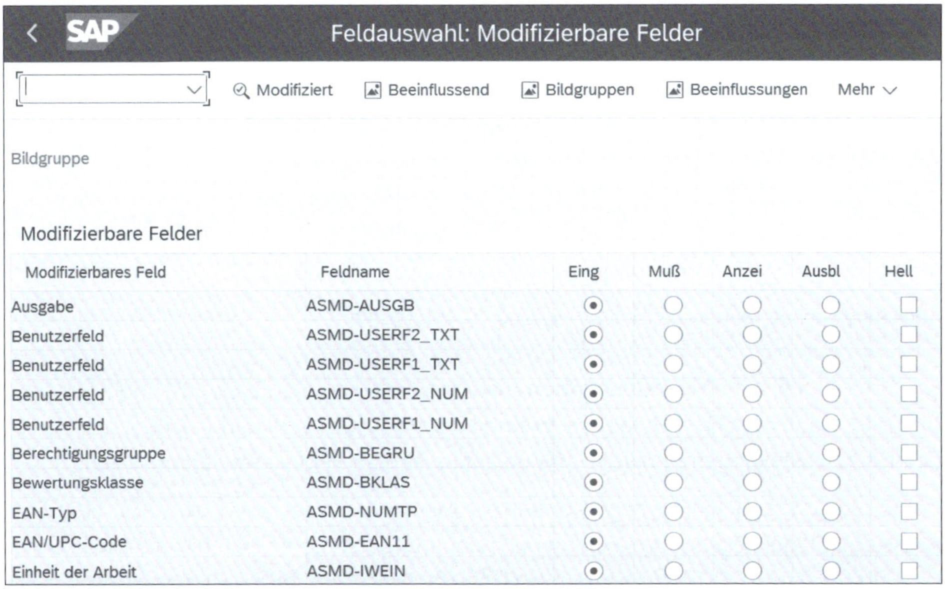

Abbildung 5.6: Feldauswahl Leistungsstamm – modifizierbare Felder

Passen Sie in dieser Ansicht z. B. die Feldauswahlsteuerung für das Feld `ASMD-BKLAS` (**Bewertungsklasse**) an, sodass aus dem bisherigen Kannfeld nun ein Mussfeld wird, ist eine Befüllung des Feldes im Leistungsstammsatz obligatorisch. Ist Ihnen diese Art der Ausprägung zu global, sollten Sie über einen Einsatz der Beeinflussungsfunktion in der Feldauswahlsteuerung nachdenken. Mit deren Hilfe können Sie die Feldsteuerung in Abhängigkeit zum beeinflussenden Faktor zielgerichteter bestimmen und verschiedene Feldausprägungen für unterschiedliche Einflussfaktoren realisieren.

In den Anpassungsbereich für die Auswahl der beeinflussenden Felder gelangen Sie über die Schaltfläche **Beeinflussend**. Für den Leistungsstamm gibt es nur einen zu beeinflussenden Wert: den Leistungstyp (siehe Abbildung 5.7). Wenn Sie einen Typ als Einflussfaktor ausgewählt haben, beispielsweise den Leistungstyp ALL (Komplettleistung), können Sie die Bewertungsklasse nur für diesen Typ als Mussfeld aussteuern, ohne zugleich solche Leistungsstammsätze zu beeinflussen, die mit den übrigen Leistungstypen angelegt wurden oder werden.

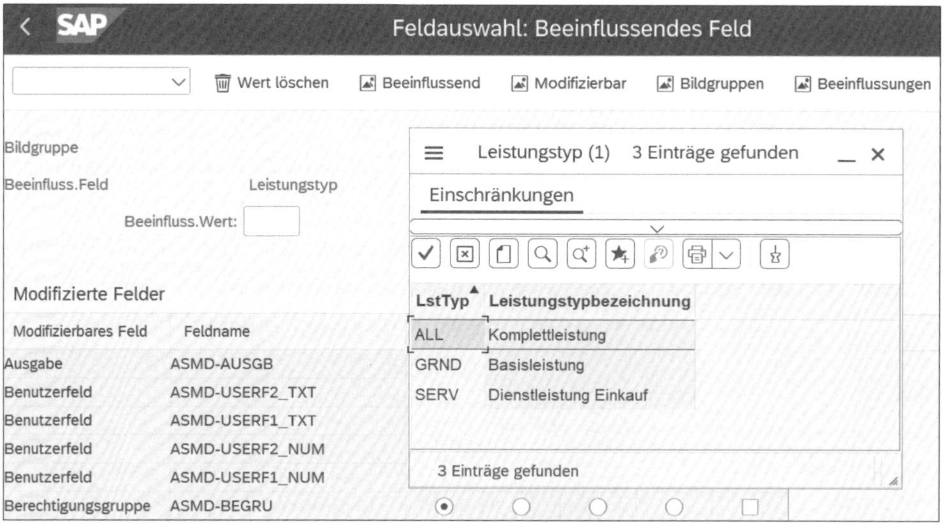

Abbildung 5.7: Beeinflussende Feldauswahl nach Leistungstyp

Über die Schaltfläche **Beeinflussungen** rufen Sie eine Liste aller Beeinflussungen zu einer Bildgruppe auf, mit deren Hilfe Sie sich einen gesamtheitlichen Überblick über alle durchgeführten Einstellungen ohne und mit beeinflussendem Feld verschaffen können.

Zusätzlich zu dieser Einzelpflege können Sie Leistungsstammsätze auch über eine Listerfassung pflegen. Die dortige Feldauswahlsteuerung definieren Sie über die IMG-Aktivität **Feldauswahl für Leistungsstamm (Listerfassung) einstellen** (Transaktion OXA3). Die Auswahl der modifizierbaren beziehungsweise beeinflussbaren Felder ist im Vergleich zur Einzelpflege stark begrenzt. Sie können folgende Felder nach Ihren Bedürfnissen anpassen:

- Basismengeneinheit (`RMAS0-D_MEINS`)
- Bewertungsklasse (`RMAS0-D_BKLAS`)
- Warengruppe (`RMAS0-D_MATKL`)

Die Vorgehensweise bei den Feldern der Listerfassung entspricht dem Vorgehen für die Einzelfeldpflege, daher wäre eine weitere Erläuterung hier redundant.

5.2.2 Nummernkreise

Neben Leistungsstammsätzen bedürfen bei der Beschaffung von Dienstleistungen weitere Objekte eines Nummernkreisintervalls. Hierzu gehören Erfassungsblätter und Leistungsverzeichnisse. Sie gehen bei der Nummernkreispflege schrittweise vor:

1. Pflege der Nummernkreisintervalle pro Objekt
2. Zuordnung des gepflegten Nummernkreises zum Objekt

Beachten Sie, dass ein Transport von Nummernkreisintervallen technisch grundsätzlich möglich ist, die manuelle Pflege bei Änderungen an den Standardnummernkreisen in den Zielmandanten Ihrer Systemlandschaft jedoch der bevorzugte Weg sein sollte.

Leistungserfassungsblätter

Im *Leistungserfassungsblatt* erfassen Sie die tatsächlich erbrachten Leistungen des externen Dienstleisters. Sie erfassen die Leistungen mit Bezug zu einer Bestellung. Ist ein Freigabeverfahren für das Leistungserfassungsblatt im System vorgesehen, muss zunächst eine Leistungsfreigabe für das Blatt erfolgen, bevor die Lieferantenrechnung geprüft werden kann.

Die Nummernkreisintervallpflege für das Leistungserfassungsblatt nehmen Sie über die Customizing-Aktivität **Nummernkreis für Leistungserfassungsblätter festlegen** (Transaktion OMH9) vor. Das betroffene Nummernkreisobjekt lautet SERVICE3. Arbeiten Sie mit der Standardauslieferung, sind in diesem Schritt keine Aktivitäten Ihrerseits notwendig.

Nach Aufruf der IMG-Aktivität gelangen Sie zunächst in das Einstiegsbild der Intervallpflege (siehe Abbildung 5.8). In der Übersicht für die Intervalle des Leistungserfassungsblattes ist genau ein Nummernkreisintervall anzutreffen:

01 (von 1000000000 bis 1999999999, intern)

Abbildung 5.8: Einstiegsbild der Nummernkreispflege für das Leistungserfassungsblatt

Die Zuordnung des Nummernkreisintervalls zum Leistungserfassungsblatt ist, wie anfänglich bereits geschildert, in einem gesonderten Schritt durchzuführen (siehe den Unterabschnitt »Nummernkreise zuordnen« im Folgenden).

Leistungsverzeichnisse

Unter einem *Leistungsverzeichnis* verstehen wir eine eigene Zusammenstellung mehrerer Dienstleistungen und den dazugehörigen Detailinformationen. Sie können die Leistungszeilen des Verzeichnisses mit Hilfe von Gliederungsstufen strukturieren, um das Verzeichnis übersichtlich zu gestalten.

Das Nummernkreisintervall für das interne Leistungsverzeichnis sehen Sie über die IMG-Aktivität **Systeminternen Nr.-Kreis f. Leistungsverzeichnisse festlegen** (Transaktion OMH8) ein. Das zum Leistungsverzeichnis gehörende Nummernkreisobjekt heißt SERVICE. Nur bei Änderungswünschen gegenüber der SAP-Standardauslieferung nehmen Sie Anpassungen am Nummernkreis vor.

Über das Einstiegsbild der Intervallpflege (siehe Abbildung 5.9) navigieren Sie zu den Nummernkreisintervallen, die für die Leistungsverzeichnisse vorgesehen sind. Im ausgelieferten Standard ist nur der folgende Nummernkreis eingestellt:

01 (von 0000000001 bis 2000000000, intern)

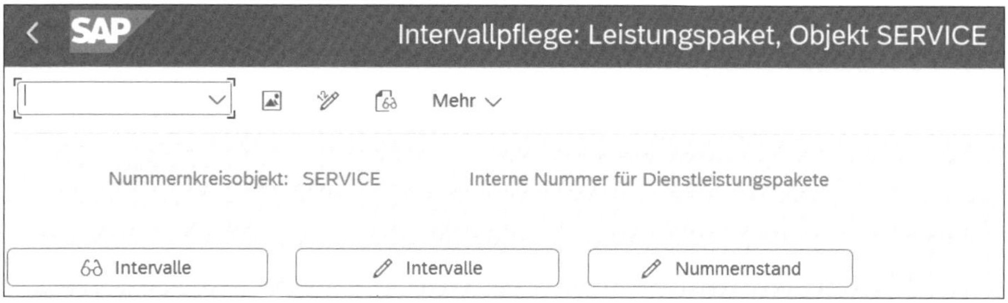

Abbildung 5.9: Einstiegsbild der Nummernkreispflege für Dienstleistungspakete

Die Zuweisung des Nummernkreisintervalls zum Leistungsverzeichnis findet in einem separaten Konfigurationsschritt statt, den wir im nächsten Unterabschnitt genauer erklären.

[»]

Sichtbarkeit des Nummernkreises für Leistungsverzeichnisse

Auf der Benutzeroberfläche suchen Sie den Nummernkreis für Leistungsverzeichnisse vergebens. Bei dem hinterlegten Nummernkreis handelt es sich um einen rein systemintern genutzten Kreis. Einem Leistungsverzeichnis ist eine interne Nummer zugewiesen.

Nummernkreise zuordnen

Der letzte Konfigurationsschritt für die Nummernkreise der Verzeichnisse und Leistungserfassungsblätter besteht darin, dass Sie bei zuvor durchgeführten Anpassungen an der Standardauslieferung den Objekten die gültigen Nummernkreisintervalle zuweisen. Hierfür rufen Sie die IMG-Aktivität **Nummernkreise zuordnen** auf. Die Nummernkreiszuordnungen werden in der Tabelle T165 gespeichert.

Sie tragen die gültige Nummernkreisnummer in die jeweilige Objektspalte ein. Abbildung 5.10 entspricht den erwarteten Einstellungen aus dem Standard. Für die Leistungsverzeichnisse und die Leistungserfassungsblätter ist jeweils der objekteigene Nummernkreis 01 zugewiesen. Erst nach der Zuordnung zu einem Nummernkreis können Sie das betroffene Objekt im System anlegen.

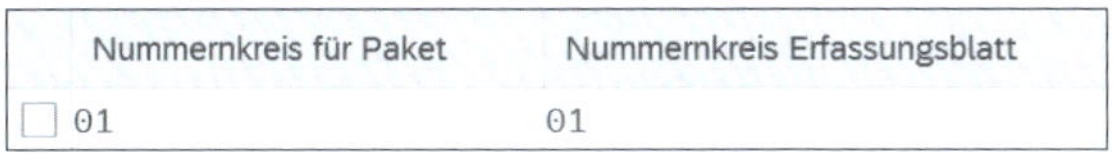

Abbildung 5.10: Zuordnung zu den Nummernkreisen

5.2.3 Bildaufbau

Den Bildaufbau für die klassische Dienstleistungsabwicklung beeinflussen Sie unter Zuhilfenahme der Customizing-Aktivität **Bildaufbau festlegen**. In Abhängigkeit zum Feldauswahltyp legen Sie fest, ob eine Feldeingabe erforderlich oder möglich ist, ob das Feld ein Anzeigefeld ist oder ob es ausgeblendet wird.

Folgende Feldauswahltypen stehen Ihnen für die individuelle Aussteuerung der Feldeigenschaften zur Verfügung:

- »blank«: Vorgang
- **1**: Belegart
- **2**: Transaktionscode
- **3**: Freigabekennzeichen
- **4**: Positionstyp

Der in Abbildung 5.11 gezeigte Ausschnitt des Einstiegsbilds für die Steuerung des Bildaufbaus lässt erste Rückschlüsse auf die Ausprägungen der Felder zu.

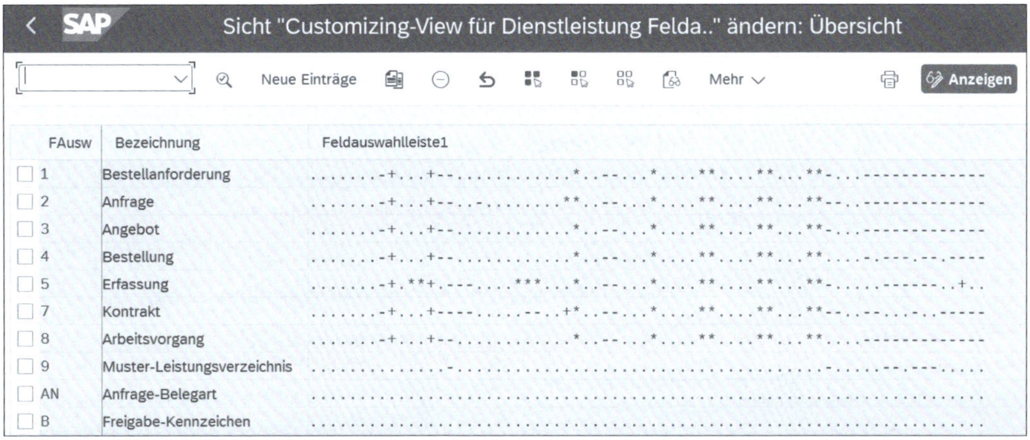

Abbildung 5.11: Einstiegsbild der Feldauswahl

Sie sehen die unterschiedlichen Feldauswahlschlüssel für die bekannten Vorgänge aus der Einkaufsabwicklung und deren festgelegte Feldeigenschaften. Die Spalte **Feldauswahlleiste 1** zeigt eine Übersicht über die vorliegenden Ausprägungen. Folgende Möglichkeiten gibt es:

- ausgeblendet (-)
- Anzeigefeld (*)
- Mussfeld (+)
- Kannfeld (.)

Die Betrachtung eines einzelnen Feldauswahltyps ist bei der Konfiguration des Bildaufbaus jedoch nicht zielführend. Um eine wahrheitsgemäße Aussage über die Feldausprägung treffen zu können, kombinieren Sie alle Feldauswahltypen, die in den Vorgang involviert sind. Wenn Sie eine Bestellanforderung für eine Dienstleistung anlegen, ist z. B. die Kombination aus den Auswahltypen Vorgang (Bestellanforderung), Belegart (NB), Transaktionscode (ME51N), Freigabekennzeichen (B) und Positionstyp (D) relevant. Beachten Sie dabei stets, dass die Feldausprägungen eine vorgegebene Kombinatorik verfolgen. Ist ein Feld als nicht sichtbar definiert, setzt sich die Einstellung gegen ein Anzeigefeld durch. Ein Anzeigefeld hat eine stärkere Wirkung als das Mussfeld. Die Mussfeld-Ausprägung setzt sich wiederum gegen die Kannfeld-Ausprägung durch.

Das Einstiegsbild ist eine hilfreiche Übersicht, um zügig die Kombination aller beteiligten Feldauswahltypen zu analysieren. Die Feldauswahlsteuerung prägen Sie folgendermaßen aus:

1. Führen Sie einen Doppelklick auf einen Feldauswahlschlüssel Ihrer Wahl aus. Welche Spalte Sie bei der Zeile anklicken, ist hierbei irrelevant.
2. Ein erneuter Doppelklick auf eine der gelisteten Feldauswahlgruppen öffnet die Sicht zur Pflege der Feldauswahlsteuerung (siehe Abbildung 5.12). Ist das gesuchte Feld nicht in der Auswahlgruppe enthalten, schließen Sie die Sicht und wählen die nächste Feldauswahlgruppe aus.

   Die Abbildung veranschaulicht exemplarisch die Feldauswahlsteuerung der Feldauswahlgruppe **Preis- und Wertfelder** für den Feldauswahlschlüssel 1 (Bestellanforderung). Die Felder **Preiseinheit**, **Bruttopreis** und **Nettowert** sind als Kannfelder ausgesteuert. Alle weiteren Felder in dieser Gruppe sind ausgeblendet.
3. Stellen Sie die Feldauswahlsteuerung nach Ihren Bedürfnissen ein. Beachten Sie die Abhängigkeiten zu anderen Feldauswahltypen bei den betroffenen Feldern.
4. Schließen Sie die Sicht, und kehren Sie zum Einstiegsbild zurück.
5. Speichern Sie die vorgenommenen Änderungen.

Bei Bedarf können Sie individuelle Feldauswahlschlüssel definieren und einem Feldauswahltyp zuweisen. Es bietet sich an, einen bestehenden Auswahlschlüssel als Kopiervorlage zu nutzen, der am ehesten Ihren Anforderungen entspricht.

Abbildung 5.12: Feldauswahlgruppe »Preis- und Wertfelder«

5.2.4 Bezugsquellenfindung und Vorschlagswerte

Die Bezugsquellenfindung und die Vorschlagswerte für die Dienstleistungsbeschaffung stellen Sie über die IMG-Aktivität **für den Mandanten/Einkaufsorganisation festlegen** ein, die über den IMG-Pfad **Materialwirtschaft • Dienstleistung • Bezugsquellenfindung und Vorschlagswerte** zu finden ist. Die für die Mandantenebene vorgesehenen Einstellungen führt das System in Tabelle T165. Für die Einkaufsorganisationsebene wird hingegen Tabelle T165E beansprucht.

Priorität der Einkaufsorganisationsebene

Die Einstellungen auf der Einkaufsorganisationsebene werden vorrangig behandelt, wenn sowohl auf Mandanten- als auch auf Einkaufsebene Daten gepflegt sind. Findet das System keine Einträge auf der Ebene der Einkaufsorganisation, kommen die Mandanteneinstellungen zum Tragen.

Da die Systemeinstellungen auf Mandanten- und Einkaufsebene nur geringfügig voneinander abweichen, zeigen wir Ihnen hier nur die Konfigurationsmöglichkeiten auf Ebene des Mandanten. Sie können die Ausführungen einfach auf die Einkaufsorganisationsebene übertragen. Auf der Einkaufsorganisationsebene erfassen Sie vom Mandanten abweichende Einstellungen.

In Abbildung 5.13 sehen Sie den ersten Teil der möglichen Einstellungen. Von oben beginnend verbergen sich folgende Bedeutungen hinter den Feldern und Kennzeichen:

- **Feld »Zeilenschrittweite im Leistungsverzeichnis«**
  Sie legen die Zeilenschrittweite für das Leistungsverzeichnis fest, indem Sie die Intervallgröße angeben. In der Standardauslieferung sind Zehnerschritte vorgesehen.
- **Feld »Vorschlag Warengruppe auf Positionsebene«**
  In diesem Feld hinterlegen Sie einen überschreibbaren Vorschlagswert für die Warengruppe. Warengruppen definieren Sie über die IMG-Aktivität **Logistik Allgemein • Materialstamm • Einstellungen zu zentralen Feldern • Warengruppe definieren** (Transaktion OMSF). Weitere Details dazu finden Sie in Abschnitt 3.1.3, »Einstellungen zu zentralen Feldern«.
- **Feld »Mengeneinheit auf Positionsebene«**
  Einen Vorschlagswert für die Mengeneinheit in Einkaufsobjekten definieren Sie in diesem Feld. In der Standardauslieferung ist die Einstellung mit dem Wert LE (Leistungseinheit) vorbelegt.

  Mengeneinheiten gehören zu den allgemeinen Systemeinstellungen in einem SAP-System. Sie pflegen sie über die Transaktion CUNI. Alternativ rufen Sie die Mengeneinheitenpflege über die IMG-Aktivität **ABAP Platform • Allgemeine Einstellungen • Maßeinheiten überprüfen** auf.

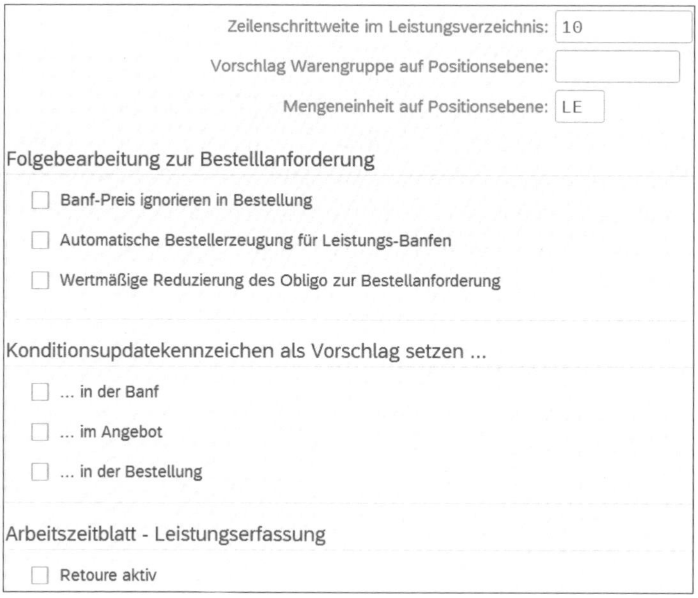

Abbildung 5.13: Vorschlagswerte auf Mandantenebene (Teil 1)

- **Kennzeichen »Banf-Preis ignorieren in Bestellung«**
  Die Auswahl dieses Kennzeichens verhindert die Übernahme des oft nur geschätzten Preises für Leistungen aus der Bestellanforderung in die Bestellung. Damit obliegt die Preisverhandlung den zuständigen Personen im Einkauf. Dennoch ist der in der Anforderung erfasste Preis ein hilfreicher Richtwert für den Einkauf.

- **Kennzeichen »Automatische Bestellerzeugung für Leistungs-Banfen«**
  Ist dieses Kennzeichen ausgewählt, erlauben Sie dem System, aus Bestellanforderungen, denen ein Lieferant als Bezugsquelle zugewiesen ist, automatisch Bestellungen zu erzeugen. Die Voraussetzung dafür ist, dass im Lieferantenstamm das Kennzeichen **Autom. Bestellungen** gesetzt ist.
- **Kennzeichen »Wertmäßige Reduzierung des Obligos zur Bestellanforder.«**
  Dieses Kennzeichen legt fest, wie ein durch die Bestellanforderung aufgebautes Obligo abgebaut wird. Ist das Kennzeichen nicht markiert, wird das Obligo durch die Bestellung mengenmäßig abgebaut (entspricht die Menge aus der Bestellung der Anforderungsmenge, wird das Obligo komplett abgebaut). Ist das Kennzeichen hingegen gesetzt, wird das erzeugte Anforderungsobligo wertmäßig abgebaut. Der Abbau erfolgt hier relativ zum Nettowert der Bestellung. Alle Bestellungen mit einem Bezug zu dieser Bestellanforderung werden berücksichtigt.
- **Kennzeichen »Konditionsupdatekennzeichen als Vorschlag setzen ...«**
  Das Konditionsupdatekennzeichen wirkt sich auf die Aktualisierung der Konditionen im Leistungsstammsatz aus. Ist das Kennzeichen **... in der Banf** ausgewählt, übernimmt das System die erfasste Kondition für jede Leistungszeile einer Bestellanforderung. Es handelt sich hierbei um einen Vorschlagswert, der durch Ihre Anwenderinnen und Anwender übersteuert werden kann.

  Diese Aussagen gelten auch für die weiteren Kennzeichen **... im Angebot** und **... in der Bestellung**. Hier ist lediglich eine andere Einkaufsbelegart betroffen.

Weitere Konfigurationsmöglichkeiten auf Mandantenebene entnehmen Sie Abbildung 5.14. Unter anderem gehören folgende Felder und Kennzeichen zu den möglichen Systemeinstellungen:

- **Kennzeichen »Warengruppe auf Positionsebene«**
  Setzen Sie das Kennzeichen, schlägt das System bei der internen Suche nach einer Bezugsquelle alle bestehenden Kontrakte vor, die Leistungen aus der erfassten Warengruppe aus der Bestellanforderungsposition enthalten. Dadurch erreichen Sie eine höhere Wahrscheinlichkeit, eine passende Quelle zu finden, als durch die Einstellungen rund um die Konditionssuche auf der Leistungsebene.
- **Kennzeichen »Suche auf Leistungsebene für Kontrakte und Lieferanten-Leistungskonditionen«**
  Für das Kennzeichen der Konditionssuche stehen Ihnen drei Optionen zur Verfügung, wobei Sie maximal eine Option auswählen können: **alle Leistungen**, **mindestens eine Leistung** oder **keine Suche auf Leistungsebene**. Entscheiden Sie sich für die Ausprägung **alle Leistungen**, hat dies zur Folge, dass für eine Bestellanforderungsposition nur Kontrakte als Bezugsquellen vorgeschlagen werden, falls alle angeforderten Leistungen aus der Position in der Kontraktposition enthalten sind. Ferner gilt für die als Bezugsquellen vorgeschlagenen Lieferanten, dass für alle angeforderten Leistungen auch gültige Leistungskonditionen im System gepflegt sein müssen.

Demnach ist die Option **mindestens eine Leistung** eine weichere Restriktion für die Bezugsquellenfindung der Kontrakte und Lieferanten. Hier muss nur mindestens eine der angeforderten Dienstleistungen in der Kontraktposition enthalten sein, damit diese vorgeschlagen wird. Bei den Lieferanten gilt die Aussage: Das System schlägt einen Lieferanten als mögliche Bezugsquelle vor, wenn mindestens zu einer der angeforderten Leistungen eine Kondition hinterlegt ist. Die zuletzt genannte Ausprägung **keine Suche auf Leistungsebene** besagt, dass keine Bezugsquellenfindung auf der Ebene der Leistungszeile erfolgt.

Die Standardauslieferung sieht vor, die Warengruppe auf Positionsebene zu suchen und eine Bezugsquellenfindung, die alle Leistungen enthalten, durchzuführen.

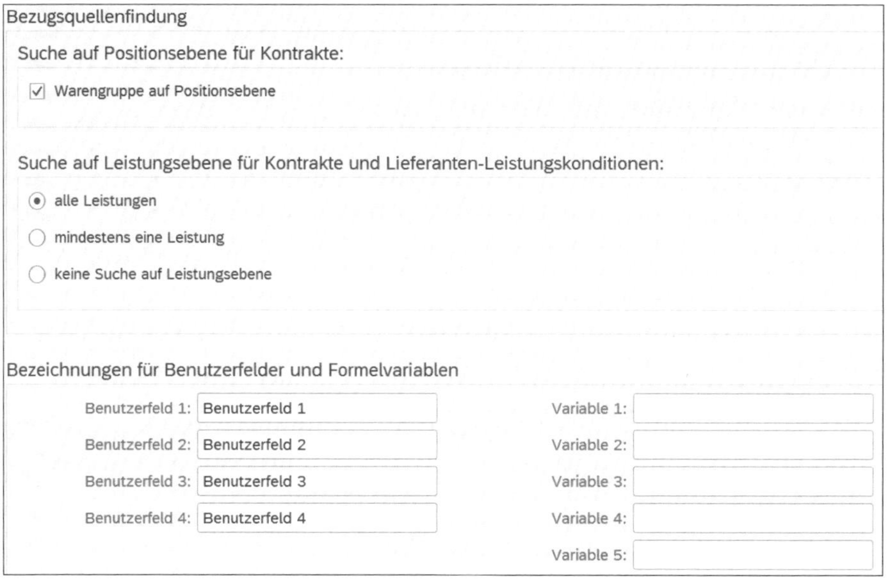

Abbildung 5.14: Vorschlagswerte auf Mandantenebene (Teil 2)

[»]

Abhängigkeiten in der Bezugsquellenfindung

Beachten Sie die Abhängigkeiten zwischen der Kontraktsuche und den Kennzeichen für die Konditionssuche auf Leistungsebene:

1. Sie können das Kennzeichen **Warengruppe auf Positionsebene** auswählen und entweder die Option **alle Leistungen** oder die Option **mindestens eine Leistung** selektieren.
2. Sie können das Kennzeichen **Warengruppe auf Positionsebene** nicht setzen und zwischen einer der drei Optionen für die Konditionssuche auswählen.
3. Sie können das Kennzeichen **Warengruppe auf Positionsebene** auswählen und sich bewusst für keine Option in der Konditionssuche entscheiden. In diesem Fall wird die Option **keine Suche auf Leistungsebene** automatisch gesetzt.

Die Konfigurationen auf dieser Ebene werden durch die Einstellungen zur Folgebearbeitung bei Dienstleistungspositionen, wie in Abbildung 5.15 zu sehen, komplettiert. Die Kennzeichen an dieser Stelle führen zu folgendem Systemverhalten:

- **Kennzeichen »Leistungszeilenebenen-Obligos«**
  Wenn dieses Kennzeichen gesetzt ist, erzeugt das System in Bestellungen Obligos auf Leistungszeilenebene für einzelne Dienstleistungspositionen statt für die gesamte Bestellposition. Dadurch ist eine granularere Begutachtung der Obligos im Controlling möglich.
- **Kennzeichen »DL-Position: RE vor WE erlaubt«**
  Wenn dieses Kennzeichen gesetzt ist, können Sie die Rechnungsbuchung bei Dienstleistungspositionen vor der Abnahme des Leistungserfassungsblatts zulassen. Das System prüft jedoch nicht die Einstellungen im Customizing, um die Rechnung erfassen zu können. Stattdessen wird geprüft, ob die Kennzeichen für einen bewerteten Wareneingang und eine leistungsbezogene Rechnungsprüfung in der Bestellposition gesetzt wurden.
- **Kennzeichen »SES Account Changeable«**
  Änderungen an den Kontierungsdaten sind im Leistungserfassungsblatt nicht möglich, wenn das Kennzeichen **SES Account Changeable** nicht gesetzt ist.

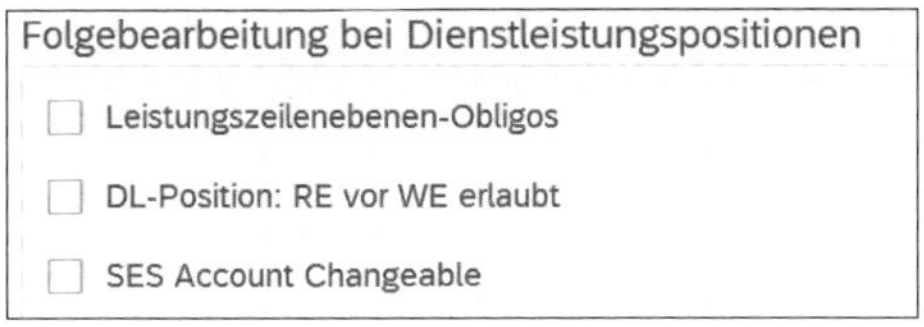

Abbildung 5.15: Vorschlagswerte auf Mandantenebene (Teil 3)

5.2.5 Freigabeverfahren für Leistungserfassungsblätter

Sie können die Abnahme eines Leistungserfassungsblattes zusätzlich durch ein *klassifiziertes Freigabeverfahren* unterstützen. Durch die benötigte Freigabe mindestens einer weiteren beteiligten Person etablieren Sie ein Vier-Augen-Prinzip. Die Teilfreigabe eines Erfassungsblattes ist nicht möglich – Sie können das Blatt nur komplett freigeben. Erst nach erfolgter Freigabe des Erfassungsblattes können Sie die eingereichte Lieferantenrechnung auf Herz und Nieren prüfen.

Das klassifizierte Freigabeverfahren für Leistungserfassungsblätter prägen Sie über die IMG-Aktivität **Freigabeverfahren für Leistungserfassungsblatt festlegen** aus. Bevor Sie allerdings mit der Konfiguration des eigentlichen Freigabeverfahrens beginnen können, müssen Sie sich überlegen, welche Felder im Leistungserfassungsblatt für Ihr Freigabeverfahren relevant sind. Felder, die in Frage kommen, entnehmen Sie der Kommunikationsstruktur CESSR, die Sie über den Pfad **Werkzeuge • ABAP Workbench • Entwicklung • Dictionary** (Transaktion SE11) aufrufen. Geben Sie die Struktur im Feld **Datenbank-**

tabelle ein, und klicken Sie auf die Schaltfläche **Anzeigen**. Klassische für ein Freigabeverfahren relevante Felder sind `LWERT` (Wert der Leistungen) und `UNPLV` (Anteil ungeplanter Wert ohne Kontraktbezug).

Nach Festlegung der relevanten Datenfelder legen Sie für jedes ausgewählte Feld ein Merkmal im System an und bestimmen, welche Merkmalsausprägungen für das Feld möglich sind. Insbesondere müssen Sie auf der Registerkarte **Zusatzdaten** den korrekten Tabellen- und Feldnamen hinterlegen. Bei Erfassungsblättern lautet der Name der Tabelle »CESSR«. Zudem schränken Sie die Verwendung des Merkmals auf die Standardklasse 032 (Freigabestrategie) ein.

Ein Merkmal ohne Zuordnung zu einer Klasse ist in einem SAP-System nur bedingt sinnvoll. Daher definieren Sie für dieses Freigabeverfahren eine individuelle Klasse mit der Klassenart 032. Für die Klassenbezeichnung wählen Sie eine aussagekräftige Bezeichnung, die sofort auf die Freigabe von Leistungserfassungsblättern schließen lässt, z. B. FRG_ESSR.

Klassifiziertes Freigabeverfahren bei Bestellanforderungen

Wie Sie ein Merkmal beziehungsweise eine Klasse anlegen, lesen Sie in Abschnitt 4.9.1, »Klassisches Freigabeverfahren«. Das dort erläuterte klassifizierte Verfahren für Bestellanforderungen ist durchaus mit dem Genehmigungsverfahren für die Leistungserfassungsblätter vergleichbar. Ein Vergleichender dieser Objekte vertieft Ihr Fachwissen und hilft Ihnen bei der Systemkonfiguration der Freigabestrategie für die Erfassungsblätter.

Haben Sie die beschriebenen Vorabaktivitäten abgeschlossen, legen Sie Ihr Freigabeverfahren fest. Sie gehen hierbei in der IMG-Aktivität **Freigabeverfahren für Leistungserfassungsblatt festlegen** schrittweise von oben nach unten vor. Dabei ergibt sich folgende Konfigurationsreihenfolge:

1. **Freigabegruppen definieren (Transaktion CUST_V_T16FG_3)**
   Die Standardauslieferung sieht für Freigabegruppen keine Tabelleneinträge vor (siehe Abbildung 5.16). Sie definieren zweistellige alphanumerische Freigabegruppen, damit Sie die Freigabebedingungen, die Sie in Ihren Klassen als Merkmale verwalten, in Ihrem Freigabeverfahren ansprechen können. Weisen Sie Ihrer Gruppe eine geeignete Klasse zu. Das System erkennt, dass Sie eine Freigabegruppe im Kontext eines Leistungserfassungsblattes anlegen, und belegt das Feld für das Freigabeobjekt entsprechend mit dem Wert 3, nachdem Sie gespeichert haben. Das System führt die Gruppen in Tabelle T16FG.

FrgGruppe	FrgObjekt	Klasse	Bezeichnung

Abbildung 5.16: Freigabegruppen definieren

2. **Freigabecodes definieren (Transaktion CUST_VV_T16FC_3)**
   Als Nächstes definieren Sie Freigabecodes und weisen ihnen unmittelbar die zuvor angelegten Freigabegruppen zu. Sie verwenden die Codes, um das Leistungserfassungsblatt freizugeben. Für einen Freigabecode greifen Sie auf ein zweistelliges alphanumerisches Feld zurück. Die Bezeichnung eines Freigabecodes kann bis zu 20 Zeichen umfassen. Gespeichert wird Ihre Konfiguration in Tabelle T16FC.

   In der SAP-Standardauslieferung sind keine Freigabecodes enthalten (siehe Abbildung 5.17). Das heißt, Sie sind absolut frei in Ihrer Wahl der Codes.

Grp	Code	Bezeichnung

Abbildung 5.17: Freigabecodes definieren und Gruppen zuweisen

3. **Freigabekennzeichen festlegen (Transaktion CUST_V_T16FL)**
   Das Freigabekennzeichen gibt Ihnen Auskunft über den Freigabezustand des Einkaufserfassungsblattes. Das Zeichen ist ein einstelliger alphanumerischer Schlüssel mit einer aussagekräftigen Bezeichnung, die aus bis zu 30 Zeichen bestehen kann. Die vorgenommenen Systemeinstellungen mit den dazugehörigen Ausprägungen werden in Tabelle T16FB gespeichert.

   Standardmäßig werden für Leistungserfassungsblätter die Freigabekennzeichen A (nicht abgenommen) und B (abgenommen) ausgeliefert (siehe Abbildung 5.18).

FrgKz	Freigeg.	Änderbar	Wertänd. %	Wertänd. ungepl. %	Bezeichnung
☐ A	☐	3			nicht abgenommen
☐ B	☑	1			abgenommen

Abbildung 5.18: Freigabekennzeichen festlegen

Die Detaileinstellungen zu einem Freigabekennzeichen umfassen folgende Felder, die Sie auch in Abbildung 5.18 sehen:

- Ist das Kennzeichen **Freigeg.** markiert, ist das Leistungserfassungsblatt vollständig abgenommen. Nun kann basierend auf der Abnahme eine nachstehende Rechnungsprüfung erfolgen.
- Sie legen über den Wert im Feld **Änderbar** fest, wie das SAP-System sich bei einer Änderung an einem Leistungserfassungsblatt verhält, falls die Änderung nach Beginn des Freigabeverfahrens durchgeführt wird. Folgende Ausprägungen sind denkbar:
  - »blank«: änderbar, neue Freigabe bei neuer Strategie
  - **1**: nicht änderbar
  - **2**: änderbar, keine neue Strategieermittlung
  - **3**: änderbar, neue Freigabe bei neuer Strategie
  - **4**: änderbar, neue Freigabe bei neuer Strategie oder Wertänderung

      - **5**: änderbar, neue Freigabe bei neuer Strategie/ausgegeben
      - **6**: änderbar, neue Freigabe bei neuer Strategie oder Wertänd./ausgegeben
   - Der Wert im Feld **Wertänd. %** steht für einen Toleranzwert, der angibt, um wie viel Prozentpunkte der Gesamtwert des Leistungserfassungsblattes erhöht werden kann, ohne dass eine neue Freigabestrategieermittlung durchgeführt wird, *obwohl* das Blatt sich in einem laufenden Freigabeverfahren befindet.
   - Das Feld **Wertänd. ungepl. %** beinhaltet den prozentualen Toleranzwert für Wertänderungen bei ungeplanten Kosten. Die obigen Aussagen für die einfache prozentuale Wertänderung treffen in gleichem Maße für die prozentualen Änderungen bei ungeplanten Wertänderungen zu.

   Betrachten Sie erneut Abbildung 5.18, und legen Sie diesmal Ihren Fokus auf die Detailausprägungen des Freigabekennzeichens B (abgenommen). Erwartungsgemäß ist das Kennzeichen **Freigeg.** ausgewählt, die Werte sind nach der Abnahme nicht mehr editierbar und die in Prozent angegebenen Wertänderungsfelder sind nicht befüllt.

4. **Freigabestrategien definieren (Transaktion CUST_VV_T16FS_3)**
   Nachdem Sie nun Freigabegruppen, -codes sowie -kennzeichen systemseitig definiert haben, schließen Sie die Konfiguration des Freigabeverfahrens mit der Anlage einer oder mehrerer Freigabestrategien pro Gruppe ab. Die zweistelligen alphanumerischen Schlüssel für die Strategien werden in der Tabelle T16FS geführt. Die unterstützende Beschreibung darf maximal 20 Zeichen umfassen.

   Sie legen eine neue Freigabestrategie an, indem Sie nach Angabe der Gruppenzugehörigkeit im Feld **Freigabegruppe** den Schlüsselwert für die Strategie im Feld **Freigabestrategie** eintragen (siehe Abbildung 5.19). Zusätzlich erfassen Sie eine aussagekräftige Beschreibung für die Freigabestrategie.

Abbildung 5.19: Neuer Eintrag einer Freigabestrategie

Anschließend legen Sie fest, welche Freigabecodes in der Freigabestrategie genutzt werden. Bei Ihrer Wahl sollten Sie eventuelle Abhängigkeiten zwischen den Freigabecodes berücksichtigen. Maximal acht Freigabecodes sind für eine Strategie möglich. Versuchen Sie, das Verfahren zur Freigabe von Belegen stets nach dem Motto »So einfach wie möglich, so komplex wie nötig« einzurichten.

Über die im unteren Bildbereich sichtbaren Schaltflächen prägen Sie die Freigabestrategie aus. Sie beginnen mit der Schaltfläche **Freigabevoraussetzungen** am linken Rand und arbeiten sich nach und nach in Richtung **Freigabesimulation** vor:

- Die Schaltfläche **Freigabevoraussetzungen** nutzen Sie, damit Sie eine gewisse Sequenz bei der Abnahme des Leistungserfassungsblattes im System abbilden können. Entsprechend den zuvor ausgewählten Freigabecodes wird eine Entscheidungsmatrix aufgebaut, die die Codes sowohl zeilen- als auch spaltenweise enthält. Die Zeile repräsentiert den jeweiligen Freigabecode, die Spalten stehen für die Freigabevoraussetzungen. Beachten Sie dabei die Leserichtung der Tabelle (von links nach rechts).
  Ein Beispiel: Wenn Sie für die Strategie die drei Freigabecodes A1, A2 und A3 ausgewählt haben, finden Sie in den Freigabevoraussetzungen eine 3×3-Matrix vor. Für den Code A3 sollen die Codes A1 und A2 als zwingende Freigabevoraussetzungen gelten. Das heißt, Sie markieren in der dritten Zeile die ersten beiden Spalteneinträge A1 und A2.
- Hinter der Schaltfläche **Freigabezustände** finden Sie die Systemeinstellungen dazu, welchen Zustand das Leistungserfassungsblatt vorweist, nachdem ein Code für die Freigabe zur Anwendung kam (Stichwort: Freigabekennzeichen).
- Unter Zuhilfenahme der Schaltfläche **Klassifizierung** gelangen Sie in den Bereich für die Pflege der Klassen und Merkmale. Sie kontrollieren hier Ihre bisherigen Angaben und passen bei Bedarf beispielsweise die Merkmalswertebereiche an.
- Über die Schaltfläche **Freigabesimulation** finden Sie heraus, welches Freigabekennzeichen ein Leistungserfassungsblatt erhält, wenn ein bestimmter Freigabeschritt erfolgt. Mit einem gezielten Doppelklick auf den Freigabecode simulieren Sie die Freigabe.

Neben dem klassifizierten Freigabeverfahren für die Leistungserfassungsblätter spielen auch die Leistungskonditionen eine bedeutende Rolle bei der Beschaffung von externen Dienstleistungen.

5.2.6 Konditionen

Zu welchen (Netto-)Preisen Sie Dienstleistungen einkaufen, steuern Sie vor allem über die Einstellungen zur Preisfindung. Die Elemente der Preisfindung werden mittels der *Konditionstechnik* abgebildet. Das System ermittelt basierend auf gepflegten Preiskonditionen einen gültigen Preisvorschlag nach einem vorgegebenen Regelwerk. Die wichtigsten Elemente der Konditionstechnik – hier im Anwendungsfall der Preisfindung – sind:

- Konditionsarten
- Zugriffsfolgen
- Konditionstabellen
- Konditionsschemata

Alle genannten Elemente werden Ihnen in den nachfolgenden Erläuterungen zur Preisfindung für Dienstleistungen wieder begegnen.

[»]

Verwendungen der Konditionstechnik

Die genannten Fachbegriffe der Konditionstechnik dürften Ihnen bekannt sein, wenn Sie sich bereits mit der traditionellen Nachrichtenfindung auseinandergesetzt haben (siehe Abschnitt 4.11.1, »NAST-basierte Ausgabeverwaltung«). Sie unterscheiden die Varianten der Konditionstechnik durch die Zuordnung zu verschiedenen Verwendungen. Beispielsweise gehört die Preisfindung, um die es in diesem Abschnitt geht, zur Verwendung A, die Nachrichtenfindung gehört zur Verwendung B.

Die Preisfindung für Dienstleistungen konfigurieren Sie über die IMG-Aktivität **Konditionen für Dienstleistungen pflegen**. Die Aktivität ist in mehrere »Unteraktivitäten« aufgeteilt, die Sie in der angegebenen Reihenfolge durcharbeiten können, wenn Sie nicht direkt zu einer ins Auge gefassten Aktivität springen möchten. Der Pfad schlägt folgende Konfigurationssequenz vor:

1. **Konditionsarten (Transaktion CUST_VV_T685A_MS)**

   Eine Konditionsart repräsentiert ein Preiselement. Eine festgelegte Abfolge von Konditionsarten bestimmt den vorgeschlagenen Nettopreis der externen Dienstleistung. Für Konditionsarten sieht SAP einen meist vierstelligen alphanumerischen Schlüssel vor. Die Bezeichnung umfasst maximal 20 Zeichen. Gespeichert werden die Konditionsarten inklusive ihrer Detailausprägungen anwendungsspezifisch in der Tabelle T685A.

   Die Preiskonditionsart ist insbesondere geprägt durch die Entscheidungen über die Konditionsklasse und die Rechenregel (siehe Abbildung 5.20).

   Mithilfe einer *Konditionsklasse* ordnen Sie eine Preiskonditionsart in eine Gruppe ein. Beispiele für Konditionsklassen sind Preise, Zu- oder Abschläge und Steuern. In Kombination mit dem Kennzeichen für das Vorzeichen des Konditionsbetrags legen Sie fest, ob die Preiskondition als negativer Betrag (Abschlag) oder als positiver Betrag (Zuschlag) behandelt wird. Für eine Konditionsart können auch beide Vorzeichen zulässig sein. Das Feld für das Vorzeichen verbirgt sich in der Detailansicht der Konditionsart.

   Die *Rechenregel* gibt Aufschluss darüber, wie der Betrag und die Basis zur Berechnung des Konditionswerts in der Preisfindung Anwendung finden. Die wichtigsten Rechenregeln lauten:

- Prozentual
- Fester Betrag (absolut)
- Menge

In Abbildung 5.20 ist zu sehen, dass für die Preiskonditionsart KR01 (Kopfrabatt) die Konditionsklasse **Zu- oder Abschläge** vorgesehen ist. Die Preiskondition geht mit der Rechenregel **Prozentual** in die Preisfindung ein.

Konditionsart	Beschreib.	Konditionsklasse	Rechenregel
GPRO	Prozente aus Limits	Zu- oder Abschlag	Prozentual
KR01	Kopfrabatt	Zu- oder Abschlag	Prozentual
KRB1	Kopfrabatt Beleg	Zu- oder Abschlag	Prozentual
KZ01	Kopfzuschlag	Zu- oder Abschlag	Prozentual
KZB1	Kopfzuschlag Beleg	Zu- oder Abschlag	Prozentual
NAVM	Nicht abz. Vorsteuer	Steuern	Fester Betrag
NAVS	Nicht abz. Vorsteuer	Steuern	Fester Betrag
PRS	Gesamtpreis	Preise	Menge
PRS0	Preisteil Lohn	Zu- oder Abschlag	Menge
PRS1	Preisteil Material	Zu- oder Abschlag	Menge
PRS2	Preisteil Gem.kosten	Zu- oder Abschlag	Menge
PRS3	Preisteil sonstiges	Zu- oder Abschlag	Menge
PRS4	relevanter Wert	Zu- oder Abschlag	Menge
PRSX	Gesamtpreis	Preise	Menge
ZA00	Zuschlag % vom Netto	Zu- oder Abschlag	Prozentual

Abbildung 5.20: Konditionsarten

Bei Bedarf legen Sie neue kundeneigene Konditionsarten an. Greifen Sie auf eine ähnlich konfigurierte Preiskondition als Kopiervorlage zurück, damit Sie die zahlreichen Ausprägungen in der Detailansicht nicht manuell durchführen müssen.

2. **Zugriffsfolgen (Transaktion CUST_VVC_T682_MS)**

   Die Zugriffsfolge entspricht einer SAP-internen Strategie bei der Suche nach gültigen Konditionssätzen in der Konditionstechnik. Das System durchsucht hierbei verschiedene Konditionstabellen auf gültige Einträge. Sie können die Suche beeinflussen, indem Sie die Abarbeitungsreihenfolge der Tabellen anpassen, neue Tabellen aufnehmen oder Tabellenzugriffe aus der Sequenz entfernen. Zugriffsfolgen sind mandantenunabhängig.

   Definierte Zugriffsfolgen sehen Sie über die Tabelle T682 ein. Für den Schlüsselwert nutzen Sie einen vierstelligen alphanumerischen Eintrag. Die unterstützende Bezeichnung umfasst bis zu 30 Zeichen.

   Abbildung 5.21 zeigt die Standardzugriffsfolge 0010 (Leistungskonditionen). Wie Sie sehen, werden auf der Suche nach einem gültigen Preiskonditionssatz maximal sechs Konditionstabellen durchforstet. Findet das SAP-System einen validen Tabelleneintrag, werden nachfolgende Tabellen nicht mehr betrachtet. Die Suchreihenfolge ist so ausgestaltet, dass zunächst die spezielleren Konditionstabellen durchsucht werden, bevor die vergleichsweise allgemeineren Tabellen Betrachtung finden. Beispielsweise ist die Konditionstabelle 097 (Leistungen zum Lieferant mit Werk) noch auf die zusätzliche Angabe eines Werkes ausgerichtet (Bedingung 10), wohingegen die Tabelle 096 (Leistungen zum Lieferant) ohne die Werksangabe den Satz für die Kondition führt.

Sollten nach Ihrer Ansicht neue Konditionstabellen oder Änderungen an den bestehenden Tabellen notwendig sein, passen Sie im nächsten Teilschritt die Tabellen entsprechend an.

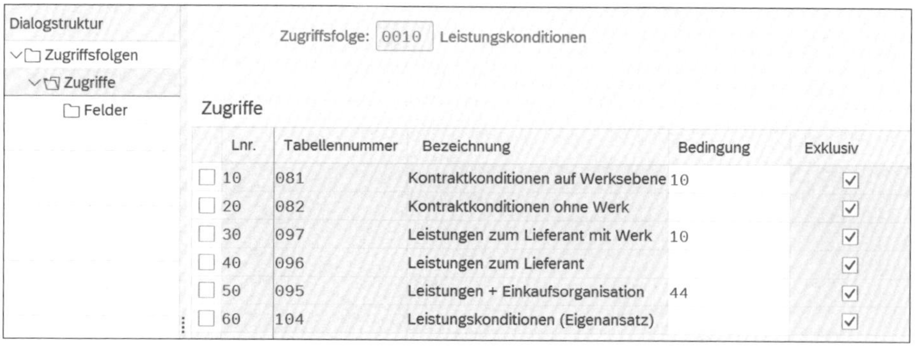

Abbildung 5.21: Zugriffsfolge 0010 (Leistungskonditionen)

3. **Konditionstabellen (Transaktionen M/13, M/14 und M/15)**

   (Preis-)Konditionssätze werden in *Konditionstabellen* gespeichert. Eine Konditionstabelle enthält als Schlüsselfelder diejenigen Datenfelder, die bei der Konditionssuche geprüft werden. Pro Datenkombination können Sie nur einen Konditionssatz anlegen, da die Eindeutigkeit des Konditionssatzes gewahrt werden muss. Das SAP-System stellt Ihnen einen gültigen Feldkatalog zur Verfügung, aus dem Sie die gewünschten Kombinationen der Felder für die Konditionstabellen zusammenstellen können.

   Damit neu angelegte Konditionstabellen bei der Konditionssuche überhaupt berücksichtigt werden, nehmen Sie sie mit in die Zugriffsfolge auf. Bei vorgenommenen Änderungen kontrollieren Sie, ob die Zugriffsfolge das Suchkriterium von einer speziellen nach einer allgemeinen Suche erfüllt. Für beide Tätigkeiten rufen Sie erneut die Definition der Zugriffsfolge aus Schritt 2 auf. Anderenfalls fahren Sie mit dem Konditionsschema fort.

4. **Konditionsschema (Transaktion CUST_VVC_T683_MS)**

   Das Preiskonditionsschema (oder auch *Kalkulationsschema*) ist das Regelwerk der Preisfindung. Es bestimmt, welche Konditionsarten für die Preisfindung in Betracht gezogen werden und in welcher Reihenfolge die Preiskonditionen zu berücksichtigen sind. Die in der SAP-Standardauslieferung enthaltenen Schemata beinhalten erfahrungsgemäß häufig verwendete Konditionsarten. Nur weil eine Konditionsart in einem Standardschema enthalten ist, heißt das nicht, dass Sie die Kondition zwingend verwenden müssen. Entscheidend hierfür ist die Ausprägung der Preiskondition im Kalkulationsschema.

Kalkulationsschemata sind in Tabelle T683 abgelegt. Für Preisschemata, die bei der Beschaffung von Dienstleistungen genutzt werden, betrachten Sie die Kombination aus der Verwendung A (Preisfindung) und der Applikation MS (Dienstleistungsabw.). Ein Kalkulationsschema hat einen sechsstelligen alphanumerischen Schlüssel und wird durch eine maximal 30-stellige Bezeichnung ergänzt. Das eigentliche Regelwerk des Kalkulationsschemas rufen Sie über die Tabelle T683S auf. Die Systemeinstellungen können Sie hier über die Dialogebene **Steuerung** einsehen, wie in Abbildung 5.22 gezeigt.

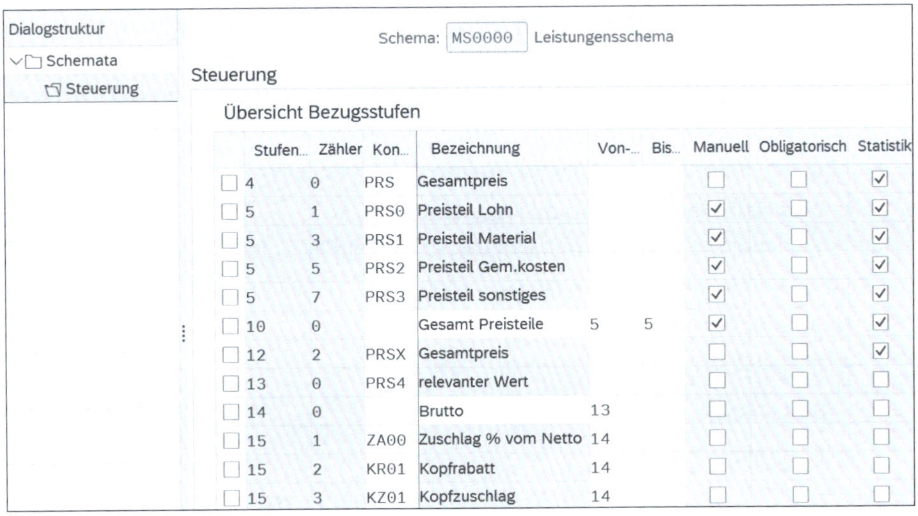

Stufen...	Zähler	Kon...	Bezeichnung	Von-...	Bis...	Manuell	Obligatorisch	Statistik
4	0	PRS	Gesamtpreis			☐	☐	☑
5	1	PRS0	Preisteil Lohn			☑	☐	☑
5	3	PRS1	Preisteil Material			☑	☐	☑
5	5	PRS2	Preisteil Gem.kosten			☑	☐	☑
5	7	PRS3	Preisteil sonstiges			☑	☐	☑
10	0		Gesamt Preisteile	5	5	☑	☐	☑
12	2	PRSX	Gesamtpreis			☐	☐	☑
13	0	PRS4	relevanter Wert			☐	☐	☐
14	0		Brutto	13		☐	☐	☐
15	1	ZA00	Zuschlag % vom Netto	14		☐	☐	☐
15	2	KR01	Kopfrabatt	14		☐	☐	☐
15	3	KZ01	Kopfzuschlag	14		☐	☐	☐

Abbildung 5.22: Kalkulationsschema MS0000

Das Herzstück des Kalkulationsschemas verbirgt sich hinter der Ausprägung der Schemasteuerung. In Abbildung 5.22 sehen Sie einen Ausschnitt aus der Steuerung des Schemas MS0000 (Leistungsschema). Unter **Übersicht Bezugsstufen** sehen Sie zum einen, welche Konditionsarten dem Schema zugewiesen sind, und zum anderen, in welcher Suchsequenz die Konditionen bei der automatischen Preisfindung durchlaufen werden. Eine Kombination aus Stufe und Zähler bestimmt die exakte Suchreihenfolge. Innerhalb einer Stufe können Sie über den Zähler die Reihenfolge genau festlegen. Die durch den Zähler vorgegebene Suchreihenfolge wird bei der automatischen Preisfindung berücksichtigt.

Inwiefern eine Kondition bei der automatischen Preisfindung miteinbezogen wird, beeinflussen Sie über die Ausprägungen **Manuell**, **Obligatorisch** sowie **Statistik**:

- Ist das Kennzeichen **Manuell** ausgewählt, wird die Konditionsart erst dann in die Preisfindung einbezogen, wenn Sie den Konditionswert entweder händisch eingeben, beispielsweise in der Konditionsübersicht auf Kopf- oder Positionsebene, oder ihn durch einen externen Prozess übergeben, z. B. durch eine Kalkulation.

- Die Preiskondition wird zu einer zwingend erforderlichen Kondition, wenn Sie das Kennzeichen **Obligatorisch** setzen. Führt das System eine Preisfindung durch, wird die Preiskondition immer in der Preisfindung berücksichtigt. Vergessen Sie nicht, für eine als obligatorisch gekennzeichnete Preiskondition einen Preiskonditionssatz anzulegen.
- Das Kennzeichen **Statistik** besagt, dass die Preiskondition lediglich Einfluss auf die Statistik hat, aber keine Wertänderung im Einkaufsbeleg nach sich zieht.

Haben Sie in Schritt 1 eigene Konditionsarten definiert, sollten Sie auch über ein individuelles Kalkulationsschema nachdenken, anstatt das SAP-Standardschema anzupassen. Dies hat den Vorteil, dass Sie nachvollziehen können, welche Änderungen Sie im Vergleich zum Standard vorgenommen haben. Fügen Sie Ihre definierten Konditionen an der gewünschten Stelle ein, und achten Sie auf die korrekte Ausprägung der Preiskonditionen innerhalb der Steuerungseigenschaften.

5. **Variables Kalkulationsschema (Transaktion M/16)**
Ein Kalkulationsschema hat nur Einfluss auf einen Einkaufsbeleg, wenn Sie es einem Belegtyp und einer Belegart zuweisen. Mögliche Einkaufsbelegtypen sind:
   - A (Anfrage)
   - B (Bestellanforderung)
   - F (Bestellung)
   - K (Kontrakt)

   Welche Einkaufsbelegarten zur Wahl stehen, hängt in erster Linie von Ihrer Systemkonfiguration ab (siehe Abschnitt 4.2.4, »Belegarten«). Ihre Festlegungen werden in Tabelle T165A hinterlegt.

   Beachten Sie bei Ihrer Konfiguration, dass Sie dasselbe Kalkulationsschema für erlaubte Folgebelegarten verwenden. Beispielsweise ist die Belegart NB (Normalbestellung) als Folgebelegart zur Belegart AN (Anfrage) eingestellt. Daher hinterlegen Sie, wie in Abbildung 5.23 zu sehen, für beide dasselbe Kalkulationsschema (hier: MS0000). Die Folgebeziehungen der Belegarten entnehmen Sie aus den IMG-Aktivitäten unter **Materialwirtschaft • Einkauf • Bestellanforderung/Einkaufsbelegart • Belegarten definieren** (siehe ebenfalls Abschnitt 4.2.4).

Belegtyp	Art	Belegartbezeichnung	Schema	Bezeichnung
A	AN	Anfrage	MS0000	Leistungensschema
B	NB	Bestellanforderung	MS0000	Leistungensschema
F	NB	Normalbestellung	MS0000	Leistungensschema

Abbildung 5.23: Variables Kalkulationsschema für Dienstleistungen

6. **Ausschlusskennzeichen (Transaktion CUST_VV_T686A_MS)**
Über das Ausschlusskennzeichen legen Sie pro Konditionsart fest, dass das SAP-System keine automatische Preisfindung durchführt. Stattdessen wird der manuell erfasste

Preis berücksichtigt. Sie finden das Kennzeichen in der Detailsicht der Konditionsarten im Bildbereich **Steuerungsdaten 2**. Das bedeutet, dass Sie in dieser Aktivität nur das Zeichen definieren. Die Änderung der betroffenen Konditionen nehmen Sie letztlich bei der Definition der Konditionsarten vor (Schritt 1).

Für das Ausschlusskennzeichen wird ein einstelliger alphanumerischer Schlüssel genutzt, und seine Bezeichnung kann bis zu 20 Zeichen lang sein. Sie finden die definierten Kennzeichen in Tabelle T686A.

Abbildung 5.24 zeigt exemplarisch die im Standard ausgelieferten Ausschlusskennzeichen **N** (Steuerkennzeichen) und **X** (Bruttopreis).

AusKZ	Ausschluß
N	Steuerkennzeichen
X	Bruttopreis

Abbildung 5.24: Ausschlusskennzeichen

Nachdem Sie die Grundlagen und Konfigurationsmöglichkeiten für die »klassische« Dienstleistungsbeschaffung kennengelernt haben, fahren wir nun mit der Lean-Services-Beschaffung in SAP S/4HANA fort.

5.3 Lean Services

Die Lean-Services-Beschaffung ist eine neue Vorgehensweise in SAP S/4HANA, um externe Dienstleistungen für Ihr Unternehmen zu beschaffen. Dieses schon dem Namen nach »verschlankte« Verfahren stellen Sie über den IMG-Pfad **Materialwirtschaft • Einkauf • Dienstleistungsbeschaffung – Lean Services** ein (siehe Abbildung 5.25).

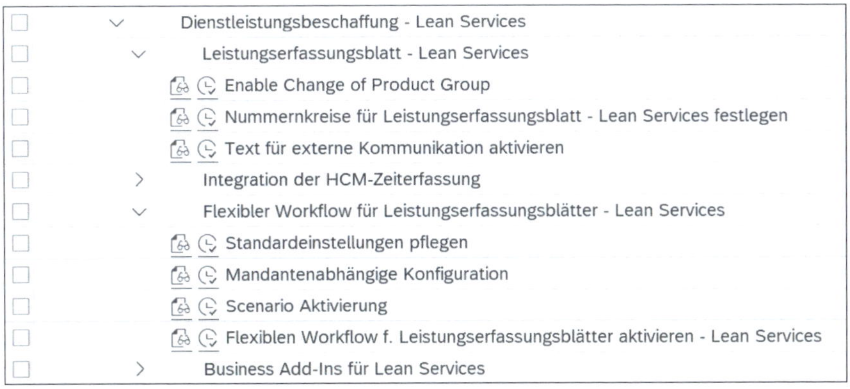

Abbildung 5.25: IMG-Aktivitäten im Bereich »Dienstleistungsbeschaffung – Lean Services«

Auf den ersten Blick zeigt sich bei den Customizing-Aktivitäten der Lean Services, wie sehr die Dienstleistungsabwicklung in SAP S/4HANA im Vergleich zum klassischen Weg, den wir in Abschnitt 5.2, »Dienstleistungen (MM-SRV)«, beschrieben haben, vereinfacht wurde. Der schlanke Beschaffungsprozess für Dienstleistungen soll der Beschaffung von Materialien entsprechen.

5.3.1 Standardmaterialart SERV

Mit Umsetzung der Lean-Services-Beschaffung in SAP S/4HANA hat eine neue Standardmaterialart für die Beschaffung von Dienstleistungen Einzug in das System gehalten: *Serviceprodukt* (SERV). Auch wenn die Einstellungen zu den Materialarten nicht im Customizing-Knoten der Lean-Services-Beschaffung enthalten sind, sollten Sie mit den Eigenschaften der Materialart SERV vertraut sein. Sie konfigurieren sie in der IMG-Aktivität **Logistik Allgemein • Materialstamm • Grundeinstellungen • Materialarten • Eigenschaften der Materialarten festlegen** (Transaktion OMS2). Details zu allen möglichen Systemeinstellungen bezüglich der Materialarten finden Sie in Abschnitt 3.1.4.

[+]

Simplification Item – Materialart SERV

Wie bereits angedeutet, wurden speziell für die Lean-Services-Beschaffung die neue Standardmaterialart Serviceprodukt (SERV) und die Produkttypgruppe 2 (Dienstleistung) in SAP S/4HANA eingeführt beziehungsweise hinterlegt (siehe SAP-Hinweis 2267247).

Die grundlegenden Eigenschaften der Materialart SERV sind in Abbildung 5.26 teilweise abgebildet. Hierzu zählen unter anderem:

- Produkttypgruppe 2 (Dienstleistung)
- Feldreferenz SERV
- Bildreferenz SERV
- Ausgewählte Fachbereiche: Buchhaltung, Klassifizierung, Einkauf, Grunddaten und Vertrieb
- nur externe Bestellungen zulässig
- Preissteuerung S (Standardpreis)
- Kontoklassenreferenz 0006 (Referenz für Dienstleistungen)
- keine Mengen- oder Wertfortschreibung

Die erstgenannte Eigenschaft muss hier ganz besonders hervorgehoben werden. Die Produkttypgruppe entscheidet über den Einsatz der Lean-Services-Beschaffung. Das System erkennt anhand der Produkttypgruppe 2 (Dienstleistung), dass es sich um eine Dienstleistungsposition für die »schlanke« Dienstleistungsbeschaffung handelt.

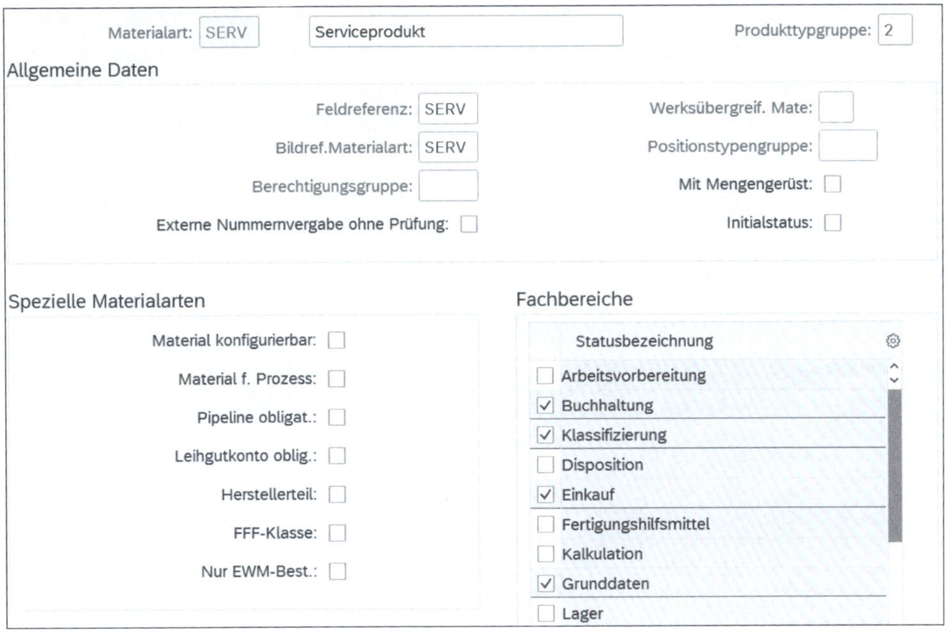

Abbildung 5.26: Einstellungen zur Materialart SERV (Ausschnitt)

Verwendung der Materialart SERV

Die Verwendung der Materialart Serviceprodukt (SERV) ist ein optionales Angebot von SAP für die Dienstleistungsabwicklung. Auch ohne Materialstämme dieser Art können Sie die Lean-Services-Beschaffung über Freitextpositionen durchführen. Jedoch müssen Ihre Anwenderinnen und Anwender die Produkttypgruppe 2 dann manuell in den Belegpositionsdetails erfassen. Wenn Sie hingegen mit Materialstämmen arbeiten, deren Materialart die benötigte Produkttypgruppe enthält, belegt das System die Produkttypgruppe entsprechend vor.

5.3.2 Leistungserfassungsblatt (Lean Services)

Im *Leistungserfassungsblatt* erfassen Sie die tatsächlich erbrachten Leistungen des extern beauftragten Lieferanten. Sie erfassen die Tätigkeiten mit Bezug zu einer Bestellung oder einem Rahmenkontrakt, deren/dessen Positionen die Produkttypgruppe 2 (Dienstleistung) im dafür vorgesehenen Feld führen. Für die Leistungserfassung verwenden Sie die SAP-Fiori-App **Leistungserfassungsblatt verwalten – Lean Services** (siehe SAP-Hinweis 2710815).

Falls Sie von dem vorgeschlagenen Nummernkreis abweichen möchten, definieren Sie für das Leistungserfassungsblatt in der Lean-Services-Beschaffung ein geeignetes Nummernkreiskreisintervall. Sie bestimmen das Intervall über die IMG-Aktivität **Materialwirtschaft • Einkauf • Dienstleistungsbeschaffung - Lean Services • Leistungserfassungsblatt - Lean Services • Nummernkreis für Leistungserfassungsblatt - Lean Services festlegen** (Transaktion OMESES). Das zugehörige Nummernkreisobjekt heißt SERVICE_ES.

Nach Aufruf der IMG-Aktivität sehen Sie das Einstiegsbild der Intervallpflege (siehe Abbildung 5.27). Das Nummernkreisintervall, das Sie antreffen werden, wenn Sie in die Intervallübersicht oder -pflege navigieren, ist:

01 (von 0000000001 bis 0999999999, intern)

Abbildung 5.27: Intervallpflege für das Leistungserfassungsblatt (Lean Services)

Bei Anpassungen am Nummernkreisintervall nehmen Sie die Änderungen händisch in allen betroffenen Mandanten (systemübergreifend) vor. Einstellungen zu den Nummernkreisen unterliegen nicht dem automatischen Transportwesen.

5.3.3 Flexibler Workflow

Für die Abnahme des Leistungserfassungsblattes (Lean Services) können Sie ein Genehmigungsverfahren einführen. Bei den Lean Services nutzen Sie das Verfahren des flexiblen Workflows. Über die SAP-Fiori-App **Workflows für Leistungserfassungsblätter verwalten - Lean Services** definieren Sie den genauen Ablauf der Freigabe. (Wir zeigen Ihnen in diesem Unterabschnitt kurz und kompakt die Konfigurationsschritte, die auf die Leistungserfassungsblätter ausgerichtet sind. Ein ausführliches Beispiel und detaillierte Erklärungen zu den einzelnen obligatorischen Schritten finden Sie in Abschnitt 8.2.3, »Flexibler Workflow«.)

Die Gesamtschrittfolge für die Konfiguration des flexiblen Workflows sieht für die Leistungserfassungsblätter (Lean Services) so aus:

1. **Standardeinstellungen prüfen (Transaktion SWU3)**
   Prüfen Sie die Standardeinstellungen für den flexiblen Workflow.
2. **Szenarien aktivieren**
   Aktivieren Sie das betroffene Workflow-Szenario WS00800321 (Workflow für Leistungserfassungsblatt) mit der Standardaufgabe TS00800593 (Leistungserfassungsblatt freigeben).

3. **Schrittnamen und Entscheidungsoptionen festlegen**
   Prüfen Sie die Schrittnamen auf Vollständigkeit, indem Sie die Tabelle nach dem Eintrag »WS00800321« mit der Schritt-ID 0000000010 (Leistungserfassungsblatt freigeben) durchsuchen. Ist der genannte Eintrag nicht enthalten, fügen Sie ihn zusammen mit den Entscheidungsoptionen, die Sie ebenfalls prüfen, hinzu. Die Entscheidungsoptionen lauten:
   - 1 (Genehmigen, Positive)
   - 2 (Ablehnen, Negative)
4. **Visualisierungsmetadaten definieren (Transaktion SWFVMD1)**
   Wählen Sie aus der Dropdown-Liste **Worklist Client** die Option **SAPUI5 Meine Inbox**, und tragen Sie für das Workflow-Szenario WS00800321 und die Aufgabe TS00800593 folgende Parameter ein:
   - SCHEME: Sapui5
   - COMPONENT_NAME: cross.fnd.fiori.inbox.annotationBasedTaskUI
   - QUERY_PARAM00:
     service=/sap/opu/odata/sap/MM_PUR_SES_MAINTAIN_SRV
   - QUERY_PARAM01:
     entity=/C_ServiceEntrySheetWD(ServiceEntrySheet='{&_WI_Object_ID.MV_OBJECT_ID&}',DraftUUID=guid'00000000-0000-0000-0000-000000000000',IsActiveEntity=true)
   - QUERY_PARAM02:
     annotations=/sap/opu/odata/IWFND/CATALOGSERVICE;v=2/Annotations(TechnicalName='MM_PUR_SES_MAINTAIN_ANNO_MDL',Version='0001')/$value/
5. **Ereignistypkopplungen deaktivieren (Transaktion SWETYPV)**
   Deaktivieren Sie die Ereignistypkopplungen.
6. **Aufgaben generalisieren**
   Generalisieren Sie die Standardaufgabe TS00800593 unter der Komponente MM-PUR-SVC-SES (Leistungserfassungsblatt für Dienstleist.).
7. **Ereignistypkopplungen aktivieren**
   Aktivieren Sie die Ereigniskopplung unter der Komponente MM-PUR-SVC-SES (Leistungserfassungsblatt für Dienstleist.) für das Szenario WS00800321.
8. **Gateway-Service für Eingabehilfen registrieren**
   Der technische Servicename des OData-Services lautet S_MMPURWORKFLOWVH_CDS.
9. **Flexiblen Workflow aktivieren**
   Markieren Sie dieses Auswahlkästchen, um die Funktion schließlich zu aktivieren.

Die Schritte 1, 2, 4 und 9 führen Sie über den Customizing-Pfad **Materialwirtschaft • Einkauf • Dienstleistungsbeschaffung – Lean Services • Flexibler Workflow für Leistungserfassungsblätter – Lean Services** durch.

5.4 Zusammenfassung

Wie Sie die Abwicklung extern beschaffter Dienstleistungen in SAP S/4HANA einstellen, stand im Mittelpunkt dieses fünften Kapitels. Sie können nun sowohl die traditionelle Dienstleistungsabwicklung im System konfigurieren, die Ihnen vielleicht schon aus SAP ERP bekannt war, als auch das neuartige Vorgehen mit der treffenden Bezeichnung Lean Services einführen, das sich Ihnen nur in SAP S/4HANA bietet.

Kapitel 6
Bestandsführung und Inventur

Warenbewegungen zu erfassen, physische Lagerortbestände zu führen oder eine umfängliche Inventur zu vollziehen, sind exemplarische Aufgaben im Tätigkeitsbereich der Bestandsführung. Behalten Sie einen Echtzeitüberblick über Ihre Lagermaterialien.

In diesem Kapitel legen wir unseren Fokus auf die umfangreichen Einstellungen in der Bestandsführung und Inventur in einem SAP-S/4HANA-System. Bevor Sie mit den Systemeinstellungen beginnen, eignen Sie sich mithilfe einer kurzen und bündigen Einführung in die Bestandsführung und Inventur in Abschnitt 6.1 unverzichtbares Wissen zu diesem Teilbereich der Materialwirtschaft an. Danach setzen Sie sich detailliert mit den relevanten Belegen auseinander (Abschnitt 6.2). Nach den zusammengefassten Werksparametern (Abschnitt 6.3) folgen die Customizing-Einstellungen im Bereich Warenbewegungen (siehe Abschnitt 6.4). Vor allem die Bewegungsarten spielen eine tragende Rolle in diesem Abschnitt. Daran anschließend lernen Sie die Einstellungen für Reservierungen (siehe Abschnitt 6.5) kennen, bevor Sie zum Bereich Inventur (siehe Abschnitt 6.6) übergehen. In Abschnitt 6.7 erfahren Sie zu guter Letzt, wie die Systemeinstellungen für Nachrichten aussehen.

6.1 Bestandsführung und Inventur in SAP S/4HANA

In SAP S/4HANA stehen Ihnen alle aus SAP ERP bekannten Prozesse und Funktionen der Bestandsführung sowie der Inventur (Komponente MM-IM). Es gibt dennoch einige Veränderungen, insbesondere beim Datenmodell. Die wichtigsten Neuerungen lauten:

- Datenmodelländerung in der Bestandsführung (siehe SAP-Hinweis 2206980)
- Performanceoptimierungen in der Materialbelegverarbeitung (siehe SAP-Hinweis 2319579)
- gesperrte Lieferanten (siehe SAP-Hinweis 2516223)

Die angegebenen SAP-Hinweise helfen Ihnen, sich weiter in SAP S/4HANA einzuarbeiten. Weitere hilfreiche Informationen erhalten Sie unter *https://help.sap.com*. Änderungen an Customizing-Einstellungen sind durch diese SAP-Hinweise nicht zu erwarten.

[»]

Simplification Items zur Materialbewertung

Die Vereinfachungselemente, die sich auf die Lagermaterialbewertung beziehen, finden Sie in Kapitel 7, »Bewertung und Kontierung«.

Alle Anwendungen zur Bestandsführung und Inventur rufen Sie im SAP-Menü über die Anwendungspfade **Logistik • Materialwirtschaft • Bestandsführung** und **Logistik • Materialwirtschaft • Inventur** auf.

Der Bereich **Bestandsführung** gliedert sich in folgende Teilbereiche:

- **Warenbewegung**
  Im Bereich **Warenbewegung** führen Sie alle Warenbewegungen aus, egal ob Sie einen Wareneingang erfassen, einen Warenausgang buchen oder Lagermaterialien umbuchen möchten.
- **Materialbeleg**
  Der Knoten **Materialbeleg** ist auf die Aktivitäten rund um den Materialbeleg ausgerichtet. Einen erzeugten Materialbeleg anzeigen, ändern, stornieren und archivieren sind wichtige Funktionen unter diesem Pfad.
- **Reservierung**
  Unter **Reservierung** bearbeiten Sie Lagermaterialreservierungen. Sie legen Reservierungen an, passen diese an oder lassen sie sich anzeigen. Über eine Reservierungsliste erhalten Sie einen umfassenden Überblick.
- **Umfeld**
  Im Menü **Umfeld** finden Sie alle Transaktionen vor, die Ihnen bei der Analyse des Bestandes helfen.

Folgende Untergliederungen finden Sie im SAP-Menü im Bereich **Inventur** vor:

- **Inventurbeleg**
  Der Menüpunkt **Inventurbeleg** befasst sich mit der Anlage, Änderung und Anzeige von Inventurbelegen. Ferner können Sie Inventurbelege ausdrucken und bei Bedarf archivieren.
- **Zählung**
  Unter **Zählung** erfassen Sie nach erfolgreicher Zählung das Ergebnis Ihrer Inventur.
- **Differenz**
  Im Bereich **Differenz** verbuchen Sie möglicherweise auftretende Differenzen zwischen dem gezählten Istbestand und dem systemgeführten Bestand des Materials.
- **Spezielle Verfahren**
  Über den Knoten **Spezielle Verfahren** finden Sie spezielle Inventurverfahren vor. Hierzu zählen die Stichprobeninventur und das Cycle-Counting-Verfahren.

- **Umfeld**
  Unter dem Punkt **Umfeld** greifen Sie auf Auswertungstransaktionen für die Inventur zu. Zudem unterstützen Sie Such- und Übersichtsreports bei der Inventurdurchführung.
- **Mappen**
  Der Menüpunkt **Mappen** eignet sich, wenn Sie Ihre Inventur mit dem Einsatz von Batch-Input-Mappen gestalten möchten. Inventurbelege massenhaft über Mappen anzulegen, ist eine gern genutzte Funktionalität.

Streben Sie den Einsatz von SAP-Fiori-Apps in der Bestandsführung an, erhalten Sie alle relevanten Informationen zu den aktuellen Fiori-Anwendungen über die SAP Fiori Apps Reference Library (*https://fioriappslibrary.hana.ondemand.com*).

Alle Customizing-Einstellungen, die zum Bereich **Bestandsführung und Inventur** gehören, rufen Sie über den IMG-Pfad **Materialwirtschaft • Bestandsführung und Inventur** auf (Abbildung 6.1). Im Gegensatz zum SAP-Menü sind die Systemeinstellungen im Customizing nicht voneinander getrennt. Sie lernen im Laufe dieses Kapitels alle grundlegenden Einstellungen kennen.

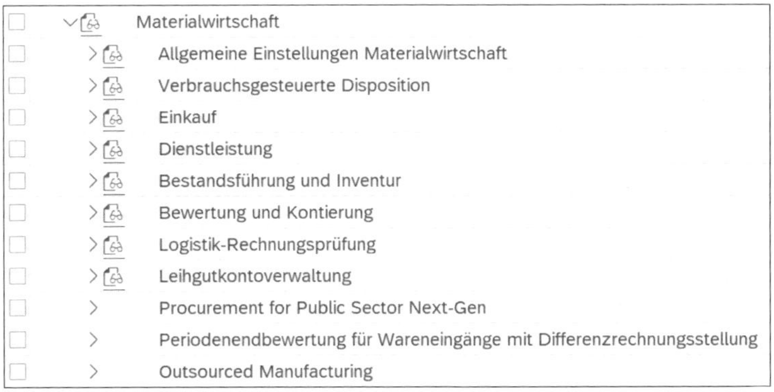

Abbildung 6.1: IMG-Pfade in der Materialwirtschaft – Bestandsführung und Inventur

6.1.1 Einsatzmöglichkeiten

In der Materialwirtschaft befasst sich die Bestandsführung und Inventur mit der Führung von Lagermaterialbeständen. Dabei differenzieren Sie zwischen einer mengen- und einer wertmäßigen Bestandsführung eines Lagermaterials. Ob ein Material entweder mengen- und/oder wertmäßig zu führen ist, hängt von der verwendeten Materialart im Materialstamm ab.

Eine *mengenmäßige Bestandsführung* gewährt Ihnen einen umfassenden Einblick in die aktuelle Bestandssituation eines ausgewählten Lagermaterials. Alle bestandsverändernden Geschäftsvorgänge, wie z. B. eine erwartete Bestellmenge, ein geplanter Fertigungszugang oder eine Reservierung, werden bei der aktuellen Bestandssituation in Echtzeit berücksichtigt.

Die *wertmäßige Bestandsführung* sorgt dafür, dass bei allen Warenbewegungen eines wertmäßig geführten Materials Bestandskonten im Finanzwesen durch die automatische Kontenfindung be- oder entlastet werden. Die Bestandsführung ist sehr eng mit der Finanzbuchhaltung verzahnt. Kapitel 7, »Bewertung und Kontierung«, beschäftigt sich hauptsächlich mit den Einstellungen, wie eine Materialbewertung in SAP durchgeführt wird.

Neben der Führung von Beständen ist das Planen und Erfassen von Bewegungen im Lagerumfeld ein wichtiger Eckpfeiler der Komponente Bestandsführung und Inventur. Warenbewegungen entstehen sowohl durch externe Vorgänge als auch durch interne Geschäftsprozesse. Extern angestoßene Vorgänge sind Wareneingänge aus der Fremdbeschaffung oder Warenausgänge für zugesagte Kundenaufträge. Interne Gründe für Warenbewegungen sind Umlagerungen oder Warenzugänge aus Produktionsprozessen. Die entstandenen *Material-* und *Buchhaltungsbelege* sind zugleich ein Nachweis, dass die Warenbewegung stattgefunden hat – eine Art internes Protokoll.

Die Inventurdurchführung auf Lagerortebene ist eine weitere Einsatzmöglichkeit der Bestandsführung in SAP S/4HANA.

[»]

Führendes Lagerverwaltungssystem

Für die Durchführung der Inventur ist es wichtig, welches System Sie als führendes Lagerverwaltungssystem nutzen. Haben Sie z. B. SAP EWM im Zusammenspiel mit SAP S/4HANA im Einsatz, liegt die Hoheit der Lagerprozesse bei SAP EWM und nicht im ERP-System. Dies hat gravierende Auswirkungen auf die Geschäftsprozesse und die durchzuführenden Tätigkeiten in den Systemen. Wir betrachten nachfolgend SAP S/4HANA mit dem Einsatz der Komponente Bestandsführung und Inventur (MM-IM) als taktgebendes Lagerverwaltungssystem.

6.1.2 Ebenen der Bestandsführung

Das SAP-System führt die Bestände auf unterschiedlichen Organisationsebenen. Sie unterscheiden die Ebenen:

- Mandant
- Bewertungskreis
- Buchungskreis
- Werk
- Lagerort

Lagermaterialien werden materialrein anhand der Materialnummer auf Werk- und Lagerortebene ausgewiesen. Haben Sie eine Chargenverwaltung im Einsatz, erfolgt die Bestandsführung zusätzlich mit Angabe einer Chargennummer im jeweiligen Lagerort. Bei allen Warenbewegungen rund um Lagermaterialien müssen Sie ein Werk und einen Lagerort angeben.

Die Organisationsebene, auf der Materialbestände wertmäßig geführt werden, ist der *Bewertungskreis*. Abhängig von der gewählten Einstellung bedeutet dies für den Bewertungskreis, dass ein Werk oder ein Buchungskreis als Führungsebene genutzt wird. Der *Buchungskreisbestand* entspricht allen aufsummierten Beständen der zugewiesenen Werke.

Die Bestandsmengen wiederum werden in unterschiedlichen Bestandsarten im System geführt. Die *Bestandsart* gibt Aufschluss über die Verwendbarkeit eines Lagermaterials. Sie unterscheiden in SAP S/4HANA drei unterschiedliche Bestandsarten:

- **F (Frei verwendbarer Bestand)**
  Die Bestandsart F unterliegt keinerlei Verwendungseinschränkungen. Alle Anwendungen können auf den Bestand zugreifen. Sie sollten dennoch im Hinterkopf haben, dass der frei verwendbare Bestand nicht dem verfügbaren Bestand entspricht. Vorhandene Materialreservierungen sorgen dafür, dass beide Bestände nicht unbedingt gleichgesetzt werden können.
- **Q (Qualitätsprüfbestand)**
  Der Qualitätsprüfbestand Q umfasst denjenigen Bestand, der sich in einer Qualitätsprüfung befindet. Bevor die Materialien in den frei verwendbaren Bestand umgebucht werden, muss zunächst eine positive Rückmeldung aus der Qualitätsprüfung erfolgen. Die Verwendung des Qualitätsprüfbestandes ist auch ohne Nutzung der Komponente Qualitätsmanagement (QM) einsetzbar.
- **S (Gesperrter Bestand)**
  Die Bestandsart S nutzen Sie, um Bestände aus der Verfügbarkeit zeitlich auszuschließen.

Die Bestandsarten F, Q und S sind inventurfähig. Eine Inventur wird auf Ebene der Lagerorte durchgeführt. Für jeden Lagerort erstellen Sie Inventurbelege, um die Istlagermenge zu ermitteln und zu erfassen.

Neben den Bestandsarten finden Sie zusätzlich sogenannte *Sonderbestände* im System vor. Sonderbestände sind Bestände, deren Besitzverhältnisse oder deren tatsächlicher Lagerort eine getrennte Bestandsführung erfordern. Zu den Sonderbeständen in der Standardauslieferung zählen:

- B (Kundenbestand)
- C (LB Kundenbestand)
- E (Auftragsbestand)
- F (LB Kundenauftragsbestand)
- I (LB MVT)
- J (LB Lieferantenkonsignationsbestand)
- K (Konsignation Lief.)
- M (Mehrwegtransportverpackung Lieferant)
- O (Beistellteile Lieferant)

- P (Pipeline-Material)
- Q (Projektbestand)
- T (Transitbestand)
- R (LB-Projektbestand)
- V (Leihgut Kunde)
- W (Konsignation Kunde)
- Y (Versandelement Lager)

Die Sonderbestände werden in der Regel durch die Sonderbeschaffungsformen wie Lohnbearbeitung, Konsignation oder Streckenabwicklung aufgebaut. Bei Sonderbeständen unterscheiden Sie zwischen eigenen und fremden Beständen.

Eigene Sonderbestände stellen Materialbestände dar, die zu Ihrem Eigentum zählen, aber nicht bei Ihnen gelagert werden. Firmeneigene Sonderbestände führen Sie lagerortneutral auf Werksebene. Beispiele für eigene Sonderbestände sind:

- Lieferantenbeistellbestand (O)
- Kundenkonsignationsbestand (W)
- Kundenleihgutbestand (V)

Bei *fremden Sonderbeständen* verhält sich das Szenario gegenteilig. Sie führen in Ihrem Lagerort fremde Materialbestände, deren Eigentümer Sie nicht sind. Die Eigentumsrechte liegen beim Kunden oder Lieferanten der Ware. Ausgewiesen werden die fremden Sonderbestände auf Lagerortebene. Zu den fremden Sonderbeständen zählen z. B.:

- Lieferantenkonsignationsbestand (K)
- Kundenauftragsbestand (E)
- Projektbestände (Q)

Auch für Sonderbestände kann eine umfassende Inventur durchgeführt werden.

[»]

Nicht inventarisierbare Bestände

Sie können sowohl den Retourensperrbestand als auch den Umlagerungsbestand nicht inventarisieren. Um diese Bestände dennoch für eine Inventur bereitzustellen, buchen Sie die Bestände auf andere Bestände um, die eine Inventur zulassen.

6.1.3 Transaktionen und Tabellen

Auch in der Bestandsführung gibt es natürlich einige wichtige Anwendertransaktionen. Dazu zählen:

- MIGO (Warenbewegung)
- MIGO_GR (Wareneingang zur Bestellung)

- MIGO_GO (Wareneingang zum Fertigungsauftrag)
- MIGO_GI (Warenausgang)
- MIGO_TR (Umbuchung)
- MB51 (Materialbelege)
- MR51 (Buchungsbelege zum Material)
- MMBE (Bestandsübersicht)
- MD04 (Aktuelle Bedarfs-/Bestandsliste)
- MB53 (Werksverfügbarkeit)
- MB52 (Lagerbestand)
- MB5T (Transitbestand)
- MBLB (LB-Beistellbestand)
- MB54 (Lieferantenkonsignationsbestand)
- MB58 (Kundenkonsignation)
- MB21/MB22/MB23 (Reservierung anlegen/ändern/erfassen)
- MBVR (Reservierungen verwalten)
- MB5L (Bestandswertanalyse)

[«]

Simplification Item – Veraltete Transaktionen in MM-IM

Sogenannte *MB-Transaktionen* zum Erfassen und Anzeigen von Warenbewegungen sind in SAP S/4HANA nicht mehr verfügbar. Rufen Sie stattdessen die noch vorhandenen Transaktionen MIGO (Warenbewegungen) oder MMBE (Bestandsübersicht) auf. Eine vollständige Liste der obsoleten MB-Transaktionen finden Sie in SAP-Hinweis 2210569.

Aus Sicht der Inventur sollten Sie darüber hinaus auch die nachfolgenden Transaktionen kennen:

- MI01/MI02/MI03 (Inventurbeleg anlegen/ändern/anzeigen)
- MI11 (Nachzählen)
- MI04/MI05/MI06 (Zählung erfassen/ändern/anzeigen)
- MI07 (Differenzen buchen)
- MI08 (Differenzen Zählung/Differenz)
- MI22 (Inventurbeleg zum Material)
- MI23 (Inventurdaten zum Material)
- MIDO (Inventurübersicht)
- MI24 (Inventurliste)

- MI31 (Inventurbelege anlegen)
- MI35 (Nullzählung setzen)

In der Bestandsführung und in der Inventur werden vordergründig folgende Tabellen angesprochen:

- MATDOC (Materialbelegdaten)
- IKPF (Belegkopf Inventurbeleg)
- ISEG (Positionen des Inventurbelegs)

Die Anpassung des Datenmodells kommt vor allem in der Bestandsführung zur Geltung. Statt zahlreicher Tabellen mit redundanten Datensätzen wird in SAP S/4HANA die Tabelle MATDOC genutzt. Tabellen aus SAP ERP, wie MKPF (Belegkopf Materialbeleg) oder MSEG (Belegsegment Material), stehen in SAP S/4HANA weiterhin als Datenbankobjekte zur Verfügung (siehe SAP-Hinweis 2206980).

Nach diesem Überblick beginnen Sie nun mit den Systemeinstellungen. Sollten weitere Begriffe relevant werden, werden diese selbstverständlich im betroffenen Abschnitt ausführlich erläutert.

6.2 Belege in der Bestandsführung

In der Bestandsführung entstehen aus Planungs- und Dokumentationszwecken unterschiedliche Belege von zukünftigen und bereits durchgeführten Warenbewegungen. Der betriebswirtschaftliche Geschäftsvorgang legt fest, welche Belege und wie viele Buchungsnachweise das System letztlich erzeugt. Maßgeblich prägen Warenbewegungen die Belege in der Bestandsführung.

6.2.1 Belegauslöser Warenbewegung

Jegliche Warenbewegungen sind Auslöser für die Erzeugung von Belegen in der Bestandsführung. Bewegen Sie ein Material von A nach B oder erhalten Sie eine Materiallieferung, müssen Sie die physische Bewegung im System erfassen. Die formale Dokumentation der Warenbewegungen gewährleistet, dass Waren aus materialwirtschaftlicher und bei Bedarf aus buchhalterischer Sicht systemseitig korrekt verbucht werden.

Jede Warenbewegung erzeugt mindestens einen *Materialbeleg*, bestehend aus wiederum mindestens einer Belegposition. Der Materialbeleg selbst erfüllt den Nachweis, dass eine Warenbewegung stattgefunden hat, und ist über eine Belegnummer und das dazugehörige Belegjahr eindeutig identifizierbar. Ist ein mengenmäßig geführtes Material in der Warenbewegung enthalten, bildet der Materialbeleg die Grundlage für die Mengenfortschreibung. Materialbelege werden in der Tabelle MATDOC geführt. Es erfolgt in SAP S/4HANA keine tabellarische Trennung mehr zwischen Materialbelegkopf und -position.

Handelt es sich um eine rechnungswesenrelevante Warenbewegung, wird neben dem Materialbeleg auch mindestens ein *Buchhaltungsbeleg* erzeugt. Wie viele Buchhaltungsbelege erzeugt werden, hängt von der Warenbewegung selbst ab. Der Buchhaltungsbeleg dokumentiert die wertmäßige Mengenveränderung im betroffenen Buchungskreis und enthält wie üblich für Buchhaltungsbelege eine Soll- und eine Habenposition. (Die Sachkontenermittlung in der Materialwirtschaft lernen Sie ausführlich in Kapitel 7, »Bewertung und Kontierung«, kennen.) Sie identifizieren einen Buchhaltungsbeleg eindeutig über die Belegnummer, das Geschäftsjahr und den Buchungskreis. Der Beleg ist aus tabellarischer Sicht in den Belegkopf (Tabelle BKPF) und die Belegposition (Tabelle BSEG) unterteilt.

Buchen Sie eine Warenbewegung zu einem bewerteten Lagermaterial, erzeugen Sie etwa folgende Belege:

- einen Materialbeleg und genau einen Buchhaltungsbeleg, wenn Sie einen Wareneingang zu einer Bestellung erfassen
- einen Materialbeleg und zwei Buchhaltungsbelege, wenn Sie Materialien im Einschrittverfahren zwischen zwei Werken umlagern, die nicht demselben Buchungskreis angehören
- zwei Materialbelege und zwei Buchhaltungsbelege, wenn Sie Materialien im Zweischrittverfahren buchungskreisübergreifend umlagern

Die Warenbewegung ist ein Schlüssel, der die Belegerzeugung stark beeinflusst. Sie erfassen eine Warenbewegung im SAP-System, z. B. mit Bezug zu:

- einem Materialbeleg
- einer Bestellung
- einem Fertigungsauftrag
- einer Reservierung

Selbstverständlich können Sie auch ohne Bezug zu einem der aufgeführten Vorbelege eine Warenbewegung erfassen (Stichwort: Bestandsaufnahme bei Migrationsaktivitäten).

Es soll nicht unerwähnt bleiben, dass Sie zusätzlich zu Material- und möglichen Buchhaltungsbelegen auch kostenrechnungsrelevante Belege erzeugen. Ist das zu bebuchende Sachkonto eine Kostenart oder handelt es sich schlichtweg um eine kontierte Warenbewegung, entsteht darüber hinaus ein Controlling-Beleg. Ein einfaches Beispiel ist die Wareneingangsbuchung einer auf eine Kostenstelle kontierten Bestellung. Sie ahnen es vermutlich bereits: Der Kostenrechnungsbeleg wird über die Belegnummer und den betroffenen Kostenrechnungskreis eindeutig im System identifiziert. Systemeinstellungen zu Kostenrechnungsbelegen finden Sie vornehmlich im Bereich **Controlling** des IMG-Einführungsleitfadens. Sie stimmen die Nummernvergabe der CO-Belege bei Bedarf mit Ihren Kolleginnen und Kollegen aus dem Controlling ab. Die Einstellungen nehmen Sie in der IMG-Aktivität **Controlling • Controlling allgemein • Organisation • Nummernkreise für CO-Belege pflegen** (Transaktion KANK) vor.

6.2.2 Nummernvergabe

Sie beginnen Ihre Konfiguration mit der Nummernvergabe der Belege und stellen die gewünschten Nummernkreisintervalle ein für:

- Buchhaltungsbelege
- Material- und Inventurbelege
- Reservierungen
- Warenbegleitscheine

Rufen Sie die hierfür notwendigen Aktivitäten über den IMG-Pfad **Materialwirtschaft • Bestandsführung und Inventur • Nummernvergabe** auf (siehe Abbildung 6.2). Die SAP-Standardauslieferung sieht für alle Belege bis auf die Warenbegleitscheine bereits Nummernkreise vor. Ändern Sie bei Bedarf die Intervalle und die getroffenen Zuordnungen zu den Belegen.

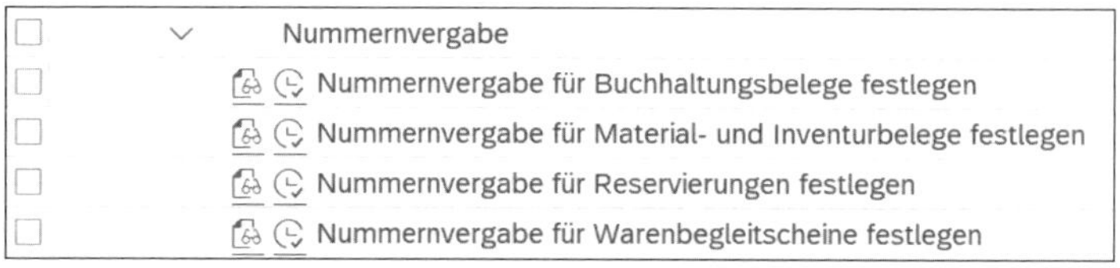

Abbildung 6.2: IMG-Aktivitäten im Bereich »Nummernvergabe«

[!]

Transport von Nummernkreisen

Im Gegensatz zu den meisten Customizing-Einstellungen werden nicht automatisch Intervalle für das Transportwesen vorgesehen, da im Quellsystem befindliche Nummernstände mittransportiert werden. Daher lautet die Empfehlung, Intervalle nie zu transportieren, sondern stattdessen die Nummernkreise im Standard zu verwenden oder die Nummernkreispflege als unverzichtbare Cutover-Aktivität einzuplanen.

Buchhaltungsbelege

Die Nummernvergabe bei Buchhaltungsbelegen erfolgt schrittweise über die IMG-Aktivität **Nummernvergabe für Buchhaltungsbelege festlegen** (Transaktion OMBA). Sie gelangen zum Einstiegsbild (Abbildung 6.3) und führen in der aufgeführten Reihenfolge die Unteraktivitäten durch. Zuerst evaluieren Sie, ob Sie eventuell eine neue FI-Belegart für die Bestandsführung benötigen. Hierfür navigieren Sie über die oberste Schaltfläche **Belegarten Finanzbuchhaltung** in die FI-Belegartensicht. Die Belegart setzt sich aus einem zweistelligen alphanumerischen Schlüsselfeld und ihren Detailausprägungen zusammen. Gespeichert werden die Belegarten in Tabelle T003.

Führen Sie die Konfiguration bitte in enger Zusammenarbeit und Absprache mit dem FI-Team durch, um sich über auftretende Anforderungen intensiv austauschen und zusammen über eine geeignete Lösung nachdenken zu können. Hier zeigt sich exemplarisch die enge Verzahnung zwischen Materialwirtschaft und Finanzbuchhaltung.

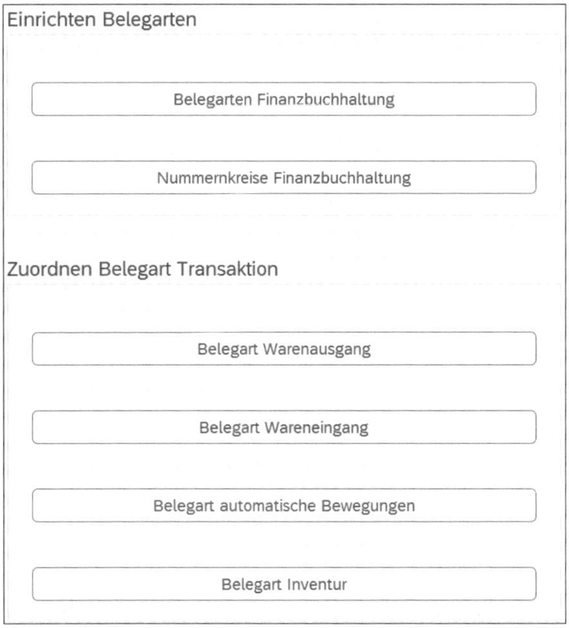

Abbildung 6.3: Einstiegsbild der Pflege für Buchhaltungsbelege

Zu den Belegarten, die Sie in der Standardauslieferung für die Bestandsführung vorfinden und die auch entsprechenden Materialwirtschaftstransaktionen zugewiesen sind, gehören:

- WE (Wareneingang)
- WA (Warenausgabe)
- WI (Inventur)
- WL (Warenausgang/Lieferung)
- PR (Preisänderung/Umbewertung)

Zur (möglichen) Pflege der FI-Belegart gehört die Nummernkreiszuordnung. Sie weisen einer Belegart einen Nummernkreis in der Detailansicht der FI-Belegart zu.

Abbildung 6.4 zeigt die Ausprägungen der Belegart WA (Warenausgabe). Sie sehen, dass der Nummernkreis 49 vorgesehen ist. Zudem dürfen Sie bei der Warenbewegung auf die Kontenarten **Anlagen**, **Material** und **Sachkonto** buchen. Alle anderen Kennzeichen sind nicht markiert.

Haben Sie die Belegarten geprüft beziehungsweise konfiguriert, fahren Sie mit der Intervallpflege fort. Das Nummernkreisobjekt für die Buchhaltungsbelege lautet RF_BELEG. In Abbildung 6.5 sticht direkt ins Auge, dass Sie im Gegensatz zur Pflege bereits bekannter

Nummernkreisobjekte wie Materialstamm oder Geschäftspartner einen Buchungskreis angeben müssen. Sie erinnern sich: Ein Buchhaltungsbeleg ist unter anderem eindeutig am Buchungskreis erkennbar. Dies schlägt sich auf das dazugehörige Nummernkreisobjekt nieder. Sie können die aktuellen Intervalle anzeigen oder pflegen sowie den derzeitigen Nummernstand anpassen.

Abbildung 6.4: Detailausschnitt zur Belegart WA (Warenausgabe) aus FI-Sicht

Abbildung 6.5: Nummernkreispflege für Buchhaltungsbelege

Die FI-Belegarten werden mit folgenden Nummernkreiszuordnungen und Intervallen (Buchungskreis 0001 oder 0003) ausgeliefert:

- WE: 50 (5000000000 bis 5099999999)
- WA: 49 (4900000000 bis 4999999999)
- WI: 49 (4900000000 bis 4999999999)

- WL: 49 (4900000000 bis 4999999999)
- PR: 48 (4800000000 bis 4899999999)

Für die Belegarten ist eine interne Nummernvergabe eingestellt.

Navigieren Sie z. B. in die Intervallanzeige oder -pflege, finden Sie in der zweiten Spalte **Jahr** eine Jahreszahl vor (siehe Abbildung 6.6). Das Jahr ist ein Merkmal für die Eindeutigkeit des Buchhaltungsbelegs. Bei der Pflege der Nummernkreise sollten Sie Folgendes bedenken:

- Wenn Sie mit jahresbezogenen Intervallen arbeiten, z. B. 2020 und 2021, legen Sie pro Jahr ein eigenständiges Intervall an. Ein manuelles Zurücksetzen des Nummernstands am Jahresanfang ist dadurch nicht vonnöten. Stattdessen definieren Sie Ihre Intervalle zur Sicherheit gleich für mehrere Jahre in der Zukunft, um eventuellen Buchungsproblemen gekonnt vorzubeugen.

  Um schnell einen neuen Nummernkreis für ein neues Jahr einzufügen, gehen Sie über die Navigationsliste (**Mehr •**) **Bearbeiten • Jahr einfügen** vor. Sie markieren zuvor das Intervall, das Sie für ein zusätzliches Jahr anlegen möchten.
- Wenn Sie nicht mit jahresbezogenen Intervallen arbeiten, legen Sie genau ein Intervall für den Nummernkreis mit der Jahreszahl 9999 an. Die Belegnummernvergabe erfolgt fortlaufend und jahresübergreifend. Möchten Sie dennoch wieder mit einem »neuen« Intervall beginnen, setzen Sie den Nummernstand zurück. Nur durch das Zusammenspiel zwischen Jahr, Buchungskreis und Belegnummer als eindeutige Identifizierungsmerkmale eines Buchhaltungsbelegs ist solch ein Vorgehen valide und durchführbar.

Nummernkreisnummer	Jahr	Von Nummer	Bis Nummer	Nummernstand	Extern
☐ 50	2020	5000000000	5099999999	0	☐
☐ 50	2021	5000000000	5099999999	0	☐
☐ 50	9999	5000000000	5099999999	0	☐

Abbildung 6.6: Nummernkreisintervalle 50

Die FI-Belegart ist bei einer buchhaltungsrelevanten Warenbewegung mit einer Bestandsführungstransaktion verbunden. Sind die Intervalle in den Belegarten begutachtet und für richtig befunden worden, überprüfen Sie die vorgeschlagene Zuweisung zwischen Belegart und Transaktion. Hierfür gehen Sie im Bereich **Zuordnen Belegart Transaktion** (siehe dazu erneut Abbildung 6.3) alle Schaltflächen in der angegebenen Reihenfolge durch:

1. Belegart Warenausgang
2. Belegart Wareneingang
3. Belegart automatische Bewegungen
4. Belegart Inventur

Die Zuordnungen finden Sie auf tabellarischer Ebene in Tabelle T158 wieder.

Führen Sie eine Warenausgabe mittels Transaktion MIGO_GI (Warenausgang) durch und ist die Warenbewegung zudem buchhalterisch relevant, erzeugt das System einen Buchhaltungsbeleg mit der Belegart WA (siehe Abbildung 6.7). Die FI-Belegart können Anwenderinnen und Anwender nicht auswählen. Die Belegerzeugung geschieht automatisiert im Hintergrund während des Buchungsvorgangs. Ein Beispiel hierfür ist eine Warenausgangsbuchung eines bewerteten Lagermaterials mit Bezug zu einem Auftrag.

TCode	Transaktionstext	Belegart	Bezeichnung
MB05	Nachverrechnung Wirkstoffmaterial	WE	Wareneingang
MB11	Warenbewegung	WA	Warenausgang
MB1A	Warenentnahme	WA	Warenausgang
MB1B	Umbuchung	WA	Warenausgang
MB26	Kommissionierliste	WA	Warenausgang
MBSU	Materialbeleg einlagern: Einstieg		
MIGO_GI	Warenbewegung	WA	Warenausgang
MIGO_TR	Umbuchung	WA	Warenausgang

Abbildung 6.7: Belegart WA (Warenausgang) – Zuordnung von Transaktion und Belegart

Bewertete Differenzbuchungen in der Inventurzählung lösen die Erzeugung von Buchhaltungsbelegen aus. In der Standardauslieferung ist für diesen Zweck die Belegart WI (Inventurbeleg) hinterlegt (siehe Abbildung 6.8).

TCode	Transaktionstext	Belegart	Bezeichnung
MI07	Differenzenliste bearbeiten	WI	Inventurbeleg
MI08	Differenzenliste anlegen mit Beleg	WI	Inventurbeleg
MI10	Differenzenliste anlegen ohne Beleg	WI	Inventurbeleg

Abbildung 6.8: Belegart WI (Inventur) – Zuordnung von Transaktion und Belegart

Falls Sie sich dafür entscheiden, dass (bewertete) Wareneingänge netto zu verbuchen sind, ersetzen Sie die Belegart WE (Wareneingang) durch die im Standard enthaltene Belegart WN (Wareneingang netto) in der Transaktion MIGO. Die Belegart WN ist in der SAP-Standardauslieferung nicht aktiv. Sie können sie aber problemlos aktivieren und nutzen.

[»]

Belegart PR

Seien Sie nicht verwundert, wenn Sie die Belegart PR (Preisänderung/Umbewertung) nicht bei den Zuordnungen finden. Die Belegart PR ist bereits fest bei fast allen Transaktionen zugeordnet.

Material- und Inventurbelege

Sie identifizieren einen Materialbeleg anhand einer Belegnummer und eines Belegjahres. Dies spiegelt sich in der Pflege der Nummernkreisintervalle wider. Die vorgesehenen

Nummernkreisintervalle pflegen Sie bei Bedarf über die IMG-Aktivität **Nummernvergabe für Material- und Inventurbelege festlegen** (Transaktion OMBT). Das entsprechende Nummernkreisobjekt lautet `MATBELEG`. Diese Aussagen treffen auch auf den Inventurbeleg zu.

Die Nummernvergabe der Material- und Inventurbelege hängt im Gegensatz zur Nummernvergabe bei den Buchhaltungsbelegen von der Vorgangsart ab. Die Vorgangsarten wiederum sind zu Bestandsführungstransaktionen zugeordnet und werden in *Nummernkreisgruppen* unterteilt. Gespeichert werden die Einstellungen ebenfalls in Tabelle T158. Der SAP-Standard schlägt folgende Nummernkreisgruppen inklusive der Vorgangsartenzuweisungen vor:

- **01 - Inventurbelege**
  - IB (Inventurbeleg)
  - ID (Inventurbeleg, Zählung und Differenz)
  - IN (Inventurnachzählbeleg)
  - IZ (Inventurbeleg und Zählung)
  - WV (Inventurbelege bei Warenbewegungen)
- **02 - Materialbelege zu Warenbewegungen und Inventurdifferenzen**
  - WA (Warenausgang, Umbuchung, sonst. Warenbewegung)
  - WH (Warenausgang, Umbuchung, sonst. Warenbewegung für HU)
  - WI (Warenbewegung zur Inventurdifferenz)
  - WL (Warenausgang zur Lieferung)
  - WQ (Warenbewegung zum Verwendungsentscheid)
  - WR (Warenbewegung zur Rückmeldung)
  - WS (Warenbewegung in der Serienfertigung)
  - WZ (Charge Zustandsänderung/Umbewertung)
- **03 - Materialbelege zu Wareneingängen**
  - WE (Wareneingang zur Bestellung)
  - WF (Wareneingang zum Auftrag)
  - WO (Warenbewegung zur Lohnbearbeitung)
  - WW (Nachverrechnung von Wirkstoffmaterial)
- **04 - Stichprobeninventurnummer**
  - SI (Stichprobeninventur)

Sie können die Vorgangsarten nicht anpassen. In Ihrer Entscheidungsgewalt liegt es, Intervalle anzupassen und/oder Vorgangsarten neu zu gruppieren. Denkbare Konfigurationsmöglichkeiten im Gruppenbereich sind eine neue Nummernkreisgruppe zu definieren, bestehende Zuordnungen anzupassen oder überflüssige Gruppen aufzulösen. Sie gelangen über die Schaltfläche (**Gruppen ändern**) in den Gruppenbereich im Änderungsmodus (Abbildung 6.9). Zudem stehen Ihnen über die Navigationsleiste von links nach rechts betrachtet zur Verfügung:

- ein umfassender Überblick über die gepflegten Nummernkreisgruppen inkl. Nummernkreisintervall und Vorgangsarten (Icon (**Übersicht**))
- eine Nummernkreisgruppenübersicht (Icon (**Gruppen anzeigen**))
- eine Änderungshistorie (Icon (**Änderungsbelege**))

Abbildung 6.9: Einstiegsbild der Nummernvergabe – MATBELEG

Die Intervalle sehen und pflegen Sie über die bekannten Schaltflächen (siehe Details unter »Nummernkreise« in Abschnitt 3.1.4, »Materialarten«). Sie finden in der Standardauslieferung die in Abbildung 6.10 gezeigten Intervalle. Eine interne Nummernvergabe wird empfohlen.

Nummernkreisnummer	Jahr	Von Nummer	Bis Nummer	Nummernstand	Extern
01	9999	0100000000	0199999999	0	☐
02	9999	4900000000	4999999999	0	☐
03	9999	5000000000	5999999999	0	☐
04	9999	0200000000	0299999999	0	☐

Abbildung 6.10: Nummernkreisintervalle für Material- und Inventurbelege

Die Nummernkreisnummern sind den Gruppen wie folgt zugewiesen:

- **01 – Inventurbelege**
  Nummernkreis 01 von 0100000000 bis 0199999999
- **02 – Materialbelege zu Warenbewegungen und Inventurdifferenzen**
  Nummernkreis 02 von 4900000000 bis 4999999999
- **03 – Materialbelege zu Wareneingängen**
  Nummernkreis 03 von 5000000000 bis 5999999999
- **04 – Stichprobeninventurnummer**
  Nummernkreis 04 von 0200000000 bis 0299999999

Unter den Nummernkreisintervallen sehen Sie das Geschäftsjahr. Pflegen Sie ein Nummernkreisintervall mit dem Jahr 9999, behält das Intervall seine Gültigkeit in allen Geschäftsjahren. Die Nummernvergabe findet durchgängig jahresunabhängig statt.

Wenn Sie es stattdessen vorziehen, mit einem neu beginnenden Intervall zu arbeiten, legen Sie für jedes kommende Jahr ein Intervall an. Entweder Sie ergänzen das Jahr manuell oder Sie markieren das gewünschte Intervall, um über (**Mehr** •) **Bearbeiten • Jahr einfügen** ein weiteres Jahr einzufügen.

Nummernkreis jährlich zurücksetzen

Setzen Sie bei einem Jahreswechsel den Nummernkreis manuell zurück, legen Sie aufgrund von möglichen Rückbuchungen in die Vorperiode zusätzlich ein zweites Nummernkreisintervall an. Sie lassen das Vorjahresintervall bestehen und legen ein Intervall für das aktuelle Jahr an. Dieses Vorgehen gewährleistet, dass das System nicht eine bereits verwendete Nummer vergibt und mit einer Fehlermeldung den Buchungsvorgang abbricht, wenn Sie eine Rückbuchung in die Vorperiode durchführen. Sie müssen die zwei Intervalle eine Periode, sprich einen Monat, lang parallel führen.

Aus Performancegründen puffert (reserviert) das ERP-System bei der Nummernvergabe von Materialbelegen insgesamt zehn Belegnummern auf dem Applikationsserver. Dies kann mitunter zu Lücken bei der Nummernvergabe führen.

Reservierungen

Eine *Reservierung* stellt eine Anforderung an die Mitarbeitenden im Lager dar, ein Lagermaterial für einen zukünftigen Lagerabgang bereitzustellen und bei Termineintritt auszugeben. Durch eine Reservierung wird die Verfügbarkeit des Materials sichergestellt, wenn der vorterminierte Bedarfsfall eintritt. Die Ausgabe erfolgt beispielsweise für eine Kostenstelle oder einen Auftrag.

Welche Nummernvergabe Sie für Reservierungen vorsehen, stellen Sie über die IMG-Aktivität **Nummernvergabe für Reservierungen festlegen** (Transaktion OMC2) ein. Beachten Sie, dass die Nummernvergabe ausnahmslos für alle Werke gültig ist, die Sie im Mandanten angelegt haben.

Sie beginnen die Pflege der Nummernvergabe bei Reservierungen, indem Sie die erste Aktivität **Intervalle** (Transaktion OMJK) aufrufen (siehe Abbildung 6.11). Dadurch gelangen Sie zum Einstiegsbild der Intervallpflege (siehe Abbildung 6.12). Das zugehörige Nummernkreisobjekt lautet RESB.

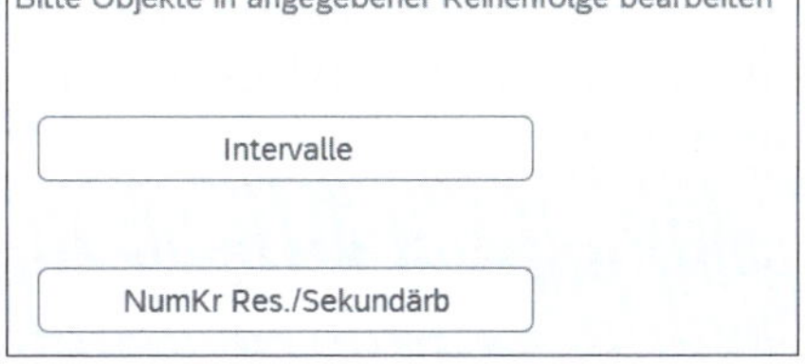

Abbildung 6.11: Nummernvergabe für Reservierungen festlegen

Abbildung 6.12: Einstiegsbild der Nummernvergabe (RESB)

In der SAP-Standardauslieferung sind folgende Intervalle gepflegt:

- 01 von 0000000001 bis 8999999999
- 02 von 9000000000 bis 9500000000
- RB von 9500000001 bis 9999999999

Der Nummernkreis 01 ist für eine interne Nummernvergabe angedacht, die Nummernkreise 02 und RB für eine externe (siehe Abbildung 6.13). Sie erkennen weder ein Geschäftsjahr noch eine Abhängigkeit zu irgendeiner Organisationseinheit bei den Intervallen. Bei Bedarf legen Sie ein individuelles Intervall an.

Nummernkreisnummer	Von Nummer	Bis Nummer	Nummernstand	Extern
01	0000000001	8999999999	0	☐
02	9000000000	9500000000	0	☑
RB	9500000001	9999999999	0	☑

Abbildung 6.13: Nummernkreisintervalle für Reservierungen

Den zweiten Schritt **NumKr Res./Sekundärb** führen Sie nur aus, wenn Sie Ihren Reservierungen einen neuen Nummernkreis zuordnen möchten. Tragen Sie den gewünschten Nummernkreis ein (siehe Abbildung 6.14). Beachten Sie, dass Sie nur einen einzigen Nummernkreis verwenden können, auch wenn Sie mehrere Nummernkreise angelegt haben.

NumKr Res./Sekundärb
01

Abbildung 6.14: Zuordnung eines Nummernkreises

Bei Reservierungen werden aus Performancegründen insgesamt 20 Nummern im Applikationsserver gepuffert. Dabei können möglicherweise Lücken bei der Nummernvergabe auftreten. Lassen Sie sich davon nicht irritieren.

Nummernkreis RB

Der Nummernkreis RB kommt zum Einsatz, wenn Sie Reservierungen über die Methode `CreateFromData1` anlegen. Das BAPI `BAPI_RESERVATION_CREATE1` nutzt diesen Nummernkreis für die externe Nummernvergabe.

Warenbegleitscheine

Unter einem *Warenbegleitschein* wird ein gedruckter Papierbeleg verstanden, der durch Erfassen von Warenbewegungen in der Materialwirtschaft oder von Lieferungen im Versand erzeugt wird. Sie geben den Warenbegleitschein über die Nachrichtenausgabe aus. Der Schein findet als Transportpapier oder als Identifikationszettel der versandfertigen Ware Anwendung.

Die Nummernvergabe von Warenbegleitscheinen ist in der Standardauslieferung nicht aktiv. Dieser Umstand erklärt sich dadurch, dass Warenbegleitscheine in der Regel vornehmlich zum Einsatz kommen, wenn die Landesgesetzgebung eine Verwendung solcher Scheine bei Transportvorgängen als zwingend notwendig erachtet.

Die Nummernvergabe der Warenbegleitscheine nehmen Sie über die IMG-Aktivität **Nummernvergabe für Warenbegleitscheine festlegen** (Transaktion OMC1) vor. Sie führen die Systemkonfiguration in vier sequenziellen Schritten durch. Die relevanten Schritte sowie die Schrittfolge können Sie Abbildung 6.15 entnehmen:

1. Werk
2. Nummernkreismodifikationskonstante (**NrKreisModifKonst**)
3. Intervalle
4. Objekt

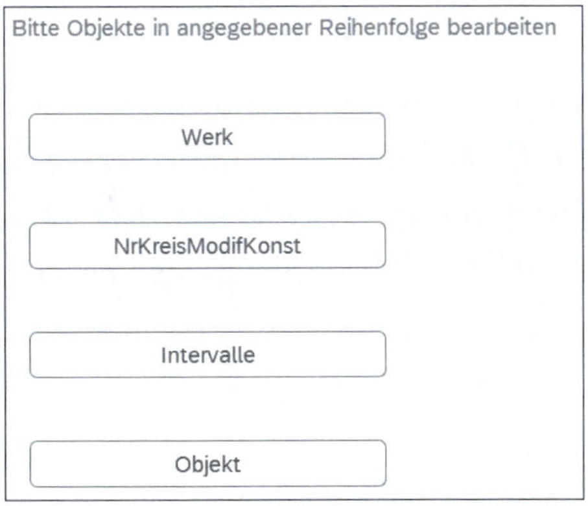

Abbildung 6.15: Nummernvergabe für Warenbegleitscheine festlegen

Sie legen mit einem Klick auf **Werk** fest, für welche Werke Warenbegleitscheine relevant sind. Erachten Sie ein oder mehrere Werke für notwendig, markieren Sie das Kennzeichen **WarenbegleitscheinNr** je Werk (siehe Abbildung 6.16). Ihre Entscheidung wird in Tabelle T159L abgelegt.

Werk	Name 1	WarenbegleitscheinNr
0001	Werk 0001	☑

Abbildung 6.16: Werksabhängige Aktivierung des Warenbegleitscheins

Für das Werk 0001 wurde zur Veranschaulichung die Nummernvergabe für die Warenbegleitscheine aktiviert, obwohl für Deutschland keine Warenbegleitscheinpflicht besteht. Das notwendige Häkchen ist gesetzt.

Anschließend definieren Sie anforderungsgerecht die Nummernkreisintervalle der Warenbegleitscheine. Das Nummernkreisobjekt lautet XABBELEGNR. Sie können die Nummernkreispflege auch direkt über Transaktion OMJ6 aufrufen und gelangen dadurch direkt zum Einstiegsbild aus Abbildung 6.17.

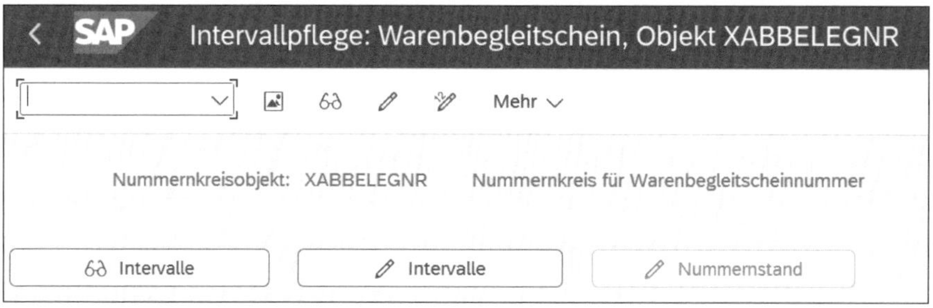

Abbildung 6.17: Einstiegsbild der Nummernvergabe (XABBELEGNR)

Beachten Sie, dass die Intervalle geschäftsjahresabhängig sind. Achten Sie zudem darauf, dass Sie überschneidungsfreie Nummernkreisintervalle anlegen. Die Warenbegleitscheinnummer können Sie sowohl über eine externe als auch über eine interne Nummernvergabe steuern.

Abbildung 6.18 zeigt zwei exemplarische Nummernkreisintervalle 01 und 02. Beide Intervalle sind für eine interne Nummernvergabe vorgesehen und sind für alle Geschäftsjahre dank des Eintrags »9999« in der Spalte **Jahr** gepflegt.

Nummernkreisnummer	Jahr	von Nummer	bis Nummer	Nummernstand	Extern
01	9999	5100000000	5199999999	0	☐
02	9999	5000000000	5099999999	0	☐

Abbildung 6.18: Nummernkreisintervalle für Warenbegleitscheine

Sie fahren über einen Klick auf den Button **NrKreisModifKonst** mit der Definition einer Nummernkreismodifikationskonstanten fort. Eine *Nummernkreismodifikationskonstante* fasst einen internen und einen externen Nummernkreis zusammen. Dadurch reduzieren Sie die Einträge bei der späteren Zuweisung zu einer Werk-Lagerort-Bewegungsart-Kombination enorm. Geführt wird die vierstellige alphanumerische Nummernkreismodifikationskonstante in Tabelle T159Z.

Bei der Nummernkreismodifikationskonstante 0001 (siehe Abbildung 6.19) ist nur der interne Nummernkreis 01 hinterlegt. Eine externe Nummernvergabe wird bei der Konstante nicht unterstützt.

NrKreisModkonst	Nummernkreis intern	Nummernkreis extern
0001	01	

Abbildung 6.19: Nummernkreismodifikationskonstante 0001

Um die Systemeinstellungen erfolgreich abzuschließen, weisen Sie die angelegte Nummernkreismodifikationskonstante beliebig vielen Kombinationen aus Werk, Lagerort und Bewegungsart zu. Für alle Zuordnungen ist derselbe Nummernkreis zuständig, auch werksübergreifend. In Abbildung 6.20 sehen Sie, dass die Modifikationskonstante 0001 dem Werk 0001, dem Lagerort 0001 und der Bewegungsart 301 zugewiesen ist. Die Bewegungsart 301 stellt eine werksübergreifende Umbuchung im Einschrittverfahren dar.

Werk	Lagerort	Bewegungsart	NrKreisModifKonst
0001	0001	301	0001

Abbildung 6.20: Objektfestlegung – Werk/Lagerort/Bewegungsart

6.3 Werksparameter

Werksparameter fassen allgemeine werksabhängige Systemeinstellungen in der Bestandsführung und Inventur zusammen. Dabei sind die Werksparameter in vier Teilbereiche unterteilt:

- Warenbewegungen
- Inventur
- Reservierungen
- Negative Bestände

Sie rufen die dazugehörige IMG-Aktivität **Werksparameter** über den IMG-Pfad **Materialwirtschaft • Bestandsführung und Inventur** auf. Die festgelegten Vorschlagswerte legt das System in Tabelle T159L ab.

Haben Sie Ihre Werke über die Kopierfunktion angelegt, wurden die Werte aus der verwendeten Kopiervorlage übernommen (siehe Abschnitt 2.2.2, »Werk«). Sie müssen daher nur auf Ihre Bedürfnisse ausgerichtete Anpassungen an den kopierten Vorschlagswerten vornehmen. Sie müssen allerdings auch keine Änderungen durchführen, das ist eine ebenso valide Vorgehensweise.

Bei manuell angelegten Werken sieht die Sache anders aus. Sie müssen im vorgegebenen Customizing-Pfad einen neuen Eintrag für alle manuell angelegten Werke anlegen. Entweder kopieren Sie einen vorhandenen ähnlichen Werkseintrag auf das gewünschte Zielwerk, oder Sie beginnen die Konfiguration über einen neuen Eintrag ohne Vorlage. Der erstgenannte Weg ist empfehlenswert.

IMG-Aktivitäten mit Kontext

Die Werksparameter pflegen Sie, ohne dass diese sich wirklich in die Bestandsführung einordnen lassen. Sie finden alle Einstellungen zu den Werksparametern auch kontextbezogen in den jeweiligen IMG-Pfaden. Daher zeigen wir Ihnen bei den folgenden Erläuterungen immer wieder auch zusätzliche Customizing-Aktivitäten und geben Ihnen hilfreiche zusätzliche Informationen.

6.3.1 Vorschlagswerte für Warenbewegungen

Im ersten Bildbereich **Warenbewegungen** geht es um die Vorschlagswerte, die für die Warenbewegungen vorgesehen sind. Abbildung 6.21 zeigt Ihnen einen Überblick über alle möglichen Wertvorbelegungen, die Sie nun ausführlich Punkt für Punkt kennenlernen werden.

Das Kennzeichen **LOrt automatisch anl.** bewirkt, dass bei der ersten getätigten Warenbewegung die lagerortspezifischen Materialstammdaten (Tabelle MARD) automatisch vom System angelegt werden. Dadurch müssen Sie nicht manuell vor einer zukünftigen Warenbewegung Materialstammsätze pflegen, sondern die Stammdatenanlage erfolgt stattdessen automatisiert nur bei Bedarf.

Abbildung 6.21: Werksparameter für Warenbewegungen

Notwendige Voraussetzungen für das automatische Anlegen von Lagerortdaten sind:

- Der Lagerort ist als Organisationseinheit in der Materialwirtschaft definiert (siehe Abschnitt 2.3.3).

- Das Kennzeichen **LOrt automatisch anl.** ist für das Werk gesetzt.
- Die Warenbewegung zielt auf den normalen anonymen Lagerortbestand ab (keine Sonderbestandsbuchung).
- Die verwendete Bewegungsart (siehe Abschnitt 6.4, »Warenbewegungen«) ist für das automatische Anlegen von Lagerdaten ausgewählt.

Die bewegungsartenspezifischen Einstellungen nehmen Sie unter der IMG-Aktivität **Materialwirtschaft • Bestandsführung und Inventur • Wareneingang/Warenausgang/Umbuchungen/Automatische Bewegungen • Lagerort automatisch anlegen** (Transaktionen OMB3/OMB2/OMJ8) vor. Sie wählen hier zunächst, falls noch nicht geschehen, die Werke für die automatische Lagerortdatenerzeugung aus, bevor Sie die Einstellungen je Bewegungsart in Abhängigkeit zu der zugrunde liegenden Warenbewegung durchführen.

Für die Bewegungsart 101 (WE Wareneingang) ist die automatische Anlage von Lagerortdaten ausdrücklich gewünscht (siehe Abbildung 6.22). Die dazugehörige Stornobewegungsart 102 (WE zur Best. Storno) wird nicht berücksichtigt. Diese beispielhaften Einstellungen rufen Sie über Transaktion OMB3 auf, da beide Bewegungsarten der Warenbewegung Wareneingang angehören.

	BwA	Bewegungsartentext	LOrt automatisch anl.
☐	101	WE Wareneingang	☑
☐	102	WE zur Best. Storno	☐

Abbildung 6.22: Automatische Anlage der Lagerortdaten bei Bewegungsart 101

Über das Kennzeichen **Endlieferung vor.**, das ebenfalls in Abbildung 6.21 zu sehen ist, sorgen Sie dafür, dass bei einem Wareneingang mit Bezug zu einer Bestellung oder einem Auftrag das *Endlieferungskennzeichen* automatisch vorgeschlagen wird. Dadurch erwartet das System zur gebuchten Belegposition keinen weiteren Wareneingang, sofern die vereinnahmte Menge im angegebenen Über- und/oder Untertoleranzbereich der Position liegt.

In Abbildung 6.23 sehen Sie den Vorschlagswert für das Kennzeichen. Sie markieren werksabhängig das Kästchen **Endlieferung vor.**, hier exemplarisch durchgeführt für das Werk 0001.

	Werk	Name 1	Endlieferung vor.
☐	0001	Werk 0001	☑

Abbildung 6.23: Endlieferungskennzeichen Werk 0001

Alternativ setzen Sie das vorgeschlagene Endlieferungskennzeichen werksabhängig über die IMG-Aktivität **Materialwirtschaft • Bestandsführung und Inventur • Wareneingang • Endlieferungskennzeichen setzen**.

Über das Kennzeichen **Fehlteile aktiv** steuern Sie, ob beim Wareneingang oder bei einer Umbuchung im Werk eine *Fehlteilprüfung* erfolgt. Handelt es sich um ein als Fehlteil eingestuftes Teil, wird eine Warnmeldung ausgegeben. Zudem erhält der zuständige Disponent eine Nachricht.

Zusätzlich können Sie für die Fehlteilnachricht das Kennzeichen **Fehlteile verdichten** setzen. Das hat folgende Auswirkung:

- Ist das Kennzeichen gesetzt (verdichtet), erhält die Fehlteildisposition eine E-Mail-Nachricht pro Materialbeleg. In der Nachricht sind alle Materialien aufgelistet, die als Fehlteile ausgewiesen werden. Die Nachricht beinhaltet keine Bedarfsliste.
- Ist das Kennzeichen nicht gesetzt (unverdichtet), bekommt die Fehlteiledisposition im Werk pro Materialbelegposition, die ein Fehlteil beinhaltet, eine Nachricht. Zudem ist eine Bedarfsliste für das fehlende Material in der Nachricht enthalten, bestehend aus maximal fünf Bedarfsbelegen wie beispielsweise Reservierungen und Aufträgen.

Die Fehlteileprüfung richten Sie vollständig über die IMG-Aktivität **Materialwirtschaft • Bestandsführung und Inventur • Wareneingang/Automatische Buchungen • Fehlteilprüfung einstellen** (Transaktion OMBC/OMJD) ein. Sie orientieren sich dabei an der angegebenen Reihenfolge, um die Prüfung der Fehlteile vollumfänglich zu konfigurieren. Die Konfiguration läuft folgendermaßen ab:

1. die Fehlteilprüfung mit oder ohne Verdichtung werksabhängig aktivieren
2. Prüfregel definieren
3. Umfang der Verfügbarkeitsprüfung festlegen
4. Prüfregel einer Transaktion zuweisen
5. Prüfregel einer Bewegungsart zuordnen
6. die Fehlteiledisponentin oder den Fehlteildisponenten einem oder mehreren Werken zuordnen
7. E-Mail-Adresse bei der Fehlteiledisposition hinterlegen

[»]

Nachricht versenden

Damit Sie eine Nachricht an die Fehlteildisposition versenden können, müssen Sie die Nachrichtenfindung konfigurieren – ansonsten erzeugt das System keine Nachricht. In Abschnitt 6.7, »Nachrichten«, lesen Sie mehr zu den erforderlichen Einstellungen.

Das Kennzeichen **ChVw deaktiviert** gibt an, dass in dem betrachteten Werk der Verwendungsnachweis für Chargen nicht aktiv ist. Setzen Sie das Kennzeichen, werden die Materialbelegpositionen beim Aufbau der Chargenverwendungsdatei nicht berücksichtigt.

Wird der Chargenverwendungsnachweis aktiv im Werk genutzt, können Sie das Kennzeichen **ChVw synchron buchen** setzen. Dadurch wird bei der Verbuchung einer Warenbewegung mit Chargen die Chargenverwendungsdatei synchron fortgeschrieben. Setzen Sie das Kennzeichen nicht, muss die Verwendungsdatei manuell aufgebaut werden, damit ein Chargenverwendungsnachweis erstellt werden kann.

Das Customizing für Chargenverwendungsnachweise rufen Sie über den IMG-Pfad **Logistik Allgemein • Chargenverwaltung • Chargenverwendungsnachweis** auf.

[«]

Dokumentationscharge

Ein aktivierter Chargenverwendungsnachweis zusammen mit einer synchronen Buchung der Chargenverwendungssätze ist eine zwingende Voraussetzung für die Nutzung des Chargenverwendungsnachweises für Dokumentationschargen. Eine *Dokumentationscharge* ist eine nicht bestandsgeführte Charge. Sie gewährleistet, ohne dass der Materialbestand in Chargen geführt wird, die Rückverfolgbarkeit eines Materials.

Eine *Mindesthaltbarkeitsprüfung* oder eine *Herstelldatumsprüfung* im Werk bewirkt, dass bei einer Wareneingangsbuchung ein Mindesthaltbarkeitsdatum oder ein Herstelldatum des Materials eingegeben werden muss, falls die Prüfung für die Bewegungsart vorgesehen ist oder eine Mindestrestlaufzeit im Materialstammsatz oder in der Bestellposition gepflegt ist. Hierfür wählen Sie auf Werksebene das Kennzeichen **MHD/Herstelldatum** aus.

Wie die Mindesthaltbarkeitsprüfung in der Bewegungsart aussieht, stellen Sie über die IMG-Aktivität **Materialwirtschaft • Bestandsführung und Inventur • Wareneingang/Automatische Bewegungen • Mindesthaltbarkeitsprüfung einstellen** (Transaktionen OMJ5/OMJE) ein. Sie können je Bewegungsart zwischen folgenden Optionen wählen:

- »blank«: nicht prüfen
- **1**: erfassen und prüfen
- **2**: nur erfassen
- **3**: keine Prüfung bei Warenausgang

Abbildung 6.24 zeigt, dass für die Bewegungsarten 101 (WE Wareneingang) und 105 (WE aus Sperrbestand) eine Mindesthaltbarkeitsprüfung vorgesehen ist. Es wurde Option 1 (erfassen und prüfen) eingestellt.

BwA	Bewegungsartentext	MHDatum prüfen
101	WE Wareneingang	1
102	WE zur Best. Storno	
105	WE aus Sperrbestand	1

Abbildung 6.24: Mindesthaltbarkeitsprüfung bei den Bewegungsarten 101 und 105

Das Kennzeichen **StücklVerwendung** verrät Ihnen, in welcher SAP-Anwendung die Stückliste genutzt wird. Verwendungsabhängig legen Sie die Ausprägung des Stücklistenpositionstyps fest. Ausgeliefert werden folgende Verwendungen:

- 1 - Fertigung
- 2 - Engineering/Design
- 3 - Universell
- 4 - Instandhaltung
- 5 - Vertrieb
- 6 - Kalkulation
- 7 - Leergut
- 8 - Stabilitätsstudie
- B - Verkaufspaket (IS-HT-SW)
- C - Anlagekonfiguration
- J - JIT-Produktionslinienversorg.
- M - Externe Munitionsdarstellung
- P - Predictive MRP
- S - Servicemanagement
- U - IUID Eingebettete Positionen

Die Fertigungsstückliste (Verwendung 1) enthält etwa alle Positionen, die für eine Fertigung relevant sind. Die fertigungsrelevanten Positionen werden als Sekundärbedarfe in den Planauftrag übernommen und schließlich in den Fertigungsauftrag übertragen. Durch den Fertigungsauftrag wird die Produktion mit der Herstellung des Kopfmaterials der Fertigungsstückliste beauftragt.

Eine Kalkulationsstückliste (Verwendung 6) hingegen enthält alle Positionen, die für eine Ermittlung der Materialeinsatzkosten eines Produkterzeugnisses relevant sind. Führen Sie eine Kalkulation mit Mengengerüst aus, ermittelt das System automatisch die Stückliste und kalkuliert für die enthaltenen Positionen die Herstellkosten.

Sie passen die Stücklistenverwendung bei Bedarf über die IMG-Aktivität **Produktion • Grunddaten • Stückliste • Allgemeine Daten • Stücklistenverwendung • Stücklistenverwendung definieren** (Transaktion OS20) an. Für jede Stücklistenverwendung legen Sie einen Verwendungsschlüssel pro Anwendung fest (Fertigung, Konstruktion, Ersatzteil, Instandhaltung, Vertrieb und Kalkulation), wie in Abbildung 6.25 dargestellt. Der Verwendungsschlüssel gibt an, ob die Stücklistenpositionen für die entsprechenden Anwendungen relevant sind. Sie unterscheiden zwischen drei Schlüsseln:

- Musseingabe (+)
- Kanneingabe (.)
- darf nicht eingegeben werden (-)

StlVerw	FertRel	KonstRel	ErsTeil	InstRel	VertrRel	KalkRel	Verwendungstext
1	+	.	.	-	-	.	Fertigung
2	.	+	.	-	-	.	Engineering/Design
3	.	.	.	-	.	.	Universell

Abbildung 6.25: Stücklistenverwendung 1, 2 und 3

Hinter dem Kennzeichen **Stücklistenanwendung** verbirgt sich ein Verfahren zur automatischen Alternativenbestimmung für Stücklisten. Damit stellen Sie sicher, dass für jede Anwendung die geeignete Stücklistenalternative gefunden wird. Folgende Kriterien sind für die Ermittlung relevant:

- Rangfolge für die Stücklistenverwendung
- Stücklistenalternative
- Fertigungsversion
- Statuskennzeichen

Die automatische Alternativenbestimmung bei Stücklisten beeinflussen Sie über die IMG-Aktivität **Produktion • Grunddaten • Stückliste • Alternativbestimmung • Anwendungen definieren** (Transaktion OS30). Aus Produktionssicht sind die *Stücklistenanwendungen* BEST (Bestandsführung) sowie PP01 (Fertigung allgemein) wohl die nennenswertesten Anwendungen. Die Anwendung BEST ermittelt die Stücklistenalternativen der Verwendungen 1 (Fertigung) und 3 (Universell) mittels Auflösung in der Bedarfsplanung und freigebbaren Planaufträgen (siehe Abbildung 6.26). Zudem ist die Anwendung unabhängig von Fertigungsversionen.

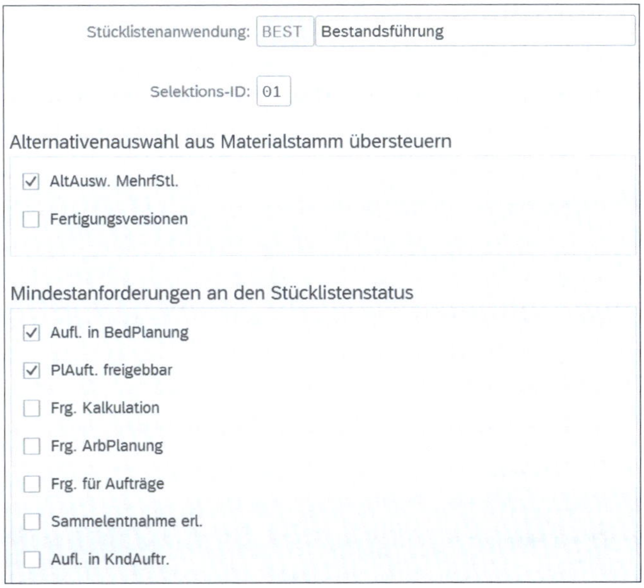

Abbildung 6.26: Stücklistenanwendung BEST (Bestandsführung)

Das Kennzeichen **Vorgangsart** beeinflusst die Nummernvergabe bei Material- und Inventurbelegen (siehe Abschnitt 6.2.2, »Nummernvergabe«). Jedoch wird die Vorgangsart in der Regel über die Anwendungstransaktionen ermittelt statt über den Vorschlagswert in den Werksparametern. Nur wenn keine Vorgangsart zur Transaktion zugewiesen ist, greift im betrachteten Werk die Vorgangsart WV (Inventurbelege bei Warenbewegungen).

Über das Kennzeichen **WarenbegleitscheinNr** legen Sie fest, dass bei Buchung einer Warenbewegung eine Warenbegleitscheinnummer erfasst oder vergeben werden kann (siehe Abbildung 6.21). Ist das Kennzeichen gesetzt, ist die Nummernvergabe für Begleitscheine aktiv.

Die vollständigen Einstellungen für die Warenbegleitscheinnummern führen Sie über die IMG-Aktivität **Materialwirtschaft • Bestandsführung und Inventur • Nummernvergabe • Nummernvergabe für Warenbegleitscheine festlegen** (Transaktion OMC1) durch, wie in Abschnitt 6.2.2 beschrieben. Neben der Aktivierung der Nummernvergabe konfigurieren Sie:

- eine Nummernkreismodifikationskonstante
- Nummernkreisintervalle
- die betroffenen Werk-Lagerort-Bewegungsart-Kombinationen

Dass eine automatische Chargennummernvergabe bei Wareneingängen zu kontierten Bestellungen erlaubt ist, steuern Sie über das Kennzeichen **ChNr. autom. kont.WE**. Ist das Kennzeichen gesetzt, ist eine systemgestützte Nummernvergabe erlaubt. Die Bestellposition muss selbstredend einen chargenpflichtigen Materialstamm beinhalten.

6.3.2 Vorschlagswerte für die Inventur

Im Bildbereich **Inventur** befassen Sie sich mit den Vorschlagswerten, die im jeweiligen Werk für die Inventur vorgesehen sind. Abbildung 6.27 verdeutlicht, welche Vorschlagswerte überhaupt möglich sind.

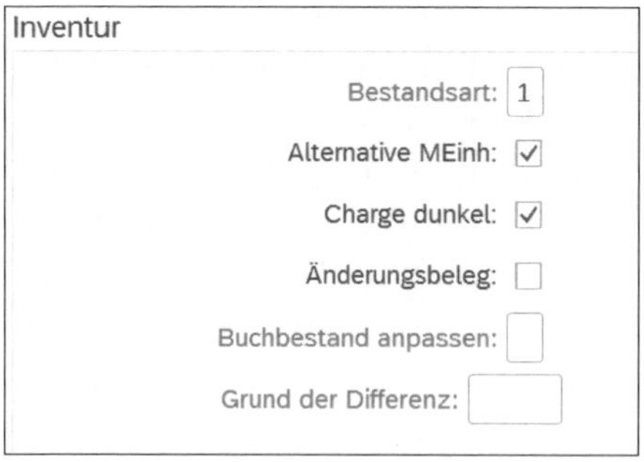

Abbildung 6.27: Werksparameter für die Inventur

Das Feld **Bestandsart** steuert beispielsweise, welche Bestandsart für eine Inventurdurchführung vorgeschlagen wird. Dabei unterscheiden Sie folgende Arten:

- 1 - Lager
- 2 - Qualitätsprüfung
- 3 - Lager/QuaPrü. (StInv)
- 4 - Gesperrt

Die Bestandsart 1 (Lager) entspricht dem frei verwendbaren Lagerbestand.

Über das Kennzeichen **Alternative MEinh.** stellen Sie ein, dass für die Erfassung der Inventurzählung die Erfassungsmengeneinheit statt der Basismengeneinheit im Materialstamm vorgeschlagen wird. Die Erfassungsmengeneinheit entspricht der Mengeneinheit, in der eine Warenbewegung oder eben eine Inventurzählung erfasst wird. Typische Beispiele sind die Bestellmengeneinheit oder die Ausgabemengeneinheit.

Das Kennzeichen **Charge dunkel** bestimmt, auf welche Art und Weise bei einer Inventur die Chargenermittlung stattfindet:

- Ist das Kennzeichen gesetzt, ermittelt das System die Chargen »dunkel«. Das bedeutet, dass alle inventurfähigen Chargen automatisch in die Positionen der Inventurbelege übernommen werden.
- Ist das Kennzeichen nicht gesetzt, ermittelt das System die Chargen »hell«. Das heißt, dass Sie die relevanten Chargen über ein Dialogfenster manuell auswählen müssen.

Erfassen Sie eine Inventurdifferenz ohne Belegbezug, schlägt das System den Vorschlagswert aus dem gleichnamigen Kennzeichen **Grund der Differenz** als Begründung vor. Gründe für Warenbewegungen – auch für die Inventur – definieren Sie über die IMG-Aktivität **Materialwirtschaft • Bestandsführung und Inventur • Bewegungsarten • Grund für Warenbewegungen hinterlegen** (Transaktion OMBS). Details hierzu finden Sie in Abschnitt 6.4.3, »Bewegungsarten«.

Die bisher erläuterten Kennzeichen im Bildbereich **Inventur** stellen Sie alternativ über die IMG-Aktivität **Materialwirtschaft • Bestandsführung und Inventur • Inventur • Vorschlagswerte zur Inventur** ein. Wenn Sie diese Aktivität aufgerufen haben, navigieren Sie werksabhängig in die Detailansicht, um die Vorschlagswerte der Inventur einzusehen (siehe Abbildung 6.28).

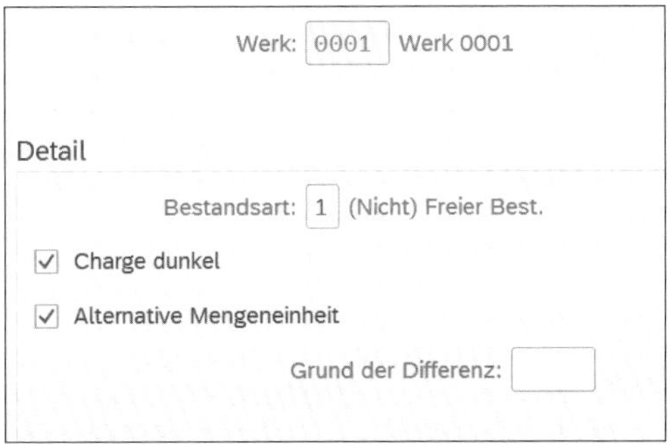

Abbildung 6.28: Vorschlagswerte für die Inventur

Die Auswahl des Kennzeichens **Änderungsbeleg** (siehe dazu wieder Abbildung 6.27) bewirkt im System, dass bei einer Änderung der Inventurzählung und bei einer Inventurbeleganpassung ein Änderungsbeleg erzeugt wird. In der Regel wählen Sie das Kennzeichen nur aus, wenn die Wirtschaftsprüfung darauf besteht.

Mithilfe des Kennzeichens **Buchbestand anpassen** legen Sie fest, ob sich der Buchbestand im Inventurbeleg aktualisieren soll und wie ein mögliches Update erfolgt. Ihnen stehen drei Optionen zur Verfügung:

- »blank«: nicht aktiv
- **1**: aktiv, bei gleichem Datum war Inventur vor Warenbewegung
- **2**: aktiv, bei gleichem Datum war Warenbewegung vor Inventur

Ihre Auswahl hängt vor allem vom Zeitpunkt ab, zu dem Sie Ihre Inventurbelege anlegen. Da eine Inventur des Umlaufvermögens zeitnah zum Erstellungsdatum der Inventurbelege erfolgen sollte – allein um eine offene Buchungsperiode vorzufinden –, eignet sich hier der Vorschlagswert **nicht aktiv** (»blank«).

Die beiden Kennzeichen **Änderungsbeleg** und **Buchbestand anpassen** können Sie alternativ über die IMG-Aktivität **Materialwirtschaft • Bestandsführung und Inventur • Inventur • Einstellungen zur Inventur** anpassen. Zusätzlich stellen Sie in dieser Aktivität werksabhängig ein, ob beim Erfassen der Inventurzählung die serialisierten Lagermaterialien in einem Dialogfenster angezeigt werden. Die Druckeinstellungen zu Serialnummern in der Inventur legen Sie ebenfalls in der Detailansicht fest (siehe Abbildung 6.29). Ergänzende Erläuterungen finden Sie in Abschnitt 6.6, »Inventur«.

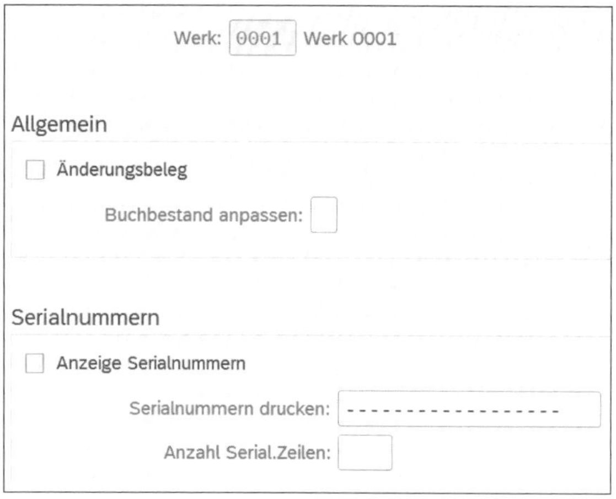

Abbildung 6.29: Einstellungen zur Inventur

6.3.3 Vorschlagswerte für Reservierungen

Im Bildbereich **Reservierungen** legen Sie die werksabhängigen Vorschlagswerte für Reservierungen fest (siehe Abbildung 6.30). Über das Kennzeichen **Bewegung erlaubt** geben Sie vor, dass Warenbewegungen zur Reservierungsposition zulässig sind. Beim Erfassen einer Reservierung wird das Kennzeichen vorgeschlagen. Möchten Sie eine Warenbewegung zu einer Reservierungsposition buchen und das Kennzeichen ist nicht gesetzt, müssen Sie entweder die Reservierung manuell anpassen oder über das Verwaltungsprogramm für Reservierungen (Transaktion MBVR) das Kennzeichen setzen, wenn der Bedarfstermin der Reservierung innerhalb einer vorgegebenen Frist liegt. Beachten Sie, dass die systemgestützte Anpassung des Kennzeichens **Bewegung erlaubt** programmtechnischen Abhängigkeiten zu den Kennzeichen **Tage Bew. erlaubt** und **Verweildauer** unterliegt.

Das Kennzeichen **Tage Bew. erlaubt** gibt eine Anzahl von Tagen an, mit der das Verwaltungsprogramm überprüft, ob Warenbewegungen zu einer Reservierung zulässig sind. Liegt der zukünftige Bedarfstermin über der angegebenen Anzahl an Tagen, setzt das Programm das Kennzeichen **Bewegung erlaubt** nicht in den betroffenen Reservierungspositionen.

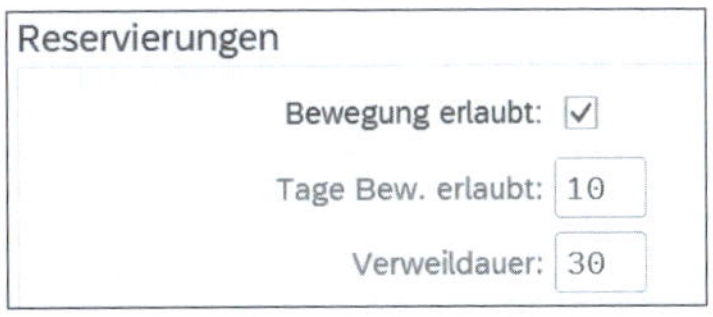

Abbildung 6.30: Werksparameter für Reservierungen

Nur wenn der Bedarfstermin kleiner oder gleich dem Tagesdatum zuzüglich der hinterlegten Anzahl von Tagen ist, wird das Kennzeichen gesetzt.

Das Verwaltungsprogramm sorgt über das Kennzeichen **Verweildauer** zudem für Ordnung in überfälligen Reservierungspositionen. Eine Position, die älter ist als das aktuelle Tagesdatum minus die angegebene Verweildauer angegeben in Tagen, wird mit einem Löschkennzeichen versehen.

Alle Systemeinstellungen für die Vorschlagswerte der Reservierungen rufen Sie alternativ über die IMG-Aktivität **Materialwirtschaft • Bestandsführung und Inventur • Reservierung • Vorschlagswerte definieren** (Transaktion OMBN) auf. Auf Werksebene werden die Vorschlagswerte durch das Kennzeichen **MRA** (MARD-Segment automatisch) vervollständigt (siehe Abbildung 6.31). Das Kennzeichen sorgt dafür, dass Lagerortbestandsdaten im Materialstamm für Reservierungen automatisiert erzeugt werden. Dies gilt sowohl für geplante Zu- als auch Abgänge.

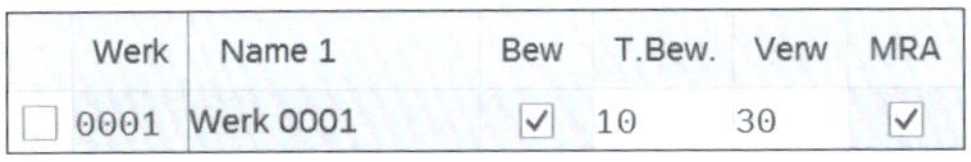

Werk	Name 1	Bew	T.Bew.	Verw	MRA
0001	Werk 0001	☑	10	30	☑

Abbildung 6.31: Vorschlagswerte für Reservierungen (Werk 0001)

Auch für das Verwaltungsprogramm `RM07RVER` für Reservierungen das sich hinter Transaktion MBVR verbirgt, können Sie Vorschlagswerte hinterlegen. In erster Linie zielen die

Vorschlagswerte hier auf die Batch-Input-Mappe für das Programm ab (siehe Abbildung 6.32). Weitere Informationen finden Sie dazu in Abschnitt 6.5, »Reservierung«.

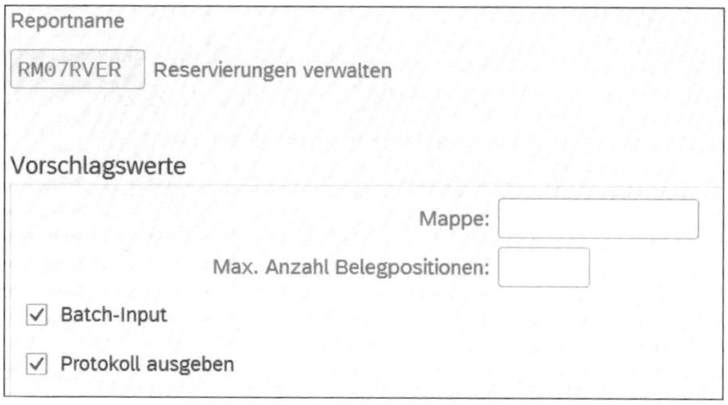

Abbildung 6.32: Vorschlagswerte für Reservierungen – Batch-Input

6.3.4 Vorschlagswerte für negative Bestände

Im letzten Bildbereich legen Sie fest, ob negative Bestände möglich sein sollen. *Negative Bestände* können im System auf den Ebenen Bewertungskreis, Werk, Lagerort und Sonderbestände im Werk vorliegen (siehe Abbildung 6.33).

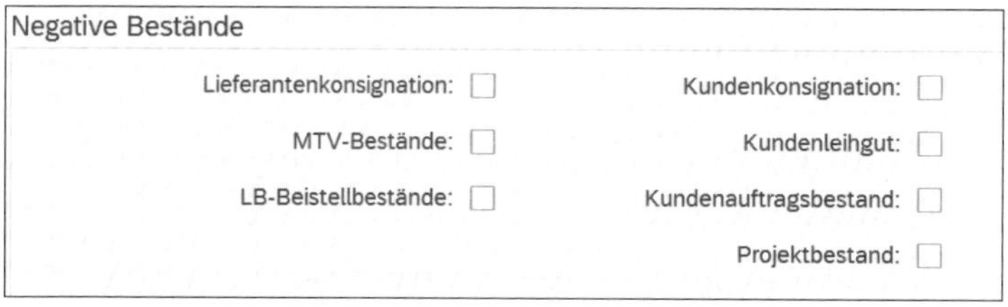

Abbildung 6.33: Werksparameter für negative Bestände

Die letztgenannte Einstellung nehmen Sie über die Werksparameter vor. Für folgende Sonderbestände ist ein negativer Bestand denkbar:

- Lieferantenkonsignation
- MTV-Bestände
- LB-Beistellbestände
- Kundenkonsignation
- Kundenleihgut
- Kundenauftragsbestand
- Projektbestand

Negative Lager- oder Werksbestände entstehen, wenn Warenausgänge aus Gründen der Abwicklung *vor* den entsprechenden Wareneingängen gebucht werden. Daher müssen Sie physische Warenbewegungen nacherfassen, um die negativen Bestände auszugleichen. Sie sollten negative Bestände nur zulassen, wenn dies aus Prozesssicht unvermeidlich ist. Ansonsten sehen Sie besser von negativen Beständen ab. In der SAP-Standardauslieferung sind negative Bestände nicht erlaubt.

Negative Sonderbestände können nur genutzt werden, wenn Sie das Kennzeichen **Neg. Bestände** auf der Dialogebene **Bewertungskreis** setzen. Dieses Kennzeichen treffen Sie auch in der IMG-Aktivität **Materialwirtschaft • Bestandsführung und Inventur • Warenausgang/Umbuchungen • Negative Bestände erlauben** (Transaktion OMJ1) an. Auf der Ebene **Werk** in der Dialogstruktur sind die Sonderbestände auf Werksebene aufgeführt. Auch auf Lagerortebene können Sie negative Bestandswerte zulassen (siehe Abbildung 6.34).

Abbildung 6.34: Negative Bestände auf Lagerortebene

Die lagerortgeführten Bestände sind nicht pauschal aktiv – zur Sicherheit passen Sie die betroffenen Materialien an. Hierfür rufen Sie die Materialstammsätze auf und navigieren zu den Lagerungsdaten, um das Feld **Negative Bestände im Werk zulässig** (`MARC-XMCNG`) zu pflegen.

6.4 Warenbewegungen

In SAP S/4HANA untergliedern Sie betriebswirtschaftliche Warenbewegungen in folgende Teilbereiche:

- **Wareneingang**
  Bei einem Wareneingang handelt es sich um eine Warenbewegung, die in der Regel zu einem erhöhten Lagerbestand führt. Wareneingangsbuchungen, die mit Bezug zu einem kontierten Beleg erfasst werden, werden hingegen direkt in den Verbrauch gebucht. Zu den klassischen Beispielen für einen Wareneingang gehört, Warenlieferungen von externen Lieferanten zu vereinnahmen. Aber auch Zugänge aus der unternehmenseigenen Produktion sind möglich.
- **Warenausgang**
  Warenausgänge stellen Warenbewegungen dar, die zu einer Minderung des Lagerbestands führen. Hierzu zählen Beispiele wie die Buchung eines Warenausgangs für ein verkauftes Fertigerzeugnis oder eines angeforderten Lagermaterials auf einen Kostenträger.

- **Umbuchung**
  Unter Umbuchungen verstehen Sie Bestandsartänderungen. Sie buchen z. B. einen frei verwendbaren Lagerbestand in den Qualitätsprüfbestand um. Umbuchungen sind im Regelfall mit keiner physischen Warenbewegung verbunden.
- **Umlagerung**
  Bei Umlagerungen führen Sie echte physische Warenbewegungen durch. Sie lagern Materialien werksintern oder werksübergreifend von einem Lagerort in ein weiteres Lager um. Werksübergreifende Umlagerungen erfassen Sie entweder in einem Ein- oder einem Zweischrittverfahren.

In diesem Abschnitt lernen Sie die konfigurierbaren Systemeinstellungen für Warenbewegungen kennen. Zunächst erfahren Sie, wie Sie die Feldauswahl einstellen, bevor wir Vorgänge und Referenzbelege in den Mittelpunkt der Betrachtung rücken. Außerdem werden wir auf zusätzliche warenbewegungsspezifische Konfigurationen zu sprechen kommen. Abschließend erfahren Sie, wie Sie Bewegungsarten anpassen.

6.4.1 Feldauswahl

Welche Möglichkeiten Sie im Customizing haben, um die Feldauswahlsteuerung der Warenbewegungen für Ihre Anforderungen zu beeinflussen, erfahren Sie in den folgenden Unterabschnitten.

Einstiegs- und Kopfbilder

Sie beginnen mit der Feldauswahlsteuerung für die Einstiegs- und Kopfbilder. (Die positionsbezogene Feldauswahl erklären wir Ihnen in Abschnitt 6.4.3, »Bewegungsarten«.) Die Feldauswahl für die Einstiegs- und Kopfbilder rufen Sie über die IMG-Aktivität **Materialwirtschaft • Bestandsführung und Inventur • Feldauswahl für Einstiegs-/Kopfbilder von Warenbewegungen** (Transaktion OMJN) auf.

Für die *modifizierbaren Felder* legen Sie über folgende Optionen fest, wie die spätere Feldsteuerung für Ihre Anwenderinnen und Anwender aussehen soll:

- Das Feld ist eingabebereit.
- Das Feld ist ein Mussfeld.
- Das Feld ist ein Anzeigefeld.
- Das Feld ist ausgeblendet.
- Das Feld wird hell leuchtend dargestellt.

Die modifizierbaren Felder sind mit oder ohne beeinflussende Werte konfigurierbar. Abbildung 6.35 zeigt einen beispielhaften Ausschnitt aus Transaktion OMJN mit Blick auf die Systemeinstellungen der modifizierbaren Felder.

Alle modifizierbaren Felder sind entsprechend der SAP-Standardauslieferung eingabebereit. Lediglich das Feld **Warenbegleitschein**, das in der Abbildung nicht zu sehen ist, ist ausgeblendet.

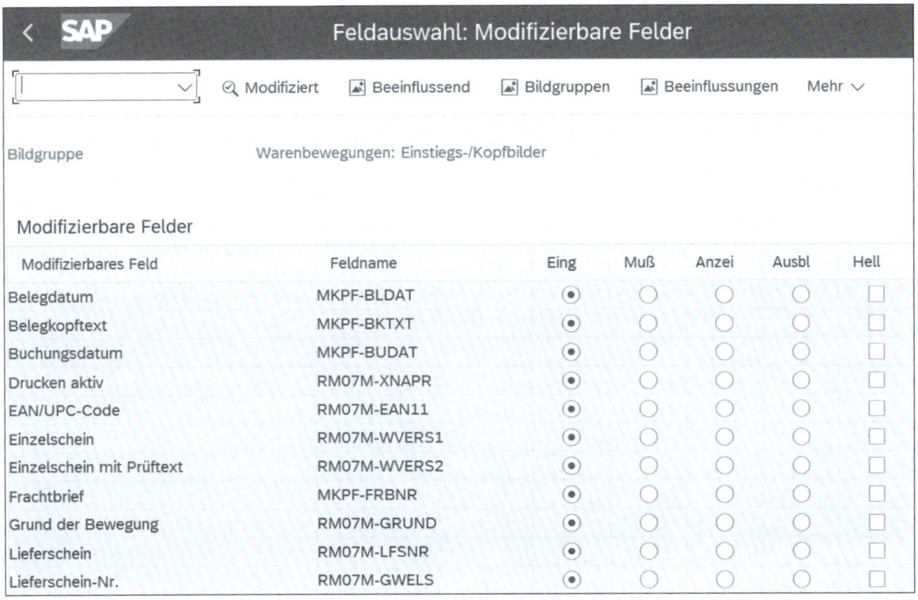

Abbildung 6.35: Feldauswahl für modifizierbare Felder

Interessant wird die Feldauswahlsteuerung im Hinblick auf die *beeinflussenden Felder*. Sie legen in Abhängigkeit von einem beeinflussenden Faktor fest, wie das modifizierbare Feld auf dem Bildschirm beim Erfassen der Warenbewegung dargestellt wird. Die beeinflussenden Werte lauten:

- Belegart
- Drucken aktiv
- Druckversion
- Nullzeilen vorschlagen
- Transaktionscode

Um die Feldauswahl mit einflussnehmenden Faktoren zu beeinflussen, sind für Sie zwei unterschiedliche Vorgehensweisen möglich:

- Sie klicken im Einstiegsbild auf die Schaltfläche Beeinflussend (**Beeinflussend**) in der Navigationsleiste und gelangen so zu einer Übersicht mit allen beeinflussenden Werten. Suchen Sie sich Ihr beeinflussendes Feld per Doppelklick aus. Unsere Wahl ist auf das Feld **Belegart** gefallen (siehe Abbildung 6.36).

  Alle modifizierbaren Felder erscheinen. Geben Sie nun einen beeinflussenden Wert an, z. B. WE (Wareneingang), führen Sie die gewünschte Feldauswahlsteuerung durch, und speichern Sie abschließend Ihre Einstellungen. Bei Bedarf führen Sie die Schritte für einen weiteren beeinflussenden Wert durch.

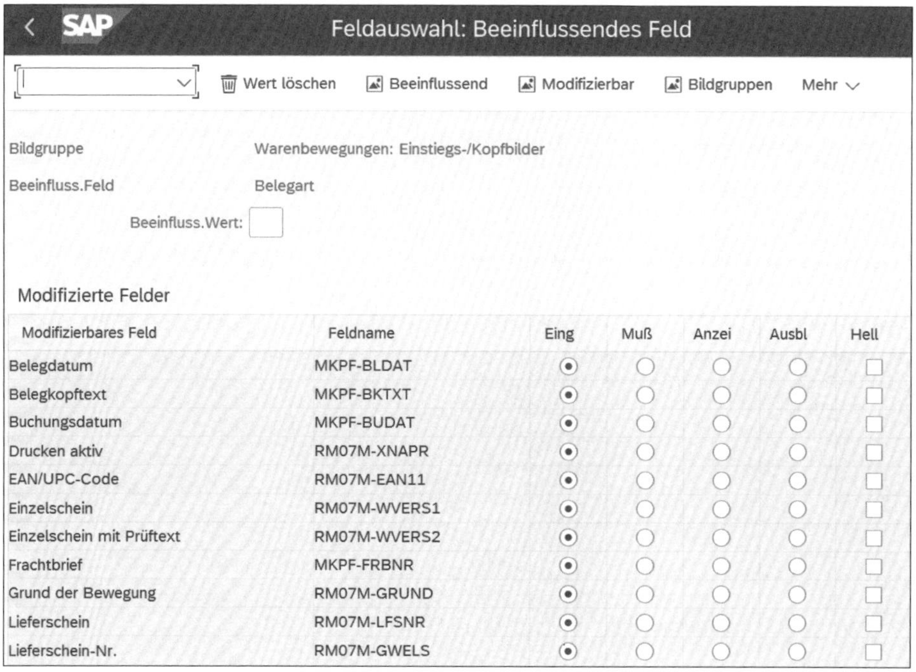

Abbildung 6.36: Feldauswahl für beeinflussende Felder

- Die andere Möglichkeit ist, dass Sie auf die Schaltfläche Modifiziert (**Modifiziert**) in der Navigationsleiste klicken und damit zu einer Übersicht mit allen modifizierbaren Feldern gelangen. Suchen Sie sich ein modifizierbares Feld aus (hier: **Belegdatum**), und führen Sie einen Doppelklick auf dieses Feld aus. Dadurch öffnet sich die Übersicht aller beeinflussenden Felder (siehe Abbildung 6.37).

Abbildung 6.37: Modifizierbares Feld »Belegdatum«

Positionieren Sie den Cursor auf ein beeinflussendes Feld, und betätigen Sie die Schaltfläche **Neue Werte**. Es erscheint ein neues Dialogfenster, indem Sie abhängig von dem zuvor gewählten beeinflussenden Feld beeinflussende Werte hinterlegen. Übernehmen Sie die Einstellungen, und speichern Sie abschließend Ihre Konfiguration. Bei Bedarf führen Sie diese Schritte für weitere Werte durch.

[«]

Eigene Transaktionen anlegen

Da die Transaktion ein die Feldauswahl beeinflussender Wert ist, kann es sinnvoll sein, kundeneigene Transaktionscodes anzulegen:

1. Kopieren Sie die Standardtransaktion unter Zuhilfenahme von Transaktion SE93 (Transaktionspflege) auf einen zulässigen Kundennamensraum, der mit einem Z beginnt.
2. Kopieren Sie die Transaktionssteuerung der Bestandsführung, indem Sie die View `V_158_ALL` aufrufen.
3. Prägen Sie die erlaubten Bewegungsarten für die neu angelegte Transaktion aus (siehe Abschnitt 6.4.3).

Transaktion MIGO

Um jegliche Warenbewegungen in SAP S/4HANA zu erfassen, rufen Sie die Transaktion MIGO und/oder verwandte Transaktionen auf. Die Feldauswahl der MIGO-Transaktionen passen Sie im Bedarfsfall über die IMG-Aktivität **Materialwirtschaft • Bestandsführung und Inventur • Einstellungen für Warenbewegungen (MIGO) • Feldauswahl MIGO** (Transaktion OMJX) an. Die beschriebenen Einstellungen treffen auf alle Vorgänge und Bewegungsarten in den Transaktionen zu.

In der SAP-Standardauslieferung sind alle modifizierbaren Felder als Kannfelder deklariert (siehe Abbildung 6.38). Ausnahmen bestätigen die Regel: Den Feldern **Warenbegleitschein** (`GOHEAD-XABLN`), **Bestellwerk** (`GODYNPRO-PO_WERKS`) und **HTN-Material** (`GOITEM-EMATN`) liegt eine abweichende Feldsteuerung zugrunde. Die beiden erstgenannten Felder sind ausgeblendet, das Feld **HTN-Material** ist ein Anzeigefeld.

[!]

Einschränkungen der Feldauswahl (Transaktion MIGO)

Beachten Sie bei der Feldauswahlkonfiguration für die Enjoy-Transaktion MIGO die bekannten Einschränkungen, die in den SAP-Hinweisen 329334 und 382998 aufgeführt sind.

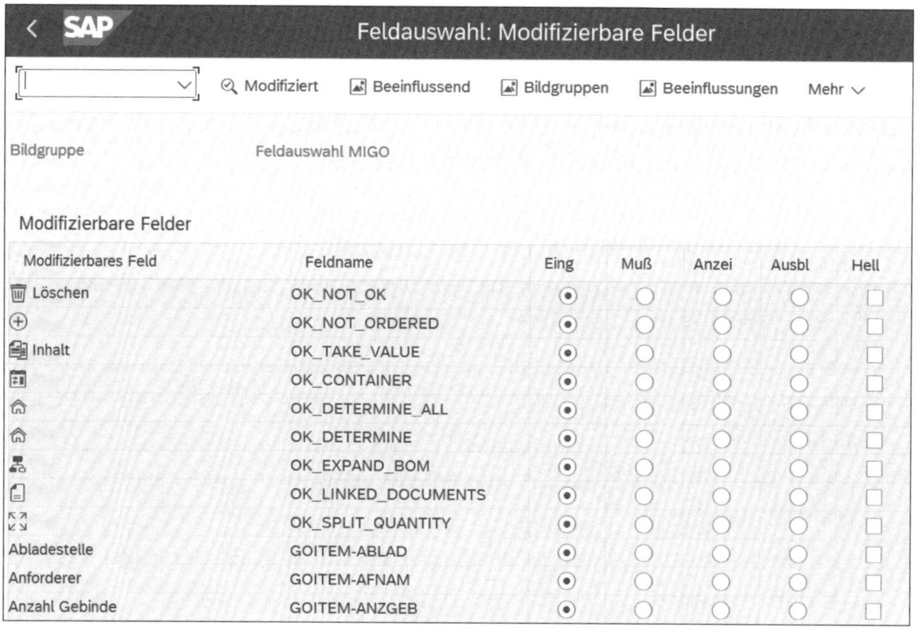

Abbildung 6.38: Feldauswahl in Transaktion MIGO für modifizierbare Felder

Bewegungsart

Sämtliche Feldauswahleinstellungen pro Bewegungsart finden Sie unter der IMG-Aktivität **Materialwirtschaft • Bestandsführung und Inventur • Einstellungen für Warenbewegungen (MIGO) • Feldauswahl Bewegungsart**. Gespeichert werden die Einstellungen für die Enjoy-Transaktionen in Tabelle MIGO_CUST_FIELDS.

[»]

Aktivitäten überspringen

Weil die MB-Transaktionen in SAP S/4HANA nicht mehr unterstützt werden, können Sie bestimmte noch bestehende Aktivitäten im IMG-Leitfaden überspringen. Zu diesen Aktivitäten zählen **Bildaufbau festlegen** und **Manuelle Kontierung einstellen**. Sie konfigurieren die Systemeinstellungen stattdessen im Bereich **Einstellungen für Warenbewegungen (MIGO)**.

In den Einstellungen der Feldauswahl pro Bewegungsart erwartet Sie eine Liste aller anpassbaren Felder (siehe Abbildung 6.39). Sie bestimmen in Abhängigkeit zur Bewegungsart, ob das Feld eine Muss- oder Kanneingabe voraussetzt. Ist ein Feld nicht in der Auflistung enthalten, ist es ausgeblendet. Möchten Sie ein Feld für eine Bewegungsart ausblenden, löschen Sie den entsprechenden Eintrag aus der Liste. Um neue Felder einer Bewegungsart einzublenden, fügen Sie weitere Felder in der Aktivität hinzu. Die Feldauswahl hierfür ist begrenzt und kann abhängig von der Bewegungsart unterschiedlich ausfallen.

MIGO: Feldauswahl pro Bewegungsart

BewegArt	Feldname	Mußeingabe	Kanneingabe
101	CUSTNAME	○	◉
101	KUNNR	○	◉
101	SGTXT	○	◉
101	WEMPF	○	◉
102	KUNNR	○	◉
102	SGTXT	○	◉
102	WEMPF	○	◉
103	KUNNR	○	◉

Abbildung 6.39: Feldauswahl pro Bewegungsart

Für die Bewegungsart 101 sind unter anderem die Felder **Kunde** (`CUSTNAME`) und **Warenempfänger** (`WEMPF`) eingabebereit. Kein Feld ist als Pflichtfeld deklariert.

Sonderbestandskennzeichen

Die Feldauswahleinträge pro Bewegungsart unterscheiden nicht zwischen den Sonderbestandskennzeichen. Sonderbestandsfelder werden immer automatisch eingeblendet.

Alternativ können Sie die Einstellungen für die Feldauswahl pro Bewegungsart über die IMG-Aktivität **Bewegungsarten kopieren, ändern** (Transaktion OMJJ) durchführen. Diese Aktivität finden Sie unter dem Pfad **Materialwirtschaft • Bestandsführung und Inventur • Bewegungsarten**. Weitere detaillierte Erklärungen zu diesem Thema finden Sie in Abschnitt 6.4.3, »Bewegungsarten«.

6.4.2 Vorgänge und Referenzbelege

Sie erfassen Warenbewegungen im System, indem Sie als ersten obligatorischen Schritt einen passenden *Vorgang* und einen dazugehörigen *Referenzbeleg* in den Warenbewegungstransaktionen auswählen. Eine Wareneingangserfassung mit Bezug zu einer Bestellung ist eine gängige Warenbewegung. In diesem Fall lauten der Vorgang **Wareneingang** und der referenzierte Beleg **Bestellung**.

Mittels der IMG-Aktivität **Materialwirtschaft • Bestandsführung und Inventur • Einstellungen für Warenbewegungen (MIGO) • Einstellungen für Vorgänge und Referenzbelege** legen Sie auf transaktionaler Ebene fest, welche Vorgänge möglich und welche Referenzbelege für die Vorgänge aktiv sind. Arbeiten Sie beim Erfassen von Warenbewegungen nie mit Nachverrechnungen, bietet es sich an, den Vorgang **Nachverrechnung** für Ihre Anwenderinnen und Anwender einfach auszublenden. Dadurch erscheint dieser Vorgang nicht mehr als Auswahlmöglichkeit in der Dropdown-Liste.

Sie legen also transaktionsbezogen fest, welche Vorgänge und Referenzbelege Sie als notwendig erachten. Folgende Transaktionen bilden die Basis Ihrer Entscheidung:

- MIGO (Warenbewegung)
- MIGO_GI (Warenausgang)
- MIGO_GO (Wareneingang zum Fertigungsauftrag)
- MIGO_GR (Wareneingang zur Bestellung)
- MIGO_GS (Nachverrechnung)
- MIGO_TR (Umbuchung)

Nachdem Sie die gewünschte Transaktion im ersten Dialogschritt ausgewählt haben, gelangen Sie in die Vorgangsübersicht (siehe Abbildung 6.40). Für die Transaktion MIGO sind alle in der Standardauslieferung erhaltenen Vorgänge A01 (Wareneingang) bis A12 (Ändern) aktiv. Um einen Vorgang visuell aus der Dropdown-Liste auszuschließen, entfernen Sie das Kennzeichen bei der Option **aktiv**. Lediglich der Anzeigevorgang kann nicht geändert werden.

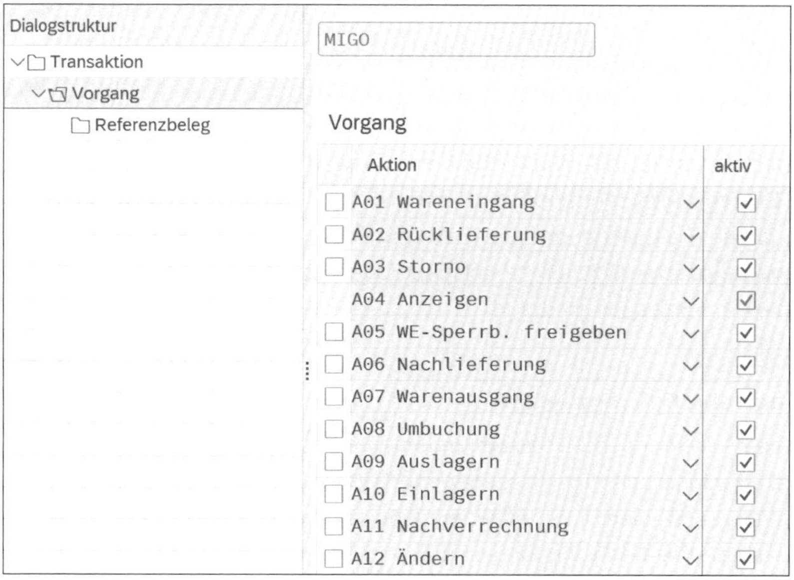

Abbildung 6.40: Aktivierte Vorgänge in Transaktion MIGO

Zu jedem Vorgang sind bestimmte Referenzbelege möglich. Markieren Sie einen Vorgang, und navigieren Sie über die Dialogstruktur zur Ebene **Referenzbeleg**. Für die Referenzbelege stehen diese Einträge zur Verfügung:

- Bestellung
- Materialbeleg
- Lieferschein

- Anlieferung
- Auslieferung
- Transport
- Transportidentifikation
- Auftrag
- Reservierung
- Sonstige
- Mengenabruf (Kanban)

Die Entscheidung, ob ein Referenzbeleg für einen Vorgang auswählbar ist, treffen Sie ebenfalls über das Setzen des Kennzeichens **aktiv**. Zudem können Sie Ihren Anwenderinnen und Anwendern über das Feld **Bewegungsart** einen Vorschlag für die zu nutzende Bewegungsart unterbreiten. Soll der Materialbeleg vor Buchung der Warenbewegung verbindlich geprüft werden, wählen Sie die Option **Prf vb** aus. Ein nicht maschinell geprüfter Beleg ist nicht buchbar.

In Abbildung 6.41 sehen Sie einen Ausschnitt der Ebene **Referenzbeleg** für den Vorgang A01 (Wareneingang). Die gewählte Transaktion ist in diesem Fall Transaktion MIGO. Man kann daher sagen, dass bei Aufruf der Transaktion MIGO der Vorgang **Wareneingang** im Zusammenspiel mit dem referenzierten Beleg **Bestellung** zulässig ist. Ferner wird die Bewegungsart 101 vorgeschlagen. Eine obligatorische Prüfung der Wareneingangsbuchung ist nicht vorgesehen.

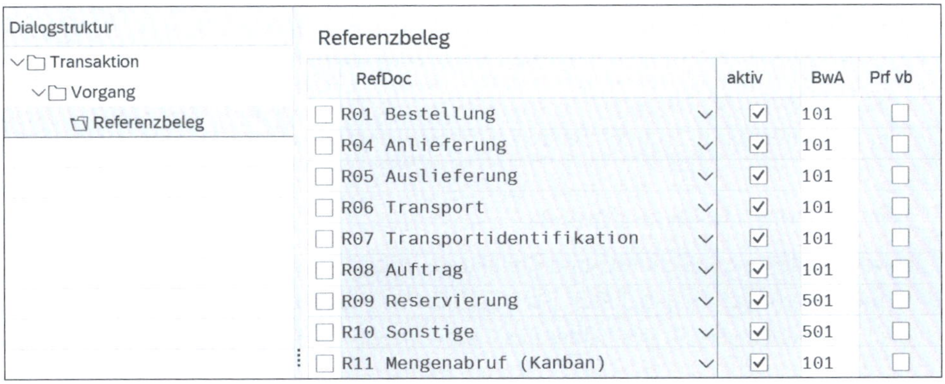

Abbildung 6.41: Referenzbelege zu Vorgang A01 (Wareneingang)

6.4.3 Bewegungsarten

Zur Unterscheidung der einzelnen Warenbewegungen müssen Sie beim Erfassen einer Bewegung eine *Bewegungsart* angeben. Dieser dreistellige Schlüssel ist ein zentrales Konstrukt in der Bestandsführung und bringt wichtige steuernde Elemente für die Warenbewegung mit. Hierzu zählen unter anderem:

- die Fortschreibung der Mengenfelder
- die Fortschreibung der Bestands- und Verbrauchskonten
- der Bildaufbau

Über den IMG-Pfad **Materialwirtschaft • Bestandsführung und Inventur • Bewegungsarten** gelangen Sie zu den Einstellungen für die Bewegungsarten. Die dazugehörigen IMG-Aktivitäten sehen Sie in Abbildung 6.42. Es soll an dieser Stelle nicht unerwähnt bleiben, dass Sie bewegungsartenspezifische Einstellungen auch über andere Aktivitäten aufrufen können. Beispiele finden Sie unter anderem in Abschnitt 6.4.1, »Feldauswahl«, und in Abschnitt 6.4.2, »Vorgänge und Referenzbelege«.

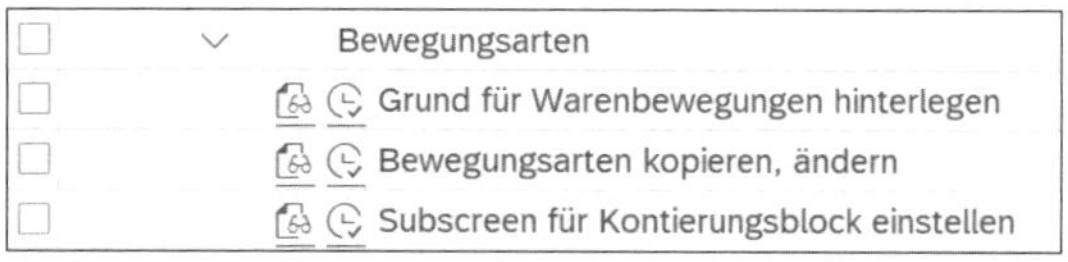

Abbildung 6.42: IMG-Aktivitäten im Bereich »Bewegungsarten«

Grund der Warenbewegung

Bei bestimmten Warenbewegungen wie dem Erfassen einer Rücklieferung zum Lieferanten oder dem Buchen einer bestandsverminderten Inventurdifferenz ist die Angabe einer Begründung durchaus von Vorteil. Eine Auswertung der Gründe hilft Ihnen dann dabei, nachzuvollziehen, warum die Durchführung von Buchungen jeweils vonnöten war.

Sie definieren die Gründe für Warenbewegungen über die IMG-Aktivität **Grund für Warenbewegungen hinterlegen** (Transaktion OMBS). Ein Grund wird im SAP-System durch einen vierstelligen alphanumerischen Schlüssel definiert. In Tabelle T157D werden die Bewegungsgründe gespeichert.

Bei der Definition eines Grundes gehen Sie in zwei Schritten in der angegebenen Reihenfolge vor:

1. **IMG-Aktivität »Steuerung Grund«**

   Bevor Sie den eigentlichen Grund definieren, müssen Sie sicherstellen, dass das Feld **Grund** überhaupt eingabebereit ist. Über die Aktivität **Steuerung Grund** prägen Sie die Eingabebereitschaft des Feldes aus. Folgende Optionen stehen zur Auswahl:

   - Feld kann eingegeben werden (»blank«)
   - Feld muss eingegeben werden (+)
   - Feld wird ausgeblendet (-)
   - Feld kann eingegeben werden (.)

   Der Abbildung 6.43 entnehmen Sie, dass das Feld **Grund** für die Bewegungsarten 101 bis 110 und 123 ausgeblendet ist. Für die Bewegungsart 121 ist das Feld als Kanneingabe vorgesehen. Für die Lieferantenrücklieferung (Bewegungsart 122) ist das Feld sogar ein Mussfeld.

BwA	Bewegungsartentext	Grund	Steuerung Grund
101	WE Wareneingang	-	Das Feld wird ausgeblendet.
102	WE zur Best. Storno	-	Das Feld wird ausgeblendet.
103	WE in Sperrbestand	-	Das Feld wird ausgeblendet.
104	WE in Sperrb Storno	-	Das Feld wird ausgeblendet.
105	WE aus Sperrbestand	-	Das Feld wird ausgeblendet.
106	WE aus Sperrb Storno	-	Das Feld wird ausgeblendet.
107	WE in bew Sperrbest	-	Das Feld wird ausgeblendet.
108	WE in bew Sp Storno	-	Das Feld wird ausgeblendet.
109	WE aus bew Sperrbst	-	Das Feld wird ausgeblendet.
110	WE aus bew Sp Storno	-	Das Feld wird ausgeblendet.
121	WE Nachverrechnung		Das Feld kann eingegeben werden.
122	WR Rückl. an Liefer.	+	Das Feld muß eingegeben werden.
123	WR Rückl. Liefer St.	-	Das Feld wird ausgeblendet.
124	WE Rückl. Sperrb.	+	Das Feld muß eingegeben werden.

Abbildung 6.43: Steuerung der Bewegungsgründe

2. **IMG-Aktivität »Grund der Bewegung«**

   Ist das Feld für die Bewegungsart eingabebereit, fahren Sie mit der Aktivität **Grund der Bewegung** fort. Sie definieren für jede relevante Bewegungsart beliebig viele Gründe. Neben dem maximal vierstelligen alphanumerischen Schlüssel für einen Bewegungsgrund geben Sie einen sprechenden Text zur Begründung der Warenbewegung an.

   Für die Bewegungsart 121 (WR Rückl. an Liefer) erfordert das Feld **Grund** eine obligatorische Eingabe. Die beispielhaften Begründungen in Abbildung 6.44 verdeutlichen, dass Sie bei der Wahl der Bewegungsgründe vollkommen frei sind. Überlegen Sie, welche Gründe Ihnen spontan aus dem Alltag einfallen, oder fragen Sie die Fachbereiche, die für Qualitätsprüfungen zuständig sind, danach, wann sie Waren zum Lieferanten zurückschicken.

BwA	Bewegungsartentext	Grund	Grund der Bewegung
122	WR Rückl. an Liefer.	1	Schlechte Qualität
122	WR Rückl. an Liefer.	2	Unvollständig
122	WR Rückl. an Liefer.	3	Beschädigt
122	WR Rückl. an Liefer.	4	Falsche Lieferung
122	WR Rückl. an Liefer.	5	Leistung komplett

Abbildung 6.44: Gründe für die Bewegungsart 122 (WR Rückl. an Liefer)

Feldauswahl und Arbeitsbereich

Grundlegende Einstellungen in Bezug auf Bewegungsarten nehmen Sie über die IMG-Aktivität **Bewegungsarten kopieren, ändern** (Transaktion OMJJ) vor. Sie stellen bei Bedarf bestehende Bewegungsarten ein oder legen individuelle Bewegungsarten wie empfohlen als Kopien von Standardbewegungsarten neu an. In der Regel sind die im Standard ausgelieferten Bewegungsarten für Ihre Geschäftsprozesse ausreichend. Gespeichert werden die allgemeingültigen Einstellungen zu den Bewegungsarten in Tabelle T156.

Die Pflege einer bestehenden (oder neuen) Bewegungsart erfolgt schrittweise in dieser vorgegebenen Reihenfolge:

1. Rufen Sie die IMG-Aktivität **Bewegungsarten kopieren, ändern** unter dem Pfad **Materialwirtschaft • Bestandsführung und Inventur • Bewegungsarten** auf. Alternativ steht dafür Transaktion OMJJ zur Verfügung.
2. Nach Aufruf der Aktivität beziehungsweise Transaktion erscheint zunächst das Dialogfenster **Feldauswahl** (siehe Abbildung 6.45). Sie können hier verschiedene Teilmengen von Bewegungsarten selektieren. Sie erhalten etwa über das Kennzeichen **Steuerung Grund** eine vollständige Auflistung aller Bewegungsarten, die eine Begründung für die Erfassung einer Warenbewegung erwarten. Möchten Sie Bewegungsarten ohne gesonderte Einschränkungen einsehen, markieren Sie das Kennzeichen **Bewegungsart**.

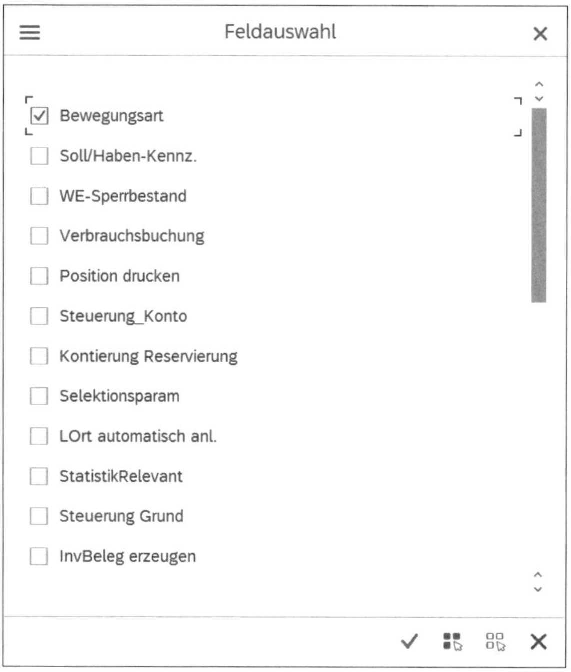

Abbildung 6.45: Einstiegsbild der Transaktion OMJJ

3. Bestätigen Sie Ihre Auswahl mit einem Klick auf die Schaltfläche ☑ (**Übernehmen**) unten rechts.
4. Legen Sie anschließend Ihren Arbeitsbereich fest (siehe Abbildung 6.46). Sie geben hierfür die gewünschten Bewegungsarten ein. Möchten Sie gezielt eine Bewegungsart betrachten, ist die Eingabe eines Werts ausreichend. Im vorliegenden Fall betrachten Sie nur die Bewegungsart 101.
5. Bestätigen Sie Ihre Eingabe über die Schaltfläche ☑ (**Übernehmen**), um zum Detailbild der Bewegungsart 101 zu gelangen.

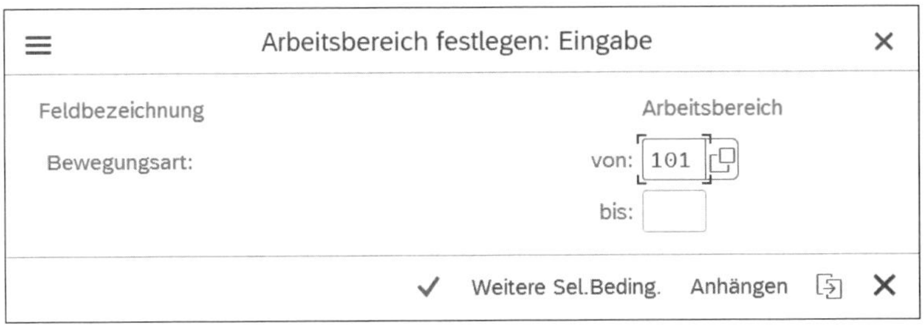

Abbildung 6.46: Den Arbeitsbereich festlegen

6. Das Detailbild einer Bewegungsart ist über eine umfangreiche Dialogstruktur gegliedert. Auf der obersten Dialogebene **Bewegungsart** befinden sich die allgemeinen Einstellungen der betrachteten Bewegungsart. Die Struktur ist in folgende Pflegedialoge unterteilt (siehe Abbildung 6.47):
   - Kurztexte
   - Zulässige Transaktionen
   - Hilfetexte
   - Feldauswahl (ab 201)/Chargensuchschema
   - Feldauswahl (Enjoy)
   - Verbuchungssteuerung/WM-Bewegungsarten
   - Kontomodifikation
   - Storno-/Folgebewegungsarten
   - Grund der Bewegung
   - Deaktivieren QM Prüfung/Liefertyp
   - Statistikgruppe LIS

   Je nach Anpassungsbedarf navigieren Sie per Doppelklick zum betroffenen Dialogschritt der Bewegungsart.

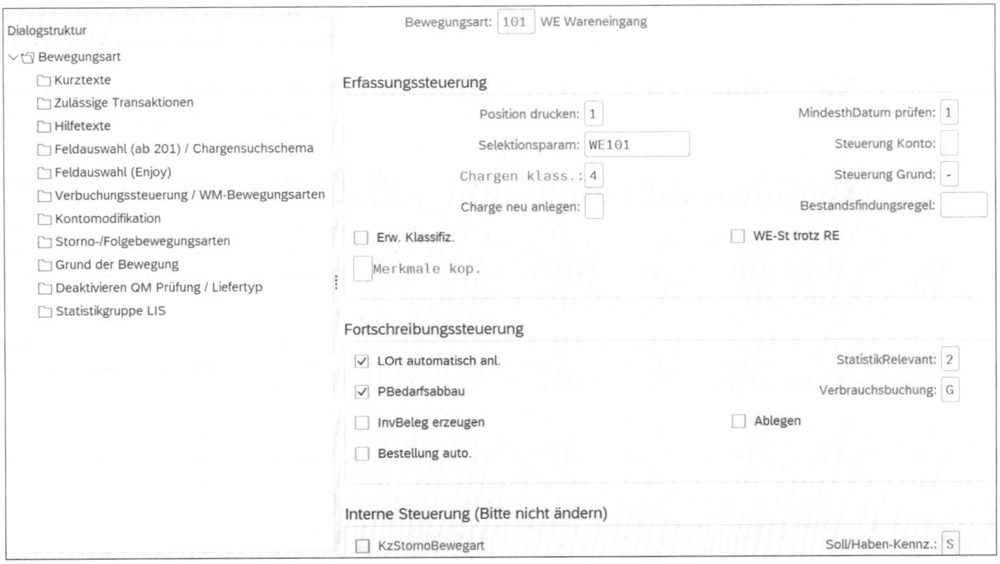

Abbildung 6.47: Bewegungsart 101 (Ausschnitt)

Bevor wir in den folgenden Unterabschnitten die einzelnen Dialogschritte von **Kurztexte** bis **Statistikgruppe LIS** weiter vertiefen, lernen Sie zunächst die allgemeinen Einstellungen im Dialog **Bewegungsart** kennen.

Bewegungsart - grundlegende Einstellungen

Die grundlegenden Einstellungen zu einer Bewegungsart führen Sie im Dialogschritt **Bewegungsart** durch. Betrachten wir hier zunächst den Bildbereich **Erfassungssteuerung** (siehe Abbildung 6.48):

- **Feld »Position drucken«**
  Hierüber legen Sie fest, ob Sie eine Materialbelegposition drucken können, und wenn ja, welche Art von Druck vorgesehen ist. Die Nachrichtenfindung bedient sich unter anderem beim Druckkennzeichen, um einen Konditionssatz zu ermitteln (siehe Abschnitt 6.7, »Nachrichten«). Ist kein Wert hinterlegt, können Sie zur Warenbewegung mit der entsprechenden Bewegungsart keine Materialbelege dazu drucken.

  Das Druckkennzeichen **1** (Materialbelegdruck) repräsentiert den allgemeinen Belegdruck. Weitere warenbewegungsspezifische Druckkennzeichen sind z. B. **2** (Rücklieferung), **3** (Warenbegleitschein Lohnbearbeitung) und **7** (Umbuchung).
- **Feld »Selektionsparam«**
  Über das Feld **Selektionsparam** steuern Sie, welche Informationen Sie in einer Listanzeige, etwa einer Auflistung von Bestellungen, dargestellt bekommen. Der hinterlegte Parameterwert ist WE101. Er steht für offene Wareneingänge.
- **Feld »MindesthDatum prüfen«**
  Möchten Sie bei der Wareneingangsbuchung das Herstell- beziehungsweise das Mindesthaltbarkeitsdatum mit oder ohne systemseitige Prüfung erfassen, befüllen Sie das Feld **MindesthDatum prüfen** mit dem entsprechenden Wert. Der Wert **1** sagt aus, dass bei einem Wareneingang Datumsangaben zu erfassen sind. Die Eingaben werden zudem geprüft. Weitere Möglichkeiten für das Feld sind: »blank« (nicht prüfen), **2** (nur erfassen) und **3** (keine Prüfung bei Warenausgang).
- **Felder »Steuerung Konto« und »Steuerung Grund«**
  Beide Steuerungsfelder sind für die Enjoy-Transaktion MIGO nicht relevant. Ob das Sachkonto für eine manuelle Kontierung oder eine Begründung zum Erfassen einer Warenbewegung möglich oder obligatorisch ist, prägen Sie stattdessen über den Dialogschritt **Feldauswahl (Enjoy)** aus.
- **Feld »Bestandsfindungsregel«**
  Über die Bestandsfindungsregel in Kombination mit einer werksabhängigen Bestandsfindungsgruppe definieren Sie eine Bestandsfindungsstrategie. In der SAP-Standardauslieferung ist keiner Bewegungsart eine Findungsregel zugewiesen. Die vollständigen Einstellungen zur Bestandsfindung führen Sie im IMG-Pfad **Materialwirtschaft • Bestandsführung und Inventur • Bestandsfindung** durch.

- **Kennzeichen »WE-St trotz RE«**
  Dieses Kennzeichen beeinflusst, ob trotz einer bereits gebuchten Rechnung bei einer wareneingangsbezogenen Rechnungsprüfung der Wareneingang storniert oder eine Rücklieferung erfasst werden kann. In der SAP-Standardauslieferung ist das Kennzeichen bei keiner Bewegungsart gesetzt – auch nicht in unserem Beispiel.

Abbildung 6.48: Erfassungssteuerung

Im Subscreen **Fortschreibungssteuerung** (Abbildung 6.49) stellen Sie folgende Parameter ein:

- **Kennzeichen »LOrt automatisch anleg.«**
  Ist das Kennzeichen **LOrt automatisch anleg.** bei der Bewegungsart gesetzt, legt das System automatisch Lagerortdaten für das betroffene Material in der Warenbewegung an. Befüllt wird die Tabelle MARD (Lagerortdaten). Neben der Bewegungsart muss auch das entsprechende Werk für eine automatisierte Anlage zugelassen sein (siehe Abschnitt 6.3.1, »Vorschlagswerte für Warenbewegungen«).
- **Kennzeichen »PBedarfsabbau«**
  Das Setzen des Kennzeichens **PBedarfsabbau** hat zur Folge, dass bei der Erfassung einer Warenbewegung geprüft wird, ob zu einer Materialbelegposition ein Bedarf abbaubar ist. Bei Bewegungsart 101 ist dies der Fall.

Abbildung 6.49: Fortschreibungssteuerung

- **Kennzeichen »InvBeleg erzeugen«**
  Dieses Kennzeichen steuert, dass aus der Warenbewegung heraus automatisch ein Inventurbeleg angelegt wird. Der Beleg wird nur erzeugt, wenn im Werk eine Vorgangs-

art für die automatische Inventurbelegerzeugung eingestellt ist (siehe Abschnitt 6.6, »Inventur«). Für die Bewegungsart 101 ist das Kennzeichen **InvBeleg erzeugen** wenig überraschend nicht vorgesehen. Bei einer Wareneingangsbuchung ergibt das Kennzeichen betriebswirtschaftlich keinen Sinn.

- **Feld »StatistikRelevant«**
  Soll die Warenbewegung zu einer statistischen Fortschreibung ins Bestandscontrolling führen, hinterlegen Sie in diesem Feld entweder den Wert **2** (Belegauswertungen und Standardanalyse) oder **3** (Nur Standardanalyse). Die Bewegungsart 101 ist statistisch relevant.
- **Feld »Verbrauchsbuchung«**
  Die Verbrauchsbuchung bestimmt, inwiefern Materialverbräuche in Tabelle MVER fortgeschrieben werden. Sie unterscheiden zwischen ungeplanten und geplanten Entnahmen. Bei geplanten Entnahmen wird der Gesamtverbrauch fortgeschrieben (G). Ungeplante Entnahmen hingegen werden als ungeplante Verbräuche fortgeschrieben (U). Über den Parameterwert R interpretiert das System Warenbewegungen mit Bezug auf Reservierungen als geplant.

Die allgemeinen Einstellungen werden durch die Parameter im Bereich **Interne Steuerung** (siehe Abbildung 6.50) vervollständigt. Hierzu zählen beispielsweise:

- **Kennzeichen »KzStorno«**
  Dieses Kennzeichen zeigt an, ob es sich bei der betrachteten Bewegungsart um eine Stornobewegungsart handelt. Ist das Kennzeichen gesetzt, haben Sie es mit einer Stornobewegungsart zu tun. Eine Stornobewegungsart ist bei falsch gebuchten Warenbewegungen unerlässlich, um Fehlbuchungen zu korrigieren. Denken Sie bitte immer bei eigenen Bewegungsarten daran, eine dazugehörige Stornobewegungsart einzurichten.

  Die passende Stornobewegungsart zur Bewegungsart 101 heißt 102 (WE zur Bestellung Storno).
- **Kennzeichen »KostArtenKontierung«**
  Das Kennzeichen zur Kostenartenkontierung ist dann von Bedeutung, wenn die Bewegung automatisiert von einer anderen integrativen Anwendung wie dem Qualitätsmanagement angestoßen wird und zwischen unkontierten und kontierten Buchungen unterschieden werden soll. Dabei ermittelt das System unterschiedliche Kontomodifikationen, obwohl dieselbe Bewegungsart zur Buchung genutzt wurde. Ein anschauliches Beispiel ist die Verschrottung aus dem Qualitätsbereich, die mit oder ohne Kontierung buchbar ist.
- **Feld »Soll/Haben-Kennz.«**
  Das Soll- und Haben-Kennzeichen verdeutlicht, um welche buchhalterische Art von Warenbewegung es sich handelt, sprich auf welcher Kontoseite die Fortschreibung der Verkehrszahlen erfolgt. Bei Bestandszugängen sehen Sie Sollbuchungen (S) vor, wohingegen Bestandsabgänge als Habenbuchungen (H) zu erfassen sind. Dies er-

klärt, warum Sie bei einer Bewegungsart für Wareneingänge das Soll-Kennzeichen vorfinden. Die Stornobewegungsart zeigt logischerweise das Kennzeichen H.

Abbildung 6.50: Interne Steuerung

Änderbarkeit des Bereichs »Interne Steuerung«

Der Bildbereich **Interne Steuerung** kann bei ausgelieferten Bewegungsarten nicht verändert werden. Sie können diesen Bildbereich nur bei Ihren eigenen Bewegungsarten editieren.

Ausführliche Informationen zur Kontenfindung erhalten Sie in Kapitel 7, »Bewertung und Kontierung«.

Kurztexte

Kurztexte sind ein probates Mittel, um anwenderunterstützende Beschreibungen für die zahlreichen Bewegungsarten zu pflegen. Sie legen dabei sprachenabhängig fest, wie die Texte für die Bewegungsarten lauten sollen. Die Texte werden in Tabelle T156T geführt.

Die Textpflege rufen Sie per Doppelklick auf den Dialogschritt **Kurztexte** auf. Sie pflegen die Texte, also den Bewegungsartentext und den Langtext zur Bewegungsart, nicht nur sprachenabhängig (siehe Abbildung 6.51), sondern auch in Kombination mit folgenden Merkmalen:

- **Sonderbestandskennzeichen**
  Das Sonderbestandskennzeichen suggeriert, dass Sie mit Unterstützung der Bewegungsarten diverse Sonderbestände aufbauen können.
- **Bewegungskennzeichen**
  Das Bewegungskennzeichen stellt eindeutig heraus, welche Art von Beleg der Bewegung zugrunde liegt. Mithilfe des Kennzeichens unterscheiden Sie beispielsweise zwischen einem Wareneingang zu einer Bestellung und einem Warenzugang zu einem Fertigungsauftrag, was zu verschiedenen Fortschreibungen bezüglich Daten und Sachkonten führt. Das Kennzeichen wird dabei über den Transaktionscode ermittelt.
- **Zugangskennzeichen**
  Über das Zugangskennzeichen legen Sie fest, welche Art der Bestellung Sie betrachten, damit eine korrekte buchhalterische Behandlung gewährleistet ist. Für Umlage-

rungsbestellungen nutzen Sie den Eintrag **X** und für gebundenes Leergut **L**. Bei allen anderen Warenbewegungen lassen Sie den Eintrag leer (»blank«).

- **Verbrauchskennzeichen**
  Warenbewegungen, die zu einem direkten Verbrauch führen, werden durch dieses Kennzeichen näher beschrieben. Möglich sind die Verbrauchskennzeichen kein Verbrauch (»blank«), Verbrauch (**V**), Anlage (**A**), Kundenauftrag (**E**) und Projekt (**P**). Der Kontierungstyp aus der Bestellung ist hierfür bei Wareneingangsbuchungen entscheidend.

Für jede Kombination können Sie separate Texte pflegen. Die Bewegungsart 101 (siehe Abbildung 6.51) wird vielfältig eingesetzt. Neben allen Sonderbestandskennzeichen kommen diverse Bewegungskennzeichen zum Einsatz, z. B. **B** (Warenbewegung zur Bestellung) und **F** (Warenbewegung zum Auftrag). Allein die ersten fünf Zeilen zeigen, dass alle anderen Verbrauchskennzeichen ebenfalls genutzt werden.

Kurztexte

	Sprache	BwA	S	Bew	Zug	Vbr	Bewegungsartentext	Langtext BewegArt
☐	DE	101		B War...	Norm...	kein...	WE Wareneingang	Wareneingang zur Bestellung
☐	DE	101		B War...	Norm...	A Anla...	WE zur Anlage	Wareneingang zur Anlage
☐	DE	101		B War...	Norm...	E Kund...	WE zum Kundenauftrag	Wareneingang zum Kundenauftrag
☐	DE	101		B War...	Norm...	P Proj...	WE zum KundAuftrBest	Wareneingang zum Kundenauftragsbestand
☐	DE	101		B War...	Norm...	V Verb...	WE zur Kontierung	Wareneingang zur Kontierung
☐	DE	101		B War...	X Uml...	kein...	WE Transitbestand	Wareneingang zum Transitbestand
☐	DE	101		B War...	X Uml...	A Anla...	WE Trans zur Anlage	Wareneingang zum Transitbestand / Anlage
☐	DE	101		B War...	X Uml...	V Verb...	WE Trans zur Kont	Wareneingang zum Transitbestand / Kontierung

Abbildung 6.51: Kurztexte für die Bewegungsart 101

Zulässige Transaktionen

Erlaubte Transaktionen zur Bewegungsart rufen Sie per Doppelklick über den Dialogschritt **Zulässige Transaktionen** auf. Tabellarisch gespeichert werden die erlaubten Transaktionen in Tabelle T158B.

Mit dem ersten Blick auf Abbildung 6.52 fällt Ihnen sicherlich gleich auf, dass im Ausschnitt Transaktionscodes enthalten sind, die nicht mehr dem aktuellen Stand entsprechen und teilweise sogar obsolet sind. Sie haben die Wahl, ob Sie die Liste bereinigen oder diese Einträge gekonnt ignorieren, weil sie letztlich nicht störend sind. Viel wichtiger ist, dass alle MIGO-Transaktionen zulässig sind.

[+]

Simplification Item – obsolete Transaktionen

Beachten Sie, dass bestimmte Anwendertransaktionen der Komponenten MM-PUR und MM-IM veraltet sind. Eine vollständige Übersicht finden Sie in den SAP-Hinweisen 2267449 und 2210569.

BwA	TCode	Transaktionstext	Vorschlag
101	ME23	Bestellung anzeigen	
101	ME33	Rahmenvertrag anzeigen	
101	MEW7	Freigabe Leistungserfassungsblätter	
101	MF42	Sammel - Istdatenerfassung	
101	MF42N	Sammelerfassung neu	
101	MFBF	Rückmeldung in der Serienfertigung	
101	MIGO	Warenbewegung	3

Abbildung 6.52: Zulässige Transaktionen zur Bewegungsart 101

Hilfetexte

Die *Hilfetexte* kommen bei Suchhilfen und bei der Auflistung der zulässigen Transaktionen zur Bewegungsart zum Einsatz. Sie pflegen die sprachabhängigen Texte über den Dialogschritt **Hilfetexte**, indem Sie in der Dialogstruktur darauf einen gezielten Doppelklick ausführen. Die Hilfetexte werden in Tabelle T157H hinterlegt. Die Textlänge darf dabei maximal 60 Zeichen umfassen.

Sie pflegen die Hilfetexte nicht nur sprachenabhängig, sondern zusätzlich auch in Kombination mit Sonderbestandskennzeichen und Transaktionscode (siehe Abbildung 6.53). Die im vorherigen Unterabschnitt getroffenen Aussagen über die obsoleten Transaktionen in SAP S/4HANA behalten auch bei den Hilfetexten ihre Gültigkeit. Im SAP-Standard finden Sie bei Bewegungsart 101 zwei deutschsprachige Texte vor:

- Wareneingang zum Auftrag in das Lager
- Wareneingang zur Bestellung ins Lager

Auch die entsprechenden englischen Hilfetexte können Sie dieser Abbildung entnehmen.

Sprache	BwA	SondBstd	TCode	Text
DE	101		MIGO	Wareneingang zur Bestellung in das Lager
DE	101		MILL_CUT	Wareneingang zum Auftrag in das Lager
EN	101		CO11	Goods receipt for order into warehouse
EN	101		CO11N	Goods receipt for order into warehouse

Abbildung 6.53: Sprachenabhängige Hilfstexte

Feldauswahl (ab 201)/Chargensuchschema

Über Dialogschritt **Feldauswahl (ab 201)/Chargensuchschema** hinterlegen Sie ein Chargensuchschema abhängig von einem Sonderbestandskennzeichen. Das Chargensuchschema bestimmt die Reihenfolge der Strategiearten, die bei einer Chargenfindung durchlaufen werden. Ist ein Suchschema gepflegt, prüfen Sie manuell erfasste Chargen gegen die Selektionskriterien der Chargenfindung, sofern die Option **Prüfen Charge** ausgewählt ist. Die getroffenen Einstellungen speichert das System in Tabelle T156B.

Aus Abbildung 6.54 geht hervor, dass bei der Bewegungsart 101 standardmäßig kein Suchschema eingetragen ist. Dies erklärt auch, warum das Kästchen **Prüfen Charge** nicht ausgewählt ist.

	BwA	Bewegungsartentext	SondBstd	Sonderbestandsbez.	Suchschema	Prüfen Charge
☐	101	WE Wareneingang				☐
☐	101	WE zum KBB	B	Kundenbestand		☐

Abbildung 6.54: Chargensuchschema für die Bewegungsart 101

Die Beschreibung des Dialogschritts kann auf den ersten Blick irreführend sein, denn Sie sehen bei Bewegungsart 201 und höher zunächst dieselbe Ansicht wie bei Bewegungsart 101. Der Unterschied besteht darin, dass Sie bei Aufruf des Dialogschritts **Feldauswahl (ab 201)/Chargensuchschema** in eine Detailansicht abspringen können, in der Sie vermeintlich die spätere Feldauswahl festlegen können. Sie wissen aber bereits, dass Sie die Feldauswahl für Enjoy-Transaktionen nicht über die wirkungslosen Aktivitäten der veralteten MB-Transaktionen, sondern in den dafür vorgesehenen IMG-Aktivitäten konfigurieren (siehe Abschnitt 6.4.1, »Feldauswahl«).

Feldauswahl (Enjoy)

Die Feldauswahl der Enjoy-Transaktionen beeinflussen Sie über den Dialogschritt **Feldauswahl (Enjoy)**. Sie rufen die Pflege auf, indem Sie einen Doppelklick auf den genannten Schritt in der Dialogstruktur durchführen. Die Feldauswahl wird in Tabelle MIGO_CUST_FIELDS geführt.

Pro Bewegungsart ist eine vollständige Liste der konfigurierbaren Felder über die [F4]-Hilfe aufrufbar. Für Bewegungsart 101 sind folgende Felder in der Enjoy-Feldauswahl anzutreffen:

- `CUSTNAM` (Kunde)
- `EXVKW` (Verkaufswert)
- `GRUND` (Grund der Bewegung)
- `KUNNR` (Kundennummer)
- `LIFNR` (Lieferant)
- `SGTXT` (Text)
- `UMBAR` (Bewertungsart Umbuchung)
- `UMCHA` (Charge Umbuchung)
- `UMLGO` (Empfangender Lagerort)
- `UMMAT` (Empfangendes Material)
- `UMWRK` (Empfangendes Werk)
- `WEANZ` (Anzahl WE-Scheine)
- `WEMPF` (Warenempfänger)

Sie legen fest, ob für das Feld eine Muss- oder eine Kanneingabe erwartet wird. Das Feld ist ausgeblendet, wenn es nicht in der Feldauswahl berücksichtigt ist.

Abbildung 6.55 zeigt für Bewegungsart 101, wie eine beispielhafte Einstellung aussehen kann. Die Felder **Kunde**, **Kundennummer**, **Text** und **Warenempfänger** sind eingabebereit. Alle anderen Felder sind hingegen ausgeblendet.

Feldauswahl (Enjoy)

	BewegArt	Feldname	Mußeingabe	Kanneingabe
☐	101	CUSTNAME	○	◉
☐	101	KUNNR	○	◉
☐	101	SGTXT	○	◉
☐	101	WEMPF	○	◉

Abbildung 6.55: Feldauswahlsteuerung für Enjoy-Transaktionen

Alternativ pflegen Sie die Feldauswahl über die IMG-Aktivität **Materialwirtschaft • Bestandsführung und Inventur • Einstellungen für Warenbewegungen (MIGO) • Feldauswahl Bewegungsart**. Wir haben diesen Vorgang umfassend in Abschnitt 6.4.1 beschrieben. Das Endergebnis ist letztlich identisch.

Verbuchungssteuerung/WM-Bewegungsarten

Sie rufen den Dialogschritt **Verbuchungssteuerung/WM-Bewegungsarten** über einen Doppelklick in der Dialogstruktur auf und finden darin die Systemeinstellungen zur Verbuchungssteuerung einer Bewegungsart vor. Die Ausprägungen werden in Tabelle T156SC abgelegt.

Die Bewegungsart 101 wird für eine Fülle von Warenbewegungen genutzt. Die über 100 Einträge allein zu dieser Bewegungsart untermauern diese Aussage eindrucksvoll (siehe Abbildung 6.56). Diese sehr hohe Anzahl an Tabelleneinträgen kommt vor allem durch die zahlreichen Schlüsselfelder und deren Kombinationen zustande.

Verbuchungssteuerung / WM-Bewegungsarten

	BwA	Wer	Men	S	Bew	Zug	Vbr	Bewegungsartentext	Dyn.Verf.Res.	Dyn.Verf.Bew.	Prüfregel	Ref	UmR	UmU	LIFO/FIFO	Anzeigeregel
☐	101	☐	☐		B		A	WE zur Anlage				999			☐	LE1
☐	101	☐	☐		B		E	WE zum Kundenauftrag				999			☐	LA1
☐	101	☐	☐		B		P	WE zum KundAuftrBest				999			☐	LA1
☐	101	☐	☐		B		V	WE zur Kontierung				999			☐	LE1
☐	101	☐	☐		F		A	WE zur Anlage				999			☐	LE1
☐	101	☐	☐		F		V	WE zur Kontierung				999			☐	LE1
☐	101	☐	☐	B	B			WE zum KBB				101			☐	LA1
☐	101	☐	☐	B	B		V	WE zum KBB				101			☐	LA1

Abbildung 6.56: Verbuchungssteuerung zur Bewegungsart 101

Die Schlüsselfelder finden Sie auf der Detailsicht im oberen Bereich des Eintrags wieder (siehe Abbildung 6.57). Bestimmte Schlüsselfelder sind Ihnen weiter oben bereits im Unterabschnitt »Kurztexte« begegnet. Hierzu zählen die Sonderbestands-, Bewegungs- und

Verbrauchskennzeichen sowie die Verbrauchsbuchung. Darüber hinaus gibt es folgende Möglichkeiten:

- Das Kennzeichen **Wertfortschreibung** gibt an, ob das Material wertmäßig im zugehörigen Bewertungskreis (Werk oder Buchungskreis) geführt wird. Die Werte werden auf entsprechenden Konten ausgewiesen.
- Das Kennzeichen **Mengenfortschreibung** gibt Aufschluss darüber, ob eine mengenmäßige Führung des Materials im Bewertungskreis (Werk oder Buchungskreis) vorliegt.

Anhand der Schlüsselfelder in Abbildung 6.57 können Sie, ohne explizit auf den Bewegungsartentext zu achten, den Eintrag bereits fachlich einordnen und möglicherweise eine Bewegungsart identifizieren. Bei diesem Vorgang ist kein Sonderbestandskennzeichen gesetzt (»blank«), und es ist weder eine wert- noch mengenmäßige Fortschreibung zulässig. Die Warenbewegung findet mit Bezug zu einer Bestellung statt (Bewegungskennzeichen **B**). Gebucht wird der Verbrauch auf ein Anlagenkonto (Verbrauchsbuchung **A**).

Abbildung 6.57: Verbuchungssteuerung für die Bewegungsart 101 (WE zur Anlage)

Im Bildbereich **Erfassungssteuerung** treffen Sie Entscheidungen, die für eine systemgestützte Verfügbarkeitsprüfung relevant sind. Hierzu zählen die folgenden Einstellungen:

- **Feld »Dyn.Verfüg.Reserv.«**
  Das Feld **Dyn.Verfüg.Reserv.** steuert, ob bei Anlage einer Reservierung eine Verfügbarkeitsprüfung durchgeführt wird. Je nach gewählter Einstellung erhalten die Anwenderinnen und Anwender ad hoc eine Warn- oder Fehlermeldung über das Ergebnis der durchgeführten Prüfung.
- **Feld »Dyn.Verfüg.Warenb.«**
  Die Auswirkungen des Feldes **Dyn.Verfüg.Warenb.** sind vergleichbar mit der Verfügbarkeitsprüfung für Reservierungen. Die Prüfung findet beim Erfassen von Warenbewegungen statt.
- **Feld »Prüfregel Fehlteile«**
  Über das Feld **Prüfregel Fehlteile** können Sie bei Bedarf eine Prüfregel für die Fehlteilprüfung in der Bestandsführung angeben. Die Prüfregel legt fest, nach welcher Prüfvorschrift die Verfügbarkeitsprüfung durchgeführt wird.
- **Feld »Anzeigetafel«**
  Welche Bestandsfelder bei einer Bewegung in der Verfügbarkeitsanzeige und auf der Werksbestandsübersicht angezeigt werden, steuern Sie über den Wert in Feld **Anzeigetafel**.

Sie konfigurieren die dynamische Verfügbarkeitsprüfung für die entsprechenden Bereiche über diese IMG-Aktivitäten:

- **Materialwirtschaft • Bestandsführung und Inventur • Warenausgang/Umbuchungen • Umfang der Verfügbarkeitsprüfung einstellen** (Transaktion OMCP)
- **Materialwirtschaft • Bestandsführung und Inventur • Wareneingang • Dynamische Verfügbarkeitsprüfung einstellen** (Transaktion OMCM)
- **Materialwirtschaft • Bestandsführung und Inventur • Reservierung • Umfang der Verfügbarkeitsprüfung einstellen** (Transaktion OMB1)

In Abschnitt 6.5, »Reservierung«, betrachten wir die zuletzt genannte Konfigurationsmöglichkeit stellvertretend für alle Wege noch genauer.

Über den Bildbereich **Fortschreibungssteuerung** machen Sie unter anderem folgende Vorgaben:

- **Feld »RefBewegArt WM«**
  Allen Bewegungsarten, die für das Lagerverwaltungssystem Warehouse Management (WM) relevant sind, ist eine Referenzbewegungsart zugewiesen. Mithilfe der Referenzbewegungsart ermittelt das System die entsprechende Bewegungsart im Lagerverwaltungssystem. Wenn Sie in diesem Feld den Wert 999 antreffen, wissen Sie, dass die betrachtete Bewegungsart keine Buchungen im Warehouse Management auslöst.
- **Kennzeichen »LIFO/FIFO-relevant«**
  Ist das Kennzeichen **LIFO/FIFO-relevant** gesetzt, ist die Bewegungsart für die LIFO-Bewertung (last in first out) und die FIFO-Bewertung (first in first out) relevant.

- **Felder »UmRefBewArt WM« und »UmRefBewArt WM«**
  Lassen Sie sich nicht davon irritieren, dass beide Felder eine identische Bezeichnung haben. Sie beinhalten die Referenzbewegungsarten zur Ermittlung der Bewegungsart auf der Seite des Lagerverwaltungssystems für Umlagerungen und Umbuchungen. Nutzen Sie die F1-Hilfe, um die Felder inhaltlich voneinander abzugrenzen.

[+]

Simplification Item – Lagerverwaltung (Warehouse Management)

Das Lagerverwaltungssystem (LE-WM) zählt nicht mehr zur Zielarchitektur unter SAP S/4HANA. Als funktionales Äquivalent nutzen Sie stattdessen SAP Extended Warehouse Management (SAP EWM). Ab SAP S/4HANA 1909 steht Ihnen alternativ zum obsoleten Verwaltungssystem SAP S/4HANA Stock Room Management zur Verfügung, das wesentliche Bestandteile der Komponente LE-WM enthält und über das Jahr 2025 hinaus von SAP unterstützt wird (siehe SAP-Hinweis 2270211).

Die internen Steuerungsparameter, die im Bildbereich **Interne Steuerung** zu finden sind, sind bei ausgelieferten Bewegungsarten nicht änderbar. Intern werden die Steuerungsparameter in der mandantenunabhängigen Tabelle T156SY geführt.

Sie sollten aber zumindest die beiden Parameter **Wertestring** und **Mengenstring** fachlich einordnen können. Hinter dem Buchungsstring für Werte oder einfach nur *Wertestring* verbergen sich die Buchungsregeln für Warenbewegungen und Rechnungseingänge. Der Wertestring wird sowohl für die automatische Kontenfindung in der Bestandsführung (siehe Kapitel 7, »Bewertung und Kontierung«) als auch zur Ermittlung der Konten in der logistischen Rechnungsprüfung (siehe Kapitel 8) genutzt. Über die Tabelle T156W sehen Sie die Vorgangsschlüssel zum Wertestring in der Bestandsführung ein. Die Vorgangsschlüssel aus Sicht der Rechnungsprüfung finden Sie in Tabelle T169A. Wir beschreiben den Wertestring direkt im Anschluss im Unterabschnitt »Kontomodifikation«.

Der Buchungsstring für Mengen (*Mengenstring*) steuert, welche Bestandsfelder bei einer Verfügbarkeitsprüfung beim Erfassen einer Warenbewegung und beim Fortschreiben der Daten ermittelt werden.

[!]

Modifikationen

Änderungen am Werte- und/oder am Mengenstring stuft SAP als Modifikationen ein. Das bedeutet im Klartext, dass Fortschreibungsfehler aufgrund einer falsch eingestellten Bewegungsart Modifikationsschäden sind und damit nicht durch den SAP-Support zu lösen.

Kontomodifikation

Per Doppelklick auf den Dialogschritt **Kontomodifikation** gelangen Sie in den gleichnamigen Pflegebereich für die Bewegungsart. Die dortigen Einstellungen werden in Tabelle T156X verwaltet.

Anhand des Buchungsstrings für Werte werden die *Vorgangsschlüssel* für die automatische Kontenfindung ermittelt (siehe Abbildung 6.58). Nennenswerte Vorgangsschlüssel für die Bewegungsarten in der Materialwirtschaft sind:

- KBS (Kontierte Bestellung)
- KDM (Kursdifferenzen Materialwirtschaft)
- PRD (Preisdifferenzen)
- BSX (Bestandsbuchung)
- GBB (Gegenbuchung zur Bestandsbuchung)
- WRX (WE-RE-Verrechnung)

	BwA	S	Wertfort	MngFort	Bew	Vbr	Wertestrg	Z.	VSchl	KontoModif	Kontier. prüfen
☐	101		☐	☐	B	P	BNKR	1	FRX	ERA	☑
☐	101		☐	☐	B	P	BNKR	2	KDM	ERA	☑
☐	101		☐	☐	B	P	WE06	2	WRX	ERA	☑
☐	101		☐	☐	B	P	WE06	3	KDM	ERA	☐
☐	101		☐	☐	B	V	BNKR	1	FRX		☑
☐	101		☐	☐	B	V	BNKR	2	KDM		☑
☐	101		☐	☐	B	V	WE06	1	KBS		☑
☐	101		☐	☐	B	V	WE06	2	WRX		☑
☐	101		☐	☐	B	V	WE06	3	KDM	ERA	☐
☐	101	E	☐	☐	B		BNKR	1	FRX		☑
☐	101	E	☐	☐	B		BNKR	2	KDM		☑
☐	101	E	☐	☐	B		WE01	2	WRX		☑

Abbildung 6.58: Kontomodifikation

Über die ergänzende Angabe einer Kontomodifikation wird bei der Ermittlung des passenden Kontos zusätzlich zwischen den Vorgängen differenziert, damit schlussendlich das fachlich richtige Sachkonto beim Erfassen der Warenbewegung angesprochen wird. Bevor Sie Änderungen an der Kontomodifikation vornehmen, prüfen Sie zunächst, ob die Standardeinstellungen für Ihre Zwecke ausreichend sind.

Wie Sie die automatische Kontenfindung konfigurieren, lernen Sie ausführlich in Kapitel 7, »Bewertung und Kontierung«.

Sie können zu jedem gepflegten Vorgang in ein Detailbild (siehe Abbildung 6.59) abspringen. Die Konfigurationsmöglichkeiten sind jedoch stark begrenzt. Lediglich das Kennzeichen **Prüfen** für die Kontierungsprüfung kann editiert werden. Ist das Kennzeichen gesetzt, prüft das System, ob ein Sachkonto oder eine Kontierung auf der Materialbelegposition gepflegt wurde. Die eingegebenen Daten werden für die Buchungen herangezogen. Falls Sie das Kennzeichen nicht setzen, zieht das System die automatisch ermittelten Sachkonten und Kontierungen für die Buchungszeilen heran.

Abbildung 6.59: Details zur Kontomodifikation für Bewegungsart 101

Storno- und Folgebewegungsarten

Stornobewegungsarten sowie *Folgebewegungsarten* zu einer Bewegungsart hinterlegen Sie über den Dialogschritt **Storno-/Folgebewegungsarten**. Die hier getätigten Einstellungen führt das System in Tabelle T156N.

Abhängig vom Funktionscode, der als Vorschlagswert an das aufrufende Programm übergeben wird, geben Sie gezielt eine Bewegungsart für die weitere Verarbeitung an. Über die Art der Buchung unterscheidet das System zwischen einer Rücklieferung, einem echten Storno und einer Umbuchung. Sie haben hier folgende Auswahl:

- »blank«: weder Rücklieferung noch Storno
- **1**: Rücklieferung (Menge eingabebereit; kein Machcodeaufbau)
- **2**: Storno (Menge nicht eingabebereit; kein Machcodeaufbau)
- **3**: Umbuchung (Menge eingabebereit; kein Machcodeaufbau)

Abbildung 6.60 verdeutlicht den Zusammenhang zwischen der betrachteten Bewegungsart und den dazugehörigen Folgebewegungsarten. Sie sehen, dass für den erfassten Wareneingang über die Bewegungsart 101 eine Rücklieferung mit der Bewegungsart 122 und eine Retourenposition mit der Bewegungsart 161 erstellt wird. Einen gebuchten Wareneingang stornieren Sie über die Bewegungsart 102.

	BwA	FCode	Bezeichnung	BwA	Art der Buchung
☐	101	RL	Rücklieferung	122	1
☐	101	SN		101	
☐	101	SS	Storno (Detail)	102	2
☐	101	SSR	Rückl. (Detail)	122	1
☐	101	ST	Storno	102	2
☐	101	WERE	Retourenposition	161	

Abbildung 6.60: Storno- und Folgebewegungsarten zur Bewegungsart 101

Grund der Bewegung

Beim Erfassen von Warenbewegungen können Sie Begründungen angeben. Sie definieren die Begründung für eine Bewegungsart über den Dialogschritt **Grund der Bewegung**. Indem Sie einen Doppelklick auf den Dialogschritt ausführen, rufen Sie den Pflegebereich auf. Die Gründe werden in Tabelle T156Q geführt. (Eine umfangreichere Erklärung zum Thema finden Sie am Anfang von Abschnitt 6.4.3, »Bewegungsarten«, im Unterabschnitt »Grund der Warenbewegung«.)

Damit Sie bei einer Warenbewegung überhaupt einen Grund erfassen können, muss gewährleistet sein, dass das Feld eingabebereit ist. Möchten Sie den Grund als verpflichtende Eingabe aussteuern, sehen Sie für das Feld eine Musseingabe vor.

Nicht bei allen Bewegungsarten ist es sinnvoll, mit einer Begründung zu arbeiten. Hierzu zählt auch die Bewegungsart 101. Selbst wenn Gründe vordefiniert sind, wie in Abbildung 6.61 zu sehen, ist nicht zugleich die Angabe eines Grundes bei einer Wareneingangsbuchung sinnvoll.

	BwA	Bewegungsartentext	Grund	Grund der Bewegung
☐	101	WE Wareneingang	1	Schlechte Qualität
☐	101	WE Wareneingang	101	Nicht identifizierb.

Abbildung 6.61: Gründe für die Bewegungsart 101

Deaktivieren der QM-Prüfung und Zuordnung des Liefertyps

Im Dialogschritt **Deaktivieren QM Prüfung/Liefertyp** legen Sie fest, ob Prüflose bei der Bestandsbuchung erzeugt werden und welcher Liefertyp einer Warenbewegung zugeordnet wird. Beide Einstellungen finden Sie in Tabelle T156Q.

Wählen Sie das Kennzeichen **QM nicht aktiv** aus, erzeugt das ERP-System keine Prüflose für eine nachgelagerte Qualitätsprüfung nach erfolgtem Wareneingang. Das Kennzeichen ist bei der Bewegungsart 101 lediglich für Buchungen in den Lohnbearbeitungsbeistellbestand (Sonderbestand O) gesetzt. Alle anderen Kombinationsmöglichkeiten lassen eine Prüfloserzeugung zu (siehe Abbildung 6.62).

	Bewegungsart	Sonderbestand	BewegKennz	Zugangskennz	Verbrauch	Bewegungsartentext	QM nicht aktiv	Liefertyp
☐	101		B			WE Wareneingang	☐	ID
☐	101		B		A	WE Wareneingang	☐	ID
☐	101		B		E	WE Wareneingang	☐	
☐	101		B		P	WE Wareneingang	☐	
☐	101		B		V	WE Wareneingang	☐	ID
☐	101		B	X		WE Wareneingang	☐	ID
☐	101		B	X	A	WE Wareneingang	☐	ID
☐	101		B	X	V	WE Wareneingang	☐	ID
☐	101		F			WE Wareneingang	☐	ID
☐	101		F		A	WE Wareneingang	☐	ID
☐	101		F		V	WE Wareneingang	☐	ID
☐	101	B	B			WE Wareneingang	☐	ID
☐	101	B	B		V	WE Wareneingang	☐	

Abbildung 6.62: QM-Prüfung und Liefertyp

Der *Liefertyp* bestimmt, wie die Lieferart zu ermitteln ist. Sie unterscheiden die nachfolgenden Liefertypen:

- ID (Liefertyp für Anlieferungen)
- OD (Liefertyp für Auslieferungen)
- TP (Liefertyp für Umbuchungs- beziehungsweise Umlagerungslieferungen)
- RL (Liefertyp Rücklieferung zum Lieferanten)
- LB (Liefertyp zur Lohnbearbeitung)
- RK (Liefertyp für Kundenretouren)

Die Ermittlung der Lieferart erfolgt in Abhängigkeit vom Liefertyp und von den taktangebenden Organisationsstrukturen in der Materialwirtschaft, Werk und Lagerort.

Es dürfte Sie nicht sonderlich überraschen, dass für Anlieferungen (Bewegungsart 101) der Liefertyp **ID** hinterlegt ist. Andere Liefertypen ergeben fachlich keinen Sinn.

Statistikgruppe LIS

Statistikgruppen kommen für statistische Auswertungen zum Einsatz, auch bei Bewegungsarten. Navigieren Sie mit einem Doppelklick auf den Schritt **Statistikgruppe LIS** zum Pflegebereich für Statistikgruppen.

In der SAP-Standardauslieferung sind den zahlreichen Bewegungsarten keine Statistikgruppen zugewiesen. Abbildung 6.63 verdeutlicht die leeren Einträge in diesem Konfigurationsbereich am Beispiel der Bewegungsart 101. Bei Bedarf können Sie Statistikgruppen hinterlegen.

BwA	S	Bew	Bewegungsartentext	STGRP1	STGRP2	STGRP3	STGRP4
101		B					
101		F					
101	B	B					
101	B	F					
101	E	B					
101	E	F					
101	K	B					
101	M	B					
101	O	B					
101	Q	B					
101	Q	F					

Abbildung 6.63: Statistikgruppen für die Bewegungsart 101

Eigene Bewegungsarten anlegen

In der Regel reichen die ausgelieferten Standardbewegungsarten aus, um Ihre Warenbewegungen buchen zu können. Tritt dennoch der Fall ein, dass Sie eine neue Bewegungsart benötigen, gehen Sie wie folgt vor:

1. Rufen Sie die IMG-Aktivität **Bewegungsarten kopieren, ändern** unter dem Pfad **Materialwirtschaft • Bestandsführung und Inventur • Bewegungsarten** auf. Alternativ steht Ihnen dafür Transaktion OMJJ zur Verfügung.
2. Nach Aufruf der Aktivität beziehungsweise Transaktion erscheint zunächst ein Dialogfenster zur Feldauswahl. Wählen Sie hier den obersten Eintrag **Bewegungsart** aus, und bestätigen Sie Ihre Auswahl.
3. Legen Sie anschließend Ihren Arbeitsbereich fest. Haben Sie bereits eine konkrete Bewegungsart als Kopiervorlage in Erwägung gezogen, tragen Sie diese Bewegungsart ein. Falls Sie sich noch unschlüssig über Ihre Auswahl sind, grenzen Sie Ihren Arbeitsbereich nicht ein, sondern evaluieren zunächst, welche Bewegungsart sich zum Kopieren eignet.

   Das Anlegen individueller Bewegungsarten ist auch ohne Kopieren möglich. Dennoch ist die empfohlene Vorgehensweise, die Kopierfunktion zu nutzen, um die neue Bewegungsart nicht komplett neu aufbauen zu müssen. Denken Sie nur an die über 100 Einträge im Dialogschritt **Verbuchungssteuerung**, die Sie manuell befüllen müssten.
4. Bestätigen Sie Ihren Arbeitsbereich, um in die Übersicht zu gelangen.
5. Markieren Sie die zu kopierenden Bewegungsarten, und fahren Sie über die Schaltfläche (**Kopieren**) mit der Neuanlage fort. In Abbildung 6.64 sehen Sie, dass die Bewegungsarten 101 und 102 markiert sind. Wenn Sie eine neuartige Bewegungsart anlegen, sollten Sie stets an die direkte Stornobewegungsart für die neue Bewegungsart denken. Dadurch ist gewährleistet, dass Ihre Anwenderinnen und Anwender ohne weitere Erklärungen direkt im System sehen, welche Bewegungsart für die Stornierung vorgesehen ist.

Abbildung 6.64: Bewegungsarten fürs Kopieren markieren

6. Überschreiben Sie für die neuen Bewegungsarten die dreistelligen Schlüssel aus den Kopiervorlagen mit den gewünschten Werten, beginnend mit 9, X, Y oder Z. Bestätigen Sie den erfassten Eintrag mit der [↵]-Taste oder über die Schaltfläche **Übernehmen**.

   Ein Dialogfenster öffnet sich (siehe Abbildung 6.65). Wählen Sie den obersten Eintrag aus, damit alle abhängigen Einträge in die neue Bewegungsart übernommen werden. Diesen Schritt führen Sie für jede markierte Bewegungsart nacheinander aus. Dabei leitet Sie das System durch die Konfiguration.

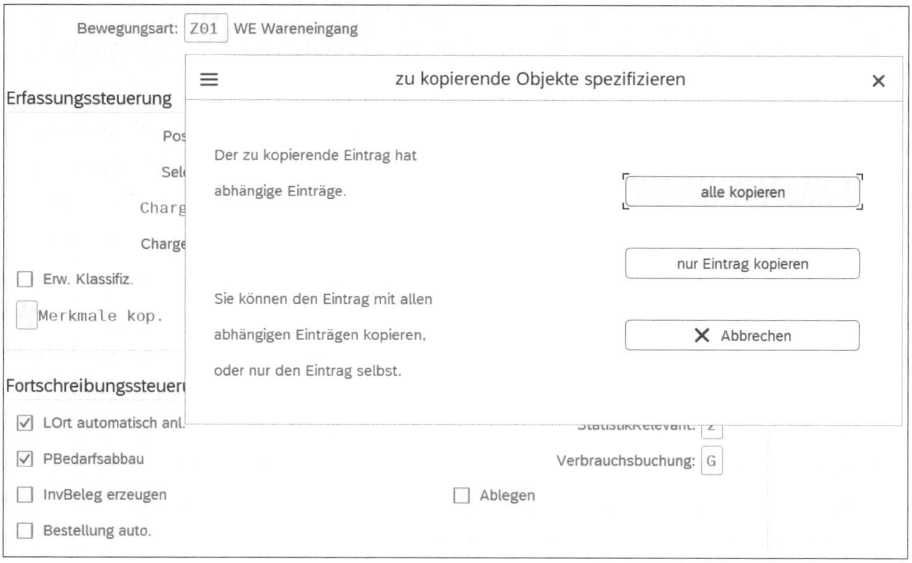

Abbildung 6.65: Bewegungsart Z01 als Kopie von Bewegungsart 101

7. Passen Sie nun die neuen Bewegungsarten nach Ihren Bedürfnissen an, indem Sie von oben beginnend alle Schritte in der Dialogstruktur per Doppelklick aufrufen:

- Kurztexte
- Erlaubte Transaktionen
- Hilfetexte
- Feldauswahl (ab 201)/Chargensuchschema
- Feldauswahl (Enjoy)
- Verbuchungssteuerung/WM-Bewegungsarten
- Kontomodifikation
- Storno-/Folgebewegungsarten
- Grund der Bewegung
- Deaktivieren QM Prüfung/Liefertyp
- Statistikgruppe LIS

Achten Sie insbesondere darauf, aussagekräftige Beschreibungen (Kurz- und Hilfetexte) anzulegen.

8. Speichern Sie Ihre Anpassungen.
9. Testen Sie die neuen Bewegungsarten ausgiebig. Beziehen Sie bei den Tests das Team aus den Bereichen Finanzen und Controlling mit ein, um die buchhalterische Sichtweise fachlich bewerten zu lassen. Treten unerwartet Fehler auf, korrigieren Sie Ihre Customizing-Einstellungen.

[«]

Feldauswahlsteuerung im Finanzwesen

Die Einstellungen der Feldauswahlsteuerung einer Bewegungsart dürfen nicht im Widerspruch zur Feldauswahlsteuerung im Finanzwesen stehen. Ansonsten kann die Warenbewegung nicht erfasst werden.

Über den Report `RM07CUFA` (Feldauswahlabgleich Bewegungsart – Sachkonto) prüfen Sie mit maschineller Unterstützung, ob die Feldauswahlsteuerungen voneinander abweichen. Wenn Sie widersprüchliche Konfigurationen entdecken, können Sie gezielt aktiv werden. Sie rufen den Report beispielsweise über Transaktion SE38 auf.

IMG-Aktivitäten, die Auswirkungen auf die Feldauswahlsteuerung im Finanzwesen haben, sind (ohne dass wir sie hier ausführlich erläutern können):

- **Finanzwesen • Grundeinstellungen Finanzwesen • Bücher • Felder • Feldstatusvarianten definieren** (Transaktion OBC4)
- **Finanzwesen • Grundeinstellungen Finanzwesen • Bücher • Felder • Buchungskreis Feldstatusvarianten zuordnen**
- **Finanzwesen • Grundeinstellungen Finanzwesen • Beleg • Buchungsschlüssel definieren** (Transaktion OB41)

Kontierungsblock

Anpassungen an vorhandenen Subscreens für Kontierungsblöcke führen Sie über die IMG-Aktivität **Subscreen für Kontierungsblock einstellen** (Transaktion OXK1) durch. Abbildung 6.66 zeigt alle Subscreens für Kontierungsblöcke, die in der SAP-Standardauslieferung enthalten sind. Bei Bedarf können Sie eigene Subscreens definieren.

Nr.	Bezeichnung	Priorität	Aktiv	Zeilen
1001	GeschBer Kostenst	3	X	5
1002	GeschBer Kostenst Auftrag Kostenträger	7	X	5
1003	GeschBer Auftrag	4	X	5
1004	GeschBer Kostenst ProfitCt Auftrag FunktBer	7	X	5
1005	GeschBer ProfitCtr ErgObj	3	X	5
1006	GeschBer Kostenst Auftrag ProfitCtr ErgObj PSP-Elm Netzpl	8	X	5
1007	GeschBer Kostenst Auftrag KdAuftrag Anlage PSP-Elm Netzpl	8	X	5
1010	GeschBer Anlage Kostenst Auftrag Material Werk	8	X	5
1011	GeschBer Sachkonto ProfitCtr	3	X	5
1012	GeschBer Material Werk BewrtArt MatPSP MatKdAuf	6	X	5
1013	Finanzst Mittelres Finanzps Fonds Kostl	6	X	5
1014	Kostenst Auftrag PSP-Elm ErgObjekt Sachkto GsBer Prctr	8	X	5
1015	Kostenst Auftrag PSP-Elm ErgObjekt Anlage BuKrs ImmoObj	8	X	5
1016	Standardscreen mit belegsplitrelevanten Feldern (NewGL)	1	X	5
1101	Großer Subscreen mit allen Standardkontierungen	9	X	20

Abbildung 6.66: Kontierungs-Subscreens im SAP-Standard

Die Subscreens selbst können per Doppelklick auf einen beliebigen Zeileneintrag eingesehen werden. Die Testanzeige unterstützt Sie mit einer visuellen Darstellung des Kontierungsblocks. Aus Abbildung 6.67 entnehmen Sie, wie der Subscreen 1001 für Geschäftsbereich und Kostenstellen dargestellt wird.

Abbildung 6.67: Subscreen 1001 (GeschBer Kostenst)

Ausführliche Informationen zu den Konfigurationsmöglichkeiten finden Sie in Abschnitt 4.2.6, »Kontierungstyp«. Über die IMG-Aktivität **Materialwirtschaft • Einkauf • Kontierung • Subscreen für Kontierungsblock einstellen** (Transaktion OXK1) gelangen Sie in denselben Pflegedialog.

6.5 Reservierung

Wie zukünftige Materialbedarfe an das Lager gemeldet werden, können Sie über manuell oder automatisch erzeugte *Reservierungen* abbilden. Dadurch erleichtern Sie im Zuge einer Warenausgabe die Bereitstellung des nachgefragten Materials im Lager für den erfassten Bedarfstermin. Darüber hinaus unterstützen Reservierungen eine erhöhte Lagermaterialverfügbarkeit, da Sie dispositiv berücksichtigt werden.

Ein *Reservierungsbeleg* beantwortet aus Sicht einer Warenausgabe unter anderem folgende Fragen:

- Welches Material soll bereitgestellt werden?
- Wie hoch ist die nachgefragte Menge?
- Wann ist der Bedarfstermin?
- Woher soll das Material entnommen werden?
- Für wen erfolgt die Warenausgabe?

Reservierungen sind zweckgebunden. Das bedeutet, Sie legen eine Reservierung für ein Kontierungsobjekt und eine Bewegungsart an. Die Reservierungsebene ist auf Werks- und Lagerortebene angesiedelt.

Reservierungen können zudem sowohl für das Planen von Wareneingängen als auch von Umlagerungen beziehungsweise Umbuchungen zum Einsatz kommen. Hauptsächlich werden Reservierungen jedoch für Warenausgaben verwendet.

Materialwirtschaftsspezifische Systemeinstellungen für Reservierungen nehmen Sie unter dem IMG-Pfad **Materialwirtschaft • Bestandsführung und Inventur • Reservierung** vor. In Abbildung 6.68 sehen Sie alle IMG-Aktivitäten, die in diesem Customizing-Bereich relevant sind.

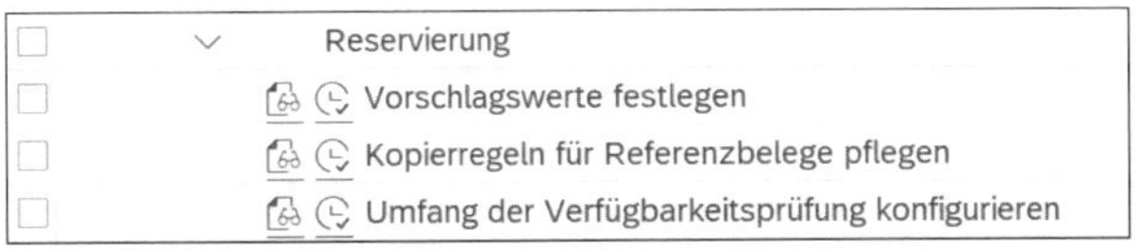

Abbildung 6.68: IMG-Aktivitäten im Bereich »Reservierung«

6.5.1 Vorschlagswerte

Werksabhängige Vorschlagswerte für Reservierungen sowie Vorschlagswerte für die Batch-Input-Mappe, die in Report `RM07RVER` (Transaktion MBVR) abgespielt wird, definieren Sie über die IMG-Aktivität **Vorschlagswerte festlegen** (Transaktion OMBN). Die Einträge führt das System in den Tabellen T159L und T159B.

Zu den Vorschlagswerten auf Werksebene (siehe Abbildung 6.69), die Sie über die Schaltfläche **Werk** innerhalb der IMG-Aktivität erreichen, gehören:

- **Kennzeichen »Bewegung erlaubt«**
  Nur wenn dieses Kennzeichen gesetzt ist, sind Bewegungen zur Reservierungsposition im Werk zulässig. Bei der Anlage einer Reservierung wird das Kennzeichen durch die hier getätigte Einstellung vorbelegt.

  Falls Sie eine Warenbewegung buchen möchten, aber das Kennzeichen nicht gesetzt ist, müssen Sie das Kennzeichen entweder manuell oder über das Verwaltungsprogramm (Report `RM07RVER`) setzen. Bei Ausführung des Reports beachten Sie bitte die Abhängigkeiten zu den Feldern **Tage Bewegung erlaubt** und **Verweildauer**.
- **Feld »Tage Bewegung erlaubt«**
  Die hinterlegte Anzahl an Tagen im Feld **Tage Bewegung erlaubt** bestimmt, ob das Verwaltungsprogramm das Kennzeichen **Bewegung erlaubt** in den Reservierungspositionen setzt. Falls der zukünftige Bedarfstermin kleiner oder gleich dem Tagesdatum zuzüglich der hinterlegten Tagesanzahl ist, wird das Kennzeichen gesetzt.
- **Feld »Verweildauer«**
  Das Feld **Verweildauer** beeinflusst, wie lange eine Reservierung im System erhalten bleibt, bis das Verwaltungsprogramm ein Löschkennzeichen in der Reservierungsposition setzt. Vom Setzen betroffen sind alle Positionen, die älter als das aktuelle Tagesdatum minus die hinterlegte Verweildauer angegeben in Tagen sind.
- **Kennzeichen »MRA«**
  Über das Kennzeichen **MRA** (MARD-Segment automatisch) bestimmen Sie, dass bei Reservierungen die notwendigen Lagerortbestandsdaten im Materialstamm automatisch angelegt werden. Dies betrifft sowohl geplante Zugänge als auch geplante Abgänge.

In der SAP-Standardauslieferung sind die Vorschlagswerte für Reservierungen gepflegt, wie in Abbildung 6.69 zu sehen. Warenbewegungen sind erlaubt. Die Anzahl an Tagen, bei denen eine Warenbewegung möglich ist, beträgt 10 Tage. Für die Verweildauer sind 30 Tage angedacht und das Kästchen für die automatische Anlage benötigter Lagerortdaten im Materialstamm ist ausgewählt.

Werk	Name 1	Bew	T.Bew.	Verw	MRA
☐ 0001	Werk 0001	☑	10	30	☑

Abbildung 6.69: Vorschlagswerte für Reservierungen (Werk 0001)

Über die Schaltfläche **Batch-Input** gelangen Sie zu den Vorschlagswerten für die Batch-Input-Verarbeitung des Reports `RM07RVER` (Abbildung 6.70). Hinter dem Programmnamen verbirgt sich Transaktion MBVR (Reservierungen verwalten). Jedoch erfassen Sie hier im Regelfall keine gezielten Vorschlagswerte. Stattdessen behalten die bestehenden Systemeinstellungen bei.

Abbildung 6.70: Vorschlagswerte für die Batch-Input-Verarbeitung (Report RM07RVER)

Alternativ pflegen Sie zumindest eine Teilmenge der Vorschlagswerte für die Reservierungen über die IMG-Aktivität **Materialwirtschaft • Bestandsführung und Inventur • Werksparameter** (siehe Abschnitt 6.3.3, »Vorschlagswerte für Reservierungen«).

6.5.2 Dynamische Verfügbarkeitsprüfung

Eine Verfügbarkeitsprüfung können Sie beim Erfassen von Reservierungen und Warenbewegungen aktivieren. Bei der dynamischen Prüfung kontrolliert das SAP-System, ob das bei der geplanten Warenbewegung angeforderte Material verfügbar ist, und gibt gegebenenfalls eine Systemmeldung aus.

Damit für das Material eine Verfügbarkeitsprüfung durchgeführt wird, muss im Materialstammsatz im Feld **Prüfgruppe** (`MARC-MTVPF`) eine gültige Gruppe ungleich KP (keine Prüfung) eingetragen sein. Das Feld befindet sich sowohl auf der Sicht **Vertrieb** als auch auf der Sicht **Disposition**. In der Standardauslieferung sind folgende Prüfgruppen enthalten:

- 01 (Tagesbedarf)
- 02 (Einzelbedarf)
- CH (Chargen)
- KP (keine Prüfung)

Die Zuweisung der Transaktion zu einer Prüfregel ist eine obligatorische Voraussetzung für die Durchführung einer Verfügbarkeitsprüfung.

Sie konfigurieren die dynamische Verfügbarkeitsprüfung über die IMG-Aktivität **Umfang der Verfügbarkeitsprüfung konfigurieren** (Transaktion OMB1) und gehen dabei in vier Schritten vor:

1. Entscheiden Sie anhand der Bewegungsart (siehe Abbildung 6.71) und der vorhandenen Kombinationen aus Wertfortschreibungskennzeichen (**Wer**) bis Verbrauchskenn-

zeichen (**Vbr**), ob eine Verfügbarkeitsprüfung durchzuführen ist. Dies ist dann der Fall, wenn die Spalte **Dynamische Verfüg.** einen Eintrag enthält.

	BwA	Bewegungsartentext	Wer	Men	S	Bew	Zug	Vbr	Dynamische Verfüg.
☐	201	WA Pipel. für Kostl	☐	☐	P				
☐	201	WA für Kostenstelle	☐	☑					A
☐	201	WA Kostl. aus Konsi	☐	☑	K				A

Abbildung 6.71: Verfügbarkeitsprüfung Bewegungsart

Zugleich legen Sie fest, welche Meldung vom System ausgegeben wird. Zu den Selektionsmöglichkeiten gehören:

- A (Nur bei Nichtverfügbarkeit wird W-Meldung gesendet)
- B (Nur bei Nichtverfügbarkeit wird E-Meldung gesendet)
- E (Immer Meldung; bei Nichtverfügbarkeit W-, sonst S-Meldung)
- F (Immer Meldung; bei Nichtverfügbarkeit E-, sonst S-Meldung)
- S (Verfügbarkeitsprüfung nur mit Simulation)

Diese Systemeinstellungen werden in Tabelle T156SC gespeichert.

2. Definieren Sie, wenn notwendig, eine neue Prüfregel, oder verwenden Sie eine bestehende Regel für Ihre Zwecke. Die Prüfregel der Verfügbarkeitsprüfung setzt sich aus einem zweistelligen alphanumerischen Schlüssel und einer maximal 40-stelligen Beschreibung zusammen. Gespeichert werden die Einträge in Tabelle T441R. In Abbildung 6.72 sehen Sie einige beispielhafte Prüfregeln.

	PRg	Bezeichnung Prüfregel
☐	01	Prüfregel 01
☐	02	Prüfregel 02
☐	03	Warenausgang
☐	A	Kundenauftrag
☐	AE	SD-Auftrag Einzelbestand

Abbildung 6.72: Verfügbarkeitsprüfung Prüfregel

3. Bestimmen Sie pro Prüfgruppe und Prüfregel, welche Objekte in die Prüfung miteinbezogen werden (Abbildung 6.73). Sie tun dies in der Detailsicht (siehe Abbildung 6.74 und Abbildung 6.75), die Sie über [Strg] + [⇧] + [F2] oder das entsprechende Icon erreichen. Ihnen stehen hier unter anderem diese Bildbereiche zur Verfügung:
   - **Bestände**: Welche Bestände sollen in der Prüfung berücksichtigt werden?
   - **Zukünftiger Zugang**: Sollen zukünftige Zugänge etwa aus Bestellanforderungen oder Planaufträgen in die Prüfung aufgenommen werden? Und wenn ja, in welchem Umfang?
   - **Bedarfe**: Welche Bedarfe sollen in der Prüfung berücksichtigt werden?

- **Wiederbeschaffungszeit**: Wird die Wiederbeschaffungszeit bei der Verfügbarkeitsprüfung betrachtet?
- **Sonderszenarien**: Auf welcher Ebene soll die Prüfung stattfinden?

Den festgelegten Umfang der Verfügbarkeitsprüfung finden Sie in Tabelle T441V wieder.

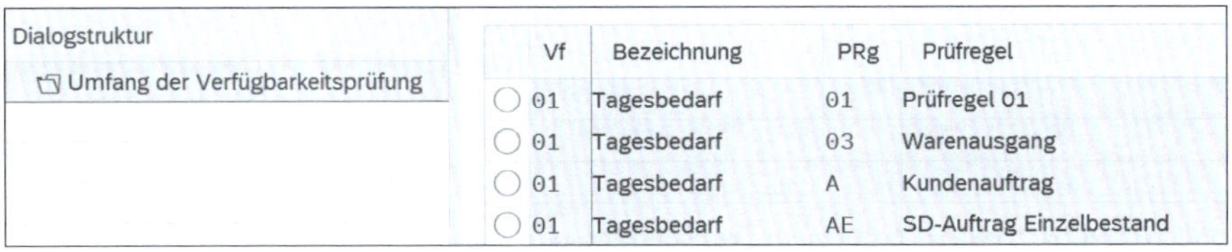

Abbildung 6.73: Umfang der Verfügbarkeitsprüfung

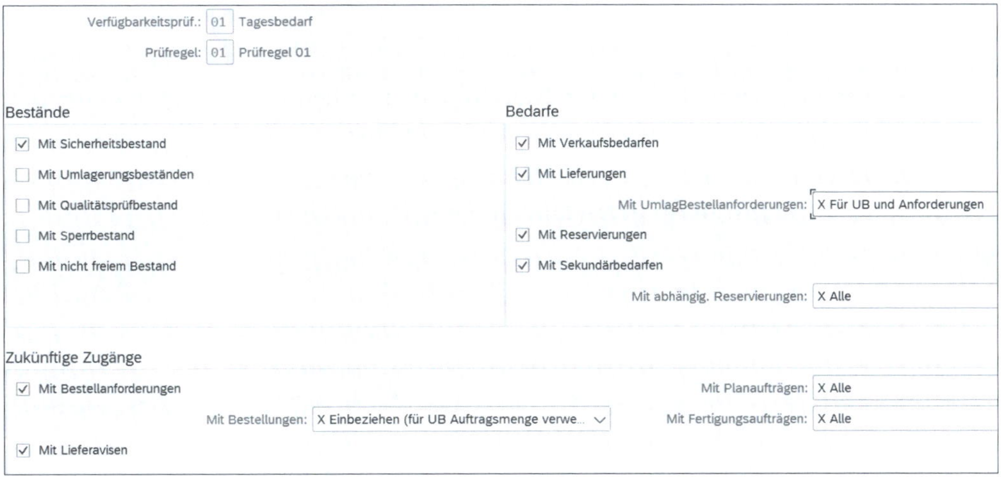

Abbildung 6.74: Umfang der Verfügbarkeitsprüfung – Bestände, Bedarfe, Zukünftige Zugänge

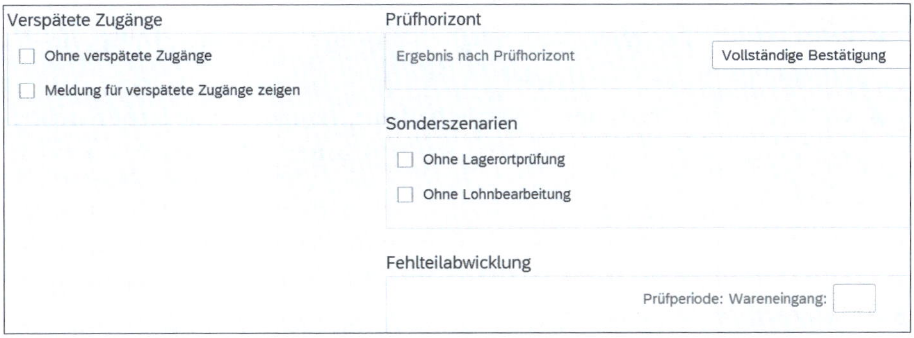

Abbildung 6.75: Umfang der Verfügbarkeitsprüfung – Verspätete Zugänge, Prüfhorizont, Sonderszenarien, Fehlteilabwicklung

4. Abschließend ordnen Sie eine Prüfregel einem Transaktionscode zu (siehe Abbildung 6.76). Die Systemeinstellungen werden in Tabelle T158 geführt.

TCode	Transaktionstext	PRg	Prüfregel
CO27	Kommissionierliste		
MB11	Warenbewegung		
MB1A	Warenentnahme		
MB1B	Umbuchung		
MB26	Kommissionierliste		
MIGO_GI	Warenbewegung	03	Warenausgang
MIGO_TR	Umbuchung		

Abbildung 6.76: Prüfregel zu einem Transaktionscode zuordnen

Die bisher erläuterte Verfügbarkeitsprüfung für Reservierungen soll hier nur als konkretes Konfigurationsbeispiel dienen. Themenspezifische Systemeinstellungen zur Verfügbarkeitsprüfung finden Sie in weiteren IMG-Aktivitäten innerhalb der Bestandsführung vor:

- **Materialwirtschaft • Bestandsführung und Inventur • Warenausgang/Umbuchungen • Umfang der Verfügbarkeitsprüfung konfigurieren** (Transaktion OMCP)
- **Materialwirtschaft • Bestandsführung und Inventur • Wareneingang • Umfang der Verfügbarkeitsprüfung konfigurieren** (Transaktion OMCM)

Prüfgruppen definieren

Prüfgruppen für eine Verfügbarkeitsprüfung definieren Sie am besten in Zusammenarbeit mit dem Vertriebs- und dem Produktions-Team. Die Hoheit über die Gruppen sollte nicht bei der Materialwirtschaft liegen. Rufen Sie für die Definition einer neuen Gruppe eine der folgenden IMG-Aktivitäten auf:

- **Logistics Execution • Grundlagen • Verfügbarkeitsprüfung und Bedarfsübergabe • Verfügbarkeitsprüfung • Verfügbarkeitsprüfgruppe definieren** (Transaktion OVZ2)
- **Produktion • Fertigungssteuerung • Vorgänge • Verfügbarkeitsprüfung • Prüfgruppe definieren** (Transaktion OVZ2)
- **Vertrieb • Grundfunktionen • Verfügbarkeitsprüfung und Bedarfsübergabe • Verfügbarkeitsprüfung • Verfügbarkeitsprüfgruppe definieren** (Transaktion OVZ2)

6.6 Inventur

Eine *Inventur* erfüllt den Zweck, den geführten Sollbestand mit dem tatsächlichen Istbestand zu vergleichen und bei aufgedeckten Mengenabweichungen während der Inventurdurchführung Differenzen zu erfassen. Das Inventurergebnis zeigt nicht nur die aktuelle Bestandssituation auf, sondern dient buchhalterisch auch als Grundlage, um die Bestandswerte des Umlaufvermögens in der Bilanz korrekt auszuweisen. In Deutschland gibt das Handelsgesetzbuch (HGB) die gesetzlichen Rahmenbedingungen für eine körperliche Inventur vor.

Eine Inventur läuft im SAP-System unabhängig vom gewählten Inventurverfahren stets nach dem gleichen Schema ab: Inventurvorbereitung, Inventurzählung und Inventurauswertung. Der umfassende Ablaufrahmen lautet:

1. Inventurbelege anlegen
2. Materialien für Buchungen sperren
3. Inventurbelege drucken
4. Bestände zählen
5. Zählergebnis erfassen
6. Nachzählen veranlassen
7. Inventurdifferenzen buchen

Zwischenschritte wie das Veranlassen von Nachzählungen oder das Drucken von Inventurbelegen können bei Bedarf einfach übersprungen werden. Eventuell lassen sich einzelne Schritte auch zusammenfassen.

Sie führen eine Bestandsinventur auf Lagerortebene durch. *Inventurbelege* sind strikt in Eigenbestände sowie fremde und eigene Sonderbestände zu unterscheiden und müssen getrennt behandelt werden. Sie differenzieren bei einer Inventur folgende Sonderbestände:

- **Eigene Sonderbestände**
  - Lieferantenbeistellbestände
  - Kundenleihgutbestände
  - Kundenkonsignationsbestände
- **Fremde Sonderbestände**
  - Kundenauftragsbestände
  - Lieferantenkonsignationsbestände
  - Mehrwegtransportverpackungen
  - Projektbestände

Sie müssen alle Materialstammsätze inventarisieren, zu denen in den vergangenen Geschäftsjahren im Lagerort irgendeine Warenbewegung stattgefunden hat. Ist momentan kein Lagerbestand existent, erfassen Sie eine Nullzählung für alle betroffenen Materialien.

Systemeinstellungen zur Inventur nehmen Sie im IMG-Pfad **Materialwirtschaft • Bestandsführung und Inventur • Inventur** vor. Alle IMG-Aktivitäten aus diesem Teilbereich der Bestandsführung sehen Sie in Abbildung 6.77.

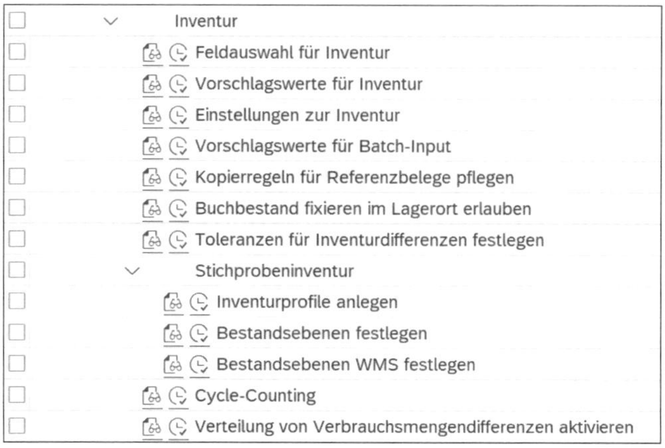

Abbildung 6.77: IMG-Aktivitäten im Bereich »Inventur«

6.6.1 Inventurverfahren

In einem SAP-System unterscheiden Sie vier verschiedene Inventurverfahren in der Materialwirtschaft, und zwar:

- Stichtagsinventur
- Permanente Inventur
- Cycle-Counting
- Stichprobeninventur

Welches Inventurverfahren für Ihr Unternehmen rechtlich infrage kommt, legen Sie zusammen mit Ihrer Wirtschaftsprüferin oder Ihrem Wirtschaftsprüfer fest.

Bei der *Stichtagsinventur* nehmen Sie zum Bilanzstichtag alle Lagerbestände Ihres Unternehmens »körperlich« auf. Dabei müssen Sie ohne Ausnahme alle Materialbestände erfassen. Während der gesamten Inventurdurchführung dürfen keine Materialbewegungen erfolgen.

Bei einer *permanenten Inventur* erfassen Sie Ihre Bestände über das gesamte Geschäftsjahr verteilt. Es muss bei diesem flexiblen Verfahren sichergestellt sein, dass jedes Lagermaterial mindestens einmal im laufenden Geschäftsjahr gezählt wird.

Das *Cycle-Counting* ist ein spezielles Inventurverfahren, bei dem Materialien innerhalb eines Geschäftsjahres in vordefinierten regelmäßigen Zeitabständen erfasst werden. Zu welchem *Cycle* ein bestimmtes Material gehört, legen Sie anhand des Kennzeichens **CC-Inventurkennz.** (CC-Inventurkennzeichen) im Materialstammsatz auf der Lagerungssicht fest. Dadurch ist das Cycle-Counting-Verfahren eine Sonderform der permanenten Inventur.

Bei einer *Stichprobeninventur* werden nach dem Zufallsprinzip ausgewählte Bestände an einem Stichtag körperlich erfasst. Fallen die Inventurdifferenzen in einem geringen Maß aus, gehen Sie davon aus, dass die erfassten Bestände im System, die nicht Teil der Stichprobe waren, richtig sind. Das Verfahren ist als permanente und/oder Stichtagsinventur einsetzbar.

Ausführlichere Informationen zu den einzelnen Inventurverfahren erhalten Sie unter *http://help.sap.com*.

6.6.2 Allgemeine Einstellungen

Die allgemeinen Einstellungen für die Inventur im Customizing können unabhängig vom gewählten Inventurverfahren betrachtet werden. Darunter fallen die Feldauswahl, Vorschlagswerte, die Fixierung des Buchbestandes sowie Inventurdifferenztoleranzen.

Feldauswahl

Die Feldauswahlsteuerung für die Inventur ist deutlich übersichtlicher im Vergleich zu der bisher erläuterten Auswahlsteuerung, wie z. B. bei Transaktion MIGO (siehe Abschnitt 6.4, »Warenbewegungen«). Sie legen die Feldsteuerung lediglich für das Feld **Grund der Inventurdifferenz** fest. Hierfür rufen Sie die IMG-Aktivität **Feldauswahl für Inventur** (Transaktion OMJU) auf (siehe Abbildung 6.78). Sie können sich hier zwischen einer Kann- und einer Musseingabe entscheiden oder bestimmen, ob Sie das Feld anzeigen oder ausblenden möchten. Die SAP-Standardauslieferung sieht eine Kanneingabe für die Feldsteuerung der Begründung einer Inventurdifferenzbuchung vor.

Abbildung 6.78: Feldauswahlsteuerung für die Inventur

Werksabhängige Einstellungen und Vorschlagswerte

Über die IMG-Aktivität **Vorschlagswerte für Inventur** hinterlegen Sie auf Werksebene geeignete Vorschlagswerte für eine Inventur. Alle Vorschlagswerte können in der Anwendung bequem überschrieben werden. Die befüllten Dateneinträge führt das SAP-System in Tabelle T159L.

Über die Detailansicht eines Werks gelangen Sie zu den Vorschlagswerten der Inventur (siehe Abbildung 6.79). Je nach Anforderungsbedarf erfassen Sie die gewünschten Werte für folgende Merkmale:

- **Feld »Bestandsart«**
  Wenn Sie einen Inventurbeleg erfassen, schlägt Ihnen das System die hier eingetragene Bestandsart vor. Sie können zwischen folgenden Bestandsarten unterscheiden:
  - 1 (Lager)
  - 2 (Qualitätsprüfung)
  - 3 (Lager/QuaPrü. (StInv))
  - 4 (Gesperrt)
- **Kennzeichen »Charge dunkel«**
  Wenn Sie das Kennzeichen **Charge dunkel** setzen, ermittelt das System die relevanten Chargen dunkel, also nicht sichtbar für die Anwenderinnen und Anwender. Dadurch werden alle inventurrelevanten Chargen automatisch in die Inventurbelegpositionen übernommen. Findet die Ermittlung der Chargen »im Hellen« statt, tragen Sie die Chargennummern manuell über ein Dialogfenster ein.
- **Kennzeichen »Alternative Mengeneinheit«**
  Über Kennzeichen **Alternative MEinh.** stellen Sie ein, dass für die Erfassung der Zählung die Erfassungsmengeneinheit statt der Basismengeneinheit im Materialstamm vorgeschlagen wird. Die Erfassungsmengeneinheit entspricht der Mengeneinheit, die in einer Warenbewegung oder eben in einer Inventurzählung angegeben wird. Nennenswerte Beispiele hierfür sind die Bestellmengeneinheit oder die Ausgabemengeneinheit.
- **Feld »Grund der Differenz«**
  Erfassen Sie eine Inventurdifferenz ohne Bezug zu einem Inventurbeleg, pflegen Sie den entsprechenden Vorschlagswert dafür, warum die Differenz gebucht werden soll, an dieser Stelle ein. Beachten Sie, dass der Grund zuvor definiert worden sein muss. Rufen Sie dazu die IMG-Aktivität **Materialwirtschaft • Bestandsführung und Inventur • Bewegungsarten • Grund für Warenbewegungen hinterlegen** (Transaktion OMBS) auf. Die ausführliche Erklärung finden Sie in Abschnitt 6.4.3, »Bewegungsarten«.

Abbildung 6.79: Vorschlagswerte für die Inventur (Werk 0001)

Abbildung 6.79 zeigt die Vorschlagswerte für das Werk 0001. Im Feld Bestandsart ist der frei verwendbare Bestand hinterlegt. Sowohl das Kennzeichen Charge dunkel als auch das Kennzeichen Alternative Mengeneinheit sind ausgewählt. Eine explizite Angabe eines Grundes für eine Inventurdifferenzbuchung liegt in diesem Fall nicht vor.

Statt über den inventurspezifischen Customizing-Pfad einzusteigen, pflegen Sie alternativ die Vorschlagswerte für die Inventur in den Werksparametern. Hierfür rufen Sie die IMG-Aktivität **Materialwirtschaft • Bestandsführung und Inventur • Werksparameter** auf (siehe Abschnitt 6.3.2, »Vorschlagswerte für die Inventur«).

Weitere werksabhängige Einstellungen für eine körperliche Inventur finden Sie in der IMG-Aktivität **Einstellungen zur Inventur**. Die dort vorgenommenen allgemeinen und serialnummerbezogenen Einstellungen werden von System ebenfalls in Tabelle T159L gespeichert.

Im oberen Bildbereich **Allgemein** der werksspezifischen Detaileinstellungen (Abbildung 6.80) legen Sie fest,

- ob Änderungsbelege im System erzeugt werden, wenn bei einer Inventurzählung und bei einer Änderung eines Inventurbelegs eine Anpassung stattfindet, und
- ob das Anpassen des Buchbestandes im Inventurbeleg aktiv sein soll.

Abbildung 6.80: Einstellungen zur Inventur

Für die Anpassung des Buchbestandes können Sie zwischen folgenden drei Alternativen wählen:

- »blank«: nicht aktiv
- **1**: aktiv, bei gleichem Datum war Inventur vor Warenbewegung
- **2**: aktiv, bei gleichem Datum war Warenbewegung vor Inventur

Bei Ihrer Wahl sollten Sie den Zeitpunkt miteinbeziehen, zu dem Sie die Belege für Ihre Inventur anlegen. Wählen Sie einen frühen Zeitpunkt für die Erstellung der Inventurbelege, sollten Sie ein aktives Kennzeichen einem nicht aktiven Kennzeichen vorziehen. In der Regel ist jedoch der Abstand zwischen der Anlage der Inventurbelege und der stattfindenden Zählung gering, sodass Anpassungen des Buchbestands nicht notwendig erscheinen. In unserem Beispiel werden weder Belege für getätigte Änderungen noch aktive Anpassungen am Buchbestand vorgenommen.

Mithilfe von *Serialnummern* kennzeichnen Sie Materialeinzelstücke, damit Sie ergänzt zum Materialstamm eine zusätzliche Differenzierungsebene und zugleich wiederum ein eindeutiges Erkennungsmerkmal haben. Entscheidend dafür, ob ein Material eine Serialnummer erhält, sind zum einen der betriebswirtschaftliche Vorgang und zum anderen die Ausprägung des zugehörigen Materialstamms. In den werksabhängigen Daten muss zwingend ein *Serialnummernprofil* hinterlegt sein, damit Sie eine Serialnummer vergeben können. Das Serialnummernprofil steuert dann unter anderem:

- für welche betriebswirtschaftlichen Vorgänge eine Serialisierung stattfindet
- wie Serialnummern vergeben werden
- ob zusätzlich Equipmentstammsätze zu jeder Serialnummer erzeugt werden

Im unteren Bildbereich **Serialnummern** legen Sie direkt resultierend aus dem betriebswirtschaftlichen Vorgang MMSL (Vergabe von Serialnummern bei Warenbewegungen) fest:

- ob Sie beim Erfassen einer Inventurzählung die bestehenden Serialnummern in dem vorgesehenem Dialogfenster **Serialnummern pflegen** als Erfassungshilfe angezeigt bekommen möchten
- ob Sie Serialnummern beim Drucken von Inventurbelegen mit ausdrucken möchten und wenn ja, welche Stellen der Nummern zu drucken sind
- ob eine bestimmte Anzahl von Zeilen beim Ausdrucken für Serialnummern pro Inventurbelegposition gedruckt werden soll

An den Einstellungen aus Abbildung 6.80 erkennen Sie, dass die Anzeige von Serialnummern als Erfassungshilfe nicht zum Einsatz kommt. Auf dem Zähldruck ist zudem keine Stelle der maximal 18-stelligen Serialnummer angegeben. Das erklärt auch, warum für Serialnummern keine Zeilen auf dem Druck reserviert sind.

Vorschlagswerte für Batch-Input

Für die massenhafte Anlage und Bearbeitung von Inventurbelegen können Sie auf Batch-Input-Mappen zurückgreifen, die in den Inventurtransaktionen fest verankert sind. Über die IMG-Aktivität **Vorschlagswerte für Batch-Input** (Transaktion OMCN) hinterlegen Sie überschreibbare Vorschlagswerte für die aufgeführten Reportnamen. Statt der Transaktionscodes finden Sie hier deren technische Reportnamen:

- `RM07ICN1` (Batch-Input: Inventurbelege für Cycle Counting anlegen)
- `RM07IE31` (Batch-Input: Inventurbelege für Kundenauftrag anlegen)

- RM07II31 (Batch-Input: Inventurbelege für Normalbestand anlegen)
- RM07II32 (Batch-Input: Material sperren für Inventur)
- RM07II33 (Batch-Input: Buchbestand fixieren für Inventur)
- RM07II35 (Batch-Input: Nullzählung für nicht gezählte Materialien buchen)
- RM07II37 (Batch-Input: Differenzen ausbuchen)
- RM07IK31 (Batch-Input: Inventurbelege für Lieferantenkonsignation anleg.)
- RM07IM31 (Batch-Input: Inventurbelege für MehrwegtransVerpackung an.)
- RM07IO31 (Batch-Input: Inventurbelege für Lieferantenbeistellung anlegen)
- RM07IQ31 (Batch-Input: Inventurbelege für Projekt anlegen)
- RM07IV31 (Batch-Input: Inventurbelege für Kundenleihgut anlegen)
- RM07IW31 (Batch-Input: Inventurbelege für Kundenkonsignation anlegen)
- RM07SVOR (Batch-Input: Stichprobeninventur)

Die hinterlegten Vorschlagswerte werden in Tabelle T159B gespeichert. Abbildung 6.81 zeigt Ihnen anschaulich alle pflegbaren Vorschlagswerte für eine Transaktion am Beispiel des Reports RM07II35. Hinter diesem Report verbirgt sich Transaktion MI35 (Batch-Input: Nullzählung für nicht gezählte Materialien buchen). Die meisten Vorschlagswerte sind hier nicht befüllt.

Abbildung 6.81: Vorschlagswerte für Batch-Input für Report RM07II35 (Ausschnitt)

Über den Bildbereich **Batch-Input-Daten** geben Sie der Batch-Input-Mappe einen Namen und bestimmen, aus wie vielen Belegpositionen ein Inventurbeleg maximal bestehen kann, ob überhaupt eine Mappe erzeugt wird (im Zusammenhang mit dem Steuerungskennzeichen **Von Batch-Input auf direkte Buchung umstellen**) und ob nach dem Abspielen der Mappe ein Bearbeitungsprotokoll des Reports am Bildschirm ausgegeben wird.

Im Bildbereich **Inventurdaten** definieren Sie einen Vorschlagswert für das geplante Inventurzähldatum. Zudem selektieren Sie bei Bedarf die Kennzeichen für eine Inventursperre für den Bestand, für die erneute Inventur bereits inventarisierter Materialien und/oder für die erneute Selektion bereits inventarisierter Chargen in einer Inventur.

Welche Bestandsarten für den Vorgang vorgeschlagen werden, definieren Sie im Subscreen **Bestandsarten**. Wählen Sie zwischen den bekannten Bestandsarten **Frei verwendbar**, **In Qualitätsprüfung** und **Gesperrter Bestand** aus.

Das Setzen des Kennzeichens **Von Batch-Input auf direkte Buchung umstellen** im untersten Bildbereich **Steuerung** – zu finden unterhalb der Bestandsarten – hat gravierende Auswirkungen auf die Reports `RM07II33`, `RM07II35` und `RM07II37`. Statt der Anlage einer Batch-Input-Mappe erfolgt eine direkte Verbuchung. Die Reports weisen verglichen mit den Batch-Input-Szenarien ein geändertes Systemverhalten auf. Das Selektionsbild ändert sein Erscheinungsbild: Statt der Parameter zur Steuerung der Batch-Input-Mappen wird das Kennzeichen **direkte Buchung** angeboten. Wenn Sie das Kennzeichen **direkte Buchung** nutzen, führt das System den Report direkt ohne Zwischenschritte aus. Treten Fehler bei der Reportausführung auf, wird am Ende der Verarbeitung eine Liste ausgegeben.

[!]

Bestehende Reportvarianten

Haben Sie vor der Umstellung auf ein direktes Buchen Reportvarianten für die drei betroffenen Programme angelegt, können Sie diese nach der Umstellung nicht weiterverwenden. Sie müssen die Varianten neu anlegen. Die Aussage trifft ebenfalls für den Rückweg vom direkten Buchen zurück zum Batch-Input-Verfahren zu.

Buchbestand fixieren

Sie stellen lagerortabhängig pro Werk ein, ob Buchbestände von nicht gezählten Inventurbelegpositionen fixiert werden. Das bedeutet, der fixierte Buchbestand ist im Inventurbeleg festgehalten und dient als spätere Berechnungsgrundlage für die Kalkulation von Inventurdifferenzen. Die Systemeinstellung finden Sie unter der IMG-Aktivität **Buchbestand fixieren im Lagerort erlauben** sowie in Tabelle T001L wieder.

In den Lagerorten 0001 (Lager 0001) bis 0200 (SCM-EWM) werden für unser Beispielwerk keine Buchbestände fixiert (siehe Abbildung 6.82).

	Lagerort	Bezeichnung	Buchbstd. fix. Lgort
☐	0001	Lager 0001	☐
☐	0088	Lager 0088 (WM)	☐
☐	0100	Lagerort WM&HU	☐
☐	0200	SCM-EWM	☐

Abbildung 6.82: Buchbestand fixieren (Lagerortebene)

Ein konkretes realistisches Beispiel soll diese Einstellung verdeutlichen. Stellen Sie sich vor, Sie haben alle Positionen eines Inventurbelegs gezählt, aber noch nicht abschließend alle Zählergebnisse im System eingetragen. Der fixierte Bestand einer Position beträgt 200, in der Zählung kam ein Ergebnis von 120 zustande. Mit anderen Worten: eine Differenz von 80 Einheiten. Bevor Sie die Zählung erfassen, wird unglücklicherweise ein Wareneingang von 50 Einheiten gebucht. Wäre in diesem Fall der Buchbestand nicht fixiert gewesen, würden Sie eine (falsche) Differenz von insgesamt 130 Einheiten erfassen.

Inventurdifferenztoleranzen

Bestimmte Inventurdifferenzwerte dürfen nicht ohne vorherige Rücksprache mit dem Finanzwesen oder mit weisungsbefugten Vorgesetzten gebucht werden. Anhand von Wertgrenzen können Sie pro Benutzer festlegen, in welchem Rahmen ein Differenzbetrag toleriert wird und ab wann eine Rücksprache erfolgen muss.

Für die Definition der Inventurdifferenztoleranzen rufen Sie die IMG-Aktivität **Toleranzen für Inventurdifferenzen festlegen** (Transaktion OMJ2) auf. Zuerst definieren Sie die *Inventurtoleranzgruppe*, bestehend aus einem vierstelligen alphanumerischen Schlüssel und dem vorgesehenen Buchungskreis. Eine Beschreibung ist für die Toleranzgruppe interessanterweise nicht möglich. Die Währung ermittelt das System direkt aus dem Buchungskreis. Sie geben anschließend den maximalen Differenzbetrag pro Inventurbeleg und den maximalen Differenzbetrag pro Inventurposition an, bei denen eine Buchung systemseitig verhindert werden soll. Gespeichert werden die Daten in Tabelle T043I.

Abbildung 6.83 zeigt eine Inventurtoleranzgruppe 0001 für Buchungskreis 0001 in der Währung Euro. Für die im SAP-Standard ausgelieferte Gruppe liegen die maximalen Wertgrenzen bei 100.000,00 EUR pro Inventurbeleg und bei 10.000,00 EUR pro Inventurposition.

Im zweiten Schritt müssen Sie die zuvor angelegten Inventurtoleranzgruppen Benutzernamen zuordnen. Die Zuweisung einer Toleranzgruppe zu einer User-ID finden Sie in Tabelle T043. Neben der direkten Zuweisung zu einer bestimmten User-ID können Sie mit dem Eintrag * (Sternchen) in der Spalte **Name des Benutzers** gleich allen vorhandenen Benutzern eine Gruppe zuordnen (siehe Abbildung 6.84).

Abbildung 6.83: Toleranzgruppe 0001 im Buchungskreis 0001

Name des Benutzers	Inventurtoleranzgruppe
*	0001
DE101364019	0001

Abbildung 6.84: Zuordnung von Toleranzgruppen zu Benutzern

[»]

Buchen von Inventurdifferenzen

Das Buchen gefundener Inventurdifferenzen nach der erfassten Zählung ist nur zeitlich eingeschränkt möglich. Sowohl die Buchungsperiode als auch das Geschäftsjahr müssen eine Buchung zulassen. Die Buchungsperiode wird bei der Zählung automatisch gesetzt. Beim Geschäftsjahr entscheidet das geplante Zähldatum, das bei der Anlage des Inventurbelegs angegeben wurde.

Kopierregeln für Referenzbelege

Über die IMG-Aktivität **Kopierregeln für Referenzbelege** stellen Sie ein, dass Ihnen bei Inventurdifferenzbuchungen die Inventurbelegpositionen auf der Positionsauswahlliste ausgewählt vorgeschlagen werden. Um Positionen aus dieser Auswahlliste zu entfernen, nehmen Sie die Markierungen manuell zurück. Die Einstellungen werden pro Transaktion getroffen. Auf tabellarischer Ebene sehen Sie die Systemkonfiguration über Tabelle T158 ein.

Für Inventurdifferenzbuchungen ist Transaktion MI07 ausschlaggebend (siehe Abbildung 6.85). Ihnen werden die Inventurbelegpositionen mit der abgebildeten Einstellung vorgeschlagen.

Transaktionscode	Transaktionstext	Vorschlag
MI07	Differenzenliste bearbeiten	☑

Abbildung 6.85: Kopierregel für Transaktion MI07

Ähnliche Einstellungen rufen Sie im Bereich **Bestandsführung** unter folgenden IMG-Aktivitäten auf:

- **Materialwirtschaft • Bestandsführung und Inventur • Warenausgang/ Umbuchungen • Kopierregeln für Referenzbelege**
- **Materialwirtschaft • Bestandsführung und Inventur • Wareneingang • Kopierregeln für Referenzbelege**
- **Materialwirtschaft • Bestandsführung und Inventur • Reservierung • Kopierregeln für Referenzbelege**

Evaluieren Sie zunächst, ob die vorausgewählten Positionen förderlich für Ihre Geschäftsprozesse sind oder eher ein Hindernis darstellen, bevor Sie die Einstellungen im System übernehmen.

6.6.3 Stichprobeninventur

Einstellungen, die speziell auf das Inventurverfahren *Stichprobeninventur* ausgerichtet sind, führen Sie über den IMG-Pfad **Materialwirtschaft • Bestandsführung und Inventur • Inventur • Stichprobeninventur** durch. Sie sollten sich damit aber nur auseinandersetzen, wenn dieses Verfahren in Ihrem Unternehmen zur Anwendung kommt. Anderenfalls überspringen Sie diesen Abschnitt.

Inventurprofile

Ohne ein *Inventurprofil* ist die Durchführung einer Stichprobeninventur in einem SAP-System nicht möglich. Daher müssen Sie mindestens ein Inventurprofil definieren oder ein ausgeliefertes Profil an Ihre Bedürfnisse anpassen. Rufen Sie hierfür die IMG-Aktivität **Inventurprofile anlegen** (Transaktion OMCK) auf.

Das zweistellige alphanumerische Stichprobeninventurprofil legt die Währung, in der die Stichprobeninventur berechnet wird, sowie die Vorschlagswerte des Profils fest. Alle Einstellungen, auch die Details, sind in Tabelle T159G abgelegt.

Abbildung 6.86 und Abbildung 6.87 zeigen das Standardinventurprofil 01 (Profil für Deutschland) in der Berechnungswährung Euro sowie dessen Selektions-, Verfahrens- und statistische Parameter.

Über die Selektionsparameter zu einem Inventurprofil bestimmen Sie folgende Eigenschaften:

- ob alle Bestandseinheiten gezählt werden, die ein Löschkennzeichen haben (Kennzeichen **Löschvormerkung berücksichtigen**)
- ob Bestandseinheiten, deren Buchbestand den Wert Null aufweisen, in den Vollerhebungsraum kommen (Kennzeichen **Nullbestände berücksichtigen**)
- ob gezählte und gebuchte Bestandseinheiten vom System aktualisiert werden (Kennzeichen **Aktualisierung**)
- welche ABC-Kennzeichen zu berücksichtigen sind (Feld **ABC-Kennzeichen berücksichtigen**)

- bis zu welcher Materialpreisobergrenze die Einheiten dem Stichprobenraum zugewiesen werden (Feld **Preisobergrenze des Stichprobenraumes**)

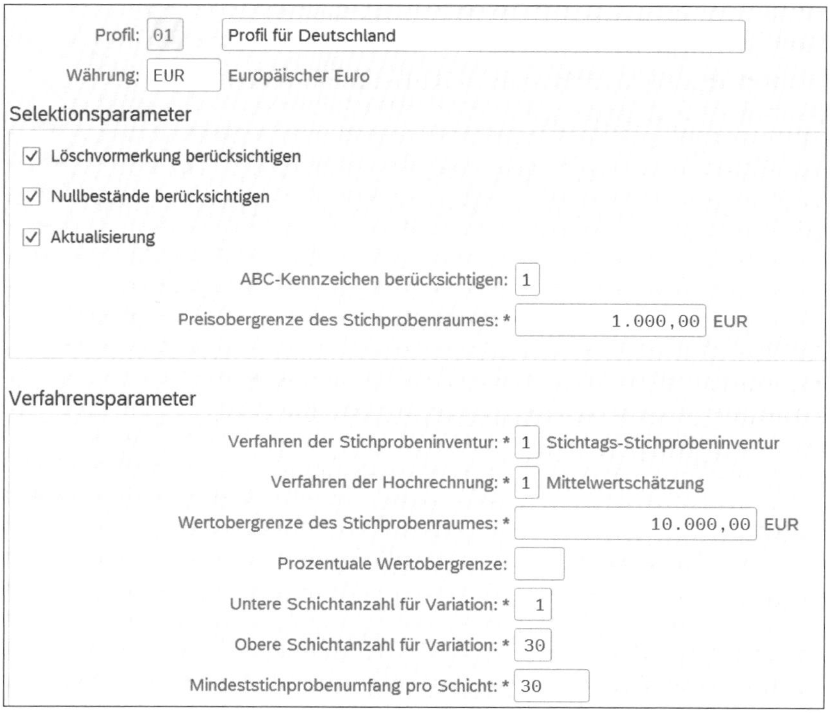

Abbildung 6.86: Stichprobeninventurprofil 01 (Profil für Deutschland) (Teil 1)

Im Bildbereich **Verfahrensparameter** definieren Sie die Parameter, die für das Stichprobenverfahren grundlegend sind. Hierzu zählen unter anderem:

- **Feld »Verfahren der Stichprobeninventur«**
  Ob die Stichprobeninventur als Stichtags-Stichprobeninventur (**1**) oder als Permanente Stichprobeninventur (**2**) durchzuführen ist, legen Sie mit dem entsprechenden Feldwert fest. Beim Inventurprofil 01 ist die Stichtags-Stichprobeninventur gewünscht.
- **Feld »Verfahren der Hochrechnung«**
  Das statistische Verfahren zur Hochrechnung der Stichprobe hinterlegen Sie in diesem Feld. Es stehen drei unterschiedliche Optionen zur Verfügung:
  - 1 (Mittelwertschätzung)
  - 2 (Differenzenschätzung)
  - 3 (Vollerhebung)

  Im Inventurprofil 01 kommt die Mittelwertschätzung zum Einsatz.
- **Feld »Wertobergrenze des Stichprobenraumes«**
  Die Wertobergrenze des Stichprobenraumes gibt an, bis zu welchem Wert die Bestandseinheiten dem Stichprobenraum zugeordnet werden. Dadurch sinkt die Wertstreuung

im Stichprobenraum. Beim Inventurprofil 01 liegt der maximale Materialwert bei 10.000,00 EUR.

- **Feld »Prozentuale Wertobergrenze«**
  Die prozentuale Wertobergrenze legt fest, welcher prozentuale Anteil des Gesamtwerts aller vorhandenen Bestandseinheiten dem Stichprobenraum zugewiesen wird. Dadurch verringern Sie die Wertstreuung im Probenraum.

  Für unser Inventurprofil 01 wurde keine prozentuale Obergrenze in Betracht gezogen.

Abhängigkeit Wertobergrenze - prozentuale Wertobergrenze

Ist sowohl eine absolute Wertobergrenze als auch eine prozentuale Obergrenze im Inventurprofil angegeben, überschreibt die auf Basis des Prozentwerts berechnete Grenze die absolute Wertobergrenze.

- **Feld »Mindeststichprobenumfang pro Schicht«**
  Wie groß der Stichprobenumfang ist, legen Sie in diesem Feld fest. Je höher der Umfangswert, desto größer ist die Wahrscheinlichkeit, dass die Mittelwerte einer Normalverteilung unterliegen. Zugleich gilt aber, dass auch der Zählaufwand für die Stichprobe umso höher ist. Wägen Sie die Zahl daher gut ab.

  Im Inventurprofil 01 beträgt der Mindeststichprobenumfang 30.

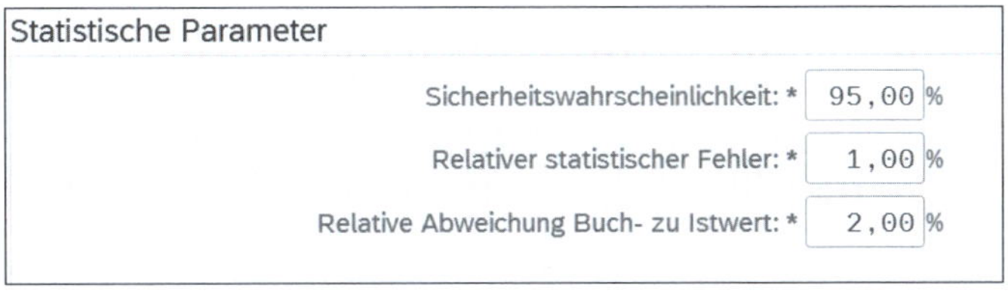

Abbildung 6.87: Stichprobeninventurprofil 01 (Profil für Deutschland) (Teil 2)

Wie aussagekräftig das durchgeführte Stichprobenverfahren für die Inventur ist, beeinflussen Sie maßgeblich über die *statistischen Parameter* des Stichprobeninventurprofils. Neben der Sicherheitswahrscheinlichkeit geben Sie einen zulässigen prozentualen Höchstwert für den relativen statistischen Fehler und eine maximal relative Abweichungstoleranz in Prozent zwischen Buchwert und hochgerechnetem Istwert an. Für die statistischen Parameter sind in Inventurprofil 01 folgende prozentualen Werte anzutreffen:

- Sicherheitswahrscheinlichkeit: 95 Prozent
- Relativer statistischer Fehler: 1 Prozent
- Relative Abweichung Buch- zu Istwert: 2 Prozent

Welche Bestandseinheiten an einer Stichprobeninventur beteiligt sind, definieren Sie über Bestandsebenen.

Bestandsebenen

Auf welchen Bestandseinheiten das statistische Inventurverfahren durchgeführt wird, legen Sie anhand von sogenannten *Bestandsebenen* fest. Sie definieren die unterschiedlichen Bestandsebenen über die IMG-Aktivität **Bestandsebenen festlegen** (Transaktion OMCL). Im System werden die Bestandsebenen in Tabelle T064S geführt.

Eine Bestandsebene setzt sich aus einem Werk, einem Lagerort und einer Materialart zusammen. Sie müssen für eine Bestandsebene weder einen gesonderten Wert noch eine Beschreibung anlegen. Ergänzt werden diese Schlüsselwerte durch:

- **Feld »Bestandsart«**
  Das Feld **Bestandsart** bestimmt, welche Bestandsart für die Bestandsebene genutzt wird. Wählen Sie eine Bestandsart aus dieser Liste:
  - 1 (Lager)
  - 2 (Qualitätsprüfung)
  - 3 (Lager/QuaPrü. (StInv))
  - 4 (Gesperrt)
- **Kennzeichen »StInv zugel.«**
  Nur wenn das Kennzeichen **StInv zugel.** (Stichprobeninventur zugelassen) markiert ist, ist die Bestandsebene für eine Durchführung einer Stichprobeninventur zugelassen. Anderenfalls kann die Ebene in der Transaktion nicht ausgewählt werden.
- **Feld »Gruppe«**
  Mithilfe des Feldes **Gruppe** können Sie Bestandsebenen zusammenfassen. Bei der Anlage einer Stichprobeninventur kann die Auswahl der Ebenen über eine Gruppe erfolgen.

In Abbildung 6.88 sehen Sie ein Beispiel für eine Bestandsebene. Die Ebene ist über das Werk 0001, den Lagerort 0001 und die Materialart ROH definiert und verwendet als Bestandsart den frei verfügbaren Bestand (**1**). Für die Stichprobeninventur ist die Ebene ohne Gruppenzuweisung zugelassen.

	Werk	Lagerort	Materialart	Bestandsart	StInv zugel.	Gruppe
☐	0001	0001	ROH	1	☑	

Abbildung 6.88: Beispiel einer Bestandsebene für die Stichprobeninventur

6.6.4 Cycle-Counting

Bei den Customizing-Einstellungen zum Inventurverfahren *Cycle-Counting* steht die Definition der regelmäßig wiederkehrenden *Inventurzyklen* im Vordergrund. Sie legen für alle teilnehmenden Werke des Inventurverfahrens in Kombination mit dem Inventurkennzeichen für Cycle-Counting fest, in welchen Zeitabständen die Materialien inventarisiert werden. Das Cycle-Counting-Kennzeichen finden Sie auf der Sicht **Lagerung** im Materialstamm. Nur wenn ein entsprechendes Zeichen hinterlegt ist, nimmt das Material am Verfahren teil.

Sie prägen die Inventurzyklen über die IMG-Aktivität **Cycle-Counting** (Transaktion OMCO) aus. Die dort getroffenen Einstellungen speichert das System in Tabelle T159C. Neue Inventurzyklen für ein Werk legen Sie wie folgt an:

1. Rufen Sie die IMG-Aktivität **Cycle-Counting** über den Pfad **Materialwirtschaft • Bestandsführung und Inventur • Cycle-Counting** oder alternativ über Transaktion OMCO auf.
2. Führen Sie die für das Werk erlaubten Cycle-Counting-Kennzeichen ein. Diese Kennzeichen sind auf einen einstelligen alphanumerischen Wert begrenzt.
3. Prägen Sie anschließend die Details zur Inventurdurchführung aus. Über das Feld **Anzahl Inventuren** legen Sie fest, wie oft ein Material im Geschäftsjahr inventarisiert wird. Die Inventuranzahl dient als Berechnungsgrundlage für das Inventurintervall, das in Arbeitstagen angegeben wird.

   Die **Pufferzeit** entspricht der Anzahl an Arbeitstagen, um die das eigentlich geplante Zähldatum abweichen darf. Ist ein Material nach Ablauf des Puffers noch nicht inventarisiert worden, merkt es sich das System für den nächsten Cycle-Counting-Lauf vor.

   Das Feld **Prozentsatz** gibt an, wie die prozentuale Verteilung zwischen den Materialien im Hinblick auf das Inventurkennzeichen aussieht. Die Summe aller Prozentsätze muss 100 Prozent betragen. Ist dies nicht der Fall, gibt das System eine Meldung aus. Ferner findet der Prozentsatz Anwendung bei der automatischen Vergabe des Cycle-Counting-Kennzeichens.

   Im Feld **Gültigkeit** hinterlegen Sie den Status des Tabelleneintrags. Dabei unterscheiden Sie zwischen folgenden Werten:

   - »blank«: Gültig
   - **W**: Veraltet
   - **E**: Nicht mehr gültig
4. Speichern Sie Ihre Einträge.

Abbildung 6.89 zeigt exemplarisch anhand des Werks 0001, wie Inventurzyklen aussehen können. Für die Cycle-Counting-Inventurkennzeichen sind die Werte **A** bis **D** definiert.

Werk	CC-Inventurkennz.	Anzahl Inventuren	Inventurintervall	Pufferzeit	Prozentsatz	Gültigkeit
0001	A	12	20	5	56	Gültig
0001	B	6	41	10	28	Gültig
0001	C	3	82	20	14	Gültig
0001	D	1	247		2	Gültig

Abbildung 6.89: Einstellungen für das Cycle-Counting-Verfahren (Werk 0001)

In der ersten Spalte erkennen Sie, dass für Zeichen **A** insgesamt 12 Inventuren vorgesehen sind. Dies ergibt ein Inventurintervall von 20 Arbeitstagen, das einen Fünf-Tage-Puffer berücksichtigt. 56 Prozent der Materialien erhalten das Cycle-Counting-Kennzeichen **A**. Wenn Sie die prozentualen Werte addieren, erhalten Sie das gewünschte Ergebnis von 100 Prozent.

6.7 Nachrichten

Bei der Erfassung von Warenbewegungen können Sie Nachrichten erzeugen. In der Bestandsführung sind Nachrichten Mittel zur Dokumentation bei Warenbewegungen, zur Identifizierung von Beständen oder unterstützende Informationsquellen für Mitarbeitende im Einkauf oder in der Disposition.

Bevor Sie mit der Konfiguration der Nachrichtenausgabe beginnen, sollten Sie sich unbedingt mit der neuen Nachrichtenausgabefunktion in SAP S/4HANA auseinandersetzen. Evaluieren Sie, ob die neuartige Ausgabeverwaltung für Ihre Zwecke infrage kommt (siehe auch Abschnitt 4.11, »Nachrichten«).

Sie haben für die Nachrichtenausgabe in der Bestandsführung zwei Möglichkeiten. Entweder greifen Sie auf die »traditionelle« Nachrichtenfunktionalität zurück, die Ihnen vielleicht schon aus SAP ERP bekannt ist (siehe Abschnitt 6.7.1, »NAST-basierte Ausgabeverwaltung«). Die dazugehörigen Aktivitäten finden Sie unter dem IMG-Pfad **Materialwirtschaft • Bestandsführung und Inventur • Drucksteuerung** oder **Nachrichtenfindung** (siehe Abbildung 6.90).

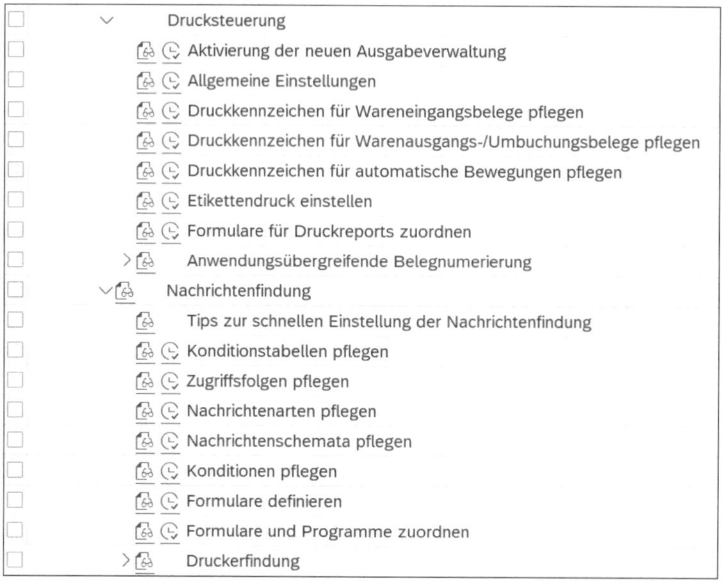

Abbildung 6.90: IMG-Aktivitäten »Drucksteuerung« und »Nachrichtenfindung«

Oder Sie etablieren die neue Nachrichtenausgabeverwaltung unter SAP S/4HANA, die auf dem SAP-Geschäftsregelmanagementsystem BRFplus basiert (siehe Abschnitt 6.7.2, »Neue Ausgabeverwaltung in SAP S/4HANA«). Die zugehörige Systemkonfiguration findet über den modulübergreifenden Pfad **Anwendungsübergreifende Komponenten • Ausgabesteuerung** statt (siehe Abbildung 6.91).

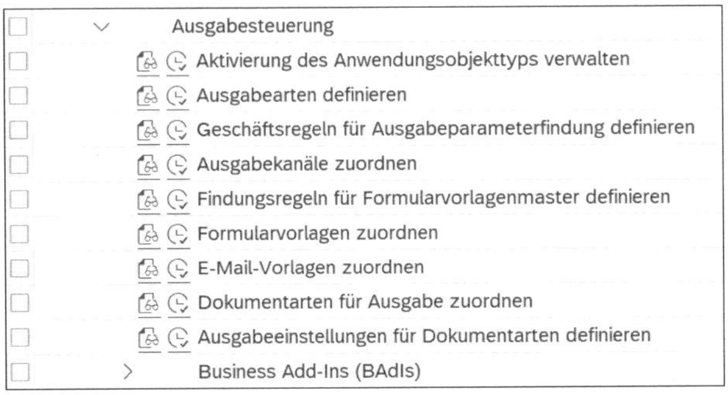

Abbildung 6.91: IMG-Aktivitäten im Bereich (neue) »Ausgabesteuerung«

Wenn Sie Nachrichten in der Bestandsführung einsetzen möchten, finden Sie Informationen, die Ihre Entscheidung unterstützen können, ob und welche Ausgabeverwaltung Ihre Anforderungen erfüllt, unter *https://help.sap.com/*.

[+]

Simplification Item – Ausgabeverwaltung

Die neue Nachrichtenausgabeverwaltung in SAP S/4HANA ist ein in der Simplification List aufgeführtes Simplification Item. Nähere Informationen erhalten Sie im SAP-Hinweis 2470711.

Für die neue Ausgabeverwaltung in der Bestandsführung stehen nachfolgende offizielle SAP-Hinweise zusätzlich zur Verfügung:

- SAP-Hinweis 2461075 (Ausgabeverwaltung in SAP S/4HANA, Cloud-Edition 1708 und On-Premise-Edition 1709 für Warenbewegung-Standard-Customizing)
- SAP-Hinweis 2524991 (FAQ: Ausgabeverwaltung in SAP S/4HANA für Bestandsführung)

Treffen Sie Ihre Auswahl mit Bedacht und geschlossen im Projektteam.

6.7.1 NAST-basierte Ausgabeverwaltung

Die Nachrichtenfindung in der Bestandsführung wird analog zur Ermittlung der Nachrichten im Einkauf auf der Grundlage der Konditionstechnik durchgeführt. Daher liegt der Hauptfokus der folgenden Unterabschnitte auf den Unterschieden zwischen beiden Teilbereichen. Ausführliche Erklärungen insbesondere zum Themenblock Nachrichtenfindung entnehmen Sie dem Abschnitt 4.11.

Drucksteuerung

Sie beginnen mit Ihren Customizing-Aktivitäten im IMG-Pfad **Materialwirtschaft • Bestandsführung und Inventur • Drucksteuerung** und bestimmen zunächst die Einstellungen rund um den Belegdruck.

Über die IMG-Aktivität **Allgemeine Einstellungen** (Transaktion OMBR) legen Sie fest, welche Ausgabegeräte in der Bestandsführung verwendet werden, definieren Druckkennzeichen und ordnen Druckversionen zu Transaktionen zu. Die empfohlene Konfigurationsreihenfolge sieht wie folgt aus:

1. Legen Sie fest, welche Drucker in der Bestandsführung zum Einsatz kommen sollen. Zusätzlich geben Sie an, ob das *Ausgabegerät* barcodefähig und ein Mehrfachdruck von Warenbegleitscheinen aktiv ist. Die Ausprägungen werden in Tabelle T159P gespeichert. In Abbildung 6.92 sehen Sie den in der Auslieferung voreingestellten Drucker.

Drucker	Standort	BCode	Mehrfach
☐ LP01	Beispieldrucker. Mit SPAD anpassen.	☐	☑

Abbildung 6.92: SAP-Standarddrucker LP01

[»]

Neue Ausgabegeräte

Neue Ausgabegeräte definieren Sie im SAP-System über den Menüpfad **Werkzeuge • CCMS • Drucken • Spool-Verwaltung** (Transaktion SPAD). Bevor Sie einen Drucker für die Bestandsführung verwenden können, ist das Anlegen des Ausgabegerätes unausweichlich.

2. Definieren Sie bei Bedarf individuelle *Druckkennzeichen*. Das Zeichen gibt an, ob eine Materialbelegposition gedruckt werden kann und welche Art von Beleg ausgegeben wird. Zudem legen Sie Konditionssätze in Abhängigkeit vom jeweiligen Druckkennzeichen an. Das bedeutet, dass das Druckkennzeichen der Nachrichtenartermittlung dient. Das ERP-System speichert die Daten in Tabelle T159Q ab.

   Abbildung 6.93 zeigt die Positionsdruckkennzeichen im SAP-Standard. Die Zeichen 1, 2, 3, 6 und 7 sind für Warenbegleitscheine vorgesehen. Bei einer Inventur kommen die Zeichen 4 und 5 zum Einsatz.

D	Text
☐	Kein Belegdruck
☐ 1	Materialbelegdruck
☐ 2	Rücklieferung
☐ 3	Warenbegleitschein Lohnbearb.
☐ 4	Inventurliste ohne VerkPreis
☐ 5	Inventurliste mit VerkPreis
☐ 6	Materialbelegdruck für WE/WA
☐ 7	Umbuchung

Abbildung 6.93: Positionsdruckkennzeichen in der SAP-Standardauslieferung

3. Legen Sie auf Transaktionsebene Vorschlagswerte für die *Druckversion* fest (siehe Abbildung 6.94). Hierfür stehen Ihnen folgende Druckversionen zur Verfügung:
   - 1 (Einzelschein): ein Warenbegleitschein pro Position wird gedruckt
   - 2 (Einzelschein mit Prüftext): wie 1, zusätzlich mit einem Qualitätsprüftext
   - 3 (Sammelschein): ein Schein wird für alle Positionen eines Belegs gedruckt

   Die angegebenen Vorschlagswerte finden Sie in Tabelle T158.

TCode	Transaktionstext	D	Druckversion
MIGO	Warenbewegung	1	Einzelschein
MIGO_GI	Warenbewegung	1	Einzelschein
MIGO_GO	Warenbewegung	1	Einzelschein
MIGO_GR	Warenbewegung	1	Einzelschein
MIGO_GS	Nachverrechnung von Beistellmaterial		
MIGO_TR	Umbuchung	2	Einzelschein mit Prüftext

Abbildung 6.94: Zuordnung von Druckkennzeichen zu einer Transaktion

Den druckrelevanten Bewegungsarten ordnen Sie sodann das passende Druckkennzeichen zu. Die Bewegungsarten sind gruppiert und müssen über unterschiedliche IMG-Aktivitäten gepflegt werden:

- **Druckkennzeichen für Wareneingangsbelege pflegen** (Transaktion OMB5)
- **Druckkennzeichen für Warenausgangs-/Umbuchungsbelege pflegen** (Transaktion OMB4)
- **Druckkennzeichen für automatische Bewegungen pflegen** (Transaktion OMJL)

Unabhängig von Ihrer Auswahl werden die Einstellungen in Tabelle T156 geführt.

In Abbildung 6.95 sehen Sie, dass sowohl der Bewegungsart 101 als auch den Bewegungsarten 102 und 103 das Druckkennzeichen 1 zugeordnet ist. Anhand der Bewegungsartentexte wissen Sie, dass Sie die abgebildeten Einstellungen über Transaktion OMB5 aufrufen.

BwA	Bewegungsartentext	D	Position drucken
101	WE Wareneingang	1	Materialbelegdruck
102	WE zur Best. Storno	1	Materialbelegdruck
103	WE in Sperrbestand	1	Materialbelegdruck

Abbildung 6.95: Druckkennzeichen zur Bewegungsart

Einstellungen zum *Etikettendruck* beim Erfassen von Warenbewegungen führen Sie über die IMG-Aktivität **Etikettendruck einstellen** (Transaktion OMCF) durch. Damit Sie Etiketten für ein Material drucken können, müssen Sie im Stammsatz die Felder **Etikettierungsart** (`MARA-ETIAR`) und **Etikettierungsform** (`MARA-ETIFO`) pflegen. Die Konfigurationsschritte für den Etikettendruck folgen dieser Reihenfolge:

1. Legen Sie zum Anwendungstextobjekt `MM07ET` (Wareneingangsetikett) die Text-ID, den Textnamen und das Formular fest (siehe Abbildung 6.96).

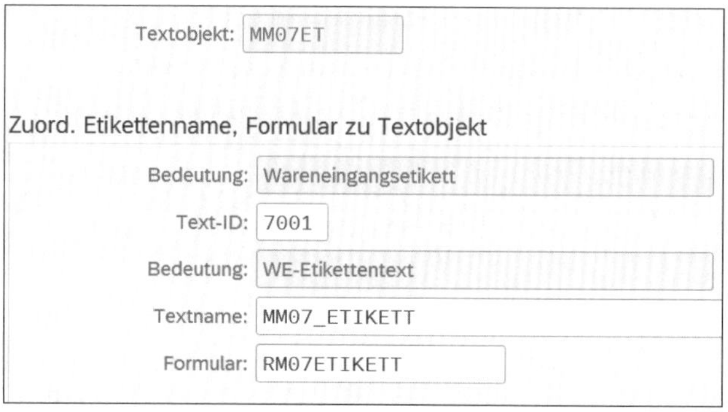

Abbildung 6.96: Anwendungsobjekt MM07ET

Ohne Anwendungsobjekt ist die Pflege eines Textes nicht möglich. Die getroffenen Festlegungen finden Sie in Tabelle T159O wieder. Das Anwendungsobjekt ist im Standard bereits definiert.

2. Pflegen Sie den Inhalt des Etikettentextes für das in Schritt 1 definierte Textobjekt `MM07ET`.

3. Legen Sie die Etikettierungsarten an, die das Anlegen des Etiketts steuern. Eine Etikettierungsart setzt sich aus einem zweistelligen alphanumerischen Schlüsselwert und einer Beschreibung aus maximal 40 Zeichen zusammen. Geführt werden die Einträge in Tabelle T6WP3. Abbildung 6.97 zeigt die Etikettierungsart M7 als Beispiel.

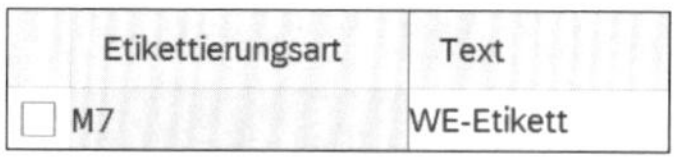

Etikettierungsart	Text
M7	WE-Etikett

Abbildung 6.97: Etikettierungsart M7

4. Passen Sie bei Bedarf die Etikettierungsformen an. Sie bilden die Form und Größe des Layouts ab. Eine Form besteht aus einem zweistelligen alphanumerischen Schlüsselwert inklusive 40-stelliger Beschreibung. Das System speichert die Einstellungen in Tabelle T6WP4. In Abbildung 6.98 sehen Sie die Standardetikettenformen E1, E2 und E3.

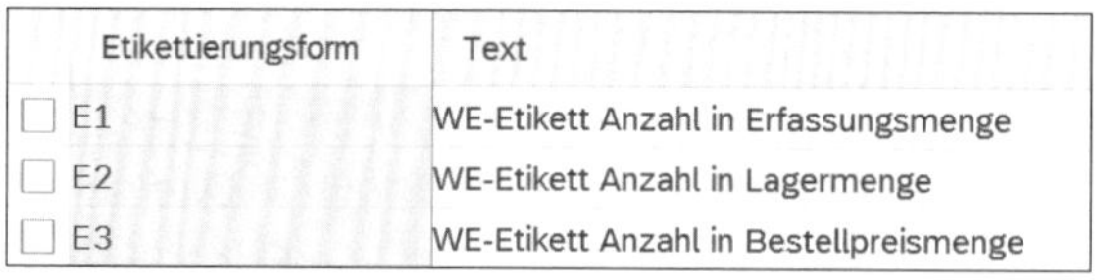

Etikettierungsform	Text
E1	WE-Etikett Anzahl in Erfassungsmenge
E2	WE-Etikett Anzahl in Lagermenge
E3	WE-Etikett Anzahl in Bestellpreismenge

Abbildung 6.98: Etikettierungsformen E1 bis E3

5. Welches Mengenfeld für die Anzahl der zu druckenden Etiketten in Betracht gezogen wird, bestimmen Sie im abschließenden Schritt zur Mengenermittlung. Definieren Sie

für Etikettierungsart und -form jeweils das relevante Quellfeld (siehe Abbildung 6.99). Die Systemkonfiguration finden Sie in Tabelle T159E wieder.

EA	EF	Z.	Feldname	Kurztext
M7	E1	1	MSEG-ERFMG	Menge in Erfassungsmengeneinheit
M7	E2	1	MSEG-MENGE	Menge
M7	E3	1	MSEG-BPMNG	Menge in Bestellpreismengeneinheit

Abbildung 6.99: Mengenermittlung

[«]

Etikettendruck im Standard

Wenn Sie mit der SAP-Standardauslieferung arbeiten, müssen Sie lediglich den Text für die Etiketten auf Ihre Bedürfnisse ausrichten. Die restlichen Einstellungen können Sie beibehalten.

Letztlich erfolgt die Etikettenausgabe über die Nachrichtenausgabe mithilfe von spezifischen Nachrichtenarten – d. h., ohne die Konfiguration der Nachrichtensteuerung kann keine Etikettenausgabe stattfinden.

Formulare für Druckreports in der Bestandsführung ordnen Sie über die IMG-Aktivität **Formulare für Druckreports zuordnen** (Transaktion OMBU) zu (siehe Abbildung 6.100). Beachten Sie, dass es sich um Listausgaben handelt, die direkt aus dem Report gedruckt werden und nicht der Nachrichtensteuerung unterliegen. In Tabelle T159N sind die Zuordnungen gespeichert.

Reportname	Version	VArt	D	Aktiv	Formular	Text
M07DRKTO				☑	MB_MFKTO	Kein Belegdruck
RM07IDRU			4	☑	INVENT	Inventurliste ohne VerkPreis
RM07IDRU			5	☑	INVENT	Inventurliste mit VerkPreis
RM07MGRU	1 Einzelschein			☑	WARENBEWEGUNG_G	Kein Belegdruck
RM07MKBS	1 Einzelschein			☑	KONSILISTE	Kein Belegdruck
RWWVINVB			4	☑	INVENT	Inventurliste ohne VerkPreis
RWWVINVB			5	☑	INVENT_VKBW	Inventurliste mit VerkPreis
SAPLMBXA				☑	MB_XAB	Kein Belegdruck

Abbildung 6.100: Formulare für Druckreports

Benötigen Sie für Ihre Anforderungen neue Formulare, rufen Sie die IMG-Aktivität **Formulare definieren** (Transaktion SE71) über den IMG-Pfad **Materialwirtschaft • Bestandsführung und Inventur • Nachrichtenfindung** auf.

Nachrichtenfindung

Um Nachrichten in der Bestandsführung zu erzeugen, müssen Sie über den IMG-Pfad **Materialwirtschaft • Bestandsführung und Inventur • Nachrichtenfindung** entsprechende Systemeinstellungen vornehmen. Die Konfigurationsreihenfolge der Nachrichtenfindung in der Bestandsführung und Inventur entspricht der Customizing-Sequenz im Einkauf (siehe Abschnitt 4.11, »Nachrichten«, wo Sie ausführliche Erläuterungen insbesondere der Fachbegriffe finden). Im Folgenden legen Sie Ihr Augenmerk auf die bestandsführungsrelevanten Einträge (Applikation ME), die in der SAP-Standardauslieferung zu finden sind:

1. Definieren Sie bei Bedarf individuelle Konditionstabellen. Rufen Sie hierfür die IMG-Aktivität **Konditionstabellen pflegen** (Transaktionen M703, M704 und M705) auf. Zu den Konditionstabellen zählen im Standard:
   - 070 (Vorgang/Druckvers./DruckKZ/Etikett.-Art/Etikett.-Form)
   - 071 (WE-Nachricht)
   - 072 (Vorgang/Druckvers./DruckKZ)
   - 073 (Vorgang/Druckvers./DruckKZ/SHKZG)
   - 074 (Fehlteile)
   - 075 (Kanbankarten bei WE)
   - 082 (Lieferant/Buchungskreis)
   - 083 (Lieferant)
   - 084 (Material/Werk/Lieferant/Bewegungsart)
   - 085 (Material/Werk/Auftraggeber/Bewegungsart)
2. Ergänzen Sie weitere Zugriffsfolgen über die Aktivität **Zugriffsfolgen pflegen**. Sie finden folgende Zugriffsfolgen in Tabelle T682 vor:
   - 0001 (Vorg.art/Druckvers/KZ/Etikette)
   - 0002 (WE-Mails)
   - 0003 (Vorg.art/Druckvers/KZ)
   - 0004 (Vorg.art/Druckvers/KZ/SHKZ)
   - 0005 (Fehlteile)
   - 0006 (Etikettenart (Typ 01))
   - 0007 (Kanbankarte bei WE)
   - ARB1 (Vorg.art/Druckvers/KZ)
   - ARIB (Ariba-Bestätigungsanforderung)
   - ESOA (Serviceorientierte Architektur)
3. Legen Sie neue Nachrichtenarten unter Zuhilfenahme der IMG-Aktivität **Nachrichtenarten pflegen** (Transaktion M706) an. Die Nachrichtenarten werden in Tabelle T685 geführt. Die dazugehörigen Ausprägungen rufen Sie über Tabelle T685B auf. In Abbildung 6.101 sind einige Nachrichtenarten exemplarisch dargestellt.
4. Definieren oder passen Sie Ihre Nachrichtenschemata an. Wählen Sie die IMG-Aktivität **Nachrichtenschemata pflegen** für dieses Unterfangen. In der Tabelle T683 finden Sie das Standardschema ME0001 (Bestandsführung) vor.

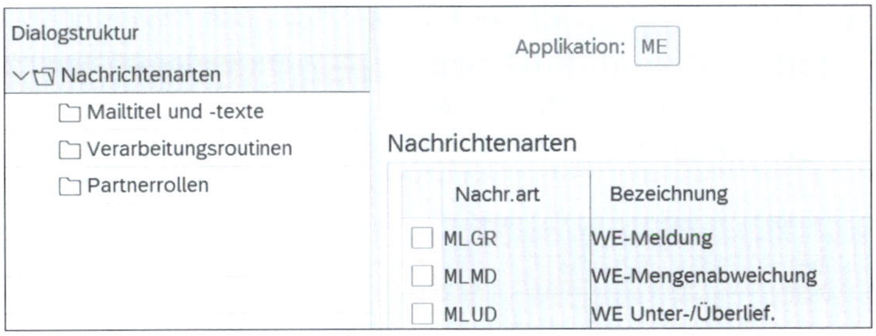

Abbildung 6.101: Beispielhafte Nachrichtenarten aus der Applikation ME

5. Legen Sie Nachrichtenkonditionssätze über die IMG-Aktivität **Konditionen pflegen** (Transaktionen MN21, MN22 und MN23) an.
6. Sind Formularanpassungen notwendig, führen Sie IMG-Aktivität **Formulare definieren** (Transaktion SE71) aus. Vergessen Sie jedoch nicht, dass Formularanpassungen Entwicklungstätigkeiten sind.
7. Abschließend ordnen Sie den Nachrichtenarten in Abhängigkeit von den Ausgabemedien Programme und Formulare zu. Die IMG-Aktivität ist **Formulare und Programme zuordnen**, die Tabelle lautet TNAPR.

Welche Schritte Sie für Ihre Systemeinstellungen benötigen, hängt von Ihren Anforderungen ab. Eine pauschale Aussage zu treffen, ist hier nicht möglich. Einzig Schritt 5, das Anlegen der Nachrichtenkonditionssätze, ist obligatorisch.

Die *Druckerfindung* wird über die Nachrichtenart gesteuert. Sie können an der Nachrichtenart folgende Druckparameter hinterlegen:

- 7 (Druckerfindung nach Werk/Lagerort (Standardeinstellung))
- 9 (Druckerfindung nach Werk/Lagerort/Benutzergruppe)
- E (User Exit)
- S (Druckerfindung aus Benutzerfestwert)
- U (Druckerfindung nach Nachrichtenart/Benutzer)

Für die Druckparameter 7, 9 und U stehen IMG-Aktivitäten zur Verfügung. Die Parameter E und S können Sie nicht über Customizing-Aktivitäten festlegen.

Den Druckparameter 7 (Druckerfindung nach Werk und Lagerort) pflegen Sie über die IMG-Aktivität **Druckerfindung nach Werk/Lagerort** (Transaktion OMJ3). Die daraus resultierenden Einträge führt das System in Tabelle TNAD7. In Abbildung 6.102 sehen Sie beispielhafte Werte.

KArt	Werk	LOrt	Ausgabegerät	Name	Sofort	Freigabe
WA01	0001	0001	$LT91		☐	☐
WA01	0003	0001	$LT91		☐	☐

Abbildung 6.102: Druckerfindung nach Werk und Lagerort

Den Druckparameter 9 (Druckerfindung nach Werk, Lagerort und Benutzergruppe) definieren Sie über die IMG-Aktivität **Druckerfindung nach Werk/Lagerort/Benutzergruppe** (Transaktion OMJ4). Sie legen dadurch Einträge für Tabelle TNAD9 an. Abbildung 6.103 zeigt exemplarische Werte.

KArt	Werk	LOrt	BenutzGr	Ausgabeg.	Name	Sofort	Freigabe
WA01	0001	0001	GROUP1	$LT91		☐	☐
WA01	0003	0001	GROUP1	$LT91		☐	☐

Abbildung 6.103: Druckerfindung nach Werk, Lagerort und Benutzergruppe

Für den Druckparameter U (Druckerfindung nach Nachrichtenart und Benutzer) rufen Sie die IMG-Aktivität **Druckerfindung nach Nachrichtenart/Benutzer** (Transaktion OMJR) auf. Die entsprechenden Werte finden sich in Tabelle TNADU wieder. Neue Tabelleneinträge legen Sie über die Oberfläche der Transaktion an, die in Abbildung 6.104 zu sehen ist.

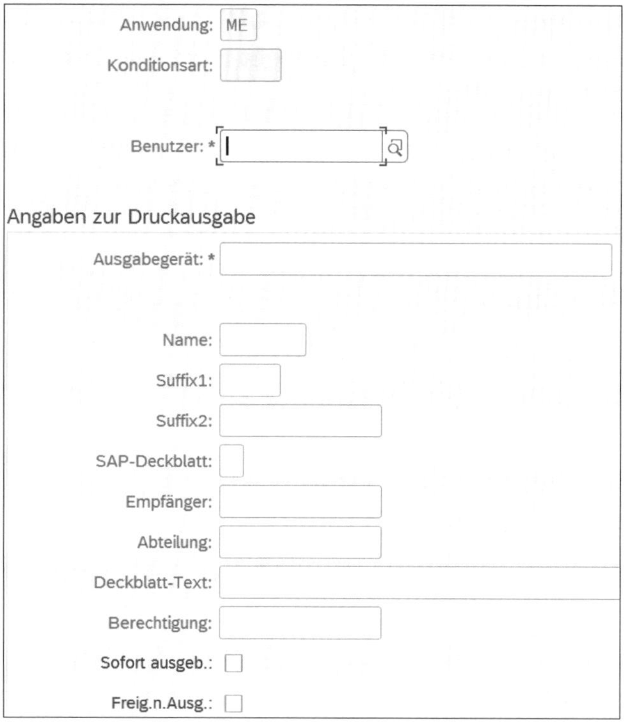

Abbildung 6.104: Neuer Eintrag für ein Ausgabegerät pro Benutzer

[»]

Druck-Benutzerparameter in der Bestandsführung

In der Bestandsführung greifen Sie zusätzlich auf die Druck-Benutzerparameter NDR und ND9 zurück. Über den Benutzerparameter NDR legen Sie mit dem Wert X fest, dass bei der Erfassung von Warenbewegungen das Kennzeichen **Drucken** vorbelegt ist. Für die Druckerfindung mit dem Druckparameter 9 ist der Benutzerparameter `ND9` mit hinterlegter dreistelliger Benutzergruppe notwendig.

6.7.2 Neue Ausgabeverwaltung in SAP S/4HANA

Die neue Ausgabeverwaltung in SAP S/4HANA konfigurieren Sie über den IMG-Pfad **Anwendungsübergreifende Komponenten • Ausgabesteuerung**. Da es sich bei der Ausgabesteuerung um eine anwendungsübergreifende Komponente handelt, weicht das Konfigurationsvorgehen nicht von den Nachrichten im Einkauf ab (siehe Abschnitt 4.11.2, »Neue Ausgabeverwaltung in SAP S/4HANA«). Sie können das dort beschriebene Vorgehen auf die Nachrichten in der Bestandsführung übertragen. Sie nutzen hierfür lediglich die Objekte, die für die Bestandsführung vorgesehen sind. Für die Konfigurationsreihenfolge ergibt sich daher folgendes Bild:

1. Sie aktivieren das Anwendungsobjekt `GOODS_MOVEMENT` (Warenbewegung) mit der IMG-Aktivität **Aktivierung des Anwendungsobjekttyps verwalten** (siehe Abbildung 6.105).

Anwendungsobjekttyp	Status	Standard
GOODS_MOVEMENT	1 Applikation aktiv	2 Anwendung inaktiv

Abbildung 6.105: Anwendungsobjekt aktivieren

2. Dann folgt das Aktivieren der Ausgabeverwaltung über die IMG-Aktivität **Materialwirtschaft • Bestandsführung und Inventur • Drucksteuerung • Aktivierung der neuen Ausgabeverwaltung**.
3. Die Ausgabeverwaltung für Warenbewegungen (siehe Abbildung 6.106) kann unter anderem für die drei Vorgangsarten WA (Warenausgang), WE (Wareneingang zur Bestellung) und WF (Wareneingang zum Auftrag) genutzt werden. Über das Dropdown-Menü aktivieren Sie den gewünschten Vorgang. In unserem Beispiel ist die Vorgangsart WA aktiv.

VArt	Neue AV
WA	1 Neue AV aktiv
WE	Neue AV nicht aktiv
WF	Neue AV nicht aktiv

Abbildung 6.106: Aktivierung der neuen Ausgabeverwaltung

4. Definieren Sie, wenn notwendig, Ausgabearten für das Anwendungsobjekt `GOODS_MOVEMENT` über die IMG-Aktivität **Ausgabearten definieren** (siehe Abbildung 6.107).

Anwendungsobjekttyp	Ausgabeart	Text
GOODS_MOVEMENT	ARBERP_RECEIPT_REQUEST	Ariba-Bestätigungsanforderung
GOODS_MOVEMENT	GOODS_ISSUE_SC_SLIP	Warenausgang LB
GOODS_MOVEMENT	GOODS_ISSUE_SLIP	Warenausgangsschein
GOODS_MOVEMENT	GOODS_MOVEMENT_POSTING	Warenbewegung
GOODS_MOVEMENT	GOODS_RECEIPT_LABEL	Wareneingangsetikett
GOODS_MOVEMENT	GOODS_RECEIPT_MP_MAIL	Nachricht zu fehlenden Teilen
GOODS_MOVEMENT	GOODS_RECEIPT_ORD_SLIP	Wareneingang zum Auftrag
GOODS_MOVEMENT	GOODS_RECEIPT_PO_SLIP	Wareneingang Bestellung
GOODS_MOVEMENT	GOODS_RECEIPT_QD_MAIL	Nachricht zu Mengenabweichung
GOODS_MOVEMENT	GOODS_RECEIPT_UD_MAIL	Nachricht zu Unterlieferung
GOODS_MOVEMENT	GOODS_TRANSFER_POSTING	Warenbewegung - Umbuchung
GOODS_MOVEMENT	GR_MESSAGE	WE-Nachricht
GOODS_MOVEMENT	KANBAN_CARD	Kanbankarte beim Wareneingang
GOODS_MOVEMENT	MMIM_MATDOC_GDSMVMT_ESOA	eSOA-Warenbewegung

Abbildung 6.107: Ausgabearten für das Objekt GOODS_MOVEMENT

5. Legen Sie mit dem webbasierten Business Rule Framework (kurz BRFplus) Geschäftsregeln für die Ermittlung der relevanten Ausgabeparameter in Form von Entscheidungstabellen an (über IMG-Aktivität **Geschäftsregeln für Ausgabeparameterfindung definieren**).
6. Bestimmen Sie die späteren Ausgabekanäle der Nachrichten über die IMG-Aktivität **Ausgabekanäle zuordnen** (siehe Abbildung 6.108).

Anwendungsobjekttyp	Ausgabeart	Kanal
GOODS_MOVEMENT	ARBERP_RECEIPT_REQUEST	XML
GOODS_MOVEMENT	GOODS_ISSUE_SC_SLIP	EMAIL
GOODS_MOVEMENT	GOODS_ISSUE_SC_SLIP	PRINT
GOODS_MOVEMENT	GOODS_ISSUE_SLIP	EMAIL
GOODS_MOVEMENT	GOODS_ISSUE_SLIP	PRINT

Abbildung 6.108: Ausgabekanäle für das Objekt GOODS_MOVEMENT

7. Prägen Sie bei Bedarf über die IMG-Aktivität **Findungsregeln für Formularvorlagenmaster definieren** die Findungsregeln für den Formularvorlagenmaster aus.
8. Weisen Sie der Kombination aus Anwendungsobjekt und Ausgabeart eine Formularart zu (über die Aktivität **Formularvorlagen zuordnen**), wie in Abbildung 6.109 zu sehen.

Anwendungsobjekttyp	Ausgabeart	FormulTyp	Formularvorlagen-ID
GOODS_MOVEMENT	GOODS_RECEIPT_PO_SLIP	1 Ausgabeformulare...	MMIM_GR4PO_COL_SLIP

Abbildung 6.109: Formularvorlage MMIM_GR4PO_COL_SLIP

9. Ordnen Sie der aus Schritt 8 bekannten Kombination aus Anwendungsobjekt und Ausgabeart im Bedarfsfall über die IMG-Aktivität **E-Mail-Vorlagen zuordnen** eine E-Mail-Vorlage zu (siehe Abbildung 6.110).

Anwendungsobjekttyp	Ausgabeart	E-Mail-Vorlag.-ID
GOODS_MOVEMENT	GOODS_RECEIPT_MP_MAIL	MM_IM_GR_MPCHK_EMAIL
GOODS_MOVEMENT	GOODS_RECEIPT_QD_MAIL	MM_IM_GR_PRVAR_EMAIL
GOODS_MOVEMENT	GOODS_RECEIPT_UD_MAIL	MM_IM_GR_UNDEL_EMAIL
GOODS_MOVEMENT	GR_MESSAGE	MM_IM_GR_MESSAGE_EMAIL

Abbildung 6.110: Beispielhafte E-Mail-Vorlagen in der Bestandsführung

Sie müssen nicht zwingend alle Schritte für die Konfiguration Ihrer Nachrichtenausgabe durchlaufen. Ausführliche Details zu den anwendungsübergreifenden Schritten finden Sie in Abschnitt 4.11.2.

6.8 Zusammenfassung

In diesem Kapitel haben Sie die Systemeinstellungen für den wichtigen Teilbereich Bestandsführung und Inventur der Materialwirtschaft kennengelernt. Sie können nun Belege in der Bestandsführung konfigurieren, Werksparameter pflegen, Warenbewegungen und insbesondere eigene Bewegungsarten einrichten, Reservierungen einführen, Einstellungen für eine körperliche Inventur tätigen und die Nachrichtenfindung einrichten.

In Kapitel 7, »Bewertung und Kontierung«, das an dieses Kapitel anschließt, beschäftigen wir uns mit der Materialbewertung und Sie lernen die enge Verzahnung zwischen Buchhaltung und Materialwirtschaft kennen. Die diesbezüglichen Einstellungen vervollständigen die Konfiguration der Bestandsführung aus buchhalterischer Sicht.

Kapitel 7

Bewertung und Kontierung

Wenn Sie bewertete Materialien bewegen, erzeugt das System in der Regel automatisch die zugehörigen Buchungen im Rechnungswesen, ohne dass Sie manuell eingreifen müssen. Die geführten Bestandswerte fließen in das Umlaufvermögen der Bilanz mit ein.

In diesem Kapitel lernen Sie die buchhalterische Seite der Systemeinstellungen für die Bestandsführung und Inventur ausführlich kennen. Die Bestandsbewertung zeigt, wie eng Materialwirtschaft und Finanzwesen aus dem Blickwinkel der Bestandsführung integriert sind.

Zunächst beschäftigen wir uns damit, auf welcher Basis eine Bestandsbewertung in einem SAP-S/4HANA-System erfolgt (siehe Abschnitt 7.1, »Bewertung und Kontierung in SAP S/4HANA«). In Abschnitt 7.2, »Kontenfindung in der Bestandsführung«, der den Löwenanteil dieses Kapitels ausmacht, erfahren Sie, wie Sachkonten beim Erfassen von Warenbewegungen automatisch ermittelt werden können. Wie Sie Bewertungspreise anpassen und berichtigen, erfahren Sie schließlich in Abschnitt 7.3, »Materialpreisänderungen«.

7.1 Bewertung und Kontierung in SAP S/4HANA

Auch wenn die Bestandsbewertung genau genommen keine originär logistische Anwendung ist, gehört sie dennoch als fester Bestandteil zur Materialwirtschaft. Bevor Sie mit Ihren Einstellungen beginnen, sollten Sie sich unbedingt mit Ihrem Rechnungswesen-Team über grundlegende Systemkonfigurationen abstimmen, um unliebsame Überraschungen zu vermeiden.

Alle Bewertungsanwendungen in der Materialwirtschaft rufen Sie im Anwendungsmenü über den Pfad **Materialwirtschaft • Bewertung und Kontierung** auf.

Alle Bewertungsanwendungen in der Materialwirtschaft rufen Sie im Anwendungsmenü über den Pfad **Logistik • Materialwirtschaft • Bewertung** auf. Der Bereich **Bewertung** ist in folgende Untermenüs aufgeteilt:

- Unter **Materialpreisänderung** führen Sie Anpassungen an den Preisen durch, auf deren Basis die Bestandswertermittlung durchgeführt wird.

- Unter **Bilanzbewertung** finden sich die Verfahren zur Ermittlung des Bilanzwerts, beispielsweise die Niederstwertermittlung, die LIFO-Bewertung (Last in – First out) und die FIFO-Bewertung (First in – First out).
- Unter **Bilanzbewertung mit dem Material-Ledger** finden Sie Transaktionen für die Bilanzbewertung unter dem Gesichtspunkt eines aktivierten Material-Ledgers vor.
- Über **Istkalkulation/Material-Ledger** greifen Sie auf Anwendungen von der Materialpreisanalyse bis hin zur Produktivsetzung des Material-Ledgers zu.

[»]

Eigenschaften der Materialarten

Erst wenn Sie die Konfiguration der Materialarteneigenschaften abgeschlossen haben, beginnen Sie damit, Ihre Einstellungen im Bereich **Bewertung und Kontierung** vorzunehmen. Eine wertmäßige Mengenfortschreibung und eine ausgewählte Buchhaltungssicht (siehe Abschnitt 3.1.4, »Materialarten«) fallen hier direkt als notwendige Einstellungen ins Auge.

Die Materialarteneigenschaften pflegen Sie über die IMG-Aktivität **Logistik Allgemein • Materialstamm • Grundeinstellungen • Materialarten • Eigenschaften der Materialarten festlegen** (Transaktion OMS2).

In der Regel nutzen Anwenderinnen und Anwender aus der Materialwirtschaft diese Bereiche nicht für die Materialbewertung. Die fachliche Hoheit sollte im Rechnungswesen liegen.

Die wesentliche Änderung in der Bestandsbewertung mit SAP S/4HANA besteht verglichen mit einem SAP-ERP-System darin, dass Sie das Material-Ledger nutzen müssen (siehe Abschnitt 7.1.3, »Material-Ledger«). Als Einführung beginnen wir jedoch zunächst mit dem Preissteuerungskennzeichen.

7.1.1 Preissteuerungskennzeichen

Der *Bewertungspreis* (auch *Materialpreis*) eines wertmäßig geführten Materials wird unter Berücksichtigung des im Materialstammsatz erfassten sogenannten *Preissteuerungskennzeichens* (Feld `MBEW-VPRSV`) bestimmt. Beachten Sie beim Materialpreis zusätzlich, mit welcher *Preiseinheit* der Preis geführt wird. Die Preiseinheit gibt Aufschluss darüber, auf wie viele Mengeneinheiten sich der angegebene Bewertungspreis bezieht.

Letztlich erfolgt die Materialbewertung durch eine einfache Multiplikation des aktuell gültigen Bewertungspreises mit der Bestandsmenge. Dabei werden die Bestandswerte auf den vorgesehenen Konten im Rechnungswesen geführt. Bei bewertungsrelevanten Warenbewegungen schreibt das System die Werte automatisch auf die entsprechenden Sachkonten fort. Auch den Bewertungspreis finden Sie auf der Sicht **Buchhaltung** im Materialstamm. Der Materialpreis wird in der Tabelle MBEW (Materialbewertung) material-

und bewertungskreisabhängig geführt. In der Regel entspricht der Bewertungskreis einem Werk (siehe Abschnitt 2.2.1, »Bewertungsebene«), daher können Sie die Berechnung des Bewertungspreises werksabhängig anhand des hinterlegten Preissteuerungskennzeichens steuern.

In einem SAP-S/4HANA-System unterscheiden Sie üblicherweise zwei Preissteuerungskennzeichen:

- **S (Standardpreis)**

  Warenbewegungen, die Materialien mit einem Preissteuerungskennzeichen **S** beinhalten, werden buchhalterisch mit dem im Materialstamm angegebenen Bewertungspreis gebucht. Das heißt, Warenein- und Warenausgänge werden identisch bewertet. Treten im Zusammenhang mit fremdbeschafften, S-Preis-gesteuerten Materialien Preisunterschiede auf, bewertet das System die Materialien weiterhin anhand des Standardpreises. Die Preisunterschiede werden dabei auf gesonderte *Preisdifferenzenkonten* verbucht. Den im Materialstamm erfassten Standardpreis kalkulieren Sie im Normalfall auf das Jahr gesehen einmal neu.

[+]

Simplification Item – statistisch gleitender Durchschnittspreis

Der statistisch gleitende Durchschnittspreis bei S-Preis-bewerteten Materialien ist in SAP S/4HANA obsolet und wird auf der Benutzeroberfläche der Transaktionen MM01, MM02, MM03, MR21 und CKM3 nicht mehr angezeigt. Da es sich, wie der Name suggeriert, bei dem Preis um einen rein statistischen Preis handelt, hat dies keinerlei Auswirkungen auf die tatsächliche Bewertung. Für ausführliche Informationen rufen Sie den SAP-Hinweis 2267835 auf.

Die Deaktivierung des statistisch gleitenden Durchschnittspreises ermöglicht, dass in SAP S/4HANA für Warenbewegungen, die keine Materialstammdaten erzeugen oder anpassen, keine exklusive Sperre (siehe SAP-Hinweis 2338387) erforderlich ist. Dadurch ist eine parallele Materialbelegverarbeitung möglich.

- **V (gleitender Durchschnittspreis/periodischer Verrechnungspreis)**

  Bei Materialien mit dem Preissteuerungskennzeichen **V** ändert sich der Materialpreis dynamisch. Folgende Unterscheidungen sind innerhalb des Preissteuerungskennzeichens notwendig:

  - Bei einem *gleitenden Durchschnittspreis* werden die Wareneingänge mit dem tatsächlichen Bestellpreis bewertet. Warenausgänge hingegen erhalten den aktuellen gleitenden Durchschnittspreis als Bewertungsgrundlage. Berechnet wird der gleitende Durchschnittspreis, indem der Werksbestandswert durch die Werkbestandsmenge unter Berücksichtigung der Preiseinheit dividiert wird. Beim Erfassen der bewertungsrelevanten Warenbewegungen berechnet das System den aktuellen Bewertungspreis neu und aktualisiert diesen im Materialstammsatz. Für Preisdifferenzen sind keine gesonderten Sachkonten für V-Preis-gesteuerte Materialien vorgesehen, denn preisliche Unterschiede werden direkt auf die Bestandskonten mitgebucht.

- Bei Materialstämmen, die mit dem *periodischen Verrechnungspreis* bewertet werden, erfolgt die Berechnung des Bewertungspreises durch eine Division von Bestandswert durch Bestandsmenge. Dabei wird die Preiseinheit in die Berechnung miteinbezogen. Der Bewertungspreis wird neu berechnet, wenn Sie eine ein- beziehungsweise mehrstufige Materialpreisermittlung für das Material durchführen. Der ermittelte Preis wird bei den Abschlussbuchungen der Materialpreisermittlungen für die abgeschlossene Periode genutzt. Die Bewertung der laufenden Periode erfolgt weiterhin mit dem Standardpreis und wird nicht durch die Istkalkulation angepasst. Sie können den periodischen Verrechnungspreis in bis zu drei unterschiedlichen Währungen führen.

[!]

Periodischer Verrechnungspreis

Neben einem aktivierten Material-Ledger, das in SAP S/4HANA sowieso eine unausweichliche Grundbedingung für die Bestandsbewertung ist, müssen weitere zwingende Voraussetzungen erfüllt sein, damit Sie mit dem periodischen Preis arbeiten können:

- Der Umfangsbestandteil Istkalkulation ist im System aktiviert.
- Die Preisermittlung (Feld `MBEW-MLAST`) im Materialstamm beinhaltet den Wert **3** (ein-/mehrstufig).
- Das Preissteuerungskennzeichen im Materialstamm ist auf **S** (Standardpreis) gesetzt.

Einstellungen zum Preissteuerungskennzeichen nehmen Sie über die IMG-Aktivität **Materialwirtschaft • Bewertung und Kontierung • Preissteuerung für Materialarten festlegen** materialartenabhängig vor. Sie legen für jede Materialart fest, welches Preissteuerungskennzeichen bei der Anlage oder Änderung eines Materialstamms unverbindlich vorgeschlagen wird und ob das vorgeschlagene Preissteuerungskennzeichen editierbar ist. Die Konfiguration finden Sie in Tabelle T134 wieder.

Für die Materialart VERP (Verpackung) ist das vorgeschlagene Preissteuerungskennzeichen **V** (siehe Abbildung 7.1). Der Wert kann durch die Anwenderinnen und Anwender überschrieben werden, da die Preissteuerung nicht als obligatorisch gekennzeichnet wurde.

Materialart	Bezeichnung Materialart	Preissteuerung	Preissteuerung obligat.
☐ VERP	Verpackung	V	☐

Abbildung 7.1: Preissteuerungskennzeichen bei Materialart ROH

In der SAP-Standardauslieferung ist die Zuteilung der Steuerungskennzeichen zu den diversen Materialarten klar abgegrenzt. Materialarten wie VERP, die vorzugsweise fremdbeschafft werden, unterliegen dem Preissteuerungskennzeichen **V**. Primär zur Eigenfertigung genutzte Materialarten wie FERT (Fertigerzeugnis) sind stattdessen mit dem Kennzeichen **S** eingestellt (siehe Abbildung 7.2).

Materialart	Bezeichnung Materialart	Preissteuerung	Preissteuerung obligat.
☐ FERT	Fertigerzeugnis	S	☐

Abbildung 7.2: Preissteuerungskennzeichen bei Materialart FERT

Alternativ zu dem oben aufgeführten Konfigurationspfad können Sie die gleichen Einstellungen über die IMG-Aktivität **Materialwirtschaft • Logistik Allgemein • Materialstamm • Grundeinstellungen • Materialarten • Eigenschaften der Materialarten festlegen** (Transaktion OMS2) durchführen.

7.1.2 Getrennte Bewertung

Die *getrennte Materialbewertung* ermöglicht es Ihnen, Lagermaterialien, die unter derselben Materialnummer laufen, unterschiedlich buchhalterisch zu bewerten, ohne eine neue Materialnummer anlegen zu müssen. Damit eine getrennte Bewertung für eine oder mehrere disjunkte Teilmengen innerhalb eines Werks erfolgen kann, muss eine weitere Bewertungsebene berücksichtigt werden: die *Bewertungsart* (Feld `MBEW-BWTAR`). Die Materialbewertung erfolgt anhand unterschiedlicher Bewertungspreise abhängig von der jeweiligen Bewertungsart. Des Weiteren können Sie entstehende Bestandswerte und Verbräuche der Teilmengen auf getrennte Sachkonten buchen.

Preissteuerungskennzeichen bei getrennter Bewertung [!]

Nur Materialien mit dem Preissteuerungskennzeichen **V** sind für die getrennte Bewertung geeignet.

Folgende betriebswirtschaftliche Vorgänge lassen sich als Anwendungsbeispiele für eine getrennte Materialbewertung anführen:

- Sie möchten grundsätzlich zwischen fremdbeschafften und eigenproduzierten Materialien unter derselben Materialnummer unterscheiden.
- Sie beschaffen, produzieren, verwalten und/oder verkaufen Ihre Materialien in Chargen.
- Sie erhalten Materialien aus einem Wartungsvorgang zurück und müssen die rückgeführten Materialien von Neuware unterscheiden.
- Sie beschaffen dasselbe Material bei verschiedenen Lieferanten.
- Sie möchten in der Materialbewertung Qualitätsunterschiede berücksichtigen.
- Sie bewerten Materialien aus verschiedenen Herkunftsländern unterschiedlich.

Über den IMG-Pfad **Materialwirtschaft • Bewertung und Kontierung • Getrennte Bewertung** rufen Sie den Konfigurationsbereich für die getrennte Bewertung auf. Die dazugehörigen IMG-Aktivitäten entnehmen Sie Abbildung 7.3. Zunächst müssen Sie die getrennte Bewertung im System aktivieren, bevor Sie mit der eigentlichen Konfiguration beginnen können.

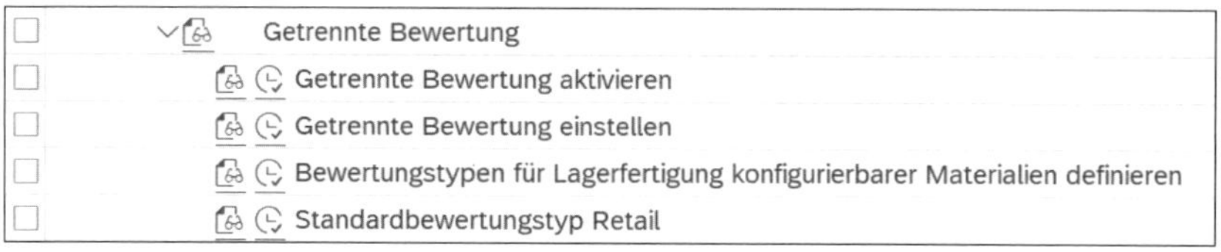

Abbildung 7.3: IMG-Aktivitäten im Bereich »Getrennte Bewertung«

Die getrennte Bewertung aktivieren

Als ersten Schritt müssen Sie die getrennte Materialbewertung im Mandanten aktivieren, denn erst nach Aktivierung können Sie gezielt Materialien für eine getrennte Bewertung einstellen. Nur weil eine getrennte Bewertung aktiv wurde, heißt dies im Umkehrschluss nicht, dass alle Materialien getrennt bewertet werden müssen. Sie entscheiden anhand der Materialstammpflege eigenverantwortlich, ob Sie ein Material getrennt bewerten möchten oder nicht.

Die getrennte Materialbewertung aktivieren Sie über die IMG-Aktivität **Getrennte Bewertung aktivieren** (Transaktion OMW0). Die Aktivierung gehört zu den zentralen Materialwirtschaftsfunktionen im Mandanten, die in Tabelle TCURM anzutreffen sind. Standardmäßig ist die getrennte Bewertung bereits aktiv (siehe Abbildung 7.4).

Abbildung 7.4: Mandantenweite Aktivierung der getrennten Bewertung

Auch wenn Sie im Moment eine getrennte Materialbewertung als nicht notwendig erachten, lassen Sie die getrennte Bewertung am besten aktiviert. Falls Sie sich später doch für eine getrennte Bewertung entscheiden sollten, kann die Einstellung nämlich nur mit erheblichem Aufwand geändert werden. Folgende Schritte wären durchzuführen, um die Systemeinstellung für die getrennte Materialbewertung nachträglich anzupassen:

- alle Bestände komplett ausbuchen
- den Steuerungsparameter ändern (Transaktion OMW0)
- bei Bedarf die automatische Kontenfindung anpassen
- alle Bestände wieder einbuchen

Je komplexer Ihre Lagerverwaltung aufgebaut ist, desto höher ist letztlich der Aufwand, um eine Anpassung am Steuerungsparameter für die getrennte Bewertung durchzuführen.

[!]

(De-)Aktivierung der Materialbewertung

Die (De-)Aktivierung der getrennten Bewertung ist nicht Teil der automatischen Transportfunktion. Das bedeutet, dass Sie diese spezifische Einstellung in allen beteiligten Systemen innerhalb der Projektschiene manuell pflegen müssen.

Haben Sie die getrennte Bewertung aktiviert, beginnen Sie mit der eigentlichen fachlichen Konfiguration über die IMG-Aktivität **Getrennte Bewertung einstellen** (Transaktion OMWC). Die Systemeinstellungen erfolgen in den folgenden Schritten (die wir in den folgenden Unterabschnitten genauso »abarbeiten«):

1. Legen Sie die globalen Bewertungsarten an.
2. Definieren Sie die globalen Bewertungstypen.
3. Weisen Sie die Bewertungsarten den Bewertungstypen zu.
4. Bestimmen Sie die lokalen Definitionen für jeden Bewertungskreis.

Bevor Sie individuelle Einträge generieren, prüfen Sie bitte vorab, ob Sie Ihre Anforderungen nicht auch mit den ausgelieferten Einstellungen abdecken können. Über die Schaltflächen **Globale Arten**, **Globale Typen** und **Lokale Definitionen** in der Navigationsleiste im oberen Bildbereich navigieren Sie zu den entsprechenden Bereichen innerhalb der Customizing-Aktivität (siehe Abbildung 7.5).

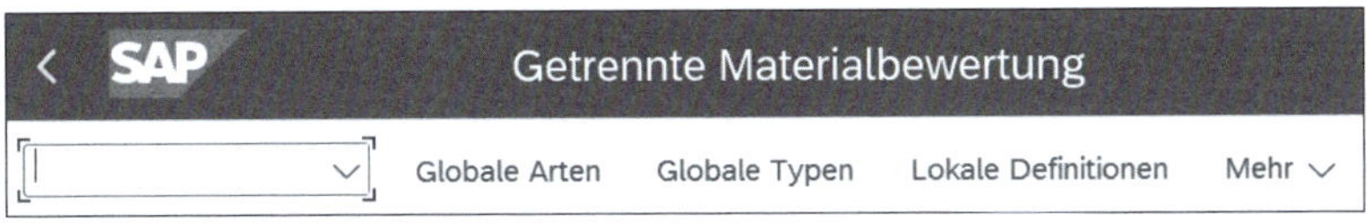

Abbildung 7.5: Einstiegsbild zur Aktivität »Getrennte Bewertung einstellen«

Globale Bewertungsarten festlegen

Über die Schaltfläche **Globale Arten** gelangen Sie in den Pflegebereich für die *globalen Bewertungsarten*. Diese Bewertungsart beschreibt die Ausprägung des einzelnen Teilbestands und identifiziert getrennt bewertete Bestände eindeutig. Sie wird als »global« bezeichnet, um ihre Verfügbarkeit auf Unternehmensebene zu unterstreichen.

Eine (globale) Bewertungsart besteht aus einem zehnstelligen alphanumerischen Schlüssel und umfasst folgende steuernde Eigenschaften:

- die Festlegung, ob externe Bestellungen erlaubt sind
- die Festlegung, ob interne Bestellungen möglich sind
- die vorgesehene Kontoklassenreferenz (siehe Abschnitt 7.2, »Kontenfindung in der Bestandsführung«)

In Abbildung 7.6 sehen Sie unterschiedliche globale Bewertungsarten. Anhand der Schlüsselwerte lassen sich bereits die betriebswirtschaftlichen Gründe für die Bewertungsart ableiten. So dienen beispielsweise die Bewertungsarten C1 bis C3 dazu, Chargen getrennt zu bewerten, wohingegen bei den Bewertungsarten EIGEN und FREMD die Beschaffungsart ausschlaggebend für eine getrennte Bewertung ist.

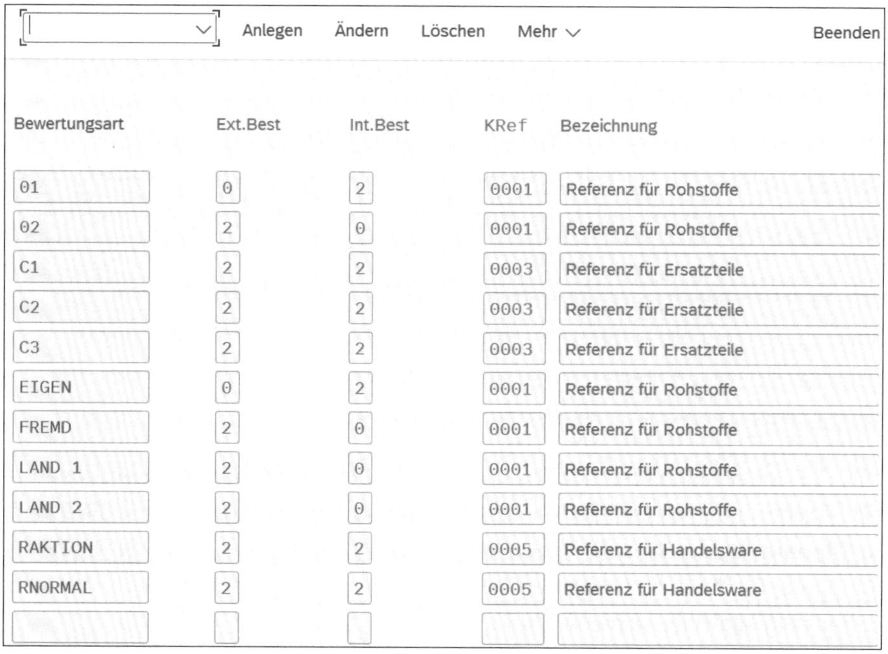

Bewertungsart	Ext.Best	Int.Best	KRef	Bezeichnung
01	0	2	0001	Referenz für Rohstoffe
02	2	0	0001	Referenz für Rohstoffe
C1	2	2	0003	Referenz für Ersatzteile
C2	2	2	0003	Referenz für Ersatzteile
C3	2	2	0003	Referenz für Ersatzteile
EIGEN	0	2	0001	Referenz für Rohstoffe
FREMD	2	0	0001	Referenz für Rohstoffe
LAND 1	2	0	0001	Referenz für Rohstoffe
LAND 2	2	0	0001	Referenz für Rohstoffe
RAKTION	2	2	0005	Referenz für Handelsware
RNORMAL	2	2	0005	Referenz für Handelsware

Abbildung 7.6: Globale Bewertungsarten

Wir betrachten stellvertretend für die Konfiguration aller Bewertungsarten die Bewertungsart LAND 1. Möchten Sie eine Bewertungsart ändern, markieren Sie die gewünschte Bewertungsart und klicken auf die Schaltfläche **Ändern**. Im Änderungsbereich (siehe Abbildung 7.7) passen Sie die Werte für die Zulässigkeit externer und interner Bestellungen an.

Abbildung 7.7: Änderungsbereich der Bewertungsart »LAND 1«

Dabei können Sie für das Feld **Ext. Bestellungen** auf folgende Auswahl zurückgreifen:

- **0** (keine externen Bestellungen erlaubt)
- **1** (ext. Bestellungen erlaubt, es erfolgt aber eine Warnung)
- **2** (externe Bestellungen erlaubt)

Ähnliche Einträge finden Sie beim Feld **Int. Bestellungen** vor – ersetzen Sie hier in den Beschreibungen einfach »extern« durch »intern«. Fremdbeschaffte Materialien sind für die Bewertungsart LAND 1 zulässig (Wert **2**), eigengefertigte nicht (Wert **0**).

Soll eine andere Kontoklassenreferenz als die erfasste Referenz 0001 (Referenz für Rohstoffe) in der Bewertungsart zum Einsatz kommen, wählen Sie über die F4-Hilfe Ihre bevorzugte Kontoklassenreferenz aus. Falls Sie unschlüssig sind, welche Bewertungsklassen den Kontoklassenreferenzen zugewiesen wurden, gelangen Sie über Schaltfläche **Kkrf** zu einer aufschlussreichen Übersicht. Bei Bedarf übernehmen Sie mit einem Doppelklick auf die gewünschte Kontoklassenreferenz den vierstelligen Schlüssel in die Bewertungsart. Denken Sie daran, den übernommenen Wert im Änderungsbereich der Bewertungsart abzuspeichern! Ohne Speichervorgang überschreibt das System den gewünschten Wert mit dem alten Eintrag.

Das Vorgehen bei neuen Bewertungsarten ist ähnlich wie bei den Änderungen an bestehenden Bewertungsarten. Über die Schaltfläche **Anlegen** rufen Sie den Anlagebereich auf. Im Vergleich zu einer Änderung erfassen Sie nun alle Felder inklusive des Schlüsselwerts für die Bewertungsart.

Möchten Sie überflüssige Bewertungsarten aus der Tabelle entfernen, markieren Sie zunächst das zu löschende Objekt und klicken anschließend auf die Schaltfläche **Löschen**. Zur Absicherung müssen Sie das Löschen noch einmal händisch bestätigen (siehe Abbildung 7.8). Gehen Sie mit größter Sorgfalt mit der Löschfunktion um.

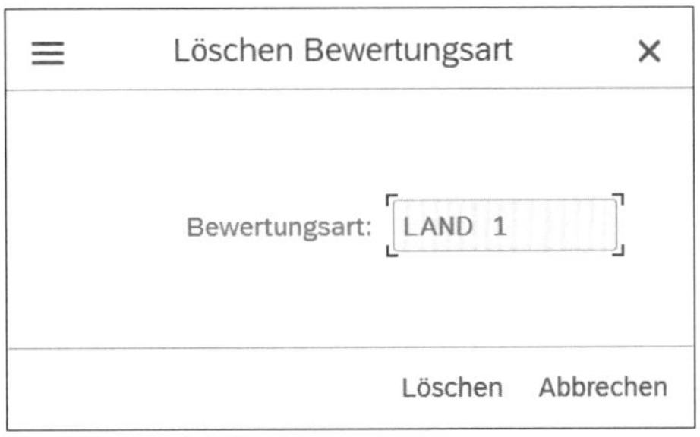

Abbildung 7.8: Löschen einer Bewertungsart bestätigen

Wenn notwendig, können Sie die Eigenschaften der globalen Bewertungsarten über die lokalen Bewertungsarten im letzten Konfigurationsschritt anpassen (siehe den Unterabschnitt »Lokale Definitionen« weiter unten).

Sie gelangen zum zweiten Schritt, »Globale Bewertungstypen definieren«, indem Sie entweder in das Einstiegsbild der getrennten Bewertung zurückkehren (siehe erneut Abbildung 7.5) und dort über die Schaltfläche **Globale Typen** abspringen, oder indem Sie über (**Mehr** •) **Springen • Globale Typen • Definition** aus dem Übersichtsbild der globalen Bewertungsarten (siehe Abbildung 7.6) in das Zielbild verzweigen.

Globale Bewertungstypen definieren

Der *globale Bewertungstyp* bestimmt, nach welchem Kriterium der Lagerbestand getrennt bewertet wird. Zu den Kriterien in der Standardauslieferung gehören die folgenden Bewertungstypen:

- B (Bez. Eig./Fremd)
- C (Zustand)
- H (Herkunft)
- R (Retail)
- X (Autom (Charge))

In Abbildung 7.9 sehen Sie das Navigationsbild, das Sie über die Schaltfläche **Globale Typen** im Einstiegsbild der Transaktion OMWC für die getrennte Materialbewertung aufrufen. Sie finden auch hier die bekannten Funktionen **Anlegen**, **Ändern** und **Löschen**. Zusätzlich können Sie direkt mit Hilfe der Schaltfläche **Arten -> Typ** in den anschließenden Schritt »Die Bewertungsarten den Bewertungstypen zuweisen« verzweigen (wir beleuchten diesen Schritt im nächsten Unterabschnitt im Detail).

Abbildung 7.9: Globale Bewertungstypen

[»]

> **Benutzeroberfläche beim Anlegen und beim Ändern**
>
> Wundern Sie sich nicht: Die Benutzeroberflächen weisen bei der Neuanlage eines Bewertungstyps und bei der Änderung eines bestehenden Typs leichte Unterschiede auf. So weichen beispielsweise die Feldbezeichnungen voneinander ab. Selbstverständlich haben die unterschiedlichen Oberflächen aber keinerlei Auswirkungen auf die erfassten Werte.

Zu den steuernden Eigenschaften eines Bewertungstyps gehören unter anderem die nachfolgenden Feldausprägungen (siehe Abbildung 7.10):

- **Feld »Vorschlag BewArt Fremdbeschaffung«**
  Einen Vorschlagswert für die Bewertungsart in der Bestellung erfassen Sie im Feld **Vorschlag BewArt Fremdbeschaffung**. Das hinterlegte Kennzeichen finden Sie beim Erfassen von Bestellungen im entsprechenden Feld auf der Positionsregisterkarte **Lieferung** vor. Die vorgeschlagene Bewertungsart kann durch die Anwenderinnen und Anwender manuell überschrieben werden. Die vorgeschlagene Bewertungsart für Bewertungstyp B lautet 02.

[«]

Bewertungsart bei Bestellpositionen

Hinterlegen Sie nur dann einen Vorschlagswert für die Bewertungsart, wenn Sie die endgültige Bewertungsart beim Anlegen der Bestellungen bereits kennen, denn Sie können die Bewertungsart bei der Wareneingangsbuchung mit Bezug zu einer Bestellung nicht mehr ändern.

- **Kennzeichen »Vorschlag BewArt Fremd verbindl.«**
  Wenn die Anwenderinnen und Anwender die vorgeschlagene Bewertungsart in der Bestellung nicht überschreiben sollen, wählen Sie das Kennzeichen **Vorschlag BewArt Fremd verbindl.**. Die Bewertungsart 02 ist bei Bewertungstyp B fest hinterlegt.
- **Feld »Vorschlag BewArt Eigenfertigung«**
  Über das Feld **Vorschlag BewArt Eigenfertigung** legen Sie eine Bewertungsart als überschreibbaren Vorschlagswert bei der Anlage von Fertigungsaufträgen fest. Für den Bewertungstyp B lautet der Vorschlagswert 01.
- **Kennzeichen »Vorschlag BewArt Eigen verbindl.«**
  Selektieren Sie das Kennzeichen **Vorschlag BewArt Eigen verbindl.**, wenn Sie systemseitig verhindern möchten, dass Anwenderinnen und Anwender den Vorschlagswert im Fertigungsauftrag ändern können. Auch die vorgeschlagene Bewertungsart im Fertigungsauftrag ist bei Typ B nicht editierbar.
- **Kennzeichen »BewArt automatisch ermitteln«**
  Das Setzen des Kennzeichens **BewArt automatisch ermitteln** bewirkt, dass bei Wareneingangsbuchungen die Bewertungsart automatisch ermittelt wird. Ist noch kein Bewertungssatz für das gebuchte bewertete Lagermaterial unter der ermittelten Bewertungsart vorhanden, legt das System den fehlenden Satz an. Das Kennzeichen ist lediglich für chargengeführte Materialien anzuwenden. Neben der Charge erzeugen Sie beim Erfassen des Wareneingangs zugleich einen entsprechenden Bewertungssatz. Die Zuordnung der Bewertungsart zur Charge finden Sie im Chargenstammsatz.

Stellen Sie bei der späteren Definition der lokalen Bewertungstypen fest, dass Sie Anpassungen an den global definierten Bewertungstypen vornehmen sollten, überschreiben

Sie die vorgeschlagenen Voreinstellungen ohne Umwege direkt in den lokalen Bewertungstypen.

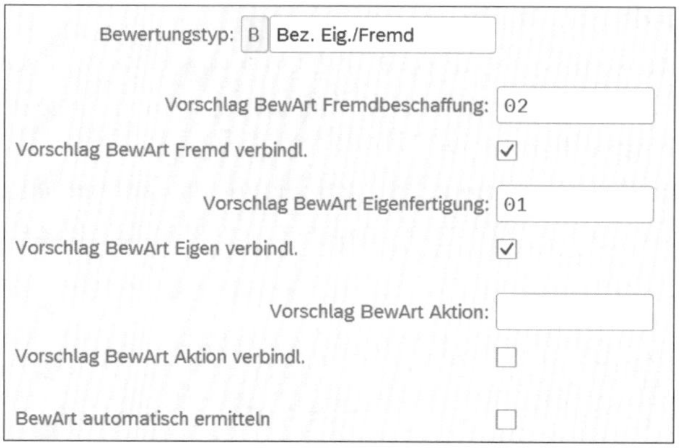

Abbildung 7.10: Änderungsbereich für den Bewertungstyp B (Bez. Eig./Fremd)

Nachdem Sie die globalen Bewertungsarten und die globalen Bewertungstypen definiert haben, folgt im nächsten Schritt die Zuordnung dieser beiden zentralen Objekte. Zur Zuordnungsmaske gelangen Sie über die Schaltfläche Arten -> Typ (**Arten -> Typ**) in der Navigationsleiste. Alternativ können Sie über (**Mehr •**) **Springen • Globale Typen • Zuordnungen • Arten -> Typ** in den benötigten Bereich navigieren. Ausgangspunkt ist hier ebenfalls die Übersicht der globalen Bewertungstypen. Unabhängig vom gewählten Weg wird Ihnen der Bewertungstyp angezeigt, den Sie zuvor mit dem Cursor markiert haben.

Die Bewertungsarten den Bewertungstypen zuweisen

Sie weisen einem (globalen) Bewertungstyp die vorgesehenen Bewertungsarten zu. Über die Schaltfläche Arten -> Typ (**Arten -> Typ**) gelangen Sie in den passenden Pflegebereich.

Sie weisen einem Bewertungstyp eine Bewertungsart zu, indem Sie die Art markieren und sie dann über die Schaltfläche **Aktivieren** im unteren Bildbereich für den Typ aktivieren (siehe Abbildung 7.11). Am Status **Aktiv** in der ersten Spalte sehen Sie, dass die Zuweisung zur Bewertungsart erfolgt ist. Dem Bewertungstyp B sind die Bewertungsarten 01, 02, EIGEN sowie FREMD zugewiesen. Alle anderen Bewertungsarten sind für den betrachteten Bewertungstyp nicht relevant.

Eine Bewertungsart kann systemseitig für mehrere Bewertungstypen aktiv sein. Wird eine Bewertungsart mehrfach zu einem Bewertungstyp zugeordnet, gibt das System eine Warnmeldung aus (»Bewertungsart 01 ist bei Bewertungstyp B aktiv«). Die Meldung soll Sie darauf hinweisen, dass aus Gründen der Wartbarkeit eine eindeutige Zuordnung zwischen globalen Bewertungsarten und globalen Bewertungstypen zu präferieren ist. Es sei denn, dies ist für Ihr Unterfangen nicht möglich.

Abbildung 7.11: Dem Bewertungstyp B zugeordnete Bewertungsarten

Um eine Zuordnung rückgängig zu machen, markieren Sie mit dem Cursor eine Bewertungsart mit dem Status **Aktiv**, und klicken Sie anschließend auf die Schaltfläche **Deaktivieren** (ebenfalls im unteren Bildbereich).

Lokale Definitionen

Sie beginnen mit den Systemeinstellungen für Ihre lokalen Definitionen im Einstiegsbild von Transaktion OMWC über die Schaltfläche **Lokale Definitionen**. Daraufhin sehen Sie eine Liste aller angelegten Werke (siehe Abbildung 7.12) und navigieren über die Leiste zu den verschiedenen Konfigurationsmöglichkeiten, die wir im Folgenden beschreiben.

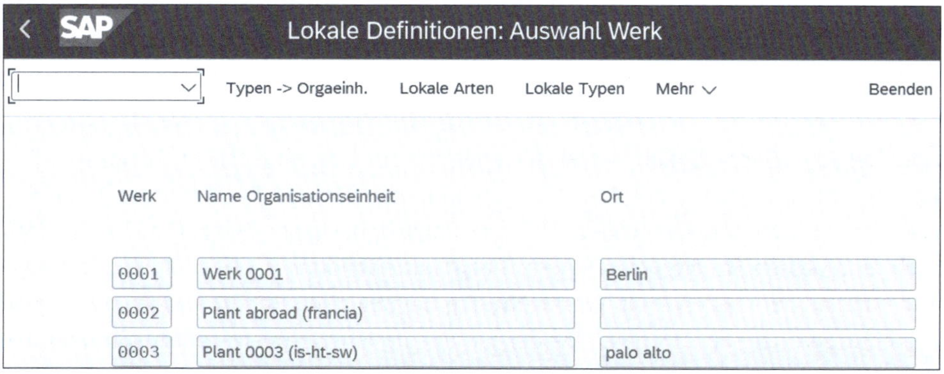

Abbildung 7.12: Navigationsbereich »Lokale Definitionen« – Werksauswahl

Zunächst ordnen Sie allen Werken, die für eine getrennte Materialbewertung in Frage kommen, die benötigten Bewertungstypen zu. Die Zuweisung der Typen zur Organisationseinheit Werk, die gleichzeitig dem Bewertungskreis entspricht, erfolgt über die Schaltfläche Typen -> Orgaeinh. (**Typen -> Organisationseinheit**) links in der Leiste.

Durch den Absprung gelangen Sie in den Pflegebereich **Zuordnung Bewertungstypen** (siehe Abbildung 7.13). Sie legen für jedes Werk individuell fest, welche Bewertungstypen aktiv sein sollen. Die Vorgehensweise ist Ihnen bereits bekannt: Sie markieren die gewünschte Bewertungsart und nutzen die Schaltflächen **Aktivieren** und **Deaktivieren** im unteren Bildbereich.

Abbildung 7.13: Zugeordnete Bewertungstypen in Werk 0001

Im ausgelieferten SAP-Vorlagewerk 0001 sind ausnahmslos alle Bewertungstypen B, C, H, R und X aktiv und damit dem Werk korrekt zugewiesen.

Sie fahren mit den lokalen Definitionen fort. Die Lokalität kommt dadurch zustande, dass Sie die globale Bewertungsart beziehungsweise auch den globalen Bewertungstyp innerhalb des Werkes abweichend von den globalen Definitionen bei Bedarf anpassen können.

Über die Schaltfläche **Lokale Arten** gelangen Sie zur Gesamtübersicht der lokalen Bewertungsarten. Es steht Ihnen frei, die Ausprägungen der globalen Definitionen auf das Werk anzupassen. Markieren Sie eine Bewertungsart, navigieren Sie zum Änderungsbereich, und passen Sie die Bewertungsart lokal an. Abbildung 7.14 veranschaulicht eine Änderung an der lokalen Art in Werk 0001. Für die Bewertungsart 01 wurde im Feld **Ext. Bestellungen** der Wert **1** erfasst. Da der hinterlegte Eintrag offensichtlich von dem der globalen Bewertungsart abweicht (Wert **0**), blendet das System die Ausprägungen der globalen Bewertungsart als Hinweis ein. Die globale Bewertungsart können Sie nicht editieren.

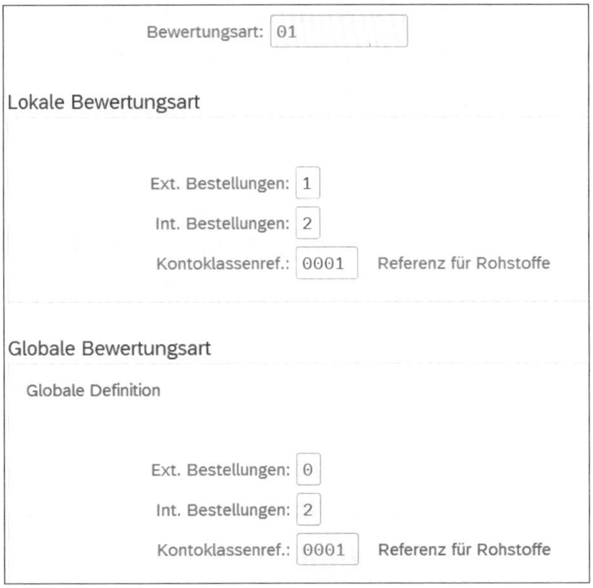

Abbildung 7.14: Lokale Bewertungsart 01 vs. globale Bewertungsart

Indem Sie im Pflegebereich **Zuordnung Bewertungstypen** auf die Schaltfläche **Lokale Typen** klicken, rufen Sie den Pflegebereich für die lokalen Bewertungstypen auf (siehe Abbildung 7.15). Besteht aus Ihrer Sicht Anpassungsbedarf an den übernommenen globalen Ausprägungen, ändern Sie die Detailausprägungen entsprechend ab. Im Gegensatz zu den lokalen Bewertungsarten zeigt das System für die lokalen Bewertungstypen nicht die globalen Ausprägungen als Hilfe an. In Werk 0001 unterscheiden sich die Ausprägungen der globalen und der lokalen Bewertungstypen nicht. (Vergleichen Sie hierzu Abbildung 7.9 und Abbildung 7.15. Sie finden identische Einstellungen vor.)

Abbildung 7.15: Lokale Bewertungstypen für das Werk 0001

Nun können Sie die getrennte Materialbewertung für Ihr Unternehmen einsetzen und die ersten Bewertungssätze für Materialien anlegen. Damit Sie beim Buchen der Warenbewegungen nicht von fehlerhaften Einträgen in der automatischen Kontenfindung gestoppt werden, prüfen Sie die dortigen Systemeinstellungen auf Korrektheit und Vollständigkeit.

Ihnen ist sicherlich nicht entgangen, dass Sie aus dem Bereich der Zuordnungen zwischen den globalen Bewertungsarten und Bewertungstypen auch in die lokalen Definitionen verzweigen können (siehe dazu noch einmal Abbildung 7.11). Bei diesem Vorgehen rufen Sie die Systemeinstellungen aus dem Blickwinkel des Bewertungstyps auf und können bei Bedarf zügig werksübergreifende Konfigurationen durchführen.

Unter Zuhilfenahme der Schaltfläche Typ -> Orgaeinheiten (**Typ -> Organisationseinheiten**) navigieren Sie gezielt zur werksübergreifenden Sicht für einen Bewertungstyp, wie Sie sie in Abbildung 7.16 sehen. Sie entnehmen der Abbildung, dass sowohl für das Werk 0001, Werk 0002 als auch für das Werk 0003 der Bewertungstyp B aktiv ist. Bei Bedarf passen Sie die Konfiguration an.

Abbildung 7.16: Bewertungstyp B – Zuordnung zu Werken

Die Schaltfläche **Lokale Definitionen** führt Sie zum Pflegebereich für alle lokalen Bewertungstypen, die unter einem globalen Bewertungstyp anzutreffen sind. Im oberen Bildbereich in Abbildung 7.17 sehen Sie die Ausprägungen des globalen Bewertungstyps. Die Einstellungen sind nicht editierbar. Im unteren Bildbereich treffen Sie die lokalen Detailausprägungen an, die Sie ändern können. Auf einen Blick lassen sich etwaige ungewollte Abweichungen zwischen lokalen Typen, aber auch zwischen lokalen und globalen

Ausprägungen rasch erkennen. Besteht Anpassungsbedarf, nutzen Sie die Funktionen **Angleichen** oder **Alle Angleichen**, jeweils abhängig vom ermittelten Aufwand der Anpassungen. In unserem Beispiel weichen die lokalen Ausprägungen des Typs B weder in Werk 0001, in Werk 0002, noch in Werk 0003 von den globalen Einstellungen ab.

Abbildung 7.17: Bewertungstyp B – Lokale Definitionen

7.1.3 Material-Ledger

Die Anwendungskomponente *Istkalkulation/Material-Ledger* (CO-PC-ACT) ist im Controlling zu verorten, hat jedoch Auswirkungen auf die Bewertung der Materialbestände in der Materialwirtschaft.

Simplification Item – Material-Ledger

Die Verwendung des Material-Ledgers ist für eine Bestandsbewertung in SAP S/4HANA unerlässlich. Sie müssen das Material-Ledger aktivieren (siehe SAP-Hinweis 2267834). Weitere nützliche und informative SAP-Hinweise sind:

- 2337383 (Datenmodellvereinfachung für Materialbewertung in SAP S/4HANA 1610 und höher)
- 2337368 (Bestandsbewertung (Teil der Materialwirtschaft – Bestandsführung): Änderung des Datenmodells in SAP S/4HANA 1610)
- 2577551 (Material-Ledger-Produktionsinstallation in SAP S/4HANA (Greenfield-Ansatz))
- 2682528 (Ermittlung des Gesamtbestandswerts in SAP S/4HANA)

In SAP S/4HANA müssen Sie das Material-Ledger aktivieren. Ob Sie zusätzlich die Istkalkulation in Ihrem Unternehmen einsetzen möchten, hängt individuell von Ihren Anforderungen ab. Die wesentlichen Hauptaufgaben der Teilbereiche sind folgende: Mit dem *Material-Ledger* führen Sie bewerte Materialbestände in unterschiedlichen Währungen beziehungsweise Bewertungen. Mit der *Istkalkulation* ermitteln Sie angefallene Istkosten für Materialien, die fremdbeschafft oder eigengefertigt werden, und führen die Bestandsbewertung istkostengerecht durch.

Wir beschäftigen uns im Folgenden mit den Einstellungen, die notwendig sind, um das Material-Ledger aktivieren zu können. In der Regel übernimmt Ihr Controlling-Counterpart die dort verankerte Konfiguration. Dennoch sollten auch Sie in der Lage sein, das Ledger zu aktivieren.

Vollständigkeitsprüfung

Für eine Aktivierung des Material-Ledgers sollten Sie bestimmte Konfigurationen fachübergreifend auf ihre Vollständigkeit und Richtigkeit prüfen. Darunter fallen Systemeinstellungen in folgenden Bereichen, die wir in diesem Unterabschnitt genauer unter die Lupe nehmen (in der genannten Reihenfolge):

- Allgemeinen Einstellungen
- Finanzwesen
- Controlling
- Logistik Allgemein
- Materialwirtschaft

Benötigen Sie weitere fachliche Ressourcen, um die Einstellungen beurteilen zu können, zögern Sie nicht, Ihre Kolleginnen und Kollegen um Unterstützung zu bitten.

Innerhalb der allgemeinen Einstellungen kontrollieren Sie, welche Währungen definiert sind und, falls zutreffend, welche Währungen in den vorgesehenen Buchungskreisen als Index- oder als Hartwährung für die Länder mit einer hohen Inflation zugewiesen sind. Dadurch machen Sie den Einfluss der Inflation auf die Materialbestandsbewertung transparent.

Die angesprochenen Customizing-Aktivitäten finden Sie im Einführungsleitfaden (IMG) unter diesen beiden Pfaden:

- **ABAP Platform • Allgemeine Einstellungen • Währungen • Währungscodes überprüfen**
- **ABAP Platform • Allgemeine Einstellungen • Länder einstellen • Länder/Regionen definieren** (Transaktion OY01)

In den Systemeinstellungen innerhalb der Finanzbuchhaltung überprüfen Sie die Währungen im Buchungskreis und die Umrechnungskurse über folgende IMG-Pfade:

- **Finanzwesen • Grundeinstellungen Finanzwesen • Bücher • Ledger • Einstellungen für Ledger und Währungstypen definieren**
- **Unternehmenscontrolling • Konsolidierung • Daten • Automatische Buchungen • Währungsumrechnung • Umrechnungskurse • Kurse pflegen** (Transaktion OC41)

Das Material-Ledger führt die Materialbewertung parallel in drei verschiedenen Währungen, daher müssen Sie die Umrechnungskurse der beteiligten Einheiten kontrollieren. In der Regel aktualisieren Sie die Umrechnungskurse im späteren Betrieb manuell oder maschinell über eine externe Schnittstelle angebunden an einen Finanzdienstleister. Treffen Sie die Entscheidung, mit welchen Währungen Sie das Material-Ledger aktivieren möchten, mit größter Sorgfalt, denn eine nachträgliche Währungsänderung ist nicht möglich.

Aus Controlling-Sicht kontrollieren Sie die Kostenrechnungskreiswährung auf ihre fachliche Korrektheit. Rufen Sie hierfür die IMG-Aktivität **Controlling • Controlling allgemein • Organisation • Kostenrechnungskreis pflegen** (Transaktion OKKP) auf.

Zudem treffen Sie tragende und steuernde Entscheidungen im Bereich Material-Ledger. Hierzu konfigurieren Sie die Systemeinstellungen unter nachfolgenden IMG-Aktivitäten:

- **Controlling • Produktkosten-Controlling • Istkalkulation/Material-Ledger • Material-Ledger-Typen definieren und Währungstypen zuordnen** (Transaktion OMX2)
- **Controlling • Produktkosten-Controlling • Istkalkulation/Material-Ledger • Material-Ledger-Typen einem Bewertungskreis zuordnen** (Transaktion OMX3)
- **Controlling • Produktkosten-Controlling • Istkalkulation/Material-Ledger • Nummernkreise für Material-Ledger-Belege pflegen** (Transaktion OMX4)

Bei den zu überprüfenden Einstellungen im Bereich **Logistik Allgemein** befinden Sie sich auf bekanntem Terrain. Stellen Sie sicher, dass neben der aktuellen anfänglichen Periode für den Buchungskreis in der Materialwirtschaft (siehe Abbildung 7.18) auch die Wert- und Mengenfortschreibung der vorgesehenen Materialarten korrekt eingestellt ist (Abbildung 7.19). Sie überprüfen diese Einstellungen über die folgenden IMG-Aktivitäten:

- **Logistik Allgemein • Materialstamm • Grundeinstellungen • Buchungskreise für die Materialwirtschaft pflegen** (Transaktion OMSY)
- **Logistik Allgemein • Materialstamm • Grundeinstellungen • Materialarten • Eigenschaften der Materialarten festlegen** (Transaktion OMS2)

In Abschnitt 3.1.1, »Grundeinstellungen«, finden Sie ausführliche Beschreibungen der Einstellungen zu den aufgeführten Customizing-Aktivitäten.

	BuKr	Name der Gesellschaft	Jahr	Pe	GJ	MV	GJ	LM	RVP	RüN
☐	0001	SAP SE	1998	3	1998	2	1997	12	☑	☐
☐	0003	SAP US (IS-HT-SW)	2004	9	2004	8	2003	12	☑	☐

Abbildung 7.18: Anfängliche Buchungskreisperiode in der Materialwirtschaft

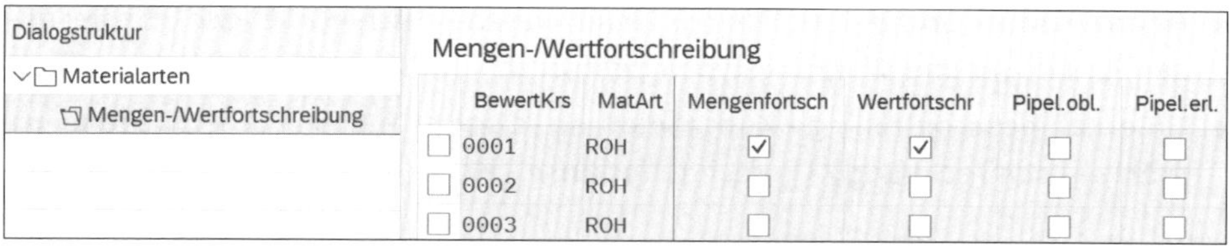

Dialogstruktur
- Materialarten
  - Mengen-/Wertfortschreibung

Mengen-/Wertfortschreibung

	BewertKrs	MatArt	Mengenfortsch	Wertfortschr	Pipel.obl.	Pipel.erl.
☐	0001	ROH	☑	☑	☐	☐
☐	0002	ROH	☐	☐	☐	☐
☐	0003	ROH	☐	☐	☐	☐

Abbildung 7.19: Wert- und Mengenfortschreibung in Materialart ROH

Kursschwankungen zwischen Waren- und Rechnungseingang führen letztlich zu Kursdifferenzen. Im Rahmen der Istkalkulation verbucht das ERP-System aufgetretene Kursdifferenzen auf das zugehörige Bestandskonto oder führt ein gesondertes Konto separat zum Bestandskonto, das nicht bestandsrelevant ist. Wie und ob Kursdifferenzen ermittelt werden, legen Sie über die IMG-Aktivität **Materialwirtschaft • Logistik-Rechnungsprüfung • Eingangsrechnung • Behandlung von Kursdifferenzen einstellen** fest (siehe Abbildung 7.20). Weitere Informationen zur genannten Customizing-Aktivität eignen Sie sich in Kapitel 8, »Logistik-Rechnungsprüfung«, an.

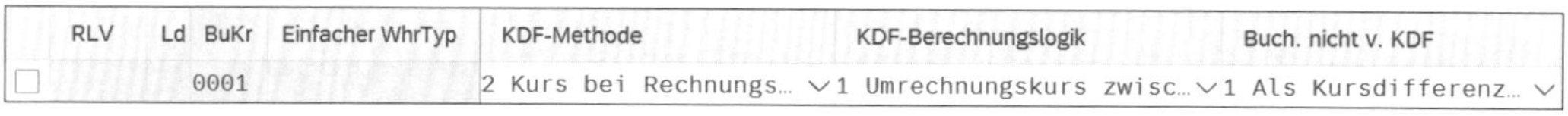

	RLV	Ld	BuKr	Einfacher WhrTyp	KDF-Methode	KDF-Berechnungslogik	Buch. nicht v. KDF
☐			0001		2 Kurs bei Rechnungs…	1 Umrechnungskurs zwisc…	1 Als Kursdifferenz…

Abbildung 7.20: Einstellungen zur Behandlung von Kursdifferenzen

Aktivierung des Material-Ledgers

Sobald Sie das Material-Ledger aktivieren, bewerten Sie alle Materialien in dem aktiven Bewertungskreis anhand des Material-Ledgers. Wir nehmen erneut an, dass die Organisationseinheit Werk dem festgelegten Bewertungskreis entspricht.

Sie starten die Aktivierung des Material-Ledgers in der IMG-Aktivität **Controlling • Produktkosten-Controlling • Istkalkulation/Material-Ledger • Material-Ledger für Bewertungskreise aktivieren**. Diese Aktivität ist wiederum in zwei Unteraktivitäten unterteilt:

- **Einstellungen des Material-Ledgers prüfen** (Transaktion CKM9)
- **Material-Ledger aktivieren** (Transaktion OMX1)

Ihnen ist freigestellt, ob Sie nach der Aktivierung eine systemgestützte Prüfung der Einstellungen durchführen möchten. Dieser Schritt ist optional und kann einfach übersprungen werden. Bedenken Sie jedoch, dass eine zusätzliche Prüfung keinesfalls schadet.

Da Sie nun alle Werkzeuge für die Aktivierung des Material-Ledgers beisammenhaben, ergibt sich folgende Schrittfolge:

1. Beginnen Sie Ihre Konfiguration mit dem Aufruf der IMG-Aktivität **Controlling • Produktkosten-Controlling • Istkalkulation/Material-Ledger • Material-Ledger für Bewertungskreise aktivieren**.

2. Auch wenn die Auflistung der Aktivitäten eine andere Reihenfolge vermuten lässt, wählen Sie zunächst die zweite Aktivität **Material-Ledger aktivieren** aus.

   Sie selektieren das Kennzeichen **ML Aktiv**, bestimmen die Steuerung der Materialpreisermittlung und entscheiden, ob die Preisermittlung im Bewertungskreis verbindlich ist. Bereits in Abschnitt 7.1.1, »Preissteuerungskennzeichen«, wurden Sie auf die Materialpreisermittlung aufmerksam gemacht. Sie treffen Ihre Entscheidung zwischen zwei möglichen Optionen:

   - *Preisermittlung 2:* In der vorgangsbezogenen Materialpreisermittlung werden Materialien mit Steuerungskennzeichen **V** mit dem gleitenden Durchschnittspreis bewertet. Bei S-Preis-gesteuerten Materialien erfolgt die Materialbewertung anhand des angegebenen Standardpreises.
   - *Preisermittlung 3*: Bei einer ein- beziehungsweise mehrstufigen Materialpreisermittlung erfolgt die Materialbewertung der abgeschlossenen Buchungsperiode auf Basis des kalkulierten periodischen Verrechnungspreises. Der benötigte Standardpreis bleibt unverändert. Beachten Sie, dass die Istkalkulation für diese Ermittlung des Preises aktiviert sein muss.

   Über das Kennzeichen **PreiserSteuerung verbindlich im BewKreis** prägen Sie die Verbindlichkeit der Preisermittlung im Bewertungskreis aus. Haben Sie das Kennzeichen ausgewählt, verhindern Sie damit, dass die Preisermittlungsart für die Materialien im betroffenen Bewertungskreis geändert werden kann.

   Ist die Materialpreisänderung systemseitig erlaubt, führen Sie die Anpassung im Anwendungsmenü über den Pfad **Rechnungswesen • Controlling • Produktkosten-Controlling • Istkalkulation/Material-Ledger • Umfeld • Materialpreisermittlung ändern** durch. Alternativ rufen Sie Transaktion CKMM auf.

   Abbildung 7.21 veranschaulicht die Systemeinstellungen für das Werk 0001. Nicht überraschend ist das Kennzeichen **ML Aktiv** ausgewählt. Die verbindliche Materialpreisermittlung erfolgt vorgangsbezogen (Wert **2**).

	Bewertungskreis	Buchungskreis	ML aktiv	Preisermittlung	PreiserSteuerung verbindlich im BewKreis
☐	0001	0001	☑	2	☑

Abbildung 7.21: Aktivierung des Material-Ledgers (Transaktion OMX1)

3. Speichern Sie Ihre Einstellungen.
4. Prüfen Sie anschließend die Konfiguration des Material-Ledgers maschinell, indem Sie die erstgenannte Aktivität **Einstellungen des Material-Ledgers prüfen** ausführen.

   Sie können für die Prüfung gezielt ein Werk auswählen. In Abbildung 7.22 erkennen Sie, dass die Wahl auf das Werk (den Bewertungskreis) 0001 gefallen ist. In der Abbildung ist nur ein Bruchteil der Material-Ledger-relevanten Systemeinstellungen zu sehen. Bei genauer Betrachtung stellen Sie fest, dass Sie hier die in Schritt 2 durchgeführten Einstellungen wieder antreffen.

Scrollen Sie durch das Prüfergebnis, finden Sie weitere abgefragte Einstellungen vor. Dazu gehören unter anderem:

- der zugeordnete Buchungskreis inklusive Kontenplan
- der zugewiesene Kostenrechnungskreis
- Währungseinstellungen
- Einstellungen des Mengengerüstverwalters
- Einstellungen zur Istkostenschichtung
- Vorgänge und Kontenfindung im Bewertungskreis
- Steuertabellen für das Rechnungswesen
- Sachkonten zum Bewertungskreis

Ein grünes Häkchen steht für eine positiv durchlaufene Prüfung. Sehen Sie in einem Teilabschnitt ein rotes Kreuzchen, ist das Ergebnis leider negativ ausgefallen, und Sie müssen Nachbesserungen vornehmen. (Achtung: Das Ergebnis ist nicht zwangsläufig fachlich korrekt – das System überprüft nur die durchgeführte Systemkonfiguration auf ihre Konsistenz.)

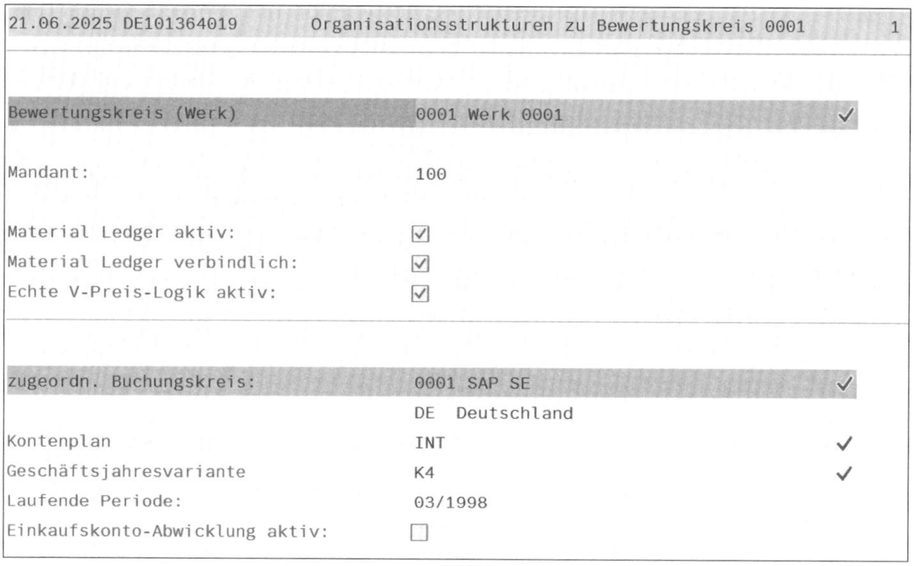

Abbildung 7.22: Ergebnis der Prüfung (Ausschnitt)

5. Veranlassen Sie einen Transport der Einstellungen in den Zielmandanten.
6. Bei Bedarf überprüfen Sie die Systemeinstellungen im Zielmandanten erneut. Navigieren Sie im Anwendungsmenü über den Pfad **Rechnungswesen • Controlling • Produktkosten-Controlling • Istkalkulation/Material-Ledger • Umfeld • Customizing-Einstellungen prüfen** (Transaktion CKM9). Die Prüfung kennen Sie bereits aus Schritt 4, sie wird hier analog durchgeführt.

7. Setzen Sie das Material-Ledger für alle Werke im Zielmandanten über das Anwendungsmenü **Rechnungswesen • Controlling • Produktkosten-Controlling • Istkalkulation/Material-Ledger • Umfeld • Produktivstart • Bewertungskreise produktiv setzen** (Transaktion CKMSTART) im SAP-Menü aktiv. Das Einstiegsbild für den Produktivstart ist in Abbildung 7.23 zu sehen. Im Gegensatz zur Vorabprüfung selektieren Sie alle Werke, deren Material-Ledger im eingeloggten Mandanten noch nicht aktiv sind. Bereits aktivierte Material-Ledger können in der Mehrfachselektion nicht mehr ausgewählt werden.

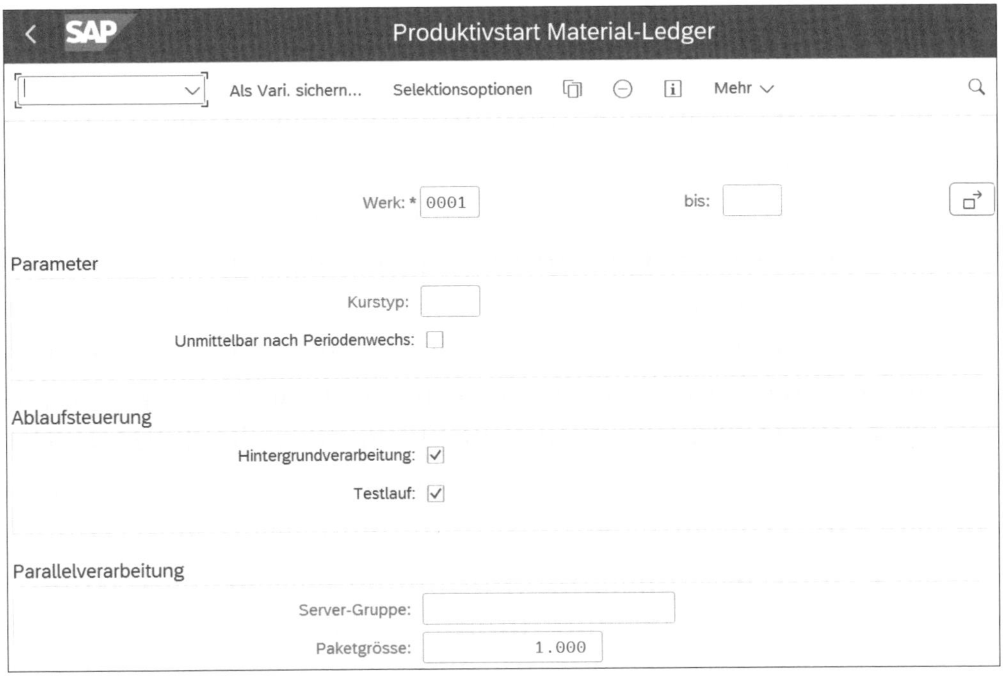

Abbildung 7.23: Einstiegsbild für den Produktivstart des Material-Ledgers

Bevor Sie die Material-Ledger produktiv setzen, führen Sie einen Testlauf durch. Markieren Sie für diese Vorgehensweise die Option **Testlauf** im Bildbereich **Ablaufsteuerung**. Eine Hintergrundverarbeitung ist nicht notwendig. Sie können den Testlauf problemlos im Vordergrund ausführen. Lassen Sie alle anderen Feldwerte unverändert.

Überprüfen Sie das Ergebnis, und leiten Sie bei Warn- oder Fehlermeldungen notwendige Schritte ein, um die Sachlage zu bereinigen. Ist der Testlauf zufriedenstellend verlaufen, fahren Sie anschließend mit dem Echtlauf fort.

8. Den Echtlauf führen Sie analog zum Testlauf durch. Sie deaktivieren lediglich das Kennzeichen **Testlauf** und führen anschließend das Programm erneut aus. Erfolgsmeldungen bestätigen, dass Sie die Material-Ledger aktiviert haben. Die aktiv gesetzten Werke sind nun auch nicht mehr in der Auswahlmaske des Werkfeldes zu sehen.

[!]

Aktivierung des Material-Ledgers als Cutover-Tätigkeit

Planen Sie die Aktivierung der Material-Ledger unbedingt als festen Bestandteil in Ihrem Cutover-Plan ein, da Sie die Ledger produktiv setzen sollten, bevor Sie Stamm- oder Bewegungsdaten im Mandanten anlegen. Wenn ein neuer Mandant aufgesetzt wird, müssen Sie die Material-Ledger auch hier aktivieren.

Wenn notwendig, stimmen Sie nach erfolgreicher Aktivierung aller Material-Ledger die Konten zwischen dem Nebenbuch Material und dem Hauptbuch ab. Die Abstimmung erfolgt über den Anwendungsmenüpfad **Rechnungswesen • Controlling • Produktkosten-Controlling • Istkalkulation/Material-Ledger • Umfeld • Produktivstart • Abstimmung**. Alternativ rufen Sie das Programm über den Transaktionscode FAGL_ML_ADJUST auf.

7.2 Kontenfindung in der Bestandsführung

Damit Sie beim Erfassen einer Warenbewegung in der Bestandsführung oder bei der logistischen Rechnungsprüfung Sachkonten nicht händisch angeben müssen, stellen Sie die *automatische Kontenfindung* ein. Bei buchhalterisch relevanten Vorgängen ermittelt das System die Sachkonten der Finanzbuchhaltung und der Kostenrechnung automatisch und bebucht schließlich die Konten.

Die Sachkontenermittlung ist abhängig von:

- dem Kontenplan des Buchungskreises
- der Bewertungsmodifikationskonstante des Bewertungskreises
- dem Vorgangsschlüssel
- der Kontomodifikation
- der Bewertungsklasse oder der Bewertungsart des Materials

Die Einflussgrößen ergeben sich aus der Organisationsstruktur (Kontenplan und Bewertungsmodifikationskonstante), aus dem betriebswirtschaftlichen Vorgang in der Bestandsführung (Vorgangsschlüssel und Kontomodifikation) und aus dem Materialstammsatz (Bewertungsklasse oder Bewertungsart). Die Systemeinstellungen für die automatische Sachkontenfindung nehmen Sie entweder mit Hilfe des Kontenfindungsassistenten vor, oder Sie konfigurieren die Kontenfindung ohne Assistent. Sie können Ihre Vorgehensweise jederzeit nach Belieben ändern.

Beide Vorgehensweisen spiegeln sich in den IMG-Aktivitäten im Bereich der Kontenfindung wider (siehe Abbildung 7.24). Sie erreichen die Aktivitäten über den IMG-Pfad **Materialwirtschaft • Bewertung und Kontierung • Kontenfindung**.

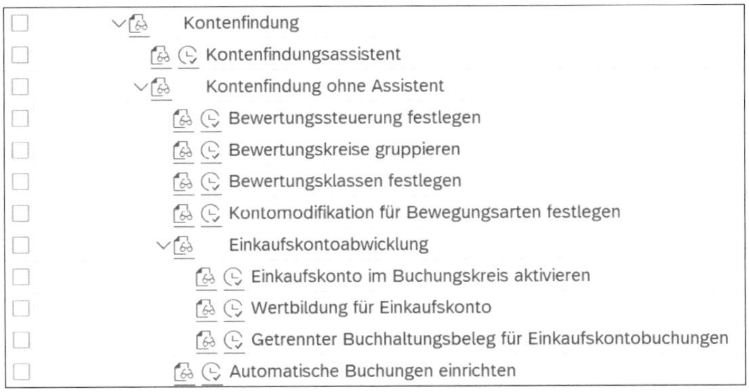

Abbildung 7.24: IMG-Aktivitäten im Bereich »Kontenfindung«

Sie beginnen mit der komplexeren Kontenfindung ohne Nutzung des Assistenten und lernen zudem an geeigneten Stellen die Einflussgrößen der automatischen Kontenfindung näher kennen.

7.2.1 Kontenfindung ohne Assistent

Im Folgenden erfahren Sie, wie Sie die Kontenfindung ohne Assistent einstellen. Alle Systemeinstellungen verfolgen das Ziel, dass Sie im abschließenden Schritt die automatischen Buchungen einrichten können.

Bewertungssteuerung

Die sogenannte *Bewertungsmodifikationskonstante* ist ein Hilfswerkzeug, um die automatische Kontenfindung mit geringem Aufwand zu konfigurieren. Mit Hilfe der Bewertungsmodifikationskonstante können Sie Bewertungskreise für die Kontenfindung zusammenfassen. Sie legen über die IMG-Aktivität **Bewertungssteuerung festlegen** (Transaktion OMWM) fest, ob Sie die Bewertungsmodifikationskonstante nutzen möchten. Ihre Entscheidung wird in Tabelle TCURM gespeichert.

(De-)Aktivierung der Bewertungsmodifikationskonstante

Die (De-)Aktivierung der Bewertungsmodifikationskonstante ist nicht Teil der automatischen Transportfunktion. Sie müssen deshalb die Aktivität manuell im entsprechenden Mandanten anpassen.

Ist Ihre Auswahl auf eine aktive Nutzung der Bewertungsmodifikationskonstante gefallen (Abbildung 7.25), müssen Sie jedem Bewertungskreis eine Konstante zuordnen. Dadurch können Sie die Bewertungskreise gruppieren, wenn die Kontenfindung innerhalb eines Kontenplans für die Bewertungskreise gleich ablaufen soll.

Haben Sie sich gegen eine aktive Modifikationskonstante entschieden, können Sie die automatische Kontenfindung für die Bewertungskreise, die auf denselben Kontenplan zugreifen, nicht feindifferenzieren. In der SAP-Standardauslieferung ist die Konstante aktiviert.

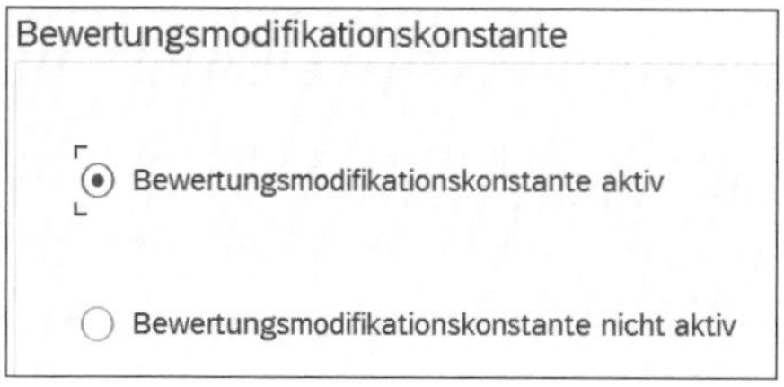

Abbildung 7.25: Bewertungsmodifikationskonstante aktiv

Bewertungskreise

Sie gruppieren die *Bewertungskreise* über die IMG-Aktivität **Bewertungskreise gruppieren** (Transaktion OMWD) dadurch, dass Sie ihnen eine Bewertungsmodifikationskonstante zuordnen. In der genannten Aktivität treffen Sie eine vollständige Auflistung aller Bewertungskreise zum Kontenplan an.

Der Einfluss der festgelegten Organisationsstruktur wird bei der Gruppierung der Bewertungskreise deutlich, zum einen über den Bewertungskreis und zum anderen über den Kontenplan des Buchungskreises.

Den Bewertungskreis beziehungsweise die Bewertungsebene kennen Sie bereits aus Abschnitt 2.2.1. Die dort getroffene Wahl zwischen den Bewertungsebenen **Werk** oder **Buchungskreis** wirkt sich auf die Einstellungen der automatischen Kontenfindung aus. Nur wenn Sie die Bewertungsebene **Werk** gewählt haben, können Sie die Sachkonten im weiteren Verlauf werksabhängig zuordnen. In der Regel entspricht die Materialbewertungsebene dem Werk.

Das Werk wiederum ist genau einem Buchungskreis zugeordnet (siehe Abschnitt 2.4.2), und aus dem zugewiesenen Buchungskreis ermittelt das System letztendlich den Kontenplan. Abhängig von der Bewegungsart geben Sie bei Warenbewegungen immer mindestens ein beteiligtes Werk an.

Der *Kontenplan* ist ein Verzeichnis aller Sachkonten, die Sie innerhalb eines oder mehrerer Buchungskreise operativ verwenden. Einem Buchungskreis weisen Sie bei dessen Definition genau einen Kontenplan zu. Kontenpläne können buchungskreisübergreifend zum Einsatz kommen, wenn Sie z. B. für mehrere Buchungskreise in einem Land einen gemeinsamen Kontenplan nutzen möchten. Auf den Sachkonten des Kontenplans werden die Werte aller zugehörigen Bewertungskreise geführt, die bei buchhalterisch relevanten Warenbewegungen entstehen. Die Ausprägung der einzelnen Sachkonten ist innerhalb des Kontenplans geregelt (beispielsweise ob das betrachtete Sachkonto ein Bestands- oder Verbrauchskonto ist). Somit ist der Kontenplan die höchste Ebene der Materialbewertung. In der SAP-Standardauslieferung ist der Musterkontenplan »INT

Muster-Kontenplan« enthalten. Die Einstellungen zum Kontenplan nehmen in der Regel das Team der Finanzbuchhaltung vor.

Die automatische Kontenfindung stellen Sie für jeden Kontenplan separat ein. Durch die Zuweisung einer Bewertungsmodifikationskonstante reduzieren Sie den Konfigurationsaufwand enorm, und so können Sie wieder zur Gruppierung der Bewertungskreise zurückkehren.

Sie ordnen jedem Bewertungskreis eine Bewertungsmodifikationskonstante zu. Dabei ist der vierstellige alphanumerische Schlüssel der Konstante frei wählbar. Weisen Sie allen Bewertungskreisen, die Sie zusammen gruppieren möchten, denselben Wert zu. Auf tabellarischer Ebene wird die Einstellung im System in Tabelle T001K geführt.

Wie in Abbildung 7.26 zu sehen, ist für die Bewertungskreise 0001 und 0003 dieselbe Bewertungsmodifikationskonstante 0001 zugewiesen. Das bedeutet, die Kontenfindung läuft für die Bewertungskreise 0001 und 0003 identisch ab.

BewertKrs	BuKr.	Name der Gesellschaft	Kontenplan	BewModifKonst
☐ 0001	0001	SAP SE	INT	0001
☐ 0002	0001	SAP SE	INT	
☐ 0003	0003	SAP US (IS-HT-SW)	INT	0001

Abbildung 7.26: Bewertungskreise gruppieren

Ein vereinfachtes Beispiel: Sie erfassen in den Werken 0001 und 0003 jeweils die gleiche Wareneingangsbuchung mit Bezug zu einer Normalbestellung. Durch die Gruppierung über die Bewertungsmodifikationskonstante 0001 ermittelt das System über die Kontenfindung die gleichen Sachkonten und belastet die Konten wertmäßig entsprechend. Hätten Sie Werk 0003 eine abweichende Konstante zugewiesen, wie z. B. 0002, könnten Sie in demselben Kontenplan für denselben Buchungsvorgang verschiedene Sachkonten zuordnen.

Bewertungsklasse

Welchen Einfluss das Material auf die automatische Kontenfindung hat, zeigt sich beim Thema *Bewertungsklasse*. Sie finden die Bewertungsklasse (Feld `MBEW-BKLAS`) bei wertmäßig geführten Materialien in der Sicht **Buchhaltung**. Sie hat einen direkten Einfluss auf die Kontenfindung.

Neben der Bewertungsklasse gibt es in der Materialart weitere Einstellungen mit Auswirkungen auf die Kontenfindung. Diese lauten:

- Mengen- und Wertfortschreibung je Bewertungskreis (gespeichert in Tabelle T134M)
- Kontoklassenreferenz (geführt in Tabelle T134)

Sowohl die Systemeinstellungen zur Mengen- und Wertfortschreibung als auch die zur Kontoklassenreferenz führen Sie materialartenspezifisch über die IMG-Aktivität **Logistik Allgemein • Materialstamm • Grundeinstellungen • Materialarten • Eigenschaften**

der Materialarten festlegen (Transaktion OMS2) durch. Für ausführliche Informationen lesen Sie Abschnitt 3.1.4, »Materialarten«.

Über die IMG-Aktivität **Bewertungsklassen festlegen** (Transaktion OMSK) definieren Sie nicht nur die späteren Bewertungsklassen für die Materialstämme. Die IMG-Aktivität gliedert sich in drei Unteraufgaben:

1. Kontoklassenreferenz definieren
2. Bewertungsklassen definieren
3. Kontoklassenreferenzen zu Materialarten zuweisen

Die *Kontoklassenreferenz* ist ein Hilfskonstrukt für die Zuordnung der erlaubten Bewertungsklassen zu einer Materialart. Alle Bewertungsklassen werden immer genau einer Kontoklassenreferenz zugeordnet. Sie gruppiert die Bewertungsklassen und prüft, ob die Bewertungsklasse für das Material zulässig ist. Eine Kontoklassenreferenz setzt sich aus einem vierstelligen alphanumerischen Schlüssel und einer bis zu 30 Stellen umfassenden Bezeichnung zusammen. In Tabelle T025K werden die Einträge gespeichert.

Bevor Sie individuelle Kontoklassenreferenzen anlegen, prüfen Sie, ob die SAP-Standardeinstellungen (siehe Abbildung 7.27) für Ihre Zwecke ausreichend sind. Wenn nicht, definieren Sie eigene Klassenreferenzen. Die gewählten Bezeichnungen der Kontoklassenreferenzen unterstreichen ohne Frage den Bezug zur Materialart deutlich. So erkennen Sie direkt, dass die Referenz 0001 für die Materialart ROH vorgesehen ist.

Fahren Sie nun mit der Definition der Bewertungsklassen fort. In einer *Bewertungsklasse* gruppieren Sie Materialien, die einer gemeinsamen Kontenfindung unterliegen. Sie pflegen die Bewertungsklasse im Material auf den Sichten **Buchhaltung** oder **Kalkulation** im Feld **Bewertungsklasse** (`MBEW-BWKLAS`). Für eine Materialart können mehrere Bewertungsklassen zulässig sein.

KRef	Bezeichnung
0001	Referenz für Rohstoffe
0002	Referenz für Hilfsstoffe
0003	Referenz für Ersatzteile
0004	Referenz für Verpackung
0005	Referenz für Handelsware
0006	Referenz für Services
0007	Ref. für unbewert. Materialien
0008	Referenz für Halbfabrikate
0009	Referenz für Fertigerzeugnisse
0010	Ref. für Nichtlagermaterialien

Abbildung 7.27: Kontoklassenreferenzen

Dadurch können Sie anhand der Bewertungsklasse verschiedene Bestands- und Verbrauchskonten im abschließenden Schritt **Automatische Buchungen einrichten** hinterlegen. Eine Bewertungsklasse kann aber auch für mehrere Materialarten genutzt werden.

Eine Bewertungsklasse besitzt einen eindeutigen vierstelligen alphanumerischen Schlüssel. Für eine aussagekräftige Bezeichnung können Sie auf maximal 25 Stellen zurückgreifen. Eine eindeutige Beschreibung der Bewertungsklasse hilft insbesondere Ihren Anwenderinnen und Anwender bei der korrekten Anlage des Materials und vermeidet »falsche« Buchungen auf den Sachkonten. Da die Verbindung zwischen Bewertungsklassen und Materialarten über die Kontoklassenreferenz hergestellt wird, geben Sie zu jeder Bewertungsklasse eine Referenz an. Geführt werden alle Einstellungen zur Bewertungsklasse in Tabelle T025.

In Abbildung 7.28 sehen Sie einen Ausschnitt aus den Bewertungsklassen, die im SAP-Standard ausgeliefert werden. Sie sehen etwa, dass sieben Bewertungsklassen (0710, 0720, 3000, 3001, 3002, 3003 und 3012) für Rohstoffe vorgesehen sind. Allen Klassen ist die Kontoklassenreferenz 0001 (Referenz für Rohstoffe) zugewiesen. Das Beispiel verdeutlicht, dass eine eindeutige Bezeichnung der Bewertungsklassen sehr hilfreich ist. Ohne spezielles Wissen oder zusätzlichen Schulungsaufwand könnten Ihre Anwenderinnen und Anwender den Unterschied zwischen Bewertungsklasse 3000 und Bewertungsklasse 3001 beim Anlegen des Materialstamms nicht erkennen.

Sind nun auch die Bewertungsklassen definiert, ordnen Sie einer Materialart abschließend eine Kontoklassenreferenz zu. Damit stellen Sie sicher, dass beim Anlegen des Materialstamms bei wertmäßig geführten Materialien zumindest eine Bewertungsklasse zur Auswahl steht.

BewKl	KRef	Bezeichnung	Bezeichnung
0710	0001	Ausrüstungen 1	Referenz für Rohstoffe
0720	0001	Ausrüstungen 2	Referenz für Rohstoffe
1210	0002	Spezielles Wirtschaftsgut	Referenz für Hilfsstoffe
3000	0001	Rohstoffe	Referenz für Rohstoffe
3001	0001	Rohstoffe 2	Referenz für Rohstoffe
3002	0001	Rohstoffe 3	Referenz für Rohstoffe
3003	0001	Rohstoffe 4	Referenz für Rohstoffe
3012	0001	Rohmat. - Projektbestand	Referenz für Rohstoffe
3030	0002	Hilfs-/Betriebsstoffe	Referenz für Hilfsstoffe
3031	0002	Hilfs-/Betriebsstoffe 2	Referenz für Hilfsstoffe
3040	0003	Ersatzteile	Referenz für Ersatzteile
3050	0004	Verpackung und Leergut	Referenz für Verpackung
3100	0005	Handelsware	Referenz für Handelsware
3110	0005	Hardware	Referenz für Handelsware
3120	0005	Lizenzen	Referenz für Handelsware

Abbildung 7.28: Bewertungsklassen

Der Materialart ROH ist die Kontoklassenreferenz 0001 zugewiesen (Abbildung 7.29). Daraus folgt: Wenn Sie einen Materialstamm mit Buchhaltungs- oder Kalkulationssicht initial anlegen, können Sie zwischen den Bewertungsklassen 0170, 0720, 3000, 3001,

3002, 3003 und 3012 auswählen. Bei bewerteten Materialien ist die Bewertungsklasse ein Pflichtfeld.

MArt	Bezeich. Materialart	KRef	Bezeichnung
☐ ROH	Rohstoffe	0001	Referenz für Rohstoffe

Abbildung 7.29: Zuordnung der Kontoklassenreferenz 0001 zur Materialart ROH

Bei der Anzahl der Bewertungsklassen sollten Sie stets die Faustregel »So viele wie nötig, so wenige wie möglich« beherzigen. Diese einfache Weisheit erleichtert Ihren Anwenderinnen und Anwendern den fachlich korrekten Umgang mit der Bewertungsklasse und reduziert die Anzahl falsch angelegter Materialstammsätze enorm.

Kontomodifikation

Vor allem der betriebswirtschaftliche Vorgang beeinflusst wegen der Systemeinstellungen der Bewegungsarten die automatische Kontenfindung nachhaltig. Mithilfe der *Kontomodifikation* können Sie einen Vorgangsschlüssel bei der Kontenfindung weiter verfeinern.

Bevor Sie jedoch mehr über die Kontomodifikation erfahren, lernen Sie zunächst die Begriffe Wertestring und Vorgangsschlüssel kennen, um das Werkzeug der Kontomodifikation in das Gesamtkonstrukt der automatischen Kontenfindung präzise einordnen zu können.

Der *Wertestring*, auch *Buchungsstring* genannt, bestimmt die Buchungsregeln des Vorgangs in der Bestandsführung und in der logistischen Rechnungsprüfung. Durch die Zuordnung eines Wertestrings zu einer Bewegungsart ermittelt das System automatisch die zu bebuchenden Sachkonten. Der Wertestring ist damit der Startpunkt für die automatische Kontenfindung. Nennenswerte Beispiele für Wertestrings in der Bestandsführung sind:

- WE01 (Wareneingänge zu bewerteten Bestellpositionen)
- WA01 (Warenausgänge und sonstige Wareneingänge)

Die Zuordnung der Wertestrings zu einer Bewegungsart ist im Customizing nicht möglich. Auf tabellarischer Ebene schlagen Sie die festgelegten Zuweisungen in Tabelle T156SY nach. Die außergewöhnlich hohe Anzahl an vordefinierten Einträgen kommt durch die vielfältigen Ausprägungen der Schlüsselfelder der Tabelle zustande:

- Buchungsstring-Referenz
- Wertfortschreibung
- Mengenfortschreibung
- Sonderbestandskennzeichen
- Bewegungskennzeichen
- Zugangsart
- Verbrauchskennzeichen

Ausführliche Erklärungen dazu finden Sie in Abschnitt 6.4.3, »Bewegungsarten«.

Wertestrings führen zu den direkten Einflussgrößen der Kontenfindung aus den betriebswirtschaftlichen Vorgängen:

- Vorgangsschlüssel (Tabelle T156W (Werte Buchungsstring))
- Kontomodifikation (Tabelle T156X (Vorgangsschlüssel - Modifikation))

Die Kontenfindung in der Bestandsführung und Rechnungsprüfung basiert auf dem Vorgangsschlüssel und kann anhand der Kontomodifikation für bestimmte Vorgänge weiter differenziert werden.

Über den *Vorgangsschlüssel* ermittelt das SAP-System bei der Erfassung von Warenbewegungen und Rechnungen die anzusprechenden Konten und bestimmt, ob beispielsweise auf ein Bestands- und/oder ein Preisdifferenzenkonto gebucht wird. Die Vorgangsschlüssel werden aus den Wertestrings abgeleitet. Welche Vorgänge zu welchen Sachkontobelastungen oder -entlastungen führen, wird aus dem vorliegenden betriebswirtschaftlichen Vorgang heraus vom Programm ermittelt und ist nicht über das Customizing konfigurierbar.

In der Detailansicht der Kontomodifikationspflege einer Bewegungsart (siehe Abbildung 7.30) erkennen Sie alle Vorgangsschlüssel, die dem Wertestring WE01 zugewiesen sind. Rufen Sie bei Bedarf zur Kontrolle die Tabelle T156W auf. Die einzelnen Vorgangsschlüssel zum Wertestring WE01 bedeuten:

- BSX steuert Buchungen auf Bestandskonten und sorgt für die wert- und mengenmäßigen Materialfortschreibungen.
- WRX prägt die Buchungen auf das WE/RE-Verrechnungskonto bei Waren- und Rechnungseingängen und ist für die Bestellentwicklung verantwortlich.
- PRD bestimmt für Preisabweichungen von S-Preis-bewerteten Materialien beim Waren- und Rechnungseingang die Preisdifferenzbuchungen.
- KDM steuert Differenzbuchungen durch abweichende Umrechnungskurse bei Waren- und Rechnungseingang.
- EIN steht für Buchungen im Rahmen einer aktiven Einkaufskontoabwicklung.
- EKG steuert die Wertbuchungen auf das Einkaufsgegenkonto.
- BSV steuert die Buchungen, die bei Bestandsveränderungen beim Erfassen von Wareneingängen und bei der Nachverrechnung für die Lohnbearbeitung zustandekommen.
- FRL bestimmt für Fremdleistungen bei Waren- und Rechnungseingängen bei Lohnbearbeitungsbestellungen die Sachkonten.
- FRN steuert die Wertbuchungen bei Bezugsnebenkosten für Bestellungen mit Positionstyp Lohnbearbeitung.
- BSX legt für zusätzliche Buchungen auf Bestandskonten (z. B. Verbrauch an Beistellkomponenten) die Sachkonten fest.
- UMB steht für die Gegenbuchung bei Preisänderungen.

Für jeden betriebswirtschaftlichen Vorgang werden systemseitig mindestens zwei Buchungen durchgeführt. Welche Vorgangsschlüssel dabei in Betracht gezogen werden, entscheidet der implementierte Programmcode. Sie können die angesprochenen Vorgangsschlüssel nicht durch Customizing-Aktivitäten beeinflussen.

Ein vereinfachtes, aber dennoch aussagekräftiges Beispiel ist das Erfassen eines Wareneingangs mit Bezug zu einer Normalbestellung. Sie nehmen zusätzlich an, dass es sich bei der bestellten Ware um ein S-Preis-bewertetes Material handelt. Der Wareneingang führt zu einer Sollbuchung auf dem Bestandskonto sowie zu einer Habenbuchung auf dem WE/RE-Verrechnungskonto. Dadurch werden die Vorgangsschlüssel BSX und WRX angesprochen.

Abbildung 7.30: Detailbild der Kontenmodifikation

Treten preisliche Differenzen zwischen dem hinterlegten Standardpreis und dem tatsächlichen Einkaufspreis auf, wird je nach Abweichung ein Ertrag oder ein Aufwand auf einem Preisdifferenzenkonto ausgewiesen. Der Vorgangsschlüssel PRD sorgt für die Ermittlung des korrekten Sachkontos. Das Beispiel bestätigt, dass auch ohne auftretende Preisdifferenzen beim betriebswirtschaftlichen Vorgang der Erfassung eines Wareneingangs zu einer Bestellung mindestens zwei Buchungen durchgeführt werden.

Neben den oben aufgeführten Vorgangsschlüsseln sollte ergänzend der Vorgangsschlüssel GBB (Gegenbuchung zur Bestandsbuchung) erwähnt werden. Sie stoßen mit großer Wahrscheinlichkeit in der automatischen Kontenfindung darauf. Der Schlüssel spielt unter anderem für folgende Vorgänge eine entscheidende Rolle:

- Warenbewegungen auf ein Kontierungsobjekt, wie z. B. auf Auftrag oder Kostenstelle
- Umlagerungen innerhalb eines Werkes
- Materialumbuchungen
- ungeplante Warenbewegungen (beispielsweise Bestandsaufnahmen ohne Referenzbeleg)
- Verschrottungsbuchungen
- Warenbewegungen für Auslieferungen
- Inventurdifferenzen

Aus der Vorgangsvielfältigkeit lässt sich erahnen, dass der Vorgangsschlüssel GBB in diversen Wertestrings anzutreffen ist, etwa in:

- WA01
- WA03
- WA04
- WA06
- WA15
- WF01

Die betriebswirtschaftliche Motivation hinter den auslösenden Vorgängen für die Gegenbuchung zur Bestandsbuchung ist durch die Angabe eines einzelnen Sachkontos nicht abgedeckt. Allein die Kontoart weist zwischen den Vorgängen deutliche Unterschiede auf. Sie differenzieren im Rechnungswesen z. B. zwischen Verbrauchs-, Aufwands-, Ertrags- und Erfolgskonten. Daher müssen Sie die automatische Kontenfindung für den Vorgangsschlüssel GBB zusätzlich differenzieren können.

Innerhalb bestimmter Vorgänge in der Materialwirtschaft greifen Sie auf eine *Kontomodifikation* zurück, um vorgangsspezifisch differenzierte Sachkonten in der automatischen Kontenfindung anzusprechen. Nur die Kontomodifikation für den Vorgangsschlüssel GBB (Gegenbuchung zur Bestandsbuchung) ist in der SAP-Standardauslieferung aktiv. Bei Bedarf richten Sie die Kontomodifikation zusätzlich für die beiden Vorgänge KON (Konsignationsverbindlichkeiten) und PRD (Preisdifferenzen) ein.

In Tabelle T156X (Vorgangsschlüssel-Modifikation) können Sie die Zuordnung der Kontomodifikation zu den Schlüsselfeldern der Tabelle einsehen. Diese lauten:

- Bewegungsart
- Wertfortschreibung
- Mengenfortschreibung
- Sonderbestandskennzeichen
- Bewegungskennzeichen
- Verbrauchsbuchung

- Wertestring
- Kontenfindung für Verbrauchssteuer
- Laufende Zähler

Allein durch die zahlreichen Kombinationsmöglichkeiten aller denkbaren Werte der Schlüsselfelder kombiniert mit den Kontomodifikationen ergibt sich eine vierstellige Zahl an Tabelleneinträgen.

Zum Vorgangsschlüssel GBB sind in der SAP-Standardauslieferung die folgenden Kontenmodifikationen enthalten:

- AUA: für Auftragsabrechnung
- AUF: für Wareneingänge mit Bezug zu Aufträgen (ohne Kontierung) und bei Auftragsabrechnung, wenn AUA nicht gepflegt ist
- AUI: Ist-Tarifnachverrechnung von Kostenstelle direkt an das Material (mit Kontierung)
- BSA: für Bestandsaufnahmen
- INV: für Aufwand/Ertrag aus Inventurdifferenzen
- VAX: für Warenausgänge für Kundenaufträge ohne Kontierungsobjekt (das Konto ist keine Kostenart)
- VAY: für Warenausgänge für Kundenaufträge mit Kontierungsobjekt (das Konto ist eine Kostenart)
- VBO: für Verbräuche aus dem Lieferantenbeistellbestand
- VBR: für interne Warenausgänge (z. B. für Kostenstellen)
- VKA: für Kundenauftragskontierung (z. B. bei Einzelbestellungen)
- VKP: für Projektkontierung (z. B. bei Einzelbestellungen)
- VNG: für Verschrottung beziehungsweise Vernichtung
- VQP: für Stichprobenentnahmen ohne Kontierung
- VQY: für Stichprobenentnahmen mit Kontierung
- ZOB: für Wareneingänge ohne Bestellungen (Bewegungsart 501)
- ZOF: für Wareneingänge ohne Fertigungsaufträge (Bewegungsarten 521 und 531)

Bei Bedarf können Sie eigene Kontomodifikationen im Vorgangsschlüssel GBB definieren. Jedoch wird empfohlen, mit den ausgelieferten Kontenmodifikationen zu arbeiten.

Bei Wareneingängen zu kontierten Bestellungen (Vorgangsschlüssel KBS) gilt es zu beachten, dass die Kontomodifikationsableitung für die Gegenbuchung zur Bestandsbuchung aus dem Kontierungstyp erfolgt, der in der Bestellung angegeben ist. Sie können über die IMG-Aktivität **Materialwirtschaft • Einkauf • Kontierung • Kontierungstypen pflegen** jedem Kontierungstyp eine Kontomodifikation zuordnen. Bei Kontierungstyp P (Projekt) ist die Standardkontomodifikation VBR hinterlegt (siehe Abbildung 7.31). Weitere Ausführungen zu diesem Thema finden Sie in Abschnitt 4.2.6, »Kontierungstyp«.

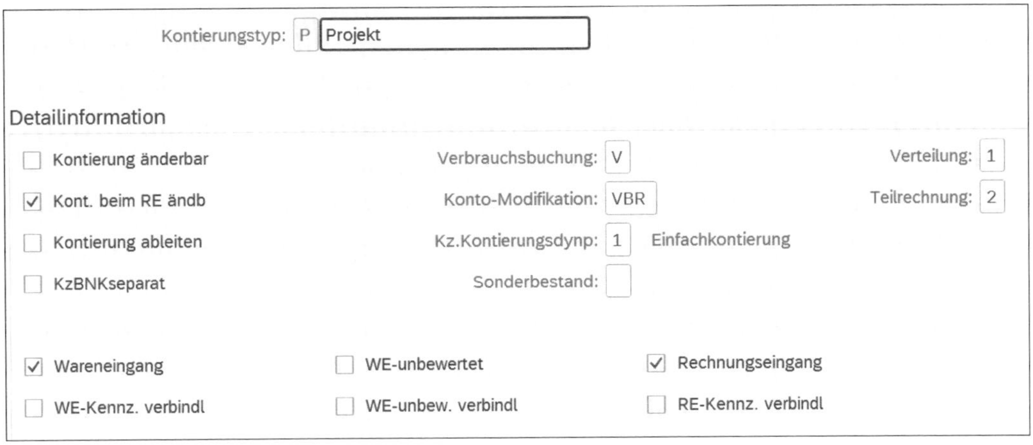

Abbildung 7.31: Kontomodifikation VBR bei Kontierungstyp P

Die Kontomodifikationen der beiden eingangs erwähnten Vorgangsschlüssel PRD (Preisdifferenzen) und KON (Konsignationsverbindlichkeiten) sollen nicht unerwähnt bleiben. Bei Bedarf können Sie beide Vorgangsschlüssel anhand der ausgelieferten Kontomodifikationen weiter differenzieren:

- **Vorgangsschlüssel PRD (Preisdifferenzen)**
  - »blank«: für Wareneingänge und Rechnungseingänge zu Bestellungen
  - PRF: für Wareneingänge zu Fertigungsaufträgen und Auftragsabrechnung
  - PRA: für Warenausgänge und andere Bewegungen
  - PRU: für Umbuchungen (Preisdifferenzen bei externen Beträgen)
- **Vorgangsschlüssel KON (Konsignationsverbindlichkeiten)**
  - »blank«: keine für Konsignationsverbindlichkeiten
  - PIP: für Pipelineverbindlichkeiten

Die aufgeführten Kontomodifikationen werden im ausgelieferten Standard nicht aktiv genutzt.

Sie stellen die Kontomodifikation über die IMG-Aktivität **Kontomodifikation für Bewegungsarten festlegen** (Transaktion OMWN) ein, wenn Sie von den Einstellungen der Standardauslieferung abweichen möchten. Das entsprechende Feld **KontoModif** ist editierbar (siehe Abbildung 7.32).

Alternativ passen Sie die Kontomodifikation der Bewegungsarten direkt bei den Bewegungsarten an. Der relevante Customizing-Pfad lautet **Materialwirtschaft • Bestandsführung und Inventur • Bewegungsarten • Bewegungsarten kopieren, ändern** (Transaktion OMJJ). Die Einstellungsmöglichkeiten zu den Bewegungsarten finden Sie in Abschnitt 6.4.3 »Bewegungsarten«.

	BwA	S	Wertfort	MngFort	Bew	Vbr	Wertestrg	Z.	VSchl	KontoModif	Prüfen
☐	101		☐	☐	B	A	BNKR	1	FRX		☑
☐	101		☐	☐	B	A	BNKR	2	KDM		☑
☐	101		☐	☐	B	A	WE06	1	KBS		☑
☐	101		☐	☐	B	A	WE06	2	WRX		☑
☐	101		☐	☐	B	A	WE06	3	KDM	ERA	☐
☐	101		☐	☐	B	E	BNKR	1	FRX		☑
☐	101		☐	☐	B	E	BNKR	2	KDM		☑
☐	101		☐	☐	B	E	WE06	1	KBS		☑
☐	101		☐	☐	B	E	WE06	2	WRX		☑
☐	101		☐	☐	B	E	WE06	3	KDM	ERA	☐
☐	101		☐	☐	B	P	BNKR	1	FRX	ERA	☑
☐	101		☐	☐	B	P	BNKR	2	KDM	ERA	☑
☐	101		☐	☐	B	P	WE06	2	WRX	ERA	☑
☐	101		☐	☐	B	P	WE06	3	KDM	ERA	☐
☐	101		☐	☐	B	V	BNKR	1	FRX		☑
☐	101		☐	☐	B	V	BNKR	2	KDM		☑
☐	101		☐	☐	B	V	WE06	1	KBS		☑

Abbildung 7.32: Einstiegsbild der Kontomodifikation für Bewegungsarten

Bevor Sie im abschließenden Konfigurationsschritt die Sachkonten hinterlegen, steht noch Ihre Entscheidung aus, ob Sie die Einkaufskontoabwicklung aufgrund gesetzlicher Anforderungen aktivieren müssen.

Einkaufskontoabwicklung

Die *Einkaufskontoabwicklung* stellt eine gesetzliche Anforderung in bestimmten Ländern dar. Sie dokumentieren unter Zuhilfenahme eines Einkaufskontos, zu welchem Wert fremdbeschaffte Materialien im System gebucht werden. Dabei entspricht die Buchungshöhe beim Erfassen der Waren- und Rechnungseingänge dem Betrag auf dem ermittelten Bestandskonto. Die Gegenbuchung erfolgt auf ein entsprechendes Einkaufsgegenkonto. Kontierte Bestellungen erzeugen keine Buchungen auf dem Einkaufskonto. Der Fokus liegt auf Warenbewegungen von Lagermaterialien.

Die Vorgangsschlüssel für die automatischen Sachkontobuchungen heißen beim Einkaufskonto:

- EIN (Einkaufskonto)
- EKG (Einkaufsgegenkonto)
- FRE (Frachteinkaufskonto)

Der zuletzt genannte Vorgangsschlüssel zeigt, dass neben den extern beschafften Materialwerten auch die gebuchten Bezugsnebenkosten auf Sondersachkonten dokumentiert werden.

Bevor Sie jedoch die Einkaufskontoabwicklung aktivieren und konfigurieren, prüfen Sie zuerst, ob für die Kontenfindung im abzubildenden Land eine solche gesetzliche Anforderung existiert. Folgende Länder schreiben die Nutzung eines Einkaufskontos zwingend vor:

- Belgien
- Finnland
- Frankreich
- Italien
- Kolumbien
- Portugal
- Spanien

Die Systemeinstellungen zur Einkaufskontoabwicklung rufen Sie über den IMG-Pfad **Materialwirtschaft • Bewertung und Kontierung • Kontenfindung • Kontenfindung ohne Assistent • Einkaufskontoabwicklung** auf.

Damit Sie die Einkaufsabwicklung überhaupt nutzen können, aktivieren Sie das Einkaufskonto buchungskreisabhängig über die IMG-Aktivität **Einkaufskonto im Buchungskreis aktivieren**. Ihre Konfiguration führt das System in Tabelle T001. Setzen Sie das Kennzeichen **EinkaufKto** (siehe Abbildung 7.33), wenn Sie die Einkaufskontoabwicklung in einem Buchungskreis aktivieren möchten. Für den Buchungskreis 0001 ist das Einkaufskonto nicht aktiv, da es in Deutschland nicht per Gesetz erforderlich ist, eines zu führen. (Beim Musterbuchungskreis BE01 für Belgien ist das Kennzeichen für die Nutzung des Einkaufskontos hingegen gesetzt.)

BuKr	Name der Gesellschaft	Ort	Land/Reg.	EinkaufKto
☐ 0001	SAP SE	Walldorf	DE	☐

Abbildung 7.33: Einkaufskontoabwicklung im Buchungskreis 0001

Auch wenn für den Buchungskreis 0001 die Einkaufskontoabwicklung explizit nicht aktiviert wurde, betrachten wir im weiteren Verlauf die Systemeinstellungen aus dem Blickwinkel des im SAP-Standard verankerten Buchungskreises 0001.

Ob das Einkaufskonto mit dem Betrag des Bestandskontos oder mit dem Betrag des WE/RE-Verrechnungskonto belastet wird, bestimmen Sie mit Hilfe der IMG-Aktivität **Wertbildung für Einkaufskonto** pro Bewertungskreis. Die hier durchgeführten Systemeinstellungen finden Sie in Tabelle T001K wieder. Folgende Systemausprägungen sind für die Wertbildung des Einkaufskontos möglich (siehe Abbildung 7.34):

- **Kennzeichen »ZugWert«**

  Das Setzen des Kennzeichens **ZugWert** bedeutet, dass die Wertbuchung auf das Einkaufskonto mit dem Betrag des WE/RE-Verrechnungskontos (dem Zugangswert) erfolgt. Ist das Kennzeichen nicht selektiert, verbuchen Sie den Bestandswert (Betrag des Bestandskontos) auf das Einkaufskonto.

Im Bewertungskreis 0001 entspricht die Buchwerthöhe dem Zugangswert.

Getrennter Buchhaltungsbeleg

Arbeiten Sie mit einem getrennten Buchhaltungsbeleg für das Einkaufskonto, müssen Sie das Einkaufskonto mit dem Betrag des WE/RE-Verrechnungskontos belasten.

- **Kennzeichen »BezugsNK«**
  Möchten Sie bei einer aktiven Einkaufskontoabwicklung die möglicherweise angefallenen Bezugsnebenkosten auch auf das Preisdifferenzenkonto buchen statt nur auf das Frachteinkaufskonto, wählen Sie das Kennzeichen **BezugsNK** aus. Dadurch stellen Sie sicher, dass das Material-Ledger bei einer Preisanpassung die Frachtkosten mitberücksichtigt. Durch Setzen des Kennzeichens gilt die Einstellung sofort.

  Das Kennzeichen **BezugsNK** ist für den Beispielbewertungskreis 0001 gesetzt.

- **Feld »ab Jahr«**
  In dem Feld **ab Jahr** geben Sie, wenn nötig, an, ab welchem Geschäftsjahr die Bezugsnebenkosten ebenfalls auf dem Preisdifferenzenkonto zu buchen sind. Wenn Sie hier kein Geschäftsjahr angeben, gilt die Buchungslogik unmittelbar.

  Für die Buchung auf das Preisdifferenzenkonto ist für den Bewertungskreis 0001 kein konkretes Geschäftsjahr hinterlegt. Die Buchungslogik ist demnach hier sofort aktiv.

BewertKrs	BuKr.	Name	ZugWert	BezugsNK	ab Jahr
☐ 0001	0001	SAP SE	☑	☑	

Abbildung 7.34: Wertbildung im Bewertungskreis 0001

Wir wollen mit einem fiktiven Zahlenbeispiel, das die Bezugsnebenkosten unberücksichtigt lässt, Ihr Wissen zur Wertbildung auf dem Einkaufskonto weiter festigen. Dafür nehmen wir an, dass Sie einen Wareneingang zu einer Bestellung erfassen – wobei der Bestellpreis fünf Euro pro Stück beträgt. Sie haben zwanzig Stück bestellt. Das Material ist mit einem Standardpreis von drei Euro bewertet.

Erfolgt die Einkaufskontobuchung mit dem Bestands- beziehungsweise mit dem Zugangswert, ergeben sich auf den angesprochenen Konten folgende Werte:

- Bestandskonto: plus 60 Euro/plus 60 Euro
- WE/RE-Verrechnungskonto: minus 100 Euro/minus 100 Euro
- Einkaufskonto: plus 60 Euro/plus 100 Euro
- Einkaufsgegenkonto: minus 60 Euro/minus 100 Euro
- Preisdifferenzenkonto: plus 40 Euro/plus 40 Euro

Die erstgenannten Werte entsprechen den Beträgen mit dem Buchungsschema des Bestandswerts – die Zahlenwerte dahinter stellen die Buchungsweise auf Basis des Zugangswerts dar.

Bei Warenbewegungen werden neben Materialbelegen auch Buchhaltungsbelege erzeugt, sofern der Vorgang buchhaltungsrelevant ist. Bei Wertbuchungen auf das Einkaufskonto, die durch das Erfassen von Wareneingängen mit Bezug zu einer Bestellung ausgelöst werden, generiert das System ebenfalls einen Buchhaltungsbeleg. Ob für Buchungen auf das Einkaufskonto ein getrennter Buchhaltungsbeleg geführt wird, entscheiden Sie über die IMG-Aktivität **Getrennter Buchhaltungsbeleg für Einkaufskontobuchungen**. Eine zwingende Voraussetzung für die Trennung in zwei Buchhaltungsbelege ist jedoch die Wertbuchung auf das Einkaufskonto mit dem Zugangswert.

Die folgenden Konfigurationsschritte müssen Sie nur durchführen, wenn Sie sich für einen getrennten Buchhaltungsbeleg entschieden haben (anderenfalls fahren Sie direkt mit den Einstellungen im Unterabschnitt »Automatische Buchungen« fort):

1. Sie beginnen mit der Konfiguration für die getrennten Buchhaltungsbelege, indem Sie pro Bewertungskreis die Buchhaltungsbelege aktivieren. Hierfür wählen Sie in der IMG-Aktivität **Getrennten Buchhaltungsbeleg im Bewertungsk. aktivieren** (Transaktion V_001K_EK2) das Kennzeichen **2 Belege** aus, wie dies für den Bewertungskreis 0001 der Fall ist (siehe Abbildung 7.35).

	BwtK	BuKr	Name der Gesellschaft	2 Belege
☐	0001	0001	SAP SE	☑

Abbildung 7.35: Aktivierung der Belegerzeugung im Bewertungskreis 0001

2. Definieren Sie über die IMG-Aktivität **Neue Belegart für getrennten Beleg anlegen** (Transaktion OBF4) für die Buchhaltungsbelege, die zum Einkaufskonto gehören, eine individuelle Belegart im Finanzwesen. Die Belegart muss sich von den Belegarten für Wareneingänge (WE Wareneingang und WN Wareneingang netto) und für Rechnungseingänge (RE Rechnung brutto und RN Rechnung netto) unterscheiden (siehe dazu Abschnitt 6.2, »Belege in der Bestandsführung«). Stimmen Sie in enger Absprache mit dem Finanzbchhaltungs-Team die neue Belegart ab, und legen Sie die Belegart zusammen an, um nachträgliche Überraschungen zu vermeiden.

   Eine Belegart ohne Nummernkreis ist in einem SAP-System nicht möglich. Daher ordnen Sie der neuen Belegart über die IMG-Aktivität **Nummernkreis für neue Belegart einstellen** (Transaktion FBN1) einen passenden Nummernkreis zu. Sie nutzen entweder ein bestehendes Nummernkreisintervall oder definieren für die Buchhaltungsbelege des Einkaufskontos einen eigenen Nummernkreis. Das zugewiesene Nummernkreisobjekt lautet `RF_BELEG` (siehe Abbildung 7.36). Sie pflegen die Nummernkreise abhängig vom Buchungskreis. Ausführliche Erklärungen zum Thema Nummernkreise bei Belegen finden Sie ebenfalls in Abschnitt 6.2.

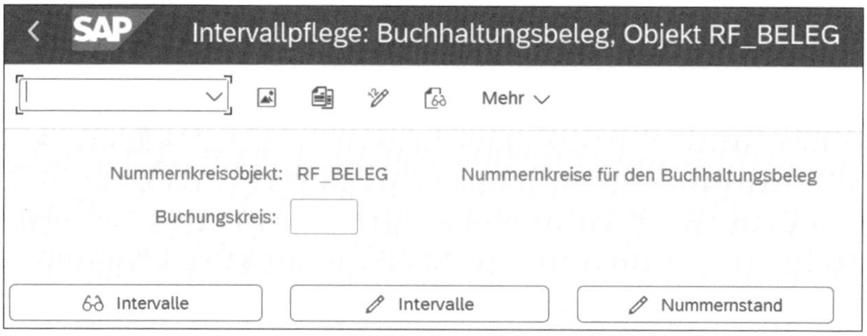

Abbildung 7.36: Einstiegsbild der Nummernkreisintervallpflege

3. Ordnen Sie in der IMG-Aktivität **Bestandsführung: Belegart für getr. FI-Beleg einstellen** (Transaktion V_158_2D) die neu eingeführte Belegart für den zweiten Buchhaltungsbeleg den relevanten Transaktionscodes in der Bestandsführung zu. Betroffen sind alle Transaktionen, mit denen Sie einen Wareneingang mit Bezug zu einer Bestellung erfassen können. Die Transaktion MIGO (Warenbewegung) ist hierfür ein geeignetes Beispiel.
4. Nicht nur bei den Transaktionscodes für die Bestandsführung ordnen Sie die Belegart zu, auch für die Transaktionen der logistischen Rechnungsprüfung weisen Sie die Belegart den betroffenen Transaktionscodes zu (IMG-Aktivität **Rechnungsprüfung: Belegart für getr. FI-Beleg einstellen**, Transaktion V_169F_EINKK). Hierzu zählt beispielsweise Transaktion MIRO (Eingangsrechnungsprüfung bearbeiten).

Automatische Buchungen

Das Herzstück der automatischen Kontenfindung prägen Sie über die IMG-Aktivität **Automatische Buchungen einrichten** (Transaktion OMWB) aus. Sie geben für das automatische Buchen in der Bestandsführung und in der Rechnungsprüfung vorgangsbezogen die zu bebuchenden Sachkonten an. Wir fokussieren uns in diesem Abschnitt auf die Systemeinstellungen der Bestandsführung. Die Einstellungen zur Rechnungsprüfung vertiefen wir in Kapitel 8, »Logistik-Rechnungsprüfung«.

Die Sachkontenzuordnungen zu allen betriebswirtschaftlichen Vorgängen sind in Tabelle T030 (Fixkontentabelle) gespeichert. Die Tabelle beinhaltet folgende Felder:

- Kontenplan
- Vorgang(sschlüssel)
- Bewertungsmodifikationskonstante
- Kontomodifikation
- Bewertungsklasse
- Sachkonto (Soll-Buchung)
- Sachkonto (Haben-Buchung)

Die Fixkontentabelle verdeutlicht zugleich, wie das System die relevanten Sachkonten ermittelt, wenn sie beim Erfassen der Warenbewegung durch die Anwenderinnen und Anwender automatisch gefunden werden sollen. Durch die verpflichtende Angabe eines Werkes wird der Kontenplan über die Zuordnung von Buchungskreis und Werk gefunden. Zudem erschließen sich aus dem Werk der Bewertungskreis und damit die dazugehörige Bewertungsmodifikationskonstante unter der Annahme, dass die Bewertungsebene Werk vorliegt. Die Vorgangsschlüssel ermittelt das System intern, basierend auf dem Wertestring aus der für die Warenbewegung genutzten Bewegungsart. Die Kontomodifikation leitet sich, wenn der Buchungsvorgang GBB (Gegenbuchung zur Bestandsführung) involviert ist, ebenfalls aus der Bewegungsart ab. Ist ein bewerteter Materialstamm in die Warenbewegung eingebunden, ermittelt das SAP-System die hinterlegte Bewertungsklasse über die entsprechende Materialstammtabelle. Bei einer getrennten Bewertung erfolgt die Suche über die Bewertungsart anstatt über die Bewertungsklasse. Das enge Zusammenspiel aller angesprochenen Einflussfaktoren ergibt schlussendlich die zu bebuchenden Sachkonten auf Soll- und Habenseite.

[«]

Prüfung der Bewertungskreise

Bei Aufruf der Customizing-Aktivität zur Pflege automatischer Buchungen prüft das System, ob die Bewertungskreise korrekt gepflegt sind. Wird ein Fehler ermittelt, beispielsweise dass dem Werk X kein Buchungskreis zugeordnet ist, öffnet sich ein Dialogfenster mit einer entsprechenden Fehlermeldung. Korrigieren Sie Ihre Systemeinstellungen umgehend, bevor Sie fortfahren.

In der SAP-Standardauslieferung sind bereits in der Fixkontentabelle T030 für mehrere Musterkontenpläne passende Sachkonten vorbelegt. Die Kontenpläne unterscheiden sich anhand ihres Differenzierungsgrades. Für Vorgänge aus der Bestandsführung ist beispielsweise der Musterkontenplan INT in Kombination mit der Bewertungsmodifikationskonstanten 0001 voreingestellt. Im weiteren Verlauf dieses Abschnitts zeigen wir Ihnen daher als visuelle Unterstützung Abbildungen aus dem Kontenplan INT.

Bevor Sie die automatischen Buchungen pflegen können, müssen Sie nachfolgende Informationen im System ermitteln beziehungsweise die beschriebenen Anforderungen erfüllt haben. Prüfen Sie folgende Einstellungen auf ihre systemseitige Umsetzung:

1. Wie lautet Ihre Bewertungsebene: Werk oder doch Buchungskreis? (Sie finden die entsprechenden Einstellungen in Tabelle TCURM oder über die IMG-Aktivität **Unternehmensstruktur • Definition • Logistik Allgemein • Bewertungsebene festlegen** (Transaktion OX14).)
2. Welcher Kontenplan soll betrachtet werden? (Tabelle T001 oder IMG-Aktivität **Unternehmensstruktur • Definition • Finanzwesen • Buchungskreis bearbeiten, kopieren, löschen, prüfen** (Transaktion V_T001))

3. Ist die getrennte Bewertung aktiv? Wenn ja, wie lauten die Bewertungsarten? (Tabelle TCURM oder IMG-Aktivität **Materialwirtschaft • Bewertung und Kontierung • Getrennte Bewertung • Getrennte Bewertung einstellen** (Transaktion OMW0) beziehungsweise **Getrennte Bewertung einstellen** (Transaktion OMWC))
4. Wie lautet die Bewertungsmodifikationskonstante, wenn diese aktiv genutzt wird? (Tabelle T001K oder IMG-Aktivitäten **Materialwirtschaft • Bewertung und Kontierung • Kontenfindung • Kontenfindung ohne Assistent • Bewertungssteuerung festlegen** (Transaktion OMWM) sowie **Bewertungskreise gruppieren** (Transaktion OMWD))
5. Wie lauten die Bewertungsklassen für die Materialarten? (Tabelle T025 oder IMG-Aktivität **Materialwirtschaft • Bewertung und Kontierung • Kontenfindung • Kontenfindung ohne Assistent • Bewertungsklassen festlegen** (Transaktion OMSK))
6. Welche Kontomodifikationen sind zu beachten? (Tabelle T156X oder IMG-Aktivität **Materialwirtschaft • Bewertung und Kontierung • Kontenfindung • Kontenfindung ohne Assistent • Kontomodifikation für Bewegungsarten festlegen** (Transaktion OMWN))
7. Ist die Einkaufskontoabwicklung aktiv? (Tabelle T001 oder IMG-Aktivität **Materialwirtschaft • Bewertung und Kontierung • Kontenfindung • Kontenfindung ohne Assistent • Einkaufskontoabwicklung • Einkaufskonto im Buchungskreis aktivieren**)

Haben Sie die benötigten Informationen nachgeschlagen, beginnen Sie mit den Systemeinstellungen für die automatischen Buchungen, indem Sie die Aktivität **Automatische Buchungen einrichten** (Transaktion OMWB) aufrufen. Das Einstiegsbild (siehe Abbildung 7.37) teilt sich in folgende Teilbereiche auf, die wir Ihnen im Folgenden einzeln erklären:

- Kontierung (Sachkonten zuordnen, Transaktion OBYC)
- Simulation (Kontenfindung simulieren)
- Sachkonten (Verwendungsnachweis der Sachkonten)

Beginnen Sie Ihre Konfiguration im Bereich **Kontierung** mit den dazugehörigen Buchungsschlüsseln und den Regeln der automatischen Kontenfindung.

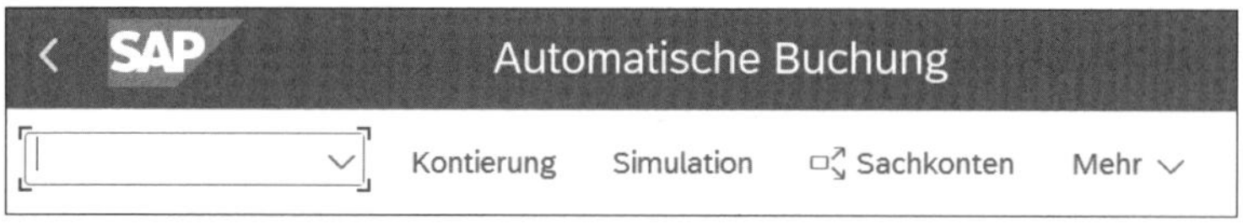

Abbildung 7.37: Automatische Buchungen einrichten (Einstiegsbild)

Sie ordnen Sachkonten den Vorgangsschlüsseln der Materialwirtschaft entweder über die Schaltfläche **Kontierung** zu oder rufen den Pflegebereich direkt über den Transaktionscode OBYC auf. In beiden Fällen gelangen Sie in den Übersichtsbereich aller Vorgangsschlüssel (siehe Abbildung 7.38). Durch Scrollen in den unteren Bildbereich erreichen Sie die übrigen Vorgangsschlüssel. Die materialwirtschaftsbezogenen Vorgänge sind in der Gruppe RMK (Buchungen der Materialwirtschaft (MM)) zusammengefasst.

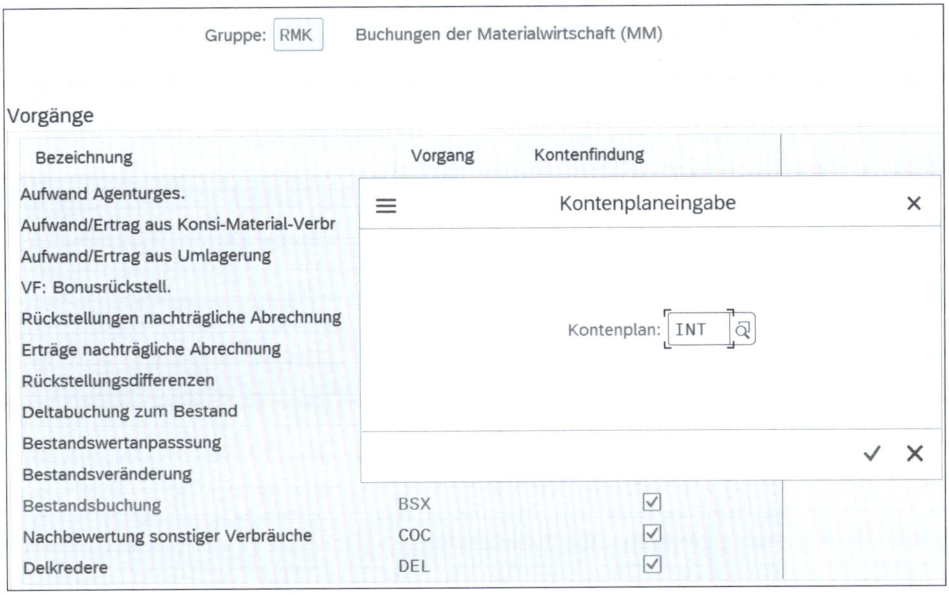

Abbildung 7.38: Vorgangsschlüssel der Gruppe RMK (Buchungen der Materialwirtschaft (MM))

Indem Sie gezielt einen Vorgangsschlüssel auswählen und einen Doppelklick auf die entsprechende Zeile ausüben, erscheint ein Dialogfenster, das Sie zur Eingabe eines Kontenplans auffordert. (Statt über einen Doppelklick auf den gewünschten Vorgangsschlüssel können Sie auch nur die Zeile markieren und über die Navigationsleiste in die Detailansicht verzweigen.) Wie bereits angekündigt, betrachten wir hier den (Muster-)Kontenplan INT. Bei Ihrer individuellen Kontenkonfiguration geben Sie selbstverständlich den Kontenplan ein, den Sie selbst bei der Definition des Buchungskreises hinterlegt haben.

Es gibt einen Sonderfall, den Sie bitte beachten müssen: Für den Vorgangsschlüssel KBS (Kontierte Bestellung) ist die automatische Kontenfindung nicht aktiv. Das bedeutet, Sie können diesem Vorgang keine Sachkonten zuordnen. Bei kontierten Bestellungen werden die Kontierungsdaten direkt aus den Positionen übernommen. Sie erfassen die erforderlichen Daten bereits beim Anlegen der Bestellung in Abhängigkeit zum Kontierungstyp und dessen Feldsteuerung (siehe Abschnitt 4.2.6, »Kontierungstyp«). Ein Bestandskonto beim Erfassen des Wareneingangs ist nicht notwendig, stattdessen erfolgt die Wertbuchung in der Regel auf ein Verbrauchskonto. Die Habenbuchung findet analog zu den Buchungen bei nicht kontierten Bestellungen auf das WE/RE-Verrechnungskonto (Vorgang WRX) statt.

Tabelle 7.1 entnehmen Sie alle konfigurierbaren Vorgänge der Materialwirtschaft, die Sie über die Transaktion OBYC aufrufen können. Mit großer Wahrscheinlichkeit werden Sie lediglich einen Bruchteil der Vorgangsschlüssel für Ihr Unternehmen pflegen müssen.

Vorgangsschlüssel	Bezeichnung
0F1	0F1 < fehlt >
0F2	0F2 < fehlt >
0F3	0F3 < fehlt >
0F4	0F4 < fehlt >
0P1	Einkaufsbonus
0P2	EinkBonus warenbez.
0PA	EK-Bonus Rückstell.
AG1	Ertrag Agenturgeschäft
AG2	Umsatz Agenturgeschäft
AG3	Aufwand Agenturgeschäft
AKO	Aufwand/Ertrag aus Konsignation-Material-Verbrauch
AUM	Aufwand/Ertrag aus Umlagerung
BAC	VF: Bonusrückstellungen
BO1	Rückstellungen nachträgliche Abrechnung
BO2	Erträge nachträgliche Abrechnung
BO3	Rückstellungsdifferenzen
BSD	Deltabuchung zum Bestand
BSK	Bestandswertanpassung
BSV	Bestandsveränderung
BSX	Bestandsbuchung
COC	Nachbewertung sonstiger Verbräuche
DEL	Delkredere
DIF	Kleindifferenzen Materialwirtschaft

Tabelle 7.1: Alphabetische Reihenfolge aller Vorgangsschlüssel

Vorgangsschlüssel	Bezeichnung
EIN	Einkaufskonto
EKG	Einkaufsgegenkonto
ESA	Erwerbsteuer Haben
ESE	Erwerbsteuer Soll
FR1	Frachtverrechnung
FR2	Frachtrückstellung
FR3	Zollverrechnung
FR4	Zollrückstellung
FRE	Frachteinkaufskonto
FRL	Fremdleistung
FRN	Fremdleistungen Nebenkosten
G01	G01 < fehlt >
G02	G02 < fehlt >
G04	G04 < fehlt >
GBB	Gegenbuchung zur Bestandsbuchung
HSC	Aufwand/Ertrag aus Handling-Zuschlag
KBS	Kontierte Bestellung
KDG	Kursdifferenzen Materialwirtschaft (AVR)
KDM	Kursdifferenzen Materialwirtschaft
KDR	Kursrundungsdifferenzen Materialwirtschaft
KDV	Kursdifferenzen Material-Ledger aus Vorstufen
KON	Konsignation Verbindlichkeiten
KTR	Gegenbuchung Preisdifferenzen (Kostenträger)
LKW	Abgrenzungskonto (Material-Ledger)
MT1	MtM Logistik (+)

Tabelle 7.1: Alphabetische Reihenfolge aller Vorgangsschlüssel (Forts.)

Vorgangsschlüssel	Bezeichnung
MT2	MtM Logistik GgBu (+)
MT3	MtM Bestand (+)
MT4	MtM Bestand GgBu (+)
MT5	MtM Logistik (-)
MT6	MtM Logistik GgBu (-)
MT7	MtM Bestand (-)
MT8	MtM Bestand GgBu (-)
MWS	Ausgangssteuer
NAV	Nicht abzugsf. VorSt
NVV	Nicht abzugsf. VorSt
PK1	EinkKontoschl. 01
PK2	EinkKontoschl. 02
PK3	EinkKontoschl. 03
PK4	EinkKontoschl. 04
PPX	Vorabzahlung
PRA	Preisdifferenzen aus aufgelöstem WIP (Lar.)
PRC	Differenzen (AVR Leistungstarif)
PRD	Preisdifferenzen
PRG	Preisdifferenzen (Material-Ledger, AVR)
PRK	Preisdifferenzen (Kostenträgerhierarchie)
PRL	Differenzen Leistungstarife
PRM	Preisdifferenzen aus aufgelöstem WIP (Material)
PRP	Preisdifferenzen Produktkostensammler
PRQ	Gegenbuchung Preisdifferenzen Produktkostensammler
PRV	Preisdifferenzen Material-Ledger aus Vorstufen

Tabelle 7.1: Alphabetische Reihenfolge aller Vorgangsschlüssel (Forts.)

Vorgangsschlüssel	Bezeichnung
PRY	Preisdifferenzen (Material-Ledger)
RAP	Aufwand/Ertrag aus Neubewertung
RKA	Rechnungskürzungen logistische Rechnungsprüfung
RUE	Bezugsnebenkosten-Rückstellung
TM1	TM: Frachtverrechn.
TM2	TM: Frachtkosten
TXI	Brasilianische Steuern für Umbuchung
TXO	Brasilianische Steuern für Umbuchung
UMB	Aufwand/Ertrag aus Umbewertung
UMD	Aufwand/Ertrag aus Umbewertung (Delta)
UPF	Ungeplante Bezugsnebenkosten
VST	Vorsteuer Einkauf
WGB	WGB < fehlt >
WGI	Warenausgang Umbewertung Inflation
WGR	Wareneingang Umbewertung Inflation
WPA	WIP aus Preisdifferenzen (Eigenleistung)
WPM	WIP aus Preisdifferenzen (Material)
WRX	WE-RE-Verrechnung
WRY	WE-RE-Verrechnung (Material-Ledger) (alt)

Tabelle 7.1: Alphabetische Reihenfolge aller Vorgangsschlüssel (Forts.)

Für unser Beispiel (siehe Abbildung 7.38) haben wir nicht ganz grundlos den Vorgang BSX (Bestandsbuchung) ausgewählt. Anhand dieses Vorgangsschlüssels soll exemplarisch gezeigt werden, wie Sie Sachkonten aus dem Musterkontenplan INT hinterlegen können.

Für den Vorgangsschlüssel BSX erfolgt die Kontenzuordnung in Abhängigkeit von einer Bewertungsmodifikationskonstanten und einer Bewertungsklasse. Jeder Kombination ist genau ein Sachkonto zugewiesen (siehe Abbildung 7.39). Bei Bestandsbuchungen wird das angegebene Sachkonto sowohl für Soll- als auch für Habenbuchungen verwendet.

Das ist durchaus vorteilhaft, denn dadurch ist der aktuelle Bestandswert zur Bewertungsklasse als Saldo auf dem Konto direkt ersichtlich.

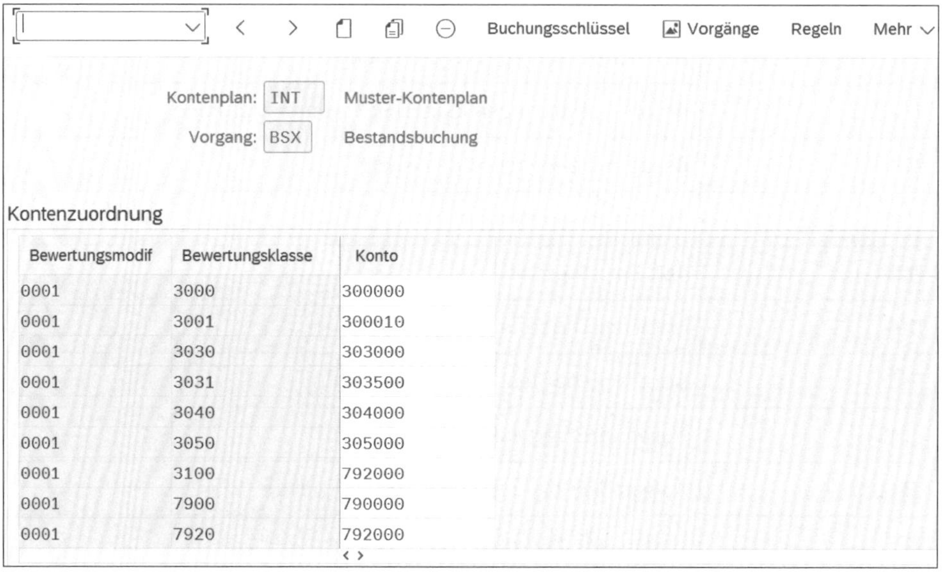

Abbildung 7.39: Kontenzuordnung für den Vorgang BSX im Musterkontenplan INT

Entspricht das hinterlegte Sachkonto nicht Ihren Vorstellungen, ordnen Sie ein neues Sachkonto zu. Weiterhin können Sie neue Tabelleneinträge erzeugen oder nicht mehr benötigte Zuordnungen löschen. Unvollständige und/oder fehlende Einträge moniert das System beim Buchen der Warenbewegungen unter Angabe des ermittelten Vorgangsschlüssels.

Wenn Sie beispielsweise die erste Zeile betrachten, sehen Sie, dass der Bewertungsklasse 3000 und der Bewertungsmodifikationskonstanten 0001 das Sachkonto 300000 für Soll- und Habenbuchungen zugeordnet ist. Wenn Sie also einen Wareneingang für ein S-Preis-bewertetes Material erfassen, erfolgt eine Sollbuchung auf dem Sachkonto 300000 in Höhe des Bewertungspreises mal der gebuchten Menge – vorausgesetzt, die Bewertungsklasse 3000 ist im Materialstamm hinterlegt und der Bewertungskreis mit der Bewertungsmodifikationskonstanten 0001 nutzt den Kontenplan INT.

Nun geht es mit dem nächsten Konfigurationsschritt weiter. Über den zweistelligen alphanumerischen *Buchungsschlüssel* beeinflussen Sie die Erfassung von Positionen im Buchhaltungsbeleg. Der Buchungsschlüssel legt unter anderem Folgendes fest:

- die Kontoart
- die Buchungsart (Soll oder Haben)
- die Gestaltung des Erfassungsbildes

Abhängig vom Vorgangsschlüssel legen Sie den Buchungsschlüssel für die Soll- und Habenbuchung fest. Die Festlegungen werden in Tabelle T030B geführt. Über die Schaltfläche **Buchungsschlüssel** oder über den Navigationspfad **Mehr • Springen • Buchungsschlüssel** erreichen Sie den Anpassungsbereich für die Buchungsschlüssel.

Für den ausgewählten Vorgangsschlüssel BSX sind die Buchungsschlüssel 89 (Kontoart M, Buchungsart S, Zugang Bestand) und 99 (Kontoart M, Buchungsart H, Abgang Bestand) hinterlegt, wie in Abbildung 7.40 zu sehen.

Abbildung 7.40: Buchungsschlüssel für den Vorgang BSX (Bestandsbuchung)

Für eine vorgangsübergreifende Navigation zwischen den Vorgangsschlüsseln nutzen Sie die Pfeilschaltflächen in der Navigationsleiste. Über die Schaltfläche **Konten** können Sie zur Kontenzuordnung für den gewählten Vorgangsschlüssel zurückkehren. Möchten Sie zu den Regeln der Kontenfindung navigieren, klicken Sie auf die Schaltfläche **Regeln** oder rufen Sie den gewünschten Bereich über den Navigationspfad **Mehr • Springen • Regeln** auf.

[!]

Kontenplanunabhängige Zuordnung

Beachten Sie bitte, dass die Einstellungen zu den Buchungsschlüsseln nicht nur für den ausgewählten Kontenplan gelten. Die Zuordnung der Buchungsschlüssel zum Vorgang ist kontenplanunabhängig.

Anhand der *Regeln der automatischen Kontenfindung* legen Sie für den Vorgang kontenplanabhängig fest, wie die Kontenfindung zu differenzieren ist. Sie haben hierfür folgende Auswahlmöglichkeiten:

- Bewertungsmodifikationskonstante
- Kontomodifikation (Allg. Modifikation)
- Bewertungsklasse
- Soll/Haben

Die Regeln werden in Tabelle T030R gespeichert, wobei der Kontenplan und der Vorgangsschlüssel Schlüsselfelder in der erwähnten Tabelle sind.

[!]

Regeln der Kontenfindung

Bevor Sie mit der Sachkontenzuordnung für den Vorgangsschlüssel beginnen, überprüfen Sie zunächst die eingestellten Regeln der Kontenfindung, und passen Sie sie, wenn notwendig, an. Wenn Sie die Regeln nachträglich ändern, werden damit alle bisher erfassten Zuordnungen gelöscht.

Abbildung 7.41 zeigt die Regeln für den Kontenplan INT und den Vorgang BSX. Die Kontenfindung nutzt zum einen die Bewertungsmodifikationskonstante und zum anderen die Bewertungsklasse zur Differenzierung der Sachkonten. Beide Kriterien sind ausgewählt. Unterschiedliche Sachkonten für Bestandsbuchungen sind nicht vorgesehen. Diese Option ist nicht änderbar.

Sie navigieren über die Schaltfläche **Konten** oder über den Navigationspfad **Mehr • Springen • Konten** zur Kontenzuordnung zurück. Auch ein Absprung zu den Buchungsschlüsseln ist über die gleichnamige Schaltfläche aus der Regelpflege möglich.

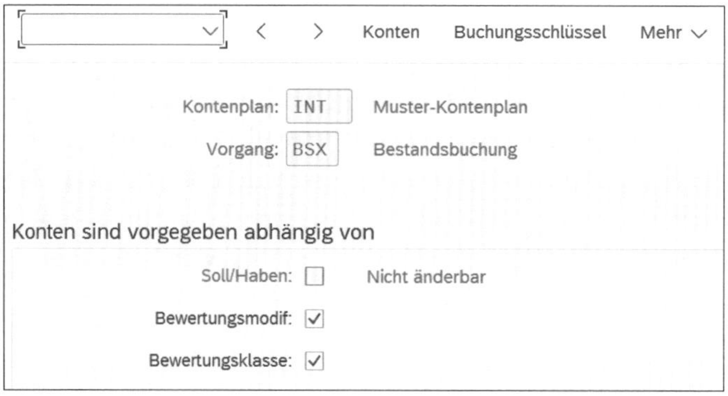

Abbildung 7.41: Buchungsregeln im Kontenplan INT für den Vorgang BSX

Ihnen ist sicherlich aufgefallen, dass eine Auswahlmöglichkeit für die Regeln der automatischen Kontenfindung bei Vorgangsschlüssel BSX nicht betrachtet wird: die Kontomodifikation. Sie wissen bereits, dass die Kontomodifikationen in den Vorgangsschlüsseln GBB (Gegenbuchung zur Bestandsbuchung) sowie KON (Konsignationsverbindlichkeiten) und PRD (Preisdifferenzen) zur Geltung kommt. Sie finden die maximale Ausprägungsmöglichkeit der Regeln in diesen Vorgangsschlüsseln vor. Auch die explizite Unterscheidung zwischen Soll- und Habenkonten ist hier möglich (siehe Abbildung 7.42).

Wenn Sie bei der Kontenfindung alle Regeln berücksichtigen, ergeben sich umfangreiche Differenzierungsmöglichkeiten. In unserem Beispiel (Abbildung 7.43) wurden augenscheinlich alle Regeln berücksichtigt. Sie können für die Soll- und Habenbuchungen unterschiedliche Konten hinterlegen. Der Bildausschnitt unterstreicht aber auch, dass Sie von dieser Differenzierungsmöglichkeit in der Kontenzuordnung nicht zwingend Gebrauch machen müssen.

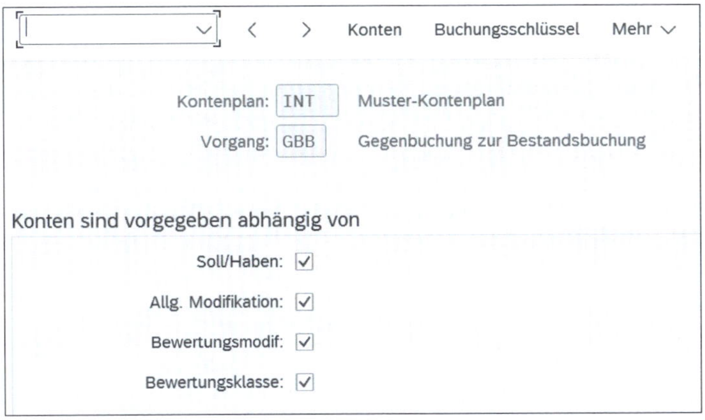

Abbildung 7.42: Regeln für den Vorgangsschlüssel GBB im Kontenplan INT

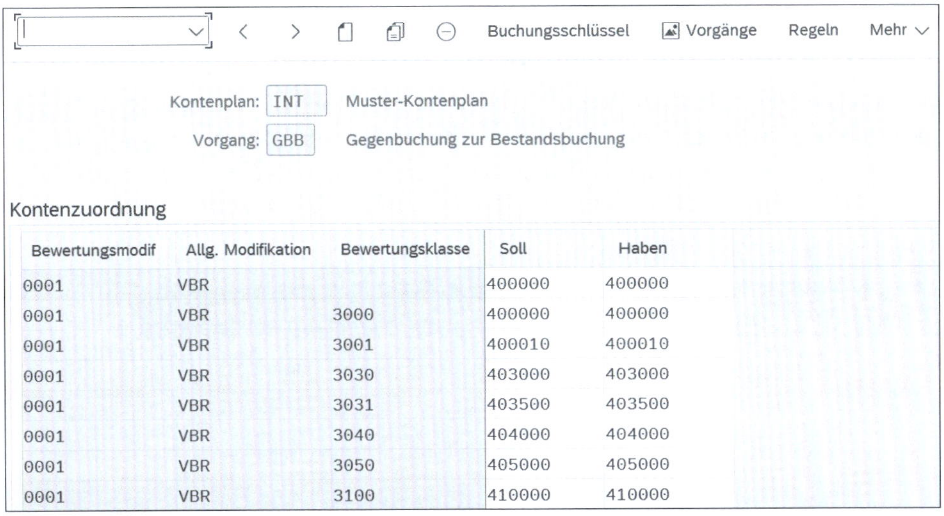

Bewertungsmodif	Allg. Modifikation	Bewertungsklasse	Soll	Haben
0001	VBR		400000	400000
0001	VBR	3000	400000	400000
0001	VBR	3001	400010	400010
0001	VBR	3030	403000	403000
0001	VBR	3031	403500	403500
0001	VBR	3040	404000	404000
0001	VBR	3050	405000	405000
0001	VBR	3100	410000	410000

Abbildung 7.43: Differenzierungsmöglichkeiten zum Vorgang GBB

Um Ihre Einstellungen systemgestützt zu testen, gibt es die Simulationsfunktion. Die *Simulation zur Kontenfindung* ist ein hilfreiches Werkzeug, denn bevor Sie Ihre ersten Testbuchungen vornehmen, können Sie die automatische Kontenfindung simulieren. Eventuell stoßen Sie währenddessen auf bisher nicht identifizierte, fachlich falsch hinterlegte Sachkonten und können die Zuordnung dann im Handumdrehen anpassen. Jedoch muss erwähnt werden, dass ein erfolgreicher Simulationslauf nicht das Testen im vorgesehenen Mandanten ersetzt. Führen Sie immer einen Test durch, wenn Sie die Kontenfindung nachträglich angepasst haben. Ein positives Simulationsergebnis ist nicht gleichbedeutend mit einem erfolgreichen Test.

Sie gelangen zur Kontenfindungssimulation, indem Sie im Einstiegsbild (siehe dazu noch einmal Abbildung 7.37) der automatischen Buchungen auf die Schaltfläche **Simulation** klicken. Alternativ gelangen Sie über **Mehr • Springen • Simulation** zur Simulationsfunktion.

Über den Navigationspfad **Mehr • Einstellungen • Simulation** erreichen Sie die Einstellungsmöglichkeiten der Simulation. Sie treffen Ihre Auswahl bezüglich folgender Punkte:

- **Arbeitsgebiet**
  Wählen Sie zwischen der Simulation für Bewegungen der Bestandsführung oder für die Vorgänge der Rechnungsprüfung.
- **Eingabemodus**
  Treffen Sie Ihre Wahl zwischen der Eingabe der Materialnummer oder der Erfassung der Bewertungsklasse.
- **Kontenprüfung**
  Sollen die zugewiesenen Sachkonten geprüft werden, oder soll die Simulation ohne Prüfung der referierten Sachkonten durchgeführt werden? Sie wählen die von Ihnen präferierte Einstellung aus.

In Abbildung 7.44 sehen Sie nicht nur das Einstiegsbild der Simulation, sondern zugleich die Simulationseinstellungen. Sie betrachten die Simulation für Bewegungen der Bestandsführung und nutzen die Eingabe der Materialnummer. Nicht sichtbar ist die gewünschte Prüfung der Konten im Hinblick auf deren Existenz. In die Kontenzuordnung schleichen sich leider gern unbeabsichtigte Zahlendreher ein, das wird durch diese Prüfung noch einmal kontrolliert.

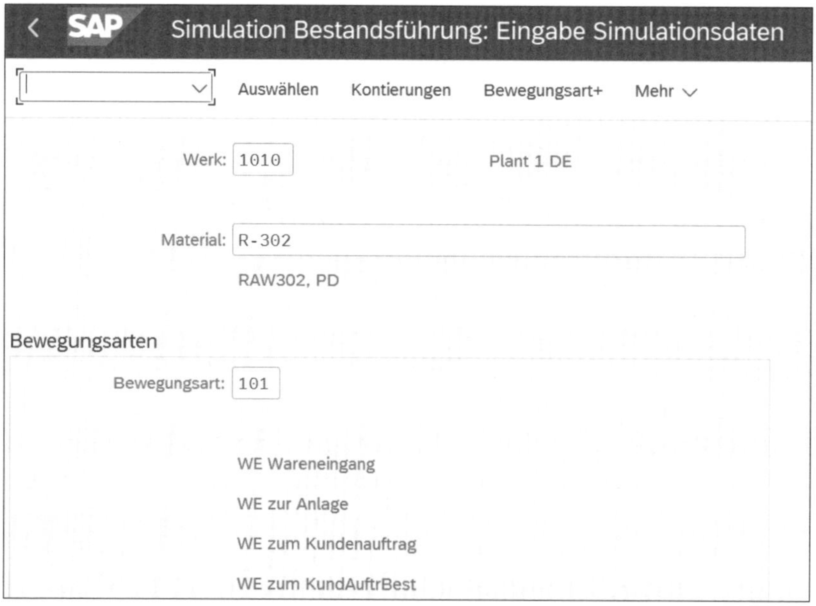

Abbildung 7.44: Simulation in der Bestandsführung (Einstiegsbild)

Zudem verrät Ihnen das Einstiegsbild der Simulation, wie die Einflussfaktoren der Kontenfindung ermittelt werden. Über die Angabe des Werkes findet das System den Buchungskreis und darüber den Kontenplan und den Bewertungskreis bis hin zur Bewertungsmodifikationskonstanten. Die Eingabe der Materialnummer erledigt die Suche nach der Bewertungsklasse, und über die Bewegungsart ist letztlich der betriebswirtschaftliche Vorgang abgedeckt. Nicht verwunderlich ist, dass die genannten Einflussfaktoren Organisationsstruktur, Material sowie Vorgang alle Pflichtangaben für die Simulation darstellen.

Nicht in der Abbildung zu sehen ist das Feld **Bewertungsart**. Bei einer getrennten Bewertung erscheint direkt unter dem Materialnummernfeld ein eingabebereites Feld für die Bewertungsart. Die Angabe ist für die Durchführung der Simulation ebenfalls verpflichtend.

In unserem Beispiel simulieren wir die Kontenfindung für das Material R-302 in Werk 1010. Der ausgewählte betriebswirtschaftliche Vorgang ist die Bewegungsart 101 (Wareneingang zu einer Bestellung erfassen). Sie starten die Simulation über die Schaltfläche **Kontierungen**. Unmittelbar danach erhalten Sie das Simulationsergebnis. Die Simulation beinhaltet immer alle Vorgangsschlüssel des Wertestrings der ausgewählten Bewegungsart und ist in folgende Bildbereiche unterteilt (siehe Abbildung 7.45):

- Organisation
- Bewertung
- Bewegung
- Buchungszeilen

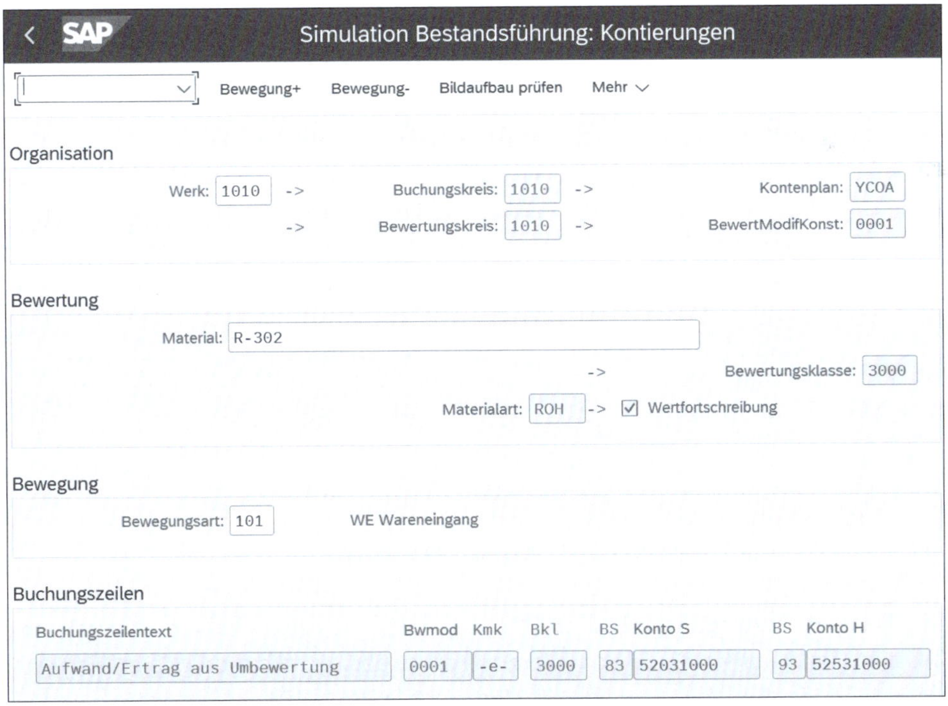

Abbildung 7.45: Simulationsergebnis

Wenn wir die Bildbereiche im Folgenden genauer betrachten, erschließt sich der Zusammenhang zwischen den beteiligten Einflussfaktoren. Ferner sehen Sie, wie das System aus den angegebenen Werten die für die Kontenfindung benötigten Daten ermittelt.

Im Bildbereich **Organisation** (siehe Abbildung 7.46) erkennen Sie basierend auf der Angabe des Werks, wie die Bewertungsmodifikationskonstante und der Kontenplan gefunden werden. Hier ist dem Werk 1010 der Buchungskreis 1010 zugeordnet. Der Kontenplan YCOA ist wiederum dem Buchungskreis 1010 zugewiesen. Daraus schließt das System, dass in Werk 1010 der Kontenplan YCOA genutzt wird. Für das Werk 1010 stehen alle Konten aus dem Kontenplan YCOA für die Einrichtung der automatischen Kontenfindung zur Verfügung.

Eine ähnliche Vorgehensweise ist bei der Bewertungsmodifikationskonstanten zu beobachten. Aufgrund der Tatsache, dass die Bewertung auf Werksebene stattfindet, ergibt sich aus dem Werk 1010 der dazugehörige Bewertungskreis 1010. Aus der Gruppierung der Bewertungskreise leitet das System die Bewertungsmodifikationskonstante 0001 aus Bewertungskreis 1010 ab. Damit ist eine Verbindung vom Werk 1010 zur Bewertungsmodifikationskonstante 0001 hergestellt.

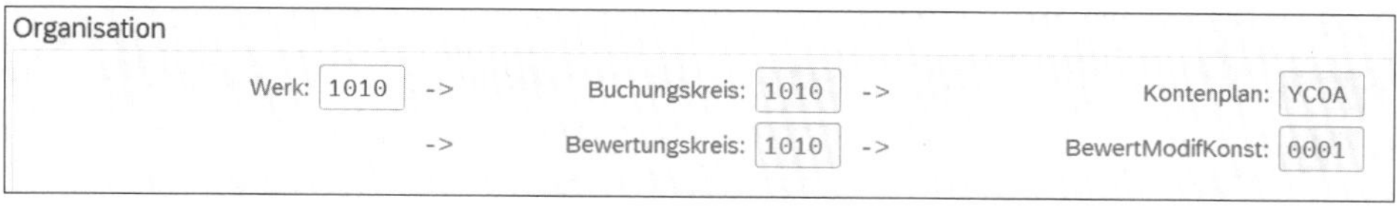

Abbildung 7.46: Simulationsergebnis – Bildbereich »Organisation«

Sie erkennen im Bildbereich **Bewertung** (siehe Abbildung 7.47) den beeinflussenden Faktor, der aus dem Material für die Sachkontenfindung resultiert: die Bewertungsklasse. Die Ableitung der Bewertungsklasse 3000 erfolgt direkt aus der angegebenen Materialnummer R-302. Neben der Bewertungsklasse gibt das Resultat Ihnen Aufschluss über die Materialart und darüber, ob eine wertmäßige Fortschreibung für das Material vorgesehen ist. Im betrachteten Beispiel ist die Materialart ROH und die Wertfortschreibung aktiv.

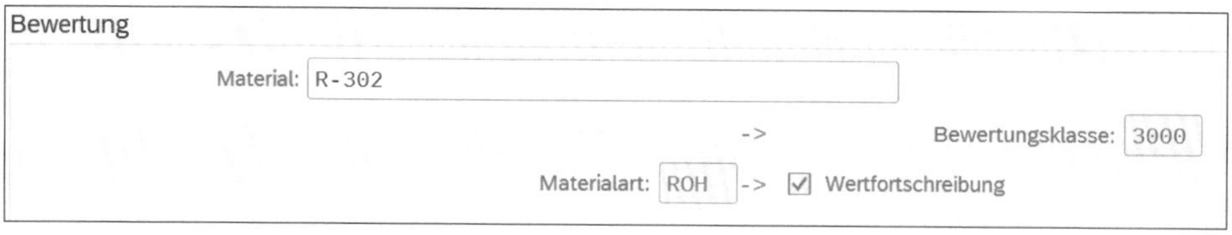

Abbildung 7.47: Simulationsergebnis – Bildbereich »Bewertung«

Im Bildbereich **Bewegung** (Abbildung 7.48) erwarten Sie keine weiteren Informationen aus dem Simulationsergebnis. Von Interesse könnte aber durchaus der Wertestring sein, der sich aus der Bewegungsart ableitet. Über Tabelle T156X können Sie den zugeordneten Wertestring zum betriebswirtschaftlichen Vorgang einsehen. Für die Bewegungsart

101 (WE Wareneingang) ist der Wertestring WE01 bei nicht kontierten Bestellungen hinterlegt.

Bewegung

Bewegungsart: 101 WE Wareneingang

Abbildung 7.48: Simulationsergebnis – Bildbereich »Bewegung«

Die aus dem Wertestring WE01 stammenden Vorgangsschlüssel sind ausschlaggebend für die ausgegebenen Buchungszeilen (siehe Abbildung 7.49). In Tabelle T156W finden Sie alle Vorgangsschlüssel zum Wertestring WE01. Sie finden hier folgende Vorgangsschlüssel zumindest in textueller Ausführung in der angegebenen Reihenfolge vor:

- UMB (Aufwand/Ertrag aus Umbewertung)
- BSX (Bestandsbuchung)
- FRN (Fremdleistungen Nebenkosten)
- FRL (Fremdleistung)
- BSV (Bestandsveränderung)
- EKG (Einkaufsgegenkonto)
- EIN (Einkaufskonto)
- KDM (Kursdifferenzen Materialwirtschaft)
- PRD (Preisdifferenzen)
- WRX (WE-RE-Verrechnung)

In den Buchungszeilen suchen Sie die Vorgangsschlüssel leider vergebens – sie werden hier nicht angezeigt. Sie müssen mit den Bezeichnungen der Schlüssel vorliebnehmen.

Buchungszeilen

Buchungszeilentext	Bwmod	Kmk	Bkl	BS	Konto S	BS	Konto H
Aufwand/Ertrag aus Umbewertung	0001	-e-	3000	83	232000	93	282000
Bestandsbuchung	-e-	-e-	3000	89	300000	99	300000
Fremdleistungen Nebenkosten	0001	-e-	-e-	86	415000	96	415000
Fremdleistung	0001	-e-	3000	86	417000	96	417000
Bestandsveränderung	0001	-e-	3000	40	280000	50	280000
Einkaufsgegenkonto	0001	-e-	3000	40	379999	50	379999
Einkaufskonto	0001	-e-	3000	40	379998	50	379998
Kursdifferenzen Materialwirtsc	-e-	-e-	-e-	83	230000	93	280000
Preisdifferenzen	0001		3000	86	231000	96	281000
WE-RE-Verrechnung	0001	-e-	3000	86	191199	96	191199

Abbildung 7.49: Simulationsergebnis – Bildbereich »Buchungszeilen«

Aus der simulierten Wareneingangsbuchung für die Bewegungsart 101 ergeben sich unter anderem folgende Buchungszeilen:

- **Vorgang BSX**
  Sollbuchung (89) auf das Bestandskonto 300000 aufgrund der Bewertungsklasse 3000
- **Vorgang WRX**
  Habenbuchung (96) auf das Sachkonto 191199 aufgrund der Bewertungsklasse 3000 und der Bewertungsmodifikationskonstanten 0001
- **Weitere Vorgänge**
  Zusätzliche Buchungen auf den simulierten Sachkonten sind abhängig von der gegenwärtigen Sachlage, z. B., ob der Einkaufspreis unter oder über dem hinterlegten Standardpreis des Materials beim Wareneingang liegt. Wäre dies der Fall, wäre eine dritte Buchungszeile entweder als Sollbuchung auf Sachkonto 230000 oder als Habenbuchung auf Sachkonto 280000 im erzeugten Buchhaltungsbeleg ausgewiesen.

Es lässt sich mit Sicherheit sagen, dass die Buchungen für die Vorgänge BSX und WRX stets im Beleg zu finden sind, wenn es sich um eine wertmäßig geführte Bestandsbuchung handelt.

Einflussfaktoren mit dem Tabelleneintrag **- e -** sind für diese Buchungszeile irrelevant, da der Einflussfaktor nicht in den Buchungsregeln enthalten ist. Solche Einträge finden Sie insbesondere in der Spalte **Kmk**. Mit Ihrem Wissen über die Kontomodifikation schlussfolgern Sie jetzt: Logisch, dass hier alle Einträge bis auf den Vorgang PRD (Preisdifferenzen) ohne Kontomodifikation auftreten, denn für die betrachteten Vorgänge ist eine zusätzliche Kontodifferenzierung nicht möglich.

Sollte für die simulierte Buchungszeile eine Sachkontoangabe nicht vollständig sein, ist in dem Feld, in dem die Kontonummer angezeigt wird, der Eintrag **-- fehlt --** zu lesen. Für das betrachtete Simulationsergebnis sind alle Sachkonten mit den gewünschten Kontennummern hinterlegt. Inhaltlich falsche Einträge sind jedoch nicht ausgeschlossen, daher überprüfen Sie bitte unbedingt die Sachkonten auf semantische Richtigkeit.

Es gibt noch weitere Absprungmöglichkeiten und Navigationselemente in der Ergebnisoberfläche:

Über die Schaltflächen Bewegung+ (**Bewegung Plus**) und Bewegung- (**Bewegung minus**) wechseln Sie zwischen den Vorgängen innerhalb derselben Bewegungsart zügig vor und zurück, ohne dass Sie die Kontensimulation von vorn beginnen lassen müssen. Sind alle Vorgänge einer Bewegungsart durchlaufen, gelangen Sie zum nächsten Vorgang der darauffolgenden Bewegungsart. Erreichen Sie den ersten oder den letzten Vorgang, gibt das System eine entsprechende Meldung aus.

Befinden Sie sich beispielsweise im Vorgang **WE Wareneingang** und benutzen die Schaltfläche Bewegung+ (**Bewegung Plus**), finden Sie sich danach im Vorgang **WE zur Anlage** wieder und können das dortige Simulationsergebnis begutachten. Entspricht ein Szenario der Simulation keinem Eintrag in Tabelle T156SY, wird die Meldung »Buchungsstring für Szenario wurde nicht gefunden« ausgegeben. Sie fahren einfach mit dem nächsten Simulationseintrag fort. In unserem Beispiel trifft dies unter anderem auf den Vorgang **WE zum KundAuftrBest** zu.

Bei Lagermaterialien, die einer getrennten Bewertung unterliegen, erscheint zusätzlich ein Feld für die Bewertungsart. Sie können über **Mehr • Springen • Bewertungsart+** beziehungsweise **Bewertungsart-** zwischen den bestehenden Bewertungsarten vor- und zurücknavigieren.

Über die Schaltfläche **Bildaufbau prüfen** springen Sie in den Feldauswahlabgleich (Programm `RM07CUFA`) zwischen Bewegungsart und den Sachkonten (siehe Abbildung 7.50).

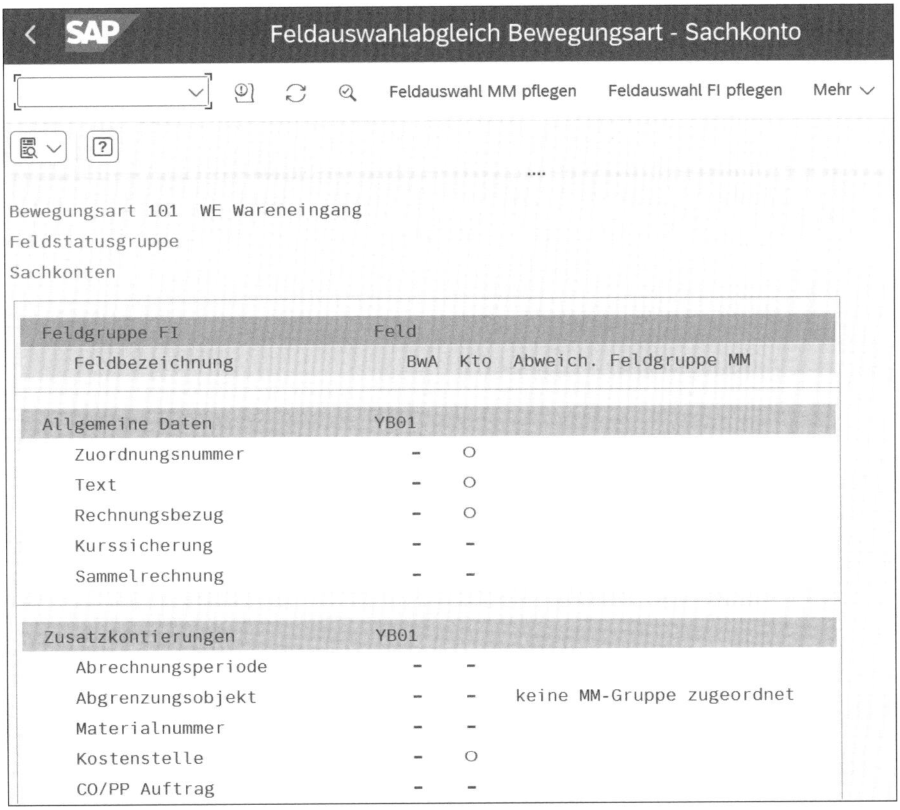

Abbildung 7.50: Feldauswahlabgleich – Bewegungsart vs. Sachkonto

Die Feldauswahl einer Bewegungsart darf nicht im Widerspruch zur Auswahl im Finanzwesen stehen. Genauer: Die Feldauswahlsteuerung der involvierten Sachkonten in der Warenbewegung, die in der Feldstatusgruppe hinterlegt ist, darf nicht widersprüchlich zur Feldsteuerung der Bewegungsart sein. Überprüfen Sie unter Zuhilfenahme des Vergleichsreports die Systemeinstellungen, um Unterschiede zwischen den Feldsteuerungen zu identifizieren. Passen Sie die Feldauswahlsteuerungen an, wenn Sie im Report widersprüchliche Konfigurationen entdecken.

Ein Musterbeispiel, warum das Abgleichsprogramm eine unzulässige Einstellung ausgibt, ist, wenn ein Feld in der Bewegungsart als Pflichtfeld definiert, aber in der Feldsteuerung des Sachkontos ausgeblendet ist.

Feldstatusgruppen werden in *Feldstatusvarianten* zusammengefasst. Über die IMG-Aktivität **Finanzwesen • Grundeinstellungen Finanzwesen • Bücher • Felder • Standardfelder • Feldstatusvarianten definieren** prägen Sie die Feldauswahlsteuerung der Feldstatusgruppen aus, die Sie unter der Variante vereinen. Tabelle T004F dient als Speicherort der Konfiguration.

Damit Sie wissen, in welcher Feldstatusvariante die gesuchten Einstellungen vorliegen, prüfen Sie zunächst, welche Feldstatusvariante dem Buchungskreis zugeordnet ist. Über die IMG-Aktivität **Finanzwesen • Grundeinstellungen Finanzwesen • Bücher • Felder • Standardfelder • Buchungskreis Feldstatusvarianten zuordnen** finden Sie die relevante Feldstatusvariante. Die Zuordnung der Variante zum Buchungskreis wird in Tabelle T004 geführt.

Aufgrund der Zuordnung des Buchungskreises 1010 zu Werk 1010 steht fest, dass im hier betrachteten Beispiel die Feldstatusvariante der Wahl 0010 lautet (siehe Abbildung 7.51).

BuKr	Name der Gesellschaft	Ort	Feldstatusvar
1010	Company Code 1010	Walldorf	0010

Abbildung 7.51: Feldstatusvariante in Buchungskreis 1010

Über die Definition der Feldstatusvarianten (siehe Abbildung 7.52) erreichen Sie die Feldstatusgruppe YB01, die bereits weiter oben im Feldauswahlabgleich zu sehen war.

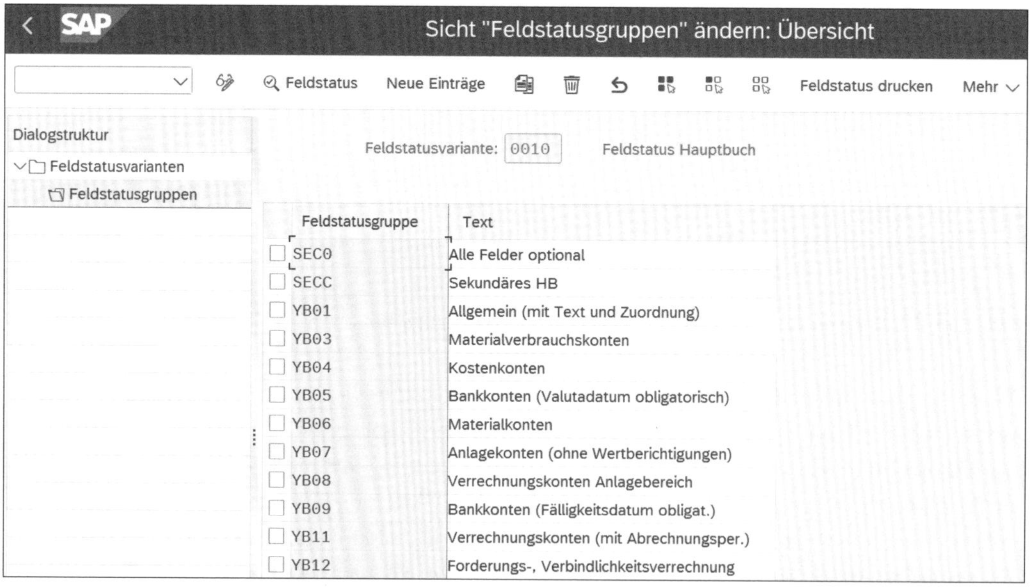

Abbildung 7.52: Ausschnitt der Feldstatusgruppen

Markieren Sie die Feldstatusgruppe YB01, um über die Schaltfläche [Feldstatus] (**Feldstatus**) in den Konfigurationsbereich der Feldstatusgruppen zu gelangen. Wählen Sie eine Feldauswahlgruppe per Doppelklick aus, und passen Sie die Feldsteuerung an. Ihnen stehen dafür die bekannten Optionen **Ausblenden**, **Musseingabe** und **Kanneingabe** zur Verfügung (siehe Abbildung 7.53).

Der Ausschnitt in der Abbildung zeigt die zur Feldstatusgruppe YB01 gehörenden Systemeinstellungen in der Gruppe **Zusatzkontierungen**. Obwohl Sie bisher die Feldauswahlsteuerung nicht explizit aufgerufen haben, sind Ihnen die Ausprägungen der Feldsteuerung bereits bekannt. Werfen Sie erneut einen Blick auf den Feldauswahlabgleich in Abbildung 7.50, und betrachten Sie die Spalte **Kto** in Bildbereich **Zusatzkontierungen**.

Abbildung 7.53: Feldstatusgruppe »Zusatzkontierungen« pflegen

Die Radiobuttons signalisieren, dass die Felder **Abrechnungsperiode** und **Abgrenzungsobjekt**, **Materialnummer** sowie **CO/PP Auftrag** ausgeblendet sind. Das Feld **Kostenstelle** ist eine Kanneingabe. Diese Ausprägungen entsprechen nicht überraschend den Einstellungen in der Feldstatusgruppe YB01.

Beachten Sie die Abhängigkeiten der Feldauswahlsteuerungen zwischen Bewegungsarten und Sachkonten (wie Sie die Feldauswahlsteuerung bei den Bewegungsarten anpassen, erfahren Sie in Abschnitt 6.4.1, »Feldauswahl«, und Abschnitt 6.4.3, »Bewegungsarten«):

- Über den Navigationspfad **Mehr • Springen • Anzeigen Sachkonto** springen Sie in Transaktion FS00 (Sachkonto bearbeiten) ab, wenn Sie zuvor den Cursor auf einem Sachkonto positioniert haben (siehe Abbildung 7.54).
- Über den Navigationspfad **Mehr • Springen • Kontierung** navigieren Sie zur bekannten Kontenfindungstransaktion OBYC.

Eine weitere hilfreiche Funktion innerhalb der automatischen Buchungen ist der *Verwendungsnachweis* für die Sachkonten, über den Sie innerhalb der Customizing-Aktivität **Au-**

tomatische Buchungen einrichten (Transaktion OMWB) einen gesamtheitlichen Überblick über alle Sachkontenzuordnungen erhalten. Sie rufen den Verwendungsnachweis der Sachkonten entweder über den Navigationspfad **Mehr • Springen • Verwendung Konten** oder über die Schaltfläche Sachkonten (**Sachkonten**) auf. Der Startpunkt für beide Navigationsmöglichkeiten ist das Einstiegsbild der automatischen Buchungen (zu sehen war dies in Abbildung 7.37).

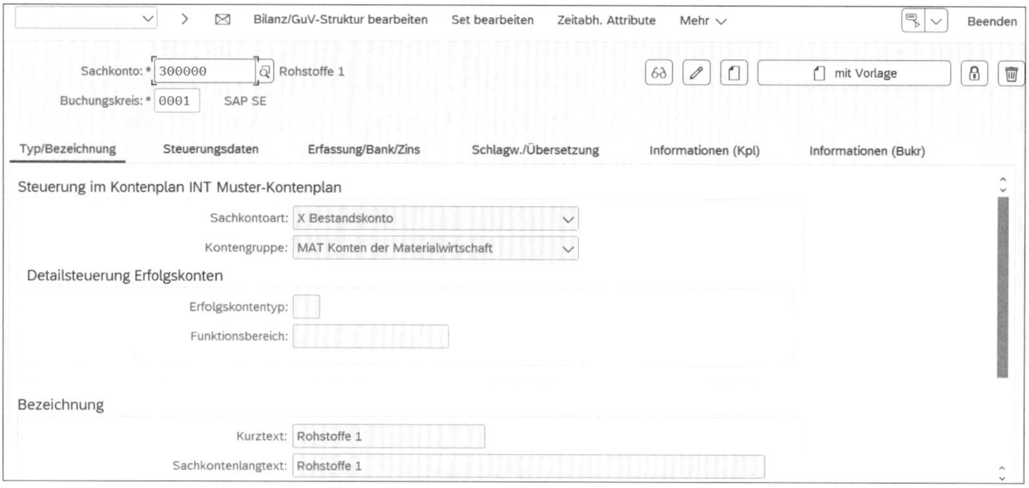

Abbildung 7.54: Einstiegsbild der Sachkontenpflege in Transaktion FS00

Nachdem Sie in der Selektionsmaske als Mindestanforderung zumindest einen Buchungskreis ausgewählt haben, gelangen Sie in den Bereich für den Verwendungsnachweis und sehen eine Übersicht über alle Konten im Kontenplan des angegebenen Buchungskreises. Wenn Ihnen die Beschränkung auf einen Buchungskreis zu allgemein ist, können Sie zusätzlich einen Bewertungskreis angeben. Dadurch ist der Verwendungsnachweis auf den Bewertungskreis und die zugewiesene Bewertungsmodifikationskonstante eingegrenzt. Die alleinige Angabe eines Bewertungskreises führt in der Selektion zu demselben Ergebnis wie die Eingabe eines Buchungs- und eines Bewertungskreises.

In Abbildung 7.55 ist das Ergebnis des Verwendungsnachweises für die Konten in Buchungskreis 0001 und Bewertungskreis 0001 abgebildet. Durch die beiden Selektionskriterien ermittelt das System die Bewertungsmodifikationskonstante 0001 sowie den Kontenplan 0001, beides ist links oben in der Abbildung zu sehen.

Wie Sie der Abbildung entnehmen können, ist der Verwendungsnachweis in sechs informative Spalten unterteilt:

- **Kontoplan/Konto/Bewertungsklasse/Vorgang/Kontomodifikation**
  Abhängig davon, auf welcher Hierarchieebene Sie sich befinden, erblicken Sie einen der genannten Fachbegriffe als Knotenpunkt, wobei der Kontenplan (hier: INT) die oberste Ebene widerspiegelt. Die Kontomodifikation, wenn eine solche vorgesehen ist, entdecken Sie entsprechend als letzte Option in der aufklappbaren Baumstruktur.

- **Beschreibung**
  Objektabhängig unterstützt Sie die Beschreibung als zusätzliche Information, wenn Sie z. B. ad hoc nicht wissen, was der betriebswirtschaftliche Zweck hinter dem Sachkonto ist.
- **Kontotyp**
  Welcher Kontotyp für ein hinterlegtes Sachkonto vorgesehen ist, entnehmen Sie dieser Spalte. Beispiele für Einträge in dieser Spalte sind **Bilanz** oder **GuV** (Gewinn und Verlust).
- **Bewertungsmodifikationskonstante**
  Ist eine Bewertungsmodifikationskonstante an der Kontenfindung beteiligt, ist sie hier aufgeführt. Wenn Sie in der Selektionsmaske einen Bewertungskreis eingetragen haben, finden Sie hier lediglich den oben aufgeführten Wert für die Bewertungsmodifikationskonstante.
- **Status**
  Über die Statusspalte können Sie überprüfen, ob eine fehlerhafte Zuordnung der Sachkonten vorliegt. Erblicken Sie hier keinen Eintrag, ist die Zuweisung syntaktisch korrekt. In der Regel treten Fehler wegen nicht existierender Sachkonten auf oder schlichtweg wegen übersehener, aber benötigter Sachkontenzuordnungen.
- **Fehlerbeschreibung**
  Falls eine fehlerhafte Zuordnung entdeckt wird, dient die Beschreibung des Fehlers als zusätzliche Informationsquelle für gezielte Gegenmaßnahmen im Sinne der Fehlerbehebung.

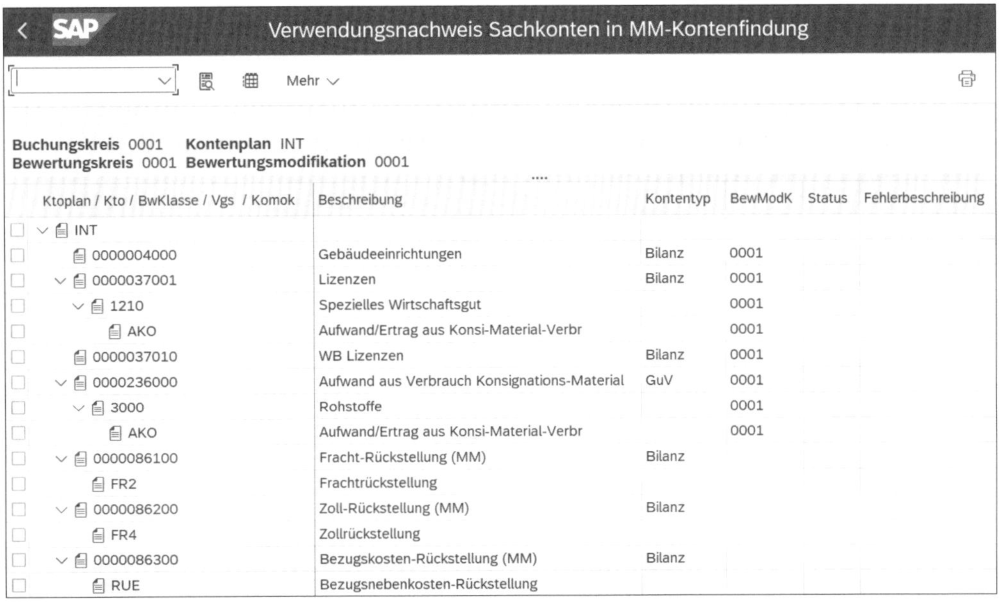

Ktoplan / Kto / BwKlasse / Vgs / Komok	Beschreibung	Kontentyp	BewModK	Status	Fehlerbeschreibung
INT					
0000004000	Gebäudeeinrichtungen	Bilanz	0001		
0000037001	Lizenzen	Bilanz	0001		
1210	Spezielles Wirtschaftsgut		0001		
AKO	Aufwand/Ertrag aus Konsi-Material-Verbr		0001		
0000037010	WB Lizenzen	Bilanz	0001		
0000236000	Aufwand aus Verbrauch Konsignations-Material	GuV	0001		
3000	Rohstoffe		0001		
AKO	Aufwand/Ertrag aus Konsi-Material-Verbr		0001		
0000086100	Fracht-Rückstellung (MM)	Bilanz			
FR2	Frachtrückstellung				
0000086200	Zoll-Rückstellung (MM)	Bilanz			
FR4	Zollrückstellung				
0000086300	Bezugskosten-Rückstellung (MM)	Bilanz			
RUE	Bezugsnebenkosten-Rückstellung				

Abbildung 7.55: Verwendungsnachweis für Sachkonten (Ergebnis)

Nachdem Sie nun auch den Sachkontenverwendungsnachweis kennengelernt haben, besitzen Sie jetzt alle Werkzeuge für eine Konfiguration der Kontenfindung in der Bestandsführung beisammen.

Wie zu Beginn dieses Abschnitts bereits gesagt, gibt es auch eine systemgestützte Konfigurationshilfe für die automatischen Buchungen, den sogenannten Kontenfindungsassistent, den wir Ihnen im nächsten Abschnitt genauer vorstellen.

7.2.2 Kontenfindungsassistent

Eine geführte Systemkonfiguration für die automatischen Buchungen nehmen Sie über die IMG-Aktivität **Kontenfindungsassistent** vor. Der Assistent stellt Ihnen Fragen und schlägt basierend auf Ihren Antworten die durchzuführenden Einstellungen vor. Gespeichert werden die Einträge in den dazugehörigen Datenbanktabellen. Der Kontenfindungsassistent deckt folgende im vorherigen Abschnitt ausführlich beschriebenen Funktionen der Kontenfindung ab:

1. Bewertungssteuerung festlegen
2. Bewertungskreise gruppieren
3. Bewertungsklassen festlegen
4. Kontomodifikation für Bewegungsarten festlegen
5. Einkaufskontoabwicklung
6. Automatische Buchungen einstellen

Selbstverständlich können Sie weiterhin die Aktivitäten der Kontenfindung ohne Assistent nutzen. Die Konfigurationswege schließen sich nicht gegenseitig aus, im Gegenteil: Sie können beliebig zwischen den Varianten wechseln. Dennoch ist die konsequente Durchführung einer Vorgehensweise aus Gewohnheitsgründen zu empfehlen. Beachten Sie bei Ihrer Wahl die Einschränkungen im Assistenten für die Kontenfindung, die im Begrüßungsbild des Assistenten verschriftlicht sind.

[»]

Kontenfindung ohne Assistent

Bevor Sie sich mit dem Kontenfindungsassistenten auseinandersetzen, lesen Sie zunächst Abschnitt 7.2.1, »Kontenfindung ohne Assistent«, durch. Die dortigen Ausführungen helfen Ihnen dabei, die Konfigurationsschritte im Assistenten fachlich zu beurteilen.

Der Assistent führt Sie Schritt für Schritt durch die Konfigurationsreihenfolge bis hin zur Einrichtung automatischer Buchungen:

1. Im Einstiegsbild **Bild Begrüßung** begrüßt Sie der MM-Kontenfindungsassistent recht herzlich und erklärt zunächst, was sich überhaupt hinter der Kontenfindung verbirgt. Zudem werden Sie auf folgende Punkte hingewiesen:

- Der Assistent löscht bestehende Kontenkonfigurationen. Sie erhalten jedoch vorher eine entsprechende Warnmeldung.
- Änderungen werden erst am Ende der Dialogsitzung ausgeführt.
- Alle finanz- und kostenrelevante Stammdatenobjekte (z. B. Konten und Kostenarten) müssen vorher definiert sein.
- Der Assistent setzt die Bewertungsklassenregeln für die Vorgangsschlüssel AKO, AUM, BSV, BSX, EIN, EKG, FRL, GBB und PRD aktiv.
- Der Vorgangsschlüssel UMB kann nicht über den Assistenten konfiguriert werden.
- Die Bewertungsmodifikationskonstante wird vom Assistenten aktiv gesetzt.
- Der Assistent erkennt nur Standardkontomodifikatoren.
- Es werden keine Material-Ledger-Buchungen berücksichtigt.

Die Navigation und die Absprünge innerhalb des Assistenten finden über die integrierten Schaltflächen auf der Bildoberfläche statt.

2. Der Kontenfindungsassistent nimmt im zweiten Schritt (**Voraussetzung**) an, dass Sie Werke, Buchungskreise und Materialarten eingerichtet haben (siehe Abschnitt 2.2.2, »Werk«, Abschnitt 2.4.2, »Buchungskreis«, und Abschnitt 3.1.4, »Materialarten«). Sollten Sie diesbezüglich unsicher sein, überprüfen Sie die Annahmen über die jeweilige Schaltfläche IMG (**IMG**) (siehe Abbildung 7.56).

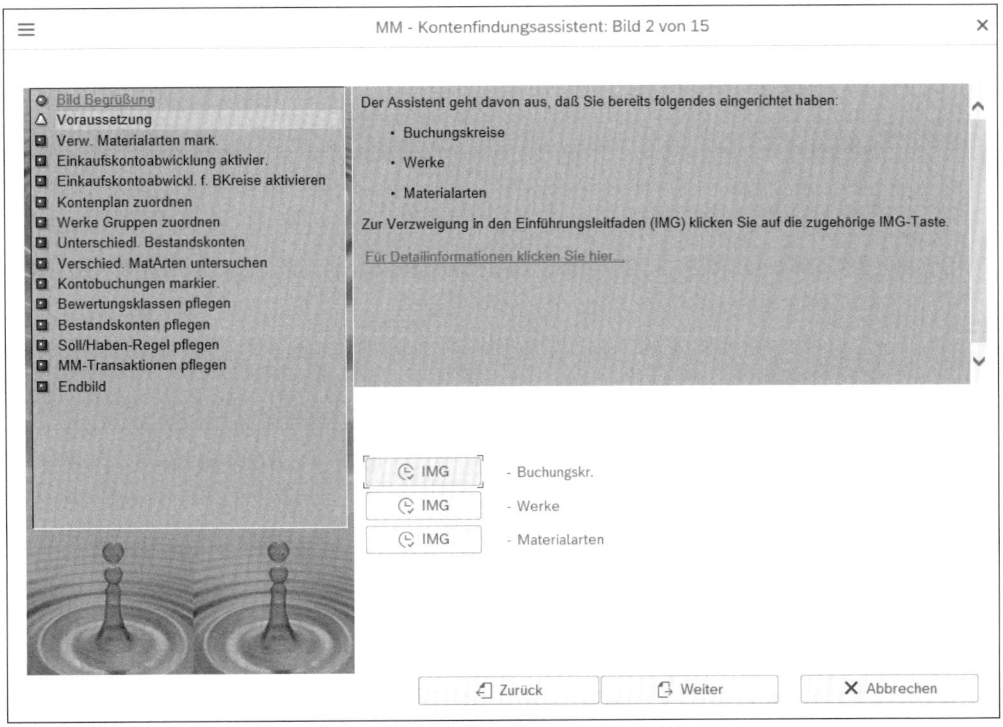

Abbildung 7.56: Kontenfindungsassistent (Schritt 2)

Diese Schaltflächen verzweigen in folgende IMG-Aktivitäten:

- **Unternehmensstruktur • Definition • Finanzwesen • Buchungskreis definieren, kopieren, löschen, prüfen** (Transaktionen V_T001 oder EC01)
- **Unternehmensstruktur • Definition • Logistik Allgemein • Werk definieren, kopieren, löschen, prüfen** (Transaktionen V_T001W oder EC02)
- **Logistik Allgemein • Materialstamm • Grundeinstellungen • Materialarten • Eigenschaften der Materialarten festlegen** (Transaktion OMS2)

Fahren Sie fort, wenn Sie die Voraussetzungen kontrolliert haben und alle erfüllt sind.

3. Im Schritt **Verw. Materialarten mark.** wählen Sie alle Materialarten, mit denen Sie im späteren Verlauf arbeiten möchten. Wird eine Materialart nicht benutzt, setzt der Assistent die Kontoklassenreferenz auf »blank«, um bei der Materialart keine Buchungen zu ermöglichen.
4. Möchten Sie Einkaufskonten aktiv nutzen, aktivieren Sie sie, indem Sie die Frage im Schritt **Einkaufskontoabwicklung aktivier.** mit **Ja** beantworten und daran anschließend in den relevanten Buchungskreisen die Einkaufskontoabwicklung aktivieren.

   Verneinen Sie die Frage, überspringt der Kontenfindungsassistent den nächsten Schritt und setzt die geführte Konfiguration mit Schritt 6 fort.
5. Sie entscheiden im Konfigurationsschritt **Einkaufskontoabwicklung f. BKreise aktivieren** buchungskreisabhängig, ob das Einkaufskonto aktiviert sein soll. Hierfür markieren Sie alle vorgesehenen Buchungskreise.
6. Damit Sie im späteren Verlauf Sachkonten zuweisen können, geben Sie bei **Kontenplan zuordnen** den Kontenplan an. Sämtliche kontobezogenen Einstellungen in den Folgebildern referenzieren auf diesen Kontenplan. Das Arbeiten ist auf einen Kontoplan beschränkt. Hinterlegen Sie den Kontenplan, den Sie bei der Definition des Buchungskreises angegeben haben.
7. Im Konfigurationsschritt **Werke Gruppen zuordnen** gruppieren Sie Werke, die aus Kontenfindungssicht identisch zu behandeln sind. Erfassen Sie für diese Werke denselben Gruppierungscode. Der Gruppierungscode entspricht der Bewertungsmodifikationskonstante.

   Der Assistent erkennt, welche Bewertungsebene Sie gewählt haben. Müssen Sie statt Werken Buchungskreise gruppieren, ist Ihre Entscheidung bezüglich der Bewertungsebene auf die Buchungskreisebene gefallen. Im Regelfall ist die Bewertungsebene Werk vorzuziehen.
8. Sehen Sie unterschiedliche werksspezifische Bestandskonten vor, sollten Sie die im Schritt **Unterschiedl. Bestandskonten** gestellte Frage mit einem Ja beantworten, wenn in den zuvor eingerichteten Werk- oder Buchungskreisgruppen verschiedene Bestandskonten existieren.

Wenn Sie nicht über unterschiedliche werksspezifische Bestandskonten verfügen, verneinen Sie die Frage.

9. Der Assistent nimmt an, dass Sie pro Materialart - genauer: aufgrund der Bewertungsklasse - über unterschiedliche Bestandskonten verfügen. Die Frage im Schritt **Verschied. MatArten untersuchen**, ob Sie in andere Situationen prüfen möchten, bei denen aufgrund der Materialart unterschiedlich kontiert wird, zielt auf nicht bestandsbezogene Kontobuchungen ab. Es geht hier beispielsweise darum, inwiefern Sie für Frachtbuchungen die Materialart bei der Kontenfindung berücksichtigen möchten.

   Lautet Ihre Antwort Nein, heißt dies, dass sich Ihre nicht bestandsbezogenen Kontobuchungen nicht an der Materialart orientieren. Das Frachtkonto ändert sich nicht in Abhängigkeit zur Materialart, sondern die Frachtbuchwerte laufen auf dasselbe Konto.

   Das gegenteilige Systemverhalten zeigt sich bei einer zustimmenden Antwort. Dann werden nicht bestandsrelevante Buchungen in Abhängigkeit zur Materialart ausgerichtet.

   Die internen Vorgangsschlüssel AKO, AUM, BSV, BSX, EIN, EKG, FRL, GBB und PRD setzt der Assistent antwortunabhängig aktiv.

10. Nur wenn Sie unterschiedliche Bestandskonten für nicht bestandsbezogene Kontobuchungen nutzen möchten, gelangen Sie zum Bildbereich **Kontobuchungen markier.**. Sie bestimmen hier für jeden Standardvorgangsschlüssel FR1, FR2, FR3, FR4, FRE, FRN, KDM, KON, RUE, UMB und WRX, ob Sie Sachkonten abhängig zur Materialart - sprich zu der zur Materialart zugewiesenen Bewertungsklasse - differenzieren möchten. Durch das Markieren des Kästchens vor dem Vorgangsschlüssel signalisieren Sie dem System, dass Sie verschiedene Sachkonten angeben möchten.

    Sie finden in der Auflistung auch nicht editierbare Vorgangsschlüssel, wie z. B. BSX oder GBB.

11. Sie weisen einer Materialart eine oder mehrere Bewertungsklassen zu, damit Sie trotz gleicher Materialart unterschiedliche Bestandskonten beim Buchen von Warenbewegungen ansprechen können. Im besten Fall besteht zwischen der Materialart und Bewertungsklasse eine Eins-zu-Eins-Beziehung. Halten Sie die Anzahl der Bewertungsklassen je Materialart im niedrigen, am besten im einstelligen Zahlenbereich.

    Der Schritt **Bewertungsklassen pflegen** eignet sich gut, um die beiden Konfigurationswege miteinander zu vergleichen. In Abbildung 7.57 sehen Sie am Beispiel der Materialart ROH, dass Sie die Bewertungsklassen 0710, 0720, 3000, 3001, 3002, 3003 und 3012 wenn notwendig direkt an der Materialart anpassen können. Der Kontenfindungsassistent übernimmt für Sie die Bearbeitung der Kontoklassenreferenztabelle.

Abbildung 7.57: Anpassung der Bewertungsklasse von Materialart ROH

Ohne die Unterstützung des Assistenten müssten Sie in der IMG-Aktivität **Materialwirtschaft • Bewertung und Kontierung • Kontenfindung • Bewertungsklassen festlegen** (Transaktion OMSK) direkt mit dem benötigten Hilfskonstrukt der Kontoklassenreferenz arbeiten (siehe Abschnitt 7.2.1, »Kontenfindung ohne Assistent«). Sie führen folgende Schritte durch:

- Kontoklassenreferenz definieren
- Bewertungsklassen definieren
- Kontoklassenreferenzen zu Materialarten zuweisen

Abbildung 7.58 verdeutlicht nicht nur die Zuweisung der Bewertungsklassen zur Kontenklassenreferenz, vielmehr unterstreicht der Ausschnitt, dass bei der Definition einer neuen Bewertungsklasse im Assistenten die notwendige Kontoklassenreferenz nicht durch die Anwenderinnen und Anwender angegeben werden muss. Das System kümmert sich eigenständig um die entsprechenden Tabelleneinträge. Zudem bestätigt diese Abbildung indirekt die Bewertungsklassen aus Abbildung 7.57, denn Sie wissen, dass die Kontoklassenreferenz 0001 zum einen standardmäßig der Materialart ROH zugewiesen ist und zum anderen den Bewertungsklassen 0710, 0720, 3000, 3001, 3002, 3003 sowie 3012.

BewKl	KRef	Bezeichnung	Bezeichnung
☐ 0710	0001	Ausrüstungen 1	Referenz für Rohstoffe
☐ 0720	0001	Ausrüstungen 2	Referenz für Rohstoffe
☐ 1210	0002	Spezielles Wirtschaftsgut	Referenz für Hilfsstoffe
☐ 3000	0001	Rohstoffe	Referenz für Rohstoffe
☐ 3001	0001	Rohstoffe 2	Referenz für Rohstoffe
☐ 3002	0001	Rohstoffe 3	Referenz für Rohstoffe
☐ 3003	0001	Rohstoffe 4	Referenz für Rohstoffe
☐ 3012	0001	Rohmat. - Projektbestand	Referenz für Rohstoffe
☐ 3030	0002	Hilfs-/Betriebsstoffe	Referenz für Hilfsstoffe
☐ 3031	0002	Hilfs-/Betriebsstoffe 2	Referenz für Hilfsstoffe
☐ 3040	0003	Ersatzteile	Referenz für Ersatzteile
☐ 3050	0004	Verpackung und Leergut	Referenz für Verpackung
☐ 3100	0005	Handelsware	Referenz für Handelsware
☐ 3110	0005	Hardware	Referenz für Handelsware
☐ 3120	0005	Lizenzen	Referenz für Handelsware

Abbildung 7.58: Zuordnung der Bewertungsklassen zur Kontenklassenreferenz

12. Sie hinterlegen im Schritt **Bestandskonten pflegen** basierend auf den Bewertungsklassen im Zusammenspiel mit den bewerteten Materialarten die Bestandskonten, die Sie bei Warenbewegungen wertmäßig bebuchen werden. Dafür erfassen Sie die Kontonummern in der vorgesehenen Spalte. Sie können durchaus dieselbe Kontonummer für verschiedene Materialarten verwenden, es ist jedoch vorteilhaft, eine eindeutig nachvollziehbare Zuweisung eines Kontos zur Materialart einzurichten, auch wenn das den Pflegeaufwand im Customizing erhöht.
13. Welche Vorgänge unterschiedliche Soll- und Habenkonten erfordern, legen Sie im Schritt **Soll/Haben-Regel pflegen** über den Vorgangsschlüssel fest. Im Allgemeinen ist eine Trennung der Konten nicht notwendig, aber hilfreich.

    Ein Bilderbuchbeispiel, das für getrennte Soll- und Habenkonten spricht, sind die Preisdifferenzen. Einerseits entsteht ein Ertrag, falls bei der Erfassung des Wareneingangs der Einkaufspreis unter dem angegebenen Standardpreis liegt. Sie entlasten das Preisdifferenzenkonto und weisen den Ertrag auf einem Konto aus. Andererseits kann der Einkaufspreis auch deutlich über dem Standardpreis liegen. Daraus resultieren beim Erfassen des Wareneingangs eine zu buchende Preisdifferenz und ein Aufwand.

    Haben Sie sich für eine unterschiedliche Behandlung der Soll- und Habenkonten für diesen Anwendungsfall entschieden, markieren Sie das Kästchen **Preisdifferenzen**. Außerdem finden Sie noch folgende Auswahlkästchen vor:

    - Aufwand/Ertrag aus Umlagerung
    - Aufwand/Ertrag aus Umbewertung
    - Gegenbuchung zur Bestandsbuchung
    - Aufwand/Ertrag aus Konsignationsentnahme

Weitere Vorgangsschlüssel rufen Sie über die Schaltfläche **Weitere Arten** auf. Wählen Sie, ob zusätzlich Vorgänge für getrennte Soll- und Habenkonten in Frage kommen.

14. Mit den Schritten 1 bis 13 haben Sie den Grundstein für die automatischen Buchungen gelegt. Nun folgt im letzten Konfigurationsschritt **MM-Transaktionen pflegen** die Kür mit der Pflege der Sachkonten anhand der Bewegungstransaktionen. Arbeiten Sie sich Schritt für Schritt durch alle Bewegungstransaktionen, die aus Kontenfindungssicht unvollständig sind, sprich bei denen für die Bewegung kein entsprechendes Sachkonto eingetragen ist. Einen vollständigen Arbeitsbereich erkennen Sie am grünen Häkchen in der ersten Spalte **Komplett** (siehe Abbildung 7.59). Sind Sie bei einer Kontoangabe unsicher, ergänzen Sie den Eintrag später, nachdem Sie Rücksprache mit Ihren Kolleginnen und Kollegen aus dem Rechnungswesen gehalten haben. Ein falsch hinterlegtes Konto kann nachträglich zu unnötigem Aufwand führen.

    Auch wenn ein Bereich als abgeschlossen gilt, ist es insbesondere bei der ersten Konfiguration ratsam, die hinterlegten Konten zu prüfen. Möglicherweise sehen Sie andere Sachkonten für einen Vorgang vor. Passen Sie bei Bedarf die Konten an.

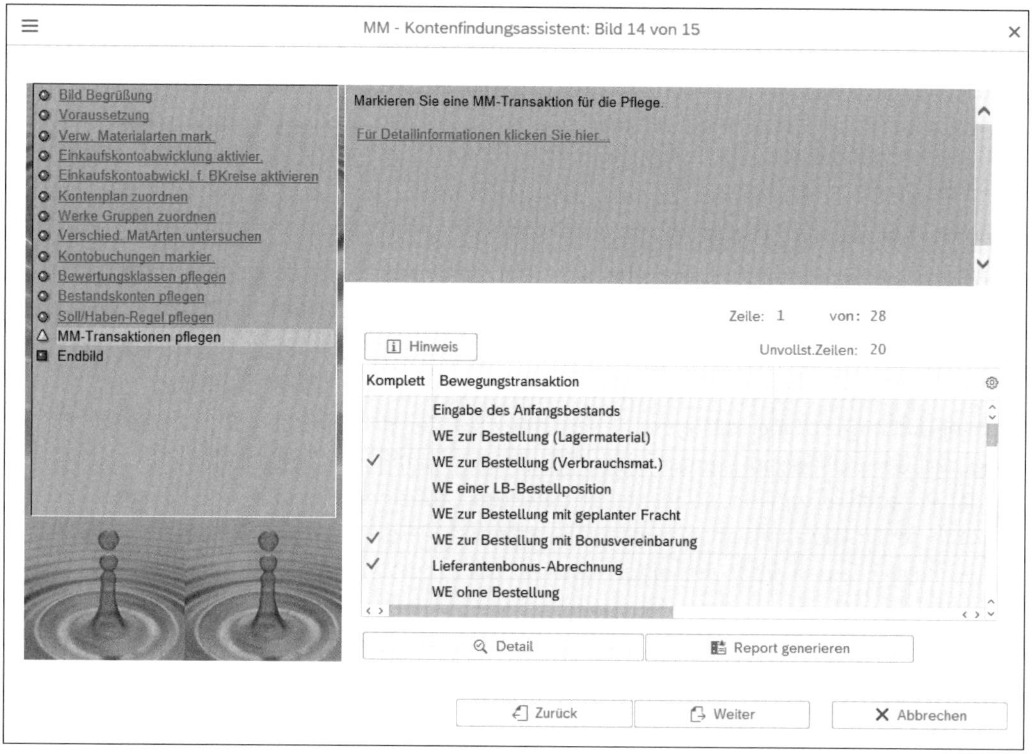

Abbildung 7.59: Sachkontenzuweisungen (Schritt 14)

Übergreifende Kontenzuordnung

Die Zuordnung eines Kontos zu einer Bewegungstransaktion kann zur Folge haben, dass das Konto automatisch auch für eine andere Bewegungstransaktion zugewiesen wird. Dieser Effekt resultiert in mehreren grünen Häkchen.

Um in den Pflegebereich der Sachkonten zu gelangen, markieren Sie einen Tabelleneintrag in der Spalte **Bewegungstransaktionen**. Navigieren Sie über die Schaltfläche **Detail** im unteren Bildbereich in die Detailsicht. Es öffnet sich ein neues Eingabefenster für die Kontenpflege.

In Abbildung 7.60 sehen Sie beispielhaft das Einstiegsbild der Pflegemaske für die Bewegungstransaktion WE zur Bestellung (Lagermaterial). Der Spalte **Detail** entnehmen Sie, ob noch Sachkonten für die Kontenbuchung zu hinterlegen sind. Nur wenn Sie alle Sachkonten hinterlegt haben, füllt sich die Schaltfläche der Detailansicht komplett dunkel aus.

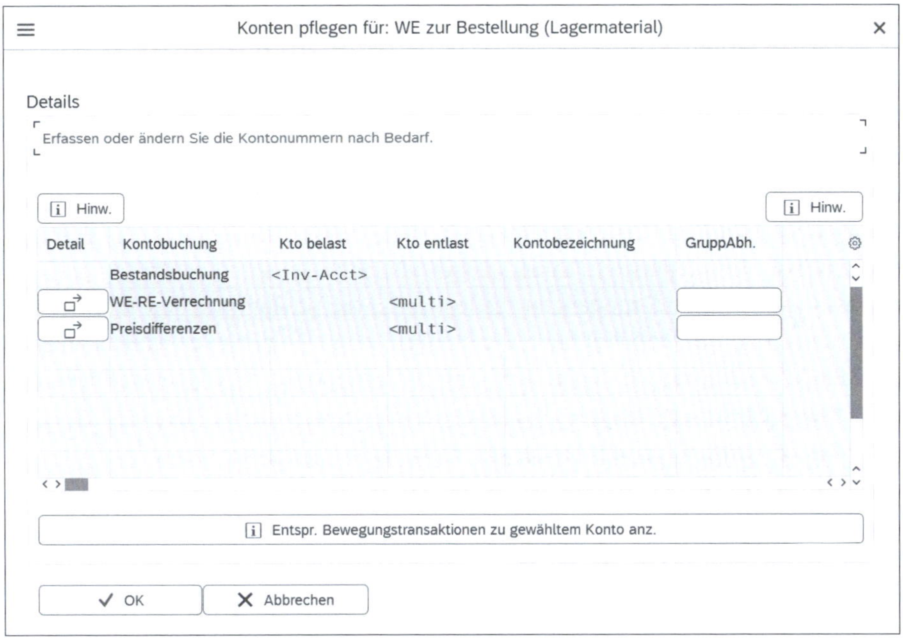

Abbildung 7.60: Einstiegsbild der Kontenpflegemaske (Beispiel)

Über die Schaltfläche (**Details**) gelangen Sie schließlich in den Pflegebereich der Sachkonten. Sie hinterlegen hier die mit der Buchhaltung abgestimmten Sachkonten.

15. Im sogenannten **Endbild** darf natürlich eine Gratulation des Assistenten zur erfolgreich durchgeführten Kontenfindung nicht fehlen. Vergessen Sie bitte nicht, die Konfigurationen zu sichern, indem Sie Ihre Änderungen über die Schaltfläche **Fertigstellen** in den dazugehörigen Tabellen im System speichern.

Wenn Sie aus irgendeinem Grund nicht speichern möchten, verlassen Sie den Assistenten über die Schaltfläche **Abbrechen**. Alle Änderungen gehören damit der Vergangenheit an.

Sie können nun den Kontofindungsassistent für die automatischen Buchungen einsetzen. Bei Bedarf hinterlegen Sie auch für die Vorgänge rund um Materialpreisänderungen Sachkonten.

7.3 Materialpreisänderungen

Entspricht der Bewertungspreis eines Materials nicht der Realität oder soll eine fehlerhafte Preiseingabe korrigiert werden, berichtigen Sie die Bewertungspreise über *Materialpreisänderungen*. Für Preisänderungen können Sie im Standard unter anderem folgende Funktionen nutzen:

- Materialien be- und entlasten
- zukünftige Bewertungspreise festlegen (manuell oder automatisch)
- geplante Preisänderungen freigeben
- dynamische Preisänderungen durchführen
- Materialpreise ändern

Bei einem aktivierten Material-Ledger können Sie die Materialbewertungspreise unabhängig voneinander in den konfigurierten Währungen des Ledgers inklusive der Buchungskreiswährung pflegen. Material-Ledger-Belege dokumentieren die durchgeführten Anpassungen. Preisänderungen sind jedoch bei Materialstämmen mit Preissteuerungssteuerung 3 (Ein-/Mehrstufig) nur dann möglich, wenn Sie noch keine buchhalterisch relevanten Warenbewegungen oder Rechnungsbuchungen in der aktuellen Buchungsperiode erfasst haben.

Materialpreisänderungen führen Sie auf zwei Wegen im System durch:

- als sofortige Anpassung des Bewertungspreises in einem Schritt über die Funktion **Materialpreise ändern**
- als geplante Anpassung des Bewertungspreises in zwei Schritten über die beiden Funktionen **zukünftige Preise festlegen** und **geplante Preise freigeben**

Verfahrensunabhängig werden Preisänderungsbelege bei allen Preisänderungen erzeugt. Das SAP-System erzeugt für Preisänderungen, Freigaben eines Preises sowie für Materialbe- und -entlastungen einen Preisänderungsbeleg.

Die systemseitige Konfiguration für die Preisänderungen nehmen Sie über den IMG-Pfad **Materialwirtschaft • Bewertung und Kontierung** vor. Ein eigener Bereich für die IMG-Aktivitäten rund um die Systemeinstellungen der Preisänderungen ist nicht vorgesehen. Sie finden die Aktivitäten direkt unter dem Hierarchiepunkt **Kontenfindung** (siehe Abbildung 7.61).

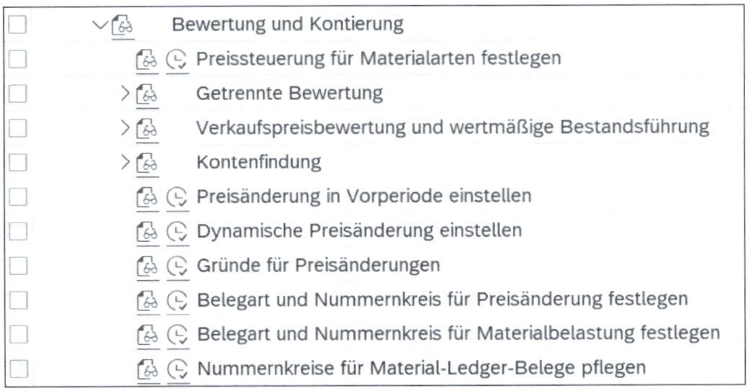

Abbildung 7.61: IMG-Aktivitäten für Preisänderungen

Sie beginnen mit der grundlegenden Entscheidung, wie sich Preisänderungen auf die aktuelle Periode auswirken.

7.3.1 Preisänderungen in der Vorperiode

Inwiefern sich Preisänderungen in der Vorperiode oder sogar im Vorjahr auf den Bewertungspreis der aktuell laufenden Periode auswirken, definieren Sie über die IMG-Aktivität **Materialwirtschaft • Bewertung und Kontierung • Preisänderung in Vorperiode einstellen**. Ihre buchungskreisabhängige Entscheidung führt das System in Tabelle T169P.

Sie haben zwei Möglichkeiten, das Systemverhalten zu beeinflussen:

- Die Preisänderung gilt lediglich in der Vorperiode oder dem Vorjahr und hat keinerlei Auswirkungen auf die laufende Periode. Stattfindende Bewegungen auf den Konten in der Vorperiode und im Vorjahr werden in der laufenden Periode wieder zurückgenommen.
- Die Preisänderung gilt ebenso für die laufende Periode. Im Klartext bedeutet dies: Sind die Mengen und bisherigen vergangenen Preise in der Vorperiode oder im Vorjahr identisch, finden Kontobewegungen nur in der Vorperiode statt. Treten Unterschiede auf, sind Kontobewegungen ebenfalls in der laufenden Periode die Folge: Buchungen in der Vorperiode werden zurückgenommen und die laufende Preisänderung wird durchgeführt.

Sollen Preisänderungen einen Effekt auf die aktuelle Periode haben, setzen Sie das Kennzeichen **Preis vortragen** (siehe Abbildung 7.62). Das Kennzeichen ist buchungskreisabhängig zu setzen.

BuKr	Preis vortragen
☐ 0001	☐

Abbildung 7.62: Einfluss einer Preisänderung auf die laufende Periode

Für den Buchungskreis 0001 hat eine Änderung des Preises keine Auswirkungen auf die aktuelle Periode. Preisänderungen in der Vorperiode beziehungsweise im Vorjahr erfassen Sie, indem Sie in der Einstiegsmaske der Preisänderung ein Datum erfassen, das in dem entsprechenden Buchungszeitraum liegt.

7.3.2 Dynamische Preisänderung

Eine dynamische Preisänderung bewirkt, dass eine geplante Preisänderung bei der ersten Warenbewegung in der neuen Buchungsperiode als Bewertungspreis freigegeben wird, falls das Gültigkeitsdatum des geplanten Preises erreicht ist. Die Bestände werden anschließend umbewertet.

Sie sollten von einer dynamischen Preisfreigabe Gebrauch machen, wenn Sie aus ablauforganisatorischen Gründen nicht gewährleisten können, dass geplante Bewertungspreise zwischen dem Lauf des Periodenverschiebeprogramms und der ersten Warenbewegung freigegeben werden. Die geplante Preisänderung hat im Vergleich zur manuellen Preisanpassung eine höhere Systempriorität.

[»]

Material-Ledger und Preisermittlung 3

Bei einem aktiven Material-Ledger und hinterlegter Preisermittlung 3 in den Materialstammsätzen müssen folgende Voraussetzungen erfüllt sein, damit geplante Preisänderungen umgesetzt werden:

- Der Status der Material-Ledger-Daten für die aktuelle Periode lautet entweder **Periode eröffnet** oder **Preisänderung erfolgt**.
- Die vorperiodischen Abschlussbuchungen zur Materialpreisermittlung sind noch nicht erfolgt.

Ob Sie die dynamische Preisänderung einsetzen möchten, legen Sie über die IMG-Aktivität **Materialwirtschaft • Bewertung und Kontierung • Dynamische Preisänderung einstellen** fest. Dieselben Einstellungen rufen Sie alternativ über den IMG-Pfad **Controlling • Produktkosten-Controlling • Istkalkulation/Material-Ledger • Dynamische Preisänderung einstellen** auf. Die Konfiguration wird in Tabelle T001K gespeichert.

Sie entscheiden in Abhängigkeit vom Bewertungskreis, ob der geplante Preis bei der ersten Warenbewegung in der neuen Buchungsperiode als neuer Preis aktiviert wird. Hierfür wählen Sie zwischen den beiden nachfolgenden Optionen aus:

- »blank«: dynamische Preisfreigabe nicht aktiv
- **1**: dynamische Preisfreigabe aktiv

Um eine dynamische Preisfreigabe durchführen zu können, müssen Sie den Wert **1** im dafür vorgesehenen Feld **Preisfreigabe** eintragen (siehe Abbildung 7.63). Für den abgebildeten Bewertungskreis 0001, der dem Buchungskreis 0001 zugewiesen ist, kommt die dynamische Preisänderung nicht zum Einsatz. In der SAP-Standardauslieferung ist die dynamische Preisänderung nicht aktiv.

	BwtK	BuKr	Preisfreigabe
☐	0001	0001	

Abbildung 7.63: Dynamische Preisänderung

7.3.3 Gründe

Unter Zuhilfenahme der IMG-Aktivität **Materialwirtschaft • Bewertung und Kontierung • Gründe für Preisänderungen** können Sie Begründungen für eine Preisänderung einführen. Der primäre Nutzen von *Kontierungsgründen* liegt in erster Linie in der Möglichkeit, über die Gründe abweichende Kontenfindungen bei den betroffenen Transaktionen zu hinterlegen.

Die Gründe für Preisänderungen können in folgenden Fällen vollumfänglich genutzt werden:

- wenn Sie für den Vorgangsschlüssel UMB (Aufwand/Ertrag aus Umbewertung) in der automatischen Kontenfindung mit einer Kontomodifikationskonstanten arbeiten und Sachkonten zuordnen (siehe Abschnitt 7.2, »Kontenfindung in der Bestandsführung«)
- wenn Sie für den Vorgangsschlüssel PRD (Preisdifferenzen) die Kontenfindung mit Kontomodifikationskonstanten zusätzlich feindifferenzieren (ebenfalls Abschnitt 7.2)
- wenn Sie den relevanten Konten und der Herkunftsgruppe ein bestandsbewertungsrelevantes Kostenelement zugewiesen haben. Rufen Sie hierfür die IMG-Aktivität **Elementeschema definieren** (Transaktion OKTZ) auf, die Sie über den IMG-Pfad **Controlling • Produktkosten-Controlling • Produktkostenplanung • Grundeinstellungen für die Materialkalkulation** erreichen.

Ein alternativer Weg, die Pflege der Kontierungsgründe aufzurufen, ist der IMG-Pfad **Controlling • Produktkosten-Controlling • Istkalkulation/Material-Ledger • Gründe für Preisänderungen**. Die Einstellungen werden in Tabelle CKMLKON geführt.

Die IMG-Aktivität ist in zwei Unteraktivitäten unterteilt, wobei die erstgenannte Aktivität die Definition der Gründe beinhaltet:

- **Kontierungsgrund einer Kontomodifikationskonstante zuordnen**
  (Transaktion V_CKMLKONT)
- **Konten zum Kontenschlüssel UMB anzeigen**
  (Transaktion OMX_UMB_ACCOUNTS)

Die Konfiguration der Begründungen nehmen Sie in der erstgenannten Aktivität vor. Folgende Felder sowie Kennzeichen stehen Ihnen für die Definition der Preisänderungsgründe zur Verfügung (siehe Abbildung 7.64):

- **Feld »Transaktion«**
  Für welchen Transaktionscode Sie eine abweichende Kontenfindung nutzen möchten, entscheiden Sie basierend auf der Transaktionsliste aus Tabelle 7.2. Wählen Sie den gewünschten Eintrag über die implementierte Dropdown-Liste aus. Erwägen Sie, mehrere Begründungen anzulegen, verwenden Sie dieselbe Transaktion mehrmals – im besten Fall mit unterschiedlichen Ausprägungen in der Kontenfindung.

Transaktion	Grund	Text zum Grund der Kontierung	Konto-Modifikation
☐ MR21 Preisänderung ∨	123	Notwendige Änderung	

Abbildung 7.64: Ausprägung des Grundes für die Preisänderung (1)

Transaktion	Beschreibung
CKMCCC	Manuelle Änderung von Iskostenschichtungen
CKME	Aktivierung geplanter Preise
MR21	Preisänderung
MR22	Materialbe-/-entlastung
MRN0	Niederstwertermittlung Marktpreise
MRN1	Niederstwertermittlung: Reichweite
MRN2	Niederstwertermittlung: Gängigkeit
MRN3	Niederstwertermittlung: Verlustfreie Bewertung
MRY1	Mittleren Zugangspreis berechnen
MRN9	Bilanzwerte pro Konto
CKMDUVMAT	Verteilung von Materialdifferenzen

Tabelle 7.2: Transaktionscodes für Preisänderungsgründe

- **Feld »Grund«**
  Einen dreistelligen alphanumerischen Schlüssel für den Kontierungsgrund geben Sie im Feld **Grund** an. Achten Sie bitte bei der Definition der Gründe darauf, dass die Schlüsselwerte der Gründe sich deutlich sichtbar voneinander unterscheiden.
- **Feld »Text zum Grund der Kontierung«**
  Da der dreistellige Schlüsselwert nicht wirklich aussagekräftig darüber ist, was sich eigentlich genau hinter dem Kontierungsgrund verbirgt, unterstützen Sie Ihre Anwenderinnen und Anwender auswählbar für alle bei Auswahl des fachlich korrekten Kon-

tierungsgrunds, indem Sie einen eindeutigen und prägnanten Text zum Grund der Kontierung hinterlegen. Eine Bezeichnung kann bis zu 25 Zeichen umfassen.

- **Feld »Konto-Modifikation«**
  Im Feld **Konto-Modifikation** erfassen Sie die Kontomodifikationskonstante, die Sie für die automatische Kontenfindung in der Bestandsführung hinterlegt haben. Verwenden Sie mehrere Kontomodifikationen in der Kontenfindung, sollten Sie in Erwägung ziehen, für jeden Eintrag einen Kontierungsgrund zu definieren. Diese Entscheidung obliegt Ihren Anforderungen. Abhängig vom gewählten Kontierungsgrund erfolgt die Buchung auf dem ermittelten Konto.

In Abbildung 7.64 haben Sie die angesprochenen Felder gesehen. Für die Transaktion wurde der Transaktionscode MR21 (Preisänderung) ausgewählt. Der Schlüsselwert für den Grund lautet 123, und eine Beschreibung ist erfasst. Dagegen nicht befüllt ist das Feld für die Kontomodifikationskonstante. Es gibt noch weitere Felder und Kennzeichen (siehe Abbildung 7.65):

- **Feld »HkGr«**
  Sie hinterlegen im Feld **HkGr** eine Herkunftsgruppe, damit Sie die Kostenart (Material- und Gemeinkosten) weiter untergliedern können. Bei Ermittlung der Materialkosten wird jedes Material einem Sachkonto und somit einer primären Kostenart zugewiesen. Ist eine Herkunftsgruppe für das Material enthalten, erfolgt im Controlling eine Fortschreibung von Herkunftsgruppe und Kostenart. Das bedeutet, Sie können bei Bedarf Gemeinkostenzuschläge für bestimmte Materialgruppen definieren.
- **Kennzeichen »Default«**
  Über dieses Kennzeichen legen Sie fest, dass der ausgewählte Grund als Defaultwert in der ausgewählten Transaktion vom System vorgeschlagen wird. Sie nutzen das Kennzeichen, wenn der Kontierungsgrund im Regelfall für den Transaktionscode in Frage kommt.
- **Kennzeichen »KDM«**
  Selektieren Sie das Kennzeichen **KDM**, wenn Sie bei Wertbuchungen mit der Transaktion MR22 (Materialbe-/-entlastung) die Nachbewertung mit Hilfe des Vorgangsschlüssels KDM (Kursdifferenzen Materialwirtschaft) anstelle des Vorgangs PRD (Preisdifferenzen) buchen möchten.
- **Kennzeichen »EIN«**
  Sollen bei MR22-Buchungen zusätzlich die Vorgänge EIN (Einkaufskonto) und EKG (Einkaufsgegenkonto) einbezogen werden, markieren Sie hierfür das Auswahlkästchen **EIN**.

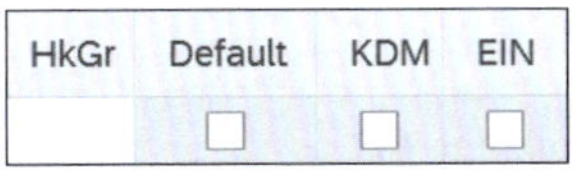

Abbildung 7.65: Ausprägung des Grundes für die Preisänderung (2)

Aus der Abbildung geht hervor, dass noch keine Kennzeichen und keine Gruppe für den Preisänderungsgrund definiert sind.

Aktivierung des Einkaufskontos

Damit Sie das angesprochene Kennzeichen **EIN** überhaupt nutzen können, ist es erforderlich, das Einkaufskonto im jeweiligen Buchungskreis zu aktivieren (siehe Abschnitt 7.2.1, »Kontenfindung ohne Assistent«). Die Aktivierung führen Sie über die IMG-Aktivität **Materialwirtschaft • Bewertung und Kontierung • Kontenfindung • Kontenfindung ohne Assistent • Einkaufskontoabwicklung • Einkaufskonto im Buchungskreis aktivieren** durch. Weitere Informationen finden Sie in SAP-Hinweis 2741604.

Über die zweite genannte Unteraktivität besteht die Möglichkeit, sich die zugewiesenen Sachkonten zum Vorgangsschlüssel UMB (Aufwand/Ertrag aus Umbewertung) für Kontenpläne Ihrer Wahl anzeigen zu lassen. Die Anzeige ist nur eine rein informative Ansicht. Sie können an dieser Stelle im System keine Anpassungen durchführen.

Stellen Sie fest, dass ein Sachkonto nicht Ihren Anforderungen entspricht, führen Sie die Anpassungen im Customizing-Bereich der automatischen Kontenfindung durch. Präziser ausgedrückt: Sie rufen unter **Materialwirtschaft • Bewertung und Kontierung • Kontenfindung • Kontenfindung ohne Assistent** die Aktivität **Automatische Buchungen einrichten** (Transaktion OMWB) auf. Ausführliche Erklärungen finden Sie in Abschnitt 7.2.1, »Kontenfindung ohne Assistent«.

Die Sachkontenzuordnung für den Vorgang UMB im Musterkontenplan INT ist in Abbildung 7.66 zu sehen.

Mehr

INT Muster-Kontenplan

Kontenplan	Vor	BwMK	BewKl	Bezeich.	Sachkto	Sachkto
INT	UMB	0001	3000	Rohstoffe	232000	282000
INT	UMB	0001	3001	Rohstoffe 2	232000	282000
INT	UMB	0001	3030	Hilfs-/Betriebsstoffe	232000	282000
INT	UMB	0001	3031	Hilfs-/Betriebsstoffe 2	232000	282000
INT	UMB	0001	3040	Ersatzteile	232000	282000
INT	UMB	0001	3050	Verpackung und Leergut	232000	282000
INT	UMB	0001	3100	Handelsware	232000	282000
INT	UMB	0001	7900	Halbfabrikate	232500	282500
INT	UMB	0001	7920	Fertigerzeugnisse	232500	282500

Abbildung 7.66: Sachkonten für den Vorgangsschlüssel UMB im Kontenplan INT

Die Abbildung verdeutlicht, dass zum einen der Vorgang UMB im Zusammenspiel mit einer Bewertungsmodifikationskonstante und einer Bewertungsklasse in der Sachkontenfindung auftritt und dass zum anderen unterschiedliche Konten für Soll- und Habenbuchungen vorgesehen sind.

Da Preisänderungen Kontobewegungen auslösen, ist eine eigene FI-Belegart für Preisänderungen unausweichlich.

7.3.4 Belegart für Preisänderungen

Da eine Preisänderung direkte Auswirkungen auf die Materialbewertung hat und dadurch schlussendlich die Bilanz beeinflusst, erzeugt das SAP-System bei einer Materialpreisänderung einen Beleg in der Finanzbuchhaltung.

Zur Pflege der Belegart und des benötigten Nummernkreises rufen Sie die IMG-Aktivität **Materialwirtschaft • Bewertung und Kontierung • Belegart und Nummernkreis für Preisänderung festlegen** (Transaktion OMW9) auf. Die SAP-Standardauslieferung sieht für Preisänderungen die Belegart PR in der Finanzbuchhaltung vor. Das dazugehörige Nummernkreisintervall ist 48 mit einer Spanne von 4800000000 bis 4899999999.

Falls Sie mit den ausgelieferten Standardeinstellungen arbeiten, fallen keinerlei weitere Aktivitäten für Sie an. Entscheiden Sie hingegen sich aus Anforderungsgründen gegen die Nutzung des Standards, gehen Sie wie am Beispiel der Belegart PR folgendermaßen vor:

1. Führen Sie die IMG-Aktivität **Belegart und Nummernkreis für Preisänderung festlegen** über den Pfad **Materialwirtschaft • Bewertung und Kontierung** aus. Alternativ nutzen Sie den Transaktionscode OMW9. Sie gelangen in das Einstiegsbild, das in Abbildung 7.67 zu sehen ist.

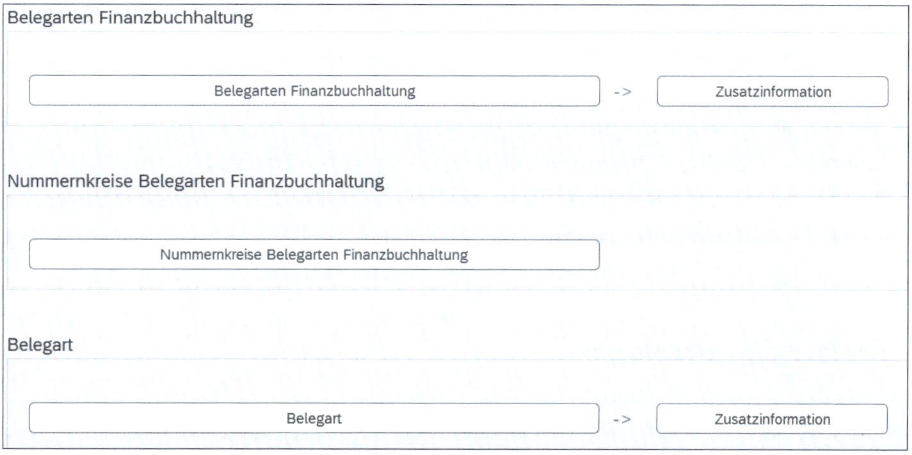

Abbildung 7.67: Einstiegsbild von Transaktion OMW9

2. Sie beginnen Ihre Konfiguration im Bildbereich **Belegarten Finanzbuchhaltung**, indem Sie über die gleichnamige Schaltfläche in die Änderungsübersicht der Buchhaltungsbelegarten (Transaktion OBF4) verzweigen. Über die Schaltfläche **Zusatzinformation** erinnert Sie das System daran, dass Sie bitte für den Vorgang Preisänderung eine Belegart anlegen sollen.
3. Legen Sie nach vorheriger Rücksprache mit Ihrem Finanz-Team eine neue zweistellige Belegart an, und prägen Sie die Details der Belegart entsprechend aus. Orientieren Sie sich bei Ihrer Konfiguration an der Standardbelegart PR (siehe Abbildung 7.68), oder verwenden Sie die Belegart als Kopiervorlage. Geben Sie im Feld **Nummernkreis** einen geeigneten Wert an. Buchhaltungsbelege und deren Detailausprägungen werden in Tabelle T003 geführt.

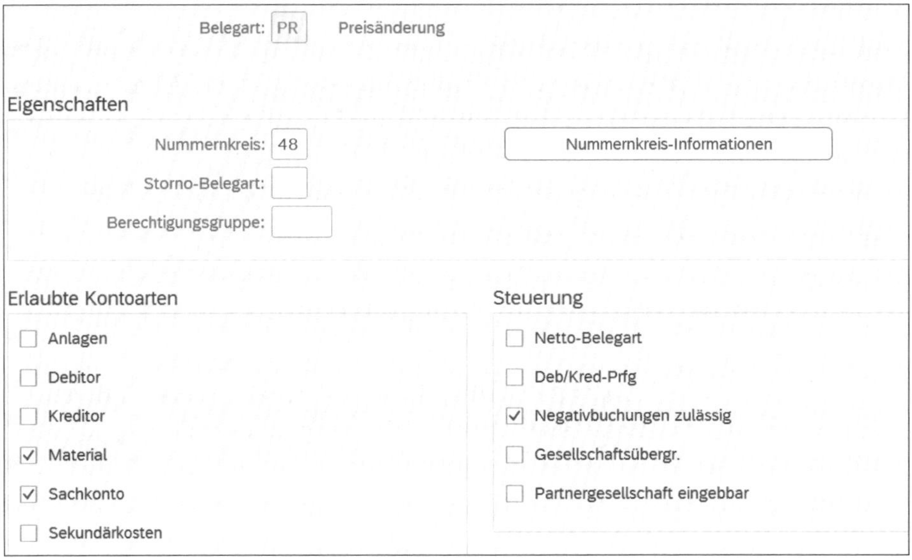

Abbildung 7.68: Ausschnitt der Detailansicht von Belegart PR

4. Kehren Sie in das Einstiegsbild der IMG-Aktivität zurück, und fahren Sie mit der Zuordnung der neu eingeführten Buchhaltungsbelegart zur Transaktion MR21 fort, indem Sie im Bildbereich **Belegart** die gleichnamige Schaltfläche **Belegart** nutzen. Die Schaltfläche **Zusatzinformation** macht Sie darauf aufmerksam, dass Sie eine gültige Belegart für den Transaktionscode MR21 (Preisänderung) zuordnen müssen.

[»]

Bearbeitungsreihenfolge

Statt direkt mit der neuen Buchhaltungsbelegart zu starten, können Sie auch das Nummernkreisintervall zunächst anlegen oder ein bestehendes Intervall, das nicht genutzt wird, ins Auge fassen. Beide Konfigurationsweisen sind gangbare Wege und führen zu demselben Endergebnis.

5. In der Übersicht **Belegarten Rechnungsprüfung/Bewertung** passen Sie die Vorbelegung der Belegart für die bekannte Transaktion an (siehe Abbildung 7.69). Überschreiben Sie den Standardwert mit Ihrer Belegart. Das System hinterlegt Ihre Einstellung in Tabelle T169F.

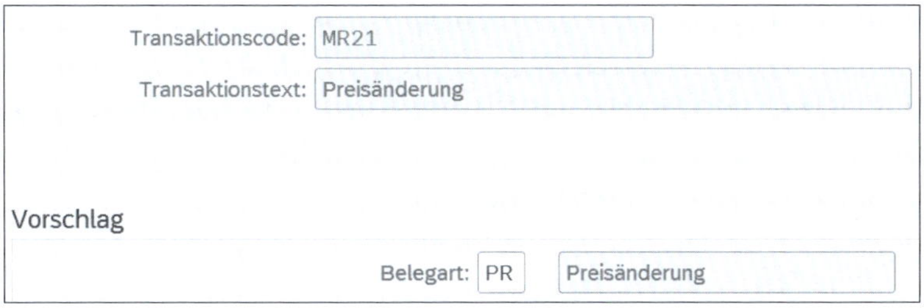

Abbildung 7.69: Zuordnung der Belegart PR zu Transaktion MR21

6. Kehren Sie erneut in das Einstiegsbild der Customizing-Aktivität zurück, um das Nummernkreisintervall für Ihre Belegart gegebenenfalls an Ihre Bedürfnisse anzupassen. Über den in der Mitte angesiedelten Bildbereich springen Sie in die Intervallpflege ab, nachdem Sie den betroffenen Buchungskreis erfasst haben. Das dazugehörige Nummernkreisobjekt lautet `RF_BELEG`.

   Falls Sie Anpassungen am Intervall vornehmen, nehmen Sie die Änderung in den Zielmandanten zusätzlich manuell vor. Abbildung 7.70 zeigt das in der Standardauslieferung vorgesehene Intervall.

	Nummernkreisnummer	Jahr	Von Nummer	Bis Nummer	Nummernstand	Extern
☐	48	9999	4800000000	4899999999	0	☐

Abbildung 7.70: Nummernkreisintervall 48 – Belegart PR

Die Belegart PR ist nicht nur für Materialpreisänderungen zuständig, sondern kommt ebenfalls bei Materialbelastungen zum Einsatz. Haben Sie eine eigene Belegart für Preisänderungen definiert, sollten Sie die Belegart für Materialbelastungen auch anpassen. Diese Aussage behält auch im umgekehrten Fall ihre Gültigkeit.

7.3.5 Belegart für Materialbelastungen

Materialbelastungen führen zu Kontobuchungen im Finanzwesen abhängig vom gepflegten Preissteuerungskennzeichen. Be- oder entlasten Sie ein S-Preis-bewertetes Material, finden Buchungen auf einem Preisdifferenzenkonto statt. Bei V-Preis-bewerteten (Lager-)Materialien bucht das SAP-System die Höhe des Umbewertungsbetrags in Abhängigkeit von der Bezugsmenge entweder auf ein Preisdifferenzen- oder ein Materialbestandskonto. Sie be- und/oder entlasten ein Material über die Standardtransaktion MR22 (Materialbe-/-entlastung).

Die benötigte Buchhaltungsbelegart für Materialbelastungen definieren Sie über die Customizing-Aktivität **Materialwirtschaft • Bewertung und Kontierung • Belegart und Nummernkreis für Materialbelastung festlegen** (Transaktion OMWA).

Da in der Standardauslieferung dieselbe Belegart für Preisänderungen sowie Be- und Entlastungen genutzt wird, ist die Vorgehensweise der Konfiguration einer individuellen Belegart identisch. Wie Sie eine neue Belegart definieren, entnehmen Sie Abschnitt 7.3.4, »Belegart für Preisänderungen«. Abbildung 7.71 unterstreicht die Aussage, dass beide Materialpreisänderungen auf dieselbe Belegart zugreifen, und verdeutlicht für den Transaktionscode MR22 die Zuweisung der Belegart PR.

Abbildung 7.71: Zuordnung der Belegart PR zu Transaktion MR22

Wenn Sie die Belegart für Materialbelastungen auf eine kundeneigene Belegart ändern, sollten Sie für die Belegart der Preisänderungen über ein analoges Vorgehen nachdenken.

7.3.6 Nummernkreise für Material-Ledger-Belege

Auch für den erzeugten Material-Ledger-Beleg besteht die Notwendigkeit, ihn eindeutig im System identifizieren zu können. Daher ist bereits pro Vorgangsart eine Nummernkreisgruppe für Material-Ledger-Belege in der SAP-Auslieferung enthalten. Die Gruppen lauten:

- 01 – Material-Ledger-Fortschreibung
- 02 – Material-Ledger-Abschluss
- 03 – Material-Ledger-Preisänderung
- 04 – Material-Ledger-Preisermittlung (einstufig)
- 05 – Material-Ledger-Preisermittlung (mehrstufig)
- 06 – Material-Ledger-Reparatur
- 07 – Material-Ledger-Abschluss kumuliert

Bei Bedarf passen Sie die Nummernkreise über die IMG-Aktivität **Materialwirtschaft • Bewertung und Kontierung • Nummernkreise für Material-Ledger-Belege pflegen** (Transaktion OMX4) an. Das dazugehörige Nummernkreisobjekt lautet ML-BELEG (siehe Abbildung 7.72).

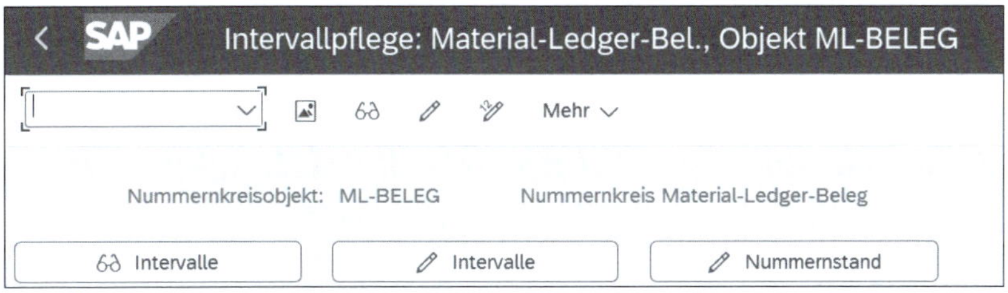

Abbildung 7.72: Einstiegsbild der Nummernkreispflege zum Material-Ledger-Beleg

Die Standardauslieferung unterbreitet die in Abbildung 7.73 aufgeführten Nummernkreisintervalle als sofort einsatzfähigen Vorschlag. Aus der Gruppennummer können Sie auf das dazugehörige Nummernkreisintervall schließen. Betrachten Sie beispielsweise die Gruppe 03 (Material-Ledger-Preisänderung): Dieser Gruppe ist das Nummernkreisintervall 03 zugeordnet.

Nummernkreisnummer	Jahr	Von Nummer	Bis Nummer	Nummernstand	Extern
01	9999	1000000000	1999999999		☐
02	9999	2000000000	2999999999		☐
03	9999	3000000000	3999999999		☐
04	9999	4000000000	4999999999		☐
05	9999	5000000000	5999999999		☐
06	9999	6000000000	6999999999		☐
07	9999	7000000000	7999999999		☐

Abbildung 7.73: Ausgelieferte Nummernkreisintervalle

Wie bei allen Nummernkreisintervallen gilt: Legen Sie Intervalle im Zielmandanten manuell an. Ein Transport würde dazu führen, dass Sie die Nummernstände der Intervalle übernehmen.

Weitere Informationen sowie die möglichen Systemeinstellungen zum Material-Ledger rufen Sie über den Customizing-Pfad **Controlling • Produktkosten-Controlling • Istkalkulation/Material-Ledger** auf.

7.4 Zusammenfassung

In diesem Kapitel haben Sie den Bereich Bewertung und Kontierung kennengelernt. Sie wissen nun, wie Sie die Customizing-Einstellungen vornehmen, die Materialwirtschaft und Finanzwesen verbinden.

Nun können Sie erklären, inwiefern das Preissteuerungskennzeichen, die getrennte Bewertung und das Material-Ledger die Materialbewertung beeinflussen. Auch wie Sie die automatische Kontenfindung in der Bestandsführung mit oder ohne Hilfe des Kontenfindungsassistenten einstellen, haben Sie ausführlich kennengelernt. Abgerundet wurden die fachlichen Ausführungen mit den Systemeinstellungen für Preisänderungen.

Kapitel 8

Logistik-Rechnungsprüfung

Die logistische Rechnungsprüfung bildet den prozessualen Abschluss in der Materialwirtschaft. Nachdem die eingegangene Lieferantenrechnungen inhaltlich kontrolliert wurden, erfolgt der Ausgleich der offenen Posten über den Zahllauf im Finanzwesen.

Dieses Kapitel beschäftigt mit den Einstellungen im Customizing rund um die logistische Rechnungsprüfung in SAP S/4HANA. Nachdem wir Ihnen eine kurze, aber hilfreiche Einführung in das Themengebiet der Rechnungsprüfung gegeben haben (siehe Abschnitt 8.1, »Logistik-Rechnungsprüfung in SAP S/4HANA«), setzen wir uns mit den Customizing-Einstellungen zur Eingangsrechnung auseinander (siehe Abschnitt 8.2). Anschließend lernen Sie in Abschnitt 8.3, »Rechnungssperre«, wie Sie das Systemverhalten durch Einstellungen zum Sperren von Rechnungen beeinflussen können. Darauffolgend beschäftigen wir uns in Abschnitt 8.4 intensiv mit der Systemkonfiguration für die Verrechnungskontenpflege. Nach den Erläuterungen zur Kontenfindung in der logistischen Rechnungsprüfung (siehe Abschnitt 8.5) schließen wir auch dieses Kapitel mit einer Zusammenfassung ab.

8.1 Logistik-Rechnungsprüfung in SAP S/4HANA

Sind Sie bei der logistischen Rechnungsprüfung angekommen, befinden Sie sich am Ende der logistischen Prozesskette in der Materialwirtschaft. Das primäre Ziel der Rechnungsprüfung ist es, eingehende Lieferantenrechnungen auf sachliche, preisliche und rechnerische Korrektheit zu prüfen.

8.1.1 Einsatzmöglichkeiten

Die *logistische Rechnungsprüfung* übergibt die eingehenden Rechnungen nach erfolgreicher Prüfung an das Finanzwesen, damit dort schlussendlich die offenen Posten beglichen werden. Zuvor erfolgt eine detaillierte Prüfung der Lieferantenrechnung auf sachliche, preisliche und rechnerische Korrektheit, jeweils basierend auf den dazugehörigen Bezugsbelegen, z. B. der Bestellung. Die logistische Rechnungsprüfung greift auf vorgelagerte Belege aus dem Einkauf und der Bestandsführung zu. Dabei unterscheiden Sie zwischen unterschiedlichen Verfahren, um die Richtigkeit der Rechnung zu überprüfen:

- **Bestellbezogene Rechnungsprüfung**
  Bei einer bestellbezogenen Rechnungsprüfung wird für jede Bestellposition eine Rechnungsposition erzeugt. Das SAP-System schlägt bei der Prüfung die Differenz aus der insgesamt gelieferten Menge und der insgesamt bereits berechneten Menge als abzurechnende Menge vor.
- **Wareneingangsbezogene Rechnungsprüfung**
  Die einzelnen Wareneingänge aus der Bestellentwicklung werden bei einer wareneingangsbezogenen Rechnungsprüfung als abzurechnende Menge in der Rechnungserstellung vorgeschlagen. Sie müssen in der Bestellposition auf der Registerkarte **Rechnung** das Kennzeichen für eine wareneingangsbezogene Rechnungsprüfung setzen, damit das Verfahren bei der Rechnungsprüfung durchschlägt.
- **Rechnungen ohne Bestellbezug**
  Rechnungen können bei Bedarf auch ohne Bestellbezug erfasst werden. Sie buchen die Rechnungsbeträge direkt über die Registerkarten **Sachkonto** und **Material** auf die entsprechenden Konten.

Entdecken Sie bei der Rechnungsprüfung keine Ungereimtheiten, speichern Sie den geprüften Rechnungsbeleg. Sie erzeugen neben dem Rechnungsbeleg einen Buchhaltungsbeleg und gegebenenfalls einen Controlling-relevanten Beleg. Das System schreibt zudem die Bestellentwicklung fort, und bei Notwendigkeit wird der Materialstamm aktualisiert. Die logistische Rechnungsprüfung erzeugt keinerlei Zahlungen an die Lieferanten. Dies obliegt Ihren Kolleginnen und Kollegen im Finanzwesen.

Damit Sie Rechnungen systemseitig prüfen können, stehen Ihnen mehrere Wege zur Gestaltung des Rechnungseingangs offen:

- **Papierbasiert und/oder per E-Mail**
  Rechnungen, die noch auf dem postalischen Weg oder schlicht als PDF über E-Mail-Verkehr zu Ihren Sachbearbeiterinnen und Sachbearbeitern gelangen, werden manuell im SAP-System eingetragen.
- **Elektronisch**
  Rechnungen können elektronisch an Ihr SAP-System gesendet und verbucht werden. Hierfür stehen technische Lösungen wie beispielsweise eine IDoc-Verarbeitung über EDI bereit. Eine weitere Möglichkeit wäre die Nutzung eines geeigneten Application Programming Interfaces (APIs).
- **Automatisch**
  Rechnungen können über regelmäßig ausgeführte Abrechnungsprogramme erzeugt werden. Hierzu zählen z. B. die Standardanwendungen für eine Abrechnung von Konsignations- und/oder Pipelineentnahmen oder eine automatisierte Wareneingangsabrechnung im *ERS-Verfahren* (Evaluated Receipt Settlement).

Dabei stellen das Erfassen und die inhaltliche Prüfung einer Lieferantenrechnung nur einen von vier möglichen Vorgängen in der logistischen Rechnungsprüfung dar. Sie differenzieren zwischen folgenden Vorgängen in der Haupttransaktion der Rechnungsprüfung namens MIRO (Eingangsrechnung hinzufügen):

- **Rechnung**
  Sie erhalten vom Lieferanten eine Rechnung über die bestellte Ware, um den Ihrerseits noch offenen Geldbetrag auf Lieferantenseite im nächsten Zahllauf ausgleichen zu lassen.
- **Gutschrift**
  Sie erhalten von Ihrem Lieferanten eine Gutschrift, falls Ihnen weniger Ware geliefert wurde, als zum Gesamtpreis vereinbart war, oder falls Sie die Ware aufgrund qualitativer Probleme (teilweise) an den Lieferanten zurücksenden mussten. In beiden Fällen erfassen Sie eine Gutschrift im System.
- **Nachträgliche Belastung**
  Sie erhalten vom Lieferanten im Nachhinein eine Zahlungsaufforderung in Höhe der angefallenen Zusatzkosten, z. B. für den Transport. Da die Rechnungsmenge unverändert bleiben soll, erfassen Sie über die logistische Rechnungsprüfung eine nachträgliche Belastung für den Lieferanten.
- **Nachträgliche Entlastung**
  Sie erhalten von Ihrem Lieferanten die Mitteilung, dass Ihnen im Nachhinein die entstandenen Nebenkosten gutgeschrieben werden. Die bereits erhaltene Gutschrift für die Ware soll nicht geändert werden, Sie erfassen im System eine nachträgliche Entlastung.

In SAP S/4HANA stehen Ihnen dieselben Transaktionscodes zur Verfügung, die Ihnen bereits aus SAP ERP bekannt sein dürften. Wir stellen sie Ihnen der Übersicht halber dennoch im nächsten Abschnitt noch einmal vor.

8.1.2 Transaktionen und Tabellen

Die Anwendertransaktionen in der Rechnungsprüfung sind nach ihrer prozessualen Zugehörigkeit gruppiert und unter dem Navigationspfad **Materialwirtschaft • Logistik-Rechnungsprüfung** aufzufinden. Bedeutsame Transaktionen lauten:

- **Belegerfassung**
  - MIRO (Eingangsrechnung hinzufügen)
  - MIR7 (Eingangsrechnung vorerfassen)
  - MIRA (Eingangsrechnung für Rechnungsprüfung im Hintergrund hinzufügen)
- **Weiterverarbeitung**
  - MIR4 (Rechnungsbeleg anzeigen)
  - MR8M (Rechnungsbeleg stornieren)
  - MRBR (Gesperrte Rechnungen freigeben)

  - MIR5 (Liste Rechnungsbelege anzeigen)
  - MIR6 (Übersicht Rechnungen)
  - MR90 (Nachrichten ausgeben)
- **Automatische Abrechnung**
  - MRRL (Automatische Wareneingangsabrechnung)
  - MRER (ERS Automotive durchführen)
  - MRKO (Konsignations- und Pipelineabrechnung)
  - MRIS (Rechnungsplanabrechnung)
  - MRNB (Neubewertung)
- **WE/RE-Kontenpflege**
  - MR11 (WE/RE-Verrechnungskonto pflegen)
  - MR11SHOW (Kontenpflegebeleg anzeigen/stornieren)
- **Archivierung**
  - MRA1 (Archiv erzeugen)
  - MRA2 (Belege löschen)
  - MRA4 (Archiv verwalten)
  - MRA3 (Archivierte Belege anzeigen)

Streben Sie den parallelen Einsatz von SAP-Fiori-Apps in der Rechnungsprüfung an, erhalten Sie alle Informationen zu den aktuellen SAP-Fiori-Apps über die SAP Fiori Apps Reference Library (*https://fioriappslibrary.hana.ondemand.com*).

Durch das Erfassen und Buchen von Rechnungsbelegen über die oben genannten Anwendertransaktionen erzeugen Sie unter anderem auf den folgenden Tabellen Datenbankeinträge:

- RBKP (Belegkopf Eingangsrechnung)
- RSEG (Belegposition Eingangsrechnung)
- RBCO (Belegposition Eingangsrechnung Kontierung)
- RBTX (Steuern: Eingangsrechnung)
- RBKP_BLOCKED (Logistik-Rechnungsprüfung: Gesperrte Rechnungen)
- RBEX (Persistente Kennzahlen Kopf und Position)
- RBVD (Rechnungsbeleg - Verdichtungsdaten)
- RBVDMAT (Rechnungsprüfung - Verdichtungsdaten Material)

In den nachfolgenden Abschnitten können Sie sich mit den beeinflussenden Systemeinstellungen auseinandersetzen. Beginnen Sie mit den Customizing-Aktivitäten für die Eingangsrechnung.

8.2 Eingangsrechnung

Systemeinstellungen zur Eingangsrechnung nehmen Sie über den IMG-Pfad **Materialwirtschaft • Logistik-Rechnungsprüfung • Eingangsrechnung** je Buchungskreis vor. Wir nutzen die Erklärungen stützenden Beispiele aus Buchungskreis 0001.

8.2.1 Belegarten und Nummernvergabe

Lieferantenrechnungen und die weiteren Vorgänge sind sowohl für die Logistik als auch für die Buchhaltung relevant. Um die Belege fachlich zu unterscheiden, verwenden Sie unterschiedliche Belegarten und Nummernkreise für Buchhaltungsbelege und Logistikbelege. Diese fachliche Differenzierung hilft Ihnen auch bei der visuellen Unterscheidung der Belege anhand der vergebenen Belegnummer.

Die dazugehörigen Customizing-Aktivitäten sind unter dem IMG-Pfad **Materialwirtschaft • Logistik-Rechnungsprüfung • Eingangsrechnung • Nummernvergabe** zu erreichen (siehe Abbildung 8.1). Sie beginnen Ihre Konfiguration mit der Belegart für die Finanzbuchhaltung, wenn Sie von den Standardeinstellungen abweichen möchten.

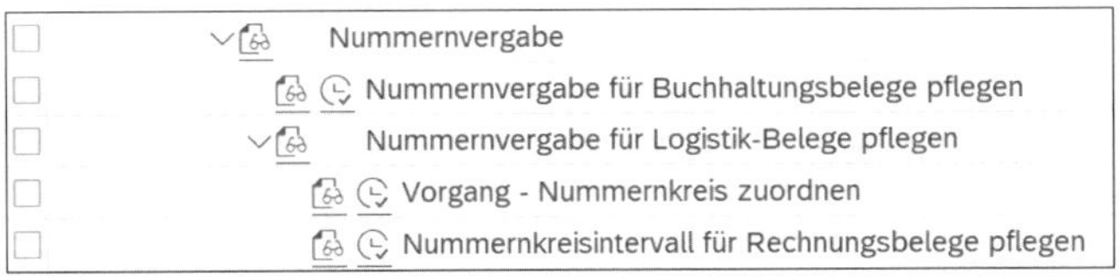

Abbildung 8.1: IMG-Aktivitäten im Bereich »Nummernvergabe«

Nummernvergabe für Buchhaltungsbelege

Die buchhalterische Belegart für die Eingangsrechnung und die dazugehörigen Nummernkreise definieren Sie über die IMG-Aktivität **Nummernvergabe für Buchhaltungsbelege pflegen** (Transaktion OMR4). Nur falls Sie vom Standard abweichende Einstellungen wünschen, führen Sie die nachfolgend beschriebenen Schritte durch:

1. Rufen Sie die IMG-Aktivität **Nummernvergabe für Buchhaltungsbelege pflegen** auf, die Sie unter dem IMG-Pfad **Materialwirtschaft • Logistik-Rechnungsprüfung • Eingangsrechnung • Nummernvergabe** finden. Alternativ greifen Sie auf Transaktion OMR4 zurück. Sie erreichen den Navigationsbereich für Belegarten und Nummernkreise im Rechnungseingang (siehe Abbildung 8.2). Im weiteren Verlauf der Konfiguration kehren Sie mehrmals zu diesem Einstiegsbild zurück.
2. Navigieren Sie über die Schaltfläche **Belegart** in den Definitionsbereich für die Buchhaltungsbelege (Transaktion OBF4), um eine individuelle Belegart zu definieren. Als Orientierungshilfe können Sie auf die beiden Belegarten RE (Rechnung netto) und RN (Rechnung brutto) zurückgreifen.

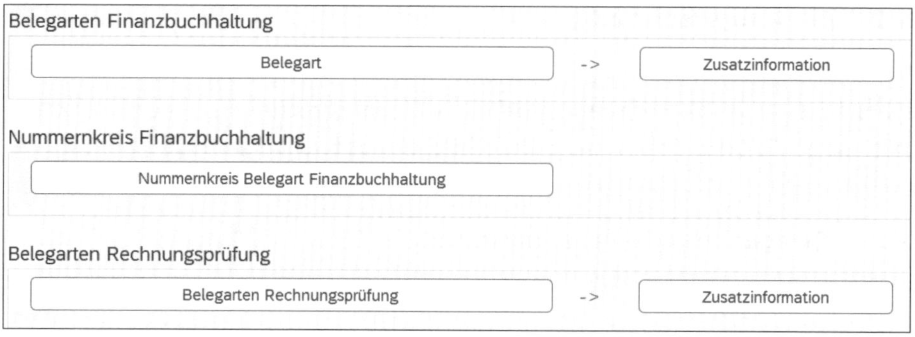

Abbildung 8.2: Belegarten/Nummernkreis Rechnungsprüfung (Einstiegsbild)

3. Prägen Sie die Details Ihrer zweistelligen Belegart inklusive einer aussagekräftigen Bezeichnung nach Ihren Anforderungen aus. Die Einstellungen sind daraufhin über die Tabelle T003 einsehbar. Ein Ausschnitt der Detailausprägungen der Standardbelegart RN ist in Abbildung 8.3 zu sehen.

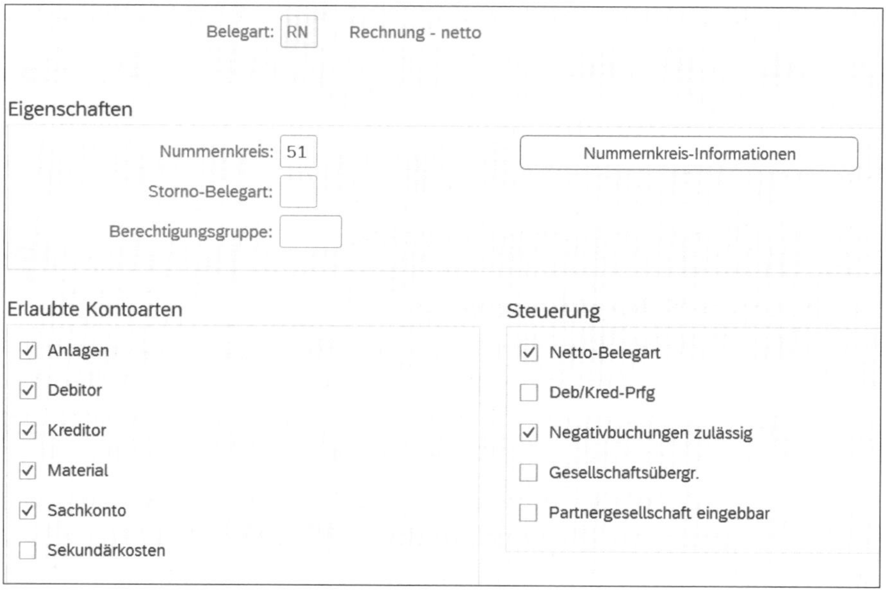

Abbildung 8.3: Ausschnitt der Details zur Belegart RN (Rechnung netto)

Den zentralen Unterschied zwischen den Belegarten RE und RN erkennen Sie im Bildbereich **Steuerung**. Für die Belegart RN ist das Kennzeichen **Netto-Belegart** gesetzt, wohingegen das angesprochene Kennzeichen bei der Belegart RE verwaist ist. Das Kennzeichen **Netto-Belegart** beeinflusst, wie der vereinbarte Skonto aus der Bestellung beim Erfassen einer Lieferantenrechnung gebucht wird. Soll der Skonto in das neutrale Ergebnis einfließen, verbuchen Sie die Rechnung brutto. Der erteilte Skonto wird beim Erfassen der Lieferantenrechnung nicht berücksichtigt und erst bei Zahlung auf ein separates Ertragskonto gebucht. Möchten Sie den Skontobetrag hingegen direkt bei der Rechnungserfassung berücksichtigen, ist die Belegart RN zu verwenden. Dieses Verfahren ist jedoch lediglich für V-Preis-bewertete Materialien sinnvoll, da der Skontobetrag auf dem belastenden Konto gutgeschrieben werden kann. Bei S-Preis-bewerteten Materialien erfolgt die Buchung auf ein Preisdifferenzenkonto, sprich ebenfalls in das neutrale Ergebnis.

4. Ordnen Sie Ihre Belegart den betroffenen Transaktionen zu. Verzweigen Sie hierfür über die Schaltfläche **Belegarten Rechnungsprüfung** in den benötigten Anpassungsbereich. Suchen Sie die Transaktion MIRO heraus, entweder indem Sie sie in den aufgeführten Transaktionscodes suchen oder über die Positionieren-Funktion. Im Detailbild (siehe Abbildung 8.4) weisen Sie die gewünschte Belegart im entsprechenden Feld zu. Die hier hinterlegte Belegart ist ein Vorschlagswert, den Ihre Anwenderinnen und Anwender auf der Registerkarte **Details** in der Transaktion MIRO auch überschreiben können. Tabellarisch finden Sie diese Systemeinstellungen, indem Sie Tabelle T169F aufrufen.

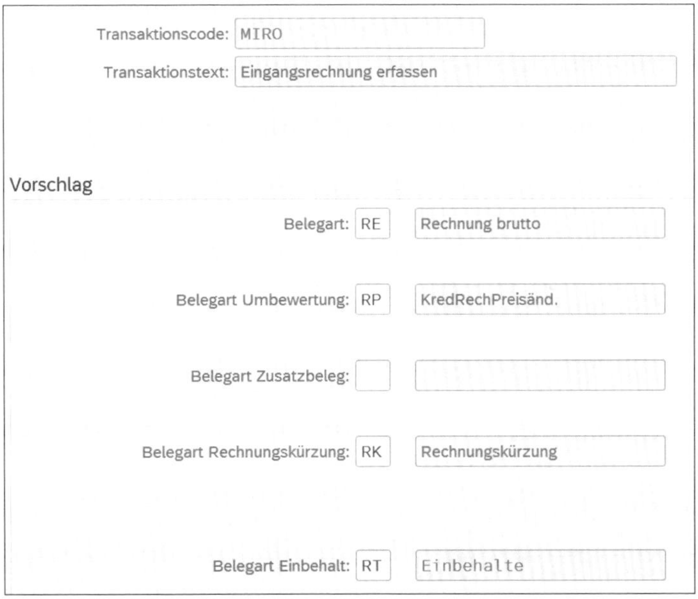

Abbildung 8.4: Vorschlagsbelegarten zu Transaktion MIRO

Neben der FI-Belegart RE, die beim Buchen für die Finanzbuchhaltung erzeugt wird, können Sie weitere Vorschlagswerte für bestimmte Buchungen in der Rechnungsprüfung hinterlegen:

- Im Feld **Belegart Umbewertung** tragen Sie ein, welche Belegart für einen zusätzlich generierten Umbewertungsbeleg genutzt werden soll. Ist keine Belegart hinterlegt, nutzt das System die Belegart PR (Preisänderung). Weitere Informationen finden Sie in Abschnitt 7.3.4, »Belegart für Preisänderungen«.

- Ist die Einkaufskontoabwicklung mit getrennten Buchhaltungsbelegen aktiv (siehe Abschnitt 7.2.1, »Kontenfindung ohne Assistent«), hinterlegen Sie im Feld **Bei Belegart Zusatzbeleg** die zusätzliche Belegart. Ist hier keine oder noch einmal die ursprüngliche Belegart eingetragen, wird nur ein Beleg gebucht.
- Geben Sie für die Rechnungskürzung eine geeignete Belegart im Feld **Belegart Rechnungskürzung** an. Beachten Sie, dass die Belegart nicht dieselbe Belegart wie die aus dem Ursprungsbeleg sein darf.
- Möchten Sie Einbehalte nutzen (siehe Abschnitt 8.2.4), tragen Sie die vorgesehene Belegart im Feld **Belegart Einbehalt** ein.

5. Haben Sie die Vorschlagswerte für die Belegarten abgeschlossen, passen Sie nach Bedarf den Nummernkreis des Buchhaltungsbelegs an. Den Pflegebereich rufen Sie über die mittlere Schaltfläche **Nummernkreis Belegart Finanzbuchhaltung** im Einstiegsbild auf. Das betroffene Nummernkreisobjekt RF_BELEG erfordert die verpflichtende Angabe eines Buchungskreises. Passen Sie nach Bedarf das Intervall an oder definieren Sie einen neuen Nummernkreis.

   Für die Belegarten RN und RE ist der Nummernkreis 51 mit einem Intervall von 5100000000 bis 5199999999 vorgesehen. Des Weiteren ist das Nummernkreisintervall, wie Sie am Wert 9999 im Feld **Jahr** sehen können, nicht jahresbezogen (siehe Abbildung 8.5).

Nummernkreisnummer	Jahr	Von Nummer	Bis Nummer	Nummernstand	Extern
51	9999	5100000000	5199999999	0	☐

Abbildung 8.5: Nummernkreis 51 für die Belegarten RN beziehungsweise RE

6. Speichern Sie Ihre Anpassungen, und kehren Sie zum Einstiegsbild zurück. Wenn Sie noch unseren Hinweis im Kasten »Nummernkreisanpassungen« beachten, können Sie, wenn keine weiteren Anpassungen vonnöten sind, die IMG-Aktivität verlassen.

Nummernkreisanpassungen

Beachten Sie bei Änderungen an den Nummernkreisen zudem folgende Punkte:

- Haben Sie neue Intervalle definiert oder Änderungen an Intervallen getätigt, ist es ratsam, die Einstellungen in den betroffenen Zielmandanten direkt manuell umzusetzen.
- Im Detailbild der Belegart haben Sie eine Nummernkreisnummer erfasst. Überprüfen Sie die in Schritt 2 vorgenommene Zuordnung zur FI-Belegart, falls Sie neue Nummernkreise definiert haben.

Nummernvergabe für Logistik-Belege

Wie die Rechnungsbelegnummer aus logistischen Gesichtspunkten erzeugt wird, stellen Sie über den IMG-Pfad **Materialwirtschaft • Logistik-Rechnungsprüfung • Eingangsrechnung • Nummernvergabe • Nummernvergabe für Logistik-Belege pflegen** ein. Die Vorgehensweise sieht zwei Schritte in der angegebenen Reihenfolge vor:

1. Zuordnung eines Nummernkreises zum Vorgang
2. Nummernkreisintervallpflege des zugewiesenen Nummernkreises

Im ersten Konfigurationsschritt ordnen Sie den Vorgängen in der logistischen Rechnungsprüfung einen Nummernkreis zu. Über die IMG-Aktivität **Vorgang – Nummernkreis zuordnen** weisen Sie den Vorgängen einen Nummernkreis zu. Die Zuordnung wird in Tabelle T003R gespeichert.

Sie unterscheiden zwischen zwei Vorgängen: RD (Rechnung buchen) und RS (automatische Wareneingangsabrechnung, Rechnungseingang per EDI, Rechnungsplan, Neubewertung, Rechnung stornieren). Sowohl dem Vorgang RD als auch dem Vorgang RS ist der Nummernkreis 01 zugewiesen (siehe Abbildung 8.6). Da bei Vorgang RS eine externe Vergabe der Belegnummern nicht zulässig ist, können Sie bereits aus dieser Einstellung schlussfolgern, dass das zugeordnete Nummernkreisintervall einer internen Nummernvergabe unterliegt.

Vorgang	Nummernkr.
RD	01
RS	01

Abbildung 8.6: Zuordnung eines Nummernkreises zu einem Vorgang

Im zweiten notwendigen Konfigurationsschritt überprüfen beziehungsweise pflegen Sie die Nummernkreisintervalle für die Rechnungsbelege. Sie gelangen über die IMG-Aktivität **Nummernkreisintervall für Rechnungsbelege pflegen** (Transaktion OMRJ) in das Einstiegsbild der Nummernkreispflege (siehe Abbildung 8.7). Für Rechnungsbelege ist das Nummernkreisobjekt RE_BELEG relevant.

Abbildung 8.7: Einstiegsbild der Nummernkreispflege für Rechnungsbelege

Die SAP-Standardauslieferung sieht folgende nicht jahresbezogene Intervalle für Belege aus der dezentralen Rechnungsprüfung vor:

- 01 (Jahr 9999) von 5105600101 bis 5105699999 (intern)
- 02 (Jahr 9999) von 0801000000 bis 0801999999 (intern)

Beachten Sie die gesonderte Vorgehensweise bei einer manuellen Pflege der Nummernkreisintervalle in den Zielmandanten, nachdem Sie Anpassungen an den ausgelieferten Intervallen vorgenommen haben.

8.2.2 Anpassbare Anwendungen

Die Rechnungsprüfung verfügt über zahlreiche anpassbare Anwendungen, die Sie bei Bedarf konfigurieren können. Über den IMG-Pfad **Materialwirtschaft • Logistik-Rechnungsprüfung • Eingangsrechnung** entdecken Sie die Vielfalt der Konfigurationsmöglichkeiten speziell für die Eingangsrechnung.

Rechnungskürzung

Müssen Sie Lieferantenrechnungen beispielsweise aufgrund von Mengen- oder Preisabweichungen kürzen, generiert das System gleichzeitig eine Rechnung und eine Gutschrift, um noch offene Posten z. B. auf dem Kreditorenkonto auszugleichen. Wie fällige Steuern bei der Rechnungskürzung gebucht werden, legen Sie über die IMG-Aktivität **Steuerbehandlung bei Rechnungskürzung** fest. Die von Ihnen getroffene Einstellung wird in Tabelle T169P geführt.

Sie entscheiden für die Steuerbehandlung in der Rechnungsprüfung zwischen zwei Möglichkeiten:

- **»blank«: Steuerkürzung im Reklamationsbeleg**
  Erfolgt die Steuerkürzung im Reklamationsbeleg, werden im Originalbeleg die Steuern wie auf der Lieferantenrechnung übergeben. Der Steueranteil der Rechnungskürzung wird im Reklamationsbeleg wieder gutgeschrieben.
- **1: Steuerkürzung im Originalbeleg**
  Erfolgt die Steuerkürzung im Originalbeleg, werden im Originalbeleg die Steuern um den Steueranteil der Rechnungskürzung gekürzt. Dadurch fallen im Reklamationsbeleg keine Steuerbuchungen mehr an.

Beim Originalbeleg handelt es sich um die vom Lieferanten übermittelten Daten in der Rechnung. Der Reklamationsbeleg enthält alle relevanten Informationen zur Rechnungskürzung. Für den Buchungskreis 0001 ist die Steuerkürzung im Reklamationsbeleg eingestellt (siehe Abbildung 8.8).

BuKr.	Name	Steuer Rechnungskürzung
0001	SAP SE	Steuerkürzung im Reklamationsbeleg

Abbildung 8.8: Steuerbehandlung bei Rechnungskürzung

Ist die gewünschte Einstellung zur Steuerbehandlung durchgeführt, fahren Sie mit den Gründen für die Rechnungskürzung fort. Sie können in der Rechnungsposition einen Reklamationsgrund angeben. Die Begründungen für eine Rechnungskürzung prägen Sie über die IMG-Aktivität **Rechnungskürzungsgründe definieren** aus. Das System speichert Ihre Einstellungen in Tabelle T169COMPLAINT.

Die SAP-Standardauslieferung sieht keine Reklamationsgründe vor. Abbildung 8.9 zeigt drei beispielhafte Gründe für Rechnungskürzungen. Ein Grund besteht aus einem zweistelligen alphanumerischen Schlüsselwert, kombiniert mit einer maximal 50 Zeichen langen Bezeichnung.

Rekl.grund	Reklamationsgrund
01	Ware defekt
02	Ware qualitativ mangelhaft
03	Ware verkratzt

Abbildung 8.9: Beispielhafte Rechnungskürzungsgründe

Vorschlagswerte für Steuerkennzeichen

In der IMG-Aktivität **Vorschlagswerte für Steuerkennzeichen pflegen** legen Sie für den Buchungskreis fest, welches Steuerkennzeichen bei Rechnungserfassung als Vorschlagswert angegeben wird. Die Vorschlagswerte sind in Tabelle T169V anzutreffen.

Sie hinterlegen für Lieferantenrechnungen aus dem Inland im vorgesehenen Feld (siehe Abbildung 8.10) einen geeigneten Wert. Da der Buchungskreis 0001 in Deutschland angesiedelt ist, finden Sie den aktuell gültigen Steuerprozentsatz in Höhe von 19 Prozent im Steuerkennzeichen V1 (Vorsteuer Inland 19 %) vor. Dasselbe Steuerkennzeichen finden Sie im Vorschlagswert für das Steuerkennzeichen für ungeplante Bezugsnebenkosten, wie z. B. Zoll- oder Frachtkosten. Das Steuerkennzeichen kommt dann zur Geltung, wenn die Bezugsnebenkosten auf ein separates Sachkonto gebucht werden – Stichwort Kontenfindung (siehe Abschnitt 8.5, »Kontenfindung in der Rechnungsprüfung«).

Abbildung 8.10: Vorschlagswerte für Steuerkennzeichen

Steuerkennzeichen definieren und bearbeiten Sie über den IMG-Pfad **Finanzwesen • Grundeinstellungen Finanzwesen • Umsatzsteuer • Berechnung • Umsatzsteuerkennzeichen definieren** (Transaktion FTXP). Holen Sie sich bei Veränderungen an Steuerkennzeichen Ihre steueraffinen Kolleginnen und Kollegen aus dem Finanzwesen mit ins Boot.

Kursdifferenzen

Erfassen Sie eine logistische Kreditorenrechnung in einer Fremdwährung, ist beim Verbuchen mit Kursdifferenzen zu rechnen. Die Kursdifferenzen resultieren aus den unterschiedlichen Währungswechselkursen zum Zeitpunkt des bewerteten Wareneingangs und des Rechnungseingangs.

Wie das System Kursdifferenzen ermittelt und auf welchem Konto die Kursdifferenzen verbucht werden, stellen Sie über die IMG-Aktivität **Behandlung von Kursdifferenzen einstellen** ein. Ihre Einstellungen sind über Tabelle FMLV_ERD aufrufbar. Die Kontenfindung für Wechselkursdifferenzen im Kontext von Fremdwährungsbewertungen legen Sie entweder auf Ebene des Buchungskreises, des Ledgers oder der rechtlichen Rechnungslegungsvorschrift fest. Bekannte Vorschriften für die Rechnungslegung sind IFRS (International Financial Reporting Standards) oder US-GAAP (United States Generally Accepted Accounting Principles). Hierfür nutzen Sie die ersten drei Spalten **RLV**, **Ld** und **BuKr.** aus Abbildung 8.11.

	RLV	Ld	BuKr	Einfacher WhrTyp	KDF-Methode	KDF-Berechnungslogik	Buch. nicht v. KDF
☐			0001		2 Kurs bei Rechnungs...	1 Umrechnungskurs zwisc...	1 Als Kursdifferenz...

Abbildung 8.11: Ausprägungen für Kursdifferenzenbehandlungen

Anschließend legen Sie die Methode für die Wechselkursdifferenzenberechnung (kurz KDF-Methode) fest. Dabei treffen Sie folgende Entscheidung im Feld **KDF-Methode**:

- **1: Kurs bei Wareneingang**
  Ist diese Berechnungsmethode ausgewählt, werden die Kursdifferenzen bei Materialien, die nach dem gleitenden Durchschnittspreis bewertet werden, sowie bei nach dem Standardpreis bewerteten Materialien nicht auf den Bestand verrechnet. Dasselbe gilt für kontierte Aufträge in Fremdwährungen bei deren Verbrauchsbuchung.
- **2: Kurs bei Rechnungseingang**
  Nutzen Sie diese Berechnungsmethode, verrechnet das SAP-System die auftretenden Kursdifferenzen bei Materialien bewertet nach dem gleitenden Durchschnittsverfahren und verrechnet kontierte Bestellaufträge mit dem vorhandenen Bestand beziehungsweise Verbrauch. Dies gilt nicht für Materialien mit einer Bestandsunterdeckung.

  Eventuelle Kursdifferenzen bei Standardpreismaterialien können Sie über die Istkalkulation beim Periodenabschluss optional aktivieren.

In der Spalte **KDF-Berechnungslogik** steht Ihnen nur die Option **1 Umrechnungskurs zwischen Wareneingang und Rechnungseingang** zur Verfügung.

Wie nicht mit dem Bestand beziehungsweise dem Verbrauch verrechnete Kursdifferenzen verbucht werden, definieren Sie über die Auswahl im Feld **Buch. nicht v. KDF**. Dabei haben Sie folgende Werte zur Auswahl:

- **1: Als Kursdifferenzen buchen**
  Die nicht verrechneten Differenzen werden als Kursdifferenzen gebucht.
- **2: Als Preisdifferenzen buchen**
  Die nicht verrechneten Differenzen werden als Preisdifferenzen gebucht.

Für den Buchungskreis 0001 aus Abbildung 8.11 werden die Kursdifferenzen auf Ebene des Buchungskreises geführt. Die KDF-Berechnungsmethode 2, **Kurs bei Rechnungseingang**, ist eingestellt. Die Berechnungslogik ist vorgegeben. Nicht verrechnete Kursdifferenzen werden als Kursdifferenzen gebucht.

Ungeplante Nebenkosten

Kosten, die Sie nicht mit dem Lieferanten in der Bestellung festgehalten haben, können Sie bei der Erfassung der Rechnung als ungeplante Nebenkosten erfassen. Typische ungeplante Nebenkosten sind beispielsweise Transport- oder Zollkosten. Über die IMG-Aktivität **Buchen von ungeplanten Nebenkosten einstellen** bestimmen Sie, wie die zusätzlich angefallenen Kosten systemseitig verarbeitet werden. Ihre Entscheidung können Sie über Tabelle T169P einsehen.

Sie haben folgende Möglichkeiten und können daraus die passende auswählen:

- **»blank«: auf die Rechnungspositionen verteilen**
  Die angefallenen ungeplanten Bezugsnebenkosten werden im Verhältnis zu den bisher abgerechneten und den in dem laufenden Rechnungsbeleg kalkulierten Positionsbeträgen auf die einzelnen Rechnungspositionen verteilt, falls Sie sich für den Feldwert »blank« entscheiden. Die ermittelten Beträge werden schlussendlich auf den Positionsbetrag addiert.
- **1: auf Rechnungspositionen verteilen inklusive geplante Nebenkosten**
  Verglichen mit der Verteilung der Bezugsnebenkosten werden zusätzlich zu den ungeplanten Bezugsnebenkosten ebenfalls die geplanten Nebenkosten auf die unterschiedlichen Rechnungspositionen verteilt.
- **2: getrennte Sachkontenzeile**
  Statt ungeplante Nebenkosten verhältnismäßig auf die Rechnungspositionen zu verteilen, stellen Sie mit dem Wert **2** sicher, dass die unvorhergesehenen Kosten auf ein separates Sachkonto verbucht werden. Voraussetzung dafür ist, dass:
  - die Kontenfindung konfiguriert ist (siehe Abschnitt 8.5, »Kontenfindung in der Rechnungsprüfung«)

- ein Vorschlagswert für das zu verwendende Steuerkennzeichen bei nicht geplanten Nebenkosten hinterlegt ist (siehe den Unterabschnitt »Vorschlagswerte für Steuerkennzeichen« in diesem Abschnitt)

Abbildung 8.12 veranschaulicht, dass im gewählten Buchungskreis 0001 die ungeplanten Kosten auf die Rechnungsposition verteilt werden.

BuKr	Ungeplante Nebenkosten	Sachkontenpos. ausschlßn
☐ 0001	auf die Rechnungspositionen verteilen ∨	☐

Abbildung 8.12: Ungeplante Nebenkosten

Bestelltexte

In der IMG-Aktivität **Bestelltexte bei Rechnungsprüfung bearbeiten** (Transaktion OMR8) legen Sie buchungskreisspezifisch fest, ob bei der Rechnungserfassung meldepflichtige Texte aus der Bestellung angezeigt beziehungsweise »gemeldet« werden sollen. Befolgen Sie die vorgesehene Konfigurationsreihenfolge:

1. Im Bildbereich **Bestelltext allgemein** aktivieren Sie, ob Rechnungsprüferinnen und -prüfer eine Meldung erhalten, falls bei einer in Bezug zu einer Bestellung erfassten Rechnung als meldepflichtig eingestufte Texte auf Kopfebene enthalten sind.

   Die Aktivierung erfolgt, indem Sie das Kästchen **BestText** auswählen (wie für den Buchungskreis 0001 in Abbildung 8.13 zu sehen). Das System führt die Einstellung in Tabelle T169P.

BuKr	Name der Gesellschaft	BestText
☐ 0001	SAP SE	☑

   Abbildung 8.13: Behandlung des Bestellanhangs im Buchungskreis

2. Welche Bestellkopftexte eine Meldung an Ihre Anwenderinnen und Anwender auslösen, legen Sie im zweiten Konfigurationsschritt **Meldepflichtige Bestelltexte** fest. Ordnen Sie dem gewünschten Buchungskreis die entsprechenden Text-IDs zu. Die Zuweisungen werden in Tabelle T169B geführt.

   Die Bestellkopftexte F03 (Preisarten) und F07 (Zahlungsbedingungen) sind als meldepflichtige Bestelltexte für den Buchungskreis 0001 eingestuft (siehe Abbildung 8.14). Liegt eine fehlerhafte Textzuweisung vor, erkennen Sie dies an der entsprechenden Angabe in der Statusspalte.

BuKr	Gesellschaftsname	ID	Bedeutung	Status
☐ 0001	SAP SE	F03	Preisarten	
☐ 0001	SAP SE	F07	Zahlungsbedingungen	

   Abbildung 8.14: Meldepflichtige Texte

Wie Sie eigene (Kopf-)Bestelltexte konfigurieren, können Sie in Abschnitt 4.10.2, »Textarten«, zum Einkauf nachlesen.

Preisabweichungs-E-Mail an Einkauf

Eine weitere, insbesondere für den Einkauf hilfreiche Funktion ist der automatische Versand einer E-Mail bei auftretenden Preisdifferenzen aus der Rechnungsprüfung heraus an den Einkauf. Um die Hintergründe der gemeldeten Preisabweichungen zu erfahren, steht es den zuständigen Personen im Einkauf frei, den betroffenen Lieferanten zu kontaktieren. Zur Aktivierung der automatischen Nachrichtenfunktion nutzen Sie die IMG-Aktivität **Mail an Einkäufer bei Preisabweichung festlegen**. Die Einstellung speichert das System in Tabelle T169P.

[!]

Abhängigkeit zur Nachrichtenfindung

Eine (automatische) E-Mail wird nur an den Einkauf versendet, wenn die Nachrichtenfindung konfiguriert ist (siehe Abschnitt 4.11, »Nachrichten«). Eine alleinige Aktivierung der Funktion **Automatische Mail** für den Einkauf ist nicht ausreichend.

Die Funktion **Automatische Mail** ist in der Standardauslieferung nicht aktiv, daher sehen Sie in Abbildung 8.15 für den Buchungskreis 0001 ein leeres Auswahlkästchen in der Spalte **Auto. Mail**.

BuKr	Name der Gesellschaft	Auto. Mail
☐ 0001	SAP SE	☐

Abbildung 8.15: Automatische Mail an den Einkauf aktivieren

Lieferantenabhängige Toleranzen

Unter Zuhilfenahme buchungskreisabhängiger *Toleranzgruppen* können Sie fest definierte prozentuale und/oder absolute Unter- sowie Obergrenzen für akzeptierte Preistoleranzen abbilden. Sie unterscheiden folgende Toleranzen:

- **Pauschale Akzeptanz**
  Liegt die ermittelte Toleranz innerhalb des angegebenen Toleranzbereichs, wird bei der Buchung der Rechnung eine Differenzenzeile auf ein neutrales Aufwands- oder Ertragskonto aus Kleindifferenzen gebucht. Hinterlegen Sie für diesen Zweck in der Kontenfindung geeignete Sachkonten für den Vorgangsschlüssel DIF (Kleindifferenzen Materialwirtschaft), wie in Abschnitt 8.5, »Kontenfindung in der Rechnungsprüfung«, beschrieben.
- **Pauschale Rechnungskürzung**
  Liegt die ermittelte Abweichung im Toleranzbereich, bucht das SAP-System die Differenz auf ein Verrechnungskonto und gleicht mit Hilfe des zweiten erzeugten Belegs, einer Gutschrift, die offenen Posten aus (siehe Abschnitt 8.2.2, »Anpassbare Anwendungen«).

Nur wenn die Toleranzgruppe in der Sicht **Buchungskreis** des Lieferanten erfasst ist, werden die Toleranzgrenzen berücksichtigt. Die Toleranzgruppen sind auch für debitorische Geschäftspartner nutzbar.

Sie prägen die Toleranzgruppen über die IMG-Aktivität **Lieferantenabhängige Toleranzen einstellen** aus. Für eine Toleranzgruppe ist ein vierstelliger alphanumerischer Schlüsselwert vorgesehen. Der Schlüssel sowie dessen Ausprägungen werden in Tabelle T169L geführt. Die betroffene Währungseinheit des Schlüssels wird automatisch aus dem Buchungskreis ermittelt.

Bevor Sie mit Ihren individuellen Einstellungen loslegen, sollten Sie das logische Systemverhalten für die lieferantenabhängigen Toleranzen kennen. Das System berechnet die Differenz zwischen dem (Gesamt-)Nettorechnungsbetrag und der Nettosumme aller Rechnungspositionen. Der Nettorechnungsbetrag ergibt sich aus dem Gesamtbruttobetrag der Rechnung abzüglich Steuern und ungeplanten Bezugsnebenkosten. Bei einem positiven Endergebnis der Subtraktion liegt eine positive Differenz vor. Ist der Rechnungsnettobetrag niedriger, müssen Sie mit einer negativen Differenz leben:

- **Positive Differenz**
  Ist die positive Differenz geringer als die hinterlegte positive Kleindifferenz, bucht das System den angefallenen Betrag auf ein Kleindifferenzenkonto.

  Ist wiederum die positive Differenz größer als die erfasste positive Differenz für Kleindifferenzen und ist zusätzlich für die pauschale Rechnungskürzung das Auswahlkästchen **Grenze prüfen** nicht markiert, überprüft das System, ob die positive Differenz geringer ist als das ermittelte Minimum aus absoluter und prozentualer Obergrenze. Trifft dies zu, wird eine Kontenbuchung auf einem Kleindifferenzenkonto erwartet und schließlich durchgeführt. Anderenfalls ist die Rechnung nicht buchbar.

  Ist wiederum die positive Differenz größer als die erfasste positive Differenz für Kleindifferenzen und ist zusätzlich für die pauschale Rechnungskürzung das Auswahlkästchen **Grenze prüfen** markiert, kontrolliert das SAP-System, ob die Differenz niedriger ist als das Minimum aus absoluter und prozentualer Obergrenze für die pauschale Rechnungskürzung. Wenn dies der Fall ist, wird ein Verrechnungskonto zur Rechnungskürzung angesprochen und zusätzlich ein Gutschriftbeleg erzeugt, um offene Posten auszugleichen. Andernfalls ist der Rechnungsbeleg nicht buchbar.
- **Negative Differenz**
  Eine Buchung auf dem Kleindifferenzenkonto ist das Resultat, wenn die negative Differenz absolut kleiner ist als die negative Kleindifferenz. Ist die absolute Differenz jedoch größer als die hinterlegte Kleindifferenz, prüft das System, ob die ermittelte Differenz niedriger als das Minimum aus absoluter und prozentualer Untergrenze ist. Tritt der beschriebene Fall ein, erfolgt eine Buchung auf dem Kleindifferenzenkonto. Anderenfalls kann die Buchung der Rechnung nicht systemseitig durchgeführt werden.

Pauschale Rechnungskürzung

Eine pauschale Rechnungskürzung wird nicht vom System durchgeführt, falls:

- eine Rechnungsposition manuell gekürzt wurde
- eine Differenz manuell im Belegkopf der Rechnung akzeptiert wurde
- eine Gutschrift erfasst wurde

Bei den aufgeführten Fällen überprüft das ERP-System direkt, ob eine positive Differenz akzeptiert werden kann.

Abbildung 8.16 und Abbildung 8.17 veranschaulichen die Toleranzgruppe 0001 und deren Detailausprägungen. Sie erkennen unsere bisherigen Erläuterungen in den Bereichen **Automatische Akzeptanz negativer Differenzen**, **Automatische Akzeptanz positiver Differenzen** und **Automatische Rechnungskürzung** wieder. Neben der Entscheidung, ob eine Wertgrenze geprüft werden soll, ist auch die Festlegung der tatsächlichen Unter- und Obergrenzen für die absoluten und prozentualen Werte notwendig. In den Abbildungen sehen Sie, welche Zahlenwerte für die ausgewählte Toleranzgruppe erfasst wurden. Alle Grenzen sind für die Beispieltoleranzgruppe 0001 als prüfrelevant gekennzeichnet.

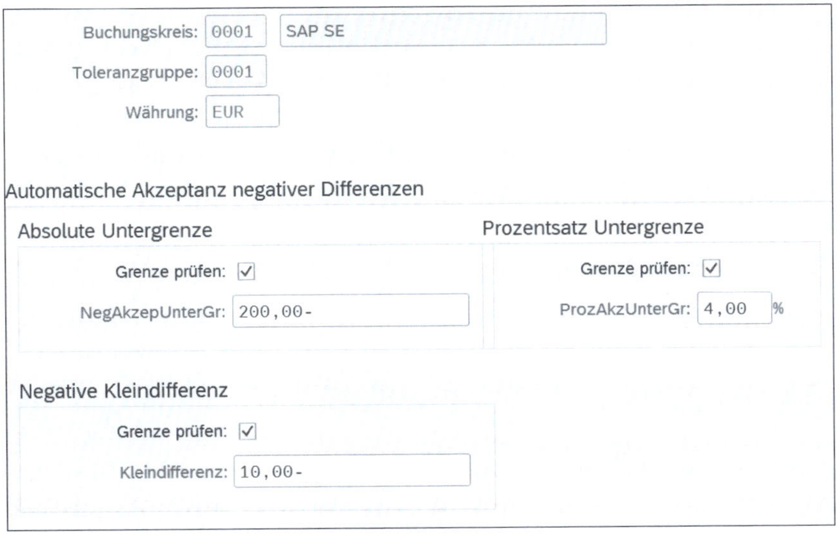

Abbildung 8.16: Lieferantenabhängige Preistoleranz (1)

Ist einem Kreditor keine Toleranzgruppe zugewiesen oder sind keine Prüfungen für die Toleranzgruppe definiert, greift das System auf die konfigurierten Werte aus dem Toleranzschlüssel BD (Kleindifferenzen automatisch bilden) zurück. Der Toleranzschlüssel ist ein Bestandteil der automatischen Rechnungssperrung (siehe dazu Abschnitt 8.3.2, »Toleranzgrenzen«).

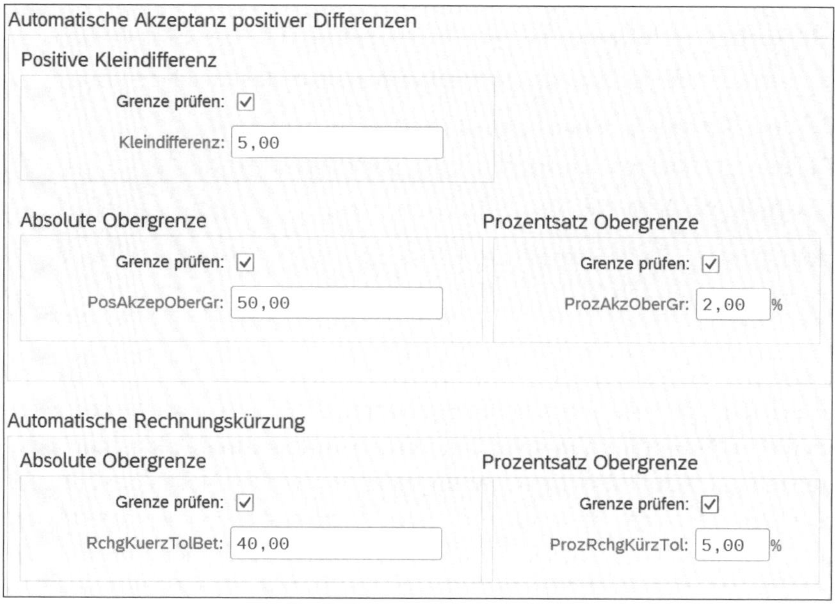

Abbildung 8.17: Lieferantenabhängige Preistoleranz (2)

Direktes Buchen

Soll bei der logistischen Rechnungsprüfung die Möglichkeit unterbreitet werden, direkt auf Sach- und/oder Materialkonten sowie Anlagen zu buchen, blenden Sie die gleichnamigen Registerkarten in Transaktion MIRO (Eingangsrechnung hinzufügen) ein. Rufen Sie hierfür die IMG-Aktivität **Direktes Buchen auf Sach- und Materialkonten sowie Anlagen aktivieren** auf. Ihre Entscheidung ist in Tabelle TCULIV hinterlegt.

[»]

Buchungskreisunabhängigkeit

Beachten Sie, dass die Aktivierung einer der genannten Registerkarten nicht für einen spezifischen Buchungskreis gilt, sondern für alle im System befindlichen Buchungskreise – eine seltene Ausnahme im Bereich der Rechnungsprüfung.

Dank des selektierten Auswahlkästchens **Direktbuchen auf Sachkonto aktiv** (siehe Abbildung 8.18) steht nun den Anwenderinnen und Anwender die zusätzliche Registerkarte **Sachkonto** im unteren Bildbereich in der Transaktion MIRO zur Verfügung (siehe Abbildung 8.19).

Abbildung 8.18: Direktes Buchen aktivieren

Abbildung 8.19: Aktivierte Registerkarte »Sachkonto«

Beim Thema »Direktes Buchen« soll nicht unerwähnt bleiben, dass Sie zusätzlich einstellen können, dass Ihre Rechnungsprüferinnen und -prüfer ein abweichendes Abstimmkonto beim Erfassen der Lieferantenrechnung auswählen können. Das Abstimmkonto eines Lieferanten hinterlegen Sie in der Buchungskreissicht der Geschäftspartnerrolle FLVN00.

Sie aktivieren die Möglichkeit zur Änderung des Abstimmkontos über die IMG-Aktivität **Direktes Buchen auf abweichende Sachkonten aktivieren**, indem Sie in der sich öffnenden Pflege-View lediglich den betroffenen Buchungskreis als neuen Tabelleneintrag aufnehmen. Die Buchungskreise, die eine Änderung des Kontos zulassen, sind in Tabelle T169HKONT aufgeführt.

Anzeigevarianten

Welche aus den Vorbelegen übernommenen Daten in welcher Reihenfolge für Ihre Anwenderinnen und Anwender angezeigt werden und wie, definieren Sie über eine Anzeigevariante, in der Sie Ihre mögliche Detailverliebtheit ausleben können. Im Fall der logistischen Rechnungsprüfung konfigurieren Sie die Anzeigevarianten der Transaktion MIRO über die dazugehörige IMG-Aktivität **Varianten für Positionsliste pflegen** (Transaktion OLMRLIST).

Im Einstiegsbild der Screenvarianten-Aktivität (siehe Abbildung 8.20) greifen Sie auf folgende Funktionalitäten zu (die angegebene Reihenfolge entspricht der Reihenfolge der Icons in der Aktivitätenleiste, links beginnend):

- Anlegen
- Ändern Mit Abspielen
- Ändern
- Anzeigen
- Prüfen
- Testen
- Verwendungsnachweis
- Löschen
- Kopieren

Im Vordergrund Ihrer Anpassung steht der Gedanke der Benutzerfreundlichkeit. Definieren Sie eine neue Variante oder passen Sie eine bestehende Variante mit dem Ziel an, dass unnötiges horizontales Scrollen vermieden und alle relevanten Informationen übersichtlich auf einen Blick abgelesen, geändert oder erfasst werden können. Um die Auswahlliste der Anzeigevarianten übersichtlicher zu gestalten, steht es Ihnen frei, überflüssig erscheinende Varianten zu löschen.

Abbildung 8.20: Einstiegsbild der Screenvariante

Unabhängig von der gewählten Funktion müssen Sie stets eine Transaktion, eine Screenvariante, ein Programm und ein Dynpro angeben. In unserem Beispiel sind die geeigneten Werte MIRO, 13_6310, SAPLMR1M und 6310. Die Screenvariante 13_6310 enthält alle Informationen, Sie können aber natürlich auch andere Standardvarianten verwenden, die Sie in Tabelle 8.1 aufgelistet finden. Alle Standardvarianten umfassen die änderbaren Felder **Menge**, **Betrag** und **Steuerkennzeichen**.

Variante	Bezeichnung
2_6310	Bestellung - Lieferschein
3_6310	Bestellhistorie
4_6310	Kontierung - Kostenstelle
5_6310	Kontierung - Anlage, Auftrag
6_6310	Rechnungskürzung
7_6310	Alle Informationen
8_6310	Leistungen
9_6310	Bestellung - Erfassungsblatt
10_6310	Bestellung - Bestellpreismenge

Tabelle 8.1: Positionsanzeigevarianten für die Rechnungsprüfung

Variante	Bezeichnung
11_6310	Bestellung – Jurisdiction Code
12_6310	Transporte
13_6310	Alle Informationen
14_6310	Differenzrechnungsstellung
15_6310	Frachtauftrag

Tabelle 8.1: Positionsanzeigevarianten für die Rechnungsprüfung (Forts.)

Abbildung 8.21 zeigt den Änderungsbereich zur Anzeigevariante 13_6310 (Alle Informationen), den Sie mit einem Klick auf die Schaltfläche (**Ändern**) im Einstiegsbild erreichen. Passen Sie die Anzeigevariante nach Ihren Bedürfnissen an. Falls es mit einem erhöhten Aufwand verbunden wäre, die angedachten Änderungen durch Anpassungen an einer bestehenden Variante vorzunehmen, kann es besser sein, eine neue Anzeigevariante anzulegen.

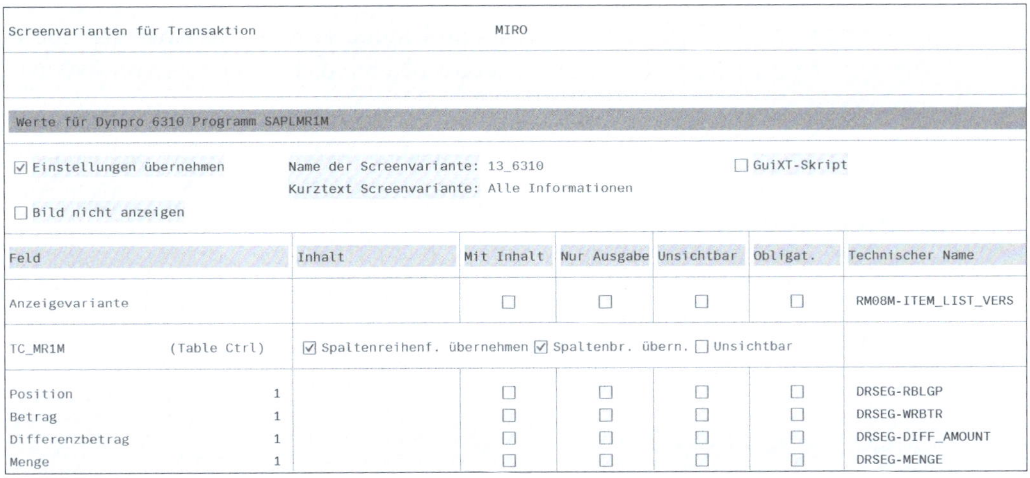

Abbildung 8.21: Änderungsmodus der Screenvariante 13_6310 zu Transaktion MIRO

Auch wenn Sie mit Hilfe einer Anzeigevariante eine solide Grundlage für eine übersichtliche Informationsbeschaffung und eine unkomplizierte Eingabe der relevanten Daten geschaffen haben, sollten Sie dennoch überlegen, in der Rechnungsprüfung mit einer *Verdichtungsvariante* zu arbeiten. Sie können darüber mehrere Rechnungspositionen einer Rechnung kriterienabhängig zusammenfassen. Dadurch lassen sich ein verringerter Prüfungsaufwand sowie eine zügigere Suche nach eventuellen Abweichungen erreichen.

Arbeiten mit Verdichtungsvarianten

Wählen Sie in der Rechnungsprüfung eine Verdichtungsvariante aus, ändert sich die Benutzeroberfläche der Rechnungspositionen beim Erfassen einer Rechnung. Beispielsweise können Sie nun nach Ihren Kriterien verdichtete Rechnungspositionen expandieren, um sich die einzelnen Positionen anzusehen.

Über die IMG-Aktivität **Varianten für Verdichtungsliste pflegen** (Transaktion OLMR-VERDLIST) greifen Sie auf die Verdichtungsvarianten zu. Die Funktionen sind identisch mit denen der Anzeigevariante und können analog genutzt werden. Der SAP-Standard liefert folgende Verdichtungsvarianten (Dynpro 6350) aus:

- 1_6350 (Verdichtung: Werk)
- 2_6350 (Verdichtung: Material)
- 3_6350 (Verdichtung: Bestellung)
- 4_6350 (Verdichtung: Lieferschein)
- 5_6350 (Verdichtung: Konfig. Material)

Nach welchen Auswahlkriterien die Variantenverdichtung erfolgt, definieren Sie mandantenunabhängig über die IMG-Aktivität **Verdichtungskriterien voreinstellen**. Selbstredend ist das Ausprägen von Verdichtungskriterien nur dann möglich, wenn eine Variante existiert.

Abbildung 8.22 verdeutlicht die möglichen Verdichtungskriterien von der Bestellung bis hin zum Kennzeichen für die Mehrwertsteuer. Im Standard sind für keine Verdichtungsvariante Voreinstellungen getroffen.

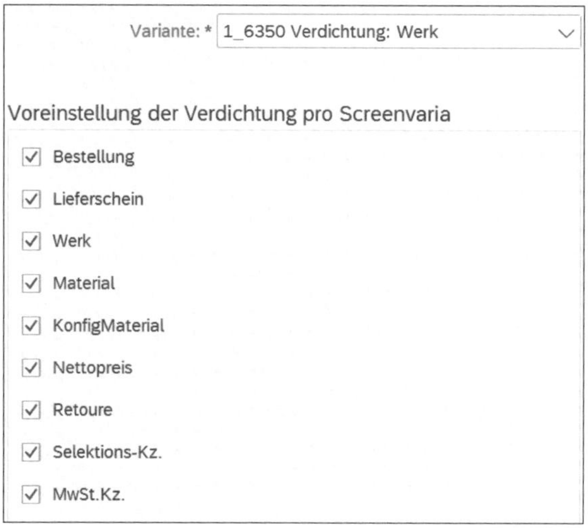

Abbildung 8.22: Voreinstellungen für die Verdichtungsvariante 1_6350 (Verdichtung: Werk)

Startlogo

Über die IMG-Aktivität **Startlogo einstellen** können Sie einstellen, dass beim Aufruf der Transaktion MIRO (Eingangsrechnung hinzufügen) neben den Kopfdetails der Rechnungserfassung ein Startlogo – meist das eigene Firmenlogo – erscheint. Das Startlogo verschwindet beim Erfassen der Rechnungsdaten wieder.

Sie hinterlegen buchungskreisabhängig als Startlogo eine URL (Uniform Resource Locator) und aktivieren die Logoanzeige über die Option **Log** (siehe Abbildung 8.23). Auf Ihre Einstellungen greifen Sie gezielt über die Tabelle T169P zu.

	BuKr.	Name	Log	URL
☐	0001	SAP SE	☐	

Abbildung 8.23: Startlogo einstellen

Prüfung auf doppelte Rechnungen

Um zu verhindern, dass Lieferantenrechnungen und Gutschriften doppelt im System erfasst und unabsichtlich mehrmals gezahlt werden, aktivieren Sie die Prüfung auf doppelte Rechnungen unter Zuhilfenahme der IMG-Aktivität **Prüfung auf doppelte Rechnungen einstellen**. Die Prüfeinstellungen sind ein Bestandteil von Tabelle T169P.

Die Prüfung basiert auf folgenden Angaben aus einer Lieferantenrechnung oder einer Gutschrift:

- Buchungskreis:
  - Lieferant
  - Währung
  - Buchungskreis
  - Bruttorechnungsbetrag
- Referenznummer
- Rechnungsdatum

Wenn alle aktivierten Prüfmerkmale übereinstimmen, wird eine Systemmeldung ausgegeben. Eine bereits erfasste, aber inzwischen stornierte Gutschrift oder Lieferantenrechnung löst bei erneuter Eingabe der Daten keine Meldung aus. Gutschriften werden im Rahmen der Prüfung auf doppelte Rechnungen nur geprüft, wenn das Kennzeichen **Gutschr. prüfen** markiert ist.

Die Ausprägung der erscheinenden Systemmeldung legen Sie über die IMG-Aktivität **Eigenschaften der Systemmeldungen festlegen** (Transaktion OMRM) unter dem Pfad **Materialwirtschaft • Logistik-Rechnungsprüfung** fest.

[»]

> **Weitere Rechnungsvorgänge**
> Die übrigen Rechnungsvorgänge (Gutschrift, nachträgliche Be- und Entlastung) sind von der Prüfung auf mehrmalige Eingabe ausgeschlossen. Die Prüfung wird lediglich bei Lieferantenrechnungen durchlaufen.

Für den Buchungskreis 0001 sind alle Prüfungen für Rechnungen aktiv: Sowohl die Buchungskreisdaten als auch die Referenznummer und das Datum der Lieferantenrechnung fließen in die Prüfung doppelter Erfassungen ein (siehe Abbildung 8.24). Je mehr Prüfungskriterien Sie aktivieren, desto wahrscheinlicher kann das System eine Rechnungsdublette finden. Die abgebildete Konfiguration entspricht der SAP-Standardauslieferung, die keine Gutschriften prüft.

	BuKr	Gesellschaftsname	BuKr.	Referenz prüfen	RechnDat. prüf.	Gutschr. prüfen
☐	0001	SAP SE	☑	☑	☑	☐

Abbildung 8.24: Doppelte Rechnungen prüfen

Einstellungen für Mehrfachkontierung

Eine buchungskreisübergreifende Entscheidung treffen Sie für die Änderbarkeit von Menge und Betrag bei mehrfachkontierten Rechnungspositionen. Betroffen bei dieser Einstellung ist die Änderbarkeit des Kontierungsbildes und nicht die Anpassungsmöglichkeit von Gesamtmenge und -betrag auf Positionsebene. Sie legen diese Einstellung über die IMG-Aktivität **Einstellungen für Mehrfachkontierung konfigurieren** fest. Ihre Entscheidung wird in Tabelle TCULIV gespeichert.

Ihre Auswahl ist auf folgende Möglichkeiten beschränkt:

- »blank«: Menge und Betrag änderbar
- **1**: Menge und Betrag nicht änderbar

Fällt Ihre Wahl auf die Änderbarkeit von Menge und Betrag, gestatten Sie Ihren Anwenderinnen und Anwendern damit, die Vorschlagswerte für die Menge und den Betrag aus dem Bestellbeleg im Kontierungsbild anzupassen. Die Auswahl **Menge und Betrag nicht änderbar** verhindert manuelle mengen- oder wertmäßige Änderungen an der Mehrfachkontierung beim Erfassen einer Rechnung. Im Regelfall werden Mengen- und Betragsänderungen bei mehrfachkontierten Rechnungspositionen zugelassen (siehe Abbildung 8.25).

Änderung Menge und Betrag (Mehrfachkontierungsbild)	
Änderng Menge/Betrag:	Menge und Betrag änderbar
Verteil. Mehrfachk.:	Betrag und Menge proportional verteilen

Abbildung 8.25: Änderbarkeit von Menge und Betrag bei Mehrfachkontierung

Zudem können Sie sich in dieser IMG-Aktivität für eine der beiden folgenden Optionen für die Verteilung der Mehrfachkontierung entscheiden:

- **»blank«: Betrag und Menge proportional verteilen**
  Die Verteilung des Betrags und der Menge erfolgt proportional zu den Beträgen und Mengen, die bereits für die Kontierungen in der Rechnungsposition erfasst wurden.
- **1: Betrag und Menge basierend auf Bestellung verteilen**
  Die Verteilung des Betrags und der Menge erfolgt basierend auf der Historie der Bestellpositionen und der in der Bestellung festgelegten Verteilung der Mehrfachkontierung.

Partnerrolle als erlaubten Zahlungsempfänger

Welche Partnerrollen als Zahlungsempfänger in der Rechnungsprüfung erlaubt sind, bestimmen Sie über die IMG-Aktivität **Partnerrolle als erlaubten Zahlungsempfänger definieren**. Die zulässigen Partnerrollen führt das System in Tabelle T169BP.

Die Partnerdatenprüfung läuft nach einer implementierten Logik ab: Bei den Partnerdaten wird zunächst überprüft, ob der Rechnungssteller im Belegkopf der referenzierten Bestellung angegeben ist. Trifft das zu, wird in einem Folgeschritt kontrolliert, ob eine der dort hinterlegten Partnerrollen als Zahlungsempfänger erlaubt ist. Schlägt einer dieser beiden Prüfungsschritte fehl, besteht die Möglichkeit, aussagekräftige Warn- oder Fehlermeldungen ausgeben zu lassen (über die IMG-Aktivität **Eigenschaften der Systemmeldungen festlegen**, Transaktion OMRM).

BAdIs in der Rechnungsprüfung

Eine kundeneigene Logik, nach der das System prüft, ob der Rechnungssteller zum Zahlungsempfang berechtigt ist, können Sie über das Business Add-In `MRM_PARTNER_CHECK` (Prüfung der Partnerdaten) aus der Bestellung ausprogrammieren. Weitere BAdIs für die logistische Rechnungsprüfung finden Sie unter dem Pfad **Materialwirtschaft • Logistik-Rechnungsprüfung • Customer-Exits und Business Add-Ins pflegen**. Entstehen im Projektverlauf individuelle Bedarfe für die Rechnungsprüfung, sollten Sie die Nutzbarkeit der zur Verfügung gestellten BAdIs evaluieren.

In der SAP-Standardauslieferung ist lediglich die Partnerrolle LF (Lieferant) als erlaubter Zahlungsempfänger vordefiniert (siehe Abbildung 8.26). Ergänzen Sie weitere für Ihre Zwecke benötigte Partnerrollen. Die Auswahlmöglichkeiten der Partnerrollen wird insbesondere durch die Systemeinstellungen im Teilbereich Einkauf beeinflusst (siehe Abschnitt 4.8, »Partnerfindung«).

Rolle	RP-Partner
☐ LF	☑

Abbildung 8.26: Partner als Zahlungsempfänger erlaubt

[»]

Partnerrolle LF (Lieferant)

Die Partnerrolle LF (Lieferant) ist als erlaubter Zahlungsempfänger in der Standardauslieferung voreingestellt und zugleich nicht änderbar oder löschbar. Ein Anpassungsversuch führt unausweichlich zu der Fehlermeldung »Partnerrolle Lieferant ist immer zur Zahlung erlaubt«.

8.2.3 Flexibler Workflow

Einen Genehmigungsprozess für Lieferantenrechnungen etablieren Sie über den flexiblen Workflow in der logistischen Rechnungsprüfung. Mit Hilfe der SAP-Fiori-App **Workflows für Lieferantenrechnungen verwalten** gestalten Sie individuell Ihren Genehmigungsprozess. Von den Startbedingungen bis hin zu den einzelnen Genehmigungsschritten modellieren Sie Ihren eigenen Workflow innerhalb der App, anstatt die Abläufe starr im Customizing zu hinterlegen. (Wenn Sie das SAP Fiori Launchpad nicht einsetzen, können Sie nicht auf den flexiblen Workflow für Lieferantenrechnungen zurückgreifen. In diesem Fall überspringen Sie diesen Abschnitt einfach und machen mit Abschnitt 8.2.4, »Einbehalte«, weiter.)

Das Customizing für den flexiblen Workflow verfolgt hauptsächlich das Ziel, den Workflow »technisch« korrekt aufzusetzen und ihn zu aktivieren. Sie erreichen die notwendigen Aktivitäten über den IMG-Pfad **Materialwirtschaft • Logistik-Rechnungsprüfung • Eingangsrechnung • Flexibler Workflow für Lieferantenrechnungen** (siehe Abbildung 8.27).

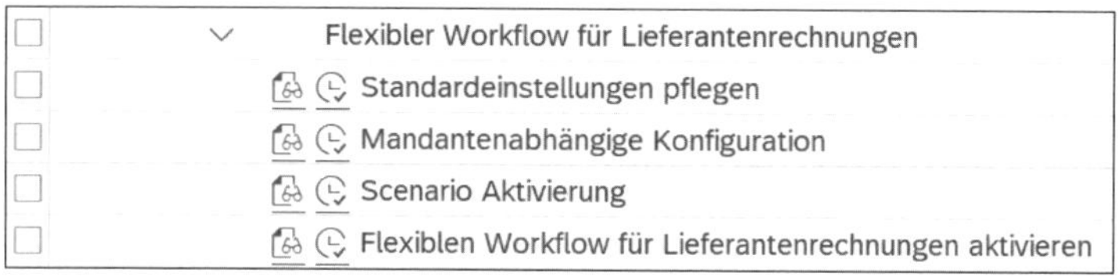

Abbildung 8.27: IMG-Aktivitäten im Bereich »Flexibler Workflow«

Für die Verwendung des flexiblen Workflows sind weiterführende Konfigurationsschritte unerlässlich, die über die Materialwirtschaft hinausgehen. Dadurch ergibt sich aus Customizing-Sicht folgende Gesamtschrittfolge:

1. Standardeinstellungen prüfen
2. Szenarien aktivieren
3. Schrittnamen und Entscheidungsoptionen festlegen
4. Visualisierungsmetadaten definieren
5. Ereignistypkopplungen deaktivieren

6. Aufgaben generalisieren
7. Ereignistypkopplungen aktivieren
8. Gateway-Service für Eingabehilfen registrieren
9. Flexiblen Workflow aktivieren

Alle aufgeführten Schritte sind obligatorisch und werden daher in den folgenden Unterabschnitten näher beleuchtet.

[«]

Hilfreiche SAP-Hinweise

Ergänzende Informationen zur Konfiguration des flexiblen Workflows rufen Sie über den SAP-Hinweis 2804158 auf. Welche Unterschiede und Vorteile der flexible Workflow gegenüber dem klassischen Workflow aus SAP ERP bietet, erfahren Sie in SAP-Hinweis 2617270.

Standardeinstellungen

Der flexible Workflow erfordert Systemeinstellungen und -aktivitäten, die Sie je Mandant vornehmen müssen. Sie pflegen automatisch die Standardeinstellungen des Workflows über die IMG-Aktivität **Standardeinstellungen prüfen** (Transaktion SWU3). Dabei werden folgende Aufgaben ausgeführt:

- Konfiguration einer RFC-Destination (Remote Function Call)
- Einplanung von Workflow-relevanten Hintergrundjobs
- Setzen einer aktiven Planvariante
- Klassifizieren von SAP-Aufgaben als generell
- Pflege des Workflow-Systemadministrators

Alle genannten Systemeinstellungen können Sie, wenn gewünscht, auch einzeln innerhalb der Customizing-Aktivität vornehmen. Jedoch ist dies im Regelfall nicht notwendig.

Am Ende des automatisierten Durchlaufs entnehmen Sie dem Ablaufprotokoll, welche Aktivitäten das System durchgeführt hat. Vergewissern Sie sich, dass alle Prüfungen durchgeführt wurden (dies ist in der Ergebnisliste am grünen Häkchen zu erkennen). Überprüfen Sie abschließend Ihre Systemeinstellungen auf Vollständigkeit, indem Sie einen Verifikations-Workflow einsetzen.

Sie führen die automatisierte Workflow-Pflege in allen Mandanten aus, in denen Sie mit dem Workflow arbeiten möchten. Bei den Standardeinstellungen handelt es sich um mandantenspezifische Einstellungen. Einen ersten kurzen Einblick in das automatische Workflow-Customizing bietet Ihnen Abbildung 8.28.

Abbildung 8.28: Einblick ins automatische Workflow-Customizing

Szenarioaktivierung

Sie aktivieren alle Szenarien, die Sie für Ihre Rechnungsprüfung zur Verfügung stellen möchten, über die IMG-Aktivität **Scenario Aktivierung**. Für jedes Workflow-Szenario muss eine eindeutige Workflow-Szenario-ID aktivieren werden, teilweise zusammen mit einer Standardaufgabe. Ob ein Szenario aktiviert ist, erfahren Sie mit einem Blick in die Tabelle SWF_FLEX_SCACT. Erst nach Aktivierung der Szenarien sind diese in der jeweils zuständigen SAP-Fiori-App (hier: **Workflows für Lieferantenrechnungen verwalten**) sichtbar.

Aus Sicht der logistischen Rechnungsprüfung kommen folgende Szenarien in Frage:

- WS00800251 (Workflow für gesperrte Rechnung) mit den Standardaufgaben TS00800538 (Freigabe gesperrter Rechnung) und TS01800372 (Rechnung überarbeiten)
- WS00800303 (Workflow für vollständig vorerfasste Rechnung) mit den Standardaufgaben TS00800577 (Vollständige Rechnung freigeben) und TS00800585 (Rechnung überarbeiten)

Finden Sie ein Workflow-Szenario im Pflegedialog nicht, fügen Sie es als neuen Tabelleneintrag hinzu. Zu welchem Zeitpunkt und von welchem Benutzer die letzte Änderung am Workflow-Szenario durchgeführt wurde, können Sie in der Pflege-View einsehen (siehe Abbildung 8.29).

Szenario	Aktiv	Geändert von	Änderung um
☐ WS00800251	☑	YOUR_INST_US	12.03.2024 14:17:49

Abbildung 8.29: Aktiviertes Workflow-Szenario WS00800251

Statt über die Anwendung auf die Customizing-Aktivität zuzugreifen, steht Ihnen für die Aktivierung der Workflow-Szenarien alternativ der Pfad **ABAP Platform • Application**

Server • Business Management • SAP Business Workflow • Flexibler Workflow • Scenario Aktivierung zur Verfügung.

Schrittnamen und Entscheidungsoptionen

Sie fahren mit der Kontrolle der Schrittnamen und der Entscheidungsoptionen fort, die in der SAP-Fiori-App **Meine Inbox** erscheinen sollen, indem Sie die IMG-Aktivität **ABAP Platform • Aktivierung SAP-Gateway-Service • Content • Workflow-Einstellungen • Aufgabennamen und Entscheidungsoptionen verwalten** aufrufen.

Zunächst vergewissern Sie sich, ob alle Schritte für den Rechnungs-Workflow in der Übersicht enthalten sind. Die Schrittnamen verwendet das System in der SAP-Fiori-App **Meine Inbox**, um die Workitems für die Bearbeiterinnen und Bearbeiter zu gruppieren. Achten Sie auf folgende Einträge (Workflow-ID, Schritt-ID, Schrittbeschreibung):

- WS00800251, 0000000010, Freigabe der gesperrten Rechnung
- WS00800251, 0000000034, Rechnung überarbeiten
- WS00800303, 0000000019, Freigabe der vervollständigten Rechnung
- WS00800303, 0000000030, Rechnung überarbeiten

Sollte einer oder sollten mehrere der aufgeführten Werte fehlen, ergänzen Sie die Tabelle, indem Sie neue Einträge aufnehmen. Sind alle Tabellenwerte erfasst, ergibt sich eine Übersicht vergleichbar mit der Ansicht in Abbildung 8.30. Geführt werden die Werte für die Schrittnamen in Tabelle /IWWRK/C_WFSTEP.

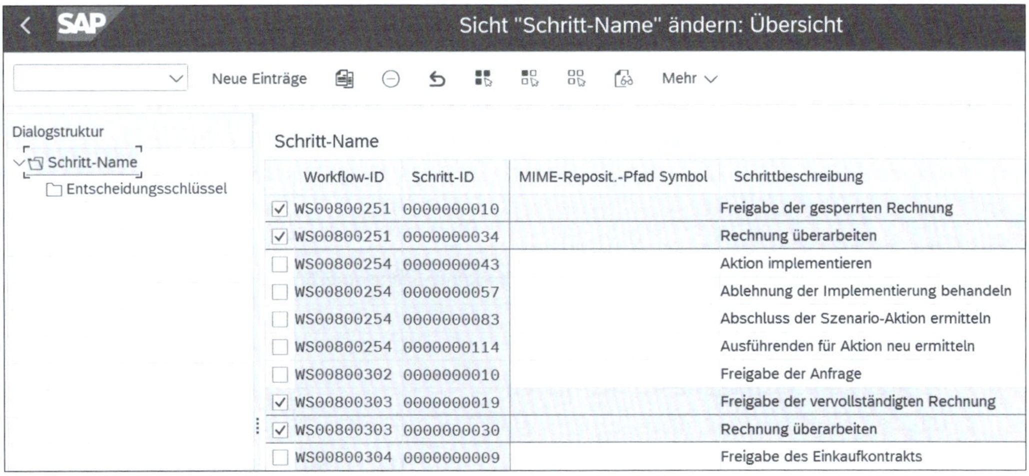

Abbildung 8.30: Übersicht über die Schrittnamen

Zu jedem Schritt gehört mindestens ein Entscheidungsschlüssel, mit dessen Hilfe die bearbeitenden Personen über das ihnen zugewiesene Workitem entscheiden können. Prüfen Sie, ob Entscheidungsschlüssel für folgende Workflow-Szenarien hinterlegt sind:

- **WS00800251 und 10**
  - 1 (Freigeben, POSITIVE)
  - 2 (Ablehnen, NEGATIVE)
- **WS00800251 und 34**
  - 1 (Nachbearbeitung erledigt, POSITIVE)
- **WS00800303 und 19**
  - 1 (Freigeben, POSITIVE)
  - 2 (Ablehnen, NEGATIVE)
- **WS00800303 und 30**
  - 1 (Nachbearbeitung erledigt, POSITIVE)

Sie gelangen in den Pflegebereich der Entscheidungsschlüssel, indem Sie in der Schrittübersicht eine Zeile markieren und in der Dialogstruktur einen Doppelklick auf die Ebene **Entscheidungsschlüssel** ausführen. Abbildung 8.31 unterstreicht die Festlegungen zu den Entscheidungsschlüsseln für die Workflow-Szenario-ID WS00800251 und die Workflow-Schritt-ID 10. Die dortigen Einstellungen entsprechen den zu erwartenden Einträgen 1 (Freigeben) und 2 (Ablehnen). Alle Entscheidungsschlüssel und deren Ausprägungen führt das System in Tabelle /IWWRK/C_WFDEC.

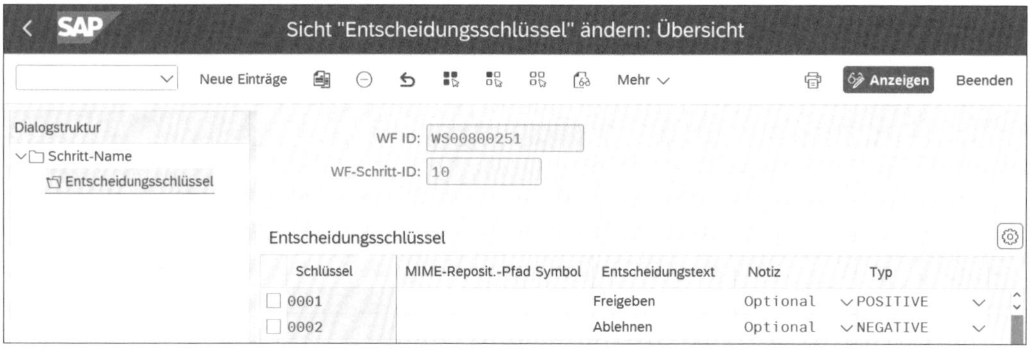

Abbildung 8.31: Entscheidungsschlüssel für Workflow-Szenario WS00800251 und Workflow-Schritt 10

Visualisierungsmetadaten definieren

Für die Metadatenvisualisierung der Workflow-Aufgaben in der SAP-Fiori-App **Meine Inbox** prägen Sie unter Einsatz der Customizing-Aktivität **Mandantenabhängige Konfiguration** (Transaktion SWFVMD1) die benötigten Parameter je Aufgabe aus. Gespeichert werden Ihre Einstellungen in Tabelle SWFVGT.

Sie pflegen Ihre Visualisierungsparameter für die rechnungsprüfungsspezifischen Workflows folgendermaßen (siehe Abbildung 8.32):

1. Wählen Sie aus der Dropdown-Liste **Worklist Client** die Option **SAPUI5 Meine Inbox** (oder auch nur **Meine Inbox**) aus.
2. Fügen Sie auf der ausgewählten Registerkarte **Aufgabe** einen neuen Eintrag hinzu (falls noch kein Eintrag für die aufzunehmende Aufgabe existiert).
3. Tragen Sie für die Aufgaben TS00800538, TS01800372, TS00800577 und TS00800585 die Visualisierungsart **INTENT** ein. Selbstverständlich erfassen Sie lediglich die Aufgaben, deren Workflow-Szenario Sie nutzen möchten.
4. Navigieren Sie über die Schaltfläche (**Parameter vorhanden**), die Sie in der Spalte **Parameter** sehen, in den Pflegebereich der Visualisierungsparameter, und erfassen Sie aufgabenunabhängig folgende Parameter:
   - **SEMANTIC_OBJECT**: `SupplierInvoice`
   - **ACTION**: `display`
   - **QUERY_PARAM00**: `SupplierInvoice={&_WI_OBJECT_ID.MV_BELNR&}`
   - **QUERY_PARAM01**: `FiscalYear={&_WI_OBJECT_ID.MV_GJAHR&}`

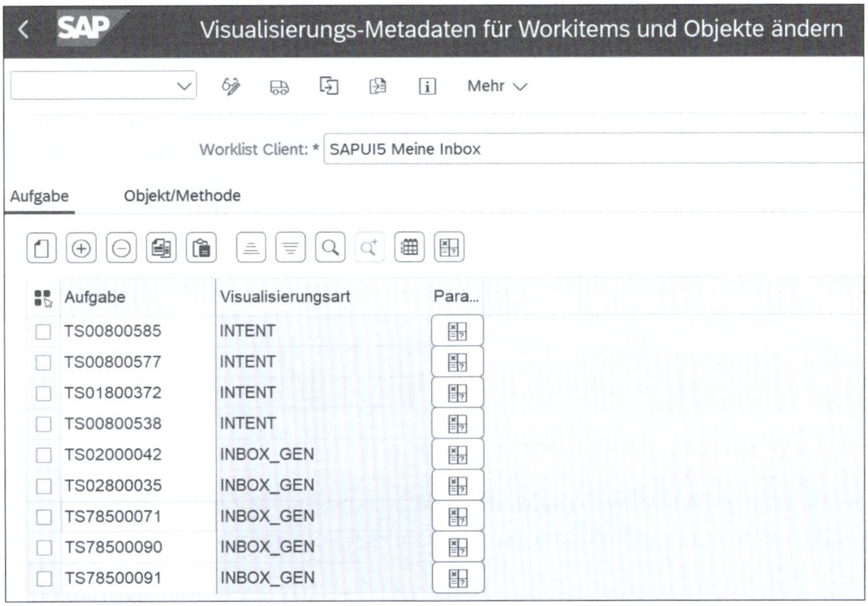

Abbildung 8.32: Visualisierungsmetadaten für Workitems und Objekte

Ereignistypkopplungen deaktivieren

Deaktivieren Sie die alten Workflow-Szenarien aus der SAP-ERP-Welt und prüfen Sie zudem, ob die Tabelleneinträge für die neuen Szenarien des flexiblen Workflows inhaltlich stimmen. Hierfür verwenden Sie die Standardtransaktion SWETYPV (Ereignistypkopplungen).

[»]

Übersteuerung der Szenarioaktivierung

Normalerweise übersteuern Sie durch das Aktivieren der Workflow-Szenarien für den flexiblen Workflow die alten Workflow-Szenarien aus SAP ERP. Um sicherzustellen, dass die alten Workflow-Szenarien wirklich nicht aktiv sind, deaktivieren Sie zusätzlich die alten Einstellungen.

Falls Sie auf das flexible Genehmigungsverfahren WS00800251 (Workflow für gesperrte Rechnung) zurückgreifen möchten, führen Sie in Transaktion SWETYPV folgende Schritte durch:

1. Deaktivieren Sie den Workflow WS20000397 (Workflow für preisgesperrte Rechnung), indem Sie zu der Tabellenzeile navigieren, die aus der Objektkategorie BO (BOR-Objekttyp), dem Objekttyp BUS2081, dem Ereignis BLOCKEDPRICE und dem Verbrauchertyp WS20000397 besteht, und in der Detailansicht das Kennzeichen **Kopplung aktiviert** deaktivieren.
2. Übertragen Sie die Vorgehensweise aus Schritt 1 auf den Workflow WS20000397 (Workflow für mengengesperrte Rechnung) für die Zeile mit der Objektkategorie BO (BOR-Objekttyp), dem Objekttyp BUS2081, dem Ereignis BLOCKEDQUANT und dem Verbrauchertyp WS20000397.
3. Falls Sie bereits den Ereignistyp für den flexiblen Workflow aktiviert haben, überprüfen Sie den daraus resultierenden Eintrag auf Richtigkeit. Sie erwarten:
   - Objektkategorie: ABAP Class
   - Objekttyp: CL_MRM_WF_OBJECT
   - Ereignis: POSTED
   - Verbrauchertyp: WS00800251
   - Kopplung aktiviert: ja
   - Ereignis-Queue ermöglichen: nein

Falls Sie den flexiblen Workflow WS00800303 (Workflow für vervollständigte Rechnungen) aktivieren möchten, sind folgende Konfigurationen vorzunehmen:

1. Sie legen den Workflow WS20001004 (Vervollständigten Rechnungsbeleg freigeben) still, indem Sie zur Tabellenzeile navigieren, die aus der Objektkategorie BO (BOR-Objekttyp), dem Objekttyp BUS2081 (Eingangsrechnung), dem Ereignis COMPLETEDTORELEASE und dem Verbrauchertyp WS20001004 besteht, und in der Detailansicht die Markierung aus dem Feld **Kopplung aktiviert** entfernen.
2. Falls Sie bereits den Ereignistyp für den flexiblen Workflow aktiviert haben, überprüfen Sie den daraus resultierenden Eintrag auf Richtigkeit. Sie erwarten:
   - Objektkategorie: ABAP Class
   - Objekttyp: CL_MRM_WF_OBJECT

- Ereignis: COMPLETED
- Verbrauchertyp: WS00800303
- Kopplung aktiviert: ja
- Ereignis-Queue ermöglichen: nein

In Abbildung 8.33 sehen Sie die zugehörige Systemkonfiguration aus der Übersichtstabelle.

Objektkategorie	Objekttyp	Ereignis	Verbrauchertyp	Typkopplung aktiviert	Ereignis-Queue ...
CL ABAP-Klasse	CL_MRM_WF_OBJECT	COMPLETED	WS00800303	☑	☐

Abbildung 8.33: Ereignistyp für den flexiblen Workflow WS00800303

Aufgabenspezifisches Customizing

Das aufgabenspezifische Customizing für den flexiblen Workflow definieren Sie unter Zuhilfenahme der IMG-Aktivität **ABAP Platform • Application Server • Business Management • SAP Business Workflow • Aufgabenspezifisches Customizing durchführen** (Transaktion OOCU). Sie verfolgen mit dieser Customizing-Aufgabe zwei Ziele:

- Aufgabe generalisieren
- Ereignistypkopplung aktivieren

Um beide obligatorischen Ziele zu erreichen, navigieren Sie zunächst durch die angebotene Anwendungskomponentenhierarchie bis zur Komponente MM-IV-LIV (Lieferantenrechnung (Logistik Rechnungsprüfung)), wie in Abbildung 8.34 dargestellt. Dort angekommen, beginnen Sie mit der Systemkonfiguration.

Kürzel Anwendungskomponente	Bezeichnung Anwendungskomponente	Bearbeiterzuordnung	Ereigniskopplung
MM	Materialwirtschaft		
MM-CBP	Verbrauchsgesteuerte Disposition (siehe		
MM-PUR	Einkauf	Bearbeiter zuordnen	Ereigniskopplung aktivieren
MM-SRV	Dienstleistungen	Bearbeiter zuordnen	Ereigniskopplung aktivieren
MM-IM	Bestandsführung	Bearbeiter zuordnen	Ereigniskopplung aktivieren
MM-IV	Rechnungsprüfung		
MM-IV-HUB	Zentrale Rechnungsverwaltung Hub		
MM-IV-GF	Grundfunktionen		
MM-IV-FIV	Vendor invoice (until 4.6B)		
MM-IV-LIV	Lieferantenrechnung (Logistik Rechnungsp	Bearbeiter zuordnen	Ereigniskopplung aktivieren
MM-IV-MP	Materialpreisänderungen		
MM-IV-CA	Verrechnungskontenpflege		
MM-IV-INT	Schnittstellen		
MM-IV-ADB	Adobe Document Services in der Rechnu...		

Abbildung 8.34: Aufgabenspezifisches Customizing zur Komponente MM-IV-LIV

Über die Spalte **Bearbeiterzuordnung** können Sie den Workflow-Aufgaben potenzielle Bearbeiterinnen und Bearbeiter zuweisen, damit die organisatorischen Zuständigkeiten für die Bearbeitung klar definiert sind. Ihr Augenmerk richtet sich nicht auf die Zuordnung, sondern auf die Generalisierung der Workflow-Aufgaben. Sie nehmen die Generalisierung der Aufgaben in der Übersicht der Bearbeiterzuordnung vor:

1. Navigieren Sie über die Schaltfläche **Bearbeiter zuordnen** in der Spalte **Bearbeiterzuordnung** in den Pflegebereich für die Zuordnung der Bearbeiterinnen und Bearbeiter.
2. Markieren Sie eine der betroffenen Standardaufgaben der Rechnungsprüfung (TS00800538, TS00800577 und/oder TS00800585).
3. Rufen Sie über die Schaltfläche **Eigenschaften** die Aufgabeneigenschaften auf (siehe Abbildung 8.35), und wählen Sie die Eigenschaft **Generelle Aufgabe** aus. Alle anderen Einstellungen lassen Sie unverändert.
4. Übernehmen Sie die Anpassung mit einem Klick auf **Übernehmen**, und kehren Sie in die Komponentenhierarchie zurück.

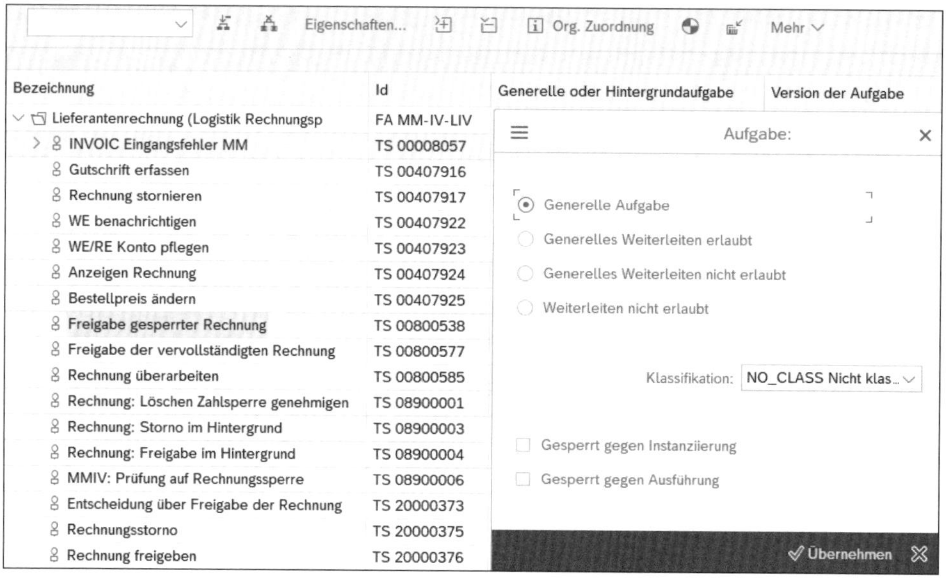

Abbildung 8.35: Generalisierung einer Workflow-Aufgabe

Fahren Sie nun mit der Ereigniskopplung fort. Sie aktivieren die Ereigniskopplung je Workflow, damit Ihre Systemereignisse mit den Workflow-Szenarien verknüpft sind. Dazu gehen Sie folgendermaßen vor:

1. Navigieren Sie über die Schaltfläche **Ereigniskopplung aktivieren** in der Spalte **Ereigniskopplung** in den Pflegebereich für die Ereigniskopplung.
2. Suchen Sie aus der Liste die bekannten Workflow-Szenarien heraus.
3. Expandieren Sie die Hierarchieebene.
4. Aktivieren Sie die Ereignistypkopplung für das jeweilige Ereignis, indem Sie auf die entsprechende Schaltfläche klicken. In Abbildung 8.36 ist zu sehen, dass die Kopplung

weder für den flexiblen Workflow WS00800251 noch für den flexiblen Workflow WS00800303 aktiv ist.

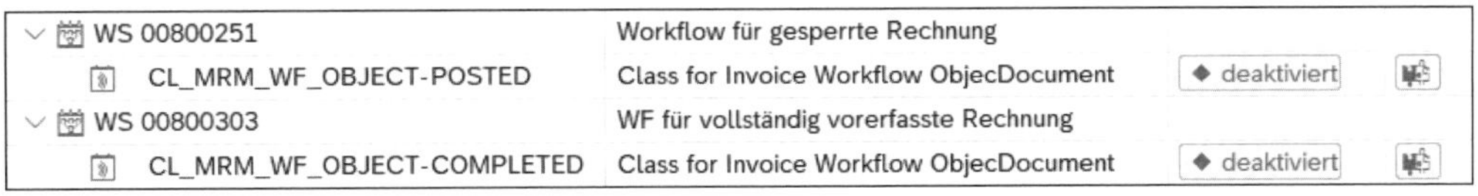

Abbildung 8.36: Ereignistypkopplung für flexible Workflows (Rechnungsprüfung)

Zur Kontrolle, ob die Aktivierung der Ereignistypkopplung korrekt verlaufen ist, kehren Sie nun wieder in die Transaktion SWETYPV (Ereignistypkopplungen) zurück und fahren anschließend mit dem nächsten Schritt fort.

Gateway-Service für Eingabehilfen registrieren

Damit Sie die Eingabehilfen im flexiblen Workflow nutzen können, registrieren Sie einen OData-Service. Die Registrierung findet über die IMG-Aktivität **ABAP Platform • SAP Gateway • OData Channel • Administration • Allgemeine Einstellungen • Services aktivieren und verwalten** (Transaktion /IWFND/MAINT_SERVICE) statt. Die Konfiguration erfolgt schrittweise nach folgender Reihenfolge:

1. Nach Aufruf der Customizing-Aktivität fügen Sie auf der Verwaltungsübersicht für Services einen neuen Service ein.
2. Verwenden Sie die Feldeingabehilfe für den System-Alias (in der Sicht **Ausgewählte Services hinzufügen**), um das notwendige SAP-S/4HANA-Backendsystem auszuwählen.
3. Geben Sie den technischen Servicenamen für die Eingabehilfen ein, die für die SAP-Fiori-Apps zur Verwaltung der flexiblen Workflows für Rechnungen vorgesehen sind, und wählen Sie die Funktion **Services abrufen**. Der Servicename lautet: `S_INVOICEWORKFLOWVH_CDS`.
4. Markieren Sie den Service im unteren Bildbereich, und fügen Sie ihn hinzu.
5. Im darauffolgenden Bild erfassen Sie alle erforderlichen Daten.
6. Speichern Sie Ihre Konfiguration.

Der abschließende Schritt besteht darin, den gewünschten flexiblen Workflow für die logistische Rechnungsprüfung zu aktivieren.

Aktivierung des flexiblen Workflows

In der Standardauslieferung ist das flexible Rechnungsgenehmigungsverfahren nicht aktiv. Sie müssen das Workflow-Szenario also in einem letzten Konfigurationsschritt aktivieren. Hierfür rufen Sie die Customizing-Aktivität **Flexiblen Workflow für Lieferantenrechnungen aktivieren** auf. Die dortigen Einstellungen werden in Tabelle T169WF02 gespeichert.

Je nachdem, welchen flexiblen Workflow Sie aktivieren möchten, selektieren Sie das entsprechende Auswahlkästchen (siehe Abbildung 8.37). Sie erkennen die beiden Workflow-Szenarien für Rechnungen an den aussagekräftigen Bezeichnungen der Optionen.

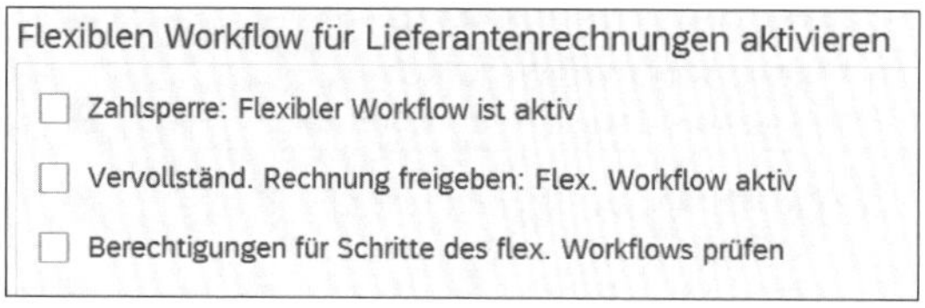

Abbildung 8.37: Szenariobasierte Aktivierung des flexiblen Workflows

Mit der dritten Option **Berechtigungen für Schritte des flex. Workflows prüfen** legen Sie fest, wie die Berechtigungsprüfung für die Workflow-Schritte erfolgt. Ist die Option ausgewählt, können Anwenderinnen und Anwender ein Workitem in der SAP-Fiori-App **Meine Inbox** buchungskreisabhängig genehmigen, sofern die folgenden Berechtigungsobjekte in den Rollen vergeben wurden:

- **WS00800251 (Workflow für gesperrte Rechnung)**
  - M_RECH_BUK (Aktivität 43 – Freigeben) oder
  - M_RECH_WF (Aktivität 16 – Ausführen)
- **WS00800303 (Workflow für vollständig vorerfasste Rechnung)**
  - M_RECH_BUK (Aktivität 01 – Anlegen) oder
  - M_RECH_WF (Aktivität 16 – Ausführen)

Selbstredend müssen Sie auch die entsprechenden Berechtigungen für die App selbst in das Rollenkonzept aufnehmen.

Falls das Auswahlkästchen nicht markiert ist, verwenden Sie das Berechtigungsobjekt `M_RECH_BUK` (Aktivität 03 – Anzeigen) in den Rollen.

8.2.4 Einbehalte

Ein *Einbehalt* ist definiert als prozentualer Teil eines Rechnungsbetrags, der bis zu einem festgelegten Fälligkeitsdatum zurückgehalten und erst nach Erreichen des Datums ausgezahlt wird. Sie möchten über Einbehalte sicherstellen, dass der Lieferant die bestellten Materialien oder Dienstleistungen vertragsgemäß zur Verfügung stellt.

Die Höhe des Einbehalts legen Sie entweder im Belegkopf der Bestellung oder auf Bestellpositionsebene fest. In beiden Fällen geben Sie einen Prozentwert an. Der prozentuale Einbehalt, der auf Kopfebene gepflegt ist, wirkt sich auf alle Positionen des Einkaufsbelegs aus. Die positionsbezogene Angabe eines Einbehalts schlägt lediglich für die ausgewählte Position zu Buche.

Die hinterlegten Werte werden an die logistische Rechnungsprüfung übergeben. Das System ermittelt bei der Rechnungserfassung die tatsächliche Betragshöhe des Einbehalts basierend auf der prozentualen Wertangabe aus dem Bestellbeleg und schlägt diese in der Lieferantenrechnung als überschreibbaren Wert vor. An die Finanzbuchhaltung wird für Einbehalte das Sonderhauptbuchkennzeichen H übergeben.

Damit Sie überhaupt Einbehalte in der Bestellung beziehungsweise in der Rechnung erfassen können, müssen Sie zunächst die Business Function LOG_MMFI_P2P aktivieren, die in der SAP-Standardauslieferung nicht aktiv ist. Erst nachdem Sie diese Business Function erfolgreich aktiviert haben, erscheinen die genannten Funktionen sowie die dazugehörigen Customizing-Aktivitäten im Bereich der logistischen Rechnungsprüfung. Sie finden die Customizing-Aktivitäten über den IMG-Knoten **Materialwirtschaft • Logistik-Rechnungsprüfung • Eingangsrechnung • Einbehalt** (siehe Abbildung 8.38).

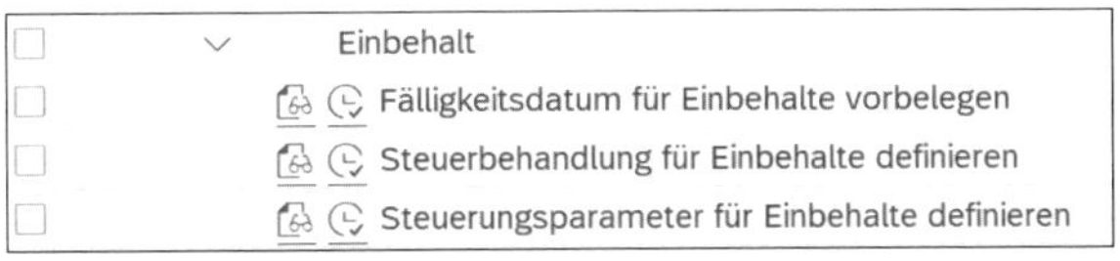

Abbildung 8.38: IMG-Aktivitäten im Bereich »Einbehalt«

Fälligkeitsdatum

In Abhängigkeit zur Warengruppe können Sie bestimmen, wie lange Einbehalte zur Zahlung zurückgehalten werden. Sie geben pro Warengruppe ein Datumstyp und eine Laufzeit für die Einbehalte an. Anhand dieser Angaben berechnet das System das Fälligkeitsdatum des Einbehalts (Fälligkeitsdatum des Einbehalts = Nettofälligkeitsdatum der Rechnung + benutzerdefinierte Laufzeit).

Die Berechnungsgrundlage des Fälligkeitsdatums pflegen Sie über die IMG-Aktivität **Fälligkeitsdatum für Einbehalte vorbelegen**. Die Vorschlagswerte speichert das System in Tabelle T169RETTIME.

[!]

Voraussetzung für die Vorbelegung der Einbehalte

Als unausweichliche Voraussetzung für die Vorbelegung der Einbehalte müssen Sie zunächst Ihre Warengruppen definieren. Greifen Sie für dieses Anliegen auf die IMG-Aktivität **Warengruppen definieren** (Transaktion OMSF) unter dem Pfad **Logistik Allgemein • Materialstamm • Einstellungen zu zentralen Feldern** zurück. Für weiterführende Informationen lesen Sie Abschnitt 3.1.3, »Einstellungen zu zentralen Feldern«.

Alle Positionen einer Lieferantenrechnung, die zur Warengruppe 0001 gehören, erhalten als Fälligkeitsdatum des Einbehalts ein zukünftiges Datum in drei Wochen, addiert auf das Nettofälligkeitsdatum (siehe Abbildung 8.39). Das heißt: Ist das Nettofälligkeitsdatum der Eingangsrechnung beispielsweise der 07.09.2025, wird das vorgeschlagene Fälligkeitsdatum des Einbehalts mit dem Datum 28.09.2025 vorbelegt.

Warengrp	Datumstyp	Laufzeit für Einbehalte
0001	2 Woche	3

Abbildung 8.39: Fälligkeitsdatum für Warengruppe 0001

Neben dem wochenbasierten Datumstyp können Sie auf nachfolgende Werte für die Datumstypen zurückgreifen:

- 1 (Tag)
- 2 (Woche)
- 3 (Monat)
- 4 (Jahr)

Wie die steuerliche Behandlung der Einbehalte aussieht, lernen Sie im nächsten Unterabschnitt kennen.

Steuerbehandlung

Rufen Sie die IMG-Aktivität **Steuerbehandlung für Einbehalte definieren** auf, um die steuerliche Behandlung von Einbehalten länderspezifisch zu konfigurieren. Das betroffene Land wird aus der Werksangabe in der Rechnungsposition abgeleitet. Sie legen abhängig vom Steuerkennzeichen fest, ob Einbehalte entweder brutto oder netto (mit oder ohne Umsatzsteuer) berechnet werden sollen. Ihre Systemeinstellungen finden Sie in Tabelle T169RETENTION wieder.

Abbildung 8.40 zeigt das Einstiegsbild für die steuerliche Behandlung der Einbehalte. Sie erkennen anhand des Länderkürzels DE (Deutschland), dass die Steuerbehandlung länderspezifisch eingestellt wird. Legen Sie nach Rücksprache mit Ihrem Finanzteam fest, ob die Umsatzsteuer bei Einbehalten berücksichtigt werden soll.

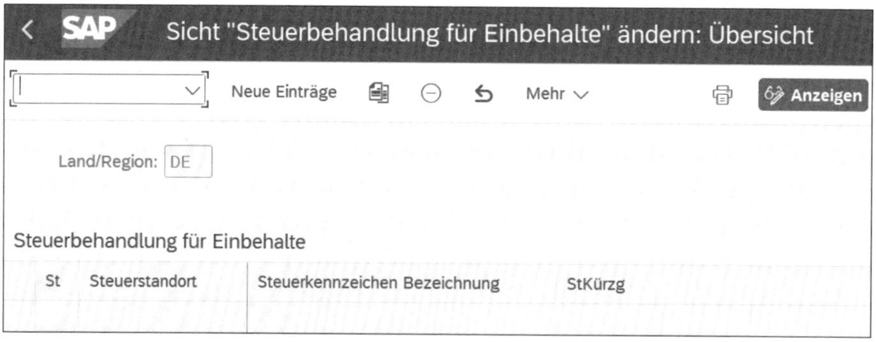

Abbildung 8.40: Steuerbehandlung für Einbehalte

Steuerungsparameter

Buchungskreisspezifische Einstellungen für Einbehalte legen Sie über die IMG-Aktivität **Steuerungsparameter für Einbehalte definieren** fest. Die gewählten Steuerungsparameter der Einbehalte rufen Sie über den Tabellenbrowser unter Angabe der Tabelle T169P auf. Folgende Steuerungsparameter sind für Einbehalte vorgesehen:

- **Kennzeichen »FDat Mussf«**
  Das Setzen dieses Kennzeichens steuert, dass das Fälligkeitsdatum des Einbehalts in der Rechnungsposition als Mussfeld deklariert ist. Ohne die Angabe eines Fälligkeitsdatums ist das Buchen der Rechnung nicht möglich.

  Eine elegante Lösung ist, über die Warengruppen Vorschlagswerte für das Fälligkeitsdatum zu hinterlegen und das vorbelegte Datumsfeld in der Rechnungsprüfung als Mussfeld auszuprägen.
- **Feld »SHBKz«**
  Hinterlegen Sie in diesem Feld nur dann ein Sonderhauptbuchkennzeichen, wenn Sie nicht das automatisch vom SAP-System verwendete Kennzeichen H (Sicherheitseinbehalt) verwenden möchten.

  Ein abweichendes Sonderhauptbuchkennzeichen müssen Sie zusätzlich im Customizing für das Finanzwesen unter der IMG-Aktivität **Finanzwesen • Debitoren- und Kreditorenbuchhaltung • Geschäftsvorfälle • Zahlungsausgang • Zahlungsausgang automatisch • Zahlweg-/Bankenauswahl für Zahlprogramm • Alle Buchungskreise für Zahlungsverkehr einrichten** im Feld **Zu regulierende SHB-Vorgänge** hinterlegen.
- **Kennzeichen »QST«**
  Ist das Kennzeichen für die Quellensteuer selektiert, wird die Quellensteuer im Einbehaltungsbeleg gebucht. Das bedeutet, der Quellensteuerbetrag wird im Originalbeleg in voller Höhe und im Einbehaltsbeleg anteilig gebucht.

  Wenn Sie das Kennzeichen nicht setzen, erfolgt keine Quellensteuerbuchung im Einbehaltsbeleg.

Die Steuerungsparameter für den Buchungskreis 0001 sind in Abbildung 8.41 zu sehen. Kein Parameter ist mit einem Wert befüllt.

BuKr	Name der Firma	FDat Mussf	SHBKz	Bezeichnung	QST
☐ 0001	SAP SE	☐			☐

Abbildung 8.41: Steuerungsparameter der Einbehalte für den Buchungskreis 0001

8.3 Rechnungssperre

Beim Erfassen einer Rechnung schlägt das System aus der Bestellung oder den erfolgten Wareneingängen Werte für die Menge sowie Beträge für die Positionen der Rechnungen vor. Treten während der Rechnungsprüfung Abweichungen auf, wird die Rechnung mit einer Rechnungssperre belegt. Eine gesperrte Rechnung kann in der Finanzbuchhaltung nicht gezahlt werden. Sie muss zuvor freigegeben werden (Transaktion MRBR).

Eine Rechnung kann aus folgenden Gründen für die Zahlung gesperrt werden:

- mengenmäßige Abweichung
- wertmäßige Abweichung
- manuelle Zahlsperre
- stochastische Zahlsperre

Bei geringen Abweichungen steht oft der Aufwand für die Untersuchung, warum die Eingangsrechnung eine Zahlsperre erhalten hat, nicht in Relation zur monetären Abweichung der Rechnungsposition. Sie können deshalb fixe Toleranzgrenzen festlegen, innerhalb deren eine Lieferantenrechnung trotz ermittelter Abweichungen nicht mit einer Rechnungssperre belegt wird.

Das Systemverhalten für das Setzen der Rechnungssperre beeinflussen Sie über den Customizing-Pfad **Materialwirtschaft • Logistik-Rechnungsprüfung • Rechnungssperre**. Die zugehörigen IMG-Aktivitäten können Sie der Abbildung 8.42 entnehmen.

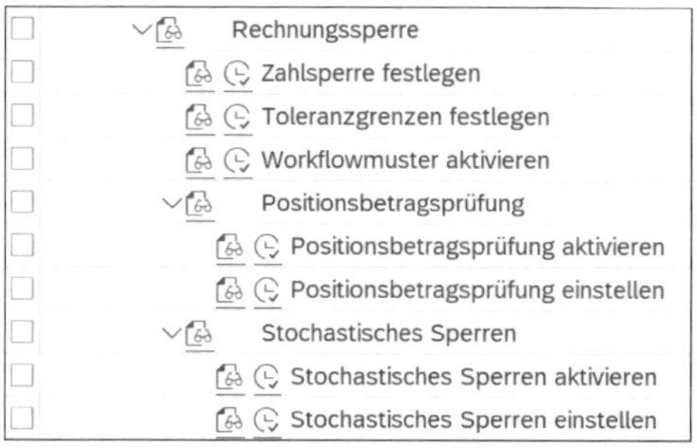

Abbildung 8.42: IMG-Aktivitäten im Bereich »Rechnungssperre«

8.3.1 Zahlsperre

Eine *Zahlsperre* ist ein Sperrschlüssel, mit dessen Hilfe eine offene Position oder ein Konto für den Zahlungsverkehr gesperrt wird. Erfassen Sie eine Rechnung, die letztlich in einer Zahlsperre mündet, erhält der erzeugte Buchhaltungsbeleg in der Kreditorenzeile im Feld **Zahlsperre** einen entsprechenden Eintrag.

Eine temporäre Zahlsperre für den Lieferanten hinterlegen Sie in den Daten des Buchungskreises für den betroffenen Geschäftspartner in der Rolle FLVN00 (FI Lieferant). Beim Erfassen einer Lieferantenrechnung finden Sie die Zahlsperre auf der Registerkarte **Zahlung**. Möchten Sie manuell eine Rechnung zur Zahlung sperren, erfassen Sie an dieser Stelle den gewünschten Sperrschlüssel.

Sie definieren einen Zahlungssperrschlüssel über die IMG-Aktivität **Zahlsperre festlegen** (Transaktion OMR9). Gespeichert werden die Zahlungssperrschlüssel in Tabelle T008. Ein einstelliges alphanumerisches Schlüsselfeld definiert den Zahlungsschlüssel buchungskreisunabhängig eindeutig und wird durch eine bis zu 20-stellige Beschreibung des Zahlungssperrgrunds ergänzt.

Der Zahlungssperrschlüssel R (Rechnungsprüfung), der in Abbildung 8.43 zu sehen ist, wird gesetzt, wenn eine Lieferantenrechnung manuell, automatisch oder stochastisch für die Zahlung gesperrt wird.

Zahlungssperre	Bedeutung
	Frei für Zahlung
*	Konto auslassen
A	Gesperrt für Zahlung
B	Man. Zahl. gesperrt
I	CML:Investor Vertrag
N	Zhlgeing. nachbearb.
P	Zahlungsanforderung
Q	Zahlungsanforderung
R	Rechnungsprüfung
V	Zahlungsausgleich

Abbildung 8.43: Zahlungssperre R

8.3.2 Toleranzgrenzen

Die Rechnungssperre wird also maßgeblich durch feste Toleranzgrenzen beeinflusst. Bei der Rechnungserfassung überprüft das System jede Rechnungsposition auf Abweichungen innerhalb eines definierten Toleranzbereichs. Liegt die Abweichung im zulässigen Bereich, wird die Rechnungsbuchung akzeptiert. Überschreitet die Abweichung die festgelegten Wertgrenzen, lässt das System entweder ein Buchen der Rechnung mit Rechnungssperre zu, oder aber das Erfassen des Rechnungsbelegs ist nicht möglich.

Toleranzgrenzen lassen sich standardmäßig für folgende Szenarien während der Rechnungsprüfung einstellen:

- Preisabweichungen
- Mengenabweichungen vor oder nach erfolgtem Wareneingang
- Bestellpreismengenabweichungen vor oder nach Wareneingang
- Terminabweichungen

Tabelle 8.2 fasst die Bezeichnungen der Standardtoleranzgrenzen zusammen. Alle genannten Prüfungsszenarien erkennen Sie an den aussagekräftigen Erläuterungen sofort (ein Paradebeispiel dafür, wie wichtig klare Bezeichnungen sind).

Toleranzschlüssel	Bezeichung
AN	Betragshöhe Position ohne Bestellbezug
AP	Betragshöhe Position mit Bestellbezug

Tabelle 8.2: Toleranzschlüssel in der SAP-Standardauslieferung

Toleranzschlüssel	Bezeichung
BD	Kleindifferenzen automatisch bilden
BR	Prozentuale BPME-Abweichung (RE vor WE)
BW	Prozentuale BPME-Abweichung (WE vor RE)
DQ	Überschreiten Betrag Mengenabweichung
DW	Mengenabweichung bei WE-Menge = Null
KW	Abweichung vom Konditionswert
PP	Preisabweichung Schätzpreis
PS	Preisabweichung Schätzpreis
ST	Terminabweichung (Wert * Tage)
VP	V-Preisabweichung

Tabelle 8.2: Toleranzschlüssel in der SAP-Standardauslieferung (Forts.)

Über die IMG-Aktivität **Toleranzgrenzen festlegen** (Transaktion OMR6) prägen Sie individuelle Toleranzgrenzen aus. Neben dem zweistelligen alphanumerischen Toleranzschlüssel gehört der Buchungskreis zu den Schlüsselfeldern der Tabelle T169G, in der Sie die Ausprägungen der jeweiligen Toleranzschlüssel einsehen können. Individuelle Toleranzschlüssel können Sie nicht definieren. Sie müssen mit den vorgegebenen Schlüsseln vorliebnehmen.

Zu jedem Buchungskreis und jedem Toleranzschlüssel definieren Sie sowohl absolute als auch prozentuale Unter- und Obergrenzen und entscheiden, ob ein erfasster Grenzwert geprüft werden soll. Beachten Sie in diesem Kontext unbedingt: Wenn Sie bei einem Toleranzschlüssel alle Grenzen als nicht prüfpflichtig markieren, erfolgt keine Prüfung der vorgegebenen Werte. Anders ausgedrückt: Sie akzeptieren für den ausgewählten Toleranzschlüssel beliebige Abweichungen. Vor allem beim Schlüssel BD (Betragshöhe Position mit Bestellbezug) sollten Sie dringend Abstand von dieser Einstellungsmöglichkeit nehmen! Ist nämlich beim Schlüssel BD eine Toleranzgrenze verletzt, kann die Rechnung nicht gebucht werden.

[»]

Kombination aus Grenze prüfen und Wert 0

Mit der Kombination aus einer prüfrelevanten Grenze und dem Grenzwert Null belegen Sie alle Lieferantenrechnungen, die eine Abweichung enthalten, mit einem Sperrkennzeichen.

Ein Beispiel eines Toleranzschlüssels sehen Sie in Abbildung 8.44, und zwar die festgelegten Unter- und Obergrenzen für die absoluten und prozentualen Werte für den Schlüssel PP (Preisabweichung) im Buchungskreis 0001. Beim Erfassen einer Rechnung wird anhand des Toleranzschlüssel PP für jede Rechnungsposition berechnet, wie hoch die Abweichung des Rechnungswerts zu dem Produkt aus Rechnungsmenge und Bestellpreis ist. Der anschließende direkte Vergleich mit den definierten Grenzwerten entscheidet zumindest für den betrachteten Toleranzschlüssel über eine eventuelle Rechnungssperre.

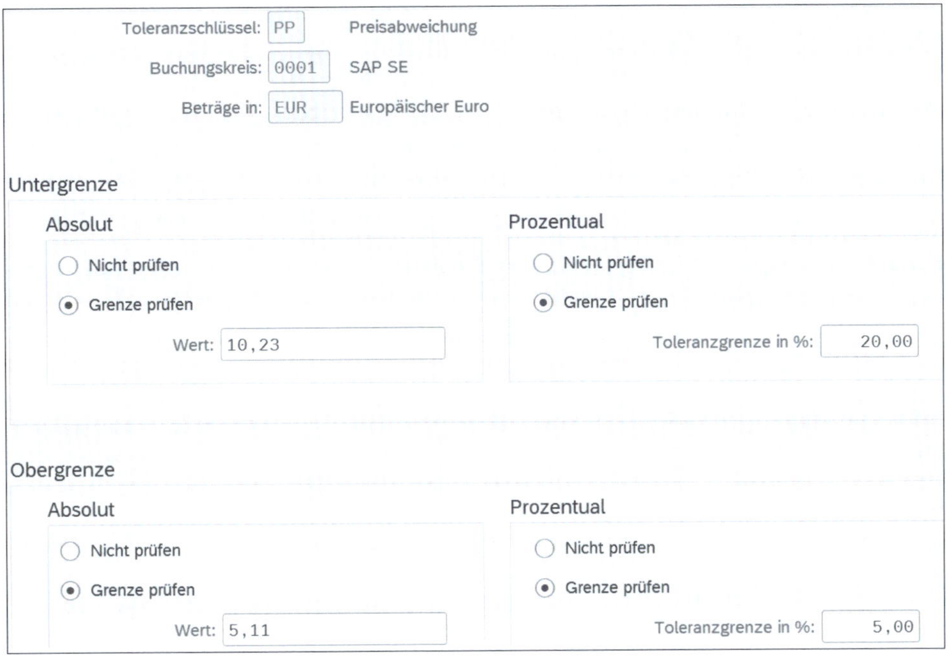

Abbildung 8.44: Toleranzgruppe PP (Preisabweichung)

Für die beiden Toleranzschlüssel AN (Betragshöhe Position ohne Bestellbezug) und AP (Betragshöhe Position mit Bestellbezug) müssen Sie in einem weiteren Schritt die Positionsbetragsprüfung konfigurieren.

8.3.3 Positionsbetragsprüfung

Die Positionsbetragsprüfung erlaubt es Ihnen, ab einem fest definierten Betrag eine Rechnungsposition für die Zahlung zu sperren, wenn der Wert überschritten ist. Sie definieren die Betragshöhe als absolute Obergrenze in den Toleranzschlüsseln AN (Betragshöhe Position ohne Bestellbezug) und AP (Betragshöhe Position mit Bestellbezug). Weitere Toleranzschlüssel sind von der Positionsbetragsprüfung nicht betroffen.

Die Positionsbetragsprüfung stellen Sie in zwei Schritten ein. Beginnen Sie mit der Aktivierung der Betragsprüfung, bevor Sie mit den Prüfungseinstellungen fortfahren. Beide Konfigurationsschritte nehmen Sie buchungskreisbezogen vor. Zunächst aktivieren Sie die Prüfung über die IMG-Aktivität **Positionsbetragsprüfung aktivieren**, indem Sie das Kästchen **Prüfen Positionsbetrag** auswählen (siehe Abbildung 8.45). Ihre Entscheidung wird in Tabelle T169P festgehalten. In der Standardauslieferung ist die Betragspositionsprüfung nicht aktiviert, daher ist die entsprechende Option bei Buchungskreis 0001 nicht ausgewählt.

	BuKr	Name der Gesellschaft	Prüfen Positionsbetrag
☐	0001	SAP SE	☐

Abbildung 8.45: Aktivierung der Positionsbetragsprüfung

Haben Sie die Betragsprüfung für den Buchungskreis aktiviert, legen Sie für die Rechnungspositionen mit Bestellbezug fest, wann eine Betragsprüfung abhängig von den Auswahlkriterien Positionstyp und Wareneingangskennzeichen erfolgt. Rufen Sie hierfür die Customizing-Aktivität **Positionsbetragsprüfung einstellen** (Transaktion OMRI) auf.

Für alle buchungskreisabhängig erfassten Kombinationen aus Positionstyp und Wareneingangskennzeichen findet beim Erfassen der Rechnung eine Positionsbetragsprüfung statt. Über das Wareneingangskennzeichen bestimmen Sie, ob die Prüfung bei Rechnungspositionen ohne oder mit gebuchten Wareneingängen zum Tragen kommt.

Sie können für folgende Positionstypen (siehe Abschnitt 4.2.5) Tabelleneinträge aufnehmen:

- »blank« (Standard)
- B (Limit)
- L (Lohnbearbeitung)
- M (Material unbekannt)
- S (Strecke)
- T (Text)
- U (Umlagerung)
- W (Warengruppe)
- D (Dienstleistung)
- E (Erweitertes Limit)
- C (Kundenbeistellbestellung)
- P (Mehrwegtransport-Verpackung)
- R (Vermietung – Textposition)
- V (Lieferanteneigene Position)

Im Buchungskreis 0001 erfolgt eine Betragsprüfung, wenn in der Bestellung der Positionstyp Standard verwendet und ein Wareneingang zu der Bestellung gebucht wurde (siehe Abbildung 8.46).

	BuKr	Name der Gesellschaft	P	Text Positionstyp	Wareneingang
☐	0001	SAP SE		Standard	☑

Abbildung 8.46: Positionsbetragsprüfung für den Positionstyp Normal

8.3.4 Stochastisches Sperren

Das stochastische Sperrverfahren setzt bei Rechnungen, die sonst ohne Sperrgrund hätten verbucht werden können, nach dem Zufallsprinzip eine Zahlsperre. Das Verfahren setzt die Zahlungssperre auf Kopfebene des Rechnungsbelegs und ist mit dem Wert R (Rechnungsprüfung) belegt. Sie setzen das stochastische Sperren ein, wenn Sie nicht monierte Rechnungen stichprobenartig überprüfen möchten. Zunächst aktivieren Sie das stochastische Sperren, bevor Sie die Ausprägungen für das Sperrverfahren festlegen. Beide Einstellungen nehmen Sie gezielt für Ihre ausgewählten Buchungskreise vor.

Sie aktivieren die zufällig gesetzte Zahlsperre über die IMG-Aktivität **Stochastisches Sperren aktivieren**, indem Sie die Option **Stochastisches Sperren** auswählen (Abbildung 8.47). Ihre Einstellung wird systemseitig in Tabelle T169P geführt. Das stochastische Sperrverfahren ist für Buchungskreis 0001 nicht aktiviert.

	BuKr	Name der Gesellschaft	Stochastisches Sperren
☐	0001	SAP SE	☐

Abbildung 8.47: Aktivierung der Funktion »Stochastisches Sperren«

Wann eine Rechnung aus stochastischen Gründen gesperrt wird, legen Sie nach erfolgreicher Aktivierung über die IMG-Aktivität **Stochastisches Sperren einstellen** fest. Die entscheidenden Kriterien sind der Schwellenwert und die Angabe des Prozentsatzes (siehe Abbildung 8.48). Der Schwellenwert gibt die Höhe des Betrags an, ab dem die Eingangsrechnung mit der angegebenen prozentualen Wahrscheinlichkeit im Feld **Prozentsatz** mit einer Zahlsperre auf Kopfebene belegt wird. Liegt der Rechnungsnettowert unter dem Schwellenwert, verringert sich die Sperrwahrscheinlichkeit im Verhältnis Rechnungsnettowert zu Schwellenwert. Das bedeutet: Sollen alle Rechnungen mit derselben Wahrscheinlichkeit stochastisch gesperrt werden, tragen Sie einen Schwellenwert von Null ein. Rechnungen im Buchungskreis 0001, deren Gesamtbetrag genau ein Euro ist oder darüber liegt, werden in unserem Beispiel mit einer Wahrscheinlichkeit von 99,99 Prozent gesperrt.

	BuKr	Name der Gesellschaft	Schwellenwert	Währung	Prozentsatz
☐	0001	SAP SE	1,00	EUR	99,99

Abbildung 8.48: Einstellung zum stochastischen Sperren

8.4 Verrechnungskontenpflege

Bei Mengendifferenzen zwischen Waren- und Rechnungseingang zu einer Bestellung entsteht ein Saldo auf dem WE/RE-Verrechnungskonto. Das Ausgleichen des Verrechnungskontos erfolgt im Regelfall periodisch oder am Ende eines Geschäftsjahres für alle Bestellpositionen, für die keine Waren- oder Rechnungseingänge mehr erwartet werden (Transaktion MR11). Sie pflegen das WE/RE-Verrechnungskonto direkt und gleichen die offenen Salden aus.

Eine Mengendifferenz tritt unter anderen auf, wenn:

- die Rechnungsmenge größer als die erfasste Wareneingangsmenge ist
- die erfasste Wareneingangsmenge größer als die Rechnungsmenge ist

Offene Salden, die aus Abweichungen bei Bezugsnebenkosten resultieren, müssen Sie ebenfalls über die Verrechnungskontenpflege ausgleichen.

Die Voraussetzung für eine Verrechnungskontenpflege sind Systemeinstellungen zu Buchhaltungs- und Kontenpflegebelegen. Da Sie Anpassungen an buchhalterisch relevanten Zahlenwerken vornehmen, müssen die vorgenommenen Änderungen am WE/RE-Konto über einen Buchhaltungsbeleg und einen Kontenpflegebeleg systemseitig dokumentiert werden. Sie führen die Systemkonfiguration für die Pflege des Verrechnungskontos über den Customizing-Pfad **Materialwirtschaft • Logistik-Rechnungsprüfung • Verrechnungskontenpflege** durch (siehe Abbildung 8.49). Die Schrittfolge der Systemeinstellungen ist mit der Vorgehensweise für die Belegarten und Nummernvergabe in der logistischen Rechnungsprüfung vergleichbar (siehe Abschnitt 8.2.1).

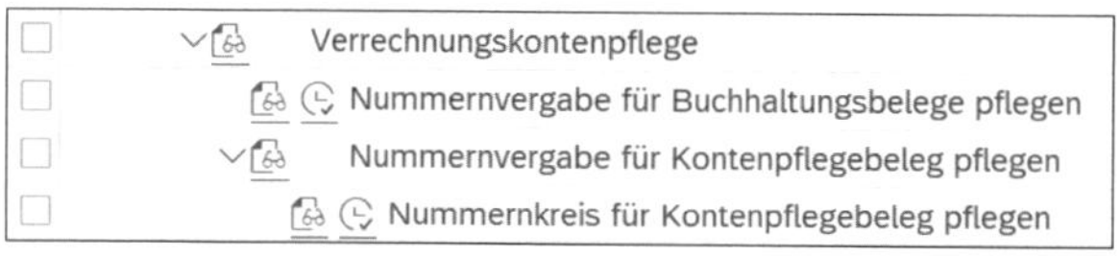

Abbildung 8.49: IMG-Aktivitäten im Bereich »Verrechnungskontenpflege«

8.4.1 Nummernvergabe für Buchhaltungsbelege

Die finanzbuchhalterische Belegart für die Verrechnungskontenpflege sowie die dazugehörigen Nummernkreise definieren Sie über die IMG-Aktivität **Nummernvergabe für Buchhaltungsbelege pflegen** (Transaktion OMR4). Bevor Sie mit eigenen Einstellungen beginnen, überprüfen Sie zunächst, ob Sie wirklich Änderungen an der SAP-Standardauslieferung durchführen möchten. In der Regel wird mit den ausgelieferten Voreinstellungen gearbeitet.

Sind Sie gemeinsam zu der Projektentscheidung gekommen, dass Anpassungen notwendig sind, gehen Sie schrittweise vor:

1. Rufen Sie die IMG-Aktivität **Nummernvergabe für Buchhaltungsbelege pflegen** auf, die unter dem Pfad **Materialwirtschaft • Logistik-Rechnungsprüfung • Ein-**

gangsrechnung • Nummernvergabe zu finden ist, oder verwenden Sie direkt den Transaktionscode OMR4. In beiden Fällen erreichen Sie den Navigationsbereich für Belegarten und Nummernkreise im Rechnungseingang (siehe Abbildung 8.50).

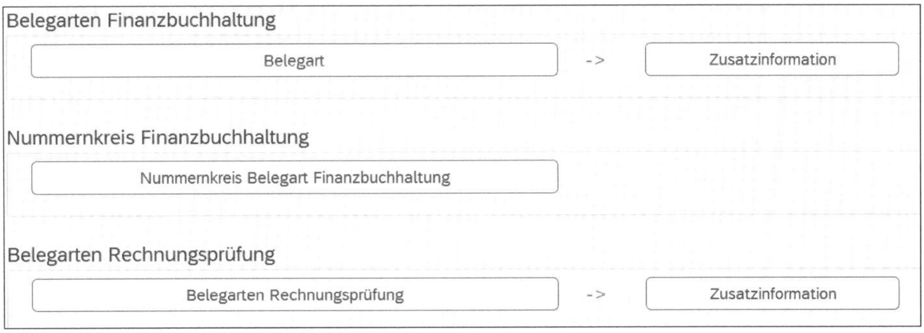

Abbildung 8.50: Einstiegsbild der Belegarten für die Rechnungsprüfung

2. Navigieren Sie über die Schaltfläche **Belegart** in den Definitionsbereich für die Buchhaltungsbelege (Transaktion OBF4), um eine individuelle Belegart für die Buchhaltung anzulegen. Verwenden Sie die Belegart KP (Kontenpflege) als Kopiervorlage (siehe Abbildung 8.51). Bestimmen Sie anschließend die Details Ihrer zweistelligen alphanumerischen Belegart mit einem eindeutigen Beschreibungstext. Ihre Einstellungen werden in Tabelle T003 gespeichert.

Abbildung 8.51: Ausschnitt der Detailansicht von Belegart KP

3. Nach diesen Anpassungen oder nach der erfolgreichen Kontrolle kehren Sie zum Einstiegsbild zurück und fahren mit der Transaktionszuweisung fort. Ordnen Sie Ihrer

Belegart die betroffene Transaktion MR11 zu, indem Sie über die Schaltfläche **Belegarten Rechnungsprüfung** in den vorgesehenen Änderungsbereich navigieren. Suchen Sie den Transaktionscode entweder manuell oder über die Positionieren-Funktion heraus. Im Detailbild der ausgewählten Transaktion weisen Sie die eigene Belegart im entsprechenden Feld zu (siehe Abbildung 8.52). Sie finden die Zuordnung zwischen Belegart und Transaktionscode in Tabelle T169F.

Abbildung 8.52: Belegart für Transaktion MR11

4. Nun kehren Sie wieder zum bekannten Einstiegsbild zurück, überprüfen das Nummernkreisintervall für die Belegart und passen es gegebenenfalls an. In den Pflegebereich für die Nummernkreise der Buchhaltungsbelege gelangen Sie über die Schaltfläche **Nummernkreis Belegart Finanzbuchhaltung**. Das dazugehörige Nummernkreisobjekt RF_BELEG erfordert die Eingabe eines Buchungskreises. Passen Sie nach Bedarf das Intervall an, oder definieren Sie einen neuen eigenständigen Nummernkreis.

   Für die Belegart KP ist das Nummernkreisintervall 48 mit einem Intervall von 4800000000 bis 4899999999 eingestellt. Das Nummernkreisintervall ist nicht jahresbezogen (siehe Abbildung 8.53). Wie bei allen Nummernkreisanpassungen sollten Sie die manuelle Pflege in den Zielmandanten Ihrer Systemlandschaft beachten. Vermeiden Sie es, Nummernkreisintervalle zu transportieren.

Nummernkreisnummer	Jahr	Von Nummer	Bis Nummer	Nummernstand	Extern
48	9999	4800000000	4899999999	0	☐

Abbildung 8.53: Nummernkreisintervall 48

5. Speichern Sie Ihre Anpassungen, und verlassen Sie die Customizing-Aktivität.

Die buchhalterische Sichtweise auf die WE/RE-Verrechnungskontenpflege ist damit abgeschlossen. Wir richten unser Augenmerk im nächsten Teilabschnitt nun auf die logistischen Belege.

8.4.2 Nummernvergabe für Kontenpflegebelege

Die Nummernvergabe der logistischen Belege für die Verrechnungskontenpflege steuern Sie über die Einstellungen des IMG-Pfads **Materialwirtschaft • Logistik-Rechnungs-**

prüfung • Verrechnungskontenpflege • Nummernvergabe für Kontenpflegebeleg pflegen in zwei Schritten:

1. Zuordnung eines Nummernkreises zum Vorgang
2. Nummernkreisintervallpflege des zugewiesenen Nummernkreises

Zuerst ordnen Sie den Vorgangsarten der Kontenpflegebelege einen Nummernkreis zu. Dazu rufen Sie die IMG-Aktivität **Nummernkreis für Kontenpflegebeleg pflegen** auf. Die getroffenen Zuweisungen werden in Tabelle T003R geführt. Sie differenzieren zwischen zwei Vorgängen:

- KP (Kontenpflege)
- KS (Kontenpflege-Storno)

Der Nummernkreis 04 (siehe Abbildung 8.54) ist für beide Vorgänge zugewiesen. Das Nummernkreisintervall muss einer internen Nummernvergabe unterliegen. Eine externe Nummernvergabe ist für die Vorgänge KP sowie KS nicht vorgesehen.

Vorgang	Nummernkr.
KP	04
KS	04

Abbildung 8.54: Nummernkreiszuordnung zum Kontenpflegebeleg

Im zweiten Konfigurationsschritt legen Sie das Intervall fest. Sie erreichen die Nummernkreisintervallpflege und deren Einstiegsbild (siehe Abbildung 8.55) über die Customizing-Aktivität **Nummernkreisintervall für Kontenpflegebeleg pflegen** (Transaktion OMRJ). Das betroffene Nummernkreisobjekt für die logistischen Kontenpflegebelege lautet RE_BELEG.

Abbildung 8.55: Einstiegsbild der Nummernkreisintervallpflege

Der SAP-Standardauslieferung sieht für den Nummernkreis des Pflegebelegs das interne jahresunabhängige Intervall 04 von 5400000000 bis 5499999999 vor (siehe Abbildung 8.56). Beachten Sie, wie bei Nummernkreisen üblich, die gesonderte Vorgehensweise der manuellen Pflege der Intervalle direkt in den Zielmandanten innerhalb Ihrer Systemlandschaft.

Nummernkreisnummer	Jahr	Von Nummer	Bis Nummer	Nummernstand	Extern
04	9999	5400000000	5499999999	0	☐

Abbildung 8.56: Nummernkreisintervall 04

8.5 Kontenfindung in der Rechnungsprüfung

Die (automatische) Kontenfindung in der Rechnungsprüfung verläuft verglichen mit der Sachkontenfindung in der Bestandsführung (siehe Abschnitt 7.2) ähnlich ab. Der wesentliche Unterschied liegt darin, dass bei der Rechnungsprüfung andere fachbezogene Buchungsvorgänge im Mittelpunkt der Buchungslogik stehen.

Bei der Belegerfassung ist es durchaus üblich, den fälligen Gesamtrechnungsbetrag in diverse Teilbeträge (unter anderem Steuer, Skonto, Nebenkosten) aufzuteilen. Entscheidend ist, ob Sie bei der Rechnungsbelegerfassung mit oder ohne Belegbezug arbeiten. Bei der Belegerfassung *mit Belegbezug* (beispielsweise zu einer Bestellung) übernimmt das System automatisch die Ermittlung der betroffenen Konten aller Rechnungsbausteine. Über die Simulationsfunktion erhalten Sie einen Einblick über die gefundenen Sachkonten und greifen, wenn notwendig, bei einem auftretenden Saldo ein, um die Rechnung schließlich ohne Fehler erfassen zu können.

Bei Erfassung einer Rechnung *ohne Belegbezug* müssen Sie die Sachkonten manuell mit der gewünschten Buchungsrichtung Soll oder Haben sowie mit der Höhe der entsprechenden Beträge erfassen.

In den folgenden Unterabschnitten werden Sie die automatische Kontenfindung aus Sicht der Rechnungsprüfung kennenlernen, ohne dass wir dabei vertiefend auf die Begriffe der Kontenfindung eingehen. Eine detaillierte Ausführung zur automatischen Kontenfindung finden Sie in Abschnitt 7.2, »Kontenfindung in der Bestandsführung«. Empfohlenermaßen sollten Sie zuerst den genannten Abschnitt intensiv durcharbeiten, bevor Sie mit dem nachfolgend beschriebenen Vorgehen zur Kontenfindung in der Rechnungsprüfung und den passenden Systemeinstellungen beginnen.

8.5.1 Vorgehen

Mit den folgenden Unterabschnitten möchten wir Ihnen einen ersten Einblick in das systemseitige Vorgehen der Kontenfindung in der logistischen Rechnungsprüfung geben.

Einflussfaktoren

Die automatische Kontenfindung in der Rechnungsprüfung unterliegt denselben Einflussfaktoren wie die Sachkontenfindung bei bewerteten Warenbewegungen (siehe Abschnitt 7.2):

- Kontenplan des Buchungskreises
- Bewertungsmodifikationskonstante des Bewertungskreises
- Vorgangsschlüssel
- Kontomodifikation
- Bewertungsklasse oder der Bewertungsart des Materials

Das Prinzip der automatischen Sachkontenfindung in der Rechnungsprüfung ist letztlich vergleichbar mit der Kontenermittlung in der Bestandsführung. Bei Aufruf der Transaktion MIRO (Eingangsrechnung hinzufügen) muss ein Buchungskreis angegeben werden, dadurch ist der Kontenplan vorgegeben. Über die Rechnungspositionen ergeben sich der Bewertungskreis und – einen Schritt weitergedacht – die Bewertungsmodifikationskonstante. Der Vorgang erschließt sich aus dem aus Vorgangsart und Buchungszeilen-ID ermittelten Wertestring.

Wertestring

Die Ermittlung des Wertestrings geschieht in der Rechnungsprüfung anhand der Vorgangsart und einer internen Buchungszeilen-ID über die Tabelle T169W. Folgende Vorgangsarten sind in der Tabelle anzutreffen:

- BL (Materialbelastung)
- KP (Kontenpflege)
- KS (Kontenpflege Storno)
- MI (Initialisierung Material-Ledger)
- ML (Abrechnung Material-Ledger)
- PF (Plankalkulation Freigabe)
- PR (Preisänderung)
- RD (Logistik Rechnung)
- RP (Rechnungseingang)

Einige der aufgezählten Vorgangsarten sind Ihnen bereits aus der Zuordnung eines Nummernkreisintervalls zum Vorgang bekannt (siehe Abschnitt 8.2.1, »Belegarten und Nummernvergabe«, oder Abschnitt 8.4, »Verrechnungskontenpflege«).

Die angesprochene Buchungszeilenidentifikation (kurz: *Buchungszeilen-ID*) ist ein intern verwendetes Kennzeichen für erstellte Belegpositionen. Folgende IDs können Sie über die Tabelle einsehen:

- 8 (Neubewertung)
- A (Anlage)
- B (Lagerbestand (LB-)Bestellung)
- C (LB-Bestellung kontiert)

- F (Bezugsnebenkosten BNK)
- G (BNK kontiert)
- H (BNK LB-Bestellung)
- I (BNK LB-Bestellung kontiert)
- K (Kreditor)
- L (Bestellung Lager)
- M (Material)
- N (Bestellung kontiert)
- S (Sachkonto allgemein)
- X (Bestellung kontiert Anlage)
- Y (BNK kontiert Anlage)

Kombinieren Sie nun die Schlüsselfelder **Vorgangsart** (RD (Rechnungseingang)) und **Buchungs-ID** (L (Bestellung Lager)), wird der betroffene Buchungsstring `RE01` ermittelt. Aus dem Wertestring werden wiederum die relevanten Vorgänge abgeleitet.

Vorgangsschlüssel

Bei der logistischen Rechnungsprüfung werden die Vorgangsschlüssel über den angesprochenen Wertestring `RE01` ermittelt. Über die Tabelle T169A erhalten Sie Auskunft über die zum Wertestring zugeordneten Schlüssel. Diese lauten:

- WRX (WE-RE-Verrechnung)
- BSX (Bestandsbuchung)
- PRD (Preisdifferenzen)
- KDM (Kursdifferenzen Materialwirtschaft)
- EIN (Einkaufskonto)
- EKG (Einkaufsgegenkonto)
- BSX (Bestandsbuchung)
- UMB (Aufwand/Ertrag aus Umbewertung)

Die genannten Vorgangsschlüssel werden Ihnen bei der Kontensimulation in der Rechnungsprüfung zumindest über die Schlüsselbeschreibung als potenzielle Buchungszeilen angezeigt (siehe Abschnitt 8.5.2, »Automatische Buchungen«).

Kontomodifikation

Eine Kontomodifikation zur weiteren Feindifferenzierung der Kontenfindung ist bei Vorgängen der Rechnungsprüfung nicht vorgesehen – anders als bei den Vorgängen der Bestandsführung. Dort ist die Kontomodifikation ein Hauptbestandteil der Kontenfindung (siehe Abschnitt 7.2, »Kontenfindung in der Bestandsführung«) und wird über die Bewegungsarten und Kontierungstypen festgelegt.

Durchaus von Interesse könnte die Verwendung der Kontomodifikation für den Vorgangsschlüssel PRD (Preisdifferenzen) in der Rechnungsprüfung sein, auch wenn die eigentliche Systemkonfiguration in der Bestandsführung vorzunehmen ist. Preisdifferenzen entstehen bei der Rechnungsprüfung bei folgenden Szenarien:

- Belegerfassung bei einem S-Preis-bewerteten Lagermaterial, wenn der Preis der Rechnung vom Bestell- und vom Standardpreis abweicht
- Belegerfassung bei einem V-Preis-bewerteten Material, falls keine Deckung des Bestands für die kalkulierte Menge besteht

Wünschen Sie für die exemplarisch skizzierten Beispiele eine feindifferenzierte Kontenfindung, müssen Sie die entsprechenden Einstellungen für den Vorgang PRD durch das Hinzufügen einer allgemeinen Modifikation (Kontenmodifikation) in das Regelwerk der automatischen Buchungen aufnehmen.

8.5.2 Automatische Buchungen

Die regelbasierte Sachkontenzuordnung (Tabelle T030, Fixkontentabelle) stellen Sie für die Rechnungsprüfung über die IMG-Aktivität **Materialwirtschaft • Logistik-Rechnungsprüfung • Automatische Buchungen einstellen** (Transaktion OMR0) analog zur Bestandsführung ein. Über das Einstiegsbild der automatischen Buchungen (siehe Abbildung 8.57) verzweigen Sie gezielt in die einzelnen Teilbereiche:

- Kontierung
- Simulation
- Verwendungsnachweis Sachkonten

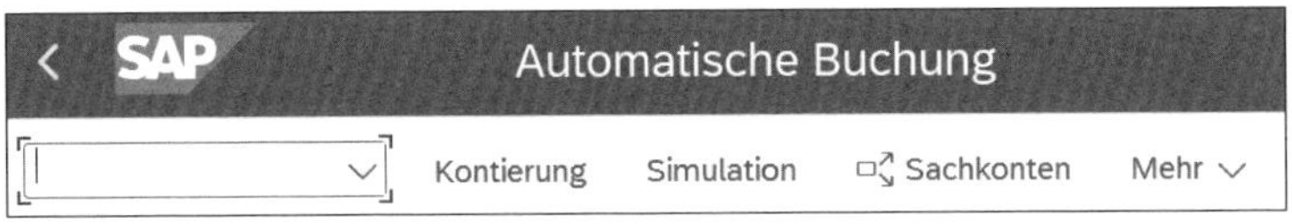

Abbildung 8.57: Einstiegsbild der automatischen Buchungen

Sie beginnen Ihre Systemkonfiguration mit der Zuordnung der Sachkonten über die Schaltfläche **Kontierung**.

Kontierung

Sie weisen dem definierten Regelwerk der Kontenfindung vorgangsschlüsselbezogen festgelegte Konten über die Schaltfläche **Kontierung** zu. Alternativ können Sie den Zuordnungsbereich der Sachkonten direkt über die Transaktion OBYC aufrufen. Im Zusammenhang mit der logistischen Rechnungsprüfung stehen insbesondere die Vorgänge KDM (Kursdifferenzen Materialwirtschaft) und WRX (WE-RE-Verrechnung) im Mittelpunkt des Geschehens.

Kursdifferenzen treten dann auf, wenn die verwendete Fremdwährung zwischen der Erfassung des Wareneingangs und der Rechnungsprüfung von Kursschwankungen betroffen ist. Resultierende Erträge oder Aufwände müssen bei der Buchung des Rechnungsbelegs berücksichtigt werden.

Das eingesetzte Regelwerk in der SAP-Standardauslieferung ist für den Vorgang KDM (Kursdifferenzen Materialwirtschaft) sehr übersichtlich definiert. Weder Bewertungsmodifikationskonstante, Bewertungsklasse noch Kontomodifikation spielen eine Rolle bei der Kontenermittlung. Die Sachkonten sind lediglich vom Kontenplan und Vorgangsschlüssel abhängig.

Aufwendungen aus Kursdifferenzen (Sollbuchungen) verbucht das SAP-System auf das Sachkonto 230000, Erträge (Habenbuchungen) hingegen gehen auf das Konto 280000 ein (siehe Abbildung 8.58). Exemplarisch wurde hier der Kontenplan INT als Ermittlungsgrundlage für den Vorgangsschlüssel KDM betrachtet.

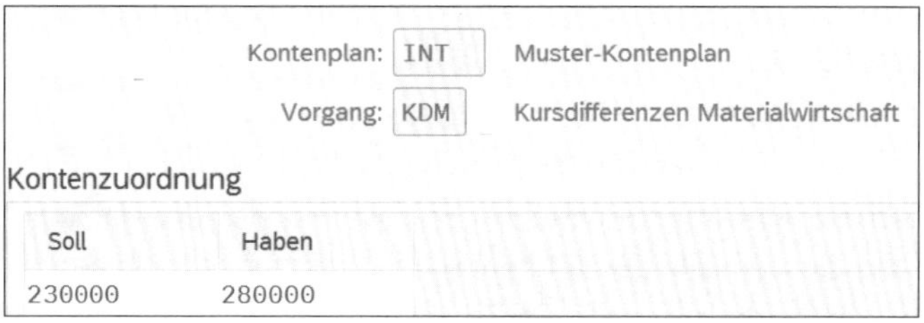

Abbildung 8.58: Sachkontenzuordnung für den Vorgangsschlüssel KDM

Die beim Wareneingang erfolgte Gegenbuchung auf das WE/RE-Konto in Höhe des zu erwartenden Rechnungsnettobetrags muss bei Erfassung der Rechnung im Optimalfall mit derselben Betragshöhe ausgeglichen werden. Sie legen das Konto über den Vorgangsschlüssel WRX (WE-RE-Verrechnung) fest.

Für den Kontenplan INT und die Bewertungsmodifikationskonstante 0001 wird das Sachkonto 191100 für die Buchung auf das WE/RE-Verrechnungskonto angesprochen (siehe Abbildung 8.59). Keine weitere Regel greift in die Findung des Kontos ein.

Abbildung 8.59: Sachkontenzuordnung für den Vorgangsschlüssel WRX

Da das WE/RE-Verrechnungskonto ein Zwischenkonto zwischen Bestands- und Kreditorenkonto ist, besteht keine Notwendigkeit, zwischen Buchungen auf Soll- und Habenseite zu unterscheiden. Die Wareneingangsbuchung (Haben) wird von der Rechnungsbuchung (Soll) ausgeglichen. Nicht neutralisierte Posten müssen Sie entweder periodisch oder am Ende des Geschäftsjahres über die Verrechnungskontenpflege bereinigen (siehe Abschnitt 8.4).

Simulation

Die Kontensimulation ist ein hilfreiches Werkzeug innerhalb der automatischen Buchungen, um ohne einen Transport durchgeführte Konfigurationen unmittelbar zu testen. Sie erreichen die Simulationsfunktion über die Schaltfläche **Simulation** im Einstiegsbild der automatischen Buchung, das in Abbildung 8.57 zu sehen war.

Das Simulationsergebnis hängt von den festgelegten Simulationseinstellungen ab. Da Sie über die IMG-Aktivität eingestiegen sind, die zur logistischen Rechnungsprüfung gehört, belegt das System die Simulationsparameter wie folgt:

- Arbeitsgebiet: Simulation für Vorgänge der Rechnungsprüfung
- Eingabemodus: Eingabe der Bewertungsklasse
- Kontenprüfung: Prüfung referierter Sachkonten

Sie entscheiden sich für ein Werk, eine Bewertungsklasse und eine Vorgangsart (siehe Abbildung 8.60).

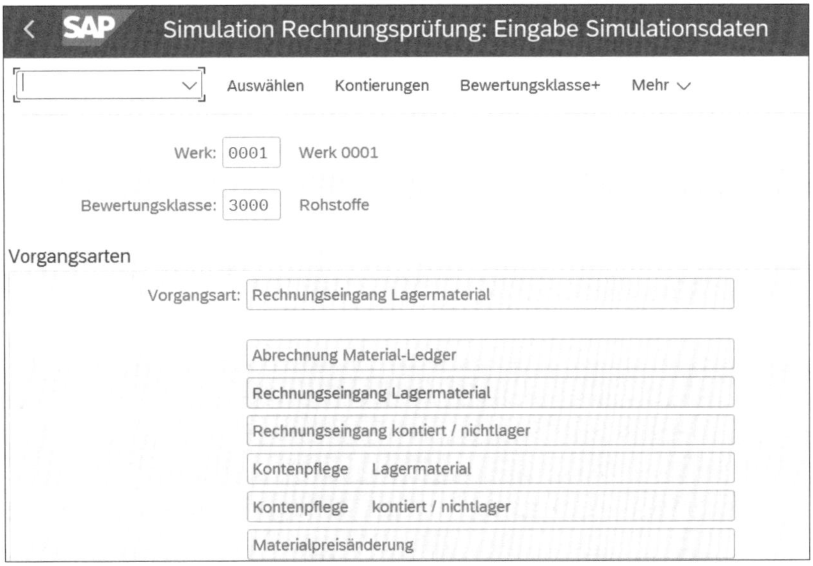

Abbildung 8.60: Eingabe der Simulationsdaten für die Rechnungsprüfung

Letztere wählen Sie mit einem Doppelklick auf den Text der Vorgangsart aus. Die Schrift der ausgewählten Vorgangsart färbt sich blau. Die Simulationsparameter umfassen im betrachteten Beispiel das Werk 0001, die Bewertungsklasse 3000 und die Vorgangsart **Rechnungseingang Lagermaterial**. Richten Sie die Simulationsparameter an Ihren Bedürfnissen aus.

Anhand der befüllten Simulationsdaten werden die genauen Einflussfaktoren der automatischen Kontenfindung und die gefundenen Sachkonten sichtbar (siehe Abbildung 8.61). Analog zur Sachkontenfindung in der Bestandsführung wird aus dem Werk 0001 der betroffene Kontenplan INT über die Zwischenstation Buchungskreis 0001 ermittelt. Zudem leitet sich aus dem Werk 0001 der relevante Bewertungskreis 0001 mit der Bewertungsmodifikationskonstante 0001 ab. Die anfänglich festgelegten Simulationsparameter **Bewertungsklasse** (3000) und **Vorgangsart** (Rechnungseingang Lagermaterial) werden nochmals aufgeführt.

Abbildung 8.61: Simulationsergebnis

In den Buchungszeilen entnehmen Sie zu den jeweiligen Vorgangsschlüsseln des Wertestrings RE01 die angesprochenen Sachkonten. Den dreistelligen Schlüssel suchen Sie hier vergeblich. Sie müssen mit den Bezeichnungen vorliebnehmen. Tabelleneinträge, die mit **- e -** befüllt sind, stellen keine Fehler dar, sondern sind für die Buchungszeile irrelevant. Fehlerhafte (Konten-)Einträge wären dagegen mit dem Eintrag **-- fehlt --** versehen.

[!]

Das Simulieren ersetzt nicht das Testen!

Auch wenn das Simulationsergebnis den gewünschten Einstellungen entspricht, sollten Sie unbedingt Testbuchungen im dafür vorgesehenen System (Mandanten) durchführen. Ein positives Simulationsergebnis ist ein guter Indikator, gibt aber keine absolute Sicherheit.

Wenn Sie die simulierten Buchungszeilen für die Kursdifferenzen (Zeile 4) und die WE-RE-Verrechnung (Zeile 1) betrachten, entdecken Sie – nicht völlig überraschend – die angesprochenen Sachkonten aus dem vorherigen Unterabschnitt »Kontierung« (siehe dazu noch einmal Abbildung 8.58 beziehungsweise Abbildung 8.59).

Verwendungsnachweis Sachkonten

Einen Überblick über alle zugewiesenen Sachkonten innerhalb eines Buchungs- beziehungsweise Bewertungskreises bekommen Sie über den Verwendungsnachweis. Sie rufen den Nachweis über die Schaltfläche Sachkonten (**Verwendungsnachweis Sachkonten**) im Einstiegsbild auf (in Abbildung 8.57 zu sehen). Nachdem Sie sich für eine Organisationsebene entschieden haben, gelangen Sie in den Verwendungsnachweis der Sachkonten. Abbildung 8.62 zeigt den Verwendungsnachweis für den Buchungskreis 0001 und den Bewertungskreis 0001. Die Bewertungsmodifikationskonstante 0001 sowie den Kontenplan INT ermittelt das System aus den anfänglich erfassten Angaben.

Buchungskreis 0001 **Kontenplan** INT
Bewertungskreis 0001 **Bewertungsmodifikation** 0001

Ktoplan / Kto / BwKlasse / Vgs / Komok	Beschreibung	Kontentyp	BewModK	Status	Fehlerbeschreibung
INT					
0000004000	Gebäudeeinrichtungen	Bilanz	0001		
0000037001	Lizenzen	Bilanz	0001		
1210	Spezielles Wirtschaftsgut		0001		
AKO	Aufwand/Ertrag aus Konsi-Material-Verbr		0001		
0000037010	WB Lizenzen	Bilanz	0001		
0000236000	Aufwand aus Verbrauch Konsignations-Material	GuV	0001		
3000	Rohstoffe		0001		
AKO	Aufwand/Ertrag aus Konsi-Material-Verbr		0001		
0000086100	Fracht-Rückstellung (MM)	Bilanz			
FR2	Frachtrückstellung				
0000086200	Zoll-Rückstellung (MM)	Bilanz			
FR4	Zollrückstellung				

Abbildung 8.62: Ergebnis des Verwendungsnachweises für Sachkonten

8.5.3 Weitere Kontenzuordnungen

Manche Sachkontenzuweisungen erfordern zusätzliche Angaben, damit die Konten in der Rechnungsprüfung berücksichtigt werden können. Musterbeispiele dafür sind Nebenkosten und Steuerkonten.

Geplante Nebenkosten

Nebenkosten, die Sie bereits während des Bestellvorgangs kennen, erfassen Sie auf den jeweiligen Positionen als (geplante) Bezugsnebenkosten. Abhängig vom verwendeten Kalkulationsschema im Einkaufsbeleg und von der Kalkulationsart können Sie Sachkonten für anfallende Bezugsnebenkosten zuweisen. Sie setzen für unterschiedliche Bezugsnebenkosten unterschiedliche Konditionsarten ein.

Im Wertestring suchen Sie die Vorgangsschlüssel für geplante Bezugsnebenkosten vergeblich. Stattdessen werden Sie im Kalkulationsschema des Einkaufs fündig, das in Tabelle T683S geführt wird, indem Sie die Verwendung A (Preisfindung) und die Applikation M (Einkauf) angeben.

Vorgangsschlüssel (auch Kontoschlüssel) für die Preisfindung im Einkauf definieren Sie über die IMG-Aktivität **Materialwirtschaft • Einkauf • Konditionen • Preisfindung festlegen • Vorgangsschlüssel definieren**. Die Aktivität teilt sich in insgesamt drei Schritte auf:

1. **Vorgangsschlüssel definieren (Transaktion VV_T687_M1_SSCUI)**
   Definieren Sie bei Bedarf zusätzliche Vorgangsschlüssel für Nebenkosten. Sie greifen hierfür auf ein dreistelliges alphanumerisches Schlüsselfeld aus der Tabelle T687 zu. Für die sprechende Bezeichnung können Sie maximal 20 Stellen nutzen.

   Abbildung 8.63 zeigt beispielhaft einige Vorgangsschlüssel. Zu den typischen Beispielen für geplante Bezugsnebenkosten gehören Fracht- und Zollgebühren (Kontoschlüssel FR1 bis FR4).

KtoSl	Bezeichnung
BO1	Bonusrückstellung
BO2	Bonusertrag
BO3	Bonusrückst. abger.
DEL	Delkredere
EIN	Einkaufskonto
ESA	Erwerbsteuer Haben
ESE	Erwerbsteuer Soll
FR1	Frachtverrechnung
FR2	Frachtrückstellung
FR3	Zollverrechnung
FR4	KonsignatVerbindl.
FRE	Frachteinkaufskonto

Abbildung 8.63: Vorgangsschlüssel (Kontoschlüssel)

2. **Verwendung Vorgangsschlüssel überprüfen (Transaktion OMRS)**
   In welchem Kalkulationsschema ein Kontoschlüssel vorzufinden ist, prüfen Sie über die zweite Unteraktivität. Es können lediglich Schlüssel gefunden werden, die bereits einem Kalkulationsschema zugewiesen wurden.

   Abbildung 8.64 zeigt einen Ausschnitt des Verwendungsnachweises für den Kontoschlüssel FR1. Sie wissen nun, dass der Kontoschlüssel unter anderem im Kalkulationsschema RM0000 vorkommt. Das Schema zählt mitunter zu den wichtigsten Kalkulationsschemata im Einkauf.

KtoSl	Bezeichnung	Kalkulationsschem	Bezeichnung	KArt	Name
FR1	Frachtverrechnung	A10001	Leistungen/Materialien (DE)	FGW1	Fracht/BruGewicht 1
				FQU1	Fracht/Menge 1
				FVA1	Fracht/Wert 1
		AXX001	Serv./Mat. (XX) für ZusKondit.	FGW1	Fracht/BruGewicht 1
				FQU1	Fracht/Menge 1
				FVA1	Fracht/Wert 1
		GT7000	Standard-GTM-MM	FRA1	Fracht %
				FRB1	Fracht absolut
				FRC1	Fracht/Menge
		JRM000	Standard-GTM-MM	JOCM	
		NFM000	Einkaufsbeleg mit NE-Metallen	FRA1	Fracht %
				FRB1	Fracht absolut
				FRC1	Fracht/Menge
		RM0000	Einkaufsbeleg (groß)	FRA1	Fracht %
				FRB1	Fracht absolut
				FRC1	Fracht/Menge

Abbildung 8.64: Verwendungsnachweis für den Kontoschlüssel FR1

3. **Verwendung Vorgangsschlüssel überprüfen bei Einkaufskontoabwicklung (Transaktion OMRT)**
   Nutzen Sie eine aktive Einkaufskontoabwicklung (siehe Abschnitt 7.2.1, »Kontenfindung ohne Assistent«), überprüfen Sie analog zu Schritt 2 die Verwendung der Vorgangsschlüssel in den Kalkulationsschemata.

   Sie prägen Kalkulationsschemata über die IMG-Aktivität **Materialwirtschaft • Einkauf • Konditionen • Preisfindung festlegen • Kalkulationsschema festlegen – Einkauf** aus. Die hier getroffenen Einstellungen werden in Tabelle T683S geführt.

   Zur Konfiguration gehört auch, einzelnen Konditionsarten einen Kontoschlüssel zuzuordnen, mit dessen Hilfe das System die geplanten Bezugsnebenkosten auf den vorgesehenen Erlöskonten bucht. Für die Kontoschlüssel sind zwei Spalten von Bedeutung (siehe Abbildung 8.65):

   - **Kontoschlüssel** (Vorgangsschlüssel für Frachteinkaufskonto)
   - **Rückst** (Vorgangsschlüssel für Kontenfindung der Bezugsnebenkosten)

   Im Kalkulationsschema RM0000 ist der Schlüssel FR1 für die Konditionsarten FRA1 (Fracht %), FRB1 (Fracht absolut) und FRC1 (Fracht/Menge) hinterlegt.

Konditionsarten

[«]

Systemeinstellungen zu den Konditionsarten nehmen Sie über die IMG-Aktivität **Materialwirtschaft • Einkauf • Konditionen • Preisfindung festlegen • Konditionsarten festlegen** (Transaktion M/06) vor. Überprüfen Sie die dortigen Einstellungen, und passen Sie bei Bedarf die Konditionsarten Ihren Bedürfnissen entsprechend an. Neu aufgenommene Konditionsarten müssen in ein Schema aufgenommen werden.

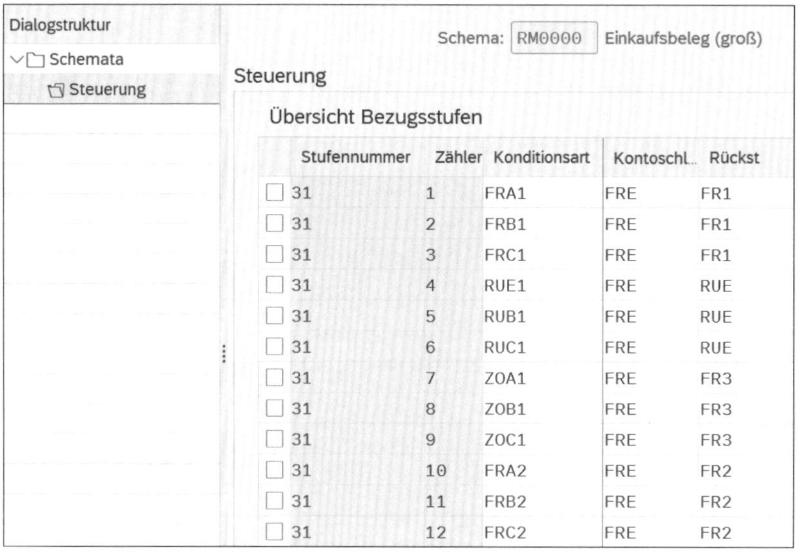

Stufennummer	Zähler	Konditionsart	Kontoschl...	Rückst
31	1	FRA1	FRE	FR1
31	2	FRB1	FRE	FR1
31	3	FRC1	FRE	FR1
31	4	RUE1	FRE	RUE
31	5	RUB1	FRE	RUE
31	6	RUC1	FRE	RUE
31	7	ZOA1	FRE	FR3
31	8	ZOB1	FRE	FR3
31	9	ZOC1	FRE	FR3
31	10	FRA2	FRE	FR2
31	11	FRB2	FRE	FR2
31	12	FRC2	FRE	FR2

Abbildung 8.65: Kontoschlüssel im Kalkulationsschema RM0000

Die Kontenfindung für den Vorgangsschlüssel FR1 stellen Sie nach wie vor über die Customizing-Aktivität **Materialwirtschaft • Logistik-Rechnungsprüfung • Automatische Buchungen einstellen** (Transaktion OMR0) ein. Im Musterkontenplan INT ist für den Vorgangsschlüssel FR1 das Konto 192100 hinterlegt (siehe Abbildung 8.66).

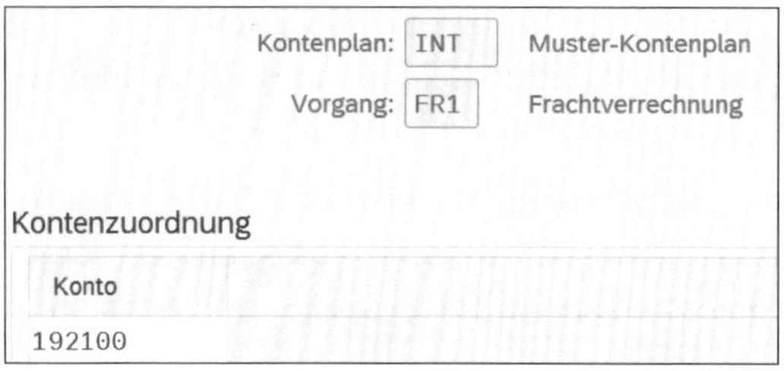

Abbildung 8.66: Sachkontenzuordnung für den Vorgangsschlüssel FR1

Ungeplante Nebenkosten

Nicht vorhersehbare Bezugsnebenkosten ordnen Sie bei der Rechnungsprüfung in die Kategorie ungeplante Nebenkosten ein. Stellt Ihnen ein Lieferant weitere Kosten z. B. für den Transport oder für Verpackungsmaterial in Rechnung, die nicht in der Bestellung vereinbart wurden, erfassen Sie auf der Registerkarte **Details** in Transaktion MIRO (Eingangsrechnung hinzufügen) die geforderte Summe auf Kopfebene als ungeplante Nebenkosten.

Damit ungeplante Bezugsnebenkosten buchungstechnisch nicht nur als einfache Preisdifferenzen aufgenommen werden, weisen Sie dem Vorgangsschlüssel UPF (Ungeplante Bezugsnebenkosten) ein Sachkonto zu. Sie rufen für die Zuordnung die Customizing-Aktivität **Materialwirtschaft • Logistik-Rechnungsprüfung • Automatische Buchungen einstellen** (Transaktion OMR0) auf. Das Regelwerk für den Vorgangsschlüssel UPF ist nicht änderbar. Im Musterkontenplan INT ist für den Vorgang UPF das Sachkonto 231600 hinterlegt (siehe Abbildung 8.67).

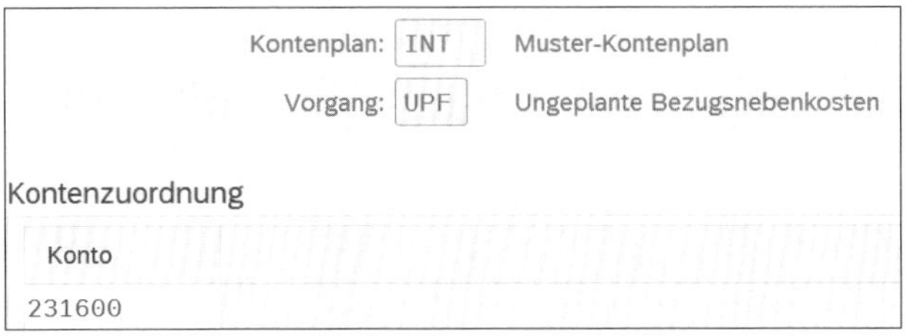

Abbildung 8.67: Sachkontenzuordnung für den Vorgangsschlüssel UPF

In einem zusätzlichen Konfigurationsschritt entscheiden Sie, wie das SAP-System die ungeplanten Nebenkosten verbucht. Navigieren Sie hierfür zur IMG-Aktivität **Buchen von ungeplanten Nebenkosten**, die Sie über den Pfad **Materialwirtschaft • Logistik-Rechnungsprüfung • Eingangsrechnung** erreichen. Sie legen darin fest, ob ungeplante Bezugsnebenkosten

- auf den Rechnungspositionen verteilt werden
- auf den Rechnungspositionen inklusive der geplanten Nebenkosten verteilt werden
- auf eine getrennte Sachkontenzeile gebucht werden

Weitere Details zur Verbuchung der ungeplanten Nebenkosten entnehmen Sie Abschnitt 8.2.2, »Anpassbare Anwendungen«.

Steuerkonten

Rechnungen enthalten im Normalfall einen ausgewiesenen Umsatzsteuerbetrag, den Sie beim Erfassen einer Rechnung berücksichtigen müssen. Sie erfassen auf Kopf- oder Positionsebene das fachlich korrekte Steuerkennzeichen.

Steuerkonten gehören zu den Grundeinstellungen im Finanzwesen. Maßgeblich beeinflusst wird die Steuerfindung durch ein Steuerkalkulationsschema, das Sie über die IMG-Aktivität **Finanzwesen • Grundeinstellungen Finanzwesen • Umsatzsteuer • Grundeinstellungen • Kalkulationsschemata prüfen** definieren und ausprägen. Ihre Einstellungen werden in Tabelle T683S gespeichert. Die im Schema enthaltenen Konditionsarten legen Sie über dieselbe Customizing-Aktivität fest.

In der SAP-Standardauslieferung ist dem Land DE (Deutschland) das Standardsteuerkalkulationsschema TAXD (Umsatzsteuer Deutschland) zugeordnet (siehe Abbildung 8.68). Anpassungen an der länderspezifischen Zuordnung nehmen Sie über die IMG-Aktivität **Finanzwesen • Grundeinstellungen Finanzwesen • Umsatzsteuer • Grundeinstellungen • Land/Region Kalkulationsschemata zuordnen** vor. Geführt wird die Einstellung letztendlich in Tabelle T005.

L/R	Land/Region	Schema
DE	Deutschland	0TXD

Abbildung 8.68: Zuordnung des Steuerschemas

Für die automatische Kontenfindung von Bedeutung sind die Ausprägungen der Spalte **Kontoschlüssel** im Kalkulationsschema TAXD (siehe Abbildung 8.69). Sie ordnen einer Konditionsart einen Kontoschlüssel im Kalkulationsschema zu. Beispielsweise ist für die Konditionsart MWVS (Vorsteuer) in der Stufe 120 der Kontoschlüssel VST (Vorsteuer) zugewiesen.

Dialogstruktur
- Schemata
  - Steuerung

Schema: 0TXD Umsatzsteuer - Deutschland

Steuerung

Übersicht Bezugsstufen

Stufennummer	Zähler	Konditionsart	Bezeichnung	Kontoschlüssel
100	0	BASB	Basisbetrag	
110	0	MWAS	Ausgangssteuer	MWS
120	0	MWVS	Vorsteuer	VST
130	0	MWRK	Reisekosten (%)	VST
140	0	MWVN	Ni. abzugsf. Vorst.	NAV
150	0	MWVZ	Ni. abzugsf. Vorst.	NVV
200	0	NLXA	Erwerbsteuer Haben	ESA
210	0	NLXV	Erwerbsteuer Soll	ESE

Abbildung 8.69: Ausschnitt des Kalkulationsschemas TAXD

Die ausgelieferten Kontoschlüssel für die Steuerkonten überprüfen Sie über die IMG-Aktivität **Finanzwesen • Grundeinstellungen Finanzwesen • Umsatzsteuer • Grundeinstellungen • Einstellungen für die Steuerabwicklung prüfen und ändern** (Transaktion OBCN). Die voreingestellten Vorgangsschlüssel lassen Sie unverändert. Müssen Sie einen Vorgangsschlüssel anpassen, definieren Sie einen individuellen Kontoschlüssel, anstatt Änderungen an den ausgelieferten Schlüsseln vorzunehmen. Die Detailausprägungen der einzelnen Kontoschlüssel werden in Tabelle T007B gespeichert.

In den Kontoschlüsseldetails besonders hervorzuheben ist die *Steuerart*. Sie gibt an, welche Art der Steuer steuerrechtlich betrachtet wird. Hierbei wählen Sie aus folgenden Optionen aus:

- 1 (Ausgangssteuer)
- 2 (Vorsteuer)
- 3 (Zusatzsteuer)
- 4 (Nicht Steuerrelevant)

Beim Vorgangsschlüssel VST (Vorsteuer), den Sie in Abbildung 8.70 sehen, handelt es sich, wie die Bezeichnung bereits nahelegt, um eine Vorsteuer.

Sie pflegen oder kopieren länderspezifische Umsatzsteuerkennzeichen über die IMG-Aktivität **Finanzwesen • Grundeinstellungen Finanzwesen • Umsatzsteuer • Berechnung**

- **Umsatzsteuerkennzeichen definieren** (Transaktion FTXP). Die resultierenden Tabelleneinträge rufen Sie über die Tabelle T007A auf.

Vorgang: VST

Allgemeine Angaben

Bezeichnung: Vorsteuer

Steuerart: 2 Vorsteuer

Nicht abzgsf.: ☐

Buchungskennz.: 2 Separate Buchungszeile

St. n. sk.rel.: ☐

Abbildung 8.70: Detailausprägung des Vorgangsschlüssels VST

Wie das Steuerkennzeichen V1 (Vorsteuer Inland 19 %) für das in Deutschland gültige Steuerkalkulationsschema TAXD letztlich definiert ist, sehen Sie in Abbildung 8.71. Das Umsatzsteuerkennzeichen V1 beinhaltet den aktuell gültigen Prozentsatz in Höhe von 19 Prozent für den Kontoschlüssel VST (Vorsteuer).

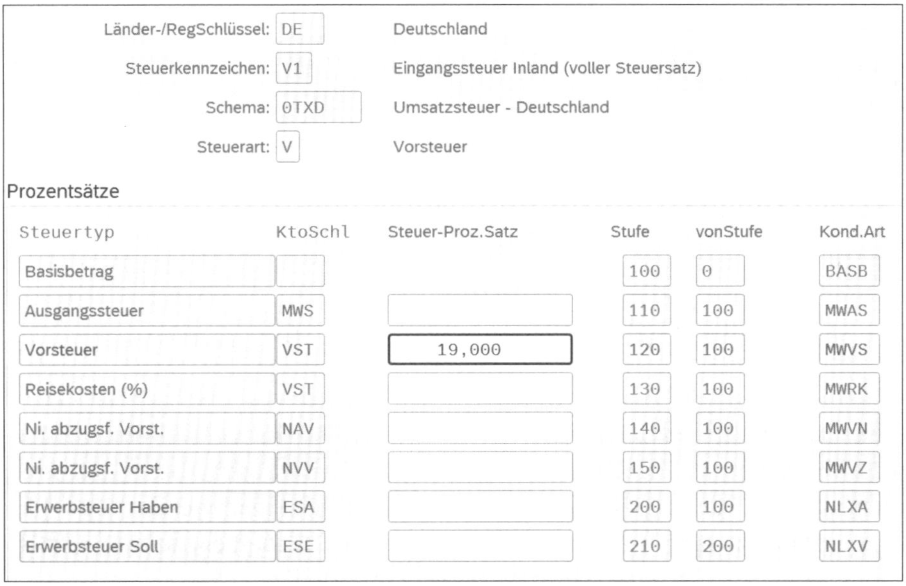

Länder-/RegSchlüssel: DE Deutschland

Steuerkennzeichen: V1 Eingangssteuer Inland (voller Steuersatz)

Schema: 0TXD Umsatzsteuer - Deutschland

Steuerart: V Vorsteuer

Prozentsätze

Steuertyp	KtoSchl	Steuer-Proz.Satz	Stufe	vonStufe	Kond.Art
Basisbetrag			100	0	BASB
Ausgangssteuer	MWS		110	100	MWAS
Vorsteuer	VST	19,000	120	100	MWVS
Reisekosten (%)	VST		130	100	MWRK
Ni. abzugsf. Vorst.	NAV		140	100	MWVN
Ni. abzugsf. Vorst.	NVV		150	100	MWVZ
Erwerbsteuer Haben	ESA		200	100	NLXA
Erwerbsteuer Soll	ESE		210	200	NLXV

Abbildung 8.71: Umsatzsteuerkennzeichen V1 in Deutschland

Umsatzsteuerkennzeichen [!]

Ändern oder löschen Sie keine Umsatzsteuerkennzeichen, solange offene Posten mit diesem Kennzeichen im System vorhanden sind. Anderenfalls würden fehlerhafte Steuersätze ausgewiesen werden. Gibt der Gesetzgeber neue Steuerprozentsätze vor, definieren Sie ein neues Umsatzsteuerkennzeichen.

Über die Schaltfläche **Steuerkonten** können Sie das aktuell zugewiesene Sachkonto einsehen, jedoch nicht editieren (siehe Abbildung 8.72). Die Sachkontenpflege wird weiterhin über die IMG-Aktivität **Materialwirtschaft • Logistik-Rechnungsprüfung • Automatische Buchungen einstellen** (Transaktion OMR0) durchgeführt.

Abbildung 8.72: Absprung zu den Steuerkonten

Bestätigt wird die Kontovorschau innerhalb der Pflege des Steuerkennzeichens durch den Aufruf des Vorgangsschlüssels VST über die Systemeinstellungen für die automatischen Kontobuchungen (siehe Abbildung 8.73).

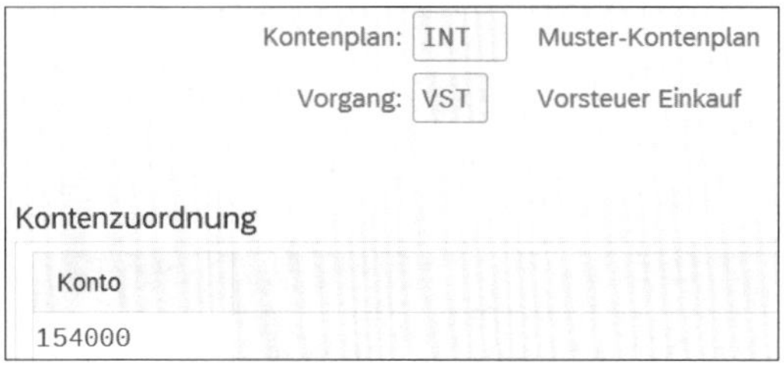

Abbildung 8.73: Sachkontenzuordnung für den Vorgangsschlüssel VST

Für steuerfreie oder nicht besteuerbare Umsätze geben Sie einen prozentualen Steuersatz in Höhe von 0 Prozent an. Umsatzsteuerkennzeichen, die bei Buchungen von nicht steuerbaren Vorgängen auf steuerrelevanten Konten genutzt werden, weisen Sie direkt einem betroffenen Buchungskreis zu. Über die IMG-Aktivität **Finanzwesen • Grundeinstellungen Finanzwesen • Umsatzsteuer • Buchung • Steuerkennzeichen f. nicht steuerrelevante Vorgänge zuordnen** (Transaktion OBCL) führen Sie die entsprechenden Zuweisungen aus. Das System speichert Ihre Einstellungen in Tabelle T001.

Für den Buchungskreis 0001 sind in der Standardauslieferung die Steuerkennzeichen A0 (Kein Steuervorgang Ausgangssteuer) und V0 (Kein Steuervorgang Vorsteuer (Inland und Ausland)) für nicht steuerrelevante Vorgänge vorgesehen (siehe Abbildung 8.74).

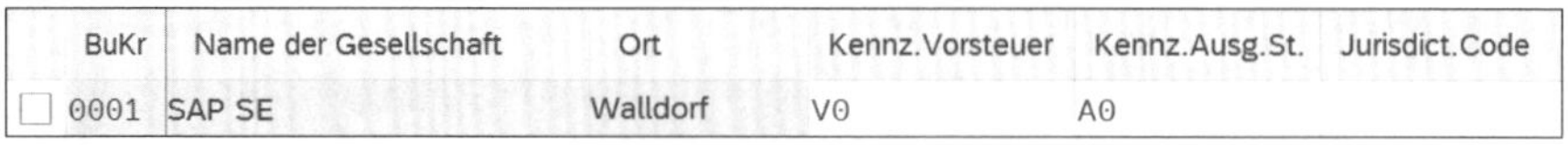

Abbildung 8.74: Steuerkennzeichen für nicht steuerrelevante Vorgänge

Unter die nicht steuerrelevanten Vorgänge fallen unter anderem Wareneingänge für Fertigungsaufträge und Bestellungen sowie Warenausgänge für Auslieferungen und Auftragsabrechnungen.

8.6 Zusammenfassung

Mit der Lektüre dieses Kapitels konnten Sie sich fundiertes Wissen in der logistischen Rechnungsprüfung aneignen. Zu Ihrem »Customizing-Repertoire« gehören nun sämtliche Konfigurationsmöglichkeiten rund um die Eingangsrechnung – von den Belegarten bis hin zu den Einbehalten. Ferner können Sie die Rechnungssperre für Ihre Buchungskreise etablieren, die Verrechnungskontenpflege maßgeblich beeinflussen und die Kontenfindung für die logistische Rechnungsprüfung einstellen.

Kapitel 9

Weitere Einkaufslösungen im SAP-Umfeld

Neben SAP S/4HANA bietet das SAP-Portfolio weitere Einkaufslösungen für unterschiedliche Bereiche an. Mit SAP Ariba, SAP Fieldglass und SAP S/4HANA Central Procurement erschaffen Sie Ihre digitale Einkaufslandschaft für die Zukunft.

Die Beschaffung von Materialien und Dienstleistungen gehört zu den primären Aufgaben der Materialwirtschaft. Der in diesem Buch bisher ausführliche beschriebene Einkauf mit der Anwendungskomponente Einkauf (MM-PUR) in SAP S/4HANA ist eine Möglichkeit, Beschaffungsvorgänge in SAP abzubilden.

Das SAP-Portfolio umfasst weitere Einkaufslösungen, mit denen Sie eine vollständige Procurement-Landschaft aufbauen können. In den meisten Anwendungsfällen fungiert das SAP-S/4HANA-System aber auch hier als »digitales Rückgrat«.

Dieses Kapitel ist der berühmte Blick über den Tellerrand am konkreten Beispiel der Beschaffung. Neben den cloudbasierten Lösungen SAP Ariba (siehe Abschnitt 9.1) und SAP Fieldglass (siehe Abschnitt 9.2) erweitern Sie Ihren Horizont um die Lösung SAP S/4HANA Central Procurement (siehe Abschnitt 9.3).

Dieses Kapitel enthält keine detaillierten Produktbeschreibungen oder Systemeinstellungen der genannten SAP-Lösungen. Ziel ist ein Überblick über das SAP-Lösungsportfolio im Bereich Einkauf. So können Sie einschätzen, ob eines der Produkte für Ihr Unternehmen relevant ist. Für ausführliche Informationen stehen Ihnen unter anderem folgende Quellen zur Verfügung:

- SAP Ariba: *https://www.sap.com/germany/products.html*
- SAP Fieldglass: *https://www.sap.com/germany/products.html*
- SAP S/4HANA Central Procurement: *https://help.sap.com*

Sie erfahren, welche Einsatzmöglichkeiten über den Einkauf hinaus bestehen und welche integrativen Geschäftsprozesse realisierbar sind.

Ein hilfreiches »Werkzeug«, um verfügbare Integrationsszenarien zwischen den SAP-Produkten einzusehen, ist der *SAP Best Practice Explorer*. Er ist eine Art Bibliothek, bestehend aus Lösungspaketen z. B. für SAP S/4HANA oder für einen speziellen Geschäftsbereich. Der Lösungsumfang eines Lösungspakets besteht aus diversen Teilgruppen, die wiederum in die sogenannten *SAP Best Practices* unterteilt sind, also vorgeschlagene Prozesse mit Prozessdiagramm, Customizing-Einstellungen und Testskript, die so im SAP-Standard umgesetzt werden können. Jede Best Practice ist durch einen eindeutigen dreistelligen Code gekennzeichnet. Beachten Sie bei der Verwendung des SAP Best Practice Explorers stets, für welches Produkt und für welche Version der Prozessvorschlag in Frage kommt. Sie erreichen den SAP Best Practice Explorer über den Link: *https://me.sap.com/processnavigator*

[+]

Weiterführende Literatur

Wir stellen Ihnen die verschiedenen Einkauflösungen hier nur in Kürze vor. Wenn Sie ausführlichere Informationen suchen, werden Sie vielleicht in einem der folgenden Bücher und E-Bites fündig:

- Marcus Mock, Susanne Wagner: »Einkauf mit SAP Ariba« (Rheinwerk Verlag 2017)
- Jutta Villet, Richard Wanless: »SAP Fieldglass – Prozesse, Funktionen, Customizing« (Rheinwerk Verlag 2021)
- Rachith Srinivas, Matthew Cauthen: »SAP Ariba« (engl. Buch, Rheinwerk Publishing 2021)
- Justin Ashlock, Peter Paschert, Armin Schuster: »Introducing Central Procurement with SAP S/4HANA« (engl. E-Bite, Rheinwerk Publishing 2018)

9.1 SAP Ariba

Bereits im Jahr 2012 übernahm SAP das US-amerikanische Unternehmen Ariba für insgesamt 4,3 Milliarden Dollar und gliederte Ariba in den SAP-Konzern ein. Die daraus hervorgegangene cloudbasierte Lösung für Beschaffung und Supply Chain Management, SAP Ariba, ergänzt und erweitert das SAP-Lösungsportfolio insbesondere im Bereich Einkauf.

SAP Ariba bietet cloudbasierte Tools zu folgenden Bereichen an:

- SAP Ariba Buying and Invoicing
- SAP Ariba Catalog
- SAP Ariba Category Management
- SAP Ariba Central Invoice Management
- SAP Ariba Central Procurement
- SAP Ariba Contracts
- SAP Ariba Invoice Management

- SAP Ariba Snap
- SAP Ariba Supplier Lifecycle and Performance
- SAP Ariba Supplier Risk

Im Verlauf dieses Abschnittes lernen Sie die Module SAP Ariba Sourcing sowie SAP Ariba Buying and Invoicing in Grundzügen kennen. Denkbare Geschäftsvorfälle und -prozesse veranschaulichen die Ausführungen.

Im Zusammenhang mit SAP Ariba soll auch das cloudbasierte Ariba-Netzwerk *SAP Ariba Network* nicht unerwähnt bleiben. Das SAP Ariba Network ist ein digitaler, dynamischer B2B-Marktplatz, auf dem sich Käufer und (potenzielle) Lieferanten tummeln und das die Zusammenarbeit beider Vertragsparteien vereinfacht. Käufer können die gesamte Prozesskette von der Bezugsquellenfindung bis zum Ausgleich der Rechnung orchestrieren und ein eigenes kosteneffizientes Lieferantennetzwerk aufbauen. Lieferanten hingegen profitieren von der Nähe zum Endabnehmer, unterbreiten potenziellen Käufern Angebote und verwalten die Abwicklung der Geschäftsprozesse. Das Netzwerk ist eng mit den einzelnen SAP-Ariba-Lösungen verzahnt, aber auch die Integration mit SAP S/4HANA muss sich in keiner Weise verstecken.

Den benötigten Datenaustausch der SAP-Ariba-Lösungen mit einem SAP-ERP- oder SAP-S/4HANA-System können Sie über die Middleware *SAP Ariba Cloud Integration Gateway* sicherstellen. Über das SAP Ariba Cloud Integration Gateway integrieren Sie die SAP-Ariba-Lösungen mit ihrem »digitalen Rückgrat« – im Idealfall mit SAP S/4HANA. Neben der technischen Anbindung der cloudbasierten SAP-Ariba-Lösungen an ein ERP-System steht die Systemkonfiguration über Customizing-Aktivitäten bestehender Integrationsszenarien im Mittelpunkt des Geschehens.

Customizing-Einstellungen

Für die Customizing-Einstellungen, die zu den integrativen Lösungen SAP Ariba und SAP Fieldglass gehören, sollten Sie als Anmeldesprache Englisch (EN) nutzen. Andernfalls können nicht alle Systemkonfigurationen direkt durchgeführt werden. Sie sehen bereits in Abbildung 9.1, dass die IMG-Knoten in englischer Sprache angeboten werden.

In Abbildung 9.1 sehen Sie alle Knoten aus einem SAP-S/4HANA-System, die zu den integrativen Geschäftsprozessen für die Nutzung von SAP Ariba Buying and Invoicing fallen. Die Systemeinstellungen nehmen Sie je nach Anwendung über den IMG-Pfad **Integration mit anderen SAP-Komponenten • Managed Gateway for Spend&Network for Buyer** vor. Ist Ihre Anmeldesprache Englisch, lautet der führende Pfad **Integration with Other SAP Components**.

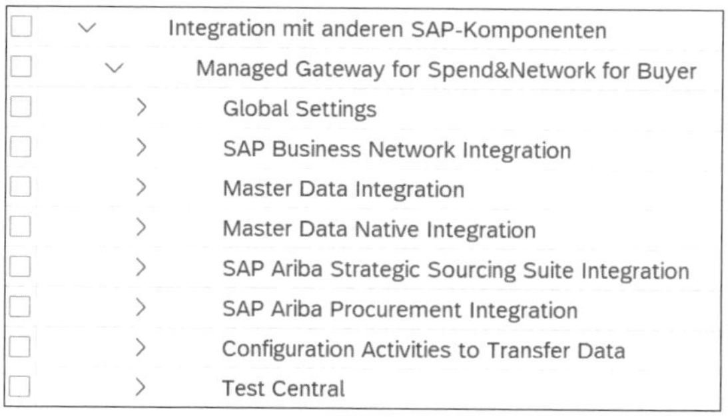

Abbildung 9.1: IMG-Knoten »Managed Gateway for Spend&Network for Buyer«

Weitere Customizing-Pfade für eine Ariba-Integration finden Sie ebenfalls unter dem Hauptpfad **Integration mit anderen SAP-Komponenten**:

- **Business Network Integration**
- **SAP Ariba Integration (SOAP)**
- **SAP Sourcing**

9.1.1 SAP Ariba Sourcing

SAP Ariba Sourcing ist Bestandteil des strategischen Einkaufsbereichs bei SAP Ariba. Aufgabe ist vornehmlich das Finden potenzieller Bezugsquellen für die Beschaffung von externen Dienstleistungen, indirekten und direkten Materialien. Bei der Suche nach einer kosteneffizienten Beschaffungsquelle können Sie auf den digitalen B2B-Marktplatz SAP Ariba Network zurückgreifen. Potenzielle Lieferanten geben ein Angebot ab, und Sie können es mit anderen erhaltenen Preisvorschlägen und weiteren individuell definierten Entscheidungskriterien vergleichen. Entspricht ein Lieferant oder entsprechen gar mehrere Lieferanten Ihren Vorstellungen, vergeben Sie den Auftrag an den geeignetsten Lieferanten.

Wenn Sie SAP Ariba Sourcing aus dem Blickwinkel eines SAP-S/4HANA-Systems betrachten, fällt Ihnen unmittelbar auf, dass das eingangs beschriebene Vorgehen kein unbekannter Geschäftsprozess ist. Sie erkennen deutliche Parallelen zwischen Anfragen aus SAP S/4HANA (siehe Kapitel 1, »Einführung in die Materialwirtschaft mit SAP S/4HANA«) und der Suche nach einer geeigneten Bezugsquelle über die Lösung SAP Ariba Sourcing. Daher ist es nicht verwunderlich, dass die Integration beider SAP-Produkte hier ansetzt. Für eine schnelle Umsetzung des systemübergreifenden Szenarios stellt Ihnen SAP maßgeschneiderte Vorschläge im SAP Best Practices Explorer zur Verfügung. Wenn ein SAP-S/4HANA-Public-Cloud-System als digitales Rückgrat fungiert, ist das SAP Best Practice **Beschaffung mit SAP Ariba Sourcing (4BL)** das vorgeschlagene Integrationsszenario. Es verbindet die Produkte SAP S/4HANA, SAP Ariba Sourcing und SAP Ariba Network. Verbinden Sie Ihr ERP-System mit SAP Ariba, und greifen Sie gezielt auf Ausschreibungen für Angebotsanfragen und Einkaufsauktionen zur erzeugten Anfrage aus SAP S/4HANA zu. Mit der Erstellung eines Beschaffungsprojektes in SAP Ariba Sourcing fahren Sie mit dem Geschäftsprozess fort. Über die direkte Anbindung an das B2B-Lieferantennetzwerk erhalten Sie Zugriff auf potenzielle Geschäftspartner und ordnen der Anfrage einen angebotenen Preis zu. Das erhaltene Angebot wird nach SAP S/4HANA übertragen und kann dort in eine Bestellung oder einen Kontrakt umgewandelt werden. Sie können auch ein SAP-S/4HANA-System der Private Cloud Edition verwenden.

Das im Hinweiskasten beschriebene Simplification Item zur vereinfachten Anfragenerstellung in SAP S/4HANA ist die Voraussetzung dafür, dass eine Anfrage ohne Lieferanten überhaupt angelegt werden kann.

[+]

Simplification Item – RFQ vereinfachte Transaktionen

Für externe Anfragen und die Konsolidierung der eingereichten Angebote sieht SAP die Nutzung einer SAP-Fiori-App für externe Bezugsquellenplattformen (z. B. SAP Ariba Network) ohne die verpflichtende Angabe eines bestimmten Lieferanten vor (siehe SAP-Hinweis 2332710). Der bisherige Geschäftsprozess erfordert zwingend eine Lieferanteneingabe, wodurch jedoch die Auswahl an potenziellen Lieferanten eingeschränkt wird.

Für die Realisierung der angesprochenen SAP Best Practice sind folgende Schritte (High-Level-Ansatz) in den beteiligten Produkten notwendig:

- technische Anbindung der SAP-Produkte
- SAP Cloud Integration Setup
- Supplier Enablement
- inhaltliche Konfiguration von SAP Ariba Sourcing
- fachliche Einstellungen von SAP S/4HANA

Bestellt wird in diesem Integrationsbeispiel in SAP S/4HANA. Über SAP Ariba Buying and Invoicing können Sie ebenfalls auftretende Bedarfe abdecken. Sie legen Ihr eigenes Lösungsdesign fest.

9.1.2 SAP Ariba Buying and Invoicing

Mit *SAP Ariba Buying and Invoicing* als umfassende cloudbasierte Einkaufslösung vor allem für den operativen Einkauf gestalten Sie Ihre Beschaffungsprozesse auf der intuitiv bedienbaren Benutzeroberfläche des Frontends automatisiert und äußerst effizient.

Sie beschaffen Materialien und Dienstleistungen in erster Linie über angebundene Kataloge, die in enger Zusammenarbeit mit Ihren Lieferanten genau auf Ihre Bedürfnisse ausgerichtet sind. Die Durchführung des gesamten Beschaffungsprozesses ist an die Benutzererfahrung angelehnt, die von international agierenden Onlineversandhändlern im

B2C-Bereich bekannt ist. Etablierte Genehmigungsverfahren für die Freigabe der eingereichten Anforderungen gewährleisten einen transparenten Überblick über die anfallenden Einkaufskosten.

Nicht alle auftretenden Bedarfe können Sie über Katalogartikel abdecken. SAP Ariba Buying and Invoicing unterbreitet Ihnen zwei Lösungsansätze, um Waren oder Dienstleistungen, die nicht über eine Katalogsuche angetroffen werden, dennoch zu beschaffen:

- **Freitextbestellanforderungen**
  Durch gezielte Angaben zum nicht gefundenen Artikel, wie etwa preisliche Vorstellungen, benötigte Zielmenge, präferierter Lieferant, Beschreibungen oder eine eindeutige Herstellerteilenummer, übergeben Sie die Anforderung an den Einkauf. Die Einkaufsabteilung überprüft die Bestellanforderung und kümmert sich darum, für den entstandenen Bedarf beispielsweise über eine direkte oder offene Lieferantenanfrage über SAP Ariba Sourcing eine Bezugsquelle zu ermitteln.
- **Spot Buy**
  Statt den strategischen Einkauf zu involvieren, können Sie Ihren Bedarf über die Spot-Buy-Funktion decken. Im Klartext bedeutet dies: Ist die interne Katalogsuche erfolglos verlaufen und möchten Sie den langwierigeren Sourcing-Prozess vermeiden, weil Ihr Bedarf nur eine einmalige Transaktion nach sich zieht, greifen Sie auf eine weitere B2B-Handelsplattform zu. Diese gewerbliche Onlineplattform unterbreitet Ihnen die Möglichkeit, gleichzeitig in Katalogen diverser Lieferanten zu suchen und letztlich den gewünschten Artikel zu bestellen. Speziell auf Sofortkäufe ausgerichtete Freigabeverfahren stellen sicher, dass Sie die Richtlinien Ihres Unternehmens einhalten.

Über eine nahtlose Integration in ein Backend-System – im besten Fall SAP S/4HANA – gestalten Sie Ihre Einkaufserfahrung individuell und passen die Einkaufsabwicklung individuell an. Insbesondere für die Rechnungs- sowie Zahlungsabwicklung verwenden Sie das angebundene Backend-System, um den in SAP Ariba begonnenen Beschaffungsprozess buchhalterisch auszugleichen.

Ein anschauliches Beispiel für einen hochintegrativen Beschaffungsprozess über SAP Ariba Buying and Invoicing und SAP S/4HANA entnehmen Sie der SAP Best Practice **Guided-Buying-Funktionalität mit SAP Ariba Buying (2NV)**. Das hierin angeführte Standardszenario veranschaulicht über ein Prozessdiagramm, wie Sie die Beschaffung von Materialien und Dienstleistungen über die beiden SAP-Produkte gestalten können. Beachten Sie abschließend, dass die angeführte Best-Practice-Vorgehensweise ein integratives Szenario für die SAP-S/4HANA-Cloud-Edition darstellt. Der Beschaffungsprozess lässt sich jedoch auf die On-Premise-Version übertragen.

Bei der Beschaffung externer Dienstleistungen sollten Sie zudem die Lösung SAP Fieldglass in Betracht ziehen, die wir im nächsten Abschnitt kurz vorstellen.

9.2 SAP Fieldglass

Seit 2014 bildet (SAP) Fieldglass einen festen Bestandteil im Lösungsportfolio von SAP. Durch die Übernahme des US-amerikanischen Unternehmens sicherte sich SAP ein weiteres Puzzleteil für die Beschaffung von externen Dienstleistungen und die dazugehörige Personalverwaltung in der Cloud und ergänzte das bestehende SAP-Portfolio damit geschickt.

Das (Vendor Management System (VMS)) SAP Fieldglass ist eine offene cloudbasierte Plattform. Fieldglass-Lösungen unterstützen Sie bei Recruiting-Aktivitäten, der Einstellung neuer externer Mitarbeitender (Vertragsmitarbeitende und Zeitarbeitnehmende), der Beauftragung externer Dienstleister sowie bei administrativen Aufgaben. Zu diesen Lösungen zählen:

- **SAP Fieldglass Contigent Workforce Management**
  Mit Hilfe des SAP Fieldglass Contigent Workforce Management können Sie den gesamten Recruiting-Prozess und die Administration des Fremdpersonals digital abbilden. Ausgangspunkt ist eine Bedarfsanforderung, die sich bis hin zu einer Leistungsabrechnung und Zahlung entwickeln kann.

  Durch die offene Plattform erhalten Sie weltweit Zugang zu wertvollen Kompetenzen und verbessern damit die Lieferfähigkeit Ihres Unternehmens gezielt mit externem Know-how. Mit der kosteneffizienten Ausgabenkontrolle durch den Einsatz bevorzugter Anbieter und die Verwendung von Entgeltspiegeln behalten Sie den Überblick über anfallende monetäre Belastungen. Ferner können Sie eigene Unternehmensrichtlinien und per Gesetz angeordnete Bestimmungen von Ihren externen Mitarbeitenden einfordern und ihre Einhaltung kontrollieren.
- **SAP Fieldglass Worker Profile Management**
  Einen gesamtheitlichen Überblick über alle externen Beschäftigten erhalten Sie über das SAP Fieldglass Worker Profile Management. Sie bauen bestehende Barrieren ab und erhalten die volle Transparenz über die Belegschaft. Parallel stärken Sie das Compliance-Bewusstsein im Unternehmen, indem Sie beispielsweise die Dauer von Beschäftigungsverhältnissen und die Anzahl der Wiedereinstellungen in Erfahrung bringen und detaillierte Berichte zu Ihren nicht fest angestellten Mitarbeitende erstellen.
- **SAP Fieldglass Services Procurement**
  Die Beschaffung von Dienstleistungen ist die Kernkompetenz von SAP Fieldglass Services Procurement. Sie verlagern durch den Einsatz dieser Fieldglass-Lösung die Beauftragung sowie die Verwaltung externer Leistungen in die Cloud. Beispiele für externe Dienstleister sind Agenturen, Beratungshäuser, Außendienst- und Wartungsunternehmen.

SAP Fieldglass ist ein Softwareprodukt, das primär auf die Verwaltung Ihres externen Personals ausgerichtet ist. Daher zielen die Integrationsszenarien mitunter auf die SAP-Lösungen im Personalbereich ab. Aus Einkaufssicht ist vor allem die Beschaffung von externen Dienstleistungen interessant.

In Kapitel 5, »Dienstleistungen«, haben Sie erfahren, dass Sie in SAP S/4HANA zwei Möglichkeiten haben, um Dienstleistungen zu beschaffen. Für die Integration zwischen den Produkten SAP S/4HANA und SAP Fieldglass greifen Sie auf die Lean-Services-Beschaffung zurück (siehe Abschnitt 5.3, »Lean Services«).

Ein exemplarisches SAP Best Practice entdecken Sie im Lösungsbereich für die SAP-S/4HANA-Cloud-Version beim Geschäftsprozess **Beschaffung externer Mitarbeiter über SAP Fieldglass (22K)**. Er vermittelt Ihnen einen ersten Eindruck der Integrationsmöglichkeiten beider SAP-Einkaufsprodukte. Auch wenn das Best Practice nicht auf einem SAP-S/4HANA-On-Premise-System als digitalem Rückgrat aufbaut, unterstreicht es doch die Idee, die Produkte geschlossen miteinander zu vernetzen.

9.3 SAP S/4HANA Central Procurement

Positive Skaleneffekte in der Beschaffung erzielen Sie in erster Linie über das nachgefragte Volumen. Je höher die abgenommene Menge beim Lieferanten ist, desto wahrscheinlicher erzielen Sie einen Ertrag aus dem unterbreiteten Rabatt. Eine geschickte unternehmensweite Bedarfsbündelung ist hier der Schlüssel zum Erfolg. Dabei vernachlässigen Sie bei der Betrachtung zunächst möglicherweise höhere Lagerungskosten und nehmen an, dass Sie positive Erträge für Ihr Unternehmen erzielen können – ganz nach dem alten, aber immer noch zutreffenden Motto: »Im Einkauf liegt der Gewinn!«

Das SAP-Produkt SAP S/4HANA Central Procurement für eine zentralisierte Beschaffungsabwicklung greift die beschriebene Problemstellung der Beschaffung größerer Mengen auf und stellt einen integrativen Lösungsansatz bereit. Die Idee ist, dass Sie ein SAP-S/4HANA-System mit weiteren SAP-Systemen (z. B. SAP S/4HANA Cloud, SAP ERP 6.0 EHP 6.0 und höher und/oder SAP S/4HANA 1709 und höher) in Ihre bestehende Systemlandschaft integrieren. Das zuständige System für die zentrale Beschaffung nimmt die Rolle eines *Hub-Systems* ein. Dadurch steuern Sie die Abwicklung der Beschaffungsprozesse in den angebundenen Systemen zentral aus einem Quellsystem.

Nachfolgende und weitere Integrationsszenarien sind für das SAP S/4HANA Central Procurement konfigurierbar:

- zentrales Bedarfsmanagement
- zentrale Kontraktverwaltung
- zentraler Einkauf
- Echtzeitanalyse für den zentralen Einkauf
- zentrale Bezugsquellenfindung
- zentrale Beschaffung mit SAP Ariba (Guided Buying and Invoicing)
- zentrale Rechnungserstellung

Die genauen Prozessabläufe beziehungsweise die vorgeschlagenen Prozesse für den Einkauf in der zentralen Beschaffung finden Sie im SAP Best Practice Explorer oder auf der Hilfeseite von SAP.

Als repräsentatives Beispiel für eine High-Level-Systemkonfiguration dient im Folgenden ein Prozess aus dem zentralen Einkauf. Der Prozess beginnt mit einem offenen Bedarf. Der Einkauf legt in einem der angebundenen SAP-Systeme eine Anforderung an. Die Bestellanforderung wird über eine Extraktion an das Hub-System übermittelt. Im zentralen Einkaufssystem erfolgt die Bearbeitung, indem eine gültige Bezugsquellenzuweisung durchgeführt wird. Die vervollständigte Anforderung wird in eine Bestellung im angebundenen SAP-System überführt und schließlich an das Hub-System extrahiert. Die Wareneingangserfassung und das Buchen der Rechnung erfolgen im angebundenen System. Bei Bedarf können Sie alle Belege für den Einkauf durch ein (flexibles) Genehmigungsverfahren bestätigen lassen. Die zuletzt getroffene Aussage gilt sowohl für das angebundene System als auch für das Hub-System.

Damit Sie den oben aufgeführten Prozess in den beteiligten SAP-Systemen verbuchen können, sind einige Konfigurationsschritte im angebundenen SAP-System und im Hub-System notwendig. Hierzu zählen aus einer High-Level-Sichtweise:

- Um das SAP-S/4HANA-System als Hub-System zu konfigurieren, nutzen Sie den IMG-Knoten **Zentrale Beschaffung – Einstellungen im Hub-System**, der unter dem Pfad **Materialwirtschaft • Einkauf** zu finden ist (siehe Abbildung 9.2). Zuerst aktivieren Sie den Procurement-Hub und die gewünschten Szenarien. Für den Beispielprozess aktivieren Sie das dazugehörige Szenario **zentraler Einkauf**.

  Nehmen Sie weitere Systemeinstellungen in diesem Customizing-Bereich vor, wie z. B. die Organisationsstrukturen der angebundenen SAP-Systeme im Hub-System bekanntzumachen.
- Konfigurieren Sie die vorgesehenen SAP-S/4HANA-, SAP-S/4HANA-Cloud- oder SAP-ERP-Systeme als angebundene Systeme.
- Konfigurieren Sie die Importplanung für Bestellanforderungen aus den angebundenen Systemen in das Hub-System mit Hilfe der SAP-Fiori-App **Import von Einkaufsbelegen einplanen**. Wählen Sie für die Jobkonfiguration den korrekten Einkaufsbeleg und die dazugehörige Belegart.
- Konfigurieren Sie die Importplanung für die Bestellungen aus den angebundenen Systemen in das konfigurierte Hub-System unter Zuhilfenahme der SAP-Fiori-App **Import von Einkaufsbelegen einplanen**. Selektieren Sie für die Jobkonfiguration den vorgesehenen Einkaufsbeleg und die entsprechende Belegart.
- Definieren Sie gegebenenfalls die Freigabeverfahren für die zentral verwalteten Bestellanforderungen und Bestellungen über die dazugehörigen SAP-Fiori-Apps **Workflows für zentral verwaltete Bestellanforderungen verwalten** und **Workflows für zentral verwaltete Bestellungen verwalten**.

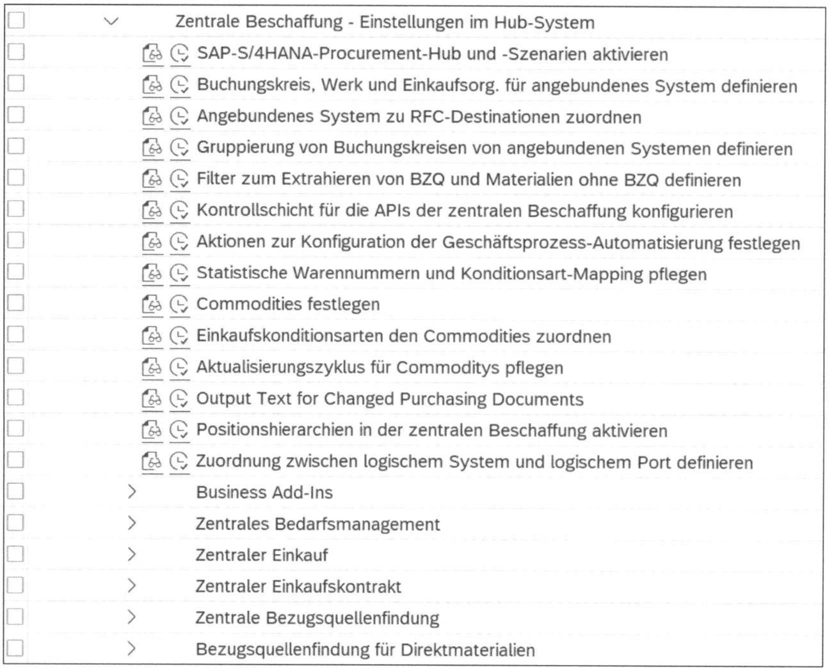

Abbildung 9.2: IMG-Pfad »Zentrale Beschaffung – Einstellungen im Hub-System«

Die primär anfallenden Tätigkeiten gehören zum Customizing für das Hub-System und die betroffenen SAP-Systeme. Bei einer systemübergreifenden Lösung sollten Sie, bevor Sie mit den Systemeinstellungen loslegen, unbedingt mit einem Projektteam von Mitarbeitenden aller beteiligten SAP-Systeme die aktuelle fachliche und technische Sachlage überprüfen. Unter anderem sind abhängig von Ihrer aktuellen Systemlandschaft beziehungsweise der bestehenden Struktur im Einkauf folgende Fragen zu klären:

- Entspricht der gelieferte Funktionsumfang der zentralen Beschaffungslösung SAP S/4HANA Central Procurement Ihren fachlichen Anforderungen?
- Können bestehende Entwicklungen im Kundenraum durch Funktionalitäten innerhalb von SAP S/4HANA Central Procurement zurück in den Standard überführt werden?
- Für welche Systeme soll SAP S/4HANA Central Procurement als zentral genutzte Einkaufslösung zum Einsatz kommen?
- Welche strategischen und operativen Tagesaufgaben übernimmt die zentrale Einkaufsabteilung?
- Wer ist für die reibungslose intersystemische Kommunikation zuständig?
- Kann die Definition der Organisationsstrukturen systemübergreifend erfolgen, sodass zentrale Einkäuferinnen und Einkäufer bereits anhand der genutzten Daten eindeutig erkennen, welches angebundene SAP-System die Quelle des Einkaufsbelegs ist?
- Sind die bestehenden Einkaufsprozesse für alle Prozessbeteiligten identisch im Ablauf?

Diese Fragen sind nur ein Bruchteil aller zu klärenden Dinge und sollen hier nur Denkanstöße geben. Stellen Sie Ihren individuellen Fragenkatalog passend zu Ihrer Ausgangssituation zusammen. Beachten Sie, dass eine Neuimplementierung von SAP S/4HANA Central Procurement als zentrale Einkaufslösung in eine bestehende Systemlandschaft andere Fragen hervorbringt als eine vollständige digitale Transformation nach SAP S/4HANA.

[«]

Technische Anbindung

Neben den oben beschriebenen, eher aufs Customizing ausgerichteten Schritten dürfen Sie die technische Anbindung der beteiligten SAP-Systeme nicht vernachlässigen. Sprechen Sie für die anfallenden Tätigkeiten beim Aufbau von Systemverbindungen Ihr SAP-Basis-Team an. Da Sie »nur« SAP-Systeme verbinden möchten, fällt der Aufwand nicht hoch aus. Planen Sie dennoch ausreichend Zeit für diese Aufgaben in Ihrem Projektplan ein.

Eine Tatsache bleibt unbestritten: Die Einführung von SAP S/4HANA Central Procurement ist für eine aus mehreren SAP-Systemen bestehende Landschaft ausgelegt, wobei in mindestens zwei Systemen externe Beschaffungsvorgänge durchgeführt werden. Bei einer Ein-System-Landschaft können Sie »durch die ERP-Brille« Ihren zentralen Einkauf auch über die Anwendungskomponente MM-PUR (Einkauf) in SAP S/4HANA abdecken.

9.4 Zusammenfassung

Dieses letzte Kapitel unseres Buches hat Ihnen einen kurzen Einblick in das SAP-Lösungsportfolio für die Beschaffung gegeben. Sie können nun die verschiedenen Softwareprodukte SAP Ariba, SAP Fieldglass und SAP S/4HANA Central Procurement fachlich einordnen und zwischen diesen Einkaufslösungen differenzieren.

Die Produktintegration und die Anzahl systemübergreifender Geschäftsprozesse wird mit jedem neu auf dem Markt gekommenen SAP-S/4HANA-Release ausgebaut. Bleiben Sie in Sachen Integration und neue Funktionen am Ball: Die SAP-Welt ist in ständiger Bewegung – auch im Einkauf.

Mit der Kombination der am Markt verfügbaren Softwareprodukte SAP S/4HANA, SAP S/4HANA Central Procurement, SAP Ariba und SAP Fieldglass können Sie sich eine umfangreiche und leistungsstarke digitale SAP-Procurement-Suite zusammenstellen. Wie nicht zuletzt in diesem Kapitel gezeigt, steht die nahtlose Integration zwischen SAP S/4HANA und den genannten SAP-Produkten im Vordergrund. Musterbeispiele für die Verbindung der beschriebenen Einzellösungen finden Sie im SAP Best Practices Explorer.

Anhang A
Wichtige Transaktionen und Tabellen

In den folgenden Abschnitten finden Sie tabellarische Übersichten über alle in den Kapiteln dieses Buches angesprochenen Transaktionen und Tabellen. Die Teilabschnitte beinhalten tabellarische Aufführungen in alphabetischer Reihenfolge zu den Tabellen und Transaktionen. Eine Unterscheidung zwischen Anwendungs- und Customizing-Transaktionen sowie Anwendungs- und Datenbanktabellen ist nicht explizit vorgesehen. Aufgrund der bestehenden Verflechtungen zwischen den Komponenten sind Doppelnennungen nicht ausgeschlossen. Die Vollständigkeit der Auflistung der betreffenden Tabellen und/oder Transaktionen kann nicht gewährleistet werden.

Beachten Sie im Zusammenhang mit den Anwendertransaktionen zusätzlich das Angebot funktional äquivalenter SAP-Fiori-Apps über die SAP Fiori Reference Library. Die Fiori-Applikationen sind in den Tabellen nicht aufgeführt.

A.1 Unternehmensstruktur

Die in Tabelle A.1 aufgelisteten Transaktionen gehören fachlich zu den Werkzeugen, mit denen eine individuelle Unternehmensstruktur aufgebaut wird. Sie finden nicht für alle Customizing-Aktivitäten des Konfigurationsbereichs für die Unternehmensstruktur eine Transaktion vor.

Transaktion	Bezeichnung
EC02	Organisationsobjekt Werk
EC04	Organisationsobjekt Verkaufsorganisation
EC05	Organisationsobjekt Vertriebsweg
EC06	Organisationsobjekt Sparte
EC07	Organisationsobjekt Versandstelle
EC21	Versandstellen ändern

Tabelle A.1: Transaktionen – Unternehmensstruktur

Transaktion	Bezeichnung
OKKP2	Löschen Auslieferungsdaten ändern
OX06	Grunddaten ändern (Kostenrechnungskreis)
OX09	Lagerorte ändern
OX14	Bewertungsebene
OX18	Zuordnung Werk - Buchungskreis ändern
V_T001W	Werke ändern
V_T001W_EXT	Logisches System für Werke (Execution) ändern
V_TSPA	Sparten ändern
V_TVKO	Verkaufsorganisationen ändern

Tabelle A.1: Transaktionen – Unternehmensstruktur (Forts.)

Zu den Datenbanktabellen für die Unternehmensstruktur zählen die Kandidaten aus Tabelle A.2. Vor allem die Tabellen der logistischen Organisationsstrukturen werden Sie beizeiten auswendig können.

Tabelle	Bezeichnung
MDLV	Customizing Dispobereich
T001	Buchungskreise
T001L	Lagerorte
T001P	Personalbereich/-teilbereich
T001W	Werke/Niederlassungen
T024	Einkaufsgruppen
T024D	Materialdisponenten
T024E	Einkaufsorganisationen
T300	LVS Lagernummern
T399I	Parameter Instandhaltungswerk
T499S	Standort

Tabelle A.2: Tabellen – Unternehmensstruktur

Tabelle	Bezeichnung
T500P	Personalbereiche
T501	Mitarbeitergruppe
T503K	Mitarbeiterkreis
T880	Gesellschaftsdaten (für KONS-Ledger)
TCURM	Customizing Konfiguration MM
TKA01	Kostenrechnungskreise
TKEB	Verwaltung Ergebnisbereiche
TSPA	Org.-Einheit: Vertriebssparten
TTDS	Org.-Einheit: Transportdispostellen
TVBUR	Org.-Einheit: Verkaufsbüros
TVKGR	Org.-Einheit: Verkäufergruppen
TVKO	Org.-Einheit: Verkaufsorganisationen
TVLA	Org.-Einheit: Verladestellen je Versandstelle
TVST	Org.-Einheit: Versandstellen
TVTW	Org.-Einheit: Vertriebswege
V_001W_E	Default-Einkaufsorganisation
V_T001K_ASSIGN	Zuordnung Werk – Buchungskreis
V_T024E_ASSIGN	Einkaufsorganisation -> Buchungskreis zuordnen
V_T024Z	Zuordnung Einkaufsorganisationen
V_TVTA_ASSIGN	Zuordnung Verkaufsorganisation – Vertriebsweg – Sparte
W_T024W_ASSIGN	Einkaufsorganisation -> Werk zuordnen

Tabelle A.2: Tabellen – Unternehmensstruktur (Forts.)

A.2 Stammdaten

Stammdatenspezifische Transaktionen in der Materialwirtschaft sind diejenigen, die wir Ihnen in Tabelle A.3 zusammengestellt haben.

Transaktion	Bezeichnung
BMBC	Batch Information Cockpit
BP	Geschäftspartner bearbeiten
BUCF	Intervallpflege: Geschäftspartner, Objekt BU_PARTNER
CUNI	Einstiegsbild Maßeinheiten
FLETS	Feldlängenerweiterung ändern
ME11	Infosatz anlegen
ME12	Infosatz ändern
ME13	Infosatz anzeigen
ME01	Orderbuch pflegen
ME03	Orderbuch anzeigen
ME04	Änderungen zum Orderbuch
MEQ1	Quotierung pflegen
MEQ3	Quotierung anzeigen
MEQ4	Änderungen zur Quotierung
MM01	Material anlegen
MM02	Material ändern
MM03	Material anzeigen
MM17	Massenpflege: Material Industrie
MMAM	Ändern Materialart
MMNR	Intervallpflege: Materialstamm, Objekt MATERIALNR
MMPI	Periodeninitialisierung Materialstamm
MMPV	Periodenverschiebung Materialstamm
MSC1N	Charge anlegen
MSC2N	Charge ändern
MSC3N	Charge anzeigen

Tabelle A.3: Transaktionen – Stammdaten

Transaktion	Bezeichnung
OMCE	Chargenebene definieren
OMCT	Chargenebene und Chargenzustandsverwaltung
OMEO	Intervallpflege: Einkaufsinfosatz, Objekt INFOSATZ
OMFK	Feldauswahl Lieferant für EKOrg ändern
OMHL	Dictionary: Suchhilfe ändern
OMS2	Materialarten ändern
OMS3	Branchen ändern
OMS4	Materialstatus definieren ändern
OMS9	Feldauswahl Datenbilder ändern
OMSA	Feldauswahl auf Werksebene ändern
OMSF	Warengruppen ändern
OMSFIX	Kennzeichen fixierungsrelevant ändern
OMSG	Lieferantenkontengruppen ändern
OMSJ	Nummernkreise Lieferant
OMSL	Materialnummerndarstellung ändern
OMSR	Feldgruppen ändern
OMSY	Buchungskreise aus Sicht der Materialwirtschaft ändern
OMT0	Allgemeine Steuerkennzeichen ändern
OMT3B	Bildsequenzen ändern
OMT3E	Steuerung Bildsequenz ändern
OMT3R	Bildreihenfolgen ändern
OMT3U	Branche (nur Industrie) ändern
OMT3Z	Zuordnung Nebenbilder ändern
OMT4	Systemmeldungen ändern
SNRO	Nummernkreispflege

Tabelle A.3: Transaktionen – Stammdaten (Forts.)

Sie treffen die erzeugten Stammdaten in folgenden Tabellen an (siehe Tabelle A.4). Hervorzuheben sind die Tabellen für den Material- und Lieferantenstamm, die Sie bei Ihrer täglichen Arbeit stets begleiten werden.

Tabelle	Bezeichnung
A017	Materialinfosatz (werksspezifisch)
BUT000	GP: Allgemeine Daten I
BUT100	GP: Rollen
CVI_CUST_LINK	Zuordnung zwischen Kunde und Geschäftspartner
CVI_VEND_LINK	Zuordnung zwischen Lieferant und Geschäftspartner
EINA	Einkaufsinfosatz - allgemeine Daten
EINE	Einkaufsinfosatz - Einkaufsorganisationsdaten
EORD	Einkaufs-Orderbuch
LFA1	Lieferantenstamm (allgemeiner Teil)
LFB1	Lieferantenstamm (Buchungskreis)
LFM1	Lieferantenstamm Einkaufsorganisationsdaten
LFM2	Lieferantenstamm: Einkaufsdaten
KNA1	Kundenstamm (allgemeiner Teil)
KNB1	Kundenstamm (Buchungskreis)
MAKT	Materialkurztexte
MARA	Allgemeine Materialdaten
MARC	Werksdaten zum Material
MARD	Lagerortdaten zum Material
MARV	Materialverwaltungssatz
MCH1	Chargen (falls Chargenverwaltung werksübergreifend)
MCHA	Chargen
MCHB	Chargenbestände
MBEW	Materialbewertung

Tabelle A.4: Tabellen - Stammdaten

Tabelle	Bezeichnung
MLGN	Materialdaten pro Lagernummer
MVKE	Verkaufsdaten zum Material
T006M	Gruppierung von Mengeneinheiten
T023	Warengruppen
T024E	Einkaufsorganisationen
T024L	Labor/Büro zum Material
T077K	Lieferantenkontengruppen
T069	Zeugnistypen
T130F	Feldeigenschaften
T130F_C	[keine Tabellenbezeichnung gepflegt]
T130S	Allgemeine Steuerkennzeichen
T130W	Werksparameter für Stammdatenpflege
T133A	Logische Bilder – Eigenschaften
T133C	Zuordnung Bildbausteine zu logischen Bildern
T133D	Reihenfolgesteuerung für die logischen Bilder
T133S	Bildsequenzen
T134	Materialarten
T134M	Steuerung Mengen-/Wertfortschreibung
T137	Branchen für Materialien
T141	Materialstatus aus Materialwirtschaft-/PPS-Sicht
T142	Raumbedingung für die Lagerung von Materialien
T143	Temperaturbedingungen für die Lagerung von Materialien
T144	Behältervorschriften für die Lagerung von Materialien
T160M	Nachrichten – Steuerung Einkauf
TMABC	Wertetabelle für das ABC-Kennzeichen für Materialien

Tabelle A.4: Tabellen – Stammdaten (Forts.)

Tabelle	Bezeichnung
TMCNV	Daten zur Materialnummer-Konvertierung
TPAKL	Zuordnung Partnerrolle zu Kontengruppe Kreditor
TPAR	Geschäftspartner: Rollen
TPAUM	Geschäftspartner: Sprachabh. Umschlüsselung von Partnerrollen
TSPA	Org.-Einheit: Vertriebssparten
TVMS	Materialien: Status im Vertrieb
TVPG	Partnerrollengruppen
TWEW	Externe Warengruppen

Tabelle A.4: Tabellen – Stammdaten (Forts.)

A.3 Einkauf

Zum Teilabschnitt **Einkauf** zugehörige Transaktionscodes entdecken Sie in Tabelle A.5. Vor allem Anwendertransaktionen rund um die Anlage, Änderung und Anzeige von Einkaufsbelegen sind hier anzutreffen.

Transaktion	Bezeichnung
CL02	Klasse Verwaltung
CT04	Merkmalverwaltung
ME21N	Bestellung anlegen
ME22N	Bestellung ändern
ME23N	Bestellung anzeigen
ME29N	Einzelfreigabe Bestellung
ME31K	Kontrakt anlegen
ME32K	Kontrakt ändern
ME33K	Kontrakt anzeigen
ME35K	Freigeben Kontrakt

Tabelle A.5: Transaktionen – Einkauf

Transaktion	Bezeichnung
ME31L	Lieferplan anlegen
ME32L	Lieferplan ändern
ME33L	Lieferplan anzeigen
ME35L	Freigeben Lieferplan
ME41	Anfrage anlegen
ME42	Anfrage ändern
ME43	Anfrage anzeigen
ME45	Freigeben Anfrage
ME47	Angebot pflegen
ME48	Angebot anzeigen
ME51N	Bestellanforderung anlegen
ME52N	Bestellanforderung ändern
ME53N	Bestellanforderung anzeigen
ME54N	Einzelfreigabe Bestellanforderung
ME55	Sammelfreigabe Bestellanforderungen
ME61	Lieferantenbeurteilung pflegen
ME62	Lieferantenbeurteilung anzeigen
ME63	Automatische Teilkriterien neu beurteilen
ME64	Beurteilungsvergleich durchführen
ME65	Hitliste der Lieferanten
ME6A	Änderungen zur Lieferantenbeurteilung anzeigen
ME6F	Beurteilungsblatt drucken
OMAS	Systemmeldungen ändern
OMET	Funktionsberechtigungen Bestellung ändern
OMFI	Vorschlagswerte für die Einkaufsabwicklung ändern

Tabelle A.5: Transaktionen – Einkauf (Forts.)

Transaktion	Bezeichnung
OMFT	Bedingungen Nachrichtensteuerung
OMGA	Konfiguration Textfindung pflegen: Liste
OMGB	Konfiguration Textfindung pflegen: Liste
OMH6	Intervallpflege: Einkaufsbeleg, Objekt EINKBELEG
OMH7	Intervallpflege: Bestellanforderung, Objekt BANF
OXK1	Kontierungsblock Subscreens pflegen: Liste
SPAD	Spool-Administration Einstieg
SO10	Standardtext: Anforderung

Tabelle A.5: Transaktionen – Einkauf (Forts.)

Systemseitig werden die Daten in folgenden Tabellen gespeichert (siehe Tabelle A.6).

Tabelle	Bezeichnung
ADRC	Adressen (Business Address Services)
EBAN	Bestellanforderung
EBKN	Bestellanforderungs-Kontierung
EKAB	Abrufdokumentation
EKBE	Historie zum Einkaufsbeleg
EKEH	Lieferplanabruf-Dokumentation
EKES	Lieferantenbestätigungen
EKET	Lieferplaneinteilungen
EKKN	Kontierung im Einkaufsbeleg
EKKO	Einkaufsbelegkopf
EKPB	Bestellposition im Einkaufsbeleg
EKPO	Einkaufsbelegposition
MMPUR_ANA_V_CONF	Belegtypumfang der Lieferantenbeurteilung
MMPUR_ANA_VCRTCON	Kriterien zur Lieferantenbewertung

Tabelle A.6: Tabellen – Einkauf

Tabelle	Bezeichnung
MMPURV_PPM_EVALC	Beurteilungskriterien für Teile pro Million
MMPUR_V_ANA_USCR	Benutzerdefinierte Kriterien
SEWS_CRITERIA_C	Bewertungskriterien
SEWS_SCORES_C	Kriteriumspunktzahl
SEWS_SWITCH_C	Lieferantenbewertung gemäß Einkaufskategorie
T023	Warengruppen
T024	Einkaufsgruppen
T027A	Versandvorschrift Einkauf
T027C	Codes zur Einhaltung der Versandvorschrift
T052	Zahlungsbedingungen
T147	Einkaufsorganisationsdaten Lieferantenbeurteilung
T147G	Hauptkriterien Lieferantenbeurteilung
T147I	Teilkriterien Lieferantenbeurteilung
T147J	Gewichtungsschlüssel
T147M	Listumfangsparameter
T147O	Hitliste der Listumfangsparameter
T160	Transaktionssteuerung Einkauf
T160M	Nachrichtensteuerung Einkauf
T160V	Vorschlagswerte für Einkaufsabwicklung
T161	Einkaufsbelegarten
T161A	Verknüpfung Banfbelegart-- Einkaufsbelegart
T161E	Freigabecodes
T161F	Freigabestellezuordnung für Banf-Freigabe
T161G	Freigabevoraussetzung Bestellanforderung
T161I	Ermittlung der Freigabestrategie

Tabelle A.6: Tabellen – Einkauf (Forts.)

Tabelle	Bezeichnung
T161P	Prüfung von Belegart, Belegtyp, Positionstyp
T161PH	Vorerfassen und Merken in Einkaufsbelegen aktivieren
T162	Feldauswahl Einkaufsbeleg
T163	Positionstypen im Einkaufsbeleg
T163A	Prüfung Positionstyp-Kontierungstyp
T163D	Zuordnung interner/externer Bestätigungstyp
T163E	Bestellbestätigungstypen
T163G	Bestätigungssteuerung
T163K	Kontierungstypen im Einkaufsbeleg
T163L	Bestätigungssteuerschlüssel
T165K	Kopiermöglichkeiten von Kopftexten
T165P	Kopiermöglichkeiten von Positionstexten
T166A	Anhangstext im Einkaufsbelegdruck
T166C	Druckrelevante Einkaufsbelegänderungen
T166K	Kopftexte im Einkaufsbelegdruck
T166P	Positionstexte im Einkaufsbelegdruck
T166T	Änderungstexte im Einkaufsbelegdruck
T166U	Überschriften im Einkaufsbelegdruck
T16FC	Freigabecodes
T16FG	Freigabegruppen
T16FS	Freigabestrategien
T405	Einkaufswerteschlüssel
T682	Konditionen: Zugriffsfolgen
T683	Kalkulationsschemata
T685B	Konditionsarten: Zusatzdaten Nachrichtenversendung

Tabelle A.6: Tabellen – Einkauf (Forts.)

Tabelle	Bezeichnung
TAMPSP	Sperrgründe für Hersteller-Teile-Kombinationen
TINC	Debitoren: Incoterms
TINCV	Incoterms-Versionen
TINCVMAP	Zulässige Incoterms pro Version
TFRM	Formroutinen zu Bedingungen/Formeln/Datentransporten
TMPPF	Steuerungsprofil zur Herstellerteileabwicklung
TNAPN	Nachrichtensteuerung: Nachrichten je Partnerrolle
TNAPR	Verarbeitungsprogramme für Nachrichten
TPAR	Geschäftspartner: Rollen
TPAER	Geschäftspartner: Partnerrollen im Partnerschema
TPAUM	Geschäftspartner: Sprachabh. Umschlüsselung von Partnerrollen
TTXID	Zulässige Text-IDs
TVPG	Partnerrollengruppen
TVTY	Packmittelarten

Tabelle A.6: Tabellen – Einkauf (Forts.)

A.4 Dienstleistungen

Dienstleistungsspezifische Transaktionscodes sind in Tabelle A.7 alphabetisch aufgeführt. Beachten Sie, dass die aufgelisteten Transaktionen primär die aus SAP ERP bekannte Dienstleistungsabwicklung repräsentieren.

Transaktion	Bezeichnung
AC03	Leistungsstamm hinzufügen
AC06	Listanzeige Leistungsstamm
ACNR	Intervallpflege: Leistungsstamm, Objekt LEISTUNG
CUST_V_T16FG_3	Freigabegruppen Leistungserfassungsblatt ändern
CUST_V_T16FL	Freigabekennzeichen des Erfassungsblatts ändern

Tabelle A.7: Transaktionen – Dienstleistungen

Transaktion	Bezeichnung
CUST_VV_T16FC_3	Freigabecodes Leistungsabnahme ändern
CUST_VV_T16FS_3	Freigabestrategien Leistungsabnahme ändern
CUST_VV_T685A_MS	Konditionen: Konditionsarten ändern
CUST_VV_T686A_MS	Konditionen: Ausschlusskennzeichen ändern
CUST_VVC_T682_MS	Zugriffsfolgen ändern
CUST_VVC_T683_MS	Schemata ändern
M/13	Konditionstabelle anlegen (Preisfindung Dienstleistungsabw.)
M/14	Konditionstabelle ändern (Preisfindung Dienstleistungsabw.)
M/15	Konditionstabelle anzeigen (Preisfindung Dienstleistungsabw.)
M/16	Variables Konditionsschema für Dienstleistung ändern
ML01	Standardleistungsverzeichnis anlegen
ML02	Standardleistungsverzeichnis ändern
ML03	Standardleistungsverzeichnis anzeigen
ML10	Muster-Leistungsverzeichnis hinzufügen
ML11	Muster-Leistungsverzeichnis ändern
ML12	Muster-Leistungsverzeichnis anzeigen
ML15	Muster-LV Reporting
ML81N	Leistungserfassung
ML84	Liste Leistungserfassungsblätter
ML85	Sammelfreigabe Leistungserfassungsblätter
MLS6	Reporting zum Standardleistungsverzeichnis
MSRV6	Reporting zu Leistungen
OMESES	Intervallpflege: Objekt SERVICE_ES
OMH8	Intervallpflege: Leistungspaket, Objekt SERVICE
OMH9	Intervallpflege: Erfassungsblatt, Objekt SERVICE3

Tabelle A.7: Transaktionen – Dienstleistungen (Forts.)

Transaktion	Bezeichnung
OMS2	Materialarten ändern
OXA2	Feldauswahl: Modifizierbare Felder
OXA3	Feldauswahl: Modifizierbare Felder
SWETYPV	Ereignistypkopplungen ändern
SWFVMD1	Visualisierungs-Metadaten für Workitems und Objekte ändern
SWU3	SAP S/4HANA: Automatisches Workflow-Customizing

Tabelle A.7: Transaktionen – Dienstleistungen (Forts.)

Sie nutzen für die externe Dienstleistungsabwicklung unter anderem folgende Tabellen (siehe Tabelle A.8). Tabellen, die sowohl den Einkauf als auch die Dienstleistungen betreffen, finden Sie in Abschnitt A.3, »Einkauf«.

Tabelle	Bezeichnung
ASMD	Leistungsstamm: Grunddaten
ESKL	Kontierungszuordnung: Leistungszeile
ESKN	Kontierung im Leistungspaket
ESLH	Leistungspaket Kopfdaten
ESLL	Zeilen des Leistungspakets
ESLP	Dienstleistungsposition
ESSR	Leistungserfassungsblatt Kopfdaten
ESUC	Dienstleistungsabweichung ungeplante Limits auf Kontraktpositionen
ESUH	Dienstleistungsabweichung ungeplante Leistungslimits Kopfdaten
ESUP	Dienstleistungsabweichung ungeplante Limits auf Leistungspakete
ESUS	Dienstleistungsabweichung ungeplante Limits auf Leistungsbereiche
T165	Defaultwerte für Einkauf/Dienstleistungen
T165A	Konditionsschema für Dienstleistung
T165E	Defaultwerte Dienstleistung pro Einkaufsorganisation

Tabelle A.8: Tabellen – Dienstleistungen

Tabelle	Bezeichnung
T16FC	Freigabecodes
T16FG	Freigabegruppen
T16FS	Freigabestrategien
T362	Leistungstypen
T362O	Orgstatus Leistungstyp
T682	Konditionen: Zugriffsfolgen
T683	Kalkulationsschema
T683S	Kalkulationsschemata: Daten
T685A	Konditionen: Arten: Zusatzdaten Preiselemente
T686A	Konditionen: Ausschlusskennzeichen

Tabelle A.8: Tabellen – Dienstleistungen (Forts.)

A.5 Bestandsführung und Inventur

In der Bestandsführung und Inventur greifen Sie auf folgende Transaktionscodes zurück (siehe Tabelle A.9).

Transaktion	Bezeichnung
M703	Konditionstabelle anlegen (Nachrichten Bestandsführung)
M704	Konditionstabelle ändern (Nachrichten Bestandsführung)
M705	Konditionstabelle anzeigen (Nachrichten Bestandsführung)
M706	Nachrichtenarten ändern
MB21	Reservierung anlegen
MB22	Reservierung ändern
MB23	Reservierung anzeigen
MB51	Materialbelegliste
MB52	Lagerbestände zum Material anzeigen

Tabelle A.9: Transaktionen – Bestandsführung und Inventur

Transaktion	Bezeichnung
MB53	Werksverfügbarkeit
MB54	Konsignationsbestände anzeigen
MB58	Kundenkonsignations- und -leihgutbestände anzeigen
MB5L	Bestandswertliste: Saldendarstellung
MB5T	Anzeige des Transitbestandes
MBLB	Bestände beim Lohnbearbeiter
MBVR	Reservierungen verwalten
MD04	Aktuelle Bedarfs-/Bestandsliste
MI01	Inventurbeleg anlegen
MI02	Inventurbeleg ändern
MI03	Inventurbeleg anzeigen
MI04	Inventurzählung erfassen
MI05	Inventurzählung ändern
MI06	Inventurzählung anzeigen
MI07	Inventurdifferenz buchen
MI08	Zählung und Differenz buchen
MI11	Nacherzählung erfassen
MI22	Inventurbelege zum Material anzeigen
MI23	Inventurdaten zum Material anzeigen
MI24	Inventurliste
MI31	Selektierte Daten für Inventurbelege ohne Sonderbestand
MI35	Batch-Input: Nullzählung für nicht gezählte Materialien buchen
MIDO	Inventurübersicht anzeigen
MIGO	Warenbewegung
MIGO_GO	Wareneingang zum Fertigungsauftrag

Tabelle A.9: Transaktionen – Bestandsführung und Inventur (Forts.)

Transaktion	Bezeichnung
MIGO_GR	Warenausgang
MIGO_GS	Nachverrechnung
MIGO_TR	Umbuchung
MMBE	Bestandsübersicht: Buchungskreis/Werk/Lager/Charge
MN21	Nachrichten-Konditionssätze anlegen: Bestandsführung
MN22	Nachrichten-Konditionssätze ändern: Bestandsführung
MN23	Nachrichten-Konditionssätze anzeigen: Bestandsführung
MR51	Buchhaltungsbelege zum Material
OB41	Konfiguration Buchhaltung pflegen: Buchungsschlüssel - Liste
OBC4	Feldstatusvarianten ändern
OMB1	Verfügbarkeitsprüfung Reservierung
OMB2	Automatisch Lagerort anlegen
OMB3	Automatisch Lagerort anlegen
OMB4	Belegdruck Warenbewegung ändern
OMB5	Belegdruck Wareneingang ändern
OMBA	Belegarten
OMBC	Fehlteileprüfung beim Wareneingang
OMBN	Vorschlagswerte Reservierung
OMBR	Allgemeine Druckereinstellung
OMBS	Grund der Bewegung
OMBT	Intervallpflege: Materialbeleg, Objekt MATBELEG
OMBU	Formularversionen ändern
OMC1	Warenbegleitscheinnummer
OMC2	Nummernkreispflege Reservierung
OMCF	Etikettendruck

Tabelle A.9: Transaktionen – Bestandsführung und Inventur (Forts.)

Transaktion	Bezeichnung
OMCK	Stichprobeninventurprofil
OMCL	Bestandsebene für die Stichprobeninventur (IM) ändern
OMCM	Verfügbarkeitsprüfung Wareneingang
OMCN	Steuerung BTCI-Mappen Inventur ändern
OMCO	Einstellungen für Cycle-Counting ändern
OMCP	Verfügbarkeitsprüfung Warenausgang
OMJ1	Bewertungskreis ändern
OMJ2	Inventurtoleranz pflegen
OMJ3	Druckparameter ändern
OMJ4	Druckerfindung pro Werk/Lagerort/Benutzergruppe ändern
OMJ5	Prüfung Mindesthaltbarkeitsdatum aktivieren/deaktivieren
OMJ6	Intervallpflege: Warenbegleitschein, Objekt XABBELEGNR
OMJ8	Automatisch Lagerort anlegen
OMJD	Fehlteileprüfung beim Wareneingang
OMJE	Prüfung Mindesthaltbarkeitsdatum aktivieren/deaktivieren
OMJJ	Bewegungsart ändern
OMJK	Intervallpflege: MRES/SBED, Objekt RESB
OMJL	Belegdruck Wareneingang ändern
OMJN	Feldauswahl: Modifizierbare Felder
OMJR	Druckerfindung pro Benutzer ändern
OMJU	Feldauswahl: Modifizierbare Felder
OMJX	Feldauswahl: Modifizierbare Felder
OS20	Stücklistenverwendung - Positionsstatus ändern
OS30	Anwendungsspezifische Kriterien zur autom. Alternativenbestimmung
OVZ2	Verfügbarkeitsprüfungsgruppe ändern

Tabelle A.9: Transaktionen – Bestandsführung und Inventur (Forts.)

Transaktion	Bezeichnung
OXK1	Kontierungsblock Subscreens pflegen: Liste
SPAD	Spool-Administration Einstieg

Tabelle A.9: Transaktionen – Bestandsführung und Inventur (Forts.)

Bei der Durchführung von Buchungen und der Systemkonfiguration im Umfeld von Bestandsführung und Inventur werden folgende SAP-Tabellen angesprochen (siehe Tabelle A.10).

Tabelle	Bezeichnung
BKPF	Belegkopf für Buchhaltung
BSEG	Belegsegment Buchhaltung
IKPF	Belegkopf Inventurbeleg
ISEG	Positionen des Inventurbeleges
MARD	Lagerortdaten zum Material
MATDOC	Materialbelege
MIGO_CUST_FIELDS	MIGO: Feldauswahl pro Bewegungsart
MKPF	Belegkopf Materialbeleg
MSEG	Belegsegment Material
MVER	Materialverbräuche
T001L	Lagerorte
T003	Belegarten
T043	Zuordnen Sachbearbeiter Toleranzgruppe
T043I	Toleranzgruppen für Bearbeiter von Inventurdifferenzen
T064S	Bestandsebenen für die Stichprobeninventur
T156	Bewegungsart
T156B	Bewegungsart Bildauswahl
T156N	Nächste Bewegungsart

Tabelle A.10: Tabellen – Bestandsführung und Inventur

Tabelle	Bezeichnung
T156Q	Bewegungsart: materialartunabhängige Steuerung
T156SC	BewegArt: Mengen-/Wertbuchung: Kundentabelle
T156SY	Bewegungsart Mengen/Wertbuchung: Systemtabelle
T156T	Bewegungsart Text
T156W	Werte Buchungsstring
T156X	Vorgangsschlüssel-Modifikation
T157D	Grund der Bewegung
T157H	Hilfetexte zur Bewegungsart
T158	Transaktionssteuerung Bestandsführung
T158B	Prüftabelle Bewegungsart zu Transaktionscode
T159B	Parameter für Batch-Inputs in der Bestandsführung
T159C	Wertetabelle für Zählzyklen bei Cycle-Counting
T159E	Bestandsführung Druck: Mengenermittlung für Etikettendruck
T159G	Vorgabewerte für Stichprobeninventurprofil
T159L	Vorschlagswerte für die Bestandsführung und Inventur
T159N	Bestandsführung Druck: Aktive Formularversionen
T159O	Bestandsführung Druck: Pflege Textname für Etiketten
T159P	Parameter für den Druck von WE/WA-Scheinen
T159Q	Druckfunktion Bestandsführung: Werttabelle für KZDRU
T159Z	Bestandsführung: XAB-Nummernkreis
T169A	Buchungsstring Rechnungsprüfung
T441R	Wertetabelle für Prüfregel
T441V	Steuerung der Verfügbarkeitsprüfung
T682	Konditionen: Zugriffsfolgen
T685	Konditionen: Arten

Tabelle A.10: Tabellen – Bestandsführung und Inventur (Forts.)

Tabelle	Bezeichnung
T685B	Konditionsarten: Zusatzdaten Nachrichtenversendung
T6WP3	Prüftabelle Etikettierungsart
T6WP4	Prüftabelle Etiketten-Form
TNAD7	Nachrichtensteuerung: Drucker je Lagerort
TNAD9	Nachrichtenfindung: Drucker je Lagerort und Benutzergruppe
TNADU	Nachrichtenfindung: Drucker je Benutzer
TNAPR	Verarbeitungsprogramme für Nachrichten

Tabelle A.10: Tabellen – Bestandsführung und Inventur (Forts.)

A.6 Bewertung und Kontierung

Transaktionen zum Thema Bewertung und Kontierung werden je nach Zuständigkeit durch Ihre Kolleginnen und Kollegen genutzt, die im Rechnungswesen oder in der Materialwirtschaft tätig sind. Dabei stehen die folgenden Transaktionscodes zur Verfügung (siehe Tabelle A.11).

Transaktion	Bezeichnung
CKM9	Anzeige der ML-relevanten Customizing-Einstellungen
CKMCCC	Manuelle Änderung von Istkostenschichtungen
CKMDUVMAT	Verteilung von Materialpreisdifferenzen
CKME	Freigeben geplanter Preisänderungen
CKMM	Materialpreisermittlung für Material-Ledger ändern
CKMSTART	Produktivstart Material-Ledger
EC01	Organisationsobjekt Buchungskreis
EC02	Organisationsobjekt Werk
FAGL_ML_ADJUST	Abstimmung zwischen Nebenbuch und Hauptbuch
FBN1	Intervallpflege: Buchhaltungsbeleg, Objekt RF_BELEG
FS00	Sachkonto bearbeiten: Zentral

Tabelle A.11: Transaktionen – Bewertung und Kontierung

Transaktion	Bezeichnung
MR21	Preisänderung
MR22	Material belasten/entlasten
MRN0	Niederstwertermittlung: Marktpreise
MRN1	Niederstwertermittlung: Reichweite
MRN2	Niederstwertermittlung: Gängigkeit
MRN3	Niederstwertermittlung: Verlustfreie Bewertung
MRN9	Bilanzwerte pro Konto
MRY1	Mittleren Zugangspreis berechnen
OBF4	Belegarten ändern
OBYC	Konfiguration Buchhaltung pflegen: Autom. Buchungen – Vorgänge
OC41	Währungsumrechnungskurse ändern
OKKP	Grunddaten ändern (Kostenrechnungskreis)
OKTZ	Elementeschema ändern
OMJJ	Bewegungsart ändern
OMS2	Materialarten ändern
OMSK	Kontoklassenreferenz/Bewertungsklassen
OMSY	Buchungskreise aus Sicht der Materialwirtschaft ändern
OMW9	Belegarten/Nummernkreis Preisänderung
OMWA	Belegarten/Nummernkreis Be- und Entlastung Material
OMWB	Automatische Buchungen
OMWC	Getrennte Materialbewertung
OMWD	Kontenfindung für Bewertungskreise ändern
OMWM	Bewertungssteuerung
OMWN	Kontomodifikation ändern
OMWO	Definition Einkaufskontoabwicklung ändern

Tabelle A.11: Transaktionen – Bewertung und Kontierung (Forts.)

Transaktion	Bezeichnung
OMX1	Material-Ledger-Aktivierung ändern
OMX2	Material-Ledger-Typ definieren
OMX3	Zuordnung der Material-Ledger-Typen zu Bewertungskreisen ändern
OMX4	Intervallpflege: Material-Ledger-Bel., Objekt ML-BELEG
OMX_UMB_ACCOUNTS	Konten zum Kontenschlüssel UMB anzeigen
OX14	Bewertungsebene
OY01	Globale Parameter der Länder ändern
V_001K_EK2	Getrennte Buchhaltungsbeleg für Einkaufskonto einstellen ändern
V_158_2D	Zuordnung Transaktion – Belegart für getrennte FI-Beleg ändern
V_169F_EINKK	Belegart für separaten Einkaufskonto-Beleg ändern
V_CKMLKONT	Kontierungsgrund eine Kontomodifikationskonstante zuordnen
V_T001	Buchungskreis ändern
V_T001W	Werke ändern

Tabelle A.11: Transaktionen – Bewertung und Kontierung (Forts.)

In Tabelle A.12 sind die unter anderem angesprochenen Datenbanktabellen im Zusammenhang mit Bewertung und Kontierung aufgeführt. Der Fokus liegt auf den Tabellen für die Konfiguration der automatischen Buchungen.

Tabelle	Bezeichnung
CKMLKON	Zuordnung Modifikationskonstante zu Grund der Kontierung
MBEW	Materialbewertung
T001	Buchungskreise
T001K	Bewertungskreis
T003	Belegarten

Tabelle A.12: Tabellen – Bewertung und Kontierung

Tabelle	Bezeichnung
T004	Verzeichnis der Kontenpläne
T004F	Gruppen der Feldstatusleisten
T025	Bewertungsklassen
T025K	Kontoklassenreferenz
T030	Fixkontentabelle
T030B	Fixbuchungsschlüssel
T030R	Regeln zur Fixkontenfindung
T134	Materialarten
T134M	Steuerung Mengen-/Wertfortschreibung
T156SY	Bewegungsart Mengen/Wertbuchung: Systemtabelle
T156W	Werte Buchungsstring
T156X	Vorgangsschlüssel-Modifikation
T169F	Transaktionsabhängige Vorschlagswerte Rechnungsprüfung
T169P	Parameter Rechnungsprüfung
TCURM	Customizing Konfiguration MM

Tabelle A.12: Tabellen – Bewertung und Kontierung (Forts.)

A.7 Logistik-Rechnungsprüfung

Zu den Transaktionscodes in der logistischen Rechnungsprüfung gehören unter anderem die in Tabelle A.13 aufgeführten Transaktionen.

Transaktion	Bezeichnung
FTXP	Steuerkennzeichen pflegen
MIR4	Rechnungsbeleg anzeigen
MIR5	Liste Rechnungsbelege anzeigen
MIR6	Übersicht Rechnungen

Tabelle A.13: Transaktionen – Logistik-Rechnungsprüfung

Transaktion	Bezeichnung
MIR7	Eingangsrechnung vorerfassen
MIRA	Eingangsrechnung für Rechnungsprüfung im Hintergrund hinzufügen
MIRO	Eingangsrechnung hinzufügen
MR11	WE/RE-Verrechnungskonto pflegen
MR11SHOW	Kontenpflegebeleg anzeigen/stornieren
MR8M	Rechnungsbeleg stornieren
MR90	Nachrichten ausgeben
MRA1	Archiv erzeugen
MRA2	Belege löschen
MRA3	Archivierte Belege anzeigen
MRA4	Archiv verwalten
MRBR	Gesperrte Rechnungen freigeben
MRER	ERS Automotive durchführen
MRIS	Rechnungsplanabrechnung
MRKO	Konsignations- und Pipelineabrechnung
MRNB	Neubewertung
MRRL	Automatische Wareneingangsabrechnung
OBCL	Zuordnung Buchungskreis: nicht steuerbare Vorgänge ändern
OBCN	Steuerabwicklung in der Buchhaltung ändern
OBF4	Belegarten ändern
OBYC	Konfiguration Buchhaltung pflegen: Autom. Buchungen – Vorgänge
OLMRLIST	Screenvarianten
OLMRVERDLIST	Screenvarianten
OMR0	Automatische Buchungen

Tabelle A.13: Transaktionen – Logistik-Rechnungsprüfung (Forts.)

Transaktion	Bezeichnung
OMR4	Belegarten/Nummernkreis Rechnungseingang
OMR6	Toleranzgrenzen ändern
OMR8	Bestelltextarten
OMR9	Zahlungssperrgründe ändern
OMRI	Rechnungsprüfung: Prüfung auf Betragshöhe ändern
OMRJ	Intervallpflege: Rechnungsbeleg, Objekt RE_BELEG
OMRM	Steuerung der Nachricht durch den Anwender ändern
OMRS	Verwendung der Kontoschlüssel
OMRT	Verwendung der Kontoschlüssel
OOCU	Übersicht Aufgabencustomizing
SWETYPV	Ereignistypkopplungen ändern
SWFVMD1	Visualisierungs-Metadaten für Workitems und Objekte ändern
SWU3	SAP S/4HANA: Automatisches Workflow-Customizing
VV_T687_M1_SSCUI	Kontoschlüssel ändern
/IWFND/MAINT_SERVICE	Services aktivieren und verwalten

Tabelle A.13: Transaktionen – Logistik-Rechnungsprüfung (Forts.)

Eine Auswahl an Datenbanktabellen für die logistische Rechnungsprüfung ist in der nachfolgenden Tabelle A.14 zu finden.

Tabelle	Bezeichnung
RBCO	Belegposition Eingangsrechnung Kontierung
RBEX	Persistente Kennzahlen Kopf und Position
RBKP	Belegkopf Eingangsrechnung
RBKP_BLOCKED	Logistik-Rechnungsprüfung: Gesperrte Rechnungen
RBTX	Steuern: Eingangsrechnung

Tabelle A.14: Tabellen – Logistik-Rechnungsprüfung

Tabelle	Bezeichnung
RBVD	Rechnungsbeleg – Verdichtungsdaten
RBVDMAT	Rechnungsprüfung – Verdichtungsdaten Material
RSEG	Belegposition Eingangsrechnung
SWFVGT	Allgemeine Aufgaben-Visualisierung
SWF_FLEX_SCACT	Szenario-Aktivierung
T001	Buchungskreise
T003	Belegarten
T003R	Nummernkreise RE_BELEG (Logistik-Rechnungsprüfung)
T005	Länder
T007A	Steuerschlüssel
T007B	Steuerabwicklung in der Buchhaltung
T008	Sperrgründe für maschinellen Zahlungsverkehr
T030	Fixkontentabelle
T169A	Buchungsstring Rechnungsprüfung
T169B	Meldepflichtige Bestellanhangsarten
T169BP	Partner als Zahlungsempfänger erlaubt
T169COMPLAINT	Gründe für Reklamation in einer Rechnung
T169F	Transaktionsabhängige Vorschlagswerte Rechnungsprüfung
T169G	Toleranzgrenzen Rechnungsprüfung
T169HKONT	Direktes Buchen auf Sachkonten in der Rechnungsprüfung
T169L	Lieferantenabhängige Parameter Rechnungsprüfung
T169P	Parameter Rechnungsprüfung
T169RETENTION	Steuerkennzeichen Einbehalte
T169RETTIME	Gewährleistungsfrist für Zahlungseinbehalte
T169V	Vorschlagswerte Rechnungsprüfung

Tabelle A.14: Tabellen – Logistik-Rechnungsprüfung (Forts.)

Tabelle	Bezeichnung
T169W	Buchungsstrings (Werte) für SAPMM08R
T169WF02	Flexiblen Workflow für Lieferantenrechnungen aktivieren
T683S	Kalkulationsschemata: Daten
T687	Kontenfindung: Kontoschlüssel
TCULIV	Customizing Direktbuchen Logistik-Rechnungsprüfung
/IWWRK/C_WFDEC	[keine Tabellenbezeichnung gepflegt]
/IWWRK/C_WFSTEP	[keine Tabellenbezeichnung gepflegt]

Tabelle A.14: Tabellen – Logistik-Rechnungsprüfung (Forts.)

Der Autor

Maximilian Münkel, M. Sc. Business Administration (RWTH Aachen), ist als Manager bei PwC im Bereich ERP-Transformation tätig. Seine Beraterlaufbahn startete er bei SAP. Als Experte für Geschäftsprozesse in der Materialwirtschaft hat er bereits bei zahlreichen Unternehmen mit Fokus auf die Hightech- und Automobilbranche SAP-S/4HANA-Neuimplementierungen begleitet und erfolgreich abgeschlossen. Insbesondere komplexe Prozesse durch standardisierte Abwicklungen zu vereinfachen, steht im Vordergrund seiner auf höchste Kundenzufriedenheit ausgelegten Tätigkeit.

Index

A

B

C

D

E

F

G

H

I

K

L

M

N

Q

R

S

T

U

V